過國探原

吕茂东 著

齊魯書社

图书在版编目（CIP）数据

过国探原 / 吕茂东著. -- 济南 : 齐鲁书社,
2021.3
ISBN 978-7-5333-4233-3

Ⅰ.①过… Ⅱ.①吕… Ⅲ.①古国－历史－山东
－文集 Ⅳ.①K295.2-53

中国版本图书馆CIP数据核字(2019)第283573号

策划编辑：刘玉林
责任编辑：史全超
装帧设计：李　生　郭　觐

过国探原
GUOGUO TANYUAN
吕茂东 著

主管单位	山东出版传媒股份有限公司
出版发行	齊鲁書社
社　　址	济南市英雄山路189号
邮　　编	250002
网　　址	www.qlss.com.cn
电子邮箱	qilupress@126.com
营销中心	（0531）82098521　82098519　82098517
印　　刷	山东新华印务有限公司
开　　本	787mm×1092mm 1/16
印　　张	38.5
插　　页	10
字　　数	810千
版　　次	2021年3月第1版
印　　次	2021年3月第1次印刷
印　　数	1—2500
标准书号	ISBN 978-7-5333-4233-3
定　　价	218.00元

全国政协原常委、中国书法家协会主席、中央文史研究馆馆员、
文物出版社名誉社长、《书法丛刊》主编苏士澍题字

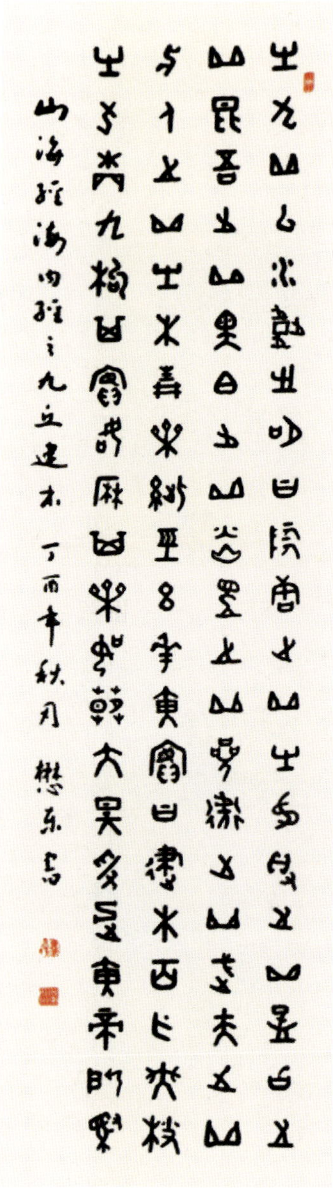

释文：有九丘，以水围（络）之：名曰陶唐之丘、有叔得之丘、孟盈之丘、昆吾之丘、黑白之丘、赤望之丘、参卫之丘、武夫之丘、神人（民）之丘。有木，青叶紫茎，玄华黄实，（名）曰建木，百仞无枝，有九柄（欘），（下有）九枸，其实如麻，其叶如萌（芒）。大（太）皞（昊）爰过，黄帝所为。

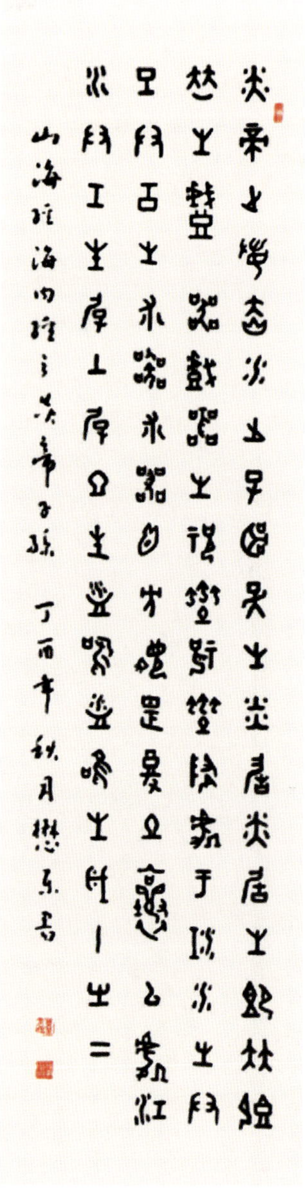

释文：炎帝之妻，赤水之子，听夭（訞）生炎居，炎居生节并，节并生戏器，戏器生祝融，祝融降处于江水，生共工，共工生术器，术器首方顶（颠），是复土壤，以处江水。共工生后土，后土生益（噎）鸣，益（噎）鸣生岁十有二。

作者用甲骨文书《山海经·海内经》之“九丘建木”（右）和“炎帝之（子）孙”（左）

图版一　作者在莱州石埠溶洞古生物化石遗址考察

图版二　作者（中）与山东港华石材有限公司董事长曲华民（左）、
画家官泽源（右）考察莱州市杏园齐太公祠遗址

1

2

3

图版三　作者（右）和温广明（中）请中国社会科学院考古研究所杜金鹏主任（左）观摩研究莱州石埠溶洞古生物化石

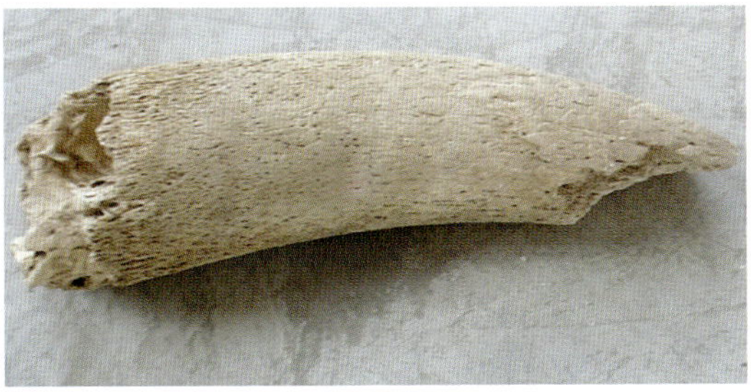

1

2

3

4

5

6

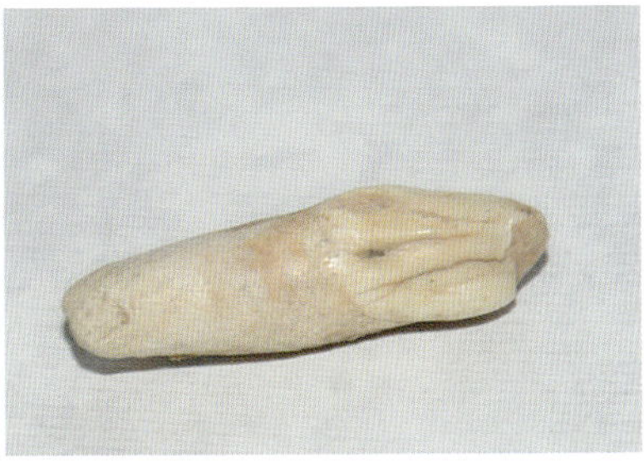

7

8

9

10

11

12

图版四　莱州石埠溶洞哺乳类古生物牙齿化石

1

2

3

4

5

6

图版五　莱州石埠溶洞古人类用火烧的黑骨与刻画纹化石

图版六　莱州石埠溶洞古生物化石遗址古人类打制石器

1

2

3

4

5

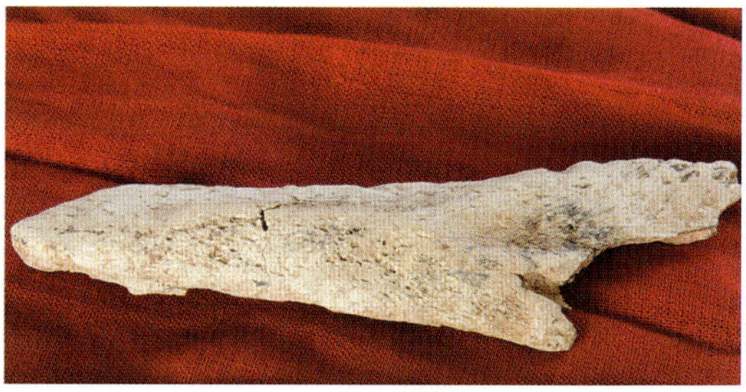

6

7

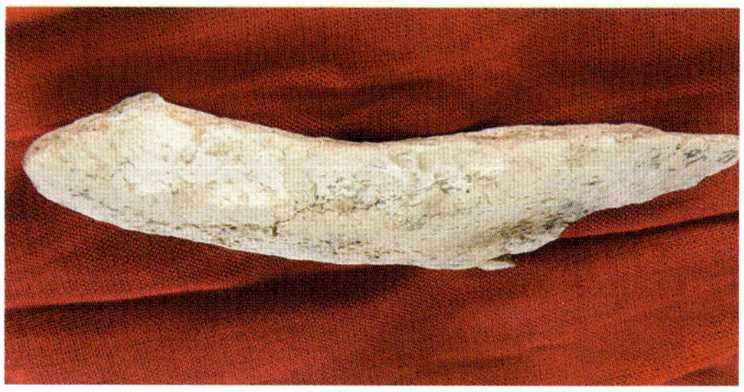

8

图版七　莱州石埠溶洞古生物化石遗址古人类磨制骨器

1

2

3

4

图版八　莱州蒜园子遗址新石器时期石刀（1），石钺（2）（3）（4）

图版九　岳石文化莱州西坊北太阳神面莱州玉雕图像文字

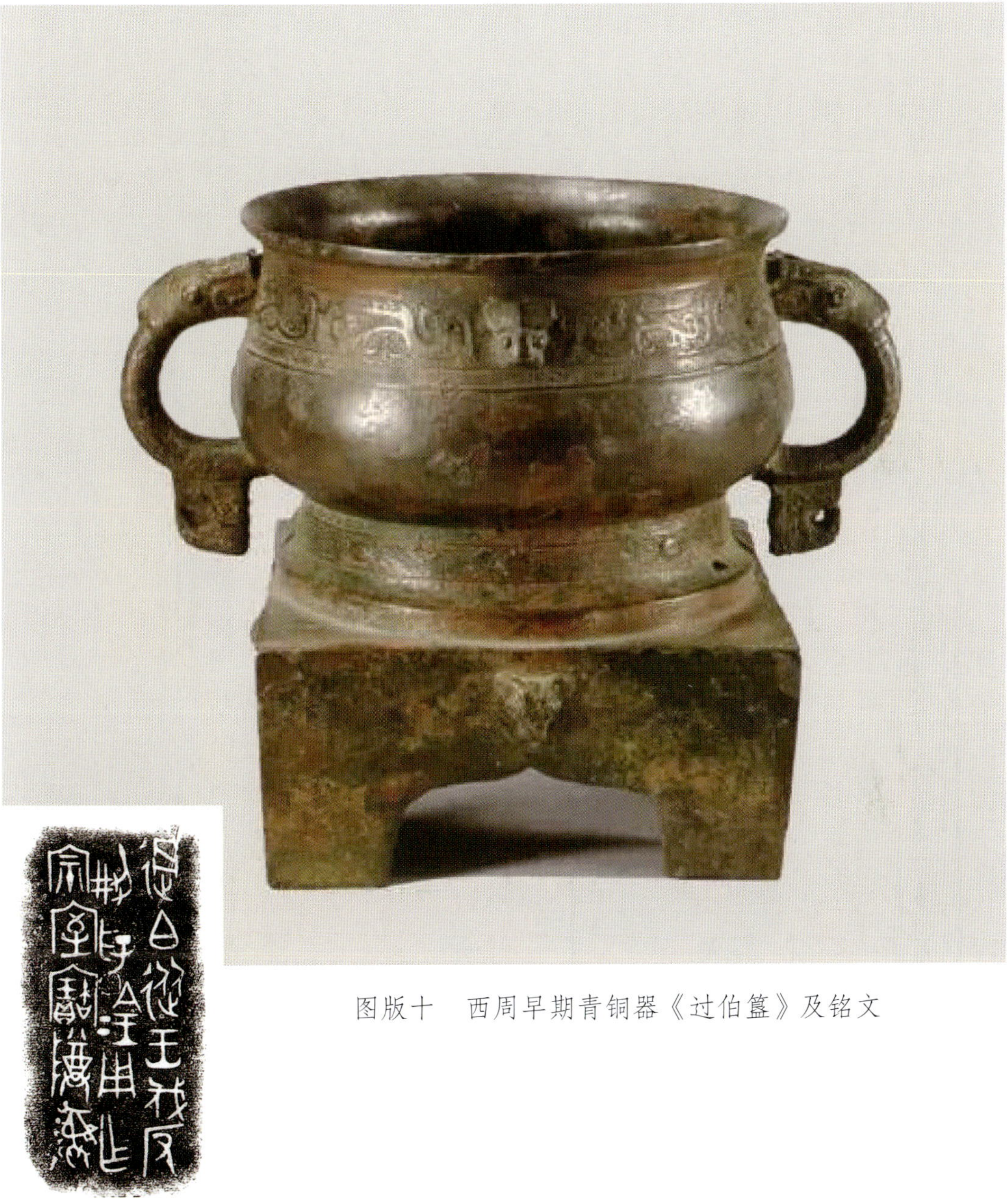

图版十　西周早期青铜器《过伯簋》及铭文

图版十一　美国新墨西哥州阿尔伯克基城国家岩画遗迹公园岩壁上发现的刻石文字

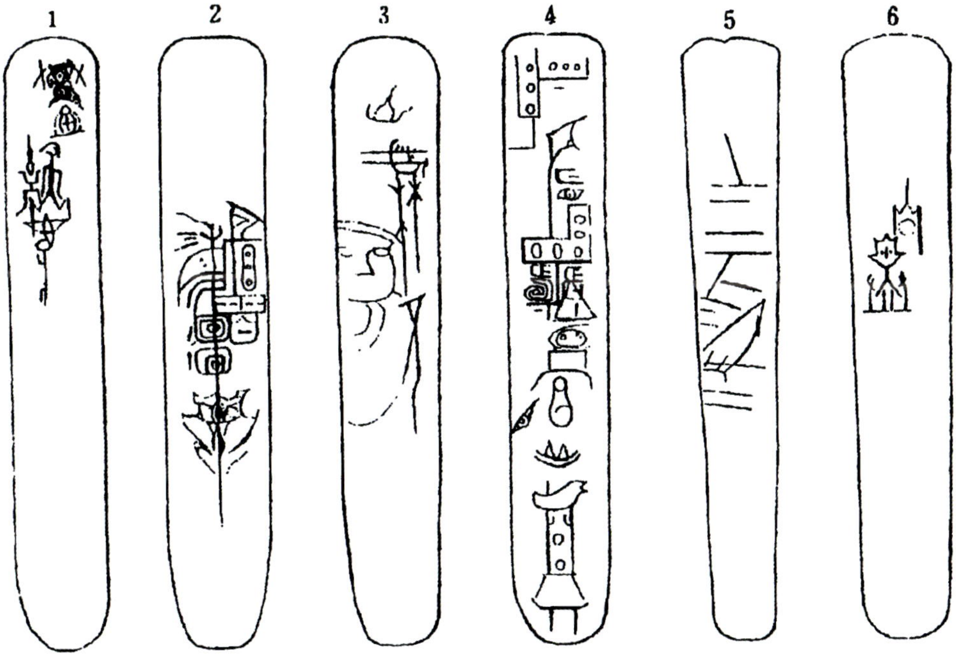

图版十二　墨西哥奥尔梅克遗址发现的玉雕像和玉圭上的象形文字

图版十三　作者在莱州市郭家店镇下徐家村考察太阳八角芒形图像刻石

序　一

得知吕茂东先生的《过国探原》一书即将出版，我感到由衷的高兴。

吕茂东先生是我的莱州乡党，年长我十多岁，自相识之日始，我即以兄礼相待。因为我敬重他的人品，敬重他对东夷历史与文化近乎痴迷的研究投入。现在我们所看到的这部大约八十万字的厚重著作《过国探原》，正是他数十年来沉潜研究的成果结集与心血结晶。

现在，我捧读这部书稿，不由自主地想起了我和吕茂东先生交往的点点滴滴。虽然我们是莱州乡党，但是我和吕茂东先生相识的时间其实并不太久。我们的结缘，始于2012年《莱州文史要览》（齐鲁书社2013年出版）的编著。当时，受莱州市委市政府的委托，我与中国社会科学院考古研究所的杜金鹏先生共同担任该书的主编。在编写此书的过程中，我与吕茂东先生由相识到交往渐密而成为朋友。吕茂东先生虽然不是这部著作编写班底的成员，却从拟定篇章结构开始，就积极参与其中。这是因为他担任莱州市广电局局长多年，对莱州的历史文化、考古遗址都很熟悉，并且有持之以恒的研究热情和研究成果。如此资质的地方贤能，实属人才难得，吕茂东先生自然就成为我们所倚重的人物。正是在这种工作的接触中，我对吕茂东先生的乡土情结和致力于研究东夷文化的情况，有了进一步的了解，也就有了更多的敬重之情。

初识吕茂东先生，我就感觉他似乎不是地方政府体制内的基层官员，他儒雅之气的自然流露，使我确信他应该属于已经十分罕见的“地方乡绅”。这种初识的印象，伴随着交往日深而更加坚定。

吕茂东先生于1998年卸任莱州市广电局局长职务之后，就全力以赴地投身于地方历史文化的研究之中，尤其以古字、古史研究付出的心血最多，迄今经历了整整十八个春秋。我不由得感叹：一个县级市的广电局局长卸任之后，不是出自任何的功利追求，而是完全凭借着热爱家乡、追求理想的热忱，投身于艰深的地方历史文化研究之中，长达十八年之久，并且已经收获研究心得。他的学术论文《解读高青县陈庄西周遗址》，是一篇追踪最新考古发现的研究文章，刊载于《管子学刊》2011年第4期，并且荣获2012年山东省文物考古优秀研究成果奖；另有《大汶口文化太阳八角芒形图像文字探赜》一文，被收录到科学出版社2015年出版的《三代考古（六）》之中。如此儒雅的退休基层干部、如此执着的退休基层干部、如此可敬的退休基层干部，放眼全国，能有几人？

正是出于对吕茂东先生的这种敬佩之情，再加上有乡党之谊，当吕茂东先生嘱托我为他的《过国探原》写序言的时候，尽管我曾经有所犹疑，主要是因为自己不是研究东夷文化的专家，担心“跨界发言”可能说了外行话，最后我还是不避浅陋而贸然执笔。

吕茂东先生的《过国探原》一书，收录了他五十多篇的考释之作，凝结了他几十年的心血结晶。这样的一部有个人新见的著作，完成于一位有真诚文化追求的退休基层干部之手，这一点，自身就构成了一个特色。《过国探原》发掘的是历史，追求的是理想，奉献的是智慧，创造的是财富。《过国探原》研究的内容有些是以前无人论及的课题，我特别希望作者在其中提出的学术观点，能够得到内行读者的认可。学术讨论的动力，既可以来自“科班出身”的学术共同体之内，也可以来自沉潜在基层的有心人。我真诚地希望这部书，能够带来这样的社会效益。

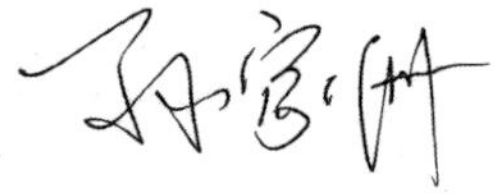

2016年7月20日于中国人民大学人文楼

序　二

古东莱，东方天堂也。

东莱，古居胶东半岛地区，其核心在今山东省烟台市的莱州、龙口一带，是中国古代“东夷”族群的主体。

从中原王朝的视角，古人把中原王朝的四方边地居民分别称呼为东夷、西戎、南蛮、北狄。这夷、戎、蛮、狄，起初毫无贬义，只是当地族属的名号，都是华夏文明创始事业的重要参与者，甚至是中原文化的缔造者之分子，但在商周王族的眼中有些许贬低，至秦汉时代史家笔下有了明确的中原中心论。然而，今丰富的考古材料说明，夷、戎、蛮、狄，皆我华夏古族的重要族源，中华文明的重要创造者，可歌可敬！

东莱，物产丰富，民人殷实。左享渤海鱼盐之利，右拥山川麦黍之仓，兼海陆交通之便，自古经济发达。

东莱，历史悠久，人文深厚。早在新石器时期，这里的先民便创造了独具特色的东莱土著文化，延绵3000多年。依其发展阶段和文化面貌，考古学家将其文化分别称为北辛文化（前5400—前4200）白石类型、大汶口文化（前4200—前2600）紫荆类型、山东龙山文化（前2600—前2000）杨家圈类型。

大汶口文化是海岱地区古文化，其人民曾南征北战，足迹到过今苏北、皖北、豫东地区，其前锋甚至直抵嵩山脚下，留下了具有鲜明东夷文化特征的“大汶口文化颍水类型”，为后来的夏王朝的诞生，埋下一颗东夷族的种子。而东莱地区的大汶口文化居民，则开辟了海上文化交流的路径，往南触及杭州湾，向北跨海直抵辽东半岛；东莱进入“山东龙山文化”时代，其文化发达，引领风尚，堪称东方明珠；再后，进入“岳石文化”阶段，与中原夏王朝，东西相望，互有交流。在龙口市出土的岳石文化青铜甗，体形硕大，表明其经济技术文化发达程度，不输中原青铜文化几分；夏朝后期，商族崛起，商汤联夷制夏，迂回伐桀，终成王业。岳石文化因此远播中原嵩山、伊洛地区；到了商王朝，东夷力量更强，在龙口市发现的归城城址以及出土大量青铜器——据不完全统计，已有商周青铜器四百多件，说明东莱国族势力强盛，终成中原王朝劲敌，从商王仲丁时期的“蓝夷作寇”仲丁迁都于隞，到帝辛时代的商王亲征东夷，国力费尽，以致周族趁机夺国，酿成商周王朝更替，都充分说明东夷的强大；西周初年，周武王大分封，封姜太公于齐——据古文献记载在今山东淄博一带。齐，本是东夷的势力范围，于是周人与莱人，便产生了激烈而长期的争锋，最终莱人被大一统的历史潮流裹入了华夏民族的怀抱中。自秦汉以来，东莱的核心是莱州，莱州的治所常驻今莱州市（原称掖县）。

要之，莱州物华天宝，地杰人灵。吾以吾身生于斯、长于斯而倍感荣耀！

今有莱州乡党吕茂东先生将其论著结集出版，嘱令为序，以鄙人之浅陋学识，本无这等资格，但厚谊为念，不敢不从，勉为其难罢。

茂东君曾任莱州市广电局局长十四年，带领干部职工自力更生，艰苦奋斗，开发广播电视自身的产业功能，走出了一条以自我发展为主的强台之路，将一个县级有线广播站建设成为现代化的多功能传播媒体，让家乡父老看上了丰富多彩的电视节目，为改革发展贡献了自己的力量。1998 年，茂东君退居二线，有感于某些历史问题的困惑，毅然投身于历史文化研究。十八年来，茂东君克服了体弱多病、资料缺乏、不会使用电脑等困难，完成了这部书稿。

东夷古国众多，本书的考证涉及十六个，其中以管、曩、丰、来、釐、过为主。《〈管小子簋〉铭文考释》一文，对其复杂的历史进行了详细考证，梳理了管国近两千年的历史沿革。《岳石文化莱阳陶盉图像文字探赜》《〈己竝鼎〉铭文考释》《〈亚曩疑母癸爵〉铭文考释》等文，考证了曩国的起源、地望、历史沿革和与己国的关系。高青县陈庄西周遗址是重大考古新发现，著名历史学家李学勤先生等认为该遗址出土西周早期铜器之铭文“齐公”即为“齐太公”，其“丰”为齐太公之孙，从而推定该遗址为齐都营丘或薄姑，成为学术界主流意见。但茂东君《解读高青县陈庄西周遗址》认为“齐公”非“齐太公”，“丰”是子姓丰国，陈庄遗址不是齐都营丘或薄姑，而是丰国的祭天之坛。此外，《来国殷周七器铭文考释》《釐国西周六器铭文考释》《西周晚期〈趞鼎〉铭文考释》《西周早期〈旅鼎〉铭文考释》《西周早期〈启卣〉〈启尊〉铭文考释》《西周中期〈釐伯鼎〉铭文考释》《春秋时期〈叔夷镈〉铭文考释》《春秋时期〈庚壶〉铭文考释》《来夷、来国和东来》等九篇论文，对来、釐、釐国的文化内涵和历史沿革进行了详细考证。

其实，正如吕茂东先生所说：“故土上的过国，是我研究的本意。”他穷尽所能搜集资料，撰写了二十多篇论文，对夏商周时期的“过国”的族属、地望及历史沿革作了初步探讨，并由此引出对周围其他古国的考证。

该书还就一些考古发现进行研究、阐发。其中《大汶口文化太阳八角芒形图像文字探赜》《大汶口文化背壶太阳乌形图像文字探赜》《龙山文化晚期日照两城镇太阳神面玉圭图像文字探赜》《岳石文化西坊北太阳神面莱州玉雕图像文字探赜》《〈管小子簋〉铭文考释》《来国殷周七器铭文考释》《鬷国西周六器铭文考释》和在美国、墨西哥发现的刻石古文字的解读等，都具有一定的学术价值。

本书解读的新石器时代图像文字、商周甲骨文金文、战国货币文字和石刻文字共约二百三十字，其中有部分字为首释。茂东君认为这些古文字形成了一个系列，系统地展示了从大汶口文化初期到战国之时长达四千多年的东夷文字发展史。

茂东君是作，系其长期学习研究古代东夷历史文化的结晶，所探研者以史前和商周时代东夷族群历史文化为主，其视野广阔，其文风朴实，其观点鲜明，其精神可嘉！以七旬之老者，犹思考不止，笔耕不辍，堪当我辈楷模，笔者不胜景仰！

通览本书，内容涉及历史、考古、古文字等学科，捧读之后，获益良多，不仅在知识上有新收获，更在治学精神上大受益。掩卷思忖，所谓老骥伏枥志在千里，不独孟德公也。

有谚曰：民间有高人，自此益信矣！

愿以此小文，敬贺吕茂东先生论文集付梓出版，愿茂东先生身体安康，生活幸福！

杜金鹏

2016年5月31日作于北京国子监街官书院

目 录

前 言

唐兰先生曾曰，探索古文化，有一个新的途径，便是从古文字开始，因为古文字是历史的载体，每一个古文字的诞生，都是历史文化的长期孕育。因此，每一个古文字里面，都蕴含着真实的、宝贵的历史文化信息。

东夷是我国古字古国的发源地之一，出土的古字古国资料非常丰富，解读出土的有关古字古国资料，探其本原，求其真谛，传承文明，造福社会，是本书之作的初衷。

本书分作绪论、古字探赜、古国考疑、过国源流和附录五部分。

一

绪论《远古的记忆——莱州石埠溶洞古生物化石遗址》，记叙了在莱州石埠溶洞发现的古生物化石和古人类生存的迹象，说明莱州之地在距今十几万年或几十万年以前已经有猿人生存，他们应是胶东猿人的一支。

东夷古字，起源于距今6300年的大汶口文化早期，与西安半坡和舞阳贾湖简单的陶器刻画符号不同，东夷古字从一开始便呈现出图像文字生动、形象而又文化内涵丰富的特点。

太昊部落创造的大汶口太阳文化是东夷文明的先驱，也是过国文明的源头。泰安大汶口文化遗址彩陶上的太阳八角芒形图像，以往被当作星形纹饰。笔者考证发现，这个传播了1000多千米，使用了3000多年的八角图像，并不是一个普通的陶器纹饰，而是一个具有特殊意义的天文符号。它是东夷太昊、少昊部落观测太阳运行规律，将一年分为春秋两岁(季)的标志，是6300年前我国原始太阳历已经诞生的实证。它要比世界上最早的古埃及太阳历大约要早2300年。澄湖良渚文化黑陶双耳罐上的四个刻画符号，记载了太阳八角芒形图像演变为“岁”字的进程，为研究我国文字的起源提供了最为宝贵的一例。2015年12月，中国社会科学院考古研究所夏商周考古研究室将笔者《大汶口文化太阳八角芒形图像文字探赜》一文收入《三代考古(文)》，由科学出版社出版。2016年4月4日，《山东侨报》以《世界上最早的太阳历被揭示问世》为题，对此进行了报道，发行到国内外。2016年10月，《大汶口文化太阳八角芒形图像文字探赜》一文被评为烟台市第29次社会科学研究优秀成果。

宁阳堡头大汶口文化遗址背壶上的图像“”，唐兰先生曾释为象花朵似的“朱”字。此字应是少昊鸟族立杆测影、观象授时的创造，是少昊勾芒重氏的族徽，距今约5000年，春秋时的重国是其后裔，《大汶口文化背壶太阳鸟形图像文字探赜》一文，对此进行了探索。

20世纪60年代初，莒县陵阳河遗址陶尊上的9种20例图像文字，曾引发了学术界对于我国文字和文明起源的一场热烈的讨论，唐兰、于省吾等先生都曾为此撰文，图像“”“”，或释为“炅”，或释为“旦”，图像“”释为吹奏乐器“凡”。笔者考证认为“”“”乃“昜”“陽”字之本，是以太阳为图腾崇拜的太昊部落的徽识，距今约4600年，春秋时的阳国是其延续。“”即“风”字，风是太昊部落之姓，阳是风姓之国，《龙山文化早期陵阳河陶尊图像文字探赜》一文对此进行了讨论。

龙山文化中期的邹平丁公5行11字陶文，已由大汶口文化和龙山文化早期的一器一字、两字，发展到成文成篇，是东夷文字用于记载历史的先例。

莱阳之地，属于东莱范畴。1981年，莱阳前河前村出土的一件陶盉上，腹部、流部、颈部皆刻画有一些图像文字，曾有释文并断为周代之物。本书《岳石文化莱阳陶盉图像文字探赜》认为，陶盉腹部的三只虫是以蚕为图腾崇拜的㠱族族徽，铭文是对㠱国建国立庙的记载，莱阳陶盉文字呈现晚于邹平丁公陶文，早于殷代甲骨文的文化特征，手制、粗糙、厚重、拙笨的器形，呈现岳石文化的特征。莱阳陶盉是岳石文化的代表器物，有着非常珍贵的史料价值。

文献记载和考古发现说明，殷人的先祖是东夷的玄鸟族。河南安阳殷墟和济南大辛庄出土的甲骨文字，是东夷新石器时期的图像文字在商代的延续和发展。

天干地支二十二字，可谓尽人皆知，然若究其形、义，则多茫然不明。20世纪20年代，郭沫若先生旅居日本时，曾下大气力研究甲骨文字，撰写了《释干支》一文，说干支文字起源于希腊、巴比伦的十二宫，但他心里并不踏实。2003年出版的徐中舒先生《甲骨文字典》认为郭老所释并无确证，坦诚地说至今尚有六个干支文字“所象形不明”，还有几个文字以往学者的解释“近是”，无有定论，干支文字是一个需要探赜的领域。笔者研究认为，所谓的“天干”，即立杆测影、观象授时的天柱，天干十字，皆与此有关。如甲字作“”、作“”，指事日坛；乙字作“”，象玄鸟，代表殷人先祖；丙字作“”，指事两刀石相撞，会意生火，代表殷人先祖的司职火正。所谓的“地支”，即殷人对其先祖的奉祀，地支十二字，也皆与此有关。如子字作“”、作“”，指事宗庙中子姓先祖灵主；卯字作“”，指事分开牲首，义即杀牲，代表宗庙祭祀的牲品；辰字作“”，象农器蚌镰，代表宗庙中五谷祭品；巳字作“”，象婴尸，代表宗庙祭品役童。殷人将天干十字与地支十二字依次循环相配，组成六十个可循环使用的纪日词组，俗称一个甲子，用于安排其先祖先妣的祭日，形成多而有序的周祭表。《殷卜辞 天干地支文字探赜》一文对此作了详细的探讨。

殷卜辞中有一个特殊的文化现象，便是兆辞“不”的使用，学者对此众说纷纭。《古文字研究》2012 年第 29 辑刊载的陈光宇《从“朱砂”到“不”》一文，引起了笔者的怀疑，因此撰写了《兆辞“不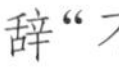”探赜》一文，考证了兆辞“不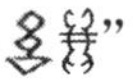”的使用特点及其文化内涵。

新石器时期的图腾图像文字，在殷周之时，发展成观赏性很强但又很难解读的青铜器族徽文化。

“”是一个难解的族徽之一，宋人释为“析子孙”，民国时期王国维释为抱尸形，今人又释为“举子”，皆欠准确。这是一个复合族徽，表达的是殷王族子姓对其先祖的奉祀，《解读子姓族徽》一文，对此进行了讨论。

山东博物馆藏品《亚其丑钺》是一件罕见的殷代青铜器珍品，以往将铭文释为“亚丑”，漏掉了国名“其”字，《〈亚其丑钺〉铭文考释》一文，对其文化内涵和“亚(亞)”“”“”“其”“曩”“丑”等字进行了解读。

作为东夷核心的齐鲁之邦，两周之时，无论在文化建设和经济建设上，都发挥了重要的引领作用，创造了丰富多彩的青铜文化。

宋徽宗宣和五年(1123)，齐都故城出土的《叔夷镈》《叔夷钟》，字数与《毛公鼎》相等，字体比《毛公鼎》更具篆引的风采。《叔夷镈》《叔夷钟》是记载齐灭釐的重要文献。自宋至今，地名“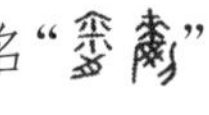”二字不明，致使学者将叔夷所灭的釐国与《左传·襄公六年》记载的“齐侯灭莱”的莱(来)国混为一谈。《春秋时期〈叔夷镈〉铭文考释》对铭文进行了释读，对灭釐作了详细论述。

《庚壶》是新中国成立前出土的一件齐国春秋铜器，虽然铭文口浅漫漶，却深得诸家重视，《西清续鉴甲编》摹出 57 字，容庚《商周彝器通考》辨出 95 字，郭沫若《两周金文辞大系图录考释》释出 112 字，台北故宫博物院张光远先生用 X 光透视技术加放大镜窥测，释出 161 字，仍有 20 字未释。笔者据张光远先生摹本，补释空缺字 5 个，补释残形字 4 个，补释诸家未释字 2 个，改释诸家所释字 4 个，共得 178 字，使空缺字减少到 3 字。《春秋时期〈庚壶〉铭文考释》解读了铭文，考证了器主人庚的身份和铭文记载的历史事件。

战国之时，七国争雄，文字异彩纷呈，齐国文字仍体现传统的主流文化。

齐刀币是古币中的珍品，但以往对于齐刀币铭文释读有误。1983 年，莱州路旺出土齐刀币 1000 余枚，笔者撰写的《齐刀币新考》，解读了齐刀币“管”与“即”的合文“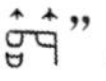”，“返”与“封”的合文“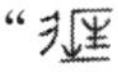”，将旧释的五字刀币“即墨之去化”释为七字“管即墨夕之去化”，将旧释的六字刀币“齐返邦长去化”释为七字“齐返封邦长去化”，彰显了这两种齐刀币真实的历史面目和宝贵的史料价值。《管子学刊》2014 年第 1 期发表了此文。

2015 年，美国学者在新墨西哥州等地的岩石上发现的古代刻石文字，笔者认为是殷商美族人迁居此地的记载，意义重大。《解读美国发现的中国古代刻石文字》一文，对这些神秘的刻石文字一一进行了解读，并考证了其年代、族属、地望和相关历史。

本书共解读了新石器时期的图像文字 31 个，殷代甲骨文字 83 个，殷周金文 48 个，战国货币与石刻文字 7 个，美国发现的刻石古文字 27 个，墨西哥发现的刻石古文字 35 个。这些文字展示了从大汶口文化早期到战国之时长达 4000 多年的东夷文字发展进程及其特有的文化风采，为研究我国古文字和古文明的起源，提供了新的见解。

二

东夷古国众多，本书考证了 16 个，其中又以存疑较大的禹夏、斟鄩、管、己、曩、丰、薄姑、莱、鳌、过为主。

夏朝是中国历史上第一个有帝王世系记载的王朝，过国是夏朝的属国。疑古派对夏朝存在的否定，一直是史学界存在的一个大问题。偃师二里头考古划时代的意义是树起了夏文化的旗帜，但偃师二里头是夏朝后期的遗址，还不是禹帝之都阳城。阳城在哪里？学者们还在苦苦地寻找。杜金鹏先生《中国龙，华夏魂》一文，揭示了偃师二里头出土的绿松石龙牌与夏文化的关系，《论临朐朱封龙山文化玉冠饰及相关问题》一文，指出了临朐朱封遗址与偃师二里头文化有较多相似之处，“为我们追寻二里头文化源头，提供了新的线索”。循此，笔者《龙山文化晚期临朐西朱封太阳神面玉冠图像文字探赜》《龙山文化晚期日照两城镇太阳神面玉圭图像文字探赜》《禹夏文化本质特征与禹都阳城探赜》《〈郉仲盘〉〈寻仲匜〉铭文考释》四文，以龙山文化晚期临朐西朱封玉冠、日照两城镇玉圭等图形文字为史料，揭示了含有“龙”和“夏”文化元素的图像是识别禹夏文化的两大本质特征，具有这两大本质特征的偃师二里头遗址、临朐西朱封遗址、日照两城镇遗址，是夏朝不同历史时期的政治、经济、文化中心。日照两城镇当是禹帝和夏后启的王都，临朐西朱封是“羿浞代夏”时帝太康、仲康的避居之地，偃师二里头是夏朝后期的都城。

今莒县是龙山文化早期东夷阳国的发源地。《左传》等典籍对管国历史的一些记载，与出土文献不合。笔者从殷卜辞和殷周铜器铭文考证中获悉，管本是虞夏时封建的伯益吕国，夏少康中兴以后，夏朝迁都中原，吕国迁都河南南阳，吕国之名作“管”、作“𠭯”、或作“𨞚”，是不同历史时期吕国迁都、易主、改姓的标志，具有不同的文化内涵，《〈管小子簋〉铭文考释》一文，对其复杂的历史作了详细的考证。

伯益是东夷部落首领，典籍记载的伯益、伯夷、契混淆不清，他们同是尧舜之臣，又都佐禹治水，伯益与伯夷同是吕氏始祖，伯益与契同是玄鸟所生，又同是同时的玄鸟族首领，伯益、伯夷、契或是一人之名字、地位、职能的不同的称谓，在《〈管小子簋〉铭文考释》一文中，对此进行了探讨。

曩国是夏、商、周时的东夷大国，不见于经传记载。1981 年，莱阳前河前村出土的陶盉上的图像文字，是记载曩国建国立庙的珍贵文献。本书《岳石文化莱阳陶盉图像文字探赜》《〈己竝鼎〉铭文考释》《〈亚曩疑母癸爵〉铭文考释》《〈亚其丑钺〉铭文考释》《〈管小子簋〉铭文考释》等文，考证了曩国的起源、地望、历史沿革，以及曩与己国、管国的关系，指出《左传》中一些关于管国的记载，实际都是曩国的历史。

东夷丰国也是一个名不见经传的国家。2009 年发现的高青县陈庄西周早期的遗址，是 2009 年全国文物考古十大新发现之一，遗址出土的城址、祭坛、墓葬，带有“丰”和“齐公”铭文的铜器，带有卦爻的卜骨，都是山东首次发现，有的甚至是全国罕见。遗址出土铜器共 50 多件，其中 10 件带有铭文，6 件载有“丰”字，3 件载有“齐公”，参与研究的专家们皆将铭文“齐公”释为“齐太公”，将子姓“丰”国释为齐太公之孙，将遗址释为齐都营丘或薄姑。笔者认为专家们所论虽然有利于当地发展旅游事业，却并非历史之真实。笔者撰写的《解读高青县陈庄西周遗址》一文，对遗址出土的城址、祭坛、墓葬、铜器铭文、卜骨卦爻等作了全面的考证，对子姓丰国从建立到消亡的历史沿革以及其与殷、周、齐之关系作了系统的论述，解读了周夷王时“烹哀立胡”“平齐内乱”的重大历史事件，揭开了周夷王为何将齐哀公处以烹杀极刑的千古之谜。《解读高青县陈庄西周遗址》发表于《管子学刊》2011 年第 4 期，2012 年被评为山东省文物考古优秀研究成果。

1953 年，美国考古学家在墨西哥奥尔梅克拉文达四号遗址发现了十六尊玉雕像和六件玉圭。笔者认为这是殷商旧族薄姑国的宗庙之物，玉圭上的三十五个图案化的古文字是一部薄姑族的简明源流史。《解读墨西哥奥尔梅克遗址发现的中国古文字》一文，揭示了埋藏了 3000 多年的薄姑国史料，对研究商、周史和世界史都有重要意义。

黄县(今龙口)是东莱重地,而黄县归城的鼇国,却名不见经传。自西晋杜预为《春秋·宣公七年》"夏,公会齐侯伐莱"作注,将莱国说成在今东莱黄县以来,莱国的地望就失去了真相。康熙《黄县志》和今学者也都将归城鼇国与莱国扯在一起,有莱在黄县之说,也有齐、纪、莱一国之论。笔者从诸多殷卜辞和殷周铜器铭文的探赜中获悉,殷、周之时,来国有三:一曰来国,典籍误作"莱",本是炎帝族东迁所建的方国,姜姓,殷末东扩被占改封为子姓国,来都在今益都东阳;二曰釐国,又称郃,在陕西右扶风,本炎帝后裔,姜姓所封,周人先祖弃的外家,殷代被占易主,改封为殷诸侯,子姓;三曰鼇国,在黄县归城,是釐国的分支。《来国殷周七器铭文考释》《釐国西周六器铭文考释》《西周晚期〈趞鼎〉铭文考释》《西周早期〈旅鼎〉铭文考释》《西周早期〈启卣〉〈启尊〉铭文考释》《西周中期〈鼇伯鼎〉铭文考释》《春秋时期〈叔夷镈〉铭文考释》《春秋时期〈庚壶〉铭文考释》《来夷、来国和东来》等文对来、釐、鼇国的文化内涵和历史沿革进行了详细的考证。

本书对于夏朝及重国、阳国、管国、己国、曩国、斟鄩、鄫国、丰国、薄姑、齐国、来国、釐国、鼇国的起源、地望、族属及其历史沿革的探讨,有助于厘清东夷古史研究中禹夏、"齐、纪、莱""莱与鼇""纪与曩""管与曩"之间错综复杂的关系。

本书的研究表明,禹夏初建于今山东日照,殷商的子姓源于山东薄姑,山东是东夷文明的发源地。

三

莱州地处胶莱河东岸,是山东内地文化与胶东文化交融的前沿地区。《左传》有夏朝"羿浞代夏"时,寒浞将其子浇封于过国的记载,杜预注过国在莱州掖县(今莱州)。郭沫若和唐兰先生皆认为过国在今莱州,但日本学者白川静,我国学者杨宽、马承源等皆有过国在安徽涡水之说。2014 年,在莱州城近郊发现的莱州玉雕太阳神面图像文字,是过国的族徽,是过国在今莱州的物证。出土文献表明,过国是太昊太阳部落任氏的一支,太阳崇拜和太阳历法是过国文明的本质特征。过国立国 2600 多年,在夏商周之际,经历了迁都、易主、改姓之变。西周初年,过国成为周文王同母弟虢叔东虢公的封地。春秋早期,东虢又在今沙河路旺建立了虪国。《远古的记忆——莱州石埠溶洞古生物化石遗址》《蒜园子新石器时期遗址》《路宿龙山文化早期村落》《岳石文化西坊北太阳神面莱州玉雕图像文字探赜》《殷铜器〈亚过爵〉铭文考释》《西周早期〈趞卣〉〈趞尊〉铭文考释》《西周早期〈过伯簋〉铭文考释》《西周中期〈伯作鼎〉铭文考释》《春秋早期〈虪侯簠〉铭文考释》《战国〈元年郓令戈〉铭文考释》《医祖神医扁鹊其人其事新考》《西晋〈郛休碑〉铭文考释》《过史概要》等二十多篇论文对过国文明的起源、族属、地望、历史沿革及其宝贵的文化遗产进行了详细的考证，揭示了过国从建立到消亡长达2600多年的历史脉络，弥补了莱州及胶东的历史缺环。

过国文明的传承，哺育了许多历史文化名人，创造了宝贵的历史文化遗产。

战国时期的神医扁鹊，被司马迁尊为中医鼻祖，并为其立传。《史记·扁鹊仓公列传》是中医史的开山之作，记载了从长桑君到神医扁鹊，从元里公乘阳庆到太仓公淳于意对中华医学的创立和发展所作的突出贡献，开启了从春秋战国到秦汉之时长达500余年的中医学创建史。《史记·扁鹊仓公列传》记载了扁鹊的三个医案和淳于意的二十五个医案，是我国最早的中医医案，与《黄帝内经》《难经》关系密切。《史记·扁鹊仓公列传》在唐以前的传抄中已经出现了错字、漏字之误，致使扁鹊的名字、里籍失真。尽管有南朝宋裴骃作的《史记集解》，唐朝司马贞作的《史记索隐》和张守节作的《史记正义》等诠释，后人对司马迁的这篇医学文献仍有许多不解之惑，如扁鹊的姓名、里籍、享年、医学著作及其与《黄帝内经》《难经》的关系等。笔者对此进行了考证，有了一些新的发现，认为扁鹊姓秦，名少齐，渤海卢国人，卢在今莱州路旺，《黄帝内经》《难经》都是扁鹊的医著，这些都写在《医祖神医扁鹊其人其事新考》一文之中，刊登在《管子学刊》2019年第1期。

四

附录部分是对东莱区域历史文化的研究。

东夷古字传承北朝，产生了以《郑文公碑》为代表的云峰四山北朝刻石文苑奇葩。《云峰四山北朝刻石探秘》一文，对《郑文公碑》为何而刊，何人撰文，何人书丹等问题作了深入的研究。

公元前386年，齐相田和篡齐，迁齐康公于海上，胶东成为齐文化的延续之地。《吕氏一门三相家世考》考证了宋宰相吕蒙正、吕夷简、吕公著的出生地、家族世系及其与齐文化的关系，指出了《史记》和《资治通鉴》关于"齐康公绝无后"记载之误。《吕氏一门三相家世考》发表于《东岳论丛》2010年第4期。鉴于吕公著之孙吕好问，在"靖康之变"中有存社稷功，除尚书右丞，兼门下侍郎，为宰相，初封掖县男，再封东莱郡侯；吕好问长子吕本中、曾孙吕祖谦皆号"东莱先生"，并有兴学东莱之实，特别是吕祖谦"吕学"（或作"婺学"）奉行的"以广大为心""以践履为实"的治学理念对现代的经济文化建设仍然具有一定的借鉴意义，故今再补"东莱郡侯、东莱先生与东莱书院"一章，并更名为《吕氏一门四相和东莱先生》。

明朝初年四川、云南向胶东“移民”“移军”问题是困扰胶东600多年的舆论误区，《难民回归》一文以六万多字的较大篇幅从各个方面对此作了翔实的考证，揭示了其历史真相。

在本书中，笔者论文涉及不同时期的考古发现与遗址遗存，所涉及的行政区划及其隶属关系多有演变。故根据考古惯例，有关地名多采用其发掘之时名称，个别的括注今名。

本书以东夷古字古国研究中存在的一些疑难问题为选项，提出了一些新的研究发现，希望能有益于东夷古字古国的研究，有益于社会的发展和进步，然受各方面条件制约，所言或有谬误，欢迎大家批评指正。

第一编　绪　论

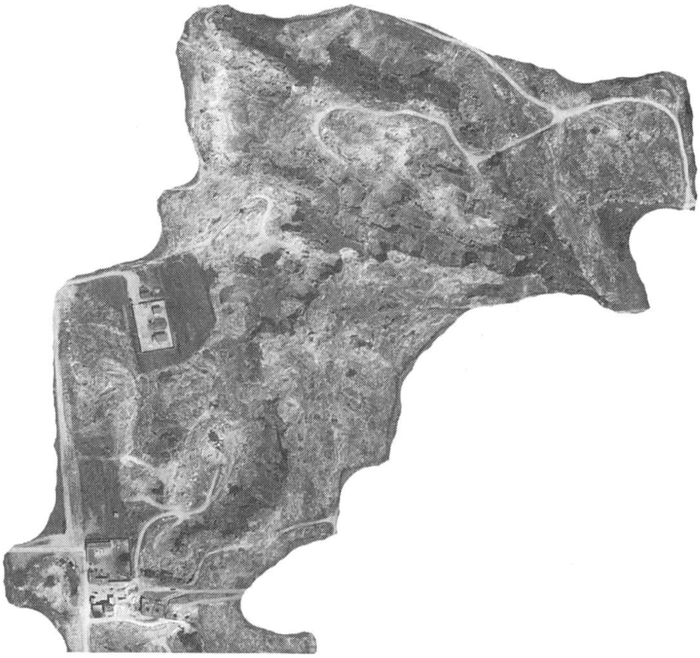

卫星拍摄的莱州石埠溶洞古生物化石遗址平面图

引　言

“人的祖先古猿从学会制造工具时才开始变成人类。”

“我国科学工作者在我国境内广大的国土上，发现过中国猿人的骨化石和他们活动的遗迹，证明我们中华民族的祖先在一两百万年到四五十万年前就已经劳动、生息在这块广大的土地之上。其中以1965年在云南元谋县发现的‘元谋猿人’年代为最古。科学工作者认为元谋猿人化石地层是地质时代新生代第四纪、早更新世，元谋人的绝对年代采用古地磁方法测出是距今170万年左右。”

“比元谋猿人时代稍晚的是蓝田猿人。”

“北京猿人化石发现于北京市西南周口店龙骨山的洞穴里。”“1976年学者用古地磁方法对北京猿人洞穴堆积物进行研究，从而得出北京猿人的年代不早于距今69万年的结论。”

“除了上述的元谋猿人、蓝田猿人和北京猿人外，在中国境内其他地区也发现有猿人化石”，如“湖北郧阳猿人化石”“河南南召猿人化石”“安徽和县猿人化石”“辽宁金牛山猿人化石”。“另外，在山东沂源县骑子鞍山也发现猿人化石……”

“由此可知，大约在中更新世，猿人（直立人）在我国境内已有广泛的分布。”①

——摘自王玉哲《中华远古史》

---

① 王玉哲：《中华远古史》，上海人民出版社2003年版，第11～24页。

远古的记忆——莱州石埠溶洞古生物化石遗址

一

2007 年 3 月中旬，柞村镇温广明前来告知，在石埠村溶洞发现了化石，因当地村民正在那里开采石灰岩，化石有可能被挖走，事不宜迟，我们立即驱车前往。

溶洞在沙河镇石埠村东北 1 千米处，当地人称为龙王埠，距莱州市城区约 13.5 公里。这里原是一处地下溶洞，因产石灰岩，从 20 世纪 60 年代初开始在此开采，一直持续至今，现在已经变成了一个露天采石场。

采石场呈东北—西南走向，形状不规则，东北部最宽处约 500 米，西南部最宽处约 200 米，总长约 610 米，深度 3—5 米，总面积约为 16 万平方米，石质为石灰岩。东、西、北三面断崖之上，有几处裸露的汉代古墓。

采石场从西南口进入，不远处有一口水井，当地人称，这里原是一处泉坑，常年有水，取之不尽，前几年将其挖成了水井。水井旁，原有一块四五米长像石桌一样的巨石。溶洞里面原来有许多洞，现在只剩下了南、北两处。南洞洞口堆积着一些石块，看样子洞还很深。

北洞旁边，堆积着一大堆石砟，温广明的许多化石都是在这里发现的。一台挖掘机正在为一辆运送石砟的拖拉机装载，还有五六个人正在忙着采石。50 多年来，这里许多宝贵的化石就是这样被当作石砟铺了道路，填了房基，令人惋惜不已。

在石砟堆上，笔者也采集到几十块古生物化石。零碎的骨骼与红褐色的泥沙结成坚硬的一体，难以看出是什么动物。其中一块为泥沙与石块结合体，长 32 厘米，宽 17 厘米，厚 16 厘米（图版三.2）。另一块为泥沙结合体，不含石块，长 31 厘米，宽 14 厘米，厚 3 厘米，当中有一根长 26 厘米的古生物肋骨，泥沙呈现一个个的泡状，当属于泥石流的外缘部分（图版三.3）。看样子，当年这里洞内有许多动物骨骼，地壳变动时，地下冒出的泥石流，将这些动物骨骼冲积到一起，年久骨化成石。

在北洞的上面，有一个西北—东南走向的洞顶。在这里，我们见到了当年大自然

图1-1　莱州石埠溶洞古生物化石(一)

的另一杰作。沿着45度的高坡向前爬去,洞顶已近地面。光滑如镜的洞壁和地面,发出淡淡的黄色微光,像是一座琉璃宫殿。当年,地下涌出的泥石流蒸气,可能含有酸性物质,侵入石灰岩中,逐渐形成了洞顶壁上二三十厘米厚的岩层,地质学称其为硅灰石。与硅灰石通常的白、灰色不同,这里的硅灰石成淡黄色,因而更为奇异瑰丽,令人震撼。笔者在这里发现的硅华,与钟乳石的石笋极为相似,可以想象,原来溶洞该有多么壮观。

硅灰石地面上,一块大石块和覆土下掩盖着一块很大的骨骼化石。骨骼被包在硅灰石中,裸露部分呈梭形,长约40厘米,宽处约10厘米,像是一个动物骨架藏在水晶棺中,神秘莫测,这是温广明的保护品。原来,温广明在四年前就发现了石埠溶洞化石,因此,每到农闲季节,他都会到溶洞来找些化石。他曾多次向当地文物部门报告,文物部门认为他采集的不是化石,没有引起重视。今年,他发现了这块大化石,没有动它,眼看着挖掘机就要挖到此处,情急之下,他这才到问古斋来找我。我对他说:“你做得对,这样重要的考古发现,应该让文物部门前来发掘。”于是,我们又重新将此化石掩盖起来。

我将石埠溶洞发现化石的情况告知了莱州市委和市博物馆。莱州市委立即通知沙河镇政府和石埠村委,停止了采石,将化石遗址保护起来。数日后,山东省文物考古研究所的专家前来考察,确认这是一处古生物化石遗址,不久,那块大型的化石被挖走了,后来得知,那是一件野猪的骨架化石,有重要的研究价值。

二

在石埠溶洞中采集的古生物骨骼化石共有500多件，这虽是九牛一毛，但其中有珍贵的哺乳类古生物牙齿化石60多件（图版四）。

目前发现的最大的动物化石要属猛犸象门齿化石。门齿化石长19厘米，宽2.8厘米，断面直径6.3厘米（图版四.1）。20世纪80年代，在柞村镇周家临疃河南岸上出土的猛犸象臼齿化石，长18厘米，宽16厘米，厚8厘米，现藏于莱州市博物馆。另外，临疃河上游的王家村河岸、郭家店镇吴家高埠和南十里乡毛家村水库，也发现有猛犸象臼齿和门齿化石。这说明在远古时期，莱州曾是猛犸象的栖息地。

另外发现有数块动物獠牙化石，其中一块长7厘米，宽2厘米，牙齿的另一面有一道沟（图版四.2）。

笔者发现的一块古生物牙齿化石，两颗牙齿连在一起，残长4厘米，下宽3厘米，上宽2厘米，牙齿断面分为三层（图版四.3）。

温广明发现的一块化石，长70厘米，宽52厘米，厚14.5厘米，堆积的全是碎骨和牙齿。化石正面有五颗长5厘米、牙龈厚2厘米的牙齿。侧面也有三颗牙齿，每颗长3厘米，宽1.9厘米。

发现数块鳄鱼骨化石，其中一块长6厘米，宽4.5厘米，厚1—1.8厘米；另一块长6.3厘米，宽3.7厘米，上面有许多小圆坑。

尤为重要的是，在石埠溶洞发现了古人类生存的迹象。

石埠溶洞系由石灰岩发育而成，是远古人类理想的栖息之地。化石出自红褐色的砂质黏土的结石之中，与北京猿人、沂源猿人化石洞穴的地质构造相同。尽管溶洞里的化石大都被毁，但从我们搜集的500多块残存的化石中，仍可确认这是一处远古人类曾经生存的地方。

1. 发现四块烧黑的骨化石。其中一块长21厘米，宽2.9厘米；另一块长8厘米，宽9厘米，厚7.5厘米。还有一块断骨化石，长4.5厘米，宽1.5厘米，厚0.4厘米。其黑色当是化石形成之前古人类用火的印记（图版五.1、2、3、4、5）。

2. 在一块长7厘米的骨器上，发现有打击的痕迹和三处明显的刻画纹，呈“Ⅰ”“Ⅱ”“Ⅲ”形。这些刻画纹既不是骨骼原有的，也不是其他动物能做的，其与烧黑的骨化石应当都是人类在化石形成之前所为（图版五.6）。

3. 在南洞内发现有30多件打制的石器。其中一件为石英石质，长9厘米，宽5.7厘米，刃部斜面宽4.5厘米，有使用过的痕迹，当是旧石器时期的遗物（图版六左下）。

另一件为石灰岩质，长 12 厘米，宽 6 厘米，刃部斜面长 7.5 厘米，宽 2—3 厘米，也有使用过的痕迹。笔者在溶洞中还发现了一件青石磨棒，长约 20 厘米，直径约 5 厘米，两头断缺，略带弧形，磨制而成，表面光滑，石质坚硬、沉重。溶洞不产青石，青石在洞中发现，应当是人类搬运制作的结果。

4. 发现数十块新石器时期磨制的骨器。其中一块长 10 厘米，宽 2.6 厘米，刃部磨光；另一块呈三面两刃，长 9 厘米，宽 1.5 厘米，刃部光滑锋利。还有一块长 6 厘米，宽 1.5 厘米，也系磨制，光滑锋利（图版七.1、2、4）。

清人毛贽《识小录》载："前辈传闻云，吾郡福、禄两山暨寒同各山，遍处皆柞树，中多猿穴。今则斧柯相寻，若彼濯濯矣。"可惜毛贽未对猿穴作详细考察，也未留下更多的信息，猿穴今已尽毁，无可考了。而石埠溶洞猿人生存遗迹的发现，说明世代传说的"猿穴"并非虚妄。

2014 年 11 月 10 日，《大连晚报》以两个版面的巨大篇幅和醒目标题，报道了在复州湾骆驼山金远洞发现了大连"周口店"古人类活动遗址。

骆驼山金远洞在渤海的复州湾岸边，这里是一个石灰岩采石场。不久前，采石场的工人们发现爆破开采的石头里常常会有类似动物骨骼的化石标本，他们将化石送到大连自然博物馆。大连自然博物馆的专家对此非常重视，他们立即来到现场，发现这里的动物化石比大连其他遗址的化石年代要早，于是便联系中国科学院古脊椎动物与古人类研究所，共同成立了联合抢救清理小组，对遗址进行了抢救性的发掘。

骆驼山金远洞的动物化石，同莱州石埠溶洞的化石一样，都是一些堆积在一起的小块残片，没有完整的骨骼化石，难以判断它们是什么类型的动物，因此专家们将注意力放到寻找能体现动物属性的牙齿和关键部位上。专家们发掘了 100 多平方米，发现了 30 多种动物化石，2000 余件头骨、关节骨、牙齿等有研究价值的化石标本，其中典型的哺乳类动物化石有纳玛象、硕猕猴、中国鬣狗、剑齿虎、梅氏犀、三门马、梅氏鹿、肿骨鹿、葛氏斑鹿、李氏野猪等。纳玛象和剑齿虎化石在东北地区是首次发现，而在北京周口店猿人遗址也发现有剑齿虎化石。骆驼山金远洞遗址是否有人类居住，是人们的重大关切。专家们在这里发现了十多件旧石器时期的打制石器和一件石英石石器，骆驼山金远洞是石灰岩结构，不产石英石，此石英石石器被认为是猿人从异地搬到洞内的；专家发现的一块较为粗大的骨头上，残留着疑似人工砍砸的痕迹，这些都是猿人活动的遗迹。报道称，骆驼山金远洞遗址大致可与北京周口店猿人遗址组中、下部比对，这有可能将东北地区出现古人类活动的时间提前至 50 万年到 30 万年以前。

莱州石埠溶洞化石遗址与骆驼山金远洞遗址有许多相似之处。一是石埠溶洞化石遗址与骆驼山金远洞遗址隔海相望，两洞的地质构造相同，都是石灰岩结构。这种石灰岩洞穴适宜猿人居住，北京周口店猿人、山东沂源猿人皆居于石灰岩洞穴之中。二是骆驼山金远洞发现的纳玛象、肿骨鹿、李氏野猪等化石，在石埠溶洞遗址也似有发现。三是骆驼山金远洞发现的古猿人活动的遗迹，与石埠溶洞的发现相似，除了石器、骨器、骨化石上的刻画纹外，石埠溶洞还发现疑似猿人用火而烧成的黑骨化石（图1－2）。

图1－2 莱州石埠溶洞古生物化石（二）

2016年9月14日，笔者请回乡探亲的中国社会科学院考古研究所杜金鹏主任对石埠溶洞古生物化石进行鉴定，杜主任对此非常重视，他将部分化石图像发送给了中国科学院古脊椎动物与古人类研究所的高星主任。高主任回复说这是一些哺乳类动物化石，有鹿科、牛科，有熊一类肉食动物，但仅凭图像难以作精准的鉴定，精准的鉴定需要对化石遗址进行实地考察，对实物进行鉴定，对年代进行科学化验，而这一切需要时间和政府主管部门的工作。

石埠溶洞发现的硅灰石，为莱州首见，硬度为4.6度，我们称其为莱州硅玉。莱州雅美石雕艺术公司用硅玉雕刻的掏鸡蛋的顽童，栩栩如生，是一件纪念石埠溶洞化石发现的硅雕艺术珍品。

2011年12月，第三次全国文物普查将石埠村化石遗址称为“石埠村古生物化石坑”。

三

类似于石埠溶洞的古生物化石，在石埠西南9千米的沙河镇黑羊山、12千米的平度市灰埠镇也有发现，说明这里应是远古猿人的一个生活区。

1951 年,中国科学院古脊椎动物研究室在莱阳西沟村发掘出八具个体恐龙化石。其后,莱阳吕格庄镇、冯格庄镇也发现了恐龙化石和恐龙蛋化石,年代属中生代白垩纪晚期,距今约 7000 万年。学者研究表明,恐龙生活的年代可上溯至 2 亿年以前。由此是知在 2 亿年至 7000 万年,胶东半岛之地气候温暖湿润,草茂林密,曾是恐龙生活的乐园。

1984 年,长岛县大钦岛发现猛犸象肢骨和披毛犀头骨化石。这是两种习惯在严寒气候下生活的动物。由此是知在大理冰期和冰后期,渤海冰封,胶东半岛之地气候寒冷,猛犸象和披毛犀一度成为这里的常客。

1997 年,海阳市发现了古菱齿象门齿化石。2000 和 2001 年,龙口市也相继发现了古菱齿象门齿和臼齿化石。说明冰期过后,胶东半岛的气候重新变暖,喜寒的猛犸象、披毛犀向寒冷的北方迁去,而喜欢在温暖湿润的茂密森林中生活的古菱齿象成为胶东半岛新的主人。

胶东半岛最早人类生存的考古发现在长岛。1988 年 9 月 15 日,《光明日报》报道:“山东长岛发现古人类头骨化石。”这具头骨化石,有较高的前额和较明显的眉脊,经中国科学院古脊椎动物与古人类研究所贾兰坡所长初步鉴定,认为化石距今 3 万年左右,专家暂名其为“长岛人”。“长岛人”头骨发现于海中,其祖先应当是大理冰期生活在渤海海底平原的胶东猿人。“长岛人”化石的发现,意义重大,“有可能填补中国东部地区猿人和新人之间的一个缺环”①。今石埠溶洞远古人类生存遗迹的发现,使我们认识到胶东半岛有人类生存的历史或可追寻得更远。

四

石埠溶洞古生物化石形成于地质学所称的新生代第四纪更新世中晚期。这时,95% 以上的古生物面貌已进化到与现在面貌相似,出现了北京猿人、沂源猿人等与现代人有亲缘关系的人类祖先。胶东半岛独特的地理、气候条件,可能造就了与北京猿人和沂源猿人不同族源的猿人。在长岛海中发现的 30000 年前的“长岛人”头骨化石,使人联想到 33000 年前发生的大理冰期。“长岛人”即其时生活在渤海海底平原的胶东猿人。他们应当与生存于石埠溶洞的猿人同源。

人类是在大自然赋予的生存条件下诞生和进化的。更新世发生的多次大理冰期,对三面环海的胶东半岛的生存条件产生了极大的影响,据地质、海洋学家研究,

---

① 栾丰实:《东夷考古》,山东大学出版社 1996 年版,第 22 页。

"在第四纪的晚更新世的大理冰期，渤海曾有三次海退，分别出现在60000年前，33000年前和22000年至15000年前。其中在距今25000年前开始的晚大理冰期海面急剧下降。大致在16000年至15000年下降到最低深度－150至－160米，这时的黄、渤海成为一片平原"①。

冰期之后，气候变暖，冰川融化，原来裸露的海底平原，重新变成大海。在从距今15000年开始至今的全新世时期，海洋、气候又发生了一些新的变化。这之后，海平面又急剧上升，到12000年前，回升到略低于－56米，并一度停顿，这时的渤海除老铁山海峡之外，仍然是一片平原。中国科学院地理研究所赵希涛等将中国沿海海面变化的研究成果，绘制成一张示意图，高广仁据此绘制了12000年来渤海海平面变化示意图（图1－3）②。按其所示，据今12000年时，渤海海平面由－60米持续上升，在距今约6000年时，海平面高出现在4米多，海浸发生。在距今约5000年时，海平面下降，进入小幅度波动期。

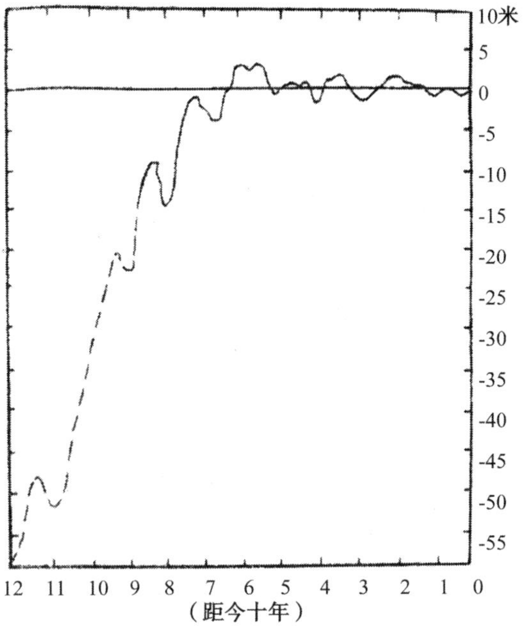

图1－3　12000年来渤海海平面变化示意图（据赵希涛等，1985）

1990年，南京大学徐馨与沈志达在综合了90年代以前有关中国东部气候环境变化的多学科研究成果的基础上，提出了中国东部晚更新世—全新世气候期划分的意见并绘制成表（图1－4）③。按其所述，距今7500—6300年时沿海地区处于温暖期和第二次新高温期，温暖期的温度与现在相同，而第二次新高温期的温度比现在高2℃至5℃。温暖的气候，创造了宜于人类生存的条件，出现了考古学上所称的后李文化、北辛文化和白石村一期文化。而考古学著称的大汶口文化早期（距今6300—5500年）大体处于第二次高温期；大汶口文化中期（距今5500—5000年）大体处于第三次新冰期中；大汶口文化晚期（距今5000—4600年）大体处于第三次新高温期中。山东

① 王锡平：《试论环渤海地区史前文化的关系与文明》，《胶东考古研究文集》，齐鲁书社2004年版，第105页。

② 高广仁：《海岱区先秦考古论集》，科学出版社2000年版，第174页。

③ 徐馨、沈志达编著：《全新世环境——最近一万多年来环境变迁》，贵州人民出版社1990年版，第11页。

年龄 (10^3a B.P.)	地质时代	气候期划分			温度(℃)	10^3a B.P.
	全新世	太平洋期	气温海面下降时期	现代暖期	+0.5	
		亚大西洋期		第五次新冰期(小冰期)	-2~-4	
1				第五次高温期(小适宜期)	+1~+2	1
				干凉期	-1~-1.5	
2				温暖期	+1~+1.5	2
3		亚北方期		第四次新冰期	-1~-3	3
				第四次新高温期	+1~+2	
4				干凉期	-1~-1.5	4
5			新高温(气候最宜)时期	第三次新高温期	+2~+1.5	5
		大西洋期		第三次新冰期	-5~-6	
6				第二次新高温期	+2~+5	6
7			高温、高海面时期	温暖期	±0	7
8				第二次新冰期	-5~-6	8
		北方期		第一次新高温期	±0.5	
9		前北方期	气温海面快速上升时期	第一次新冰期	-3~-5	9
10				温暖期	±0.5~-3	10

图1-4 中国东部晚更新世—全新世气候期划分与对比表(据徐馨、沈志达,1990)

龙山文化(距今4600—4000年)处于第三次新高温期及稍后的干凉期中。山东最早的文明古国诞生于大汶口文化时期,到龙山文化时期已是文明古国形成的兴盛时期。

第二编　古字探赜

龙山文化早期陵阳河陶尊图像文字

引 言

“探索古代文化，还有一个新的途径，是过去所没有利用过的。我国的文字，主要是从图画发展来的，在商周的铜器铭文里，在殷墟的甲骨文卜辞里，保留着很多的原始的图画文字，即所谓象形文字。这些文字，无论怎样说，它总是先于历史记载，因为历史正是用文字来记载的。我国的历史，有王朝世系和年代是从夏代开始的，夏代以前的尧舜，也有一些记载，在《尚书》里就包括在《虞夏书》里面。总之，现在所知道的成文历史，可以上推到公元前二十一世纪，直到公元前二十三世纪的样子，就是说在那个时期就早已有文字了。在这些文字里，除了数目字外，十日和十二辰的名号是很重要的，由甲乙丙丁和子丑寅卯等相配的六十甲子，是我国历法的主要构成部分……从这些图画文字里可以看到在文字发生时期的社会生活与文化情况，材料是真实的。比之流传下来的文献资料，或者传闻异辞，或者传写错误，甚或向壁虚构，不可尽信，大有区别。”①

——摘自唐兰《关于夏鼎》

① 故宫博物院编：《唐兰先生金文论集》，紫禁城出版社 1995 年版，第 510 页。

大汶口文化太阳八角芒形图像文字探赜①

一

1959 年，济南市博物馆在泰安大汶口遗址采集的两块彩陶片上绘有太阳八角芒形图像，图像中央作圆形。② 1974 年，山东省文物考古研究所在泰安大汶口遗址 M1013、M1014 和 M1018 墓葬发掘的两件彩陶豆和一件彩陶盆上，皆绘有五个太阳八角芒形图像。1978 年，在泰安大汶口遗址第三次发掘的 M2005 墓葬中出土了一件更为精美的彩陶豆。彩陶豆通高 28.4 厘米，口径 26 厘米，足径 14.5 厘米，通体涂深红色陶衣，腹部绘有五个白色黑边方心的太阳八角芒形图像，每两个图像之间，绘有两条表示数字二的白彩竖画，这是大汶口遗址发现的第六例太阳八角芒形图像③（图 2－1上）。

图2－1　大汶口彩陶豆和大墩子彩陶盆太阳八角芒形图像

1963 年冬，南京博物院在地处苏鲁边界的江苏省邳县四户镇大墩子大汶口文化遗址 M44 墓葬发掘的一件通高 18.5 厘米、口径 33.8 厘米的彩陶盆上，有用红、白、黑三色绘制的七个太阳八角芒形图像，除了数量不等外，其余皆与大汶口遗址彩

---

① 此文曾载中国社会科学院考古研究所夏商周考古研究室编《三代考古（六）》，科学出版社 2015 年版，第 479～485 页。

② 山东省文物管理委员会、济南市博物馆：《大汶口——新石器时代墓葬发掘报告》，文物出版社 1974 年版，图版 106。

③ 山东省文物考古研究所：《大汶口续集——大汶口遗址第二、三次发掘报告》，科学出版社 1997 年版，第 162～168 页，彩版一。费玲伢：《江苏新石器时代彩陶与彩陶系研究》，《东南文化》2010 年第 6 期。

陶豆腹部的太阳八角芒形图像相同①(图 2 - 1 下)。

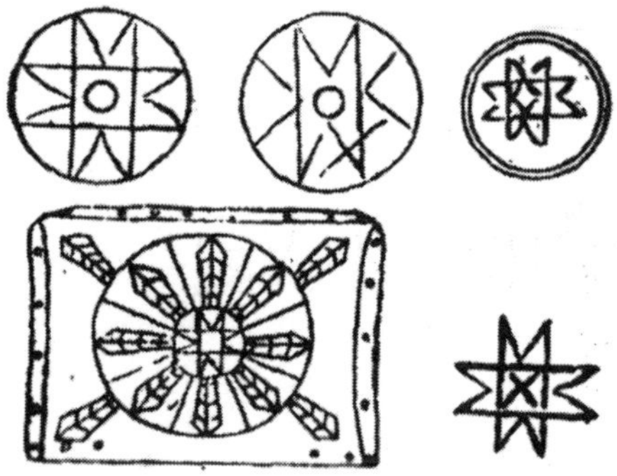

图 2 - 2　崧泽文化太阳八角芒形图像

1971 年和 1972 年,在邹县野店大汶口文化遗址 M35 墓葬出土的彩陶盆上,也绘有与泰安大汶口遗址彩陶豆相同的四个太阳八角芒形图像。②

1981 年和 1982 年,山东长岛县北庄大汶口文化时期遗址发现的彩陶上有用红、白、黑三色绘制的太阳八角芒形图像。③

大汶口文化晚期,太阳八角芒形图像传播到长江下游地区。20 世纪 60 年代初期和 70 年代中期,在太湖地区崧泽文化的陶器上和玉版上,发现的五种太阳八角芒形图像,有三大新内容:一是其中有四种刻画在表示周天的圆中。二是五种图像的八个芒角都分作东西相对和南北相对的两组,表示出一年两个岁首岁尾。三是安徽含山凌家滩遗址 M4 墓葬发现的一块玉版上按四正四隅方位刻画有十二个风轮翅,每六个与半圆相对,表示出一岁为六个月。风轮翅的方位也与太阳八角芒形的方位不同,可知太阳八角芒形图像并非八卦④(图 2 - 2)。

图 2 - 3　澄湖良渚文化陶器文字

1974 年,山东栖霞县大丁家村战国遗址 M1 墓葬出土的陶豆盘内有太阳八角芒形图像压印,压印当有族徽之义。⑤

1974 年,江苏吴县澄湖良渚文化遗址古井中出土的一件黑陶双耳罐上,自左向右契刻四个图像(图 2 - 3)。其

① 南京博物院:《江苏邳县四户镇大墩子遗址探掘报告》,《考古学报》1964 年第 2 期。南京博物院:《江苏邳县大墩子遗址第二次发掘》,《考古学集刊(1)》,中国社会科学出版社 1981 年版,第 27 ~ 81 页。栾丰实:《东夷考古》,山东大学出版社 1996 年版,第 151、153 页。

② 山东省博物馆、山东省考古研究所:《邹县野店》,文物出版社 1985 年版,第 63 ~ 65、132 页,彩版一、二。

③ 北京大学考古实习队、烟台地区文管会、长岛县博物馆:《山东长岛北庄遗址发掘简报》,《考古》1987 年第 5 期。

④ 南京博物院、吴县文管会:《江苏吴县澄湖古井群的发掘》,《文物资料丛刊(9)》,文物出版社 1985 年版,第 5 ~ 6 页。张明华、王惠菊:《太湖地区新石器时代的陶文》,《考古》1990 年第 10 期。

⑤ 李元章:《山东栖霞县大丁家村战国墓的清理》,《考古》1995 年第 11 期。

中，左一是一个指向四方的太阳八角芒形图像，与大汶口文化彩陶豆和彩陶盆上的太阳八角芒形图像形同。与左一图像一线相连的左二图像，更像是图像文字。澄湖黑陶双耳罐的刻画图像显然不是陶器纹饰，尽管其刻画潦草，但不失其本相。《考古》1990 年第 10 期刊载的张明华、王惠菊《太湖地区新石器时代的陶文》一文，将图像左一释为鱼，左二释为戉、戌，左三释为与“五”有关的合文，左四释为造船剜木的工具，称这四个图像，“如果自左至右读，它们似乎记录了距今 4000 多年前澄湖地区一个以鱼为图腾的部落曾经征伐吞并了与之相毗邻的擅长造船的氏族这样一个重大历史事件。如果自右至左读，这四个刻画似是个以鱼为图腾的部落曾经制造了一批玉戚的记录”。其后，王大有先生将图像左一、左二释为“八卦”和“戉”“岁”字。① 冯时先生将图像左一、左二释为“八卦与九宫”和权力的象征“戉”“王”字。② 李学勤先生释为“方钺五偶”。③ 然而这些图像怎么看也不像鱼，八卦方位在四正四隅，也与这些图像的方位不同，其历史真相和文化内涵有待探赜。

二

这个以往被学者称为“八角星纹”的纹饰，我们称为“太阳八角芒形图像”。它是大汶口文化先民观测太阳运行规律，将一年分为春、秋两岁（季）的标志。

图像似光芒四射的太阳。图像中央或作圆形，或作方形，是古人认为天圆地方的反映，图像中央是建木天柱的立处。我们采用崧泽文化图像的做法，以八角芒形中心为圆心 O，以芒形长度为半径作表示太阳运行一周年的圆，则八角尽在圆周上。我们以圆的直径为边长作代表日坛的正方形，则圆周的东、西、南、北皆切于方形日坛。我们分别以 A、B、C、D、A_1、B_1、C_1、D_1 为八个芒角的代表符号，绘成太阳八角芒形图像示意图（图 2－4），则图像之意可解。如示意图所示，八角皆处于四方与四隅之间的中点，它们每两个一组，分别处于圆周的

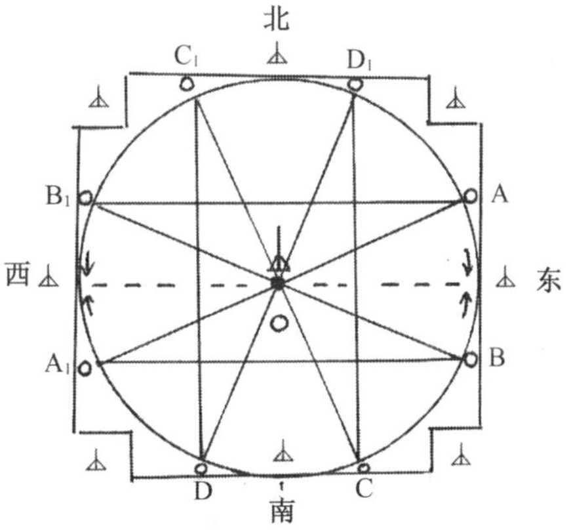

图 2－4　太阳八角芒形图像示意图

---

① 王大有：《三皇五帝时代（上册）》，中国社会出版社 2000 年版，第 111 页。

② 冯时：《试论中国文字的起源》《史前时代文字遗迹》，《中国书法全集 · 第 1 编 · 商周编 · 甲骨文》，荣宝斋出版社 2009 年版，第 54、363 页。

③ 李学勤：《良渚文化的多字陶文——吴文化历史背景的一项探究》，《吴地文化一万年》，中华书局 1994 年版，第 9 页。

东、西、南、北四方:东方的 A、B 是表示日出的方位,A 为最东北,B 为最东南;西方的 A_1、B_1 是表示日入的方位,A_1 为最西南,B_1 为最西北;南方的 C、D 是表示日中的方位,C 为日出最东北之日中,D 为日出最东南之日中;北方的 C_1、D_1 是表示夜半的方位,D_1 为日出最东北之夜半,C_1 为日出最东南之夜半。当日出最东南的方位 B,日入最西南的方位 A_1 时,直线 BA_1 将圆周分成南小、北大的两部分,表示昼最短、夜最长,应当是后世所名的冬至之时。当日出最东北的方位 A,日入最西北的方位 B_1 时,直线 AB_1 将圆周分为南大、北小的两部分,表示昼最长、夜最短,应当是后世所名的夏至之时;BOB_1 和 AOA_1 是两条表示将一年分为春、秋两岁(季)的直线。春岁(季)以 B(冬至)为岁首,以 B_1 为岁尾;秋岁(季)以 A(夏至)为岁首,以 A_1 为岁尾;春岁(季)和秋岁(季)都是半年六个月,两岁(季)合为一个"回归年"。DC_1 和 CD_1 是春、秋岁(季)首时日中和夜半方位的连线,DC_1 和 CD_1 等长,即春岁(季)岁首(冬至)昼夜相加,与秋岁(季)岁首(夏至)昼夜相加是相等的。可见其时已知每日昼夜相加都是相等的,也即现代所谓的一日都是 24 小时。COC_1 和 DOD_1 是两条分别垂直于 AOA_1 和 BOB_1 中心 O 的直线,表示将昼夜平分。可见其时已经发现有昼夜相均之日,即后世所名的春分、秋分。

现代天文科学称最东南的日出方位 B 和最西南的日入方位 A_1 的连线 BA_1 为南回归线,在南纬 23°26′;最东北的日出方位 A 和最西北的日入方位 B_1 的连线 AB_1 为北回归线,在北纬 23°26′;南回归线和北回归线之间的中线是赤道。春分和秋分时,阳光直射于赤道,昼夜相均,寒暑相平。春分以后,阳光直射的位置继续向北移,至夏至日,阳光直射于北回归线,其后转而自北向南移动,迎来秋分。秋分以后,阳光直射的位置继续向南移动,至冬至日,阳光直射于南回归线,其后转而自南向北移动,迎来春分,如此周而复始。大汶口文化太阳八角芒形图像表示的正是一年两岁(季)日出、日入运行的天象。

泰安大汶口遗址含有龙山、大汶口、北辛三个文化层。大汶口文化层的绝对年代,先后用碳－14 测定了七个数据,测年的最大值都距今约 6300 年。①

《山海经》中有对尧舜时代立杆测影、观象授时的记载。《海内经》曰:"有九丘,以水络之:名曰陶唐之丘、有叔得之丘、孟盈之丘、昆吾之丘、黑白之丘、赤望之丘、参卫之丘、武夫之丘、神民之丘。有木,青叶紫茎,玄华黄实,名曰建木,百仞无枝,有九欘,下有九枸,其实如麻,其叶如芒。大(太)皞(昊)爰过,黄帝所为。"《淮南子・天文训》也曰:"中央土也,其帝黄帝,其佐后土,执绳而制四方。"四方是四方四隅的省称。

---

① 夏鼐:《碳－14 测定年代和大汶口文化》,《大汶口文化讨论文集》,齐鲁书社 1979 年版,第 5 页。

可知，尧舜时代立杆测影、观象授时的日坛中央立有建木天柱，又称帝柱，四方和四隅立有八根支柱。中央帝柱和支柱的根部都培有加固的土堆，称为“九丘”。中央帝柱与支柱之间，上顶有绳索相系，称为“八索”；地面有直线相连，称为“八维”。“八索”与“八维”上下相对，用以观测中央帝柱日出、日中、日入时日晷的方位与长度。大汶口文化太阳八角芒形图像所显示的即立杆测影、观象授时的探索发现。《山海经》称，每天从早到晚在建木帝柱上援上援下，投下供人们观测晷影的是太昊，太昊即太阳神。《山海经》中的《大荒东经》《西次三经》记载的少昊也是一位太阳神。唐兰先生曰：“太昊少昊之所以称昊，是代表太阳神。”①《山海经》记载的太昊、少昊都是太昊太阳历和少昊太阳历的神化。可知，太阳八角芒形图像是太昊、少昊部落立杆测影、观象授时的创造。图像绘于礼器彩陶之上用于祭祀，既是祭天，又是祭祖。图像在泰安大汶口遗址出土，说明太昊部落居于此地。

太阳八角芒形图像是大汶口文化早期，以一年之中白天最短的一天（冬至）和白天最长的一天（夏至）为岁首，将一年分为春、秋两岁（季）的标志，是我国原始“回归年”太阳历已经产生的实证。它比世界上最早的古埃及太阳历大约要早 2300 年。这种对太阳运行回归规律的观测和图像的形成，大约在大汶口文化以前还有很长的历史。

考古发现的太阳八角芒形图像已有十多例，从黄河下游到长江流域，从大汶口文化到良渚文化和战国时期，其出土数量之多，涵盖范围之广，跨越时间之长，显示了其强大的生命力和科学性、适用性。

夏代时，已经有了“夏至”的概念。《论语·卫灵公》载，颜渊问怎样治理国家，孔子曰：“行夏之时，乘殷之辂，服周之冕，乐则《韶》《舞》。”“行夏之时”，即实行夏朝的历法。《大戴礼记·夏小正》曰，五月“时有养日。养，长也”。十月“时有养夜。养者，长也，若日之长也”。其记载的“夏至”在五月，“冬至”在十月。比《礼记·月令》说的仲夏六月“日长至”（夏至），仲冬十一月“日短至”（冬至），早一个月，说明《大戴礼记·夏小正》记载的是夏历，《礼记·月令》记载的是周秦历。所以有学者认为《大戴礼记·夏小正》虽然没有提出历法上的“二至”，但已有了“一种雏形”，说明它还只是一种比较原始的观象授时的历法。②《大戴礼记·夏小正》只有“夏至”和“冬至”的记载，没有“春分”和“秋分”，与太阳八角芒形图像之意正合。

商代时，仍以农作物一熟为一岁（季），一年两岁（季），卜辞称为春、秋。陈梦家

---

① 唐兰：《中国奴隶社会的上限远在五六千年前——论新发现的大汶口文化与其陶器文字，批判孔丘的反动历史观》，《大汶口文化讨论文集》，齐鲁书社 1979 年版，第 136 页。

② 夏纬瑛、范楚玉：《〈夏小正〉及其在农业史上的意义》，《中国史研究》1979 年第 3 期。

先生在论述商代的历法天象时曰:“后世春夏秋冬四季的分法,起源于春秋以后。此前恐怕只有两季,即上述的两岁。”①如此,一年两岁,先民们沿用了4000多年。

大汶口文化太阳八角芒形图像,是“岁”字的本原,也是东夷最早的图像文字。其后约1800年,在莒县陵阳河和诸城前寨诞生了龙山文化陶尊图像文字②,引发了20世纪70年代学术界关于中国文字和中华文明起源的热议。

三

澄湖良渚文化时,太阳八角芒形脱离了八角图像形态,线条简化为三横两竖,写作“”,成为甲骨文所本的“歲(岁)”字。

澄湖良渚文化黑陶双耳罐陶文“”,王大有和冯时先生释为“戉”,是“歲(岁)”字,古“戉”“歲(岁)”一字,所见近是。

甲骨文有“歲(岁)”字,写作“”(《合》一〇九)、“”(《佚》八九三)、“”(《诚》二三九)等形。《甲骨文字典》释曰:“歲戉古本一字,甲骨文歲字象戉形。于省吾曰:‘字上下二点表示斧刃上下尾端回曲之中透空处,其无点者,乃省文也。’(《甲骨文释林·释戉》)金文作(利簋)、作(子禾子釜),与甲骨文之同;其从步作(毛公鼎)者,与甲骨文之同。”

甲骨文“”“”虽可作“”,但“”是“”“”之省文,并非“岁”字的初形和本义。“”字上下的二点,“”字上下的二止,是否像于省吾先生所说的“表示斧刃上下尾端回曲之中透空处”以及“歲(岁)”字是否从步,都有待考证。

郭沫若先生《释歲》曰:“许(慎)谓歲字从步,罗(振玉)亦因之,然如歲果从步者则当作䮘若㱦,不应置左右二足形于戉之上下而隔裂之,古人造字无是例也。依余所见与实本同意。戉之圆孔以备卦置,故其左右透通之孔,以人喻之,恰如左右二足。是则二点与左右二足形()之异,仅由象形文变为会意字而已。故从步之说有语病,许书以五星为五步之说解之,尤非其朔也。”③郭沫若先生言“歲(岁)”字不从

---

① 陈梦家:《殷虚卜辞综述》,中华书局1988年版,第226页。

② 旧说莒县陵阳河与诸城前寨陶尊图像文字为大汶口文化晚期,欠确,这与其时将大汶口文化定位于距今5000年有关。近年来据大量碳-14测年数据,确定北辛文化距今7500—6300年,大汶口文化距今6300—4600年,龙山文化距今4600—4000年(山东博物馆编著:《考古山东》,青岛出版社2013年版,第33页)。碳-14测定的莒县陵阳河和诸城前寨遗址年代均为龙山文化时期(栾丰实:《东夷考古》,山东大学出版社1996年版,第158、255页)。

③ 郭沫若:《郭沫若全集·考古编·第一编》,科学出版社2002年版,第144页。

“步”，至确，但其将二点和二止释为以备卦置的透通之孔，则与于省吾先生所言相同。“”字的二点为何又可写作“”字的二止，其疑一直未解。

澄湖良渚文化黑陶双耳罐太阳八角芒形等四个图文组合，揭示了“歲（岁）”字之造的本义。图像左一“”和左二“”之间的连线，起着将二者释为义同的作用，说明这两个不同历史时期的图像都是对于太阳一年两岁（季）运行规律的表述，图像“”是从图像“”演变而来，后者是前者的简化，两者意义相同，都是“歲（岁）”字。

图像“”由三条横画和两条竖画组成。如图 2－4 所示，上方横画表示日出最东北方位 A 和日入最西北方位 B_1 之间的连线 AB_1，即今所称的北回归线；下方横画表示日出最东南方位 B 与日入最西南方位 A_1 之间的连线 BA_1，即今所称的南回归线；中间的横画，则表示将一年分为春、秋两岁（季），即直线 AOA_1 和 BOB_1 的共用线。“”字的两条竖画，一短一长，短者表示秋岁（季）开始于日中日晷最短，长者表示春岁（季）开始于日中日晷最长。《周髀算经》载，立八尺表，冬至日晷丈三尺五寸，夏至日晷尺六寸。冬至日晷最长，夏至日晷最短，古人以此而分春秋。这是大汶口文化早期的太阳八角芒形图像经过一千多年进化的结果和写照，其后又经过了一两千年，进化为商代甲骨文“”和“”。

良渚文化陶文“”的上、下二横到商代甲骨文时演变为二点或二止。甲骨文“”字的两个圆点，代表着由最东北的日出方位（北回归线）转而自北向南移动和由最东南的日出方位（南回归线）转而自南向北移动的太阳。甲骨文“”字从二止（足）、二止（足）之义是表示日出的方位在周而复始地移动。二止（足）在横画上、下，一个代表春半年，一个代表秋半年。二止（足）并非“步”字，佐证了郭沫若先生之论。

两周时，金文“歲（岁）”字仍从二止，与甲骨文相同。秦代书同文，小篆改为从“步”作“”，隶定作“歲（岁）”，又讹变为从“山”作“嵗”，今简化作“岁”，尽失造字本义。

以上考证说明，“歲（岁）”字出自天象，而不是工具戉和兵器斧钺。图像“”虽与莒县陵阳河陶尊图像文字“”（戉）字相似，但并不相同。图像“”应释为年岁之“歲（岁）”，而不是斧钺之“戉”和斧钺象征的权力“王”。

“”是澄湖黑陶双耳罐的第三个图像，由“”和两条短竖组成。这是图像“”的另一种抽象简化形式，表示一年分作两岁（季），当也读作“岁”。

澄湖黑陶双耳罐第四个图像“↑”，是一个指示上天或上帝的符号，表示左边的三个图像是天象，来自上天和上帝神灵所赐。这种指示向上、向下、向左、向右的箭头形符号在西安半坡仰韶文化和江西清江吴城、河北藁城早商文化遗址的陶器符号中也有发现①，义如后来的上、下、左、右。

澄湖良渚文化双耳罐上的“岁”字，诠释了太阳八角芒形图像的本质文化特征。

从大汶口文化早期的太阳八角芒形图像“”，到良渚文化陶文“”，“岁”字的创造大约经过了两千年。这是孕育和形成东夷文明的重要的历史时期，产生于这一历史时期的太阳八角芒形图像放射着东夷文明即将诞生的曙光，蕴含着原始天文学、地理学、文字学、绘图美术学等文化信息，体现着东夷民族特有的精神追求、思维方式、观察力、想象力、创造力和生命力，是东夷民族智慧的结晶，也是中华民族的瑰宝。

① 中国科学院考古研究所、陕西省西安半坡博物馆编：《西安半坡》，文物出版社 1963 年版，第 197 页。王蕴智：《史前陶器符号的发现与汉字起源的探索》，《华夏考古》1994 年第 3 期。

大汶口文化背壶太阳鸟形图像文字探赜

一

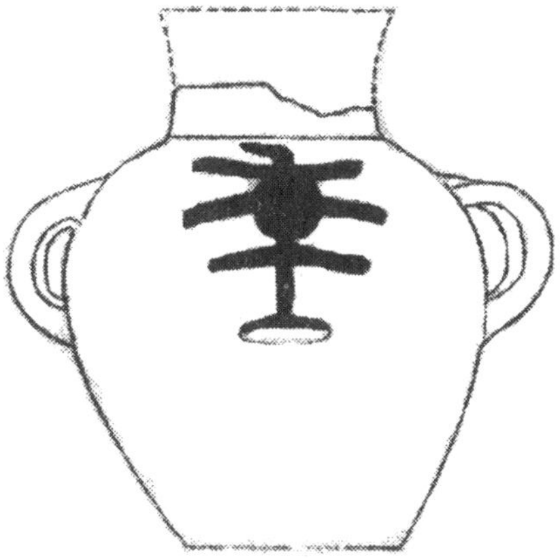

图 2－5　大汶口文化背壶太阳鸟形图像

1959 年夏天，山东省文物管理处和济南市博物馆在宁阳县堡头大汶口文化遗址 M75 墓葬出土了一件灰陶背壶，背壶残高 17.1 厘米，口径 7.5 厘米，腹部上方有一个用朱色绘的图像（图2－5），像一只右视展翅的太阳鸟[①]，唐兰先生释为“𠦪”字，曰“𠦪（音忽）字象花朵形”[②]，未作详解。

甲骨文有“𠦪”字，《甲骨文字典》释曰：“甲骨文□、□当即《说文》𠦪字初文，本不从夲，《说文》篆文从夲乃形讹。金文作□（杜伯盨）、□（毛公鼎），与甲骨文同。林义光谓象华饰之形（《文源》），其说可参。按《说文》𩝿又作饙，𠦪即贲之本字，贲乃后起之形声字。《说文》‘贲，饰也，从贝、卉声’按‘从贝、卉声’之说不确。盖𠦪音本与贝相近，后以其读音不显，遂加贝为声符以明之。贝拜古并在祭部故得通假，故卜辞及铜器铭文中𠦪皆有祈匄之意，后世更从手而为㨃（拜）。《说文》：‘𠦪，疾也。从□、卉声，拜从此。’按训‘疾也’为借义，实因误音忽而训疾。《说文·手部》：‘㨃……从手𠦪。’𠦪音忽，今则径假忽为‘疾也’之义。”今考，背壶朱绘的图像文字“□”，既不象花朵，也不象人求拜之形，当另有其文化内涵。

宁阳县堡头大汶口文化遗址 M75 墓葬的年代，属于大汶口文化中期，距今

---

① 山东省文物管理处、济南市博物馆编：《大汶口——新石器时代墓葬发掘报告》，文物出版社 1974 年版，第 73 页。

② 唐兰：《从大汶口文化的陶器文字看我国最早文化的年代》，《大汶口文化讨论文集》，齐鲁书社 1979 年版，第 80 页。

5500—5000 年。①

二

图像“”有三个重要的文化特征：一是右视的鸟首和中间的竖画，鸟首是少昊鸟族的特征，中间的竖画是立杆测影、观象授时的中央天柱，又称帝柱，鸟立于天柱之顶，是少昊鸟族观测天文历法的标志。二是竖画中的大圆点及其左右的四条斜线，是表示太阳及其四方支柱的晷影。三是大圆点之下的横画，是表示东方支柱和中央天柱的日出晷影在日坛东西方位线上的重合。

1. 少昊是太阳神

太昊、少昊都是典籍记载的东夷部族首领。太昊，是太阳神。《山海经·海内经》曰：“有九丘，以水络之：……有木……名曰建木……大(太)皞(昊)爰过，黄帝所为。”建木，是立在日坛、祭坛中央的天柱。天柱即帝柱，其帝黄帝，是宇宙的主宰。九丘是培在中央天柱和四方四隅八根支柱下的土堆。每天从早到晚，太昊都要从中央帝柱和支柱上上下援过，投下供人们观象授时的晷影。太昊无疑就是太阳神。

《山海经》中记载的少昊也是太阳神。

《大荒东经》曰：“东海之外大壑，少昊之国。”“大壑”即大沟，《海内经·九丘建木》所载的“以水络之”的东方水槽。每天，太阳由东方升起。太阳升起的地方，即少昊之国。

《西次三经》曰：“长留之山，其神白帝少昊居之……实惟员魂氏之宫。是神也，主司反景。”太阳入于西方，故说少昊居于西方的长留之山。太阳西入，则日景反照在东，是主司观测到的日入之晷影。所载的皆是少昊时立杆测影、观象授时的神化。而少昊和太昊一样，也是太阳神。唐兰先生曰：“大汶口文化是少昊民族的文化，太昊、少昊所以称昊，是代表太阳神。”②所言至确。

2. 少昊时以鸟纪官

《左传·昭公十七年》载郯子曰：“我高祖少皞(昊)挚之立也，凤鸟适至，故纪于鸟，为鸟师而鸟名。凤鸟氏，历正也；玄鸟氏，司分者也；伯赵氏，司至者也；青鸟氏，司启者也；丹鸟氏，司闭者也……”郯子言，帝少昊挚时，设有五官专司天文历法，其历正

---

① 山东省文物管理处、济南市博物馆编：《大汶口——新石器时代墓葬发掘报告》，文物出版社 1974 年版，第 4、107 页。

② 唐兰：《中国奴隶社会的上限远在五六千年前——论新发现的大汶口文化与其陶器文字，批判孔丘的反动历史观》，《大汶口文化讨论文集》，齐鲁书社 1979 年版，第 136 页。

为凤鸟氏。此凤鸟氏,当是少昊时负责观测天文历法的风姓部落首领。少昊以鸟纪官,创造了鸟族文化,在大汶口文化、龙山文化及良渚文化中,鸟形器具和图像屡见不鲜。

美国华盛顿弗利尔美术馆收藏的中国良渚文化的一件玉臂圈和三件玉璧上,皆载有少昊太阳鸟族的图腾图像(图 2－6),为了书写方便,我们用 m、n、k、p、q 作为这几个图像的代表符号。

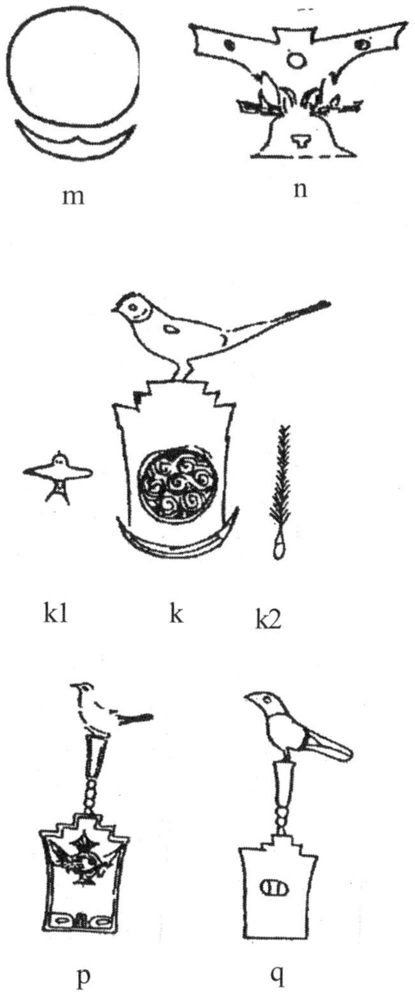

图2－6　良渚文化玉臂圈和玉璧上的太阳鸟柱图像

图像 m 刻画于玉臂圈外面偏上的位置,与莒县陵阳河陶尊图像“[符号]”字相同,图像 m 即前释为“阳”字,是整个东夷太阳族部落集团共同的徽识。图像 n 刻画于玉臂圈的另一侧,平顶表示天柱,天柱又象征展翅的鸟形,鸟翅上的两“○”象征鸟目。鸟身中间的“○”象征太阳,下底中间双钩的“T”即“丅”“示”字,与上方的“○”组成“[符号]”(昜)字。图像中间和两旁的叶形“[符号]”,即《海内经 · 九丘建木》所言的建木之“青叶紫茎”之叶。图像 n,是少昊太阳鸟族的文化体现。图像 m 和 n 刻画于同一玉臂圈的两侧,表现的是《尚书 · 尧典》所谓的“寅宾出日”。少昊青鸟氏为司启之官,此图像应属少昊青鸟氏。

图像 k,是一只立于日坛、祭坛的天柱之上向右视的鸟。中间带云纹的“○”象征太阳,下底作向上弯曲的弧形,与图像“[符号]”义同。玉璧边缘还刻有燕形(图 k1)和植物形(图 k2)花纹,表示春天到来,植物发芽生长。少昊玄鸟氏司春分、秋分,此图像应属少昊玄鸟氏。

图像 p,也是一只立于日坛、祭坛的天柱之上向右侧视的鸟。鸟首作“[符号]”形,与莒县陵阳河陶尊图像风字“[符号]”相似,是凤鸟氏之像。少昊凤鸟氏司历正,主管天文历法,此图像应属少昊凤鸟氏。

图像 q,也是一只立于日坛、祭坛的天柱之上向右侧视的鸟。中间的“[符号]”,刻画于图像日坛之中,表现的是采丹井之象。《说文》:“丹,巴越之赤石也。象采丹井,一象丹形。”此字当是“丹”字,甲骨文“丹”字作“[符号]”(《乙》三三八七),金文作“[符号]”

（甘敦鼎），会意采丹之井。丹鸟氏司闭，此图像应属少昊丹鸟氏。

这四件玉器图像刻画的都是少昊太阳鸟族图腾柱，是少昊鸟族立杆测影、观象授时的写照，按照文献的记载应当还有一件伯赵氏的玉器失传，《左传·昭公十七年》郯子之言不妄也。

良渚文化是以浙江余杭县良渚镇遗址命名的考古文化，距今5300—4200年，相当于大汶口文化的中晚期和龙山文化早期。这些图像说明了良渚文化与大汶口文化之间密切的关系，也说明太昊、少昊文化影响到江浙一带。

3. 少昊时历正曰重

《山海经·大荒西经》曰："大荒之中，有山名曰日月山，天枢也。吴姖（虞）天门，日月所入。有神，人面无臂，两足反属于头山（上），名曰嘘。颛顼生老童，老童生重及黎，帝令重献上天，令黎邛（抑）下地，下地是生噎，处于西极，以行日月星辰之行次。"此经所载的"日月山"即吴山，又称虞坂，在山西平陆北。"天枢""天门""日月所入"皆是吴山日坛观象授时的记载。"有神，人面无臂，两足反属于头山（上）"，此神即刻画于图腾柱上的日坛保护神。其神名曰"嘘"，嘘音唏，义为哭啼，是说此地家自为巫，历法有误，与农时不合，五谷不收，这是"九黎乱德"造成的灾难。《国语·楚语下》曰："古者民神不杂。……及少皞（昊）之衰也，九黎乱德，民神杂糅，不可方物。夫人作享，家为巫史，无有要质。民匮于祀，而不知其福。烝享无度，民神同位。民渎齐盟，无有严威。神狎民则，不蠲其为。嘉生不降，无物以享，祸灾荐臻，莫尽其气。颛顼受之，乃命南正重司天以属神，命火正黎司地以属民，使复旧常，无相侵渎，是谓绝地天通。"所谓的"绝地天通"，是取缔了各个部落自行制定的天文历法，恢复了少昊时统一的太阳历。

重是司天之官，受到后世奉祀。《左传·昭公二十九年》载，魏献子问于蔡墨："社稷五祀，谁氏之五官也？"对曰："少皞（昊）氏有四叔，曰重、曰该、曰修、曰熙，实能金、木及水。使重为勾芒，该为蓐收，修及熙为玄冥。世不失职，遂济穷桑，此其三祀也。颛顼氏有子曰犁，为祝融；共工氏有子曰勾龙，为后土，此其二祀也。后土为社。稷，田正也。"蔡墨说重为勾芒，太昊时即有勾芒之官，"木正曰勾芒"，木即建木天柱，木正司天神、测日晷、制历法。勾者，勾股之勾；芒者，太阳之芒。股为天柱之高，勾为日中日晷之长。《周髀算经》记载的商高与周公的谈话中，就有"勾三股四玄五"的关系。如此，宁阳县堡头大汶口文化遗址M75当是少昊勾芒重叔之墓。

4. ""是重字的本原

甲骨文有""（《明》二〇六五）、""（《佚》六〇九）字，此字从人从东，人即图像""字鸟首之演变。甲骨文"人"字作""（《前》二.六.六），或反书作""

(《合集》二三四〇三),"夷"字作""(《粹》一一八七),人与夷字形相近。少昊为东夷首领,故甲骨文""""所从之"人",是少昊东夷之人的标志,也即""字鸟首是也。甲骨文"东"字作""。《说文》释曰:"东,动也,从木。官溥说,从日在木中。"《说文》之释是对的。甲骨文、金文俱以"东"为东方之东。东字的本义即日坛东方之支柱,"日在木中"即东方支柱的日晷;"东,动也",是说东方支柱的日晷在不停地移动,"""",东字横书,正是东方支柱日晷的写照,源自""字圆点之下横画的演变。

甲骨文有""(《拾》五.一四)、""(《乙》六六九〇)、""(《前》六.三六.四)等字。《甲骨文字典》释曰:"从田从东,田或作、等形,同。所会意不明。"

此字所从的"田",规范的写法是中间的十字为一竖、一横相交,不与""字四边相连,即甲骨文天干首字"甲"。"田"字作"",表示立有天柱,"田"字作""乃日坛、祭坛平面之方形。田、、之义同,皆表示立杆测影、观象授时的日坛、祭坛。日坛、祭坛的中央,是建木天柱的立处,"田"字代表中央建木天柱,"东"字代表正东方位的支柱。""是正东方位支柱与中央建木天柱的日出晷影在正东正西方位连线上的重合。

甲骨文另有""字。《甲骨文字典》释曰:"从从东,所会意不明。"此字从"",与甲骨文""(帝)字形似,""即日坛、祭坛中央的建木天柱,又称帝柱,故作帝字形。下部横书的""字,乃是东方支柱的晷影。""是东方支柱之日出晷影与中央帝柱之日出晷影在地平晷盘正东正西方位连线上的重合。此字将"重"字之义表达得更为明白。

殷铜器《重爵》载有重国的族徽""(《集成》13.7365)。《金文编·附录上》收录重国族徽11个。这些族徽皆由一个"人"字和一个"东"字组成。"东"即日坛、祭坛正东方位之建木天柱。此人,即在日坛、祭坛观象授时、制定历法之人。""是少昊之子重氏家族之族徽。

西周之时,重氏族徽演变作"",见于《井侯簋》中的"重人"(《集成》8.4241)。""字上顶的""即人字,乃少昊太阳鸟族图腾""上顶向右视的鸟首长喙之演

化，“”字中间的“口”字，与图腾中间表示太阳的大圆点义同；“”字中间的横画，即“”字大圆点之下横画的移位。“”字左右的四条斜画与“”字左右的四条晷影义同。金文“”即大汶口文化背壶图像“”在西周金文中的进化，后来又从土写作“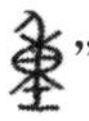”，隶定作“重”。①

三

（重）是方国地名。

春秋之时，重国有两个。一在今曹县东北曰重丘，一在今无棣县西南曰重氏。《左传·襄公十七年》载：“卫孙蒯田于曹隧，饮马于重丘。”杜预注曰：“重丘，曹邑。”《太平寰宇记》曰：“重丘在乘氏县东北三十一里。”乘氏县在今曹县东北五十里。另齐国也有地曰重丘，《春秋·襄公二十五年》载，“诸侯同盟于重丘”。《春秋左传注》：“重丘，齐地。《方舆纪要》谓在今山东聊城县东南五十里。”重丘还有一地在德州市境。《汉书·地理志上》曰，平原郡，县十七，重丘。丘是高地，古代观象授时的日坛，皆建于高丘之地，重丘称丘，承载的是此地建有日坛的文化信息。另一重氏国在今无棣县西南。《路史·国名纪己》曰：“重氏，伐有郐者宜句芒国，沧之南皮下有千童城。《年表》云：故重氏是也。”《汉书·地理志》“渤海郡”条下载：“县二十六……南皮，莽曰迎河亭。”古“重”“童”一字，千童城在无棣县西南境，即古重氏国。《井侯簋》中的“重人”即此重国的奴隶。

殷代时，由“重”字孳乳出“曹”字、“曹氏”和“曹国”。

殷卜辞有“”字。《甲骨文字典》释曰：“从二东。《说文》：‘，二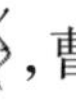，曹从此。阙。’甲骨文殆以二橐相重会曹偶之意。”

《汉语大字典》释曰：“《说文》：‘二东，曹从此。阙。’徐灏注笺：‘《系传》曰：《说文》旧本无音，今字书音。’灏按：‘’‘’相承，增‘曰’字，隶作‘曹’。汉官分曹治事，有东槽、西槽，故从东而重之，会意。但从东不从西者，举其一偏，文不能备也。”

以上诸家所释，皆非其本义。《字汇补·本部》：“，《说文先训》：一周天也。”明

① 刘钊：《甲骨文字考释》，《古文字研究（第十九辑）》，中华书局1992年版，第462页。

杨慎《丹铅续录·字义》曰:“㯥,周匝也。自东而复于东,故而两东。”近是。

《淮南子·天文训》曰:“东方木也,其帝太皞(昊),其佐勾芒,执规而治春。”东本是日坛、祭坛正东方位的支柱。太昊、少昊是太阳神,勾芒即少昊时代观测天文历法的南正重。重氏世代为南正,立杆测影、观象授时,发现了春分,故东字成为春分的代表。“㯥”字从二东,是会意东方支柱与中央帝柱日出晷影在正东正西方位线上的重合,经一周年而遭遇,故“㯥”字释为“曹”,义为“遭”。

殷卜辞“㯥”字用作国族之名,也见于殷铜器《天㯥父癸爵》(《集成》14.8956),铭文四字:“天㯥父癸。”

西周初年,周武王封弟振铎于曹,地在今山东省菏泽市定陶区西南七里。《诗经》载有《曹风》三首,朱熹《诗集传》曰:“曹,国名。其地在《禹贡》兖州陶丘之北,雷夏、菏泽之野。周武王以封其弟振铎。今之曹州,即其地也。”《左传·桓公五年》载:“冬,州公如曹。”杜预注:“曹国,今济阴定陶县。”《春秋左传注》同年注:“曹,国名,姬姓,武王封其弟振铎于曹,都陶丘,故城当在今山东省定陶县西南七里。……鲁哀公八年,为宋所灭。”《世本·世家》载有曹国世系,振铎至伯阳共传二十四世。

春秋之时的曹氏乃是重氏之后裔。曹国的重丘之地当是当年重氏立杆测影、观象授时之日坛、祭坛。

太昊和少昊,是公认的东夷首领。有的说少昊是太昊之后,有的说太昊即大昊,少昊即小昊,也有的说太昊与少昊同时。今以考古发现和《山海经》记载的原始太阳历考之,太昊早于少昊是历史之真实。太昊时代,大约相当于北辛文化至大汶口文化早期;少昊时代,大约相当于大汶口文化中期至龙山文化早期。太昊不大,少昊不小,都是立杆测影、观象授时的太阳神。

龙山文化早期陵阳河陶尊图像文字探赜

大汶口文化是继仰韶文化之后又一重大的考古发现,大汶口文化"一项有重大意义的发现,是在莒县陵阳河和诸城前寨两个大汶口文化遗址,发现了我国早期阶段的图像文字,为研究我国古代文字的起源提供了重要资源"①。然而 50 多年过去了,这些众说纷纭的图像文字,它们到底像什么? 是什么? 读什么? 是否属于大汶口文化? 依然疑云未散。故此,笔者对这些图像文字进行了一些新的探索,现在就教于方家。

一

迄今为止,见于正式报道的陵阳河图像文字,共 9 种 20 例,其中莒县陵阳河遗址和大朱村遗址发现 19 例,诸城前寨遗址发现 1 例。

陵阳河遗址在今莒县县城东南 12.5 千米的陵阳乡陵阳街村村东,陵阳河南岸的一块阶梯形的台地上,总面积 2 万平方米。大朱村遗址在今莒县县城以东约 7.5 千米店子乡大朱村村西,西距沭河约 4 千米,东北距陵阳河遗址约 6 千米,遗址东西长约 300 米,南北长约 200 米,部分被村舍所压。前寨遗址位于诸城无忌乡前寨村西头,南临潍河,北近小岭,西靠小河,遗址在一处 4 米多高的高埠上,东西长约 200 米,南北长约 100 米。诸城前寨遗址距陵阳河遗址约 60 千米。

20 世纪 60 年代初,在陵阳河遗址和大朱村遗址发现了图像文字,引起了考古工作者的重视。1979 年,山东省博物馆对陵阳河遗址和大朱村遗址进行正式发掘,发现了新的图像文字。1973 年,诸城县对全县文物保护单位进行复查,在前寨遗址也发现了一块带有图像文字的陶尊残片。

1974 年 12 月,山东省文物管理处和济南市博物馆编的《大汶口——新石器时代墓葬发掘报告》一书由文物出版社出版。该书报告了四个完整的图像文字即本文图

① 山东省文物管理处、济南市博物馆编:《大汶口——新石器时代墓葬发掘报告》,文物出版社 1974 年版,第 117 页。

2－7所编的A、B、E、F，诸城前寨遗址采集的残文，与B相同。

《大汶口——新石器时代墓葬发掘报告》一书出版以后，在陵阳河遗址又陆续有新的图像文字发现。1986年9月，王树明《谈陵阳河与大朱村出土的陶尊“文字”》一文，收入《山东史前文化论文集》，由齐鲁书社出版。该文刊登了图像文字标本17个，不重复的图像文字9种。1996年，栾丰实《东夷考古》一书由山东大学出版社出版，书称：“大汶口文化晚期阶段，在陵阳河、大朱村、杭头、前寨、尉迟寺和尧王城等六处遗址发现图像文字，并远播到长江下游的南京一带，其中以陵阳河遗址出土最多。总计图像有20余个，其中不重复的有9种。”①（图2－7）

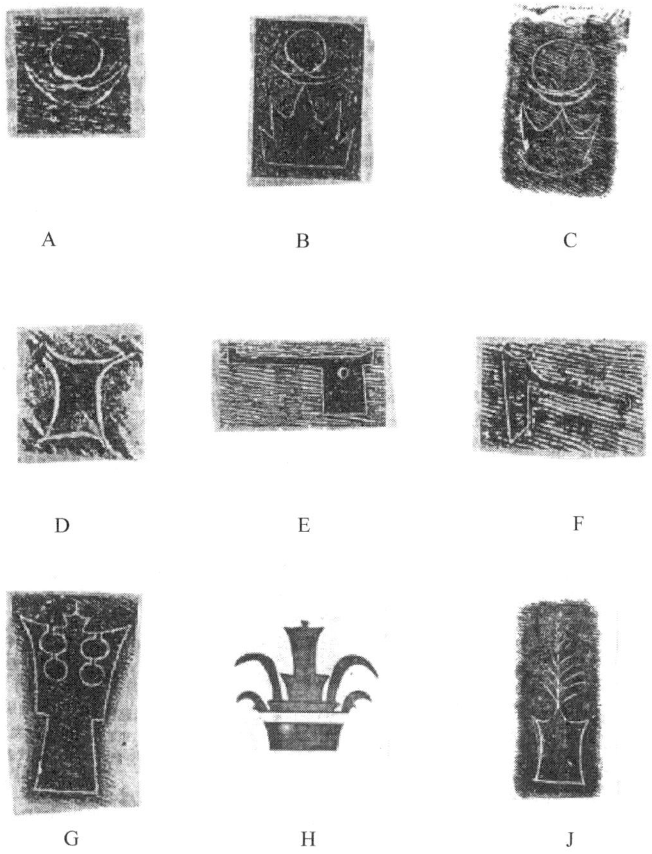

图2－7　莒县陵阳河陶尊图像文字

图像A、B，于省吾先生释为“旦”，曰：“龙山文化的陶尊（1960年山东莒县出土），外部有刻画的字。这个字上部的○象日形，中间的象云气形，下部的象山有五峰形。古文字中的山多作三峰形，商器父壬尊的山字作，与此相仿。山上的云气承托着初出的太阳，其为早晨旦明的景象，宛然如绘。因此我认为，这是原始的旦字，也是一个会意字，写成楷书作昷。“旦”字，甲骨文作，周代金文作，都已省掉下部的山字。《说文》谓：‘旦，从日见一上，一地也。’已与造字初义不符。这个旦字的发现，不仅说明了商周时期的旦字是字的简化，同时也说明了距今约四千年前后相当于夏代的龙山文化，已经出现了用三个偏旁构成的会意字。”②裘锡圭先生

① 栾丰实：《东夷考古》，山东大学出版社1996年版，第190页。
② 于省吾：《关于古文字研究的若干问题》，《文物》1973年第2期。

认同其说。王树明先生释图像A为“炅”，释图像B、C为“炟”，并说陵阳河正东五里，有山五峰并连，图像B应是人们对这一景象长期观察的摹画。[1]

唐兰先生与于省吾先生的意见相左，他将图像A、B皆释为“炅”，示意为热。曰：“迄今为止，大汶口文化遗址出土的灰陶缸上的文字，已经发现了五个字了。最有意义的是其中三个都是‘炅’字，两个较繁，上面刻画着太阳，太阳下面画出了火，下面是山，而另一个字只在山下画出了火形，把山形省略，因此，跟后来的‘炅’字完全一样。”[2]李学勤先生认同其说，并对释“炅”作了详解。

图像D，王树明先生释为“凡”，是我国古代东夷部族用于军事方面的吹奏乐器。[3]

图像E，唐兰先生释为“钺”的象形字，即“戊”和“戉”字，古代这两个字是一个字。[4]

图像F，唐兰先生释为“锛”的象形字，是斧斤的“斤”字。[5] 李学勤、裘锡圭、高明先生皆赞同其说。

图像G与图像“”“”是一类，王树明先生释为“享”字，是酒神图像。[6]

图像H，王树明先生释为滤酒图像。[7]

图像J，王树明先生释为“南”字的祖形[8]，李学勤先生释为“封”[9]。

以上各家的释读虽然见解不一，但都认为莒县陵阳河陶尊上的图像是文字初创时的形态，这是一个科学的正确的论断。我们需要思辨的，不在于它是不是文字，而是它是哪个字的初创形态。解开这个谜团，将提升我们对中国古代文字起源的认识。

---

① 王树明：《谈陵阳河与大朱村出土的陶尊“文字”》，《山东史前文化论文集》，齐鲁书社1986年版，第250页。

② 唐兰：《关于江西吴城文化遗址与文字的初步探索》，《文物》1975年第7期。

③ 王树明：《谈陵阳河与大朱村出土的陶尊“文字”》，《山东史前文化论文集》，齐鲁书社1986年版，第258页。

④ 唐兰：《关于江西吴城文化遗址与文字的初步探索》，《文物》1975年第7期。

⑤ 唐兰：《关于江西吴城文化遗址与文字的初步探索》，《文物》1975年第7期。

⑥ 王树明：《谈陵阳河与大朱村出土的陶尊“文字”》，《山东史前文化论文集》，齐鲁书社1986年版，第272页。

⑦ 王树明：《谈陵阳河与大朱村出土的陶尊“文字”》，《山东史前文化论文集》，齐鲁书社1986年版，第268页。

⑧ 王树明：《谈陵阳河与大朱村出土的陶尊“文字”》，《山东史前文化论文集》，齐鲁书社1986年版，第266页。

⑨ 李学勤：《论新出大汶口文化陶器符号》，《文物》1987年第12期。

二

下面我们来探索一下这些图像文字。

1. 图像“”，共两例，皆采集于陵阳河遗址。此图像上面的“○”象日，下面的“”象云，是早上之太阳。“”即“昜”“陽（阳）”字最早的象形文字。

甲骨文“陽（阳）”字作“早”。《甲骨文字典》释曰：“从日从丅，李孝定谓丅疑古柯字，日在丅上，象日初升之形（《甲骨文字集释》卷九），其说可参。金文作（貉子卣用作扬），与甲骨文同。金文更增彡而为昜（旟叔鼎），彡殆象初日之光线。《说文》：‘昜，开也，从日、一、勿，一曰飞扬，一曰长也，一曰强者众貌。’《说文》说形不确。段注：‘此阴阳正字也，阴阳行而侌昜废矣。’近是。”

甲骨文“早”字日下之“丅”，非李孝定所说的“柯”字。“丅”是“示”字。甲骨文“示”字作“丅”（《甲》七四二）、“”（《乙》八六七〇）等形。《甲骨文字典》释曰：“丅象以木表或石柱为神主之形，丅之上或其左右之点画为增饰符号。卜辞祭祀占卜中，示为天神、地祇、先公、先王之通称。”

丁山先生释“示”曰：“余谓丅即示字别体，在卜辞本身即多坚强的证据。示字本谊，《说文》云：‘天垂象见吉凶，所以示人也。三垂，日月星也。观乎天文，以察时变。示，神事也。’按从示之字，诚然多与神事有关，但在卜辞里，有的示字固从三垂，有的仅从一垂，可见垂象之说，决非造字时本谊。我们知道宗教进化的程序，多数是由自然神进步到图腾的崇拜，然后才进步到象征的上帝崇拜。在氏族社会，以图腾为宗神，每个家族的闾里之口都立有图腾柱（Totem pole）以保护他们的氏族。所谓的图腾柱，大抵雕刻为鸟兽怪物形。《清史稿・礼志四》说：‘清初，起自辽沈，有设杆祭天礼。杆木以松，长三丈，围径五寸。若帝亲祭，司俎挂净纸杉柱上，诸王护卫，依次挂之。’设杆祭天，无疑的即是图腾祭的遗迹。根据图腾祭的遗迹来说明示字的本谊，示所从的二或一，是上帝的象征；其所从的‘丨’，正象祭天杆；杆旁之八，盖象所挂的彩帛；示字的本谊，就是设杆祭天的象征。”①丁山先生的这段文字，将“示”字解说得非常透彻明白，“早”字即设杆祭日的象形。

金文“昜”字较甲骨文“早”增加了“彡”字。“彡”字，殷卜辞常见，也写作“”。

① 丁山：《甲骨文所见氏族及其制度》，科学出版社1956年版，第3页。

《甲骨文字典》释曰："彡或省作彡。《说文》：'彡，毛饰画文也。'"据段注即笔所画之文，当也包括刻刀、刺绣之纹饰。器物、衣饰之纹饰皆前后衔接循环连绵，故引申有相续不绝之义。卜辞借此义为肜祭之名。《公羊》宣八年传注：肜者肜肜不绝。又《尚书·高宗肜日》孔传：祭之明日又祭，殷曰肜，周曰绎。《尔雅·释天》：绎，又祭也。亦以寻绎不绝释肜。肜，《说文》作彤，与彡之后世读音有异，然据彤字从丹、彡，彡亦声，可知彡、肜、彤、肜古音盖不远。金文"旱"字增"彡"作"昜"，说明对日神的祭祀是祭之又祭，肜绎不绝的。

甲骨文"旱"，金文"昜"，皆出自立杆测影对太阳神的祭祀。

莒县陵阳河遗址发现的图像文字""，即一个祭祀太阳神的文字。

""字书于陶尊上部的显著位置。陶尊是一种贵重的陶器，它体形硕大厚重，有的高达60厘米，厚达5—6厘米。据邵望平先生考证，在大汶口文化的器物群中，陶尊的数量不多，见于正式报告的只有十几件。这些陶尊皆出自一些大墓。如在大汶口文化早期的大墩子遗址，仅有的一件陶尊出土于M44头号大墓，该墓随葬品多达53件，其中有精美的太阳八角芒形彩陶盆、獐牙勾形器、两副龟甲、穿孔石斧、穿孔石铲，还随葬有狗。发掘报告称，该人架身躯高大，骨骼粗壮，而且只有30岁左右，估计墓主人在当时是一位社会地位较高、受人尊敬的人。① 在大汶口遗址，四件陶尊也出土于四个典型的大墓，随葬品中有精美的象牙雕筒，这种稀世瑰宝被称为"礼器"。这四座墓的共同特点，就是陶尊并不与一般的陶器为伍，而多与猪头一起另置一处。"综观四处墓地情况，这种大型陶尊似乎总与社会上受尊敬者、富人或权贵结有不解之缘。陶尊并非日常生活用具，可能与死者生前的地位有关，更可能与祭祀、葬仪有关，是一种礼器。"②

陵阳河遗址共发现陶尊17件，其中采集8件。与大墩子遗址、大汶口遗址出土的陶尊不同的是，陵阳河遗址发现的陶尊皆载有图像文字，有的一个，有的两个，其为礼器则更为明显。

陶尊是礼器，书于陶尊颈部显赫位置的""字，不仅是人们对自然景象的摹画，而且是人们的宗教信仰。图像文字""是以太阳为保护神的东夷族的图腾崇拜。

图腾""字不仅发现于莒县、诸城一带，在浙江良渚文化的玉器上，也发现刻有

---

① 邵望平：《远古文明的火花——陶尊上的文字》，《大汶口文化讨论文集》，齐鲁书社1979年版，第239页。

② 邵望平：《远古文明的火花——陶尊上的文字》，《大汶口文化讨论文集》，齐鲁书社1979年版，第239页。

相同的“”形图腾。它们和莒县陵阳河、诸城前寨一样，也都是以太阳为图腾崇拜。

太昊和少昊是典籍记载的东夷族的首领。“昊”字的本义就是天上的太阳。《山海经·海内经》记载的太昊，就是一位每天从早到晚在日坛建木天柱上上升下降的太阳神。《山海经·大荒东经》载有少昊之国，在东海之外的大壑，也即日坛东方之水槽，那里是太阳升起的地方。《山海经·西次三经》载有长留之山，其神白帝就是少昊。少昊也是太阳神，主司反景，也即日入时建木天柱投在日坛东方位的晷影。太昊、少昊之名，源于立杆测影、观象授时。唐兰先生曰：“太昊、少昊所以称昊，是代表太阳神。”①

太阳神，绘成图像作“”。“”置于礼器之特定位置，用于祭祀，成为东夷太阳族部落集团的图腾徽识。

太昊和少昊都是真实的历史人物。《左传·僖公二十一年》载，太昊之墟在陈，即今河南省淮阳县，春秋时山东的任、宿、须句、颛臾是其后裔。《左传·昭公十七年》载，少昊之墟在鲁，即今山东曲阜，嬴、奄、徐、郯等国是其后裔。

考古发现说明，太昊、少昊太阳族部落最初在鲁东南一带，其后活动范围向南达到江苏、浙江一带，向西达到河南淮阳。

2. 图像“”，采集于莒县陵阳河遗址，在诸城前寨遗址也采集有一件与此相同的图像残文。

图像“”比图像“”，下部增加了五座山峰。据王树明先生考证：“陵阳河遗址东面，为一丘陵起伏的山区，正东五里，有山五峰并联，中间一峰突起，名曰寺堌山。春秋两季，早晨八、九点钟，太阳从正东升起，高悬于主峰之上。由‘日’、‘火’、五个山峰组成的陶尊‘文字’‘’，应是人们对这一景象长期观察的摹画。”②如此，五峰是陵阳河的地理标志，古之图腾往往由族名和地名组成，“”是居于陵阳河太阳族的图腾崇拜。但图像“”字不仅发现于陵阳河，还发现于百里之外的诸城前寨遗址。而在距陵阳河遗址仅有 6 千米的大朱村遗址出土的“”图像文字，五峰变作火形，于省吾先生引用的殷铜器《父壬尊》“山”字也作五峰形，写作“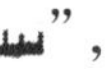”，由此看来，

① 唐兰：《中国奴隶社会的上限远在五六千年前——论新发现的大汶口文化与其陶器文字，批判孔丘的反动历史观》，《大汶口文化讨论文集》，齐鲁书社 1979 年版，第 136 页。

② 王树明：《谈陵阳河与大朱村出土的陶尊“文字”》，《山东史前文化论文集》，齐鲁书社 1986 年版，第 250 页。

“五”这个常数，并非仅由陵阳河之地的山峰约定。图像文字载在礼器上，其义已由自然景象升华为图腾信仰。太昊、少昊之名源于立杆测影、观象授时，此五峰或也与日坛中央之丘和四方之丘有关。

《山海经》之《海内南经》《大荒西经》等载有关于日坛建木的记载。《海内经》曰：“有九丘，以水络之：名曰陶唐之丘、有叔得之丘、孟盈之丘、昆吾之丘、黑白之丘、赤望之丘、参卫之丘、武夫之丘、神民之丘。有木，青叶紫茎，玄华黄实，名曰建木，百仞无枝，有九欘，下有九枸，其实如麻，其叶如芒。大（太）皞（昊）爰过，黄帝所为。”

古时日坛也是祭坛，建在高埠。日坛方形，四周有水槽环绕。日坛中央，立有建木，又称为天柱、帝柱。在日坛的正东、正南、正西、正北以及西北、东北、东南、西南方位立有八根支柱。天柱与支柱之间，顶端由八绳相系，地面由八条直线相连，用以观测日出、日中、日入时日晷的方位、长度。所说的“九丘”，是为加固天柱和支柱而培的九个土堆。中央的天柱是帝柱，名曰黄帝，制约八方支柱。太昊即太阳神。每天从早到晚，太阳神都从日坛中央天柱上援上援下，为人们提供了解天时的晷影。可知，太昊、少昊之名，源于立杆测影、观象授时。在泰安大汶口遗址和江苏邳县大墩子大汶口文化早期遗址发现的彩陶豆和彩陶盆上，有朱色绘的太阳神八角芒形图像，与《山海经·海内经》所载的日坛之象正合。

并非所有的部族日坛都设有四方四隅八个观测方位，有的日坛只有正东、正南、正西、正北四个观测方位，而没有东北、西北、东南、西南的观测方位。日坛的九丘，变成了五丘。《淮南子·天文训》曰：“中央土也，其帝黄帝，其佐后土，执绳而制四方。”殷铜器《父壬尊》山字作“”，山丘写作短竖，正是日坛中央帝柱与四方支柱的写照。

是知，图像“”下部的五峰，是日坛的五丘，中间一峰突出，是日坛中央帝柱之丘的象形。“”是陵阳河太阳部落立杆测影的图腾崇拜。

“”是陽（阳）字最早的象形文字。陽（阳），甲骨文作“”（《前》五.四二.五），金文《永盂》作“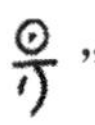”（《金文编》第938页），《虢季子白盘》作“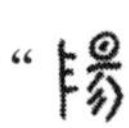”（《集成》16.10173），隶定作“陽（阳）”，五峰演变为阜旁。山、丘、阜、陵，皆高地之义。

“陽（阳）”与“揚（扬）”字通用。揚（扬），金文《貉子卣》作“”，与陽（阳）字相同。《令簋》作“”（《金文编》第778页），是祭祀太阳神的写照。

图腾“阳”字是东夷人的宗教信仰，从而演变为国族之名。春秋时有阳国，在今山东沂水县西南之阳都城，春秋时被齐国逼迁而亡。《春秋·闵公二年》：“齐人迁阳。”

杜预注：“阳，国名，盖齐人逼迁之。”《汉书·地理志下》：城阳国，县四：莒（筥）、阳都、东安、虑。阳都，清人顾祖禹《读史方舆纪要·历代州郡形势·春秋战国》：“阳，沂水县南有阳都城，故阳国。”

阳国之都，汉代称为阳都。汉高祖时置阳都县，隶属东海郡。汉文帝时，封城阳国于今莒县城，阳都为城阳国辖属的四县之一。阳都城距陵阳河遗址约 35 千米。4500 年前，这里正是陵阳河太阳部落的领地。阳国即陵阳河太阳部落之国。阳国是东夷最早的古国之一，在大汶口文化晚期或龙山文化早期，阳国之民迈进了文明时代。

3. 图像“”，在莒县大朱村遗址 H1 出土。此图像和图像“”的上部相同，下部不同。下底作向上弯曲的弧形，不象山，象火，释为“煬（炀）”。

《说文》释曰：“煬（炀），炙燥也，从火，昜声。”王筠《句读》曰：“言炙之令燥也。”煬（炀）字有向火取暖之义，《玉篇·火部》释曰：“煬（炀），对火也。”《广韵·漾韵》：“煬（炀），向也。”煬（炀）字又有照亮之义，《文选·甘泉赋》：“北爌幽都，南炀丹崖。”刘良注：“煬（炀），光照也。”《宋书·乐志二》：“奔精夜照，高燎炀晨。”

煬（炀）、陽（阳）皆本于昜，煬（炀）与陽（阳）可通用。《史记·高祖功臣侯者年表》：“纪信，侯陽（阳）。”《汉书·高惠高侯孝文功臣表》“陽（阳）”字作“煬（炀）”。因此，图像“”字又可释为“陽（阳）”。

图像“”字从昜从火。此火，当是祭日祭天之火，“”字出自祭礼。

《尚书·尧典》曰：“寅宾出日，平秩东作。”“寅饯纳日，平秩西成。”殷卜辞曰：“出入日，岁三牛”（《粹》一七），“丁巳卜又出日——丁巳卜又入日”（《佚》一〇）。《周礼·春官·大宗伯》曰：“以禋祀祀昊天上帝，以实柴祀日月星辰。”古代，观象授时和祭天、祭祖都是互有联系的宗教活动。上述典籍的记载，说明观象授时迎日出、送日入和祭天之礼，不仅用牲牛，还用火。

由图像“”字得知，图像“”的下部“”不是火，“”若是火，则图像“”的下部不会又作“火”也，故“”字释“炅”欠确。

图像文字“”是大朱村太阳族的图腾崇拜。大朱村遗址距陵阳河遗址约 6 千米，“”字说明，大朱村遗址是陵阳河太阳族中心聚落下的一个次级聚落。

“”“”“”都是以太阳为保护神的太阳族的图腾崇拜，然三者又有区别。图腾“”流行于山东及江淮地区，是整个东夷太昊、少昊太阳族集团的图腾。“”

和“”是山东莒县、诸城一带太阳族的图腾，他们是东夷太昊、少昊太阳族集团的一个分支，大朱村是陵阳河太阳族的一个小宗。陵阳河之地所以称为陵阳，当出自4500年前的这几个图腾图像文字。我们将“”释为“阳”，而不释为“旦”“炅”，一是因“旦”“炅”不含山字，二是因其不是氏族图腾，后世也无“旦”“炅”之国。

4. 图像“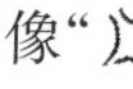”由四根“”四面围作而成。陵阳河遗址M19出土的图像文字“”，右下角有一酷似羽毛的“”形，知“”象弯曲的鸟羽；“”，会意由鸟羽表示的四方风。古时，风相尾部用羽作成，故《广雅·释器》：“风，羽也。”

“风”字，甲骨文作“”（《前》三. 二九. 二），或者作“”（《续》四. 二二. 四）。《甲骨文字典》释曰：“象头上有丛毛冠之鸟，殷人以为知时之神鸟。或加（凡）（兄）以表音。卜辞多借为风字。”

“”是形声字，“”为形符，即“凤”字，《山海经·南山经》载有凤皇之鸟；“”为声符，即“风”字，可知图像“”当读风。风本是太昊之姓，少昊时，以鸟纪官，以风姓为凤鸟氏，官历正，掌天文历法，故甲骨文、金文“风”与“凤”字通用。

旧皆释“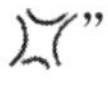”为凡。甲骨文有“凡”字，写作“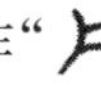”。“凡”与“风”形似易混。旧将卜辞“凡”字释作祭名、病名，似应释为风。如殷卜辞：“贞帚好冎（祸）有疒。”（《乙》七一六三）《甲骨文字典》将冎（祸）下之“”字释为“凡”（《甲骨文字典》第1452页），语难通。此例卜辞是说帝武丁之妃妇好得了风寒之类的病，如释“”为风，则辞例可通。

今以陵阳河图像文字“”字证之，甲骨文自有“风”字，只是人们将其混作“凡”字。

殷卜辞有祭四方神之所诵之风，曰：“东方曰析，风曰劦；南方曰，风曰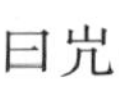；西方曰，风曰彝；北方曰夗，风曰伇。”（《掇二》一五八，《京津》五二〇）“帝于东方曰析，风曰劦；帝于南方曰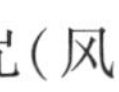（风曰）；帝于西方曰彝，（风曰）；帝于北方曰元，风曰伇。”（《合集》二六一）“帝”即“禘”字，是一种祭礼。

图像文字“”，会意的正是四方之风神。

风为太昊部族之姓。《古本竹书纪年》载：“后芬即位，三年，九夷来御，曰畎夷、于夷、方夷、黄夷、白夷、赤夷、玄夷、风夷、阳夷。”《左传·僖公二十一年》载：“任、宿、须句、颛臾，风姓也，实司大（太）皞（昊）与有济之祀，以服事诸夏。”最早的

“风”字在陵阳河出土，说明太昊风姓的发源地在莒县陵阳河。风是太昊之姓，阳是风姓之国。

陵阳河图像文字“”共发现三例。一例刻画于陵阳河遗址 M19 出土的陶尊颈部，一例刻画于大朱村遗址 M26 出土的陶尊腹下近底部，一例刻画于陵阳河遗址采集的陶尊腹下近底部，其陶尊的颈部还刻有一涂朱的“”字。陶尊是礼器，图像文字“”，不论刻画于陶尊的颈部，还是底部，都是太昊风姓的标志。刻画于上方颈部，表示的是对风神或风姓先祖太昊的祭祀，刻画于下方底部，表示奉祀人是太昊风姓之氏族。

5. 图像“”，唐兰先生释为兵器钺的形象，也就是“戊”和“戉”字，跟商、周青铜器文字、商代甲骨文字以及陶器文字都是一脉相承的。

唐兰先生所言至确。陵阳河遗址 M6 和 M19 出土的石戉与陶尊所载的图像“”相同。这两件石戉，磨制极精，厚度不到 1 厘米，是农器石斧的三分之一。可见它非翻土砍树的石斧，而是用于征战的兵器。图像“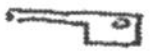”刻画于礼器陶尊之上，是用于祭祀。M6 和 M19 都是大墓。M6 是陵阳河遗址发掘的 45 座墓葬中最大的一座，墓室为 4.55 米 ×3.8 米，随葬器物多达 180 件，除了石戉外，还有玉璧和骨雕筒、厚胎及薄胎镂孔高柄杯等，墓主人为一成年男性。M19 也是一座大墓，墓主人是一成年男性，随葬物品丰富。其右侧置有一个陶制牛角形号角和一个骨雕筒，足部置有一件带图像文字“戉”字的陶尊。在大朱村遗址 M26 大墓还出土了一件玉戉。墓主人是一成年男子，玉戉置于胸前，腹部有一旄柄和一件陶制牛角形号角。陶尊置于墓室的西北角，载有图像文字“”。陵阳河遗址 M6、M19 和大朱村遗址 M26 的主人，无疑是部落的首领、军事的统帅，他们或已经成了“王”，因为图像文字“”是王权的象征。

甲骨文“王”字作“”（《合集》三二九七四）、“”（《合集》三二九六一）、“”（《合集》三六五〇九）。《甲骨文字典》释曰：“象刃部下向之斧形，以主刑杀之斧钺象征王者之权威。”周金文《成王鼎》“王”字作“”（《金文编》第 18 页），其斧钺之形则更为明显。

《考古》1965 年第 6 期发表林沄先生《说“王”》一文。文章考证了甲骨文、金文“王”与“戉”字之演变及其相互关系，林沄先生认为：“斧钺这种东西，在古代本是一种兵器，也是用于‘大辟之刑’的一种主要刑具。不过在特殊意义上来说，它又曾长期作为军事统率权的象征物。”“中国的王权发展是经历了和希腊、罗马相类似的过程的。”“我们有理由推测，在斧钺作为王权的象征物之前，它本是军事民主制时期军事酋长的权杖。这样，在新石器时代末期墓葬中出土的‘玉斧’之类的器物，倒是颇值得我们考古工作者重视的，因为，我国古代国家形成的历史，我们目前还是不够清楚的，而这种历史，一部分也许正隐藏在这些‘玉斧’的背后呢。”

林沄先生之论至确。陵阳河图像文字“戉”字的发现，为林沄先生之论提供了佐证。陵阳河遗址出土的精美的石戉、玉戉，即作为王权的象征物。“戉”字刻画于陶尊之上，用作礼器，或许正是最初王权的象征。

6. 图像“”，采集于陵阳河遗址和杭头遗址。唐兰先生释为“锛”的象形字，是斧斤的“斤”字。“锛子可以砍树木，也可以砍人，一直到春秋末年，卫国的三匠暴动‘皆执利兵，无者执斤’。那末斤是最早的兵器，所以兵字就用它来代表一切兵器了。”①

陵阳河陶尊所载的图像文字“斤”，显然不单单是兵器的摹画，而是对武力的崇拜和张扬。4500年前的陵阳河先民，或正在为文明的诞生进行野蛮的征战，“斤”字所携带的是对异族的征伐和领地的扩张，是对武力的崇拜和战神的敬畏。图像文字“斤”的墓主人，应当是一位军事酋长。

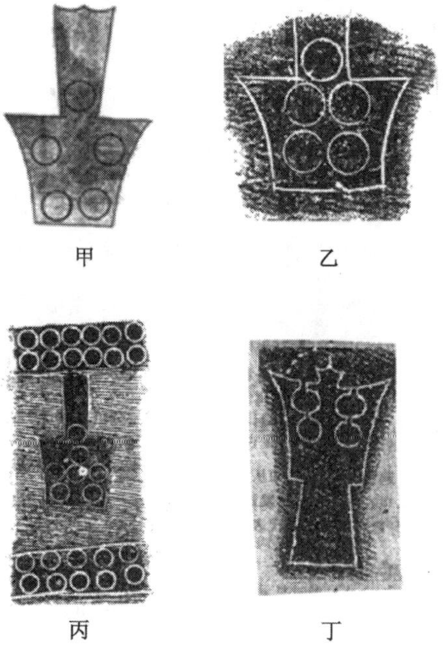

图2－8　陵阳河遗址图像文字酒

7. 图像“”“”“”“”，是陵阳河遗址后续发现的图像文字（图2－8），为书写方便起见，我们以甲、乙、丙、丁作为这四个标本的代表符号。

甲和乙采集于陵阳河遗址，丙采集于大朱村遗址，丁出土于大朱村遗址M17墓葬。甲与图像文字“”载于同一陶尊，甲位于陶尊颈部，“”位于陶尊的下方。乙与“戉”字刻画于陶尊颈部的两侧。

这四个图像文字象酒器，中间的“○”象酿酒之谷粒，谷粒有多有少。丙的上面和下面，还装饰有两排谷粒，每排两行，上面有24个，下面有10个，共有34个，用谷物酿酒之义表达得更为明白。与前三例图像相比，丁形独特，酒器作

① 唐兰：《中国奴隶社会的上限远在五六千年前——论新发现的大汶口文化与其陶器文字，批判孔丘的历史观》，《大汶口文化讨论文集》，齐鲁书社1979年版，第133页。

倒铲形。铲是农具，表示酒是农作物所酿。“○”字作串形，表示谷物经发酵酿造变成了相连的酒滴。这四个图像文字是“酒”字最早的象形文字。

“酒”字，甲骨文作“”（《甲》二九〇七），“”（《京》三九六六）等，皆象酒樽之形。金文“酒”字与甲骨文大都形同。《三年㾓壶》“酒”字作“”（《集成》15.9726），字中心的“・”是图像文字中谷粒“○”的演化。

古代，酒的主要作用之一是用于祭天和祭祖。商代有荐酒之祭。罗振玉《殷虚文字类编》第十四曰：“卜辞所载诸酒字为祭名。考古者酒熟而荐祖庙，然后天子与群臣饮之于朝。”周代设有专掌酒祭的官员。《周礼・天官》记载的酒正、酒人，专司为王室造酒和用酒。

图像之“酒”，表示的是祭天。图像上部作圭表形。圭表是古代立杆测影的仪器。表是直立的标杆，也即天柱，圭是测量晷影长短的尺子。“圭”与“算（筭）”义同。古人以为天是圆的，地是方的。《山海经・海外东经》载，帝命竖亥测大地的长度。竖亥即王亥，他右手把算（筭），左手指青丘北，测得东极至西极为五亿十万九千八百步。这一记载，实际上是以圭测太阳晷影，从而计算大地长度的反映。《周礼・地官・大司徒》曰：“以土圭之法测土深，正日景以求地中。”郑玄注：“土圭，所以致四时日月之景也。”《宋史・律历志九》曰：“观天地阴阳之体，以正位辨方、定时考闰，莫近乎圭表。”用圭表观测太阳神影子的长度，从而知天时，制历法，因而圭表成为代表上天意志的神器。图像上部作圭首形，当是酒神的象征。王树明先生曰“”“”“”“”是酒神图像，是也。

考古发现说明，大汶口文化中晚期，农业生产发展，粮食有了剩余。胶县（今山东胶州，下同）三里河遗址发掘出的一个窖穴中，储存着 1 立方米炭化的粟粒。这个窖穴有 3 立方米之大，原来可能是装满谷物的粮仓。粮食的剩余为酿酒提供了原料。陵阳河遗址 45 座墓葬，出土饮酒器高柄杯多达 663 件，占出土器物总数的 45%。大量饮酒器的出土，说明陵阳河遗址的先民盛行饮酒之风。陵阳河陶尊上载的图像文字“酒”字，不仅说明了酒风的盛行，也说明了酒在宗教活动中扮演的重要角色。

这四个图像文字还有一个引人注目的特点，是皆涂有朱色。这一现象不见于其他图像文字，也正是酒的特性所致。酒可使人意识不清，行为失常，而朱砂可以安神、祛惊，故朱砂常为巫师所用。图像酒字涂朱，正是为了安神辟邪。

甲、乙、丙、丁这四个图像文字，是最早的“酒”字象形。而那些厚重硕大、承载着图像文字的尖底陶尊，或正是栽入土中酿酒的神器。

8. 图像“”王树明先生释为滤酒图像，至确。图像“”刻画于陵阳河遗址

M17 出土的陶尊颈部。另外，陵阳河遗址 M11 也出土一例残陶片图像，与此图像相似，只是上顶为一短竖，下层草叶直而无勾。此图像结构复杂，可分为三部分，上部中间的“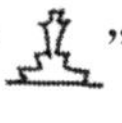”，即前释的“酒”字，酒旁向左右伸张的四片叶子，当是滤酒的茅叶，下底长方之形，象滤酒之盆，这是“莤”字的原始形象。

《说文》释“莤”曰：“莤，礼，祭束茅加于裸圭，而灌鬯酒，是为莤，像神饮之也。从酉草。《春秋传》曰：‘尔贡苞茅不入，王祭不供，无以莤酒。’一曰：莤，榼上塞也。”段玉裁注曰：“饮字，各本作歆，非，今以韵会正。《周礼 · 甸师》：‘祭祀，共萧茅。’郑大夫云：‘萧或为莤。莤读为缩。束茅立于祭前，沃酒其上。酒滲下去，若神饮之，故谓之缩。缩，浚也。故齐桓公责楚不贡，苞茅不入，王祭不共，无以缩酒。’许说本郑大夫也。惟郑不言是裸仪耳。许云加入裸圭者，谓加于裸圭之勺(酌)也。从莤草，以酒灌草会意也。……按《周礼》《礼记内则》二郑所引《左传》皆作缩。然则缩者，古文假借字。莤者，小篆新造字，故毛公伐木，《传》曰：‘湑，莤之也。以薮曰湑。’说者谓薮草也，而《周礼》萧茅或作莤，皆汉人所用字。或疑古文酉作丣，则莤即草部之茆，故古文《尚书》以茆为缩。不知汉简所载古文《尚书》皆妄人所为，好言六书，而不知其所以然者也。……塞乃边塞字耳。榼，酒器也。以草窒其上孔曰莤，此别一义。”如此，“莤”有三义，一曰湑酒，二曰礼祭，三曰榼塞。显然榼塞并非“莤”之本义，我们不必为其费言。

“莤”为湑酒之义见于《诗经》。《诗经 · 小雅 · 伐木》曰：“有酒湑我，无酒酤我。”“饮此湑矣。”毛传：“湑，莤之也。”陆明德释文：“莤与《左传》缩酒同义，谓以茅泲之而去其糟也。”是知，酒去糟曰“莤”。“有酒湑我，无酒酤我”，是说有酒我把它滤清，无酒我去买酒。“饮此湑矣”，是说饮清酒显示亲情。

“莤”为礼祭之义，见于《左传 · 僖公四年》的记载，是年春，齐桓公率领天下诸侯兴兵伐楚。伐楚的理由是：“尔贡包茅不入，王祭不共，无以莤酒，寡人是征。”《韩非子 · 外储说》曰：“是时楚之菁茅不贡于天子三年矣。”楚国三年不供菁茅，影响到周天子的祭祀，所以齐桓公兴兵问罪。“莤”为礼祭之义，即许慎《说文》和段玉裁注之所言，即将束茅立于祭前，以鬯酒灌之，鬯酒经束茅滤清滲下去，如同被神饮用，大概这是一种对地祇的祭祀。

段玉裁说的“莤”是小篆新造的字，却非事实。

甲骨文有“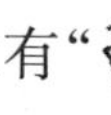”“”等字，王国维、郭沫若先生等皆释为“莤”。郭沫若曰：“字非裸，乃莤字也。卜辞有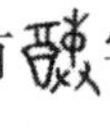字，王国维云：‘即无以莤酒之莤。’文曰：‘贞醂豊(醴)’(《后下》八页第二片)。《说文解字》：‘莤，礼，祭束茅加于裸圭，而灌鬯

酒，是为茜，像神饮之，从酉草。’此象双手奉束于酉（酒）旁，殆茜之初字’（《殷契粹编》卷十四，十九页）。案此字卜辞复有、、诸形，已详商氏类编，字体虽略有省意，然均于王说无疑也。知此，则之为茜可以迎刃而解。此从乃束之繁文，与卜辞或体同，象酒滴形。从自。自，鼻也，示神歆之也。故此于字构成较殷文尤为完备。”①

故宫博物院藏的《茜卣》（《集成》10.4756、4757），是殷或西周初年的铜器。《茜卣》载有一字“”（图2－9）。“”字从“”、从“酉”。“”象束茅，“”即“茜”字。《茜卣》是宗庙的礼器，“”是族徽。可知殷或西周初年，掌管酿酒、用酒的官员已经成为一大家族。金文“茜”字也由甲骨文从酉从束从草，演变为从酉从草。

图2－9　殷或西周初年《茜卣》

咸阳市博物馆藏的《寺工师壶》和《雍工壶》（《集成》15.9673、9605），出土于秦陵祠官遗址，为战国晚期器。《寺工师壶》铭文17字，《殷周金文集成引得》释为：“二年，寺工师初，丞柑，禀（廪）人莽，三年，北寑（浸、寝）。茜（糟）府。”“人”当释为“入”。铭文应读为“二年，寺工师初丞，坩廪入莽，三斗，北寝。茜府”。

《雍工壶》铭文10字，刻在二壶的圈足上，是器主人的标志。茜府即酒正之府，也即酒府。

西周时设有酒府。《周礼·天官·酒人》载：“酒人掌为五齐，三酒，祭祀则共奉之……凡事共酒而入于酒府，凡祭祀共酒以往。”郑玄注曰：“入于酒正之府者，是王燕饮之酒，酒正当奉者。”《周礼·天官·浆人》载：“浆人掌共王之六饮，水、浆、醴、凉、医、酏，入于酒府。”贾公彦疏曰：“言入于酒府者，亦入酒正之府。”《周礼·天官·酒正》载：“酒正掌酒之政令，以式法授酒材，辨五齐之名……辨三酒之物……以共王之四饮、三酒之馔，及后、王子之饮与其酒……”可知，酒正是酒府最高的长官。战国时，秦国的酒正称为酒丞。秦王政二年（前245），寺工师升为酒丞之初，酿造清酒三升，积于北窖，以专供王用，制作了铜器《寺工师壶》以记其事，并署其名曰茜府。茜府是专为帝王酿造、储藏、供给清酒的官署。王辉先生在其《秦铜器铭文编年集释》中也曰：“当然，茜府可能不是一般的造酒机构，而是专为祭祀先祖而酿制醇酒佳酿的机

① 李圃主编：《古文字诂林（第十册）》，上海教育出版社2004年版，第1179页。

构。”“莤府所造为滤滓之酒，也就是清酒。”①但《莤卣》和《寺工师壶》还告诉我们，“莤”又是酒氏家族的族徽。图像文字“”是最早的酒族图腾。

从图像文字“”，到甲骨文“”“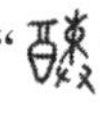”“”“”，再到金文“”“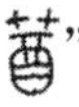”，小篆作“”，隶定作“莤”，都是束茅滤清酒祭祀神灵的创造。“”即“莤”字，义为滤酒，读为缩。

9. 图像“”，李学勤先生释为“封”，所释是。

甲骨文有“封”字，写作“”（《合集》二七八九三）、“”（《甲》二九〇二）等形。《甲骨文字典》释曰：“从从，象土形，故象封土成堆，植木其上之形，为封之初文。”

封为国界的标志。《周礼·地官·封人》曰：“封人，掌设王之社壝，为畿封而树之。凡封国，设其社稷之壝，封其四疆，造都邑之封域者亦如之。”郑玄注曰：“壝，谓坛及埒埒也。畿上有封，若今时界矣。”故《说文》曰：“封，爵诸侯之土也。”

周代分封诸侯，由封人在其四方国界筑起封土，作为地界。所谓“为畿封而树之”，包括封土与封树两个内容。封土，即在边疆上挖沟筑起土台与连接土台的埒埒。据青川秦国木牍记载，其封土的长、宽、高都是四尺，埒埒高一尺，下宽二尺。封树，即在封土上栽树，作为标记。

周代关于封土的记载，莫过于周厉王时的铜器《散氏盘》。《散氏盘》所载的散国、夨国都是西周时畿内的小国。周厉王时，夨人因侵犯散国失败，割其眉地田和井邑田作为对散国的赔偿。铭文载有一封、二封、三封、封于周道、封于鄘道等十八个封土，即赔偿之田的地界。

封土为界在商代已经使用。如殷卜辞：

“贞戉侑石一封。”（《林》一. 二五. 一二）

“宾祖乙奭妣己……于二封方。”（《后上》二. 一六）

“己酉王卜贞余正三封方……”（《合集》三六五三〇）

“余其从侯伐四封方。”（《合集》三六五二八）

《甲骨文字典》曰，卜辞的一封、二封方、三封方、四封方，与《散氏盘》铭文之一封、二封、三封义同，是方国之封疆。

戴家祥《金文大字典》论曰，封树“之起乃远在太古。太古之民多利用自然树木

① 李圃主编：《古文字诂林（第十册）》，上海教育出版社2004年版，第1182页。

以为族间的畛域”。陵阳河图像文字“”，显然不是自然之树，而是陵阳河部族自立的疆界。“”字载于礼器陶尊之上，已由国界标志升华为图腾信仰。陵阳河陶尊上的“”字，当是国族之名。《左传·昭公二十八年》载：“昔有仍氏生女，黰黑，而甚美，光可以鉴，名曰玄妻。乐正后夔取之，生伯封，实有豕心，贪婪无厌，忿类无期，谓之封豕。有穷后羿灭之，夔是以不祀。”陵阳河陶尊上的“”当是最初的阳国之子国封豕，后羿所射的十个太阳部族之一。《左传·昭公二十八年》所载的“夔”是《史记·五帝本纪》记载的舜帝时的“乐正”，与大禹和伯益为同时代人。

《山海经·海内经》载：“又有黑人，虎首鸟足，两手持蛇，方啖之。有嬴民，鸟足。有封豕。”嬴民即少昊鸟族之民，嬴民与封豕同载，知嬴民与封豕同在一地，即今鲁东南之地。《山海经》载的“封豕”是一头巨大的猪神。封豕当是最先将野猪驯化饲养的氏族，在5000多年之前，家猪的饲养是一件了不起的事情。而其时，人们居于半地穴式的建筑，猪的饲养当在野外，或封土封树为圈，因而“封”字成为封豕国的徽识，诸城之地或与此有关。

莒县陵阳河陶尊上的9种20例图像文字，是阳国文明的创造。阳国以太阳为图腾崇拜，“阳”是阳国之名，“风”是阳国之姓，“封”是阳国之界，也是其子国之称，“戉”是阳国之权，“斤”是阳国之兵，“酒”“茜”是阳国之饮，展示出灿烂的阳国文化。

三

陵阳河图像文字的年代，有龙山文化和大汶口文化两说，除于省吾先生认为是龙山文化外，其他人皆认为是大汶口文化，唐兰先生认为这些陶器文字距今约6000年。

大汶口文化的年代，山东省文物管理处最初认为：“它属于新石器时代晚期，早于山东龙山文化，大体与仰韶文化、青莲岗文化相当，距今有五千多年。”①

1977年，夏鼐先生收集《考古》杂志复刊后发表的对于大汶口文化和龙山文化碳-14测定的17个数据，撰写了《碳-14测定年代和大汶口文化》一文，于1979年11月由齐鲁书社收入《大汶口文化讨论文集》出版。夏先生曰：“大汶口文化的延续时间较为长久，达到两千年左右，即公元前4300—前2300年左右。整个文化可分为

① 山东省文物管理处、济南市博物馆编：《大汶口——新石器时代墓葬发掘报告》，文物出版社1974年版，第127页。

早、中、晚三期，估计每期各占六七百年。高广仁认为‘早期向中期过渡不晚于公元前两千八百年’。这和我们前述的估计大致相符。”①(图 2 – 10)

实验室标本号	地　　点	地层或墓号	材料	文　化	距今年数 (5730) (1950年算起,b.p.)	历年(公元前)		备　注
						(5730年)b.c	树轮校正 (D.L.W.)B.C.	
ZK_{99}	江苏邳县大墩子	第8层下层	木炭渣	“青莲岗”	5785±105	3835±105	4494±200	(三)334；学64.2
ZK_{468}	山东泰安大汶口	$T_{122}(B)H_3$	木炭	大汶口	5555±95	3605±95	4260±135	(六)91
ZK_{469}	同　上	$T_{10}(4)H_{24}$	木炭	同上	5505±105	3555±105	4205±140	同上
ZK_{461}	山东兖州王因	$T_{2105}H_{37}$	木炭	大汶口早期	5310±100	3360±100	4000±125	(六)91，考79.1
ZK_{464}	同　上	$T_{265}H_1$	木炭	同上	5270±90	3320±90	3955±115	同上
ZK_{460}	山东诸城程子	M_7	木炭	大汶口	4905±105	2955±105	3550±165	(六)91
ZK_{463}	山东兖州王因	$T_{249}(2)$	木炭	大汶口早期	4670±90	2720±90	3275±130	(六)91，考79.1
ZK_{470}	山东日照东海峪	$T_{443}(5)$	木炭	大汶口晚期	4330±110	2380±110	2865±195	(六)91，考76.6
ZK_{479}	同　上	$T_{1412}(5)$	木炭	同　上	4190±150	2240±150	2690±185	同上
ZK_{78}	辽宁旅大双砣子	F_{16}	烧过木头	龙　山	4010±95	2060±95	2465±145	(二)58
ZK_{390-0}	山东胶县三里河	M_{214}	人骨	同　上	3960±140	2010±140	2405±170	(六)91；考77.4
ZK_{317}	山东潍县鲁家口	$T_1(5)$	木炭	大汶口晚期	3910±95	1960±95	2340±145	(四)201
ZK_{391-0}	山东胶县三里河	M_{267}	人骨	同　上	3665±140	1715±140	2040±155	(五)283；考77.4
ZK_{321}	山东潍县鲁家口	$T_5(4)$	木炭	龙　山	3655±95	1705±95	2035±115	(四)201
ZK_{361-0}	山东胶县三里河	M_{2110}	人骨	大汶口	3560±105	1610±105	1905±120	(五)283；考77.4
ZK_{364-0}	同　上	M_{134}	人骨	龙　山	3480±100	1530±100	1810±145	同上
ZK_{79}	辽宁旅大双砣子	F_4	烧过木头	双砣子二期	3120±90	1170±90	1360±145	(二)158

图 2 – 10　夏鼐收集大汶口文化碳 – 14 测定年代数据表

夏先生收集的碳 – 14 测定的 17 个数据中，无陵阳河遗址、大朱村遗址和诸城前寨遗址的数据。

1977 年后，考古工作者又发掘了一些大汶口文化遗址，获得了一些新的碳 – 14 测定的数据。1996 年，山东大学的栾丰实先生收集了碳 – 14 测定的数据 59 个，据此，他认为大汶口文化的上限大约在距今 6100 年前后，下限大约在距今 4600 年前后，前后延续约 1500 年。② 可贵的是，栾丰实先生收集的 59 个大汶口文化的标本数据中，有两个陵阳河遗址的标本数据。其中，标本 M12 测定年代（B · P　1950 年）为 3375 ±100，校正年代（B · P　1950 年）为 3630 ± 145。标本 M19 测定年代（B · P　1950 年）为 3630 ±90，校正年代（B · P　1950 年）为 3945 ± 110。两个标本校正年代（B · P　1950 年）的最大值为 4075 年，最小值（B · P　1950 年）为 3485 年，数据晚于

① 夏鼐：《碳 – 14 测定年代和大汶口文化》，《大汶口文化讨论文集》，齐鲁书社 1979 年版，第 7 页。

② 栾丰实：《东夷考古》，山东大学出版社 1996 年版，第 159 页。

大汶口文化最少有600年,属于龙山文化时期。

2000年,高广仁先生《海岱区先秦考古论集》由科学出版社出版。在大汶口文化的绝对年代一节,登载了中国社会科学院考古研究所和北京大学实验室提供的碳-14测定的17个数据。高广仁先生认为,山东地区的大汶口文化,至迟在公元前4500年左右开始,约在公元前2300年过渡为龙山文化。其间可分为早、中、晚三期。①

2013年5月,山东博物馆编著的《考古山东》一书由青岛出版社出版。书称,通过大量碳-14标本的测定,基本确定了山东地区史前文化的绝对年代,其中后李文化距今9000—7500年,北辛文化距今7500—6300年,大汶口文化距今6300—4600年,龙山文化距今4600—4000年。② 这是现代科学技术运用到考古工作中所取得的科学论断。其中,大汶口文化的年代比原来定位的距今5000年上推了1300年。

学者们可能忽略了一项工作,即运用碳-14测定的科学数据,纠正传统的类型学、地层学断代对陵阳河遗址图像文字测定所产生的误差。

我们从夏鼐先生提供的山东胶县三里河遗址碳-14测定的三个数据中,看到大汶口文化的年代数据小于龙山文化年代数据的乱象。如,(1)胶县三里河龙山文化遗址M214人骨标本测定年代为公元前2010±140,树轮校正年代为公元前2405±170。(2)三里河大汶口文化晚期遗址M267人骨标本测定年代为公元前1715±140,树轮校正年代为公元前2040±155。(3)三里河大汶口文化遗址M2110人骨标本测定年代为公元前1610±105,树轮校正年代为公元前1905±120。若以树轮校正年代为准,则龙山文化遗址M214人骨标本的年代为公元前2405±170;大汶口文化晚期遗址M267人骨标本的年代为公元前2040±155;大汶口文化时期遗址M2110人骨标本的年代为公元前1905±120。这种龙山文化和大汶口文化数据颠倒的错误,只有一种解释,就是传统的类型学、地层学断代方法,将M267和M2110两个本属于龙山文化时期的遗址,误为大汶口文化晚期和大汶口文化时期。

这种将龙山文化误为大汶口文化的乱象,还见于诸城前寨遗址。《文物》1974年第1期刊载了任日新《山东诸城县前寨遗址调查》一文。文章称,1973年春,前寨村生产队挖窖时,出土了一批文物。"生产工具有石斧、石刀、石铲。陶器多为碎片,从器型上观察有鼎、鬲、甗、盆、鬶等。装饰品有石环、石珠等。特别值得重视的是在一块大陶缸残片上出现了一个文字,陶缸片现存高50厘米,宽29厘米,厚5.5厘米。下部呈五峰山形,上有一弯曲线,与《文物》1973年第2期刊登的《关于古文字研究的若干问题》一文中所说的'旦'字相接近,所不同的是,在山峰和弯曲线中间都涂有红

① 高广仁:《海岱区先秦考古论集》,科学出版社2000年版,第103页。

② 山东博物馆编著:《考古山东》,青岛出版社2013年版,第33页。

色，可惜上部已经残缺。前寨遗址包括的年代，从遗物上观察包括大汶口文化、龙山文化和西周，这块陶片我们的看法是属于大汶口文化晚期。”此后，诸城前寨遗址的图像文字一直贴着大汶口文化的标签。但诸城前寨遗址图像文字是采集品，无地层学理论支撑，而对于器形的断代也欠确。我们从该文附的四幅图像中看到，在大汶口文化的陶片中，并无陶缸（尊）陶片，灰陶粗条纹尊残片属于龙山文化。五峰山形图像陶片应属于龙山文化而不是大汶口文化（图2－11）。

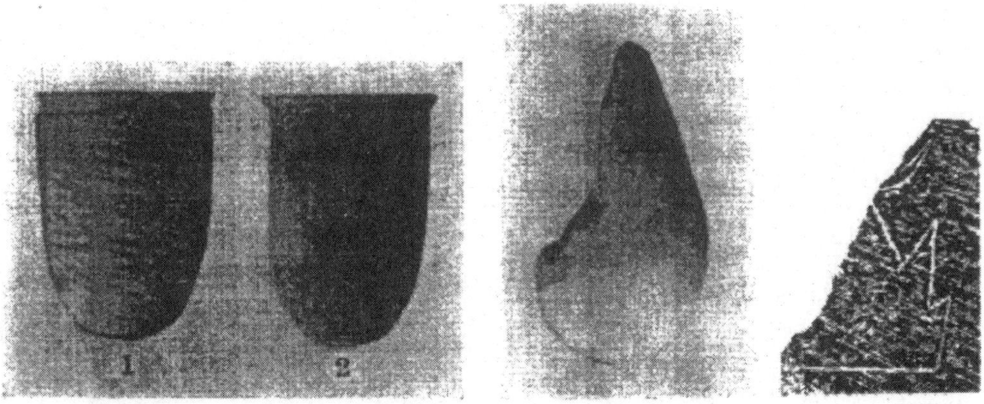

图一 1. 粗条纹陶缸（龙山文化） 2. 条纹陶缸（龙山文化） 图二 五峰山形陶片 图三 五峰山形陶片拓片

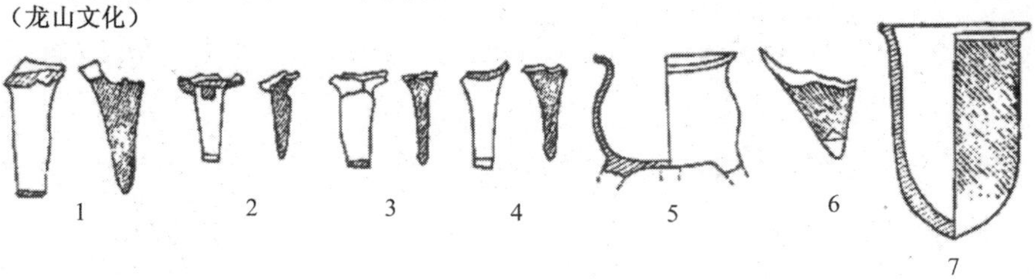

图四 1. 陶鼎足 2. 黑陶鼎足 3. 灰陶鼎足 4. 灰陶鼎足 5. 灰陶鼎 6. 灰陶鬲足 7. 灰陶粗条纹尊
1、2、3、4、5、6（1/6）7、8（1/20） 1、2、5大汶口文化 3、4、7龙山文化 6. 西周

图2－11 诸城县前寨遗址出土陶片（《文物》1974年第1期）

栾丰实先生汇集了碳－14测定的47个龙山文化标本数据，载入其《东夷考古》“海岱龙山文化”一章。这些数据，绝大多数在距今4600—4000年之间，其中有诸城前寨遗址的三个标本数据。标本H40上部，测定年代（B·P 1950年）为4050±80，校正年代（B·P 1950年）为4465±135。标本T102②b测定年代（B·P 1950年）为3990±80，校正年代（B·P 1950年）为4390±135。标本T104H105，测定年代（B·P 1950年）为3730±100，校正年代（B·P 1950年）为4070±120。[①] 数据属

① 栾丰实：《东夷考古》，山东大学出版社1996年版，第255页。

于龙山文化的中晚期，当是诸城前寨遗址图像文字的真实年代。

高广仁先生论及此事说："属于大汶口文化晚期标本，潍县鲁家口1件(ZK317)为公元前2340±145，而胶县三里河墓葬人骨所测的数字却均在公元前2000年左右。然而，有两个典型龙山文化的标本，即旅大双砣子的1件(ZK78)和三里河M214中的1件(ZK39)，年代则在公元前2400年左右，这样一来，同一三里河遗址上、下两层墓葬的年代数据倒置了。对于这一矛盾现象必须作出抉择。我估计大汶口文化向典型龙山文化的过渡当发生在公元前2400年至公元前2300年之间。而所测的三里河大汶口文化墓葬人骨的年代可暂搁置起来。"①

关于莒县陵阳河和诸城前寨图像文字的绝对年代，高广仁先生认为距今约4500年。1978年4月27日，他在《光明日报》发表的《大汶口文化的社会性质与年代》一文中说："莒县陵阳河、诸城前寨出土的刻有文字的陶器，并非发掘品，其绝对年代未经测定。发现者及考古界的一些同志认为它属于大汶口文化晚期。我估计其绝对年代距今四千五百年左右，不会早于四千八百年前。"

1985年2月，《中国文化研究集刊(第二辑)》刊载了李学勤先生《考古发现与中国文字起源》一文。其曰："大汶口文化的陶器符号都出现于这种文化的晚期，其年代可估计为公元前二千五百年或更晚一些。陶器符号的首次发现是在一九五九年，从山东省宁阳堡头75号墓出土的一件灰陶背壶上，有用毛笔之类工具绘写的红色符号。随后，在同省莒县陵阳河和诸城前寨出土的灰陶尊上，又先后发现了刻画符号，当时所见计有六例四种。据一九八〇年的报道，莒县陵阳河续出此种陶尊，符号的不同形体已有十种之多。由此可知，大汶口文化陶尊符号基本上也限于一种特定的器皿。"②

高明先生将陵阳河图像文字称为陶文，年代也认为距今约4500年。其曰："从现有资料来看，时代最早的陶文，应以山东大汶口文化莒县陵阳河与诸城前寨等遗址出土的陶文为冠。""莒县陵阳河与诸城前寨两遗址，相当于大汶口文化晚期，出土陶文距今当有4500年左右。"③

高广仁、李学勤、高明先生对于莒县陵阳河图像文字和诸城前寨图像文字的绝对年代的意见是一致的，都认为距今约4500年。这高于碳-14测定的陵阳河遗址的两个数据，而与碳-14测定的诸城前寨遗址的三个龙山文化的数据是相符的。李学勤

---

① 高广仁:《海岱区先秦考古论集》，科学出版社2000年版，第101页。

② 李学勤:《考古发现与中国文字起源》，《中国文化研究集刊(第二辑)》，复旦大学出版社1985年版，第154页。

③ 高明:《论陶符兼谈汉字的起源》，《北京大学学报(哲学社会科学版)》1984年第6期。

和高明先生将陵阳河图像文字称作大汶口文化晚期，显然是因为那时考古学界将大汶口文化确定为距今约5000年。按照山东博物馆新确定的山东地区史前文化的绝对年代标准，距今约4500年，属于龙山文化早期。

据此，我们认为，莒县陵阳河图像文字和诸城前寨图像文字是龙山文化初期的产物，其绝对年代为公元前2500年。于省吾先生关于陵阳河图像文字是龙山文化的论断是正确的。

公元前2500年时，东夷文明已经诞生。

张学海《论东夷文明的诞生与发展》一文曰，在环泰沂山地带和环胶东丘陵地带已发现的大汶口文化遗址达500多处，在环泰沂山地的近山地带及其东南侧的沂、沭河流域，东北侧的弥河、白浪河流域，西南侧的薛河、荆河流域，西侧的汶河、泗河流域，已形成五个中心聚落分布区。“这些聚落群体已是一些国家，证明东夷文明诞生于距今5000年。”“东夷文明诞生后，经历了大汶口文化晚期阶段，到龙山文化时期达到了高峰。”①

四

陵阳河图像文字，是继大汶口文化彩陶太阳八角芒形图像文字之后龙山文化早期的象形文字，对于探索我国文字的起源，有着重大的意义。

裘锡圭先生在论述汉字形成问题时曾曰：“大汶口文化象形符号应该已经不是非文字的图形，而是原始文字了。在汉字形成的过程中，图形怎样演变为代表词的原始表意字，其具体途径我们是不清楚的。大汶口文化用作族名的象形符号，在这方面给了我们重要的启发。用象形符号表示族名，很可能是原始表意字产生的一个重要途径。”②所言极是。

从以上我们对“昜”“陽(阳)”“煬(炀)”“风”“戊”“斤”“酒”“茜”“封”这九个图像文字的释读，不难发现，龙山文化早期创造的这些图像文字，既是人们社会生产、生活的普遍要求，又是社会宗教意识的集中体现。文字的产生，是从对客观事物的摹写开始的，这种被摹写的事物，集中代表了当时社会发展的需求，具有强烈的时代特征。

中华民族在进入农耕时代以后，了解农时季节，成为最为重要和最为急迫的任务。他们选择高埠，建立日坛、祭坛，每天日出、日中、日入之时，他们都要观测日晷的

---

① 张学海：《论东夷文明的诞生与发展》，《古代文明（第1卷）》，文物出版社2002年版，第141页。

② 裘锡圭：《汉字形成问题的初步探索》，《中国语文》1978年第3期。

长度及方位，观测其与日、月、星、辰运行的关系，年复一年，终于在太昊时代，创造出了一年两岁（季）的原始太阳历。陵阳河图像文字“昜”“陽（阳）”“煬（炀）”“风”，无一不是天象文字。“昜”“陽（阳）”即每天从早到晚在日坛、祭坛中央建木天柱和四方四隅支柱上援上援下的太阳神，东夷首领太昊和少昊之名，也出自立杆测影、观象授时。

酒是大汶口文化时期，人们生产、生活的一大创造。酒能通神，又是巫师的法宝，神圣的祭品，也与观象授时、“寅宾出日”、“寅饯纳日”的祭礼有关。

镶有长柄的斧和斤，是当时最为先进的生产工具，代表着社会生产力发展的水平，也是王权与武力的象征。在国家诞生之际，体现着国家的意志。作为国土疆界的“封”字，也携带着开拓疆域、建立国家的信息。

总之，陵阳河图像文字的创造，多与立杆测影、观象授时有关。高广仁先生论曰：“在祭器上出现了反映农时和天象的文字，说明它可能与祭天、祈年的活动有关。在原始社会里，这类仪式，一般由酋长、巫师主持进行。进入阶级社会以后，祭天活动成为奴隶主阶级愚弄人民的一种手段。那些祭天的人往往同时从事观象授时的工作。《尧典》里关于羲和们的传说记载，就是这一历史进程的缩影。祭天，特别是观象授时之类的社会活动，就对文字的出现提出了急切的要求。莒县、诸城的陶文可能正是在这种历史背景下产生的。”①

“昜”“陽（阳）”“煬（炀）”“风”“戉”“斤”“酒”“酋”“封”等九个图像文字，是继大汶口文化早期太阳八角芒形图像文字“”和太阳鸟形图像文字“”之后的又一重大的图像文字创造，是龙山文化早期最具历史意义的语言符号。

如果说“昜”“陽（阳）”“煬（炀）”“戉”“斤”“酒”“酋”“封”这些图像文字是对氏族图腾、生产生活用具的摹写，是象形象事的文字。那么，“风”字之造却是会意的创造。

陵阳河遗址 M19 出土的图像文字“”，在下方有一“”形，酷似鸟羽，知“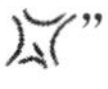”乃由四根弯曲的鸟羽围成，会意四方之风，用于祭祀，或是代表四方风神，或是代表太昊之族的风姓。甲骨文“风”字作“”，“”为声符，当源于陵阳河图像文字“”。“酒”和“酋”字之造，虽象酒器，但谷物在酒器中发酵酿造和用茅叶去糟滤酒，靠的是会意。可知，文字创造之初，已经创造了象形、象事和会意的法则。

我们将莒县陵阳河遗址和诸城前寨遗址的陶文称为图像文字，是因为它们是出

---

① 高广仁：《海岱区先秦考古论集》，科学出版社 2000 年版，第 107 页。

于图像时期的文字。图像文字具有演变成文字的文化基因，与演变不成文字的图画有着本质的区别。我们不称这些图像文字为文字，是因为这些图像文字处于初创时期，还很少，还没形成完整的文字体系。

1992 年 1 月，山东邹平丁公龙山文化遗址发现一块载有文字的陶片。文字共 5 行 11 字，学者们皆认为这是一个短句或章节，记载了一个特定的内容。田昌五和张学海先生称其为陶书，以别于陵阳河遗址单个图像文字。其绝对年代，估计比陵阳河图像文字晚三四百年，即在距今 4200—4100 年之间，表明这一时期此地已进入用文字记载历史的阶段。①

① 栾丰实：《东夷考古》，山东大学出版社 1996 年版，第 280 页。

殷卜辞　天干地支文字探赜

干支，又称为天干、地支，是中华民族最古老的传统文化之一。自东汉许慎作《说文解字》以来，诸家对干支文字，说解纷纭，莫衷一是。近代，甲骨文字的发现，为干支文字的研究，提供了最原始、最真实、最宝贵的资料。20 世纪 20 年代，郭沫若先生旅居日本时，曾下大气力，集中外之天文资料，撰写了长达万言的《释干支》一文。① 然郭沫若先生自己对此文也觉得并不满意。1952 年，他在《甲骨文字研究·重印弁言》中说："《释干支篇》所谈到的十二支起源的问题，在今天看来依然是一个谜，我把它解释为起源自巴比伦的十二宫，在今天虽然还是没有更好的直接物证，但也没有更坚实的反证。古代太辽远了，物证恐怕是很难找到的。但我仍然寄系着几希的希望，希望在地下发掘有系统地广泛地展开的时候，能够得到更多的证明。"②郭沫若先生之后，无人再对干支文字作系统的研究。

1978 年 11 月，中国古文字学界在吉林大学召开了第一次古文字学术讨论会。会议决定成立中国古文字学术研究会，并将提交会议的论文结集，编为《古文字研究》，由中华书局出版。1979 年 8 月，《古文字研究（第一辑）》面世，并刊载了吉林大学古文字研究室撰写的《古文字研究工作的现状及展望》。文章认为："甲骨刻辞中使用得最多、几乎每一片刻辞都能见到的是'干支'字，而'干支'字全都是'假借'字。'假借'字只有表音的作用，与文字形体本身之间，没有丝毫联系。占很大比重的地名、人名等专有名词，也统统都是'假借'字。""它不是通过其文字符号的形体本身来表达概念，而是通过这些文字符号所代表的语言来表达概念的。"③对于用于纪日的六十个干支词组来说，所言是对的，但干支词组不能等同于干支单字。干支纪日，甲子至癸亥，这六十个由天干和地支循环相配组成的词组，不论商殷用作纪日，还是汉以后

① 郭沫若：《郭沫若全集·考古编·第一卷》，科学出版社 2002 年版，第 155～340 页。下引郭沫若有关干支文字释文皆载其中，不另作注。

② 郭沫若：《郭沫若全集·考古编·第一卷》，科学出版社 2002 年版，第 9 页。

③ 吉林大学古文字研究室编：《古文字研究（第一辑）》，中华书局 1979 年版，第 19～20 页。

用作纪年，都已改变了本义，体现着一种可循环使用的数序特性。但就单个干支文字而言，它们并非只有表音的作用。1980 年，唐兰先生在《关于夏鼎》一文中说，夏代早已有文字了，“在这些文字里，除了数目字外，十日和十二辰的名号是很重要的，由甲乙丙丁和子丑寅卯等相配合的六十甲子，是我国历法的主要构成部分”①。2003 年出版的徐中舒主编的《甲骨文字典》认为，同其他文字一样，干支文字本身音、形、义俱全。其坦诚地说，这二十二个干支文字，尚有六个“所象形不明”，还有几个字以往学者的解释“近是”，无有定论。因此，这是一个需要探赜的领域。本文想要探索的即这二十二个干支文字的本义，以及殷人为何假借这些干支文字组成可循环使用的数序符号，用于周祭纪日的奥秘。

由于许慎作《说文解字》时，甲骨文字尚未发现，《说文解字》所依据的小篆文字形体已发生讹变，不足为据，故本文以徐中舒先生主编的《甲骨文字典》为基础，并参考《甲骨文编》等其他甲骨文论著。

释　甲

甲、乙、丙、丁、戊、己、庚、辛、壬、癸十字称为天干。天干者，即天柱、日柱，是古人用以观测太阳晷影，制定历法，祭祀祖先神灵所设的建木。天干十字，皆是古人立杆测影、观象授时的创造。

甲骨文“甲”字作“十”，或作“⊞”。殷、周金文与甲骨文形同。

郭沫若从《尔雅・释鱼》之说，将甲、乙、丙、丁作为一个鱼系列文字。曰：“鱼枕谓之丁，鱼肠谓之乙，鱼尾谓之丙。”“甲亦鱼身之物也。鱼鳞谓之甲，此义于今犹活。《尔雅》之举乙、丙、丁，而不举甲者，亦正以甲义犹存，无须释及耳。鱼鳞之象形何作十？此殆示其四鳞合一之处也……又甲之别义如草木之孚甲、戎器之甲胄，皆得由鱼鳞引申。故知鱼鳞为甲，亦必甲之最古义。”

《甲骨文字典》曰：“甲骨文甲字作十者，郭沫若谓为鱼鳞之象形（《甲骨文字研究・释干支》）。林义光《文源》曰：‘按古作十，不象人头。甲者皮开裂也，十象其裂文。’按二说皆未可确证，姑存其说。或增囗作⊞，为殷先公上甲之专名，囗盖象藏主之匰。罗振玉谓⊞即小篆甲之所从出。小篆变⊞为甲者，盖作⊞又与田畴之田相混，故申其直画出冂外以别于田畴字（《雪堂金石文字跋尾》）。按罗说可从。《说文》：

① 故宫博物院编：《唐兰先生金文论集》，紫禁城出版社 1995 年版，第 510 页。

‘甲，东方之孟，阳气萌动，从木戴孚甲之象。一曰人头宜为甲，甲象人头。命，古文甲。始于十，见于千，成于木之象。’按《说文》说解不确。”

《甲骨文字典》认为：“罗说可从。”但罗振玉只讲了“⊞”到“宁”字的流变，并未涉及“十”字，其说于“⊞”字尚可，于“十”字则不通。罗说未对“甲”字形、义作出说解，“甲”字的本义仍然不明。

十，纵横之交也。《说文》：“十，数之具也。一为东西，丨为南北，则四方中央备矣。”甲骨文“甲”字作“十”“⊞”，乃指事按正东、正西、正南、正北方位建的日坛，四方交会之中央，乃是天柱建木之立处。古人以为“天圆地方”，故甲骨文“十”字之外又可加“囗”，成日坛方形，但“十”字并不与“囗”字的四边相接，可领悟四方之大，并别于田畴之“田”字。

陕西临潼姜寨仰韶文化村落遗址是 20 世纪 70 年代的重大考古发现，学者绘制的《临潼姜寨仰韶文化遗址村落平面图》①（图 2－12），中心广场作“亞（亚）”字之形，“亞（亚）”形表示四方四隅。广场南、北的主要建筑与广场中心在同一轴线上。学者认为，广场中心当立有羊角天柱。这既是一个祭祀的祭坛，也是一个天文观测的日坛。考古发现说明，早在 7000 多年前的仰韶文化时，古人已掌握了测定方位的技术。古人的日坛、祭坛无一不是按正东、正西、正南、正北的方位所建。而甲骨文“十”“⊞”，正是古人为指事按四方四隅方位所建的日坛、祭坛所创造的语言符号。

图 2－12 临潼姜寨仰韶文化村落遗址平面图（《文物》1975 年第 8 期）

甲骨文“十”“⊞”，寓意为四方之主。殷先王三十七人，有七人以“甲”为庙号。

上甲是殷祀的第一代先公，居于殷祀之首。为别于其他先王，或在其“⊞”字上加一短撇作“⊞”，或在其“⊞”字右旁加一竖作“⊞丨”，或在其“⊞”字上方加一短横

① 西安半坡博物馆：《临潼姜寨仰韶文化村落遗址平面图》，《文物》1975 年第 8 期。

作“[字形]”，或又加一弧形作“[字形]”，成为殷先公上甲的专用字。其中，“[字形]”字见于武丁时的卜辞，“[字形]”字则多见于廪辛、康丁以后的卜辞。“[字形]”字之“[字形]”，弧形表示天。“[字形]”字指事天、地，上为上天，下为祭坛。殷人以“[字形]”为其先公上甲的庙号，无疑是尊先公上甲为上帝。上甲是在天上的天下之主，故殷人凡国家大事皆要问卜，征询其先王意见。

在殷、周金文中，“甲”字作“[字形]”或作“[字形]”与甲骨文形同。秦作小篆，改作“[字形]”，别于田畴之田，为《说文》所本。《说文·甲部》：“[字形]，古文甲。”《说文·木部》：“[字形]，古文柙。”形已讹变，“[字形]”“[字形]”形、义皆失。甲壳、铠甲并非“甲”字的本义，而是借义，龟壳因契刻干支文字而取其首字称为“龟甲”，寓有神灵保护之意，推而广之，某些动物的硬壳称为甲，如鳖甲、蟹甲，将士的护身服称为铠甲、盔甲。

总之，“甲”字指事按四方四隅方位所建的日坛，是殷人立杆测晷、观象授时和沟通上帝神灵的圣地，引申为四方之主，成为日干十字之首。

释　乙

甲骨文“乙”字作“[字形]”，或反书作“[字形]”。

《甲骨文字典》释曰：“所象形不明，郭沫若谓乙象鱼肠（《甲骨文字研究·释干支》），吴其昌谓乙象刀形，故乙义为刀，训为轧（《金文名象疏证》），唐兰谓甲骨文乙有作[字形]者乃玄鸟之[字形]所从出（《天壤阁甲骨文存考释》），李孝定谓甲乙字与许书训流之[字形]（在《说文》卷十二）实为一字，以乙假为干名，遂歧为二字（《甲骨文字集释》卷十四），按以上诸说皆无确据。至《说文》所云‘乙象草木冤曲而出，阴气尚强，其出乙乙也，与丨同意。乙承甲，象人颈’，尤不可据。”

《甲骨文字典》认为诸家之言皆无确据，其实，唐兰先生之论是值得重视的。

“[字形]”字是一个高度抽象的语言符号，说其象水流，可也，“[字形]”旁加四点成“[字形]”即水字。《甲骨文字典》载从“[字形]”或从“[字形]”之字九十多例，但只作形符，无作声符者，知“[字形]”不是水流。

《说文·十二篇上》载有“[字形]”字，释为燕子叫声。段玉裁注曰：“[字形]”字横看，象燕飞翅开首竦之形。唐兰从其说，释为玄鸟，玄鸟即为燕子。但戴家祥《金文大字典》释曰：“方濬益谓即十二篇训‘玄鸟也之乙’，象燕子侧飞形（《缀遗斋彝器款识考释》卷二十三）。然卜辞燕字作，乙字作，两字并存，用途不同。方说有待证实。”①

今以卜辞观之，“”“”皆玄鸟，但“”“”有别，“”是生活中的燕子，“”是被神化的燕子，即殷人图腾柱上的玄鸟。

图腾是氏族社会原始宗教的产物。原始人认为，每个氏族都与某种动物神、植物神，或无生物神有着亲属或其他特殊的关系，因此他们受到了这些神的保护。这些保护神被绘刻成图腾柱，立于村口或立于日坛和祭坛，成为某个氏族的象征和信仰，受到这个氏族世世代代的崇拜，成为我们所说的“图腾”。

图腾（totem）是印第安语，意为“他的亲属”。西周初年，周成王和周公平定“三监”和武庚叛乱，造成淮夷熊盈十七国和山东东夷奄、薄姑等殷商旧族出海逃亡，他们被暴风刮到了美洲，印第安人是他们的后裔。清代时，发生了印第安人自称是中国殷人请求清廷庇护的公案。据英国《每日邮报》2015 年 7 月 9 日报道，美国作家 John Ruskamp 先生最近在新墨西哥州阿尔伯克基城国家岩画遗迹公园岩壁上发现了中国甲骨文字，尽管 John Ruskamp 先生将这些甲骨文字释为“向商朝第三任大王大甲献祭一条狗的事情”，有待商榷。但笔者认为这些文字确实是商代的图像文字，为印第安人是中国殷人的后裔和中国人最先发现美洲大陆提供了证据，这比哥伦布发现美洲大约早了 2500 年。如此，印第安人所说的图腾，传承的是商殷文化。中国最早的古籍之一《山海经》中记载的人面鸟身、人面马身、人面牛身、人面龙身以及豹尾虎牙齿的西王母等诸神，无一不是氏族图腾的写照。

由于“图腾”一词比图像、图画更能准确地表述原始人对于某种物神的崇拜，而被学界所公认。郭沫若在《殷彝中图形文字之一解》中指出，殷商铜器铭文中，“凡图形文字作鸟兽虫鱼之形者必系古代民族之图腾或其孑遗，其非鸟兽虫鱼之形者乃图腾之转变”②。郭沫若先生之论，说明了学界对于中国古代图腾存在的认同和使用。在人类社会的发展中，图腾崇拜是一个普遍的现象，至今仍在某些部落和民族中流行。

山东宁阳县堡头大汶口文化墓地第七十五号墓出土的一件背壶上，有朱绘“”形图案，图案中心圆点，表示鸟身，象征太阳，顶上伸出一个向右侧视的长喙鸟头，两侧芒刺表示鸟翅，又象征日光或晷影，下面的“丄”形表示立柱，是少昊重氏的族徽，称为太阳鸟图腾圭表柱。

美国佛里尔艺术博物馆藏的良渚文化玉璧上载有鸟柱图像，陆思贤《神话考古》

① 李圃主编：《古文字诂林（第十册）》，上海教育出版社 2004 年版，第 947 页。下文所引诸家关于干支文字之论，凡未单独作注者，皆在其下至第 1220 页相关条目。

② 郭沫若：《郭沫若全集·考古编·第四卷》，科学出版社 2002 年版，第 22 页。

图2－13　**良渚文化的鸟柱与鸟墩**(《文物》1989年第7期)

据出土实物将其复原(图2－13)。此鸟柱所立的高台,如同日坛,上顶的鸟即鸟族崇拜的图腾。

良渚文化主要分布于长江下游的太湖流域地区,其年代与大汶口文化晚期相当。栾丰实先生认为:“太湖文化区和海岱文化区之间,地域相连,两地居民有着基本一致的宗教信仰和相同的拔牙等习俗,在相当长时间内均被称为‘夷’人,又同是早期文字的创造者与使用者。基于此,我们认为海岱、太湖两大文化区的居民是具有亲缘关系的两大集团。”①

《左传·昭公十七年》记载郯子论少昊时以鸟纪官云:“我高祖少皞(昊)挚之立也,凤鸟适至,故纪于鸟,为鸟师而鸟名。凤鸟氏,历正也;玄鸟氏,司分者者也;伯赵氏,司至者也;青鸟氏,司启者也;丹鸟氏,司闭者也;祝鸠氏,司徒也;鴡鸠氏,司马也;鸤鸠氏,司空也;爽鸠氏,司寇也;鹘鸠氏,司事也。五鸠,鸠民者也,五雉为五工正,利器用,正度量,夷民者也。九扈为九农正,扈民无淫者也。”所述凤鸟氏、玄鸟氏、伯赵氏、青鸟氏、丹鸟氏等皆是立杆测影、制定历法的天官。

《左传·昭公二十九年》又载魏献子问蔡墨:“社稷五祀,谁氏之五官也?”对曰:“少皞(昊)氏有四叔,曰重、曰该、曰修、曰熙,实能金、木及水。使重为句芒,该为蓐收,修及熙为玄冥。世不失职,遂济穷桑。”

殷卜辞中,殷先公王亥的“亥”字,或从隹写作“”(《佚》八八八),或从鸟写作“”(《明》七三八),是殷人以鸟为图腾之佐证。殷卜辞中的“王亥”,即《山海经·海外东经》中测量日坛晷影长度的“竖亥”,也是《左传·昭公二十九年》记载的少皞(昊)四叔之一主管农时、农业的“蓐该”。

商人是少昊东夷鸟族中的玄鸟支。殷铜器《亚疑玄妇罍》(《集成》15.9794)铭文“玄”字,被一只飞鸟衔着(图2－14),释作“玄鸟”,这是殷王族的族徽,证实《山海经》等典籍关于玄鸟生商的记载是信史。

《史记·殷本纪》曰:“殷契,母曰简狄,有娀氏之女,为帝喾次妃,三人行浴,见玄

① 栾丰实:《东夷考古》,山东大学出版社1996年版,第198页。

鸟堕其卵,简狄取吞之,因孕生契。”

《诗经·商颂·玄鸟》曰:“天命玄鸟,降而生商,宅殷土芒芒。”毛传:“玄鸟,鳦也,一名燕,音乙。”

殷之先祖是玄鸟所生,是殷人以玄鸟为图腾的神话。殷人将玄鸟置于祭坛图腾柱之顶,于是“乚”字孳乳出了甲骨文“益”字。

“乙”和“益”都是一期的甲骨文字,但“乙”是独体字,“益”是复合字,“益”字出自“乙”。

图2-14 殷铜器《亚疑玄妇罍》

甲骨文“益”字写作“[illegible]”。《甲骨文字典》释曰:“象水满溢之状。”殷卜辞中,“益”字用作地名或用牲法,尚未见作水满之用,知“益”字之出或与祭祀有关。

“[illegible]”字所从的水是“乙”与“水”的合文,省去了一个“水”与“乙”相同的“乚”形。“益”是一个形声字,其得声于“乙”,而不是得声于“水”。这个“乚”字两旁各有两点,是水中之“乚”,也即图腾柱顶上的玄鸟投在日坛水槽中的影子。而祭坛又似一个祭祀上帝的祭器,写作“皿”形。

《山海经·海内经》曰:“有九丘,以水络之:名曰陶唐之丘、有叔得之丘、孟盈之丘、昆吾之丘、黑白之丘、赤望之丘、参卫之丘、武夫之丘、神民之丘。有木,青叶紫茎,玄华黄实,名曰建木,百仞无枝,有九欘,下有九枸,其实如麻,其叶如芒。大(太)皞(昊)爰过,黄帝所为。”

《山海经·海外东经》曰:“汤谷上有扶桑,十日所浴,在黑齿北。居水中,有大木,九日居下枝,一日居上枝。”

《山海经·大荒东经》曰:“大荒之中,有山名曰孽摇頵羝,上有扶木,柱三百里,其叶如芥。有谷曰温源谷。汤谷上有扶木,一日方至,一日方出,皆载于乌。”

陆思贤先生释曰:“此神话都在立杆测影的地平日晷上。汤谷或温源谷,为十日所浴、十日所居之,不必去东海外寻找,它就在晷影盘的东侧,为修筑晷影盘时操作水平地面用的外围水槽,日出东方,太阳倒影在水中,便是十日所浴之水。扶桑或扶木,神话中的神树,也不必去东海边寻找,它就在地平日晷的东侧,太阳从东方升起,日出之景从地平日晷东侧的立杆开始观测,也即一日方至,或一日居上枝。其名‘孽摇頵瓶’之山，是山顶上树立了羊角图腾柱的地平日晷。……‘皆载于乌’，是本于日出扶桑的神树是鸟柱，太阳通过鸟柱图腾柱投影在地面上，形状一似鸟，而此是虚影，是乌有之物，因名‘乌’。郭璞注：‘三足乌’，义同‘帝俊生三身’。这是先民们编纂十日十乌神话的依据。”①

与乌是鸟柱投影在地面上不同，“益”字之造则是鸟柱投影在水槽水面上，是水中之影，故“”字上部成水形。“”是“益”字的声符，“乙”是“益”字之本。

伯益是时间之神，所以又以候鸟燕子之声为名。《山海经·海内经》曰：“炎帝之妻，赤水之子，听訞生炎居，炎居生节并，节并生戏器，戏器生祝融，祝融降处于江水，生共工，共工生术器，术器首方颠，是复土穰，以处江水。共工生后土，后土生噎鸣，噎鸣生岁十有二。”袁珂注：“古神话当谓噎鸣生十二岁或噎鸣生一岁之十二月。《大荒西经》云：‘下地是生噎，处于西极，以行日月星辰之行次。’即此噎鸣，盖时间之神也。”噎鸣即嗌鸣，噎、嗌乃一声之转，扬雄《方言》云：“㾜嗌，噎也，楚曰㾜，秦晋或曰嗌，又曰噎。”嗌鸣取义于燕子“鸣若嗌嗌”。《世本·作篇》：“后益作占岁之法。”《吕氏春秋·勿躬篇》载：“羲和作占日，常仪作占月，后益作占岁。”顾颉刚先生《尚书研究讲义·戊种之四》因曰：“从羲和之生十日而作占日，常仪之生十二月而作占月之例推之，则后益即噎鸣，不与柏翳为一人也。”杨宽《伯益、句芒与九凤、玄鸟》曰：“顾氏以后益非柏翳未是，以后益即噎鸣，则实为卓见。”②杨宽所论是。

益是真实的历史人物，典籍又写作“伯益”“伯翳”“柏翳”，是殷人的先祖。

《尚书·舜典》：“帝曰：‘畴若予上下草木鸟兽？’佥曰：‘益哉！’帝曰：‘俞，咨！益，汝作朕虞。’益拜稽首，让于朱虎、熊罴。帝曰：‘俞，往哉！汝谐。’”

《史记·秦本纪》：“秦之先，帝颛顼之苗裔孙曰女脩。女脩织，玄鸟陨卵，女脩吞之，生子大业。大业取少典之子，曰女华。女华生大费，与禹平水土。已成，帝赐玄圭。禹受曰：‘非予能成，亦大费为辅。’帝舜曰：‘咨尔费，赞禹功，其赐尔皂游，尔后嗣将大出。’乃妻之姚姓之玉女。大费拜受，佐舜调驯鸟兽，鸟兽多驯服，是为柏翳。舜赐姓嬴氏。”

《孟子·万章上》：“禹荐益于天，七年，禹崩。三年之丧毕，益避禹之子于箕山之阳。朝觐讼狱者，不之益而之启，曰：‘吾君之子也。’讴歌者不讴歌益而讴歌启，曰：‘吾君之子也。’”《史记·夏本纪》从《孟子·万章上》的记载。

《史记·秦本纪》：“大费生子二人：一曰大廉，实鸟俗氏；二曰若木，实费氏。其

① 陆思贤：《神话考古》，文物出版社 1995 年版，第 166 页。

② 杨宽：《杨宽古史论文选集》，上海人民出版社 2003 年版，第 298 页。

玄孙曰费昌，子孙或在中国，或在夷狄。费昌当夏桀之时，去夏归商，为汤御，以败桀于鸣条。大廉玄孙曰孟戏、中衍，鸟身人言。帝太戊闻而卜之使御，吉，遂致使御而妻之。自太戊以下，中衍之后，遂世有功，以佐殷国，故嬴姓多显，遂为诸侯。”

伯益本炎帝之后，姜姓。炎帝末年部族东迁，遂居东夷，地在今青州益都一带。帝少昊时以鸟纪官，益之先祖被封为玄鸟氏，司春分秋分，故伯益懂鸟族方言，做了东夷鸟族部落联盟的首领，成为鸟族崇拜的保护神。伯益在舜帝时做虞，掌管山林，佐舜调驯鸟兽，治理以鸟和兽为图腾的东夷部落。又佐禹治水，禹帝时为执政大臣，管理四方部落，号称“四岳”，被禹荐为继承人。禹帝卒，禹之子夏后启联合友党夺益之位，建立了夏朝家天下。

《汉书·百官公卿表》将《书·舜典》“益，汝作朕虞”写作“䔱作朕虞”。应劭曰：“䔱，伯益也。”颜师古曰：“䔱，古益字也。”《说文·口部》释“嗌”曰：“嗌，咽也。从口益声，□，籀文嗌。”□即䔱字，□、䔱象燕形，此燕即益、噎鸣即伯益又一例证。

典籍言伯益为玄鸟所生，化为神与本文前考“益”字之出正同。可知甲骨文“乚”是玄鸟之形，代表殷之先祖益，是人与神的合一。

殷时，乙字又孳乳为“鳦”。

殷铜器《祖丁巫鳦鼎》（《集成》4.1813）之“□”字，《殷周金文集成》释为“癸”，张亚初《殷周金文集成引得》释为“巫”。甲骨文、金文“癸”字作“㐅”，是四隅之象；巫字作“□”，是四方之象，释巫是。《祖丁巫鳦鼎》族徽“鳦”字写作鸟形（图2－15），“⺄”字和鸟身都似欲作双线而省作单线，族徽居于铭文之中，造型生动，章法奇特。此字旧未释，金文偏旁往往左右无别，此字当是“鳦”字，小篆“鳦”字之本。

图2－15 《祖丁巫鳦鼎》族徽

《说文·乙部》：“乚，燕燕，玄鸟也。齐鲁谓之乙，取其鸣自呼，象形。鳦，乙或从鸟。”《尔雅·释鸟》：“燕燕，鳦。”

《大戴礼记·夏小正》二月曰“来降燕，乃睇。燕，乙也。降者，下也”。所言也谓乙为燕也。

“乙”“益”“鳦”“鳦”之演变，足证“乚”象玄鸟之形，训为以益为始祖的玄鸟族，是殷人的图腾崇拜。商开国之君成唐（汤）等六位先王以“乙”为庙号。

释　丙

甲骨文“丙”字作“”，或作“”。殷和西周早期的青铜器铭文多填实作“”。《甲骨文字典》释曰：“所象形不明。郭沫若谓丙象鱼尾（《甲骨文字研究·释干支》），于省吾谓象物之底座（《殷契骈枝》），叶玉森谓象几形（《殷虚书契前编集释》）。按诸说皆无确据。《说文》：‘丙，位南方，万物成炳然，阴气初起，阳气将亏，从一入门，一者阳也，丙承乙，象人肩。’亦不可据。”

诸家对于“丙”字的解读，并非无有可采之处。邵履常释“”字之“”为穴，“”为火，虽然欠确，但其说“丙”乃“炳”之前身，明乃“丙”之本训，比郭沫若释“丙”为鱼尾，进了一大步，而《古文字诂林》搜集陈独秀释为击火之石刀形，可谓独到之见。

陈独秀《小学识字教本》曰：“丙丁字甲文作、、、诸形，金文亦作（父乙鼎）、（亚丙爵）、（敔簋）诸形，或实之作（兄日戈），皆象击火之石刀形……丙加火为炳，说文训明，亦丙为击火刀之一证。”

陈独秀之见可取。甲骨文“丙”字作“”，因系刀刻，不便填实，石刀之形不很明显，而铜器则不同了。殷铜器《冉父丙鼎》（《集成》4.1566）、《析父丙卣》（《集成》10.4936），“丙”字皆填实作“”。“丙”字既可填实，可知邵履常释“”为家为穴欠妥，家、穴不可填实也。

甲骨文“石”字作“”（《前》八.六.一）或反书作“”（《乙》三二一二），正、反合一，正是“”字。西周早期青铜器《史父丙觚》“丙”字作“”（《集成》12.7102），成两石相碰之形，指事两石相击生火。春秋铜器《筥侯簋》（《集成》8.4152）、战国铜器《子禾子釜》（《集成》16.10374）“丙”字皆从火，写作“”，正诠释了“丙”字之义。

“丙”字指事两石相击，会意生火，是指事兼会意字也。“丙”是“炳”字之本，火是“丙”字之义，明是火义的引申。

“”是殷人火正的徽识。《左传·襄公九年》曰：“古之火正，或食于心，或食于咮，以出内火。是故咮为鹑火，心为大火。陶唐氏之火正阏伯居商丘，祀大火，而火纪时焉。相土因之，故商主大火。”服虔曰：“相土，契之孙，代阏伯之后居商丘，汤以为号。”殷卜辞：“……七日己巳夕……有新大星并火。”（《后下》九.一）这是殷人观测大火星的记载。

殷之先人以商丘为基地，设坛立柱，司火正，主大火，从尧舜到夏商，跨越了千年时空。商时，成为一个专门从事观测大火星的王族。商人从对大火星的观测中，了解到春分和秋分。二月，当大火星黄昏时出地平线，咮星在南方上中天时，便是春分季节，于是放火烧山，开垦农田，春耕备播。七月黄昏，当大火星跟随太阳落地平，白虎星从东方出地平，便是秋分季节，开始秋收秋种。大火星成为殷人从事农事的指示星。春分和秋分，成为商人祭祀的重大节日。

“丙”字在卜辞中又用作人名、地名、国族名。如“庚申卜古贞王令丙”（《乙》四二五六），“辛卯贞从狩丙涉”（《京》四四〇九），“……丙邑……”（《合集》一八九一一）丙邑，文献写作“邴”。《春秋公羊传·隐公八年》：“三月，郑伯使宛来归邴。”此“邴”，《春秋·隐公八年》作“祊”。杜预注：“在琅琊费县东南。”

“邴”与“祊”皆与殷人观测大火星的日坛有关。“邴”字言其火正之职，“祊”字言其日晷方位。“邴”“祊”是殷人的两个支族，“邴”“祊”均在今山东费县。

甲骨文中有许多从“丙”的文字，皆与殷人观测主祀的大火星有关。

甲骨文商朝的“商”字，写作“”“”等形，上为图腾柱之首，下为其专祀大火星的徽识“丙”字。“丙”字或又从口，指日坛，写作“”。商朝所以称“商”，是其先祖观测主祀大火星的日坛设在商丘。商丘是其发祥之地。而国名、地名则源于观测大火星而授时。

甲骨文另有“”字，上象羊角图腾柱，下为火正“丙”字。“”字，上象立杆测影之干，下从火正“丙”字。“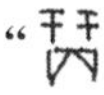”字，上从两干，下从火正“丙”字。三字之形虽异，但字义相同，疑皆“商”字。

甲骨文“更”字作“”“”，从“”从“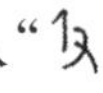”。“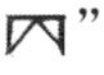”即“丙”字，“丙”为声，殷人观测大火星之司职火正。“”字指事以手持工具观测日晷和大火星。殷人从对大火星的观测中，得到了春分秋分，而昼夜的长短、天气的冷暖、作物的收种，皆始于春秋之分，因此，“更”字从“丙”，训为改。

卜辞中有“”字，是两“丙”字相叠。又有“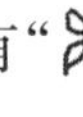”字，则是两“丙”字一倒一正。金文“更”字从两丙，写作“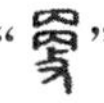”。甲骨文“”“”当为金文“”字之出。另有“”字，虽省去了工具“”，义未变，当也是“更”字。

殷周金文有“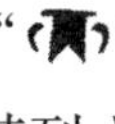”字，或不填实作“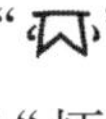”。《殷周金文集成》收录此字一百一十余例，《金文编》将其列入附录。此字乃是“炳”字。“丙”字两旁的逗号或向内，或向外，或向上，或向下，皆表示火。“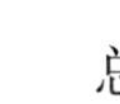”是商人司火正祀大火星的族徽。

总之，甲骨文“丙”字指事两石相击，会意生火，训为火正。这是殷人观测主祀大火星的司职。

殷先王以“丙”字为庙号者二人。丙在日干十字中位列第三。

释　丁

甲骨文“丁”字作“□”“○”,或填实作“●”“▬”。殷周金文皆作填实之形。

《尔雅·释鱼》曰:“鱼枕谓之丁,鱼肠谓之乙,鱼尾谓之丙。”郭沫若认为“枕”或系字之讹,而丁则当系睛之古字,也即“瞳子”。

《甲骨文字典》释曰:“据半坡遗址古建筑复原研究,参照甲骨文宫字作[宫]形,[宫]所从之⋂象圆形围墙上架设屋顶之形,屋顶斜面上开有通气窗孔,作[宫]形,窗下围墙中又开通出入之门而作[宫]形,甲骨文为书写便利,又将窗孔与门户之形大小均等整齐之而作吕形,然而考察宫室建筑之实际,□形乃窗孔,因其位于宫室最上部位,故甲骨文以窗孔之□形表示顶颠之顶,即顶之本字,复借用为天干之丁。又据《广雅·释诂》:‘顶,上也。’《说文》:‘顶,颠也。’段注:‘凡在最上之称。’故□字应训为上。□形窗孔既可通气,又便排烟,烟气上升于天,□窗又位于宫室之颠顶,颠、天古音同,故在卜辞中又用如天。□窗又为宫室外露于天之部位,天、田、陈古音同,故卜辞中之□祭亦即陈列祭品之祭。”

《甲骨文字典》释“□”为宫室之窗口,于“□”可通,于“●”则不通,窗口不可填实,填实非窗口也。而宫、室之别,也不在窗口。宫非因有窗口而称宫,宫是因为有吕而称宫。吕者,音乐之阴律也,又称“六吕”。古代之乐是礼仪的重要组成部分,乐即礼也。

“丁”是“钉”字之本,诸家多释“□”为钉。

殷铜器《丁卣》之“丁”,象丁形,但《殷周金文集成》10.4797 不释为“丁”。张亚初《殷周金文集成引得》释为“示”。考“丁”字之变,春秋后六国陶文始有“▼”形之字,可能与战国时出现铁器有关。在此之前,宝贵的青铜吉金或尚未用作钉子。“□”字之造,当另有其义。

唐兰《殷虚文字记·释丁》曰:“余谓丁者钉之本字。《说文》‘钉,炼鉼黄金也,从金丁声,’犹存古谊。桂馥《说文义证》引世说:‘帝以金五饼授陈娇。’又云:‘今闽瓯湖南皆倾银作饼,即鉼之遗也。《玉篇》钉又都定切,馥案今俗以金为一锭是也。’其说至确,然则丁字古作▬形者,实象炼为饼之黄金也。……钉为丁之孳乳字,而▬象金鉼之形,尚有可资旁证者。《效父簋》云‘休王易效父〓三’(《捃古录》二. 二. 四),旧释〓为贝。《执尊》云‘易〓二,聿二,’旧释〓为二(《捃古录》二. 二八一刊宫尊)。郭沫若于《效父簋》之字，初释朋（《两周金文辞大系》），后又释（《大系图录考释》）。今按释贝、朋均非，字形绝不相类也。释较近，然也未是。余谓字钩廓作之，则吕字也。《说文》以吕、膂为同字，训为脊骨，乃由小篆作而致误，金文作，无由象脊骨也。余谓吕作形，其本义当为金名，《郘公牼钟》‘玄镠鏞吕’，《少民剑》‘玄镠铺吕’，所用皆本义也……为金石，象二之形，则为金鉼，无可疑也。”

唐兰释“口”为金鉼甚确，但其义尚不全与十干字合。张秉权《甲骨文中所见的“数”》曰：“我以为如果从甲骨文中那些象人形的字来看，丁象人头，亦即颠顶，应该是较早的意义。”

吴其昌《金文名象疏证（续）》曰：“又金文凡人形皆作或或或（例多，此不枚举，下同），其已被斧钺诛戮者，则作，象已丧其元。至其元首之形之作或口状者，与‘丁’字之作或口状者正无二致，此盖即原始之‘顶’字也。古‘丁’‘钉’同字，已如上述。庄子大宗师‘肩高于顶’，释文：‘顶，崔本作钉。’是陆氏所见崔本作‘肩高于钉’，甚觉不词。必古写本作‘肩高于丁，’六朝‘丁’‘钉’通写故耳。此‘顶’即‘丁’字之坚证，亦即、等形所从、等形，即为‘丁’字之坚证也。‘顶’又同声通假为‘颠’。易大过‘过涉灭顶’，虞翻注：‘顶，首也。’而《说文》及《玄应一切经音义》卷十三引《仓颉篇》云‘顶，颠也，’尤可为证。其后国家之于民人，授田，征役，则有‘丁口’、‘人丁’……之称，人以‘丁’计，盖犹牛之以‘头’计耳。斯亦‘丁’谊为头之一睑也。‘丁’谊之所以为颠为首为头，无他，以人形之头作，与‘丁’字作无别故耳。此又‘丁’字所孳乳旁生之枝义也。”

吴其昌释“口”为“顶”，逼近日干文字之义。

“顶”字，西周早期铜器《顯卣》写作“”（《集成》10.5388），战国时铜器《鱼鼎匕》写作“”（《集成》3.3980）。王国维说此字借为鼎，非也，甲骨文、金文“鼎”字皆不从首。此字《金文编》《汉语大字典》《殷周金文集成引得》皆释为“顶”，所释是。《说文》释“页”为“头也”，又释“顶”曰：“，颠也，从，丁声。，或从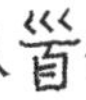作。，籀文从鼎。”

一期甲骨文卜辞中已有许多“鼎”字，写作“”“”等形，用作炊具、问卜、祭祀。早在距今七千多年前的北辛文化遗址，就已经发现了陶鼎，典籍记载夏朝时已有了青铜鼎，因此本文所论之鼎指青铜礼器。

《左传·宣公三年》楚子问王孙满鼎之大小轻重，对曰：“在德不在鼎。昔夏之方有德也，远方图物，贡金九牧，铸鼎象物，百物而为之备，使民知神奸。故民入川泽山林，不逢不若，螭魅罔两，莫能逢之。用能协于上下，以承天休。桀有昏德，鼎迁于商，载祀六百。商纣暴虐，迁鼎于周。德之休明，虽小，重也。其奸回昏乱，虽大，轻也。天祚明德，有所底止。成王定鼎于郏鄏，卜世三十，卜年七百，天所命也。周德虽衰，天命未改，鼎之轻重，未可问也。”可知，三代之时，鼎是国之重器，它是政权和国祚的标志，是人权和神权的结合，承载着人之德、天之意、地之愿，成为神器。

《鼑卣》和《鱼鼎匕》所载的“鼑”字，意义重大。“鼑”字说明，从西周早期一直到战国之时，“顶”字皆从鼎而不是从丁。由此而知，“顶”字的历史演变：商代甲骨文作“□”“⬬”，周代金文作“鼑”，秦时小篆作“”，或作“”，汉代隶定作“顶”，“顶”字从丁，从小篆始，证实“丁”字本义非钉。

“鼑”是一个形声字，从首鼎声。“鼑”字说明鼎与丁音同义同。“鼑”字为顶，本义是假人首为天柱之颠。古人立杆测影以求天时，测的是柱顶之影。古人祭祀上帝先祖，人之愿通过柱顶上达于天，天之意通过柱顶下达于地。而天意人愿皆融于鼑。鼑是神权和人权共同的象征，也是甲骨文象人首之形的“□”“●”与象鉼形的“⬬”的统一。

殷卜辞“□”字不仅用于先公、先王及先妣庙号和天干纪日，还被尊为天神。如殷卜辞：“贞告匚于□三牛”（《甲》二一二七），“三百羌用于□”（《续》二. 一六. 三）。“□”之为天神，正是“鼑”字。

在第五期甲骨文卜辞中，□又用作陈列祭品的祭礼。这种祭祀只在祭祀武丁、祖甲、康丁、武乙、文丁等五位直系先王及母癸、妣己、妣癸时使用。如“丙子卜贞武□□其牢兹用”（《前》一. 二一. 三），“癸亥卜贞祖甲□其牢兹用”（《续》一. 二六. 一），“丙戌卜贞文武□宗□其牢兹用”（《卜》二六七）。殷人的□祭，即鼎祭，鼎是祭器中最贵重的一种。由此也知，甲骨文“□”字，绝非钉子之丁。

甲骨文“□”“●”象人首，释为鼑（顶），意为天柱之颠，是上帝意志和国家政权的象征。

“丁”为十干文字之四。殷先王三十七人，以丁为庙号者八人，是十干文字中使用最多的一个。

释　戊

甲骨文“戊”字作“”“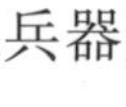”等形。《甲骨文字典》释曰：“象兵器形，盖为戉戚之

属。金文作(父戊尊)、(且戊簋)等形者,所象之斧戉形尤显。《说文》:‘戊,中宫也。象六甲五龙相拘绞也。戊承丁,象人胁。’不确。”

甲骨文“戊”与“歲(岁)”字相同,日干“戊”字当释为“歲(岁)”。泰安大汶口遗址大汶口文化彩陶图像“”是“歲(岁)”字最早的图像文字,良渚文化时演变作“”。《甲骨文字典》曰:“歲戉古本一字,甲骨文‘歲’字象戉形。于省吾曰:‘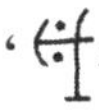字上下两点即表示斧刃上下尾端回曲中之透空处,其无点者,乃省文也。(《甲骨文字释林·释》)金文作(利簋)、作(子禾子釜),与甲骨文之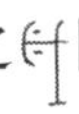同。其从步作(毛公鼎)者,与甲骨文之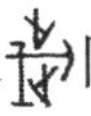同。’”

岁字出自天象,是6300年前大汶口文化时期先民立杆测影、观象授时的创造。甲骨文“”字的二点表示日出最东北方位和日出最东南方位时的太阳。甲骨文“”所从的二止,表示日出方位在不断地移动,二止是行走的太阳,二止并非“步”字。

考古发现说明,从距今6000多年的大汶口文化早期,一直到殷商之时,古人实行的都是一年两岁(季)的回归年太阳历。古人立杆测影、观象授时,以日中时日晷最长之日(冬至)为春岁岁首,以日中时日晷最短之日(夏至)为秋岁岁首。春岁从现在的冬至至夏至,秋岁从现在的夏至至冬至,两岁合为现在的一年。

岁是殷人纪季之称。殷人种植的农作物主要有禾、黍、稷、麦,作物成熟,一季为一岁。如卜辞“癸丑卜,贞:今岁受禾,弘吉,在八月隹王八祀”(《粹》八九六)。“岁”字犹言“稔”。据陈梦家《殷虚卜辞综述·历法天象》考证,卜辞所称的“今岁”“来岁”,也即“禾季”和“麦季”,均在一年之中。① 可知其时一年只分两季,也即春、秋。这与《左传·襄公九年》所载的商人主祀心宿二大火相合。

岁又是殷人的祭名,祀后土,祈求丰稔。如卜辞“甲午卜,其佑岁于毓祖乙”(《粹》二九七)。

十干之“戊”,象斧戉,读为“岁”,训为“稔”,是殷人对收获季节的称谓。

日干之戊列第五位,是居中单数,古人以戊为吉日。《诗经·小雅·吉日》“吉日维戊,既伯既祷”赞美了周宣王行事谨慎,田猎选择吉日之戊,并在出发前祭马神、马祖,作祈祷。

① 陈梦家:《殷虚卜辞综述》,中华书局1988年版,第226页。

殷先王以戊为庙号者只有太戊一人。

释　己

“己”字，甲骨文写作“□”，或反书作“□”，金文与甲骨文相同。

《甲骨文字典》释曰：“罗振玉谓□象隹射之缴（《增订殷虚书契中》），郭沫若从罗说，并谓己当是隹之本字（《甲骨文字研究·释干支》）。按甲骨文□（弔）、□（弗）皆从□，□不必皆为缴。叶玉森谓象纶索之形，取约束之谊（《殷虚书契前编集释》）。按叶说近是。郭谓己是隹之本字似无确据。《说文》：‘己，中宫也。象万物辟藏诎形也。己承戊象人腹。□，古文己。’《说文》说解不确。”

《古文字诂林》选载24位学者释“己”之论，或曰隹缴，或曰跽跪、人腹、别丝、绳索、龙蛇，可谓异彩纷呈，然皆非本义。

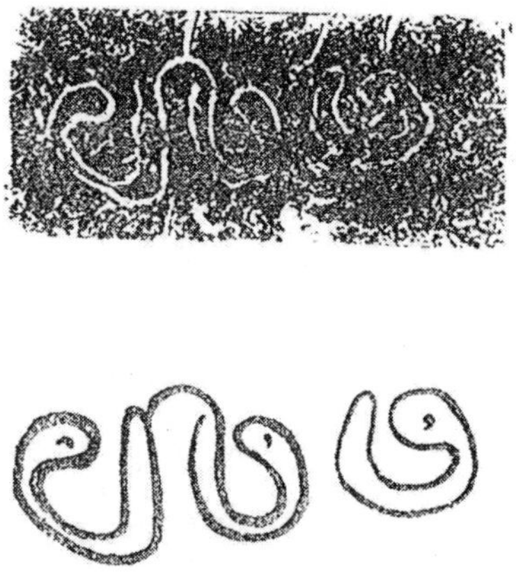

图2－16　莱阳陶盉腹部三只蚕

1981年秋，山东莱阳前河前村出土的《曩父乙陶盉》承载着15个岳石文化的图像文字。在陶盉最显要的腹部位置，刻着三只蚕（图2－16），有两只连体，释作“己竝”。图腾“己竝”揭示了“己”字的本义，说明己是一个以蚕神为图腾，善于养蚕织丝的氏族。

《曩父乙陶盉》图腾“己竝”在商、周铜器中都有传承。

殷铜器《己父癸卣》“□”释为己（《集成》10.5096）、《册己父癸鼎》族徽写作“□”（《集成》4.1898），册是史官的标志，两“己”字正反相对，与《曩父乙陶盉》图腾“己竝（并）”正合。《册己父癸鼎》说明，己族不仅擅长养蚕织衣，还是精通天文的柱下史。

1983年12月，山东寿光纪侯城出土64件青铜器，其中《己竝鼎》与其他15件青铜器皆载有族徽“□”（《山东金文集成》上）。《己竝鼎》是商晚期铜器，其族徽与《曩父乙陶盉》之图腾“己竝”正同。

甲骨文从“己”之字有“曩”。“曩”字象养蚕于“其”中，“其”与“箕”音、义皆同，“其”即“箕”字，箕是养蚕的簸箕。《说文》载的古文“□”字，象养蚕之帘簿之形，非

《说文》所说的“别丝”也。

一期甲骨文卜辞已有“曩”字，用作国族名。卜辞“……又老曩侯王其……”（《前》二. 二. 六），是帝武丁时曩国国君在王朝任职的记载。

陈梦家先生指出，卜辞中虽然没有关于养蚕织丝的记录，“但养蚕织丝一定是存在的，并且平织的和斜文的织法已达到了极高度，并且有几何文的织文。这是从在殉葬的铜祭器和兵器上所包扎的丝织物的残迹上所观察到的。从出土的玉制人象上，也可以看到他们的衣服边缘是织有花文的”①。

“己”与“曩”都以蚕神为图腾崇拜，“己”与“曩”是一族两国。殷时，另有纣王叔箕子之国写作“其”，子姓，在山西。

国族之“己”，甲骨文、金文皆写作“己”，典籍皆作“纪”。己加“糸”旁为“纪”，是因“己”是“蚕”，“丝”系“蚕”出。《释名·释天》：“己，纪也，皆有定形，可纪识也。”

十干“己”字，象蚕，训纪，是天时之纪。《尚书·洪范》：“五纪：一曰岁，二曰月，三曰日，四曰星辰，五曰历数。”孔颖达疏：“凡此五者，皆所以纪天时，故谓之五纪也。”

殷人以“己”为日干文字，纪天时，也与己族有关。

殷铜器《册己父癸鼎》的族徽“册己”，说明己族在王朝担任作册史官。册，或是竹简木牍，或是玉版骨版，记载着天时五纪，国家大事，是典，是经，是法，出自己人之手，是己人之纪。

己族生产的丝帛，是比甲骨、玉版、竹简更为简便的文献载体，出土的“帛书”，虽是汉代之物，但其先当有先秦的传承。先秦祭典时，典册供于桌案，帛书悬挂于日柱八索，言于上帝。尽管殷时的帛书未见出土，但“己”字孳乳为“纪”，是“纪”于帛书的写照，一些少数民族的图腾柱至今尚有悬挂彩帛的习俗。

春秋晚期，“己”字孳乳为“记”，载于《上都府簠》，铭文“眉寿无记”（《集成》9.4613）说明记又通“期”。

“己”是天干十字之六。殷先王以“己”为庙号者只有雍己一人。

释　庚

甲骨文“庚”字写作“”“”“”等形。

① 陈梦家：《殷虚卜辞综述》，中华书局 1988 年版，第 637 页。

《甲骨文字典》曰："郭沫若谓金文庚字有作（父庚鼎）、（豚卣）等形者，观其形制，当是有耳可摇之乐器(《甲骨文字研究·释干支》)，按郭说可从。惟郭又谓以声类求之，庚当是钲之初字。然于文献记载及实物征验之，钲皆无耳，且以槌击之。故庚钲非一物。《说文》：'庚，位西方。象秋时万物庚庚有实也。庚承己，象人脐。'不确。"

戴家祥《金文大字典》释曰："庚字初义诸家考释各异。林义光云：'当为偾之古文，阑木也。'(《文源》)魏建功谓'庚字本象两手持干形'(《辅仁学志》二卷一期一四至一五页释午)，此谨就小篆字形揣测，与甲骨金文字形不合。郭沫若谓庚'当是有耳可摇之乐器，以声类求之，当即是钲'(《甲骨文字研究·释干支》)。似与庚字形义难合，其初义有待再考。金文用作干支纪日，或用作人名。鄂君启节'庚彭弶''庚松易'，庚假作更，为经历的意思。"其言可贵。

甲骨文、金文"庚"字，乃指羊角天柱观测春秋季节之事，也即商代一年二季之历法。

1　　2　　3

图2－17　半坡羊角天柱

陆思贤《神话考古》第五章，载有《西安半坡》1963年和1982年版封面羊角图案，原报告名为"弯角羊头正面形象"，陆思贤对其作了规范复原(图2－17)。按其所述，两线相交于顶点为角柱。角柱间的夹角分成四段，下面三段各画一个等边三角形，角顶向上，意为等量的角分；角柱顶角中又画中垂线，平分夹角为两个直角三角形。又从角柱顶点分叉画出左右两个角盘。左盘两个点是东方天区的"角宿"，右盘三个点是西方天区的"觜宿"，这是《史记·天官书》所说的"杓携龙角，衡殷南斗，魁枕参首"。杓是北斗七星的斗柄，魁是北斗七星的斗魁。夜观天象，斗杓提携着龙角，出东方地平，俗称"龙抬头"，是春天来临的天象，此时斗魁枕着"参首"，即老虎头，从西方地平落下去。反之，秋天来临之时，"七月流火"，夜观天象，龙头角宿已入地平，而白虎星出地平，正是秋收季节。①《周易·乾卦》曰："见群龙无首，吉。"

半坡遗址是仰韶文化，距今7000多年，其时所观测的春秋之季，尚不精确。尧、舜、夏、商之时，商人的先祖司火正，专事观测、祭祀大火星，得春分、秋分之季节。

① 陆思贤：《神话考古》，文物出版社1995年版，第150、153页。

《左传·襄公九年》曰："古之火正，或食于心，或食于咮，以出内火。是故咮为鹑火，心为大火。陶唐氏之火正阏伯居商丘，祀大火，而火纪时焉。相土因之，故商主大火。"《左传·襄公九年》的这段记载有几处应该引起注意：其一，尧帝时观象授时，发现了测定春秋之季更为精确的大火星，而这一重大的发现者是殷之先祖阏伯。其二，服虔曰"相土，契之孙，代阏伯之后居商丘。汤以为号"，则契与阏伯皆是相土之先。相土是夏之火正。可知，从尧舜至夏商，殷人都是大火星的观测者，祭祀者。其三，"祀大火而火纪时焉"，指的就是春分和秋分。二月，当大火星黄昏出地平，咮在正南上中天时，便是春分季节。七月，当大火星黄昏跟随太阳落地平，白虎星出地平，便是秋分季节。春分、秋分昼夜均，寒暑平，春主种，秋又收又种，春、秋皆古人祭祀之大节。其时，一年尚未分为四季，春、秋皆为半年纪。

《周髀算经》一书，其博大精微，足以存古法。《周髀算经》曰："日中立杆测影，周髀长八尺，夏至之日晷尺六寸。春、秋之日影七尺五寸五分。"

陆思贤《神话考古》第三章之"少昊、太昊得名鸟图腾柱用于立杆测影"一节，据半坡遗址羊角天柱提供的数据，结合四时神话传说，绘制了《四时晷影图》①（图2－18），将春秋、夏半年、冬半年太阳及其晷影的位置，表述得很明白。由此实际测量的赤道平面在晷影的四段八节中点与立杆顶端的连线上，证知中国的勾股定理的产生，源于先民们在立杆测影中求赤道平面。

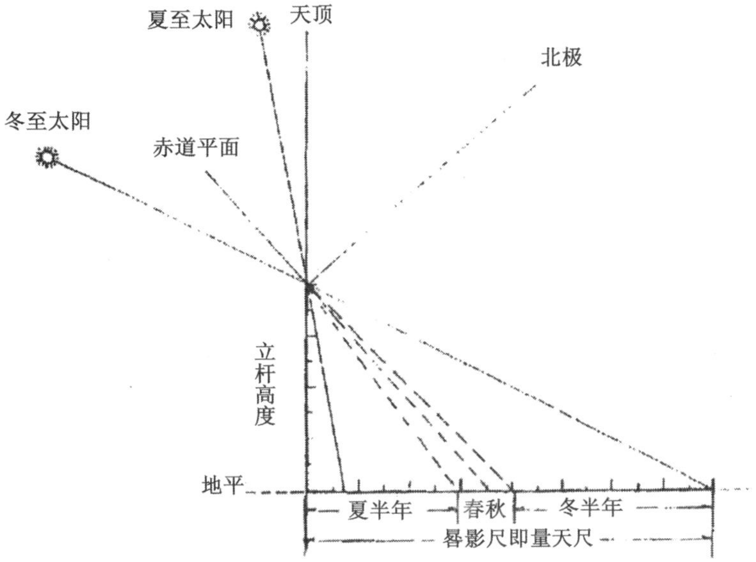

图2－18　勾股纪历图（陆思贤图）

现在我们来看甲骨文""""字，上顶象羊角，中间象角形之立柱。立柱或由角形省作"丨"形，写作"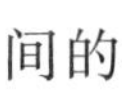"。中间的横画表示羊角柱之分段，两旁正东、正西的斜线

① 陆思贤：《神话考古》，文物出版社1995年版，第78页。

则表示春秋两季之分，是一年分为春半年、秋半年之义。

金文“庚”字，多数上顶仍作羊角之形，但也有的上顶改为龙首，写作“”或“”，这是帝柱之象。

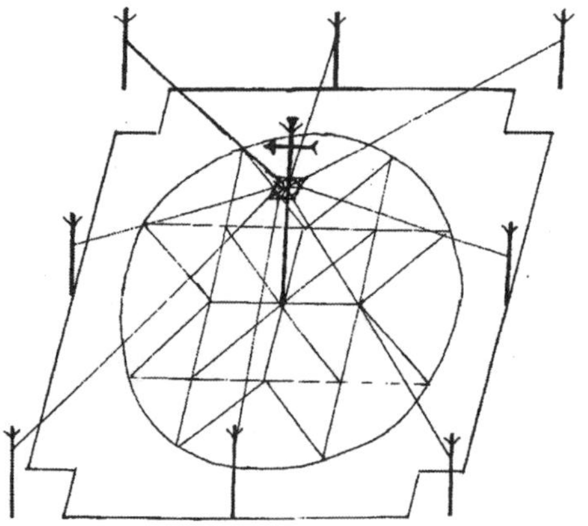

图2－19　重仪表木图（王大有图）

王大有《三皇五帝时代》所载的图三十一《重仪表木图》①（图2－19），表木最上端为龙首，尖峰指上中天（北极），其下为相风（风向仪）。相风为一可旋转的箭镞，简作、；再其下为方圆相套的八索机枢盘，由表木中心作米形放射向八方牵引，各连接于末端的游表。八索又名八维、地维。八索又形成八门的准绳，其下端的“”为绳垂，用来观测八方的星移位度。“”字之“”乃相风之简。

郭沫若先生所举的金文“”和“”字，表示立柱分段的横画变成了圆点或圆圈，这是太阳晷影的表述。正东、正西两旁的斜线末端也写作圆点，象携春秋二季之日晷旋转运行。春半年、秋半年之义表达得更为明白。

殷铜器《妇聿庯卣》的“庯”字写作“”（《集成》10.5099），中央立柱的下端写作尖头锤形，表示立柱垂直于地面。“丙”字是殷人观测、主祀大火星司职火正的标识。“庚”与“丙”字写成合文，更彰显了殷人测量的春秋二季之义。

殷时，尚未确立四季之分。殷卜辞中，春和秋都是用来纪时。如“戊寅卜央贞今春众有（侑）示十月”（《外》四五二），“于春饮王受佑”（《戬》二二.二），“戊寅卜宾贞今秋方其征于㬴”（《存》一.五五〇）。卜辞称“今春”“今秋”，春、秋各代表了半年，合之为一年。纪年，应是甲骨文“庚”字的本义，因此，庚字又引申为人之年龄。

“庚”又引申为更。《释名·释天》：“庚，犹更也。”《史记·律书》：“庚者，言阴气庚万物，故曰庚。”《白虎通·五行篇》也曰：“庚者，物更也。”盖昼夜之长短，天气之冷热，草木之枯荣，五谷之收种，皆从春秋两季始。春秋二分得自殷人对于大火星的观测，“庚”字是殷人获得春秋两季的写照，故“庚”字又训为改。

甲骨文“庚”字孳乳为“”，《甲骨文字典》释为“穅”，曰：“从（庚）从∷。郭沫

① 王大有：《三皇五帝时代（上册）》，中国社会出版社2000年版，第93页。

若谓庚象有耳可摇之乐器，其下之点表示乐声发声震动，犹彭之作若，言之作若也。又谓康文既不从米，意也绝无穅义，此康字必以和乐为其本义，穅乃后起字。盖从禾康声，古人同音通用，不必康即是穅也(《甲骨文字典研究·释干支》)。按其说可从。《说文》：‘穅，谷皮也，从禾从米，庚声。、穅或省。’所说义与初义无涉；所从米当是甲骨文康下之点所讹。”《说文》有穅无康，是其未见甲骨文康字，故有此缺失。郭老所言，基于其以庚为可摇之乐器，前考庚字既不为乐器，则康之“∷”也非“乐声震动”。

“康”字所从的“∷”，象稻米之粒。

甲骨文“米”字作“”。《甲骨文字典》曰：“象米粒形，中增一横画以与沙粒、水点相别。”

《说文》篆字“穅”字又作“”，是以米为供品的祭祀天柱之象，却也说明“康”字的四点是“米”字。

“”字从米庚声，象祭坛图腾柱下供奉的稻米，义为祈求庄稼丰收，引申为人之健康、安乐。

《说文》：“穅，谷之皮也，从禾米，庚声。”“穅”是后起的小篆文字。加禾旁正说明了康之四点是米，而非乐器震动之声。

“庚”与“康”通。《战国策·韩策二》的“司马康”，《史记·韩世家》作“司马庚”。清华大学所藏战国竹简：“周成王、周公既迁殷民于洛邑……乃先建卫叔封于庚丘。”①“庚丘”即“康丘”。

甲骨文“庚”字又从用作“”。《甲骨文字典》谓裘锡圭先生释为“庸”，即乐器“镛”字，所释是。由殷卜辞“……出入日，岁三牛”(《粹》一七)，可知殷人对于日出和日入皆有祭祀。春秋两季之分更是殷人祭祀的大典。于是，乐器造，“庸”字出。

殷先王以“庚”为庙号者有太庚、南庚、盘庚、祖庚四人。

释　辛

甲骨文“辛”字写作“”“”等形。

① 李学勤：《清华简〈系年〉及有关古史问题》，《文物》2011 年第 3 期。

《甲骨文字典》曰:“郭沫若谓辛象古之剞劂形,剞劂即曲刀,乃施黥之刑具,其形殆如今之圆凿而锋其末,刀身作六十度之弧形,辛字金文之作(串父辛敦)若(父辛爵加一乃表示上下意),即其正面之图形,作若者则纵断之侧面也,知此则知、、辛何以为一字之故(《甲骨文字研究·释干支》),按郭说可从。、、初为一字,而《说文》为分辛、、三字(见于字偏旁),义遂各有所专。《说文》:‘辛,秋时万物成而孰,金刚味辛,辛痛即泣出。从一从。,辠也。辛承庚,象人股。’不确。”

《甲骨文字典》认同郭沫若“辛象古之剞劂形”,然甲骨文、金文独体字“辛”字,皆作竖直之形。“辛”字只是在复合字“辟”“”中改作曲笔,可知郭沫若先生释为“曲刀”欠确。

今考,甲骨文、金文“辛”字乃象日坛中央的帝柱之形。

殷时,对于上帝和诸神的祭祀很多。陈梦家《殷虚卜辞综述》第十七章曰,殷人的祭祀有三类:一是天神,如上帝、日、东母、西母、风、云、雨、雪;二是地示,如社、四方、四戈、四巫、山、川;三是人鬼,如先王、先公、先妣、诸子、诸母、旧臣。这诸多祭祀之中,最隆重的是对上帝的祭祀。殷人对于上帝的崇拜,超过了其对先王、先妣的崇拜。

殷卜辞中的上帝,是大自然和人类社会的主宰。殷卜辞有“帝令雨”“帝令风”“帝其降祸”“帝降若(祥)”“帝受我年”等记载,说明了上帝在殷人心目中神通广大,至高无上。而人与上帝之间的沟通,则是通过神化的帝柱。

帝柱就是立于日坛中心的天柱。另在日坛四方四隅立有八根支柱,或只在四方立有四根支柱。《淮南子·天文训》曰:“中央地也,其帝黄帝,其佐后土,执绳而制四方。”

甲骨文“辛”字作“”“”,或在上顶又加一横作“”,表示至高无上。甲骨文“帝”字从“辛”作“”“”。

甲骨文“”与“”垂直的竖画表示立于日坛中央的帝柱。“”字中间的“”是相风之省,两旁的“八”是八索之省,“”八字倒书作“”。“”字末端作“”,表示帝柱立入土中,垂直于地平,郭沫若先生误为“曲刀”。

“庚”“辛”“帝”三字都是天柱之象,但“庚”字表示立杆测影,字形含日晷。“辛”“帝”表示祭祀上帝,字形不含日晷。“辛”也别于“帝”,“辛”是代表上帝的柱,“帝”是柱所代表的神。要之,殷人祭祀的上帝,就是成为神的殷人先祖。

《世本》曰:“帝喾高辛氏。黄帝生玄嚣,玄嚣生侨极,侨极生帝喾。帝喾卜其四妃之子皆有天下。元妃有邰氏之女，曰姜原，生后稷。次妃有娀氏之女，曰简狄，生契。次妃陈酆(丰)氏之女曰庆都，生帝尧。次妃訾陬氏之女，曰常仪，生帝挚。”帝喾号高辛氏，高辛是地名，高即高地上的日坛，辛即帝柱。高辛氏是帝，是神，是立于日坛中央的帝柱，创造成文字，写作“”。

甲骨文有“新”字，写作“”“”等形。《说文·斤部》释为：“新，取木也，从斤亲声。”《甲骨文字典》释为：“象以斤斫木之形，为薪之本字，当是声符。”“新”虽是“薪”字之本，但“薪”何以为“新”？义难通。“薪”非“新”字本义。“薪”是晚出的小篆字。甲骨文、金文“新”字皆作新旧之用，未作柴薪之用。“新”字之义是斫木立帝柱。帝柱或刻或绘，彰显的是殷人崇拜的图腾，八索上悬挂的是五颜六色的彩帛和丰收的果实，因此谓“新”。

日干之辛当训新，有“辞旧岁，迎新年”之义。《释名》曰：“辛，新也。物初新者皆收成也。”典籍“辛”与“新”字通用。《楚辞·七谏》：“列新夷与椒桢。”《补注》：“新夷即辛夷。”

甲骨文从辛之字有“辥”，写作“”(《前》六.四.一)“”(《乙》四六〇四)。《甲骨文字典》释曰：“从(䇂)从(𠂤)，或作(辛)，上或增(止)，并同。王国维释辥，按释辥可从。唯王又谓彝器用辥同乂，乂字《尔雅·释诂》训治，《说文》作(《说文》：‘，治也’)，而字盖辥字之讹。辥字从辛从止从𠂤，辛者辠也，𠂤者众也，盖谓人有辛，𠂤以止之，故为治，而《说文》训辥为辠，则又误以辛之本谊为辥之本谊矣(《观堂集林》卷六释辥)。按王国维以辥为从辛从止从𠂤会意，其说可商。盖王隐然以止为禁止义，而止为趾之本字，训为禁止乃晚起之义，且甲骨文辥从止者仅少数，金文作(克鼎)，(毛公鼎)，𠂤上作止或，故谓辥乃‘人有辛，𠂤以止之’实不确。彝器用辥为治义者乃借义而非本义。《说文》‘辥，辠也。从辛，𡴎声。’辛辛初为一字，为施黥之刑具(见辛字说解)，引申之自可表辠义，故《说文》从‘辛，𡴎声’之说未为无据。甲骨文又有从(䇂)从(月)作者，丁山亦释辥(《殷商氏族方国志》)，以卜辞辞例观之，丁说可从。”

《甲骨文字典》将“辥”读为孽，释为凶咎之义，是也。但对字形无说解，其将辛、误为一字，释为“施黥之刑具”欠确。

甲骨文“”字从从，是“”字歪折之形，歪与不歪大有区别。“”或

反书作“𠂤”。“𠂤”是高地之义，释作自，卜辞常用作师旅驻扎之地。金文《毛公鼎》“辥”字作“辥”。《说文·自部》：“𡴀，危高也。从𠂤，屮声，读若臬。”甲骨文“辥”象立在高地日坛上的帝柱发生了歪斜或断折，这或是因为狂风所袭，或是因为地震所动，或是因为战乱所摧。金文“辥”字又从止，是帝柱失去了观象测时的作用，天、地不通。总之，帝柱歪折，是天降大罪，不吉之兆。远古之时，祁连山的帝柱就曾因战乱而歪倒，演绎出《淮南子·天文训》所载的神话：“昔者共工与颛顼争为帝，怒而触不周之山，天柱折，地维绝。天倾西北，故日月星辰移焉；地不满东南，故水潦尘埃归与。”所言共工与颛顼争为帝，是争夺日坛观象授时、制定历法之权力，结果触动了天柱，天柱歪斜，观测的天象发生异常。

“辥”字读为孽，训为妖孽、罪恶、灾祸，皆是因为“辛”字竖画歪折，帝柱失正。

帝柱歪折，势必驱妖扶正或重建，故《说文》又释辥为⿱辟乂，为治，杨树达在《毛公鼎三跋》中指出“辥”字有“辅翼”之义。

甲骨文从辛之字还有“辟”字，写作“辟”或“辟”等形。《甲骨文字典》释曰：“从卩（卩）从辛（辛），或又从口（口），与《说文》篆文略同。《说文》：‘辟，法也，从卩从辛，节制其辠也；从口，用法者也。”然“辟”字字形不明，“法也”“辠也”之释也费解。

甲骨文“辟”字之“口”象日坛，金文多写作“口”形，《师害簋》《子禾子釜》写作“口”，是日晷之象。“辛”字写作“辛”，是帝柱歪折之象，“卩”则象伏法之罪人。

甲骨文“辥”“辟”之“辛”字皆作歪折之形，但“辥”字从危高之地“𡴀”，义为帝柱歪折是狂风、地震等妖孽所为。“辟”字从伏法之罪人“尸”，义为帝柱歪折是遭到罪犯战乱的破坏。这些罪犯犯下使帝柱歪折的滔天大罪，会被君王处以劈首分尸的极刑。因此，“辟”字训君、训法、训治。

《左传·昭公六年》：“夏有乱政而作《禹刑》，商有乱政而作《汤刑》，周有乱政而作《九刑》，三辟之兴，皆叔世也。”此“辟”字训法、训治。

上述“辛”与从“辛”的甲骨文、金文说明，“辛”象日坛中央的帝柱，“辛”训“新”，是“新”字之本，又假为法、为治。“辛”为日干十字之八。

殷先王以“辛”为庙号者有祖辛、小辛、廪辛、帝辛（纣王）四人。

释　壬

甲骨文“壬”字作“壬”，或竖画加一圆点作“壬”，金文与甲骨文相同。

《甲骨文字典》释曰:“字形所象不明。吴其昌谓壬为两刃之斧(《金文名象疏证·兵器篇》),郭沫若谓壬字乃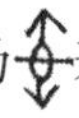若字之转变,以声类求之,当即‘镵谓石针’之镵(《甲骨文字研究·释干支》)。按吴、郭二说皆不可据。林义光谓壬即縢之古文,即持经者也,象形(《文源》),亦无确证。《说文》:壬,位北方也,阴极阳生,故《易》曰:‘龙战于野。’战者,接也,象人裹妊之形,承亥壬以子生之叙也。与巫同意。壬承辛,象人胫。胫,任体也。不确。”《甲骨文字典》对诸说的评论是正确的,然其未说明“壬”字的本义当作何解。

甲骨文“亟”字作“”“”。《甲骨文字典》曰:“象侧视之人形立于地上,顶部加一横画以表示人之顶极,为亟之初文。”所言与《说文》释“亟”之上下横画为天地,义同。

《说文·丨部》:“丨,上下通也。引而上行读若囟,引而下行读若退。”其说“丨”为上下通,可取。然其不知“丨”本是日柱之象,唯有日柱可上通天,下通地。

于是,甲骨文“”字之形明矣。“”字上横为天,下横为地,中间竖画为日柱。竖画又可加一圆点,表示太阳投影于日柱,写作“”。“”字象形加会意,象日柱之形,会意日柱沟通天地,阴阳交而万物生焉。

一期甲骨文卜辞已经有了“妊”“任”二字,皆系“壬”字之孳乳。“壬”用作日干专字,而作“妊”“任”。周金文“妊”为国族之名,“任”为责任之任。春秋之后,文献以“任”为国族之名,而以“妊”为妊娠之妊。《说文》段玉裁注引《释名》曰:“壬,妊也,阴阳交,物怀妊,至子而萌也。”妊字之造,反映出殷人对于子孙繁衍昌盛的祈求。卜辞中有数条帝武丁问卜妇好生育之事,与字义正合。壬之为任,则是指天地之交,所负的生育万物的大任。《说文》段玉裁注又引《月令》郑注曰:“壬之言任也,时万物怀任于下。”是言万物皆时令所生,时令来自观象授时,妊是壬之任也。卜辞“多田亚任”(《粹》一五四五一)之任,在西周金文和古文《尚书》中皆作“男”。

殷铜器《重父壬鼎》(《集成》4.1666)和西周早期铜器《鸟壬侜鼎》(《集成》4.2176)中的“壬”字皆作“”。

典籍“壬”“妊”“任”三字通用。《国语·吴语》:“今齐侯壬不鉴于楚。”《旧音》“壬”作“任”,宋庠本同。《史记·齐太公世家》:“齐人立悼公子壬,是为简公。”《十二诸侯年表》“壬”作“任”。《诗经·大雅》之《大明》与《思齐》:“大任。”《潜夫论·五德志》作“大妊”。《大戴礼记·保傅》:“周后妃任成王于身。”《贾子新书·胎教》“任”作“妊”。

“壬”字沟通天地,故“壬”又训大,乃引申义。《尔雅·释诂》:“壬,大也。”《诗经·小雅·宾之初筵》:“百礼既至,有壬有林。”毛传:“壬,大;林,君也。”马瑞臣《毛诗传笺通释》:“壬、林,承上百礼言,有壬状其礼之大也,有林状其礼之多也。”

甲骨文“壬”字作“”与“工”字作“”形同,“工”字虽然也是上横为天,下横为地,中间竖画为天柱,但“”字是测量天柱日晷长度的工具,两字音、义不同。“工”字又作“”“”,区别于“壬”。“”为日坛测晷之用,故卜辞中“”“”“”之用多与“示”字相同。卜辞“工”字用作不同“示”者,乃工具之义。古人对于日晷的观测,限于日出、日中、日入三时,受天气影响,晴天有晷,阴天无晷,因此卜辞中有“有工”“亡工”之记。“壬”“工”二字易混,而“壬”字加一圆点作“”,以别于“工”。

春秋之后,“壬”字又孳乳出“饪”“纴”“衽”字,从“任”之金文则有“恁”“赁”。

“壬”在日干十字中排位第九。殷先王以“壬”为庙号者中壬、外壬二人。

释　癸

甲骨文“癸”字写作“”,金文与甲骨文相同。

《甲骨文字典》释曰:“所象形不明。罗振玉谓乃之变形,字上象三锋,下象著物之柄,乃戣之本字(《金文编》初版引罗说)。按与形相去甚远,以为之变形颇属牵强,罗说不可从。吴其昌谓癸字原始之初谊为矢之象形,双矢交揆成形形形形而得癸字(《金文名象疏证·兵器篇》);饶炯谓癸为葵之古文,象四叶对生形(《殷虚书契前编集释》所引)。按皆无确证。《说文》:‘癸,冬时水土平可揆度也,象水从四方流入地中之形。癸承壬,象人足……,籀文从从矢。’按,《说文》说解不确。”

《甲骨文字典》所论的是对的,但也未阐明“”字的形、义。

“”与“”关系紧密,故先考证一下“”字。

一期甲骨文卜辞已见“”“”“”“”“”等字,《甲骨文字典》释曰:“象一锋或三锋、四锋之利器,当为朿之初文。《说文》:‘朿,木芒也。象形,读若刺。’”《甲骨文字典》将其释为利器“朿”“刺”,至确。“朿”“刺”即锲刻之工具,或为柱下史专用,故其一锋、三锋、四锋又含有方向之义。

殷卜辞:“贞我……凡牛朿羊朿豕朿”(《乙》三四二八),是说凡是牛骨、羊骨、猪骨皆可用作刺刻,朿为刻骨刺字的工具明矣。

殷或西周早期铜器《朿册作父己鼎》(《集成》4.2125)铭文说明朿又是人名或氏族名,他的官职是册,又称作册,是史官之一。殷人的先祖契,也是一位作册史官,又称柱下史,典籍以司职称之为“契”。殷人的先祖世代专司观测心宿二大火之星。1976年12月,陕西扶风庄白村出土微氏铜器一百多件,其中《旂觥》《丰尊》《墙盘》等记载了微氏七世仕武王、成王、康王、昭王、穆王、共王、懿王为作册史官,而其先祖微本是殷之旧臣,说明殷周时的作册史官有世传世袭的特点。

殷卜辞:“十妇于亚朿”(《乙》八八九七)和西周早期铜器《亚朿禽鼎》(《集成》4.2408、2486)、《亚朿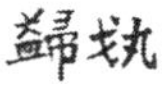方鼎》(《集成》5.2725、2726)、《趞方鼎》(《集成》5.2730)之“”“”作为国族徽识写在“亚”字之中,说明“”又是殷时王的弟兄分支。《亚朿禽鼎》于1981年在陕西省长安县普渡村15号墓出土,说明殷时朿国的封地在长安县。朿国出土的铜器年代最晚至西周晚期,说明朿国至西周晚期仍然存在。

甲骨文“”与“”是两字。甲骨文“”字象春、秋二季日晷在东北、西北、西南、东南四隅运行之形,寓有周天旋转运行之意,是殷人记载立杆测影、观象授时的天象符号。

我们从殷卜辞“丁巳卜,又(侑)出日。丁巳卜又(侑)入日”(《佚》四〇七),《尚书·尧典》“寅宾出日”“寅饯纳日”和《周髀算经》“日中立杆测影”等的记载中,得知殷人立杆测影在日出、日中和日入之时。所言“侑”者,陪也;“寅”者,敬也;“宾”者,迎也;“饯”者,送也。由此是知立杆测影之时,皆有祭礼。

殷人主祀大火星,得春分、秋分,作“庚”字,成日晷春半年、秋半年运行之象。

春分之后,阳光直射的位置由赤道继续向北移,日出东北隅,日落西北隅,至夏至改向南移;秋分之后,阳光直射的位置由赤道继续向南移,日出东南隅,日落西南隅,至冬至改向北移。如此,周而复始,旋转运行不息。“”字之造,交叉的两画表示春、秋日出和日落的晷影,两画末端的短画,表示日晷的末端,成旋转运行之象。因此,“癸”字之义,是言周天旋转运行,周而复始。

殷卜辞有“”字(《明》六三四),“”是祭坛中心观测晷影运行的晷盘,代表周天。“”字更彰显了“”字周天旋转运行的本义。

殷卜辞“”字又写作“”(《乙》八五一八),将“”字的旋转运行之义表述得更为生动。考古学家发现的龙山文化玉璇玑,是观测北斗七星旋转运行的工具,说明早在距今4500多年前,古人已对周天的旋转运行有了很深的了解,甲骨文“”“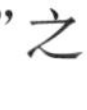”之造正是殷人对天文观测研究成果的记载。后世的“太极图”当是根据“”字创造的。

殷卜辞有“”字(《佚》三八九),中间竖画当是日柱,或又从隹写作“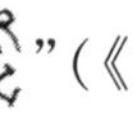”(《京》一四七八),表示玄鸟日柱。殷卜辞“癸未卜贞翌戊子王往逐”,或是君王前往日坛观测日晷运行的记载。

西周晚期,“癸”字孳乳出“睽”。《睽父士鬲》写作“”(《集成》3.715),《大𣪘盖》写作“”“”(《集成》8.498)。《说文》曰:“睽,目不相听也。从目,癸声。”桂馥《说文解字义证》曰:“李焘本《易·睽卦》释文、《增韵》、《洪武正韵》并作‘目不相视也’。本书‘倸,左右两视’‘聧,耳不相听’。馥谓从耳之聧当云听,从目之睽当云视也。”桂馥所见是。然目不相视,是说用双目瞄不准也。这正是立杆测影之谓。“”是日晷运行不停的记载,携带着周天旋转运行,周而复始、自强不息的信息。

小篆以“癸”为声之字有“揆”“楑”“葵”“骙”“戣”。揆训度量,“楑”与“揆”音同义同。“葵”即向日葵也,《一切经音义·十八》:“葵,菜也,随时者也。”“骙”为马名,段玉裁注《说文》:“《诗》三言‘四牡骙骙’,《彩薇》传曰强也,《桑柔》传曰不息也。”“揆”“楑”“葵”“骙”皆可见“癸”字之义。而“戣”之三锋戟,则与刻字之“”有关也。“癸”字的流变,益知其日晷运行不息之本义。

“癸”字作为日干之十,言天道循环,周而复始,也如《周易·乾卦》:“天行健,君子以自强不息。”

殷铜器《大兄日乙戈》载有铭文十九字,曰:“大兄日乙,兄日戊,兄日壬,兄日癸,兄日癸,兄日丙。”(《集成》17.11392)铭文有四大看点:一是受祀者皆为“兄”;二是庙号之上皆冠以“日”;三是有两个“兄日癸”;四是两个“癸”字皆与“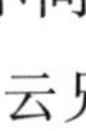”字写法不同。王国维《观堂集林》卷九《殷卜辞中所见先公先王考·祖某父某兄某》谓,卜辞云兄者,是盘庚以后诸帝之兄在位者,或是未立而殂者。如此,殷代兄传弟位者有六人,开国君大乙也传位于弟。殷先王以“癸”为庙号者,只有一人。此铭载有二人,知另一人则为“未立而殂者”。日者,天也。诸庙号之上,皆冠以“日”字,是十干字出自日坛立杆测影、观象授时之佐证。

天干小结

天干十字的组合,有着特定的含义。

殷时,数字一至十及百、千、万俱全,殷卜辞“癸卯卜引只……其三万不……”

(《粹》一一七一)告诉我们,殷人对数字的使用还可以到十万、百万、千万、万万,而殷卜辞对闰月“十三月”“十四月”的记载,又说明殷人的数术已经达到了很高的程度,《周髀算经》就记载了西周初年周公向殷遗老商高请教数术的事情。因此,天干十字虽然具有数序的作用但并非只是一些简单的数字。

十干是殷人先王的庙号,但庙号之外,另有私名,如大乙名成、名唐,上甲名微,帝辛名受,可知庙号具有谥号的意义。

殷先王三十七人,庙号用“丁”者八,用“甲”者七,用“乙”者六,用“庚”“辛”者四,用“壬”者三,用“丙”者二,而用“戊”“己”“癸”者一。

唐兰先生称干支文字“是我国历法主要的构成部分”①。而历法来自立杆测影、观象授时,这是商人世代的司职。从上述对天干十字音、形、义的探讨,不难发现,这十字都与立杆测影、观象授时和祭祀神灵有关,所以这十字被称为日干、天干。

我们将这十字的音、形、义简述如下:

甲骨文、金文“甲”字作“”或“”,指事按东、北、西、南四方方位建的日坛,寓有天下之意。

甲骨文、金文“乙”字作“”,或反书作“”,象玄鸟,是殷人的图腾崇拜,代表殷人先祖。

甲骨文“丙”字作“”,金文多填实作“”,指事两石相击生火,代表殷人世代观测、主祀心宿二大火之司职火正。

甲骨文“丁”字作“”“”,或填实作“”“”,借人首为天柱之顶,训为顯,也即鼎,是国运和权力的象征。

甲骨文“戊”字作“”“”,金文作“”,象斧戉,读为岁,训为稔,是殷人对收获季节的称谓。

甲骨文“己”字作“”,或反书作“”,金文与甲骨文形同,形象蚕,义训纪,纪时于帛。

甲骨文“庚”字作“”“”,金文作“”“”“”,指事羊角日柱或玄鸟日柱观测的春秋之分,训一年分为春半年,秋半年。

甲骨文“辛”字作“”“”,金文作“”“”,象日坛中央的帝柱,代表上帝,训为新,引申为治。

甲骨文“壬”字作“”“”,金文与甲骨文形同,指事太阳投影于天柱,测晷授

① 故宫博物院编:《唐兰先生金文论集》,紫禁城出版社 1995 年版,第 510 页。

时,沟通天地、阴阳,以生子孙万物,训为妊、任。

甲骨文“癸”字作“㐅”,金文与甲骨文形同,指事日晷在晷盘四隅运行不停,义为周天旋转运行,周而复始,自强不息。“癸”字具有周而复始、循环不止的文化内涵,殷人用作天干之十,表示殷人对先祖的祭祀也是周而复始,没有终结。

总之,日干十字表述的是殷人设立日坛(甲),立杆测影,观象授时,祭祀神灵。日坛以玄鸟(乙)为图腾,以观测和祭祀大火星(丙)为司职,将天意人愿铸为鼎(丁),以求岁岁(戊)丰收,纪(己)于丝帛,春秋更(庚)新(辛),天地、阴阳沟通(壬),天道旋转运行(癸),周而复始,自强不息。十干用作庙号,表达的是殷人对先祖神灵的敬畏和祈求。

日干十字,皆系一期甲骨文卜辞,十干文字无疑出自帝武丁之前。夏朝,是中国第一个有世系和年代记载的王朝,其时,已经产生了历法,也已经有了文字。《史记·夏本纪》的“孔甲”“履癸”,即以日干为名,大康、中康、小康之“康”即“庚”字。可知夏朝时,已以日干为名,但十干不全,也未成制,更未组合用作十五位夏王之名,殷先王上甲以前称为“先公高祖”,也未用日干为庙号。殷先王以日干为庙号是从上甲微开始的。

郭沫若《殷契粹编》载有两片殷世系卜辞,编号为112和113。113片载:“甲戌翌上甲,乙亥翌匚(报乙),丙子翌匚(报丙),[丁]丑翌匚(报丁),壬午翌示壬,癸未翌示癸,[乙酉翌大乙,丁亥]翌大丁,甲午翌[大甲,丁酉翌沃丁,庚子]翌大庚。”卜辞所载祀上甲至大庚十王。112片载祀上甲至祖乙十四王,其中上甲至大庚十王与卜辞113片相同。113片的奉祀人当是大戊。卜辞当是盘庚迁殷前的国家档案,盘庚迁殷,随迁安阳。卜辞对于上甲至大庚直系先王有上、匚(匽)、示(主)、大四称。这是不同的时代对先祖的称谓不同而形成的文化现象。大概是称“大”始于大戊,称“示”(主)始于大乙。大乙即商代开国君王成唐(汤)。成唐(汤)王天下,祭祀先王,称其父祖为“示”,而其祖父“示壬”以上至上甲,只知上甲名微,上甲以下三王失考,情况不清,或只有世代相传的匽中二世、三世、四世灵位,故以上甲、匚、匚、匚追记。而上甲、匚、匚、匚之妣也失考,殷人祭祀先妣,从太乙(成唐即成汤)之祖母妣庚开始。其时用作先王先妣庙号的日干文字已有“甲”“乙”“丙”“丁”“庚”“壬”“癸”七字。因此,殷人以天干字为其先王先妣庙号当从成唐(汤)王天下始。

商人为何以日干十字为其先祖的庙号,是学者们一直关切的问题。王国维《殷礼征文》有庙号源自生日之说,董作宾《论商人以十日为名》又有庙号为死日之论。然据《利簋》“武王征商唯甲子朝”和《史记·殷本纪》“甲子日,纣兵败。纣走,入登鹿台,衣其宝玉衣,赴火而死”的记载,若以死日为庙号,则纣王庙号应该为甲,不该为辛。纣王庙号为辛,说明庙号并非由死日而定。殷人以干支纪日,若庙号是以生日或死日而定，必由干支两字组成，不会只有天干一字。故商人的庙号既非生日，也非死日，而应是生日的时辰。古人重视生辰，《左传·昭公五年》载，穆子之生也，庄叔以《周易》筮之，有"日之数十，故有十时"之语。可知商、周之时，一日皆为十时，天干十字也是一日十时之称。庙号当是出生之时测得的时辰。

释　子

子、丑、寅、卯、辰、巳、午、未、申、酉、戌、亥十二字称为地支。地者，人世之谓也；支者，分枝之谓也，相对于天干而言。天干十字是宗庙受祀之先祖庙号，地支是言世间宗庙对于先王、先妣之奉祀。

"子"字，《甲骨文字典》释曰："甲骨文地支之子作、、、等形，地支之巳作、、等形，、实为一字，皆象幼儿之形，惟表现各异耳。象幼儿头上有发及两胫之形，象幼儿在襁褓中两臂舞动，上象其头形，因象幼儿在襁褓中，故其下仅见一微曲之直画而不见其两胫。又甲骨文異字作、、、等形，皆象举子为尸以行祭祀之形，、所从之田乃形之省变，象所举之子。《说文》子字籀文作乃、之讹，所从之方是子字，与甲骨文形同，乃之讹，、所从、亦象所举之子，乃之省，后为《说文》子字篆文所本，为《说文》巳字篆文所本。《说文》：'子，十一月阳气动，万物滋人以为称，象形，古文子从巛，象发也。籀文子，囟有发，臂胫在几上也。'"

郭沫若先生《甲骨文字研究·释干支》曰："卜辞第六位之巳作'子'，此第一位之子则作若（《类编》有二十六种异形，然以此二形为最习见）。金文辛巳、癸巳、乙巳、丁巳亦均作'子'，而《召伯虎簋》'四月甲子'作，《传卣》之'隹五月既望甲子'作。罗振玉曰：'与《许书》所载籀文字颇近，但无两臂及几耳。《召伯虎簋》作有臂而无几，与卜辞也略同。惟、等形则亦不见于古金文，盖字之省略急就者。'案《传卣》字形与《许书》籀文极相近，唯下从者非几，仍为两胫，盖于臂胫之外有衣形也。疑许之籀文乃由此讹变。""要之，籀文字与篆文子字在古实判然二字。限用为十二辰之第一辰，其外尚未见有使用者（《宗周钟》有'南国艮与此形近，乃人名）。此乃卜辞出土后所提出之一新事实，然亦一耐人寻味之新问题。问题为何？曰十二辰中古有二子！”

郭沫若认为地支中有两个“子”字，是高辛氏的二子商星和参星。他在《两周金文辞大系图录考释》之《史颂簋》篇中又说：“殷周古文凡十二辰辰巳之巳均作子，而子丑之子均作□，盖十二辰本即黄道周天之十二恒星，□当于房心尾之大火商星，巳当于参宿，参、商古说为高辛氏二子，故十二辰中有□与子也。”①郭沫若先生认为“□”“□”是商、参二星，高辛氏二子，则更令人费解。

诸家对“□”“□”的解释也颇多，有谓“□”乃“小”与“子”的合文；有谓“□”即今蟰蠨之初文，“龟”字急就简略者；有谓“□”非“子”字，此字不识，《说文》亦无……

诸家所论，皆未解“□”“□”之疑。

卜辞地支之首字有“□”“□”等多种形态，“□”形为本，它形皆是“□”字之演变。明义士《柏根氏旧藏甲骨文字考释》曰：“卜辞之子，在武丁时期或少前，皆作□，稍后作□，作□。金文作□（《召伯簋》）。诸家皆以□为最初子之象形，后乃简作□形，其说于字形上固似可通，然实倒果为因矣。□字溯谊，当从盖阙。”所言很是。

卜辞中“□”字用得最多，《甲骨文编》言其行于一、二、三、四期，“□”字行于三、五期。《甲骨文字典》收集“□”字25例，“□”字16例。《续甲骨文编》收录“□”字23例，“□”字8例。

诸家未解“□”字之象。余审“□”字，“□”象宗庙祭祀之神台，“丨”象神台之上庙主之灵牌，俗称“祖宗牌位”，简称“主”。“主”若为玉质，称作“玉主”；“主”若为石质，称为“石主”；“主”若为“木质”，称为“木主”。主盛匰中，匰为石制，又称祏。《说文》：“祏，宗庙主也。”卜辞地支字有“□”字（《后》一. 七. 五），显然“□”字并非人形，上部的三竖也非头发。卜辞地支字又有“□”字（《甲》六二二）将宗庙祭祀之神台之义表述得更为明显。

1976—1977年，中国社会科学院考古研究所安阳工作队在安阳小屯村北的M18号殷代墓葬中，出土的“玉主”，为黄褐色，体扁平，长8厘米，顶端为弧形，下端窄，有

① 郭沫若：《郭沫若全集·考古编·第八卷》，科学出版社2002年版，第160页。

短榫，可镶嵌。① 1991 年，他们又在安阳后岗殷墓中，出土了 14 件“石主”，长 6—8 厘米，厚 0.4—0.7 厘米不等，皆扁平，下端窄而薄。其中 12 件上有朱书的“祖甲”“祖丙”“祖庚”“父辛”“父癸”“父丁”等庙号（图 2－20）。② 这些“玉主”“石主”即殷人供奉的祖宗牌位，学者称其为“柄形饰”。然这些有字和无字的牌位，均刻有两条平行的横线。其形当取自于甲骨文“且”（一期，《乙》一三八五）字，其义为“祖”，其用为供奉的祖宗牌位，非饰器。

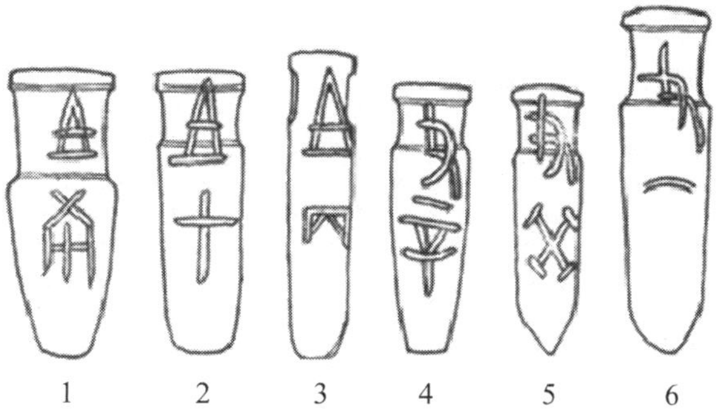

图 2－20　后岗殷墓出土的“石主”

商人子姓。然“□”字并不能将奉祀人的意图表达得明明白白，因为“□”字上部的一竖，并不能使人理解为是子姓庙主，因而“□”字发生了演变。一期甲骨文卜辞有“□”字（《甲》二九〇七），这是将庙主灵位变作人形“子”字的开始。三期甲骨文卜辞有了“□”字（《甲》一八六一），方形的灵台变成圆形的脑壳，台足犹如人腿，上部的灵牌变作头发，足可使人产生人的感知。到五期甲骨文卜辞时，“□”字增多，“□”字减少。《续甲骨文编》收录的“□”字（《乙》八六四九）、“□”字（《佚》二七六）上部似先公、先妣两个人字。“□”字人性化的演变，莫过于西周早期铜器《利簋》铭文“武王征商佳甲子朝”的“□”字，此字不仅有头、有发、有腿、有臂，还有嘴和眼睛，但其仍在“□”（几）字之上，不失“□”字子姓宗主之本义。

殷、周铜器中，有许多写作“□”的徽识，有的释为“举子”，有的释为“析子孙”。此徽识是由“□”字演变出来的祭祀象。上部的“□”字，是正反相对的“□”字，释为“版”，版是契刻所用的木牍，商人的祖先契是观测心宿二大火之星的柱下史，版牍是其契刻记载观察结果的载体，因此商人的先祖称为“契”。此族徽当释为“契子丮”，“契”是商人之祖，“子”是商人之姓，“丮”是宗庙钟鼓之架，代表祀典之礼乐。“丮”即“禩”字，“禩”又作“祀”。

① 中国社会科学院考古研究所安阳工作队：《安阳小屯村北的两座殷代墓》，《考古学报》1981 年第 4 期。

② 曹定云：《论“惟殷先人，有册有典”及相关问题》，《考古》2013 年第 9 期。

殷卜辞中,“”“”是地支首字的专用字,其义为子姓宗庙之神主,虽读为“子”,但与其他用法的“子”字有别。

卜辞地支第六字多反书写作“”。“”即“尸”字,是将婴儿作为祭祀牲品,因此写作“子”形,后演变作“尸”,读为“祀”。“”也是“巳”字的专用字,与“丑”之“”并不相混。

要之,地支首字“”“”象宗庙灵台之上宗主之灵位,义为子姓宗庙之神主。

殷铜器《子鼎》(《集成》3.1045)、《子爵》(《集成》13.7313)铭文“子”字作“”(图2-21)。

图2-21　殷铜器《子鼎》(《集成》3.1045)**和《子爵》**(《集成》13.7313)

释　丑

甲骨文、金文“丑”字作“”“”等形。

《甲骨文字典》释曰:“郭沫若谓象爪之形。当即古爪字(《甲骨文字研究·释干支》)。叶玉森谓象手形,其指或曲或伸,似即手之古文(《殷墟书契前编集释》)。按金文丑字作(鼎)、(师克盨)、(同簋),皆突出指爪之形。故当以郭说为长。《说文》:‘丑,纽也。’十二月万物动用事,象手之形,时加丑,亦举手时也。”

马叙伦《说文解字六书疏证》卷二十八曰：“伦按金文庚嬴卣作，同敦作，郘公敦作，竞卣作，拍盘作，貉子卣作。甲骨文作诸形。此今作扭字之初文，从又象屈指有所扭执，指事，纽也声训。十二月以下盖字林文，许之解字之词挩矣。象手之形，盖本作举手之形。”

叶玉森谓“丑”象手形，马叙伦谓“丑”本作举手之形，近是。甲骨文、金文“丑”字象举物进献之形，义为奉。《广雅·释言》：“奉，献也。”《左传·昭公三十二年》：“社稷无常奉……”

甲骨文从“丑”之字有“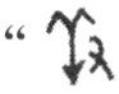”“”“”字，《甲骨文字典》释曰：“从（羊），从（又），罗振玉释羞，谓为持羊进献之象（《增订殷虚书契考释》中）。按罗说可从。《说文》羞字篆文从丑不从又，盖丑又形近可通。《说文》：‘羞，进献也，从羊，羊，所进也；从丑，丑亦声。’”

《甲骨文字典》认为“罗说可以”，是对的。殷时，羊为吉祥之物，是祭祀用的六牲之一。卜辞“祀其羞王受又”（《甲》二〇〇六），“贞勿羞用一月”（《前》四.三四.三），“丑”皆是奉祀进献之义。

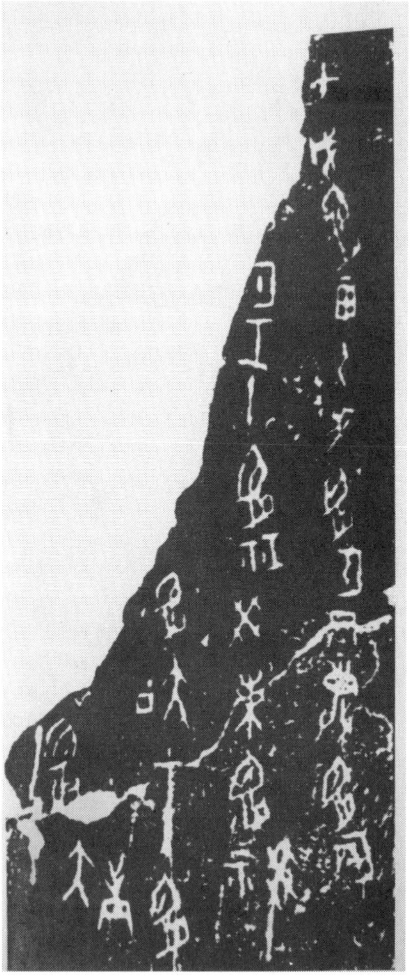

图2－22 周祭释文：甲戌翌上甲，乙亥翌（报）乙，丙子翌（报）丙，（丁丑翌）（报）丁，壬午翌示壬，癸未翌示癸，（乙酉翌大乙，丁亥）翌大丁，甲午翌（大甲，丙申翌外丙，庚子）翌大庚。（《合集》三五四〇六）

《说文》认为“羞”是一个形声字。“从羊，羊，所进献也；从丑，丑亦声。”罗振玉认为“羞”字从“又”，是会意字。甲骨文“丑”字多作手指弯曲之状“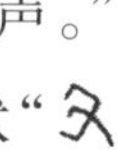”，形似捧物以奉。金文《天王簋》“丁丑”之“丑”作“”，《貉子卣》“丁丑”之“丑”作“”，手指无弯曲之状，可见“”与“”同。“”“”“”演化为“羞”，可见其并非从“”，而是从“丑”，《说文》所释是。

“羞”作为形声字，其训声符“丑”，诠释了地支“丑”字的“进奉”之义。

释　寅

甲骨文“寅”字作“”“”“”等形。《甲骨文字典》释曰：“郭沫若谓甲骨文寅字作若，均象矢若弓矢形（《甲骨文字研究・释干支》）。按郭说近是，惟谓象弓矢则可商。甲骨文弓字作等形，均象弓形，而所从口与弓形相去甚远，故不应是弓。朱芳圃谓甲骨文晚期作，口为附加之形符，以别于兵器之矢（《殷周金文释丛》）。按朱说可从。又有从矢从作形者，郭沫若谓象双手捧矢形。细审之，似为口为讹。金文作（静簋），（师父鼎）等形者，皆本甲骨文此形。《说文》：‘寅，髌也。正月阳气动，去黄泉欲上出，阴尚强，象宀不达髌寅于下也。古文寅。’《说文》说解不确。”

“寅”字的尖头之形与矢镞相似，尾也与“矢”之羽栝类同，易与“矢”混，但“寅”字的形、义，皆非“矢”字。

“寅”字的形、义当从“寅”字的演变中去探索认识。

罗振玉《殷虚书契前编》一．三．七卜辞曰：“丙寅卜贞王宾奭妣丙翌日亡尤。”这是第五期甲骨文卜辞，其“寅”字作“”，若以此字为矢，显然不妥，因为矢之笴不作“口”形。

卜辞还有“”（《甲》二三九四）、“”（《存》二七一四）、“”（《戬》四九．三）、“”（《存》二七三五）等形，这些字也与“矢”字有别。将“”“”释作两手捧矢形，显然弓矢无用手捧之者。

殷青铜器《戊寅作父丁方鼎》“寅”字作“”（《集成》5．2594）、《比作父癸角》“寅”字作“”（《集成》14．9100），“寅”字已作“燕”形。

西周早期青铜器《中方鼎》“寅”字作“”（《集成》5．2785），《献簋》“寅”字作“”，燕形更为明显。

西周中期，铜器铭文中的“寅”字，不仅呈燕形，而且有了翅膀和眼睛。如《师趛鼎》“寅”字作“”（《集成》5．2713），《师父鼎》“寅”字作“”（《集成》5．2813），《宴簋》“寅”字作“”（《集成》7．4118），《趞簋》“寅”字作“”（《集成》

8.4266)。

到了西周晚期，铜器铭文中的“寅”字，燕形更为生动，如《无曩簋》“寅”字作“”(《集成》8.4225)，《朐簋》“寅”字作“”(《集成》8.4197)，《向克簋》“寅”字作“”(《集成》7.4030)。

《大矢始鼎》(《集成》5.2792)是西周中期铜器，铭文中既有“寅”字，也有“矢”字。其“寅”字作“”，矢字作“”，并不相混。

甲骨文、金文“寅”字的演变说明，甲骨文“”“”“”字象燕。郭沫若《甲骨文字研究·释干支》谓甲骨文“”“”等字变为金文燕形，是“讹变”，非也。

卜辞中有“燕”字，写作“”“”等形，是象现实生活中的燕子。如卜辞：“禽只燕十豕一麛一。”(《存》一.七四六)“……亥卜史贞王寅燕之曰叀吉。”(《前》六.四三.六)

商人是东夷鸟族的一支，传说商人的祖先为玄鸟所生。《诗经·商颂·玄鸟》曰：“天命玄鸟，降而生商，宅殷土芒芒。”毛传注：“玄鸟，燕也，一名鳦，音乙。”

“”“”“”“”等甲骨文字，象宗庙图腾柱上受祀的燕神，也即传说中生商的玄鸟，商人的祖先和保护神。其“”为燕首，“”“”为燕身，“”为燕翅，“”为燕尾。这是玄鸟图腾演变为文字的创造，故寅字含有敬意。诸多金文“寅”字象一幅幅奉祀燕神之象。《说文》释“寅”为“髌”，段玉裁注为“”，谓“正月阳气欲上出，如水泉欲上行也”，皆不当。

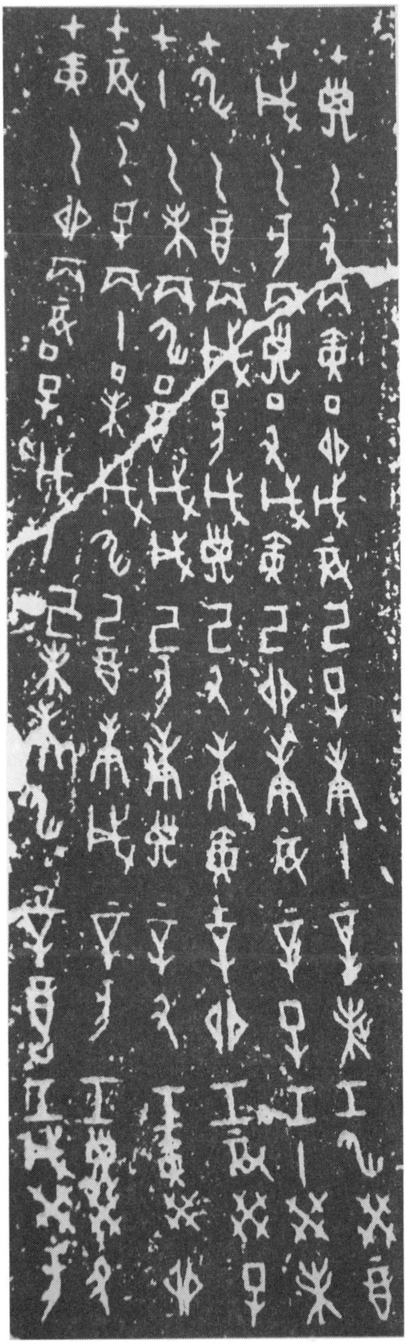
图2-23　六旬干支表(《合集》三七九八六)

卜辞有“”字，也当释为“寅”。“贞延有

疒”(《林》二. 二六. 一三),是问祖先是否有病。“已未卜古贞来自……”(《南南》二. 一五三)是问祖先来的方向。

《尚书·虞书》有“寅宾出日,平秩东作”“寅饯纳日,平秩西成”之载,“寅”字本义,即日柱的宗神图腾,其每天迎日出,送日入,故“寅”有敬意。

商代寅又是国族之名,传世有殷铜器《寅壶》(《集成》15. 9474)、《寅斝》(《集成》15. 9141)、《寅觚》(《集成》12. 6598)、《寅钺》(《集成》18. 11738),皆载有一字族徽“”,寅钺更是王权的象征。

要之,“寅”是商人宗神图腾玄鸟的写照,是殷人宗庙的保护神。

释 卯

每到兔年,“卯”字便忙了起来。尽管此字已经使用了3000多年,但其音、形、义仍有不明之处,故与从“卯”之甲骨文、金文一并作些探讨。

一、甲骨文“卯”字指事分开牲首

“卯”字之形,诸家争议最多,至今未有定论。

甲骨文“卯”字作“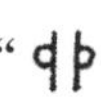”,金文写作“”,金文与甲骨文形同,只是两竖稍微向外弯曲,呈向左右开张之势。

《甲骨文字典》释曰:“与《说文》卯字篆文略同。吴其昌谓象双刀并植形(《殷代人祭考》)。胡小石谓象断物之形(《说文古文考》)。林义光谓卯即兜鍪古字,首铠也,卯鍪古音同,象兜鍪形(《文源》)。按诸说皆无确据。王国维谓古音卯劉同部,疑卯即劉之假借字。《释诂》:‘劉,杀也。’(《戬寿堂所藏殷虚文字考释》)自卜辞辞例观之,王说可从。《说文》:‘卯,冒也。二月万物冒地而出,象开门之形,故二月为天门。,古文卯。’按,《说文》说解不可据。”

明义士《柏根氏旧藏甲骨文字考释》曰:“卯盖象牺牲解体形,义与劉(刘)近。”所言较为可信。

“卯”是一个独体象形文字,由两个竖画和两个半圆组成。其形并非象两扇门,而是指事分开牲首,义即杀牲。

古人对于天地神灵的祭祀,可能在三代以前就已经有了。进入甲骨文形成的商殷之时,牲品除了马、牛、羊、豕、犬、鸡外,还有俘虏。如殷卜辞:“卯五羌。”(《粹》五九一)"又尞于六云五豕,卯五羊。"(《后上》二二. 三二. 四)"尞于土三小宰,卯一牛,沉十牛。"(《前》一. 二四. 三)陈梦家《殷虚卜辞综述·武丁时代的多方》释卜辞"伐于上甲九羌、卯牛"曰:"卯、伐同为用牲之法,义同为杀。"①于省吾《甲骨文字释林·序》曰,殷时的杀人用牲有"陷人以祭""砍头以祭""剖腹破肚以祭"等法②,手段极其残忍。

在甲骨文和金文中,人首是用圆圈或用圆点来表示的。甲骨文、金文"子"字写作"","天"字写作""(《合集》三六五三五)、""(《集成》3. 991)。《说文》说其象人形,《甲骨文字典》释其象幼儿。可知""字的两个半圆表示人首,泛指各种牲首。卯字的两竖,表示将牲首分作两半,义即杀牲。

二、甲骨文"卯"字是劉(刘)字之本

《汉书·王莽传》:"夫'劉(刘)'之为字,'卯、金、刀'也。"其说劉字从卯,是对的。

殷卜辞已有以"卯"为声符的形声字,写作"",释为柳,用作地名,见于罗振玉《殷虚书契续编》三. 三一. 六。

"柳"字之造诠释了"卯"字的读音。西周时的《柳鼎》《散氏盘》,春秋晚期的《石鼓文》,战国时的《侯马盟书》《睡地虎秦简》,皆载有"柳"字。其字或作上下结构,或作左右结构,皆从木、卯声。

殷卜辞还有一个从卯的字,写作"",隶作"殁",见于卜辞"□殁卜,其雨? 三月"(《文》一〇〇)。杨树达《卜辞求义》曰:"此假殁为卯。"③然以卜辞"……酉,王卜……月,在自殁卜"(《文》七一)之例观之,缺字是自,不是日干之字。自是驻军之地。因此,殁字也并非假为干支之卯。此字从殳。殳是古代用竹木制成的兵器,一端有棱。《说文·殳部》:"殳,以杸殊人也。《礼》:'殳以积竹,八觚,长丈二尺,建于兵车,车旅贲以为先驱。'"殁当是军旅之称,读为劉。自殁义为驻扎军旅。

西周之时,"卯"字孳乳为"留",见于宣王时的《趞鼎》。《趞鼎》铭文中的"史留",即《说文·叙》中所载的"史籀",作《史籀篇》以教学子者。唐兰《中国文字学》、启功《古代字体论稿》、裘锡圭《文字学概要》、丛文俊《籀文考述》对此都有论述。"卯"字既为甲骨文"柳"、金文"留"的声符,说明了殷周之时,"卯"字音"柳"。

西周之时,"卯"字孳乳为"留",是一个历史性的演变。"留"字说明,战俘们不再

---

① 陈梦家:《殷虚卜辞综述》,中华书局1988年版,第281页。

② 于省吾:《甲骨文字释林》,中华书局1979年版,第8页。

③ 杨树达:《卜辞求义》,上海古籍出版社2006年版,第49页。

被处死，而是“留”下来种田，成为奴隶。《礼记·祭统》记载，周时的牲品只有牛、羊、豕三种。其时，虽然不再用奴隶为牲，但奴隶仍是会说话的工具。他们仍然无人身自由和生命保障，奴隶由死于刀下，变为死于劳作。这虽是不杀之留，实则留也是杀。因此“留”字仍有杀义。《管子·侈靡》：“贤不可威，能不可留。”“留”义为杀。

镏是小篆字体，从金留声。《玉篇·金部》：“镏，古劉字。”

王国维《戬寿堂所藏殷虚文字考释》曰：“卜辞屡言卯几牛，卯义未详。与尞、瘗、沉等同为用牲之名。以音言之，则古音卯劉同部，柳、留等字篆文从丣者，古文皆从卯。疑卯即劉之假借字。《释诂》：‘劉，杀也。’汉时以孟秋行貙劉之礼，亦谓秋至始杀也。”

《汉语大字典》释“卯”曰：“卜辞之卯牛即‘劉牛’，亦即‘杀牛’。”

“卯”“留”“镏”古音都在幽部，义皆训杀。“卯”“留”“镏（劉）”音同义同。由“卯”而“柳”“留”，又由“留”而“镏”“劉（刘）”，皆“卯”字之孳乳演变。“卯”是“劉（刘）”字之本，王国维谓之假借也。

三、干支之卯，众牲之称

干支是殷人周祭先王的创造。干者，受祀之先王；支者，子孙之奉祀。在殷卜辞中，“卯”字使用最多的是用作干支纪日。作为杀牲的“卯”字，如何成为干支之一，是当年郭沫若质疑王国维“疑卯即劉之假借字”时提出的问题。他在《甲骨文字研究·释干支》中说王国维对于“卯”字“用牲之名言之颇详，然于义终不可确知，此乃出于假借，与十二辰卯字亦不相属”。然郭沫若将“卯”字释为由希腊输入到中国的狮子星座符号，更令人难以置信。

殷卜辞中的卯牛之“卯”，与其他用牲之法有别，罗振玉先生对此已有论述。其曰：“卯之谊不可知，然观卜辞所载，每云尞几牢，蕹几牢，卯几牢；或云尞几牢，沈几牢，卯几牢，别卯于尞、蕹、沈，则卯者当为荐于庙之牲矣。”[①]罗振玉先生所论至关重要，正是因为“卯”者是荐于宗庙之牲，才使“卯”字能够代表众牲，成为十二支之一。

在殷卜辞中，一字多义是常有的事情。“卯”字既是一个动词，又是一个名词。“卯牛”之卯，在表达杀牲行为的同时，也将这种行为转为用牲的一种方法，使“卯”字具有了动词和名词的两种属性。进而“卯”字又成为众牲的代称，走进了庙堂，成为十二支之一。

试看殷卜辞“卯于土宰，𠦪雨”（《佚》四〇）和“𧇡于西、南，帝沈卯，勿西南”

① 罗振玉：《殷虚书契考释三种》，中华书局2006年版，第664页。

（《乙》五三八六），前者，土是土地神之社所，宰是一种祭名，𡍩雨即祈祷求雨。卜辞不言卯牛或卯羊，省去了宾语，“卯”字兼有名词之义，成为众牲之代词，语成“用牲祭祀土地神，求雨”。后者之辞，是祭祀西方和南方之神的卜辞，“帝”即“禘”字，是祭祀的一种。“沈”和“卯”是用牲之法，在此皆指牲品。要之，牲品是人、是牛、是羊，皆省去。可知“卯”字已成为众牲的代称。在商人创立干支之时，“卯”字堂而皇之地代表众牲成为了十二支之一。而“辰”字代表了谷物，“巳”字代表了役童。“卯”“辰”“巳”三字乃祀典之供品，此待另文详述。

“卯”在殷卜辞和殷金文中又用作地名和人名。殷铜器《亚卯方鼎》载有“亚卯”二字（《集成》3.1413），“亚卯”为国族徽识，可知殷时有卯国。

四、“卯”与“贸”“昴”“茆”之音

先秦之时，干支“卯”字也音“留”。以“卯”为声符的“贸”“昴”“茆”字之音从之。

《诗经·小雅·十月之交》：“十月之交，朔日辛卯。日有食之，亦孔之丑。”《诗经韵分十七部表》言其以卯、丑为韵。卯、丑与留字都在古音三部，且卯、留相邻，字音相同。桂馥《说文解字义证》也曰：“日辰之卯，亦读为柳。”

西周之时，已有了金文“贸”字。《公贸鼎》铭文曰：“公贸用牧休鲜。”（《集成》5.2719）这是西周中期，曩伯用叔氏赏赐的布币购买了牧牛的奴隶和一批美味鲜鱼的记载。

《说文·贝部》释曰：“贸，易财也。从贝卯声。”“贸”字之造，或不只是以卯为声，而是兼有其义。

《史记·货殖列传》载，魏文侯时，一个叫白圭的人，采用“人弃我取，人取我与”的经营策略，把握农时季节，囤积货物，进行贸易，财富大增。囤货是贸易的基础，囤与“留”义近，“卯”与“留”通用，贸字从“卯”如同从“留”。诚如《三国志·吴书·虞翻传》载的东吴虞翻所言，“古大篆卯字当读作‘柳’”。

西周晚期铜器《敔簋》载有“”字（《集成》8.4323），释作“昴”。《说文·日部》：“昴，白虎宿星，从日，卯声。”《史记·天官书》曰：“昴曰髦头，胡星也，为白衣会。”昴宿主丧事，其义与“卯”字训杀相合。《诗经·召南·小星》：“嘒彼小星，维参与昴。肃肃宵征，抱衾与裯。寔命不犹。”《诗经韵分十七部表》言其以“昴”“裯”“犹”为韵。《毛诗诂训传》注：“昴，留也。”《史记·律书》：“北至于留。”《史记索隐》注：“留即昴也。”可知“昴”字音“留。”

小篆还有一“茆”字，茆即莼菜，嫩叶可食。《诗经·鲁颂·泮水》：“思乐泮水，薄采其茆。鲁侯戾止，在泮饮酒。”《诗经韵分十七部表》言其以茆、酒为韵。徐邈《毛诗

注》曰："茆音柳。"

上述之例可知，先秦之时，"卯"字不论作为动词，还是作为名词，皆音"柳"或"留"。用"卯"作为声符的形声字，也音"柳"或"留"。读"卯""贸""昴""茆"为"冒"，是汉以后的事。

五、《说文》对于"卯"字的演化

《说文》将"卯"字读音改为"冒"，从"卯"的"贸""昴""茆"等字读音从此皆从"冒"。

"卯"字的演化，是汉武帝时改用《太初历》的产物。

先秦之时，十二地支只是用于纪日，尚未用于纪年、纪时辰。西汉初年，沿袭秦制。历术以十月为始，建亥为正，五行以水为德，朝服用黑色。汉武帝时，召方士唐都等人分天部，运算转历。其以十一月甲子朔旦冬至为历术篇首，推算出甲寅日为正月初一，制《太初历》，改元封七年为太初元年，《史记》之《律书》《历书》《天官书》皆有记载。

《太初历》既以十一月甲子朔旦冬至为天元之始，遂用十二地支的首字"子"字与十一月相配，命十一月为"子"，十二月为"丑"，一月为"寅"，二月为"卯"，其余类推。于是，十二地支与十二个月相配。"卯"字不仅有了二月之称，而且还有了二月的一些星象、气象等文化元素。

《律书》曰："明庶风居东方。明庶者，明万物之出也。二月也，律中夹钟。夹钟者，言阴、阳相夹厕也。其于十二子为卯。"东汉时，许慎作《说文》，以《律书》作为"卯"与"酉"等字的说解，均失去了这些字初造的本义。

《说文》所载的古文"[illegible]"字，甲骨文、金文皆无。《说文》所载的古文，乃出自汉代发现的孔府壁中所藏的《尚书》《孝经》，郭沫若《甲骨文字研究·释干支》说"[illegible]"字"绝未有见"。此字，或出自战国之时，象是昴宿和毕宿之间的星象天街。《史记·天官书》曰："昴、毕间为天街。""[illegible]"字两竖之间正是天街之象，竖旁诸画象星光。月和行星经天街运行。"昴"即"卯"字，因此《说文》以"[illegible]"为"卯"字古文。

《说文》既将日辰"卯"字读为"冒"，遂又将"丣"释为古文"酉"，用作"柳""留"等字的声符，改写了"柳""留"等字的形态。《说文·酉部》释曰："丣，古文酉，从卯。卯为春门，万物已出，酉为秋门，万物已入。一，闭门之象也。"

《说文·木部》将"柳"字写作"桺"，释曰："桺，少杨也。从木丣声。丣，古文酉。"

甲骨文、金文皆无"丣"字。甲骨文"酉"字作"[illegible]""[illegible]"等形，金文作"[illegible]"，上象

瓶尊口沿与颈，下象瓶尊腹与纹饰。"酉"与"丣"差别很大，并非一字。《甲骨文字典》将其释为"卯"之古文。

三国时，东吴经学家虞翻在上表奏郑玄注《尚书》之违失事目时曰："古大篆'丣'字当读作'柳'，古'柳''丣'同字。"南朝宋时史学家裴松之注《三国志·吴书·虞翻传》曰："翻云，'古大篆丣字当言柳，古柳、丣同字'，窃谓翻言为然。故'劉''留''聊''柳'同用此字，以从声故也，与日辰'卯'字字同音异。"

清人桂馥《说文解字义证》引裴松之注《三国志·吴书·虞翻传》释"留"字曰："馥案裴说，则此当从卯，不从丣也。日辰之卯，亦读为柳。《诗》'朔日辛卯'，与丑为韵；'薄采其茆'，徐邈音柳；唯参与昴，《传云》：'昴，留也。'成二年《左传》'予之石窌'，窌音留。《尔雅》：'凡曲者为罶。'《释文》：'罶，本或作罚。'《广雅》：'曲梁谓之罚，釐妇之笱谓之罶。'《释文》：'罶，或作罚。'《史记·律书》：'北至于留。'《索隐》：'留即昴也。'骅骝，《地理志》作骅聊，《晋书音义》作骅騮。《汉书·律历志》留孰于

图2-24　三旬干支表（郭沫若《卜辞通纂》第三、四、五片）

卯。哀二十七年《左传》‘及留舒’，郑康成引作‘柳舒’。古泉布留字作‘’，汉碑作‘’，汉印作‘’，或作‘’。”

高田忠周《古籀篇篆文索引》指出：“《说文》酉，古文作丣……此始见于汉，知为汉人新造字。……古有卯无丣，丣者讹文耳。”

诸家所论确是。今细审许慎《说文》之意，其将“卯”读为“冒”，象开门，训二月，是附会星象历术之说也。其以“丣”为“酉”之古文，作为“柳”“留”等字的声符，是为了在字形上有别于“卯”也。今“柳”“留”等字楷书虽然从“卯”，但小篆改为从“丣”。“卯”字之音，也已由幽部来纽转入幽部明纽，今人只谙“卯”字音“冒”，不闻“卯”字音“留”了。

东汉时，王充作《论衡》，用十二种动物与十二地支相配，于是便有了十二生肖，“卯”字被赋予了兔文化。子鼠、丑牛、寅虎、卯兔……流传至今。

汉时，将一日分为十时改为十二时，与地支之数相合，遂以十二地支命时。卯时，即今早晨五时至七时。

释　辰

甲骨文“辰”字作“”“”等形。

郭沫若《甲骨文字研究·释干支》释“辰”为农作耕器，曰：“要之，辰本耕器，故農（农）、辱、蓐、耨诸字均从辰。星之名辰者，盖星象于农事大有攸关，古人多以耕器表彰之。故‘大火为大辰，伐为大辰，北极也为大辰’（《公羊·昭十七年》）。更进则举凡星象皆称为辰。辰又转为时日之通称，于是而耕器之本义遂全晦。”

裘锡圭《甲骨文所见之商代农业》认为“辰”是除草的农具耨。“按照辰的功用来看，它应该就是古书中常见的耨等一类农具，大致相当于现在的短柄锄。”

《甲骨文字典》释为蜃镰，曰：“商代以蜃（蛤蚌属）壳为镰即蚌镰，其制于蚌镰背部穿二孔附绳索缚于拇指，用以掐断禾穗。甲骨文辰字正象缚蚌镰于指之形。象蚌镰，本应为圆弧形，作方折形者乃刀笔契刻之故；象以绳缚镰于手指之形。故辰之本义为蚌镰，其得名乃由蜃，后世遂更因辰作蜃字。又古籍中之大辰星（即天蝎座 α 星）与前后相邻的二星所联成之弧线与农具辰之圆弧形刃部相似，故以辰名之。《说文》：‘辰，震也。三月阳气动，雷电振，民农时也。物皆生，从乙匕，象芒达，厂声也，辰，房星，天时也。从二，二，古文上字。，古文辰。’”

“辰”字，郭沫若释为耕作农器，裘锡圭释为除草农器，《甲骨文字典》释为收割农器，各有千秋。三者而皆谓农器，是其共识。

殷铜器《二祀切其簋》（《集成》10.5412）“辰”字作“”，与甲骨文形同。西周中期铜器《伯中父簋》（《集成》7.4023）“辰”字作“”，似一手有缚蚌镰，而另一手无缚蚌镰之形，正是收割作物之形。

齐国徽识“齐刀”写作“”或“”，是小麦丰收之义，载入殷铜器《方鼎》（《集成》5.2597）和《齐父丁簋》（《集成》6.3650）等数十件青铜器，其刀柄作花形者，当是蚌镰之形。

由此看来，将“辰”字释为“蚌镰”更为确切。要之，耕作、除草、收割皆是农器。“辰”字假为地支字，表示农产谷物供品。

殷卜辞：“庚寅贞王米于囧祖乙。”（《粹》二二七）这是一条王用米祭祀祖乙的记载。“”字无释，或为反书的“以”字，囧乃明义，当与心宿二大火之星有关，而大火之星主春分、秋分，皆农时大节。殷人以米祀祖乙是乞求丰年之义。

篆文有“祳”字。《说文》释曰：“祳，社肉，盛以蜃，故谓之祳。天子所以亲遗同姓。《春秋》传曰：‘石尚来归祳。’”段玉裁注：“经典祳多从肉，作脤。”马叙伦《说文解字六书疏证》卷一指出：“沈涛曰，广韵引至同姓止，惟盛下有之字。……余皆后人辄加。……窃谓脤器当作蜃器，谓器之饰以蜃灰者。”甲骨文、金文无“蜃”字，“蜃”字晚出，也小篆字。“蜃”并非殷、周时祭祀所用的礼器，而是礼器尊的腹部绘有蜃图的漆尊。《周礼·春官·鬯人》曰：“凡山川四方用蜃。”郑玄注：“（蜃）漆尊也……蜃，画为蜃形。”《说文》“祳”“蜃”之释皆欠确。“祳”字当是农业之祀。是地支农产供品辰字的孳乳。

要之，十二支中的“辰”，代表宗庙农产供品。

释　巳

甲骨文“巳”字作“”“”等形，金文与甲骨文形同。

郭沫若《甲骨文字研究·释干支》曰：“此字（巳）乃卜辞出土后之一大惊异，盖十二辰之第六位骨文均不作巳而作子也。字形为，为，或为，字固子字，而按以干支表则确在辰字之次，午字之前，位当于第六辰之巳。古金中有‘辛子’‘癸子’‘乙

子’‘丁子’诸支干，自宋以来即异说迷离者，至是始涣然冰释。罗振玉曰：‘卜辞中凡十二支之巳皆作子，与古金文同。宋以来说古金中之乙子、癸子诸文者异说甚多，殆无一当，今得干支诸表，乃决是疑。然观卜辞中非无□字，又汜、妃、祀、改诸字并从□，而所书甲子则无一作□者，此疑终不能明矣。’一疑方释，一疑复起，学问之道正自如斯。然余以为疑难犹有推进者，则古十二辰中有二子也。此乃重要之关键，且于解决十二辰之本质上为不可忽略之关键。”

“巳既作子，则许书之释全属子虚，且许以‘巳为它（蛇）象形’，此则于巳之本义亦未把握。骨文巳字实象人形，且可断言者如祀字作□若□，殆象人于神前跪祷，如改字作□若□，殆象朴作教刑之意，子跪而执鞭从惩戒之也，故巳实无象蛇之意。巳之为蛇者其事在十二肖像输入以后。《论衡·物势篇》曰‘巳，火也，其禽蛇也’，又《言毒篇》曰‘辰为龙，巳为蛇’，此为十二肖像见于文献之始。其于古器中据余所见则新莽嘉量之‘龙在己巳’巳作□（《陶斋》四卷，第52页），酷似蛇形，则知肖像之输入至迟当在新莽时代。十二肖像于巴比伦、埃及、印度均有之，然均不甚古，疑中央亚西亚古名族之稍落后者，如月氏康居之类仿十二宫象之意而为之，故向四周传播也。其入中国当在汉武帝通西域之时，子巳之交替实证明此史实之指路碑，惜自秦汉以后，古器物中干支少见，未能有确切之论断耳。”

“要之，古十二辰之第六位为子，与第一位之□合为二子。”

《甲骨文字典》曰：“卜辞以□（子）为地支之巳，复以□之省形□为祭祀之祀。”《甲骨文字典》对于“子”字之释，已见于前，其对“祀”字之释曰：“从示从□，□之初形当为□，□为祭祀时象征神主之小儿，也即后世讹变之‘尸’字。古代祭礼‘祝迎尸’时为‘立尸’，即举尸于成人颈上，□、□字即举子（尸）于人颈表祭祀之义，乃最初之祀字。□又讹变为□、□等形，或又省□形，只用□或□代□。后又区别小儿之□与祭祀之□，乃将□之省形□下画稍弯似人跪之形作□，以专用为祭祀之字。”

郭沫若先生认为中国的十二支乃是由希腊传入的十二宫。十二支中的“二子”，即希腊的双子星座。然郭沫若先生所论并无确据，以十二支中“二子”附会希腊双子星座，使“子”“巳”二字之疑变得更为扑朔迷离。

《甲骨文字典》将“子”释为小儿之子，将“巳”释为祭祀之祀，虽比郭沫若先生为是，但也未得“子”“巳”之本义。

前释“□”“□”已言，商人子姓，“□”“□”象供桌上匣中的子姓庙主，是子姓之祀。“□”“□”是一个专用字，卜辞凡言“子丑”之“子”皆有表示供桌的“几”字，这是其与子孙之“子”的根本区别。

十二支第六位的“巳”字，是作为供品的婴尸。其腿和手臂都与身体被捆绑在一起，呈弯曲的“巳”形。“巳”字有的作“巳”（《粹》一一一五）、“巳”（《粹》一一一三），说明供品中有被剖腹而取的婴儿。

卜辞有“祀”字，写作“祀”“祀”等形，是用婴尸祭祀之义。“巳”是“祀”的本字，“巳”所以为“祀”，是因“巳”是供品。这种婴尸供品可能是供先祖使役的役童。

于省吾先生在其《甲骨文字释林·序》中，曾论述商代统治者“陷人以祭”“砍头以祭”“剖腹破肚以祭”等多种残忍之手段。而“巳”字反映出的则是更为残忍的杀童、杀婴以祭。1965 年至 1966 年，山东益都苏埠屯发掘的商代奴隶殉葬墓，墓内殉葬奴隶多达 48 个，其中有多名身高 1 米左右的儿童。出土的《亚其丑钺》表明，墓主人是曩国巫师，巫在殷代主祭祀，是神的化身。益都苏埠屯商代奴隶殉葬大墓，是了解商代杀人以祭的生动实例。

图 2－25 王亥卜辞释文：辛巳卜，贞：王亥（亥）、上甲即于河（《合集》三四二九四）

要之，十二支中并无“二子”。“子”“子”读“子”，但其形与“子”有别；“巳”“巳”为子形，但读“尸”，不读“子”。“子”“子”是子姓宗庙受祀之主，“巳”“巳”是子姓宗庙祭祀的供品。故后人以“子”“巳”区别之。

释 午

甲骨文“午”字作“午”“午”“午”等形，金文作“午”“午”等形。

郭沫若《甲骨文字研究·释干支》曰：“古十二辰之第七位之午字乃索形，而御字从之。”

《甲骨文字典》曰："□象束丝交午之形，为午字初形。其后或填实作□，复省简作□。《说文》：'午，牾也。五月阴气午逆阳，冒地而出。此与矢同意。'不确。"

郭沫若先生与《甲骨文字典》字形所见皆是，但其本义未详。

《淮南子·本经训》云，日坛"抱表怀绳"。此表即天柱，此绳即八索。盖古人观象授时，立杆测影，在日坛正南、正北、正东、正西、西北、东北、东南、西南置有八根支柱，用绳索与日坛中央的天柱上顶相连，称为"八索"。"八索"与地面晷盘上画的方位线上下相对，用以观测日晷之方位和长度。"□"字是日晷交于中央天柱与正南、正北绳索和晷盘正南、正北方位连线上，日晷垂直于晷盘，也即日中之时。"□"字填实作"□""□"都是表示日中时刻。金文"午"字作"□""□"之形，吴其昌《金文名象疏证(续)》谓"午字确为矢镞形所变化者"，非也。"□""□"尖头指示上天，表示日晷来自天上，竖中圆"点"则表示交于天柱之晷影，"□"字日中之义较之"□"字更为明显。

卜辞从午之字有"□""□""□""□""□"等字，《甲骨文字典》释曰："从□(卩)从□(午)，或增□字偏旁。□亦作□、□、□形，□象交午之束丝，以交午喻主客之迎逆会晤。闻宥谓：□象人跪而迎迓形，□，道也，迎迓于道是为御。诗：'百两御之。'笺曰：'御，迎也。'迎则客止，客止则有饮御之事，故又训进、训侍……卜辞之御字，为祭之专名，孳乳为御(《东方杂志》二十五卷三号五十六页)。按其说可从。"

"□"字释御，是也，说解有待详考。

"□"是形声字，"□"为形、"□"为声，隶作"卸"，读作"午"。"午""御"声之转，古韵都在第五部。《诗经·秦风·黄鸟》"御"与"楚""虎"为韵。

"□"字之"□"，象人跪拜祈求之形。

"□"字之"□"，是日中之时。"□"字之义是殷人于日中跪拜迎神、求神。这个神，即图腾柱上的宗神玄鸟显灵的日中之晷。

"□"字或增"□"旁作"□"。闻宥释"□"为道也。但此道，并非寻常之道路，而是宗庙前通达四方之广场。《说文》云："场，祭神道也。"《礼记·祭法》云："是故王七庙，一坛一墠。"前引丁山先生《甲骨文所见氏族及其制度》说明，在氏族社会，以图腾为宗神，每个家族的闾里之口都立有图腾柱(Totem pole)以保护他们的氏族。所谓的"图腾柱"，大抵雕刻为鸟兽怪物形。宗庙是殷人祭祀先祖的圣地，自然少不了宗神的保护。由“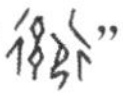”可知，殷人在宗庙广场中心设有祭坛，立有玄鸟图腾天柱，用以观测日中之时。日中是宗神降临之时，也是殷人宗庙祭祀之始。

“御”字多义，以祛除灾祸之祭为本义。

“御”是殷人的祭名之一。所谓的“御祭”，即正午之时殷人对其保护神的祭祀。“御”字所以有消灾、祓孽的保护之义，皆出于此。

卜辞中，“御”字多用于祭名。观其御祭的目的，皆为祛除孽邪、疾病、灾祸等不祥之事。如，“□申卜壳贞于南庚御孽”（《合集》二〇一八），“于祖辛御疾”（《乙》四八七五），“乙酉卜御家艰于下乙五宰鼎用”（《合集》二二〇九一）等。

从“午”之字又有“”，一期甲骨文卜辞“不”习见。

“”字，从“”从“”。“”即悬绳，“”即悬锤。盖古人立杆测影，日柱与地面必须保持垂直状态，因此日柱之上置有悬锤以验之。“”字是日中之时日柱悬锤之象，会意日柱垂直于地面，所测的日晷准确无误，明明白白。“”音午，义如后世之“晤”“昨”。“”即“黿”字，“不黿”是兆象不明之义。详见另文《兆辞“不”探赜》。

西周之时，已有一年四季之分，在夏至、冬至之日日中之时都要举行大射礼。《仪礼·大射礼》曰：“若丹若墨，度尺而午，射正莅之。”注：“方正圆者，一纵一横曰午。”疏：“午，十字。”此“丹”应是标记天柱四段八节之内夏至之日日中晷影长度的颜色，“墨”者应是标记天柱四段八节之外冬至之日日中晷影长度的颜色。“方者”地也，“圆者”天也，“正者”中也，即祭坛中心之天柱也。“一纵一横者”是天地间的纵横关系，包括量度日晷。“午，十字”者，是言天地、阴阳、四时交于午。

要之，十二支之“午”字，表示宗庙迎神祭祀之时间。

释 未

甲骨文“未”字有的与木形近，作“”，有的又加一横作“”，以别于木，金文作“”。

《甲骨文字典》曰：“《说文》：‘未，味也，六月滋味也。五行木老于未，象木重枝叶也。’按《说文》谓未象木重枝叶形，可从。”

郭沫若《甲骨文字研究·释干支》曰：“未字本谊，说文每以滋味释之……然未乃象形字,滋味必犹其引伸(申)之义。许谓‘象木重枝叶’,然与味则不相属。余谓未者采(穗)也,古音未采本同部。此外于古金文中则由‘𠩺’字及从‘𠩺’之字之各种异形可证。”

郭沫若先生质疑《说文》对于释“未”之见是,但其将“未”释为“采”则非。“𠩺”字所从之未,乃“来”字之省。甲骨文“”(《合集》八一三六)、“”(《甲》一六四六)字,《甲骨文字典》均释为“釐”。“”之义是手持工具收來(来),來(来)是麦,不是木,“”是“”字之省,“釐”是“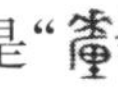”字之省。故、釐之义训家福。

甲骨文“木”字作“”,上象枝,中象干,下象根。甲骨文“未”字作“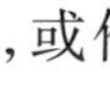”,或作“”“”。木与未上部区别明显,木字上部皆作直笔,未字上部则作弧形或方折形,无一作“”形者,知未字上部所从的“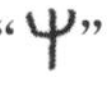”形不象枝,因此,《说文》与《甲骨文字典》谓“未象重枝叶形”,欠确。

甲骨文有“”字(《甲》三三五八),从“”,从“”。其形虽殊,其义犹显。为了方便契刻甲骨文字,书者往往将圆笔改作直笔,而不是将直画改作圆笔。“”字,上不象枝,下不象根,写作“”“”,另有用意。“”字乃象氏族图腾柱,上顶作“”或“”形,皆象装饰的图腾柱之顶,中间“丨”画象图腾柱之干,下部“”形指事、会意图腾柱绳索上挂满了祈祷的信物,表示祀礼已毕。“”“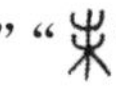”“”义与“”同。《史记·律书》曰:“未者,言万物皆成,有滋味也。”地支之“未”,是言祭礼已经完成。

丁山先生在《甲骨文所见氏族及其制度》时说:“我们知道宗教进化的程序,多数是由自然神进步到图腾的崇拜,然后才进步到象征的上帝崇拜。在氏族社会,以图腾为宗神,每个家族的闾里之口都立有图腾柱(Totem pole)以保护他们的氏族。所谓图腾柱,大抵雕刻为鸟兽怪物形。《清史稿·礼志四》说:‘清初,起自辽沈,有设杆祭天礼。杆木以松,长三丈,围径五寸。若帝亲祭,司俎挂净纸杉柱上,诸王护卫,依次挂之。’设杆祭天,无疑的即是图腾祭的遗迹。根据图腾祭的遗迹来说明示字的本谊,示所从二或一,是上帝的象征;其所从‘丨’,正象祭天杆;杆旁之八,盖象所挂的彩帛;示字本谊,就是设杆祭天的象征。”①

丁山先生所论是也,有些少数民族至今尚有崇拜氏族图腾的习俗。在氏族社会,每个氏族都有自己的保护神,或绘或刻制于闾里之口的图腾柱上,起到震慑他族,保护自己的作用。我们说十二支的“寅”字,就是一个保护商人氏族的燕神。金文《朐

① 丁山:《甲骨文所见氏族及其制度》,科学出版社1956年版,第3~4页。

簋》等“寅”字，字形怪异，头很大，面目狰狞，令人望而生畏，这正是商人宗庙图腾柱上保护神的写照。而这位保护神，也是商人先祖玄鸟的化身。宗庙是祭祀先祖的圣地，少不了宗神的保护，立有图腾柱是必然的。未字，正是表示商人日中之时举行祭祀宗神的祭天礼已经完成。

卜辞有“”字，从女从未，即“妹”字。《甲骨文字典》释曰：“从女从(未)，为声符，与《说文》妹字篆文同。《说文》：‘妹，女弟也。从女，未。’”《周易·归妹》曰：“归妹：征凶，无攸利。”归妹，即嫁出少女。《象》曰：“归妹，天地之大义也。天地不交，而万物不兴；归妹，人之始终也。说以动，所归妹也；‘征凶’，位不当也；‘无攸利’，柔乘刚也。”《周易·归妹》阐释了婚嫁的原则。婚嫁为人类起点，也是人生的大事和氏族繁衍延续的基石。必须慎重对待，不可等闲视之，也不可过分要求，男女相悦，白头偕老，才是最好的婚姻。如此，男女和合，氏族才能繁衍昌盛。“未”为妹字之本，妹以“未”为声符，诠释了“未”字祈求未来宗神保护氏族男女和合、子孙繁衍昌盛之义。

卜辞中的“妹”字，其义除了读作“女弟”外，还读作“昧”，即昧爽、旦晨之时。妹为时间，当出自图腾柱观象测时之功用。

“未”字，在卜辞中用作十二支之八，尚未见他用。

要之，十二支之“未”字，指事宗庙前的氏族图腾柱绳索上挂满了祈祷的信物，义为祭祀宗神的祭天礼成，引申为宗神保护氏族男女和合，子孙繁衍昌盛。

释　申

“申”字，甲骨文作“”“”等形，金文多与甲骨文形同。

《甲骨文字典》释曰：“叶玉森谓甲骨文申字象电耀屈折形，《说文》虹下出古文蚺，许君曰‘申，电也’与训‘申，神也’异。故申象电形为朔谊，神乃引申谊(《殷虚书契前编集释》)。按叶说近是。《说文》：‘申，神也。七月阴气成体自申束，从自持也。吏以餔时听事，申旦政也。古文申，籀文申。’按《说文》说形不确。”

郭沫若《甲骨文字研究·释干支》曰：“此字(申)小篆变形甚剧烈，骨文作若，金文大抵如是，反书者甚少。《不嬰簋》之实为仅见。其特异者，如《楚子簠》之‘庚申’作，《宽儿鼎》之‘壬申’作。许书古籀，形虽变犹略存其仿佛。古文有作者，则形变至烈。小篆之从臼自持形，于古文中从未有见。古金(文)中有类似字，前人不免有因而误释者，罗氏已辨之，曰吴中丞因篆文作，遂谓子且乙角之，盂鼎之均即申字。今按象两手持杵形，虽不能知其何字，其谊与春字所从之同，字亦然，均非申字也。《说文古籀补》又以卣之为申，亦非是。此字骨文中有之，罗释为爰。”“古文既无从臼之申，则小篆之形自是后起。此殆汉人依肖像所改，盖‘申，猴也’（《论衡·物势》），从臼从丨，即肖其善攀援之形耳。籀文之从，亦当为汉人所改。形既后起，许氏之释自非其朔，以餔时释申乃据汉制。惟申字在古有直用为神者，如《克鼎》之‘䫉孝于’，《杜伯盨》之‘享孝于皇且孝’，均系神字，殆假借也。又申有重义（《尔雅·释诂》），有束义（《淮南·原道训》‘约车申辕’注），有伸义（《广雅·释诂》），此与古文字形均未有说。重义尤古，诗书中多用之。皋陶谟之‘天其申命用休’，《史记·夏本纪》径作‘重命用休’，此即非申之本义，相去必不甚远。”“要之，古十二辰第九位之申字乃象一线联结二物之形，而古有重义。”

诸家释“电”、释“束”、释“象”一线联结二物，皆不确。唯《说文》：“申，神也。”所见是。

甲骨文“”字，象人跪拜乞求之象，但此人有尾，是穿着有尾的奇装异服求神驱鬼的巫。《说文》：“巫，祝也。女能事无形，以舞降神者也。”《周礼·春官·神仕》：“凡以神仕掌三辰之灋（法）。”金文“灋”字写作“”。“”字之“”，即传说中黄帝时能断讼触不直之人的“解豸”。“”字象人，有角有尾，非真有“”也，乃巫师所扮。巫能与神通，故巫也是神。甲骨文“”字，乃巫师求神之象。

《左传·昭公二十九年》魏献之问蔡墨如今为何无养龙者，蔡墨对曰：“夫物，物有其官，官修其方，朝夕思之。一日失职，则死及之。失官不食。官宿其业，其物乃至。若泯弃之，物乃坻伏，郁湮不育。”这里所说的“物”，本指“龙”，也即氏族的图腾宗神。“官”即畜龙者，也即求神的“巫”。“方”即巫术。“业”即巫师的职业。“宿”字，杜预注为“安”，服虔注为“思”。所言大意是，每个部族都有专职的巫师与其图腾宗神进行沟通，一旦失职，便失其禄。只有这些巫师安思其职，他们的宗神才能降临宗庙，保佑其部族。若泯弃巫师，宗神便会潜伏不出，部族也就失去了宗神的保护。

西周铜器铭文以“申”为“神”，如：

《作册益卣》：“用作大御于厥祖妣、父母、多（神）。”（《集成》10.5427）

《杜伯盨》：“享孝于皇（神）祖考。”（《集成》9.4448）

《此鼎》：“用享于文（神）。”（《集成》5.2822）

以铜器铭文证之，“”即“神”字。金文后加“示”作“”，即“神”字，以别于十二支之申。

西周晚期《番生簋盖》“電(电)”字作“”(《集成》8.4326)，“”为声符，是知西周晚期申字有“神”“电”两声。“”字读电，电也神也。

从“申”的甲骨文有“”(《粹》一五七〇)、“”(《后下》一.一二)、“”(《合集》一三四一九)等字，《甲骨文字典》释为“雷”，曰：“从(申)，‘申’即‘电’，电相击而有雷声，故以电之闪光表示雷之特征，又以实点作形，小圆点作形或田形、口形表示雷声。”“”是由两个“田”字和一个“申”字组成的形声字。其得声于两个“田”字，后世演变作“畾”“靁”皆“雷”字。“”字所从的两个“田”字，义为筑土为营垒，为日坛、神坛。殷卜辞曰：“今夕亡祸正月在”(《粹》一五七〇)，“在正月在丘卜”(《南明》三九五)，其“”和“丘”皆是日坛之地名。“丘”之义正是说明日坛建在丘陵高地。“”字从口，口与言通，神之言也，即雷声。“”字从三圆点，三圆点表示雨，雨也是神之所降。“”字后作“”“靁”等字，知“”与“云”“雨”相通。

要之，十二支之“申”乃巫师求神之象，假为神。西周金文除干支外，“申”字也用于其先祖。

释　酉

甲骨文“酉”字作“”“”等形。金文与甲骨文形同。

《甲骨文字典》释曰：“象酒尊之形，上象其口缘及颈，下象其腹有纹饰之形。《说文》：‘酉，就也。八月黍成，可为酎酒。象古文酉之形。，古文酉从卯，卯为春门，万物已出；酉为秋门，万物已入；一闭门象也。’按，《说文》所谓酉之古文实为卯之古文。”

郭沫若《甲骨文研究·释干支》曰：“此字(酉)篆形与古文尚无大别，骨文变体颇多，然大体作若，乃壶尊之象也。金文作(酉父辛爵)、(师遽尊‘丁酉’)、(师遽尊盖‘辛酉’)、更有特长其颈作者(师酉簋之一器)，其从卯作之古文则迄未有见。小篆从之劉诸字，古文均从卯作，而卯于古文有作者，则实古卯字耳。”“要之，古十二辰第十位之酉字实象瓶尊之形，古金及卜辞每多假以为酒字。许之释就，盖用转注法以牵就其八月之义（许释十二辰均用此法），酉纵为就，自当后起。”

甲骨文、金文“酉”字象盛酒器，实为“酒”字，卜辞用为祭名。如卜辞：“贞酉弗其自”（《京》一〇〇一）“……辰卜翌丁巳先用三牢羌于酉用”（《佚》一九九）。“酉”皆读为酒，是荐酒之祭。铜器《毛公鼎》铭文“毋敢湎于”（《集成》5.2841）、《天君鼎》“天君乡复”（《集成》5.2674）、《盂鼎》“率肆于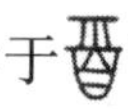”（《集成》5.2837）、《三年瘐壶》：“乡逆”（《集成》15.9726），“酉”皆“酒”字。后从“酉”之字，也多本于“酒”义。

甲骨文、金文“酉”字无作“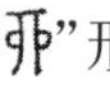”形者，此乃许慎之讹作，见前“卯”字说解。

殷周之时，有以酒为名的酉族和酉国。1956 年，陕西耀县出土的殷铜器《酉爵》（《集成》13.7590）。1972 年，安徽颍上县出土的殷铜器《酉爵》（《集成》13.7591），都载有一字徽识“酉”。另有殷铜器《亚酉觚》（《集成》12.6989）、《亚酉斝》（《集成》15.9160）、《亚酉父丁鼎》（《集成》4.1847），西周早期铜器《亚保酉簋》（《集成》6.3235），皆载有“亚酉”二字，说明“酉”是殷和西周时王室的姻亲国。酉国传世的铜器还有殷《酉乙鼎》（《集成》3.1285）、《酉宁鼎》（《集成》3.1366）、《酉父簋》（《集成》6.3210），西周早期的《酉父己卣》（《集成》10.4951）、《酉父己壶》（《集成》15.9504），西周晚期的《仲酉父簋》（《集成》6.3547）等。

酒是一种保健的饮料。《诗经·豳风·七月》：“八月剥枣，十月获稻。为此春酒，以介眉寿。”中国造酒的历史，可以上溯到上古时期。考古发现，在新石器时期的陶制品中，已有了专用的酒器。到了商代，不但有了用粮食酿造的米酒，还有了药酒、果酒。饮酒器也越来越多，在出土的商代青铜器中，饮酒器占了相当大的比重。商代造的青铜觥，能盛酒七升，为最大的盛酒器。商代从商王到平民，整个商代社会弥漫着嗜酒之风。在祭祖敬神中，酒更是主要的祭品，商人设有专门的酒祭，反映在十二支字之中。

要之，十二支之“酉”字本义为酒，用于宗庙荐酒之祀，为祀典之一。

释　戌

甲骨文“戌”字作“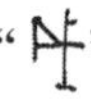”“”等形，金文与甲骨文形同。

《甲骨文字典》释曰："象古兵器形，与戊、戚、戉等皆斧钺之属，其形制并近。《说文》：'戌，灭也。九月阳气微，万物毕成，阳下入地也。五行土生于戊，盛于戌，从戊含一。'不确。"

吴其昌认为古"戊""戉""戌""成"是一字，其《金文名象疏证》曰："古者，'戊''戉''戌''成'，一字相通；此正犹古者'工''士''壬''王'一字相通也。所以知者，'戊''戉'之为一字，上已详述之矣。'成''戌'之为一字，颂簋：'甲戌'通作'甲成'（潍县陈氏所藏器，又日本住友氏所藏器，见《贞松堂》卷六页二十三，又海丰吴氏所藏器，皆如此），其证一。颂簋'成周'通作'戌周'（潍县陈氏所藏器，海宁邹氏所藏盖皆如此），其证二。录戜卣：'成周'亦通作'戌周'（见例），其证三。'成'为文王子成叔武之后，姬姓之国；而白多父簋'成姬'作'戌姬'"（《郁华阁金文》册第三十二页十，《贞松堂》卷六页三十八），其证四。《公羊传·成公十五年》'宋世子戌'，释文：'戌，本或作成'，其证五。《左氏传·文公二年》'宋公子成'，释文：'成，本或作戌'，其证六。"

"'戊''戌'之为一字，证亦凡三。癸旻爵之'考戊'作'考戌'，一也。祖戊鼎之'且戊'亦作'且戌'，二也。祖戊爵之'且戊'亦作'且戌'，三也。又《春秋·哀公十三年》之'许男成卒'，左氏传释文既曰'成，本或作戊'矣，而于公羊传释文又曰'成，本或作戌'。此又古者'成''戌''戉'一字互通之明证也。""且甲骨、金文之例，虚钩书与填实书任意无别，同一戉形，可以任作、；同一戈形，可以任作、；斯同一斧形，固宜任作、矣。，即'戌'字也，即'戉'字也，是'戌''戉'无别，又非他比。既'戊''戉''戌''成'古为一形一字，'戊'与'戉'谊皆为斧，上已证述，则'戌''成'之谊亦为斧，所必知矣。"①

李孝定《金文诂林读后记》卷十四论曰："戊、戎、戉皆为兵器象形，盖其形制相近，故字形也相类，然商周之际，此三文已各具不同形音义，不能谓是一字。至于'成'字，古作''，与戌之作''者有别，吴其昌氏引先秦文献，成、戌、戊互作，以证数者之为一字，说不可从，后世传写讹乱者多矣，不可据以上探文字本原也。"②

上引三论所见虽有不同，已明"戌"字形义。"戌""戊""戉"皆斧类兵器。《玉篇》释"戌"曰："戉，黄戉，以黄金饰斧也，又作钺。"《广韵·月韵》："戉，《说文》曰：'大斧也。'《司马法》曰：'夏执玄戉，殷执白戚。'"郭沫若谓"戉"即戚之古文。《诗经·大雅·公刘》："弓矢斯张，干戈戚扬，爰方启行。"以《司马法》和《诗经·大雅·

① 李圃主编：《古文字诂林（第十册）》，上海教育出版社2004年版，第1208页。
② 李圃主编：《古文字诂林（第十册）》，上海教育出版社2004年版，第1211页。

公刘》所载,"戍""戊""戉"这类斧钺之器,象征王权,是帝王出行之仪仗。殷人宗庙之祀,非常隆重,斧钺仪仗是不可少的。

总之,甲骨文"戌"字是戉类兵器。十二支之"戌"当是保卫宗庙祭祀之仪仗,与上一字"酉",同为祭祀之典礼。

释　亥

甲骨文"亥"字写作""""等形,金文作""""等形,与甲骨文基本相同。

《甲骨文字典》释曰:"字形所象不明。许慎径释'亥为豕',商承祚、吴其昌皆承许说;商谓古豕亥一字(《古考》),吴其昌谓亥字原始之初谊为豕之象形(《金文名象疏证》)。然自甲骨文观之,豕、亥二字字形颇不相类,其初当非一字。郭沫若谓释亥为豕乃十二肖兽输入后之文义,然亥为怪兽而非豕,相当于巴比伦十二宫之射手座,其象为二首:一人一犬,身则上体为人,下体为马,而有鸟翼、犬阴、牛尾、蝎尾,二者合计,恰当于《说文》所谓'亥有二首六身'云云(《甲骨文字研究·释干支》),其说于字形不能契合,至林义光等谓亥象根荄在地下形(《文源》),亦不可据。《说文》:'亥,荄也。十月微阳起接盛阴,从二,二古文上字,一人男,一人女也。从乙,象裹子咳咳之形。《春秋传》曰:亥有二首六身。……古文亥。亥为豕,与豕同。亥而生子,复从一起。'按《说文》说解不可从。"

《甲骨文字典》认为诸家所解,皆不中意,其字存疑。然王国维《戬寿堂所藏殷虚文字考释·王亥》一文,值得一读。

其曰:"卜辞多记祭王亥事,《殷虚书契前编》有二事,曰:'贞尞于王亥'(卷一第四十九页),曰:'贞之于王亥卌牛辛亥用'(卷四第八页)。《后编》中又有七事,曰:'贞于王亥求年'(卷上第一页),曰:'乙巳卜□贞之于王亥十'(下阙,同上第十二页),曰:'贞尞于王亥'(同上第十九页),曰:'尞于王亥'(同上第二十三页),曰:'癸卯□贞□□高祖王亥□□□'(同上第二十一页),曰:'甲辰卜□贞来辛亥尞于王亥卅牛十二月'(同上第二十三页),曰:'贞登王亥羊'(同上第二十六页),曰:'贞之于王亥□三百牛'(同上第二十八页)。龟甲兽骨文字有一事,曰:'贞尞于王亥五牛'(卷一第九页)。观其祭日用辛亥,其牲用五牛、三十牛、四十牛、乃至三百牛,乃祭礼之最隆者,必商之先王先公无疑。案《史记·殷本纪》及《三代世表》,商先祖中无王亥。惟云:'冥卒,子振立;振卒,子微立。'《索隐》:'振,《系本》作核,《汉书·古今人表》作垓。'然则《史记》之振,当为核或为垓字之讹也。《大荒东经》曰:'有困(案:

因）民国，句（按：勾）姓而（按：黍）食，有人曰王亥，两手操鸟，方食其头。王亥托于有易河伯仆牛。有易杀王亥，取仆牛。'郭璞注引《竹书》曰：'殷王子亥，宾于有易而淫焉，有易之君绵臣杀而放之，是故殷主甲微假师于河伯以伐有易，克之，遂杀其君绵臣也（此《竹书纪年》真本，郭氏隐括之如此）。'《今本竹书纪年》：'帝泄十二年，殷侯子亥宾于有易，有易杀而放之。十六年，殷侯微以河伯之师伐有易，杀其君绵臣。'是《山海经》之王亥，《古本纪年》作殷王子亥，今本作殷侯子亥。又前于上甲微者一世，则为殷之先祖冥之子、微之父无疑。卜辞作王亥，正与《山海经》同。又祭王亥皆以亥日，则亥乃其正字，《世本》作'核'，《古今人表》作'垓'，皆其通假字。《史记》作'振'，则因与核或垓二字形近而讹。夫《山海经》一书，其文不雅驯。其中人物，世亦以子虚无有视之。《纪年》一书，亦非可尽信者，而王亥之名竟于卜辞见之，其事虽未必尽然，而其人确非虚构，可知古代传说存于周秦之间者，非绝无根据也。"

"王亥之名及其事迹，非徒见于《山海经》《竹书》，周秦间人著书多能道之。《吕览·勿躬篇》：'王冰作服牛'，案篆文冰字作仌，与核字形似，王仌也王亥之讹。《世本》作篇胲作服牛（《初学记》卷二十九引，又《御览》八百九十九引《世本》鲧作服牛，鲧亦胲之讹。《路史》注引《世本》，胲为黄帝马医，常医龙，疑引宋衷注。《御览》引宋注曰：'胲，黄帝臣也，能驾牛。'又云少昊时人，始驾牛，皆汉人说，不足据，实则《作篇》之胲即《帝系篇》之核也），其证也，服牛者，即《大荒东经》之仆牛，古服仆同音。《楚辞·天问》：'该秉季德，厥父是臧，胡终弊于有扈，牧夫牛羊。'又曰：'恒秉季德，焉得夫仆牛。'该即胲，有扈即有易（说见下），仆牛也即服牛。是《山海经》《天问》《吕览》《世本》，皆以王亥为始作服牛之人。盖夏初奚仲作车，或尚以人挽之。至相土作乘马，王亥作服牛，而车之用益广。《管子·轻重戊》云，殷人之王，立帛牢服牛马，以为利民，而天下化之。盖古之有天下者，其先皆有大功德于天下。禹抑洪水，稷降嘉种，爰启夏周，商之相土、王亥，盖亦其俦。然则王亥祀典之隆，亦以其为制作之圣人，非徒以其为先祖。周秦间王亥之传说，胥由是起也。"

"卜辞言王亥者九，其二有祭日，皆以辛亥，与祭大乙用乙日、祭大甲用甲日同例，是王亥确为殷人以辰为名之始。犹上甲微之为以日为名之始也。然观殷人之名，即不用日辰者，亦取于时为多，自契以下，若昭明，若昌若，若冥，皆含朝莫明晦之意，而王恒之名亦取象于月弦，是以时为名为号者，乃殷俗也。夏后氏以日为名者，有孔甲，有履癸。要在王亥及上甲之后也。"①

王国维以《山海经》考王亥，实属难得，惜其对亥字字形无解，对王亥之族也未言

① 王国维：《戬寿堂所藏殷虚字考释》，转引自《古文字诂林（第十册）》，上海教育出版社 2004 年版，第 1214 页。

尽。

《山海经·海外东经》曰:“帝命竖亥步,自东极至于西极,五亿十选(万)九千八百步。竖亥右手把算,左手指青丘北。一曰禹令竖亥。一曰五亿十万九千八百步。”

《淮南子·地形训》也载有竖亥故事:“禹乃使大章步东极,至于西极,二亿三万三千五百里七十五步,使竖亥步自北极至于南极,二亿三万三千五百里七十五步。”

丁山《中国古代宗教与神话考》认为竖亥即王亥。其曰:“王亥事迹,除仆牛被杀外,余则无闻。我很相信王亥即是竖亥。其最大的功业是测算大地的面积。”“王亥本是经天纬地之神。”“而竖亥之竖,正同《天问》所谓‘有扈竖牧’。意者竖亥即《史记·天官书》所谓‘西宫咸池,奎曰封豕,为沟渎’吧!”①

丁山先生“竖亥”即“王亥”之见甚确。“竖”者,建木天柱之立也;“亥”者,核也。“五亿十万九千八百步”者,以日晷最长的影筭(算)计大地东西、南北之长也。是知王亥之司职是测晷立历的柱下史也。而“封豕”“封狶”是王亥的母族。王亥是大凤族与封豕族合婚的裔族。《山海经》中有“封豕”之载。

《山海经·海外南经》曰:“羿于凿齿战于寿华之野,羿射杀之。在昆吾虚东,羿持弓矢,凿齿持盾,一曰戈。”

《淮南子·本经训》:“尧之时,十日并出,焦禾稼,杀草木,而民无所食。猰貐、凿齿、九婴、大风、封狶、修蛇,皆为民害。尧乃使羿诛凿齿于畴华之野,杀九婴于凶水之上,缴大风于青丘之泽,上射十日而下杀猰貐,断修蛇于洞庭,擒封狶于桑林,万民皆喜,置尧以为天子,于是天下广狭、险易、远近,皆有道里。”

新中国成立以来,考古学家在山东泰安大汶口、曲阜西夏侯、兖州王因、邹县野店、茌平尚庄、诸城呈子、胶县三里河、苏北大墩子等大汶口文化和龙山文化遗址墓葬中,发现有拔牙习俗的氏族。拔去的牙齿严格限定在上颌犬齿以前的三个齿种,以拔除一对上颌侧门齿为多。施行拔牙术的年龄,一般在十四岁左右,大概是这些氏族之民的上颌侧门齿太长。学者认为,这些崇尚拔牙习俗的大汶口人,就是文献记载的夷羿所诛的凿齿之民,畴华之野当在鲁中南和苏北一带。

羿射十日的传说,大概反映了这样一个历史事实:尧帝时,东夷的诸多部落各自为政,自立日坛,自定历法,农时混乱,庄稼无收。于是,尧帝征服了这些东夷部落,登上了帝位,统一了历法。“十日并出”,不是太阳,而是日坛。“羿射十日”,是射日坛,非射太阳。“十”也非实数,而是泛指日坛众多。

《山海经·海内经》又载有“封豕”,曰:“有嬴民,鸟足。有封豕。”郭璞云,封豕是

① 丁山:《中国古代宗教与神话考》,上海文艺出版社1988年版,第67页。

“大猪也,羿射杀之”,是知封豨即封豕。《左传·昭公二十八年》也作“封豕”。《方言》卷八:“豬……南楚谓之豨。”封豕是将野猪饲养为家猪的氏族。封豕是大汶口文化的反映,封豨是良渚文化的反映。两者之间有亲缘关系。莒县陵阳河陶尊上的封字说明,封豕在莒县。

文献所载的“大风”即“大凤”。卜辞以凤为风。凤为神。大凤,即龙山文化时期的东夷鸟族,商人之先祖。

《山海经》所载的长着鸟足的“嬴民”,也是商人先祖。《史记·秦本纪》:“秦之先,帝颛顼之苗夷,孙曰女脩,女脩织,玄鸟陨卵,女脩吞之,生子大业。大业取少典之子,曰女华。女华生大费,与禹平水土。已成,帝锡玄圭。禹受曰:‘非予能成,亦大费为辅。’帝舜曰:‘咨尔费,赞禹功,其赐尔皁游,尔后嗣将大出。’乃妻之姚姓之玉女,大费拜受,佐舜调驯鸟兽,鸟兽多驯服,是为柏翳(伯益)。舜赐姓嬴氏。”嬴氏也即大凤,因此其图腾为鸟足人身。

《山海经·海内经》所载的“嬴氏”和“封豕”在地理位置上,无疑是两个相邻的氏族。古人同姓不婚,这两个毗邻的氏族互相通婚,乃情理中事,“嬴氏”和“封豕”正是两个姻亲族,其地在鲁东南一带。

王大有《三皇五帝时代》称良渚文化豨与凤合婚为“豨凤族”。王大有曰:“豨凤族,是豨族和凤族的合婚族化育(分化)的子裔族。”豨凤族的族徽具有双亲系图腾特征,其典型文物是M16:4出土的玉王冠。“这件王冠,中部为凤、豨纹。上部为凤鸟,中间椭圆形谓鸟头,上方三角形谓鸟喙,与冠顶鸟喙共形。鸟头下方为鸟身,剪式分尾与豨额相连,翅膀回环成云形,整个鸟形位于王冠的鸟头部位。在鸟下方为豨纹,透雕圆眼,扁鼻圆位于两眼间,额面与鸟尾相连(示交媾),扁阔嘴,内有獠牙四颗,两足爪弯曲伏卧。在玉冠两翼内各有一个头戴羽冠的人物,面向内,两臂张开,内侧臂扶足。”①

下面,我们再看“亥”字之形。

甲骨文“豕”字作“”,象豕形。

甲骨文“亥”字作“”。“”字之“”象“”形,表示封豕族;难解的“”画是“”画之省,是王亥观测晷影右手把的工具“筭”,表示王亥经天絜地的司职。

卜辞中“亥”字之用有二:一是地支字,二是王亥名。凡地支之用,“亥”字皆作“”;凡王亥之名,“亥”字多作“”。“”字之“”,鸟形,表示凤鸟族,“”即“亥”字,表示封豕族。“”是凤鸟族与封豕族合婚的写照,是其子裔豕凤族的族徽,

① 王大有:《三皇五帝时代(下册)》,中国社会出版社2000年版,第554页。

与良渚文化出土的王冠之义相合。《左传·襄公三十年》说的“日亥”有二首六身，或是此族徽之象。二首，鸟首、豕首；六身，鸟两足，豕四足。

王亥以“”为名，说明对其母系封豕族的敬重。

王亥以王为称，非庙号。商人对先祖的周祭从上甲始。上甲以前的先祖皆称高祖，卜辞也称王亥为高祖。卜辞以王亥为上甲之父(《合集》3.4289)。王亥不在周祭表中，其祭祀之规模虽大，但似无定制。

要之，十二支中的“”字是“”字之省，代表与鸟族合婚的母族封豕。“”字指事，是豕凤族持笄测晷之意，读为“亥”，借为十二支字之末，以高祖王亥母族封豕代表商人的先妣，与十二支之首字子姓先公相呼应。

地支小结

甲骨文十二支字之音、形、义综合于下：

1.“”“”，指事供桌上匴中子姓庙主灵位，表示子姓宗庙之主，读为“子”。

2.“”“”，象举手进献之形，义为奉，宗庙之奉祀，读为“丑”。

3.“”“”“”，指事宗庙受祀的宗神图腾玄鸟，代表商人的先祖，读为“寅”。

4.“”，指事分开牲首，义即杀牲，假为宗庙中奉祀的牲品，读为“留”。

5.“”“”，象农器蚌镰，假为宗庙供品中的农产谷物，读为“辰”。

6.“”“”，象婴尸，假为宗庙供品中的役童，读为“巳”。

7.“”“”，指事日中日晷交于天柱与正南、正北绳索，假为宗庙奉祀开始之时间，读为“午”。

8.“”“”，指事宗庙前之氏族图腾柱绳索上挂满了祈祷的信物，假为祀保护神的祭天礼成，未来氏族昌盛，读为“未”。

9.“”“”，象巫师跪拜求神，假为“神”，读为“申”。

10.“”“”，象瓶尊盛酒器，假为酒，用于宗庙之祀，读为“酉”。

11.“”“”，象戉斧类兵器，代表王权，假为保卫宗庙祭祀之仪仗，读为“戌”。

12.“”“”，指事王亥豕凤族持笄测晷，假为宗庙所祀的商人先妣之族，读为

"亥"。

十二支字的音、形、义如此。当年,郭沫若先生《甲骨文字研究·释干支》曾曰:"十二支始于子,其故已如上述,其何以依子丑寅卯为序,则非所可知,恐乃出于事之偶然,不则乃移用当时故逆其顺序以示与天上之十二辰有别耳。"郭沫若先生言地支以子丑寅卯为序,乃出于事之偶然,非也。总观天干十字、地支十二字,皆是与商人祀典有关的文字,这些文字的排序,皆是商人精心的设计,体现着商人特定的用意。我们发现,地支十二字,除"亥"字外,每三字义近,可为一组,试说如下。

"子""丑""寅"三字,表示子姓宗庙之祀。

"卯""辰""巳"三字,表示宗庙奉祀的供品,有六牲,有五谷,有婴尸役童。

"午""未""申"三字,表示宗庙敬神、祭祖及时间。

"酉""戌"二字,表示宗庙祭祀之仪式。

"亥"为十二支之末,代表商人的先妣母系族。

地支十二字,始于先公,末于先妣,说的是商人祭祀先公、先妣之活动。其与天干十字循环相配,组成一个甲子祭祀周期。

汉时,改一日分十时为分十二时,与地支之数相合,遂以十二地支命时。子时从夜十一时开始至次晨一时为止,余者类推。

东汉时,王充作《论衡》,用十二种动物与十二地支相配,于是便有了十二生肖。子鼠、丑牛、寅虎、卯兔……流行至今。

天干与地支之组合

天干十字"甲、乙、丙、丁、戊、己、庚、辛、壬、癸",是商人先祖的庙号。地支十二字"子、丑、寅、卯、辰、巳、午、未、申、酉、戌、亥",是商人对其先祖之奉祀。天干十字与地支十二字依次循环相配组成六十个纪日单位,谓一个甲子周期。商人对先祖的彡祭、羽祭、劦祭等五种不同形式的祭祀,按照其庙号安排其祭日,即甲日祭庙号为甲的先祖,乙日祭庙号为乙的先祖,各种祭祀完毕,谓一个祭祀周。如此周而复始,形成商人久而有序的祭礼。

出土有《三旬干支表》和《六旬干支表》①。

---

① 郭沫若:《卜辞通纂》,《郭沫若全集·考古编·第二卷》,科学出版社2002年版,第43页。

甲子	乙丑	丙寅	丁卯	戊辰	己巳	庚午	辛未	壬申	癸□
(1)	(2)	(3)	(4)	(5)	(6)	(7)	(8)	(9)	(10)
甲戌	乙亥	丙子	丁丑	戊寅	己卯	庚辰	辛巳	壬午	癸□
(11)	(12)	(13)	(14)	(15)	(16)	(17)	(18)	(19)	(20)
甲申	乙酉	丙戌	丁亥	戊子	己丑	庚寅	辛卯	壬辰	癸□
(21)	(22)	(23)	(24)	(25)	(26)	(27)	(28)	(29)	(30)

《三旬干支表》以十日一旬，三旬一月，每月皆始于甲子，终于癸巳。《三旬干支表》无甲午、甲辰、甲寅三旬，当是商人早期之制，其时，受祀的先公、先王、先妣尚少，或祭法也少，一月内即可祀完。祖甲时，受祀的先公、先王、先妣渐多，而祭法也增多，于是制定了《六旬干支表》，形成定制，有了甲午、甲辰、甲寅三旬，成为一个完整的六十日甲子周期，制作成《六旬干支表》。

甲子	乙丑	丙寅	丁卯	戊辰	己巳	庚午	辛未	壬申	癸酉
(1)	(2)	(3)	(4)	(5)	(6)	(7)	(8)	(9)	(10)
甲戌	乙亥	丙子	丁丑	戊寅	己卯	庚辰	辛巳	壬午	癸未
(11)	(12)	(13)	(14)	(15)	(16)	(17)	(18)	(19)	(20)
甲申	乙酉	丙戌	丁亥	戊子	己丑	庚寅	辛卯	壬辰	癸巳
(21)	(22)	(23)	(24)	(25)	(26)	(27)	(28)	(29)	(30)
甲午	乙未	丙申	丁酉	戊戌	己亥	庚子	辛丑	壬寅	癸卯
(31)	(32)	(33)	(34)	(35)	(36)	(37)	(38)	(39)	(40)
甲辰	乙巳	丙午	丁未	戊申	己酉	庚戌	辛亥	壬子	癸丑
(41)	(42)	(43)	(44)	(45)	(46)	(47)	(48)	(49)	(50)
甲寅	乙卯	丙辰	丁巳	戊午	己未	庚申	辛酉	壬戌	癸亥
(51)	(52)	(53)	(54)	(55)	(56)	(57)	(58)	(59)	(60)

天干十字与地支十二字循环相配，组成六十个具有数序特性又可循环使用的双字纪日词组，商人用作编制先王、先妣祭日的周期。在甲子周期表中，干支文字的本义虽被假义所替代，但这些文字所以能够被假借为干支纪日，是因为这些文字的本义皆与殷人对其先祖的祭祀有关。

是知，天干地支，甲子纪日，实为商人祭祖之创造。

兆辞“不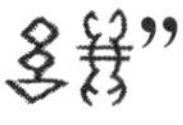”探赜

一

兆辞“不”三字，学者众说不一。《甲骨文编》以其为卜辞习见之成语，释“”为“黾”。《甲骨文字典》释“”从“午”从“▽”，“”字无解，存疑。

《甲骨文字典》释“”曰：“从午从▽，所会意不明。卜辞中不为记兆璺之术语，释者多家。郭沫若谓字下部乃尖锐之三角形，上部不从午亦不从糸，当是某种手工工具之象形，三角形乃器身，上端乃其柄，必系镘之初文（《殷契余论·镘黾解》）。于省吾谓字上从午下从▽，午即古文杵之本字，象杵形，▽形冒于杵之末端，或系金属所制，如矢之有镞，取其冲物锐利也。读为锆（《殷契骈枝》）。唐兰谓一字，当以为正体，为变例，即才字，盖与午（杵）为同类而锐首，即臿也，当读为再（《天壤阁甲骨文存考释》）。此字异说尚多，似皆无确据。”

《甲骨文字典》卷十三《黾部》释“”又曰：“此字所象何形，各家异说歧出：孙诒让释龟（《契文举例》），然此字字形与龟形相去甚远，且甲骨文自有龟字，与此迥异，故释龟不确，今研契诸家多不从其说。郭沫若释黾（《古代铭刻汇考·镘黾解》），于省吾、唐兰、杨向奎从之。李孝定谓黾为蛙类，其特征为突睛硕腹足有四趾而无钩爪，契文之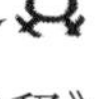（《前》四.五六.二）正象此形。而契文、诸文实无一与蛙形相类（《甲骨文集释》卷十三），故李不以释黾为是。胡光炜释鼄（《甲骨文例》），李孝定从之。李谓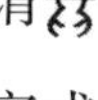、诸形之腹部大半横着二或一，此实象蛛在网上之形，二若一者其纬也。且此字或从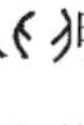明象虫之钩爪，此正蛛之特征而鼃黾所必无者也（《甲骨文集释》卷十三）。郭沫若谓形虽与鼅鼄略肖，并无朱之音符，如竟可释为鼄，则何见其不可释为鼅耶（《古代铭刻汇考·镘黾解》）。杨向奎谓鼅鼄为昆虫八足，此作四足，形体不类（《历史研究》一九五五年一期释《不玄冥》）。此字所象何形，迄今尚无定论。”

《甲骨文字典》又释“不□□”曰：“不□□，三字联文，一期卜辞中习见，均在兆璺之侧，说者多家：孙诒让释不绍龟（《契文举例》），张凤释不吾龟（《殷虚文字孳乳研究》），许敬参释不契龟（《殷契文字存真考释》），按□既非龟字，故其误显然。胡光炜释不鼅鼄，读为不踟蹰（《甲骨文例》）。按鼅鼄为一物，二字字形不应相去悬远，故胡释也不确。郭沫若释为不鏝黽，即不迷茫，不朦胧，言兆璺之鲜明也（《古代铭刻汇考·鏝黽解》）；于省吾释不午黽，即不牾冥，言兆辞不舛牾，不冥暗也（《殷契骈枝》）；唐兰释不才黽，读为不再墨，墨即璺，义同坼，不再墨为史占墨之辞（《天壤阁甲骨文存考释》）；杨向奎释不玄冥，谓兆璺清晰明白，不需再卜也（《释不玄冥》）。凡此数说，征诸卜辞，皆未能完全契合，故撮其要点表出之，以资参考。又□字或亦单出，自辞例观之，疑为祭品。”

《甲骨文字典》对诸家见解的评论甚当，至于“□”字是否是祭品有待考证。

2012 年 10 月，中华书局出版的《古文字研究（第二十九辑）》，载有陈光宇《从“朱砂”到“不□□鼄”》一文，其释“□”为“綷”，是“系有丝带或细绳的小刀或尖形物”，卜辞用作动词表示使用这样的工具。释“□”为“鼄”，并以《怀》卜辞四七五“庚子卜□（葬）共以□（朱）于口。□于□”为例，释“鼄”为硃砂之“硃”，“所以不□□一词写成‘不綷鼄’用来表示不填嵌朱砂或不涂抹朱砂的意思”。陈先生释“□”为“綷”，释“□”为“硃”，确有新意，但有几点存疑：一是，帝武丁时，卜辞有填朱涂墨之风尚，董作宾《乙编序》谓：“涂饰朱墨，为的装饰美观。”将“不□□”释为“不綷朱”，与时风相悖，刻此三字不知有何实际意义。陈先生谓：“在进行钻凿、烧灼、贞卜、观兆、刻辞之后，涂以鲜红的朱砂，除装饰醒目之外，可能带有更深一层的宗教意义。”这既有更深一层的宗教意义，又为何“不綷朱”，令人费解。二是，“不□□”在帝武丁中期的宾一组卜辞中写作“不□”二字，如释“□”为“綷”，用作动词“填”或“涂”，则不知“填”“涂”何物。三是，“不□□”是兆辞，应是对卜灼兆象的记载，而“不朱”说的则是施朱的方法，二者似非一类。“不□□”是何意，还需继续探讨。

二

一条完整的卜辞，由前辞、命辞、占辞、验辞四部分组成。所谓“前辞”（或称“叙辞”），是对占卜的日期（干支）和贞卜人的记载；所谓“命辞”（或称“问辞”），是卜问的事情；所谓“占辞”，是由商王或贞卜人对卜灼兆象吉凶的判定或者对将要发生什么事情的预测；所谓“验辞”，是对占卜之事有应验结果的记载。“不玄”和“不玄黾”，既不属于前辞和命辞，也不属于占辞和验辞，学术界称其为“兆辞”。

“不玄”和“不玄黾”见于帝武丁时期的卜辞，考其使用有以下特点：

一、刻有“不玄”或“不玄黾”的卜辞，皆是一些不完整的卜辞，它们只有前辞和命辞，而无占辞和验辞，这种现象我们理解为对于卜灼的兆象无解。

二、“不玄”或“不玄黾”另行刻在命辞一旁，或命辞之下，字体显然比卜辞小，象是对特殊卜灼兆象的记载。

三、“不玄”或“不玄黾”与兆序数字同版，有时与兆序数字连成一文，但其并非兆序。兆序是对占卜次数的记载，占卜的次数往往与卜骨卜甲背面钻凿的数量相对应。兆序和兆辞都不属于前辞、命辞、占辞、验辞。

四、不属于前辞、命辞、占辞和验辞的，还有“二告”“三告”“小告”。“告”当是卜兆有所告知的意思，即神灵对于所卜问的回答。数字表示同一告知重出的次数，“小”则表示告知的程度。“二告”“三告”“小告”，也是兆辞，另刻于命辞之旁或之下，常与“不玄”或“不玄黾”同版，但凡刻有“不玄”或“不玄黾”的命辞之旁或之下，从不再出现“二告”“三告”“小告”，说明“不玄”和“不玄黾”有别于“二告”“三告”“小告”，是记载另一种卜灼兆象的用语。

五、在早期的卜辞中，命辞后面的占辞通常写作“王占曰：吉”“某占曰：吉”，或在“王占曰”下使用不吉利的用词。晚期的占辞后面常使用一些更为简单的“吉”“大吉”“引吉”“兹吉”等用词。但凡占辞曰“吉”或“不吉”的卜版中，未见“不玄”或“不玄黾”之兆语，说明“不玄”或“不玄黾”之兆象，既非吉，也非凶，或是一种兆告不明的兆象。

六、兆辞“不玄”常见于帝武丁中期的宾组一类卜辞，“不玄黾”用于帝武丁中晚期的宾组二类卜辞，其后淡出，至帝武丁晚期的宾三类卜辞已基本不用。①

以上考证的这些特点，有助于我们正确地解读兆辞“不玄”和“不玄黾”。

三

兆辞“不玄”或“不玄黾”是两个辞例，兆辞“不玄”之用在先，兆辞“不玄黾”之用

① 王蕴智：《殷商甲骨文研究》，科学出版社2010年版，第194、204页。

在后,可知兆辞“不”并非兆辞“不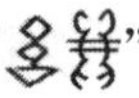”之省。

《甲骨文字典》释“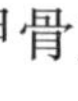”字为“从午从▽”,“卜辞中不为记兆璺之术语”,是对的。王蕴智《殷商甲骨文研究》将此字写作“”。

甲骨文午字作“”“”“”等形。郭沫若《甲骨文字研究·释干支》曰:“古十二辰之第七位之午字乃索形,而御字从之。”①《甲骨文字典》曰:“象束丝交午之形,为午字初形。其后或填实作,复省简作。”所论皆是。

甲骨文“”字取象于日中建木晷影交于日坛正南正北绳索连线,表示日中之时。盖古人立杆测影、观象授时,在“亞(亚)”形或方形日坛中央立有建木天表,称为天柱,在四方四隅立有支柱。天柱与支柱之间,上顶有八索相系,地面有八线相连,用以观测日晷之方位、长度。《周髀算经》记此说“日中立竿测影”“立八尺表,以绳系表颠,希望北极中大星,引绳致地而识之”。《淮南子·本经训》称此为“抱表怀绳”。日中之时,天柱的晷影交于南北方位线上,成为“”“”“”所取之象。

古籍《山海经》中有各地日坛天柱及其图腾的记载,如《海外东经》记载的“建木”,《大荒东经》记载的“扶木”,《大荒西经》记载的“十巫”,《海内经》记载的“九丘建木”,都是古时立杆测影及其图腾的写照。《海内西经》载:“海内昆仑之虚,在西北,帝之下都。昆仑之虚,方八百里,高万仞。上有木禾,长五寻,大五围。面有九井(形),以玉为槛。面有九门,门有开明兽守之,百神之所在。在八隅之岩,赤水之际,非仁羿莫能上冈之岩。”由此可知,九丘之上,又有九门。九门是百神之所在,有开明兽守之。《淮南子·地形训》曰:“东方曰东极之山,曰开明之门。”“明”是指太阳,日出东方则天下大明。《海内西经》载有“开明兽”,曰:“开明,兽身,大类虎,而九首皆人面,东向立昆仑山上。”开明兽既是古代西北民族的图腾崇拜,也是其日坛的保护神。此开明兽所保护的,当是校正日柱不歪、测晷无误的准绳,日坛九门当为此而设。盖古时立杆测影,天柱和支柱与地面晷盘必须保持垂直状态,因此九门之上置有悬锤(重锤),用以校正表直。“”字之造,当出于此。

《周礼·考工记》曰:“匠人建国,水地以县,置槷以县,视以景。为规,识日出之景与日入之景,昼参诸日中之景,夜考之极星,以正朝夕。”贾公彦《周礼·疏》曰:“欲取柱之景,先须柱正。欲须柱正,当以绳县而垂之于柱之四角四中,以八绳县之,其绳

① 郭沫若:《郭沫若全集·考古编·第一卷》,科学出版社2002年版,第210页。

皆附柱，则其柱正矣，然后视柱之景。……《通卦验》也云：‘立八神，树八尺之表。’……彼云八神，此县一也。以于四角四中，故云神也。”其所说的以八绳引悬锤校正表直，在商代以前已经有了。

“”字从“”从“▽”，“”象校正日中天柱之准绳，“▽”象准绳之悬锤，会意日中之时天柱垂直于地面，所测的日晷方位、长度准确无误，明明白白。“”，写作“”，读如“昨”“晤”。《集韵·莫韵》：“晤，《说文》：‘明也。’引《诗》：‘晤辟有摽。’或从午。”“昨”与“晤”通。段玉裁注“晤”为“寤”，即醒悟、明白。兆辞“不”，是说兆象不明白。

四

由兆辞“不”先出，知“不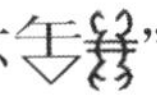”不是成语，也不连读，应读作“不，”。前释“不”为兆象不明白，加“”字则是对“不”之义的补充。

“”字，胡光炜先生释为“鼅”，所释是。

“”字，从“”，从“二”或从“一”。“”即“黽”字，蛙类，突出的“二”或“一”表示黽体分为二部分。这是鼅的体形特征。鼅由头胸与腹两部分组成，而黽则头、胸、腹一体。“”之“二”或“一”是表示区别于蛙，释为“鼅”，今简化作“蛛”，即蜘蛛。

卜辞载有“鼅死”（《甲》一一六一），《甲骨文编》释“鼅”为人名。另有卜辞“……各……毋……尔鼅……”（《前》六.二四.三）“鼅”是国族之名。“鼅”字之造，当出自以鼅为保护神的图腾崇拜。

“鼅”为国族之名，典籍写作“邾”，而周铜器皆作“鼅”。如西周铜器《邾伯鬲》（《集成》3.669）作“”，《邾大宰匿》（《集成》9.4624）作“”，《邾公华钟》（《集成》1.245）、《邾公牼钟》四器（《集成》1.149—1.152）与此类同。清道光、光绪年间（1820—1908）山东新泰出土的西周晚期的《杞伯每鼎》“邾”字作“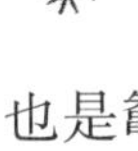”，下部形如蛛网。春秋器《邾友父鬲》（《山东金文集成》第249页）省作“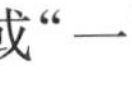”，也是鼅形。甲骨文“”字是这些金文“鼅”字之本，西周之时，“”字省去“二”或“一”，加声符“朱”字，由象形字变为形声字。

鼅腹如珠，故卜辞又借“鼅”为“珠”。如“……我鼅五十”（《乙》四九四八），鼅以数计，当是“珠”义。另卜辞“……省乎……多鼅兹……”（《明》一五一五），“鼅”字也当借为“珠”。如此看来，陈光宇先生释“硃（朱）”所依据的卜辞“庚子卜，贞：□（葬）宍以□（硃）于口。□于□”（《怀》四七五），如释“□”为“珠”，也未尝不可，殷人也有以珠随葬的习俗。

兆辞“□”字，非人、非国、非朱、也非珠，它是对卜灼兆象的记载。盖殷人占卜，需先在整理好的卜骨或卜甲的背面钻凿。所谓“钻”，是圆形的窝；所谓“凿”，是椭长形的槽。所作的钻凿均以不穿透正面为限。凿成梭形，两头尖中间宽，其深处形成一条直线，凿槽不论多少，皆排列整齐有序。凿旁作钻，与凿连体，近乎圆形，钻底较平。凿的目的，是在施灼时，相对的卜骨卜甲正面易于直裂，显出兆干。钻的目的，是在施灼时，相对的卜骨卜甲正面易于横裂，显出兆支，也即“坼”或“璺”。钻、凿使左行的卜兆成“□”形，右行的卜兆成“卜”形。王和贞卜人视卜灼兆象而判定吉凶。但由于卜骨卜甲的质量关系，或是钻凿施灼的技术原因，有时卜灼也会出现兆意不明的乱象，即兆辞所称的“鼅”。

兆辞“不□，鼅”，“鼅”是本义，即蜘蛛。“不□，鼅”是说兆纹乱，不明白，象鼅形。因此，需要再卜，或是利用原来的卜骨卜甲，或是另选占卜的材料，“打破砂锅璺（问）到底”。

《合集》五六三七片卜辞曰：

（1）庚子卜，争贞：西史旨亡祸，叶？一

（2）庚子卜，争贞：西史旨其有祸？一二告

（3）贞：西史旨亡祸，叶？二

（4）西史旨其有祸？二

（5）贞：旨亡祸？三二告

（6）贞：旨其有祸？三

（7）旨亡祸？四

（8）旨有祸？四不□

（9）旨亡祸？五不□

（10）其有祸？五

该版五组对贞卜辞，反复问“西史旨”是否有灾祸。虽然第二卜和第五卜记有两个“二告”，但第八卜和第九卜记有两个“不□”，也即卜兆不明白，“西史旨”是否有灾祸，最后也没有明确的答案，故十次卜问，只记有前辞、命辞，无占辞、验辞。

《粹》五十二片是一版牛右胛骨，上部骨臼处小有残缺，卜辞曰：“口亥卜，争

(贞):尞于河?"卜辞为右行,下方横刻三个小字"不[glyph][glyph]"。郭沫若先生释曰:"'不[glyph][glyph]'乃兆辞,例以三字横书,或省去黾字。[glyph]或作[glyph],象镘形。别有以此作之字为[glyph](《通》二二九)若[glyph](《佚》三二),义虽不明,但乃操镘而作之形。镘黾双声,则'不[glyph]黾'犹言不䫉纍矣。意谓兆璺之鲜明。"①《甲骨文字典》已指出郭老所释与卜辞未能完全契合,此不赘言,唯从"[glyph]"之字又有"[glyph]"字,此字正是日中之时以双手操悬锤以校正八绳天柱之意。

此版卜辞大意是贞人争卜问是否尞祭于河。其下"不[glyph],鼄"三个小字说明,卜灼的兆象不明白,兆纹乱如蜘蛛,因而命辞之下,没有占辞,也无验辞。此胛骨颇大,尚有很大骨面空无刻辞,可能认为此胛骨不灵,而另择骨占卜。《粹》五十三片和《粹》五十四片卜辞,皆为残骨。《粹》五十三片残字存有"丁酉贞□□河□□我",《粹》五十四片残字存有"尞[glyph]河"。"[glyph]"或是"襄(禳)"字,义为祭祷消灾。《粹》五十三片、《粹》五十四片卜辞与《粹》五十二片所卜问的事情相同,当是《粹》五十二片出现卜兆不明之后,另行选择了卜骨。

五

兆辞"不[glyph]"和"不[glyph],鼄"只用于帝武丁中期。这种情况,我们推测有两个方面原因:

一是,帝武丁中期,备料、钻凿、施灼、释兆、刻辞等一整套占卜技术,尚不成熟,因此常常出现令商王和贞卜人不知所云的卜兆。帝武丁后期之后,"不[glyph]"和"不[glyph],鼄"的记载消逝,可能此时的占卜已经探索和形成了一套成熟的模式和技术,对一些特殊的兆象已能作出判断。

二是,兆象不明白的情况,各个时期都有,只是帝武丁中期对此有记载,其他时期对此则不记载。徐进雄先生曾对各个时期占卜的钻凿情况进行研究,探索以钻凿形态来帮助分析断代。他发现"第一期甲与骨上的长凿形可以说是相当一致的。……这一期的长凿给人一种谨慎、专心挖刻的印象,这是他期所未见的"②。由此可见,帝武丁时期的占卜是严谨的,正是这种严谨的态度,才将兆象不明的情况刻上了"不[glyph]"或"不[glyph],鼄"。不可否认,"不[glyph]"或"不[glyph],鼄"所折射出的是商王和贞卜人对

① 郭沫若:《郭沫若全集·考古编·第三卷》,科学出版社 2002 年版,第 374、375 页。
② 沈之瑜:《甲骨学基础讲义》,上海古籍出版社 2011 年版,第 160 页。

卜兆占断知识上的不足，这种情况又有损商王的威望。因此，帝武丁晚期以后，即使出现了不明白的兆象，也不再刻上“不⿱午▽”或“不⿱午▽，黽”作记。我们看到有许多卜辞，只有前辞和命辞，而无占辞、验辞和兆辞。《合集》31549 片，是 1934 年在殷墟王陵区侯家南地 HS20 出土的“大龟七版”之一，载有二十六条卜辞，干支从“己亥”至“甲子”，连续二十六天，皆卜问相同的问题：“今夕亡祸？”贞卜人为“狄”，王蕴智先生以其为何组三类卜辞，年代为帝武乙中期。① 该大版二十六条卜辞，皆只有前辞、命辞，而无占辞、验辞，也无兆辞，此是不再记载兆辞的一例。

《别录》第8片

《别录》第328片

《别录》第338片

《别录》第501片

《别录》第528片

图2－26 《卜辞通纂》之兆辞“不⿱午▽”和“不⿱午▽黽”

---

① 王蕴智：《殷商甲骨文研究》，科学出版社 2010 年版，第 304、311、324、327 页。

殷商占卜是王朝为维护自己的统治而进行的宗教活动。占卜,不仅总是在商王的授意下进行,而且对卜兆进行占断的往往是商王。通过占卜,商王的意愿变成了上帝神灵的意志,也就成了商王进行统治的权威。帝武丁中期,兆辞“不[illegible]”和“不[illegible],鼄”的使用虽然暴露了商王和贞卜人对于占断的局限性,却使占卜蒙上了一层更为神秘的色彩,因而也更具欺骗性。

解读子姓族徽□

殷、周铜器铭文中，有许多“□”形的徽识（图 2 －27），像是一个人高举着什么，非常传神，深受古今学者的重视。

郭沫若《两周金文辞大系图录考释・员鼎》释曰：“□文多见，宋人释为析子孙，近时王国维又说为抱尸而祭之形，均是乱说。案此乃员之族徽，有竟省作□者，卜辞屡见，亦为国族之名。”①郭先生释为族徽，无疑是对的，然此族徽究竟何义，郭先生没说。

“□”字屡见，容庚《金文编》附录载有 36 例，《集成》收集 200 多例，多为殷铜器，也有一些是西周早期的铜器。受祀人有祖乙、祖己、祖癸、父甲、父乙、父丁、父戊、父庚、父辛、父癸等，皆殷先王、先祖之名，可知，“□”为殷王族的徽识。

□字从□、从□、从□。

“□”为甲骨文字，徐中舒主编的《甲骨文字典》曰：“从二片相对，《说文》所无，义不明。”

甲骨文“爿”（《乙》二七七八），孙波海《甲骨文编》释曰：“《说文》有片无爿，《六书古文》云：‘唐本有《爿部》’……古文字可以反正互写，片、爿当是一字。”

“□”，《字汇补・爿部》释为古文卯字，甲骨文“卯”字作“□”不作“□”，“□”字指事劈开牲首，义为杀牲，与“□”字形、义不合，释卯非是。

“□”，《改并四声篇海・片部》引《川篇》释为“版”也，片、反音同可通。

“□”即“版”字，两爿相对，皆是刻有文字的骨版、玉版或木竹版，义与“契”近。

典籍载商人的祖先名契，契是人，故又可加人旁作“偰”。《说文》曰：“偰，高辛氏之子，为尧司徒，殷之先。”高辛氏是以地为氏，高即建在高地高台上的日坛，辛即日坛之帝柱。古人观象测时，所获得的信息数据，都要记于骨版、玉版或木竹版，成为国家的典册文书。契字从“丰”、从“刀”、从“大”，“丰”是成串的版，“刀”是契刻工具，

---

① 郭沫若：《郭沫若全集・考古编・第八卷》，科学出版社 2002 年版，第 75 页。

“大”是人形。总之，“契”字承载的信息，是商人先祖的司职，即观象授时的柱下史。

“”字，王国维《观堂集林·说俎下》释为“尸”，又说尸必以孙，孙幼则使人抱之，“”为大人抱尸形。① 所言欠确。

商人“子”姓，“”下之“子”是也。殷、周有许多为“子”姓作的礼器。

殷、周还有许多以“”为族徽的礼器。殷铜器《亚解》作“”（《集成》11.6157），西周早期铜器《丰卣》作“”（《集成》10.5346），《殷周金文集成》和《殷周金文集成引得》释为“𡗗”，是也。

春秋晚期铜器《少虡剑》“虡”字作“”（《集成》18.11696），其𡗗字作“”。同期的《郘钟》（《集成》1.225）“虡”字作“”，其𡗗字作“”。“”“”上部为手形，下部为足形，知“虡”即“虞”字。

《说文》：“虞，钟鼓之柎也。饰为猛兽，从虎異，象形，其下足……虡，篆文虞。”虡之本义是古代悬挂钟、鼓架子两旁的柱子，引申为泛指悬挂钟鼓的架子。“虡”“虞”一字，“兴”即“異”字。

甲骨文、金文“異”字作“”“”。罗振玉《增订殷虚书契考释》卷中、商承祚《甲骨文字研究（下编）》皆释为象人举手自翼蔽形。然其虽美化作人形，并非人，犹如“天”字作人形，更非翼蔽。“”之“田”字表示钟、鼓，“”字表示钟、鼓之架。“田”字又演化为“○”“●”作“”“”等形，皆是甲骨文“”字的演化。“”字写作人形，表达人之敬奉之义。“虞”字从虎。“異”字怪异之义，出自钟鼓之架所饰的猛兽。殷、周钟鼓之乐，用于祭祀，故“異”字又加“示”旁作“禩”，即“祀”字。《说文·示部》：“禩，祀或从異。”“異”与“祀”同，除上举卜辞两例，也见于西周铜器《作册大鼎》：“公来铸武王、成王異鼎”（《集成》5.2758），所作的異鼎即祭祀武王、成王的礼器。

《礼记·乐记》曰：“礼者为異。”《诗经·周颂·有瞽》：“有瞽有瞽，在周之庭。设业设虡，崇牙树羽。应田县鼓，鞉磬柷圉。既备乃奏，箫管备举。喤喤厥声，肃雍和鸣。先祖是听，我客戾止，永观厥成。”《毛诗序》：“《有瞽》，始作乐而合乎祖也。”《笺》云：“王者始定，制礼功成。‘作乐合’者，大合诸乐而奏之。”古以盲人为乐师。王者始定天下，制定礼法，祭祀先祖神灵，命乐师大合诸乐而奏于祖先。是知，“”字虽是钟、鼓之架，却代表“先祖是听”的礼乐。“異”字为祀，出自礼乐，非因

① 王国维：《观堂集林》，中华书局1959年版，第157页。

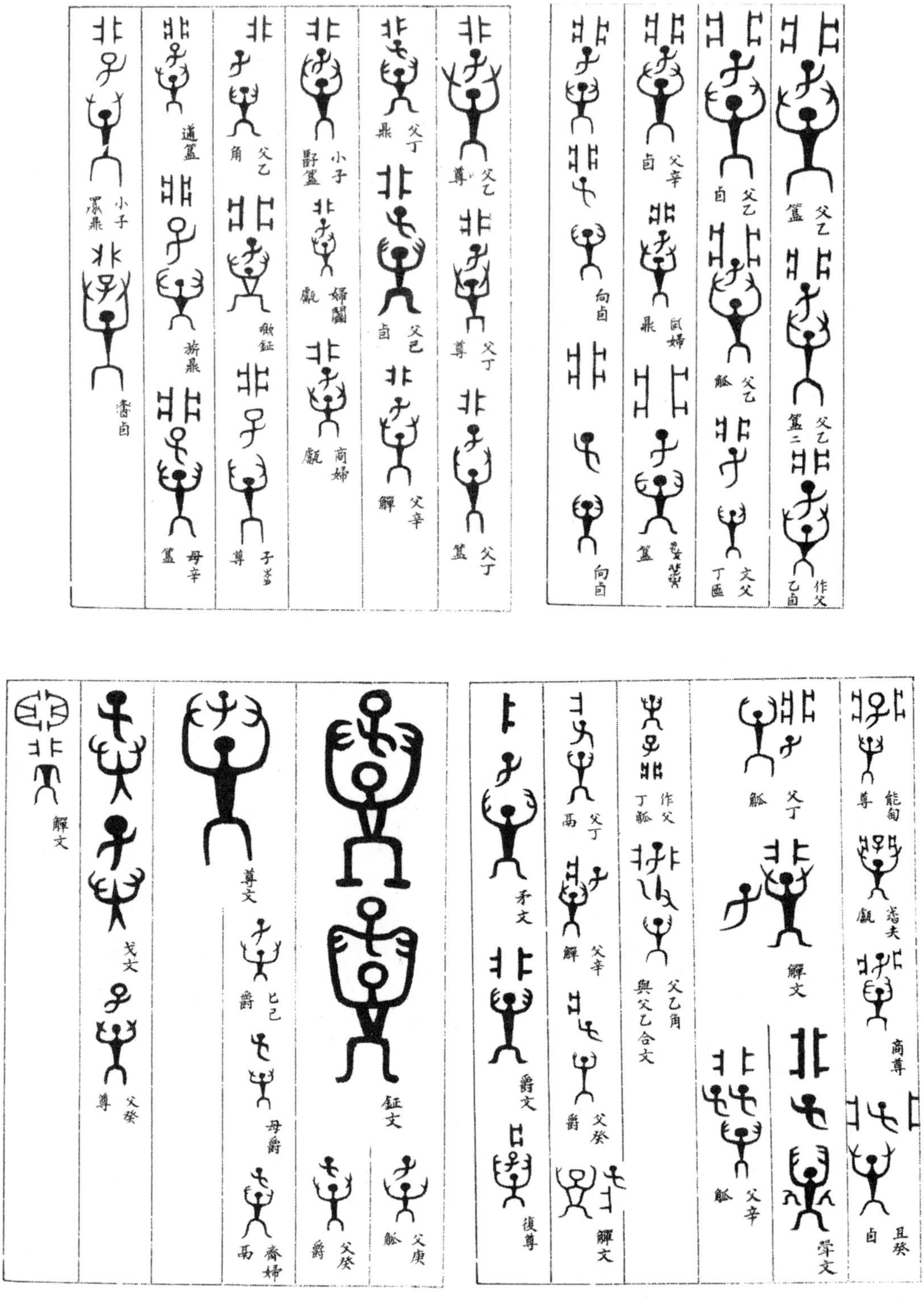

图2－27 《金文编》收集的“”字

“抱尸而祭”，亦知王国维和《甲骨文字典》释“尸”之不当。而“異”字训佐、训助、训翼，也皆出自钟鼓之架之功用。

《爵》（《集成》13.7419），是殷或西周早期铜器，“”字从“”从“”。“”即“”之省，“”是“異”字。“”字义为祀祖先。

殷铜器《铙》（《集成》2.378）字与甲骨文“”字形同，皆从子从“異”，义为子姓之祀。“”字夸张成双手捧子高举之形，是颂其子姓祀礼之盛大。

族徽“”字有多种形态。殷铜器《且癸卣》（《集成》10.4900）、殷或西周早期铜器《商卣》（《集成》11.5997）、西周早期的《能匋尊》（《集成》11.5984），皆将“子”字写在“”字之中，作“”形；殷铜器《觶》（《集成》11.6023）将“子”字书于一旁作“”形，殷铜器《父辛觚》（《集成》12.7410）又写作双子作“”，殷铜器《父乙角》（《集成》14.8348）将父乙书入族徽之中作“”，殷铜器《父癸爵》（《集成》14.8674）、西周早期的《父丁鬲》（《集成》3.479）与《复尊》（《集成》11.5978）皆将“”字省作“爿”或“”，作“”“”，这些都是殷族的徽识。这些或繁或简、形态各异的徽识，当是殷人子姓不同分支的标志。

西周早期的《乍父丁觚》（《集成》12.7235）则将“”“”“”顺序倒作“”“”“”。这说明“”字并非象王国维释的一字，而是由“”“”“”三字组成。“”是契版，代表殷人先祖；“”是子字，即殷人之姓；“”即“異”字，是钟、鼓之架，假借为祭祀先祖的盛大祀礼，合而读作“契子祀”。

是殷人的族徽，用于殷人宗庙祭祀先祖的礼器。

解读美国发现的中国古代刻石文字

一

2015 年 7 月 9 日，英国《每日邮报》报道了一条重要消息，John Ruskamp，一位来自美国伊利诺伊州的退休的化学家，同时也是业余的碑文研究者，在新墨西哥州阿尔伯克基城国家岩画遗迹公园岩壁上，发现了中国古文字。他认为这些古文字可以追溯到公元前 1300 年左右，比哥伦布发现美洲新大陆早了 2800 多年。

阿尔伯克基城国家岩画遗迹公园建于 1990 年，这里收集展示了 24000 多幅大大小小的刻石，有人物、动物、标识符号等图像，大部分是上古时代普韦布洛印第安人的遗留，少部分出自早期的欧洲移民。

在中国专家的帮助下，John Ruskamp 先生破译了新墨西哥州发现的古文字，有天干第七位的“庚”字，第三位商王“大甲”，跪在长辈面前的男人，“大王”，“犬”，仪式的、祖先的、献祭的“献”字，他把这些释文标在了图片上（图 2－28）。

John Ruskamp 先生说：“尽管那些在新墨西哥州阿尔伯克基大型巨砾上发现的字符只有一半被识别并确认为中国文字，这条信息中间四个象形文字——jie，大，犬和献，按照中国古代的阅读习惯从右往左读，我们可以了解到一个带着敬意的男人恭敬地跪在一个高者前用一条狗作为祭品进行献祭。”

John Ruskamp 先生声称，他在亚利桑那州岩石上发现的三组象形文字，也是中国古代的汉字。他识出了其中的“丩”和“回”字（图 2－29），他说这些象形文字传递了这样的信息：“一起分离了 10 年；宣布要返回；旅途完成了；到太阳的家；旅途在一起完成了。”他说中国的探险家在几千年前进行了对北美洲的远征并留下了这些记号作为他们出现在这片大陆上的证据。他坚称，字符所受到的风化和字体的古老显示这并不是伪造的。

他声称在新墨西哥州、加利福尼亚州、俄克拉荷马州、犹他州、亚利桑那州和内华达州共发现和鉴别了 84 个中国古文字。

他说这些刻石表明古代亚洲人在公元前 1300 年左右就出现在了美洲大陆，这比

图 2－28　美国学者标识的新墨西哥州岩壁上的中国古文字

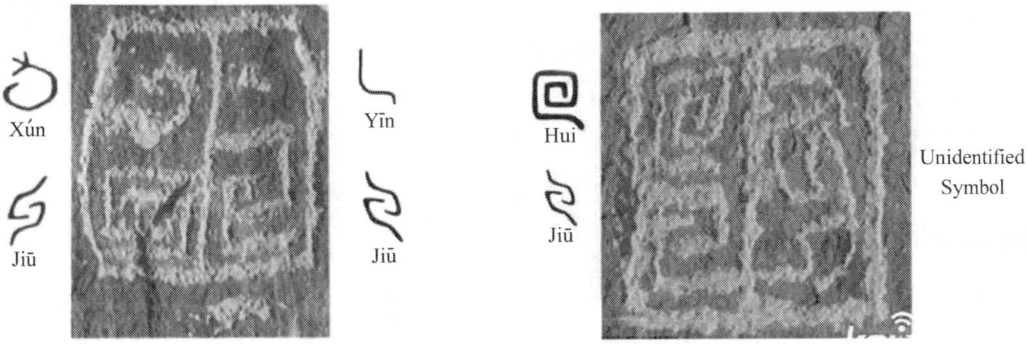

图 2－29　美国学者标识的亚利桑那州岩石上的中国古文字

哥伦布的船队在 1492 年到达美洲大陆早 2800 多年。英国《每日邮报》称，这将会改变哥伦布最早发现美洲新大陆的历史。

但 John Ruskamp 先生的观点被许多专家所怀疑，这些专家指出，这缺少考古学上的证据来证明任何古代中国人曾出现在新大陆上。

John Ruskamp 先生说，他并不是第一个声称中国人是第一个发现美洲大陆的人，一位美国退休的潜艇上尉曾声称中国的一个舰队在 1421 年（明永乐十九年），航行到了北美洲，早于哥伦布的远征 70 年。

他还说，东亚和美洲新大陆的交易，早在哥伦布踏上新大陆之前的几百年就已经在进行了。这一假设是人类学家根据一系列在阿拉斯加州艾普森堡角的“上升的鲸鱼”地发现的青铜器作出的。他们发现的一根铜皮质的带扣和一个铜哨，时间可以追溯到公元 600 年（隋文帝开皇二十年），那时阿拉斯加还没有青铜制作工艺，因此研究者认为这些工艺品是产自中国、韩国或雅库提亚。研究者相信居住在“上升的鲸鱼”遗址的人可能是科学家称为伯纳克文化的一部分。这是一群住在白令海峡两岸，用皮艇和鱼叉捕猎鲸鱼的人。最新的青铜器发现找到了阿拉斯加和其他文明早于哥伦布 1492 年的交易的证据。

John Ruskamp 先生也指出了美洲土著民和亚洲人口有许多共同的基因序列的 DNA 证据。他说：“几个世纪以来，研究者一直在辩论在哥伦布时代之前，亚洲和美洲的土著居民之间是否有意义的交换往来。这块碑文提供了确凿的证据，证明早在欧洲探险家登上美洲大陆之前，亚洲探险家不仅仅到达了美洲，还和当地的北美土著民在许多场合相互往来。”

John Ruskamp 先生说，他就这个课题写了一本书和一篇学术论文，论文现在正被同行们评估。

英国《每日邮报》的报道引起了中国媒体的关注。2015 年 7 月 10 日，新华网“新华国际”客户端对此进行了报道，《海峡都市报》电子版进行了转发。同日，国际在线网也发了专稿。2015 年 12 月 23 日，驱动中国网微信公众号“观天下书院”以《美国发现甲骨文：印第安人是中国人后裔》为题，报道了搜集的一些其他证据。2016 年 2 月 27 日，《光明日报》驻华盛顿记者王传军专稿《美国学者发现：印第安人或是殷商后裔》在《光明日报》发表，新华网重庆频道予以转发。美国发现中国古代刻石文字这件事引起了越来越多的关注。

笔者请人将英国《每日邮报》的报道译成中文，反复研读，认为 John Ruskamp 先生的发现是可贵的，但研究是不足的。新墨西哥州和亚利桑那州发现的古文字大部分没有识出来，这些古文字表达的是否是一个男人献祭一条狗，也有待于考证，只靠识出的几个字难以了解其全部的内容，只有全部解读这些古文字，我们才能了解其全部的文化内涵与真实的历史面目。

二

美国新墨西哥州和亚利桑那州发现的刻石文字，与中国商、周时期的甲骨文、金文形同或形似，只是其刻在岩石上，我们称其为中国古代的刻石文字。

按照古文从右到左、从上到下的阅读惯例，我们将新墨西哥州岩壁上的古文字编上号码，以方便解读（图 2－30）。

图 2－30　笔者编号解读的新墨西哥州发现的中国古文字

第 1 字，是一只无角的雌鹿图像。甲骨文有“鹿”字，写作“”（《合集》一九九五六）、“”（《合集》一〇二六〇）等形。此图像刻作雌鹿形，与“鹿”字之用相同。《汉语大字典》曰，古人以鹿比喻政权或爵位。《史记·周本纪》载，武王伐纣，“甲子日，纣兵败。纣走，入登鹿台，衣其宝玉衣，赴火而死”。鹿台是纣王聚财之所，也是国之宝库。《尚书·周书》曰，武王伐殷，“散鹿台之财，发巨桥之粟，大赉于四海，而万姓悦服”。《史记·淮阴侯列传》曰：“秦失其鹿，天下共逐之。”裴骃《史记集解》曰：“以鹿喻帝位也。”如此，此“鹿”字当寓有政权之意。

第 2 字，John Ruskamp 先生识为“庚”，所识是。甲骨文有“庚”字与此相同。“庚”为天干第七字，其义为更替、改变。《释名·释天》曰：“庚，犹更也。”此“庚”，当指政权的更替、居地的改变。

第 3 字和第 4 字，是“艸”与“”的合文。甲骨文“艸”字作“”（《合集》三〇二反），《说文》篆书作“”。《甲骨文字典》释曰：“象草木初生之形。《说文》：‘，艸木初生也。象丨出形有枝茎也。古文或以为艸字。’”此字上部作枝叶形，下部的两画

与“”字上部的两画共用，表示草根，此字与“艸”字形近，释为艸。“束”字，甲骨文作“”(《乙》五三二七)，象是以绳束木之形。甲骨文又有“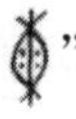”字(《外》二一九)，《甲骨文字典》释曰：“从束中有点，疑象浇酒酒醴于束木之形。”所言是也。古有祭礼曰莤，是束茅加于裸圭而灌酒。茅又称为菁茅，是一种茎叶上长有绒毛的茅草，古人用以滤酒。鬯酒经束茅滤清渗入地下，如同被神饮用，这是一种对地祇的祭祀。《左传·僖公四年》载，是年春，齐桓公率诸侯伐楚，伐楚的理由是：“尔贡包茅不入，王祭不共，无以莤酒，寡人是征。”《韩非子·外储说》曰：“楚之菁茅不贡于天子三年矣。”楚国三年不供菁茅，影响到天子的莤祭，所以齐桓公兴兵问罪。可知用于莤酒的菁茅不是什么地方都有的，它是楚国的特产，北美之地不知有无菁茅，故此字或为菁茅，或为代替菁茅的茅草，草叶的丫形和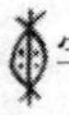字的数点，皆表示承受鬯酒之意。

第5字，是一个隐隐约约的人头像，可能这就是此处的土地神。

第6和7字，是大甲二字的合文，与《甲骨文编》的合文“大甲”(《甲》五〇四)相同。John Ruskamp先生认为大甲是商朝的第三位国王，不准确。《史记·殷本纪》载，商朝的开国君成汤，崩，太子太丁未立而卒，于是乃立太丁之弟外丙，是为帝外丙。帝外丙即位三年，崩，立外丙之弟中壬。帝中壬即位四年，崩，伊尹乃立太丁之子太甲。太甲，成汤适长孙也，是为帝太甲。太甲又称大甲，是商朝第四任君王。太甲为王三年，暴虐、乱德，不遵汤法，于是伊尹将其置于商汤的墓地桐宫。太甲在桐宫三年，悔过自责，伊尹复其政。帝太甲复政修德，诸侯归殷，百姓安宁，因此，伊尹作《太甲训》三篇，赞扬太甲的功德，称太甲为太宗。此刻石的大甲二字说明，迁居此地的殷人是殷王族太宗的后裔，寓有效法大甲、改过图新之意。

第8字，是一个“龟”字。甲骨文“龟”字作“”(《合集》一〇〇七六)等形，与此字相似，此即“龟”字。龟的生命力强，有百岁之寿，故商人以龟为神灵，占卜多用龟甲。《礼记·礼运》曰：“麟、凤、龟、龙，谓之四灵。”此图像“龟”字当是神灵之意。

第9字，是一个隐隐约约的人头像，表达的大概是大甲的在天之灵。

第10字，John Ruskamp先生说这是一个带着敬意的男人跪在一位高者前用一条狗作为祭品进行献祭，读为Jie。此字应释作“祀”，甲骨文“祀”字作“”(《合集》三〇七五七)，或加示旁作“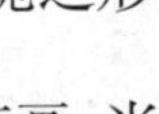”(《合集》三七三九八)，象人跽跪之形，是用作祭祀跪拜的专字，此字的创意与“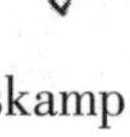”字相同，只是圆形的人首写作了直画，当也是“祀”字。

第11字，John Ruskamp先生释为“大”字，正确。《说文》释“大”曰：“大，天大，地大，人亦大，故大象人形。”

第12字，也是一个雌鹿的图像。这个雌鹿比第一个雌鹿肥大了许多，头的方向也由向东改为向西，表示迁居此地的殷贵族获得了比原来更大的领地，可知他们成了此地的主人。

第13字，John Ruskamp先生释为犬。甲骨文“犬”字作“”（《京》四四〇八）、“”（《京》四七七七）、“”（《合集》五六六三）等形，与此字差别很大，故释犬欠确。此字当是“我”字。甲骨文“我”字作“”（《佚》五五〇），“”（《粹》一一五二）等形，《甲骨文字典》释曰，甲骨文我字是一个独体字，象兵器形，其柲似戈，故与戈同形。兵器用作防身，故我有自身之义。此字与甲骨文我字相似，当是我字。殷卜辞我字多用作王朝的自称，如：“戊午卜，夬贞：我受年，一月”（《佚》五五〇），“壬辰卜，夬贞：我伐羌”（《佚》六七三）。此“我”字，当是迁居美洲殷贵族的自称。

第14字，John Ruskamp先生释为献祭的“献”。甲骨文“献”字是一个形声字，或是从鬲从犬作“”（《前》八.一一.二），或是从鼎从犬作“”（《佚》二七三），也有的从鼎从虎作“”（《佚》二七三），还有的将“虎”字移到鬲字上方作“”（《甲》二〇八二），但都与此字差别很大，此字没有作为献字形符的构件——鬲字或鼎字，因此决非“献”字。此字是一个上下结构的形声字，上部作“”，与甲骨文“眉”字作“”（《续》四.二九.一）、“”（《后下》二五.七）等形相同，乃是“眉”字。甲骨文“大”字写作人形“”（《佚》三九三），此字的下部作“”，比大字的左右两旁多了两画，表示的是人的服饰腰带和飘带，是人美之义。

甲骨文“美”字写作“”（《戬》三七.八）、“”（《前》七.二八.二）、“”（《乙》三四一五），《说文·羊部》曰：“美，甘也。从羊从大。羊在六畜主给膳也，美与膳同意。”徐铉等注曰：“羊大则美。”但早期甲骨文“美”字有四角乃至六角者，而羊没有，可知“美”字不从“羊”。今由美国发现的古文字观之，“美”字从“眉”，是以“大”（人）为形，以“眉”为声的形声字。“眉”字之形与甲骨文“”（《文》七〇八觀、观）字之眉形相同。在殷卜辞中，“美”字用作国族地名、人名，“美”字作四角、六角者，或是“美”族人有绘面、描眉、增眉之习俗，或是戴着好看的羽冠，总之皆言其人“美”也，此是“美”字的本义，而“味美”是其引申义也。此“美”字是这篇刻石十五个字中最大的一个，书丹者刻意将其突出，可见此字意义重大。此字不见于古文字书，是迁居美洲殷人的创造，丰富了古文字字库。

“美”字在殷卜辞中用作地名或人名，如“小臣墙从伐，禽盈、美”（《剑》二一二），“子美亡蚩”（《乙》三四一五）。这是两条年代和族属不同的卜辞，前者之美是被殷王征伐的熊盈方国，后者之美已经归殷，成为王子的封地。美地当在今中国东部沿海、淮水下游的江苏境内，新墨西哥州岩壁上的“美”字，当是殷人美族迁居的新地之名。

第 15 字，John Ruskamp 先生识为献字的偏旁犬，此字的确像“犬”字，但笔者认为此字释为“熊”或更为确切，因为“熊”是美族人的图腾崇拜。

前文所引的甲骨文“犬”字头部较小，此字的头部用重笔对线条作了加粗的处理，似有表示头大之意。此当是“熊”字，“熊”是刻绘在村社路口氏族图腾柱上的保护神。《逸周书·作雒解》载，周公平定“三监”与武庚之乱，征伐熊盈族十有七国，这十七国皆以熊为保护神，盈和美是其中之一。丁山先生曾曰：“在氏族社会，以图腾为宗神，每个家族的间里之口都立有图腾柱（Totem pole），以保护他们的氏族。”①而“图腾”一词出自印第安人，意为“他的亲族”。由于图腾一词比图像、图画更能准确地表述原始人对于某种动物神的崇拜，而被现代学者所引用。

上述 15 个古文字可分为三节。“鹿庚艸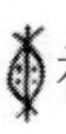神”为第一节，记载的是殷周政权更替，殷贵族的一支迁居此地立社，举行祭祀土地神的莤酒之礼。“大甲龟神祀”为第二节，记载的是迁居此地的殷人祭祀其先祖大甲的在天之灵。可知他们是殷王族大甲的后裔，在此建立了宗庙。“大鹿我美熊”为第三节，记载的是迁居此地的熊盈美族人祈祷的宏愿。古人迁徙往往带着地名，殷人正是如此，他们用原居的地名命名新迁的地名，将在此地建立的新的家园也名其曰“美”，祈求新的领地强大。美洲之地称“美”，当与此有关。

《左传·成公十三年》载：“国之大事，在祀与戎。祀有执膰，戎有受脤，神之大节也。”古人认为神是天下的主宰，国家的头等大事，是用生肉和熟肉祭祀天地神灵，以求得神灵的保佑。殷王族熊盈美族的一支迁居此地，立神社，建宗庙，举行祭神祭祖的仪式，宣告了以美为名的新家园和新领主的诞生。

三

John Ruskamp 先生在亚利桑那州石头上发现的三组刻石文字，笔者取其竖式读之，并为其编号，以便解读（图 2－31）。

第一组。

---

① 丁山：《甲骨文所见氏族及其制度》，科学出版社 1956 年版，第 3～4 页。

图2－31　笔者编号解读的亚利桑那州发现的中国古文字

第1字"凹",是"三"与"匚"的合文,读作"三匚(祊)",是殷高祖成汤、太宗大甲、中宗祖乙的集合庙主。

甲骨文有"匚"字,《甲骨文字典》释曰:"象受物之器形,乃殷人宗庙中盛神主之器。其本义为匰。《说文》:'匰,宗庙盛主器也。'王国维云:'匚、匽、匞,《史记》谓之报乙、报丙、报丁,谊当如《鲁语》'商人报焉'之报。(《戬考》)匚、匽、匞即甲骨文之匚乙、匚丙、亘,正象神主盛于匚中之形。唐兰谓报祭即祊祭,盖殷人祊祭上甲于门内,故甲字从口,而乙丙丁三人配两旁焉,故从匚或コ以象之也。口、匚皆象方形,乃于门内为藏主方函以祭之也,后世读祊如报,韦昭附会为报德之祭,误矣……(《天壤阁甲骨文存考释》),按唐说可从。《说文》:'匚,受物之器,象形,读如方。'"

殷人祭祀先祖,在宗庙中立先祖灵位于匰中,甲骨文地支第一字"子"即取其先祖灵位之象。殷人对其先祖的周祭自上甲微开始。上甲是大乙成汤的六世祖,上甲之下为报乙、报丙、报丁、主壬、主癸，皆称先公，不称先王，先王之称自开国君大乙成汤始。此“”字的外形即“匚”字，“匚”中的三条竖画，或双或单表示的皆是其先王高祖成汤、太宗大甲、中宗祖乙的灵位。

殷卜辞中“三匚”之辞习见。如“祝三匚叀羊(《粹》一一八)，其“三”和“匚”皆是独体字。“巨二示王佑于之若又正”(《粹》五四二)，“三”字写在“匚”字之中，成合文“巨”，与此“”字正合。此卜辞说明，“巨”是三位先王，而不是三位先公。高祖成汤、太宗大甲、中宗祖乙是殷三十一位君王的杰出代表，故对其合祭，可知迁居亚利桑那州的是殷贵族大宗的后裔。

第2字是“龙”字。甲骨文“龙”字作“”(《乙》三四四一)，与此字相似，释为龙。

众所周知，龙是中华民族共同的图腾崇拜，从大禹治水成功登上帝位开始，中华民族就开始打造龙文化。殷商时，以龙为掌管降雨的神，禘龙求雨的卜辞习见。在象征国家权力和财富的青铜礼器上，各种各样龙的图像令人肃然敬畏。商王有的以龙为谥号，龙又成为商王神灵的化身。此龙字表示的正是以成汤、大甲、祖乙为代表的殷商诸位先王。

第3字，John Ruskamp 先生识为“丩”，所识是，甲骨文“丩”字作“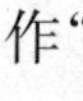”(《乙》二八四四)，与此字相似。《说文》曰：“丩，相纠缭也，一曰瓜瓠结丩起，象形。”《六书故·植物四》曰：“丩，瓜瓠之类，蔓间有丩，遇物则缠绕之，其蔓乃得上引。”此“丩”乃纠合之义。

第4字，写作“·”，乃“丁”字。丁字是天干第四字，形如铜鉼，义与鼎同。《甲骨文字典》释曰，殷卜辞中“丁”字又指天神，如“贞告匚于丁三牛”(《甲》二一二七)，“三百羌用于丁”(《续》二.一六.三)，“贞不隹丁示蚩卓十月”(《粹》一二六五)。郭沫若曰：“丁示当即示丁。‘不隹丁示蚩卓’者，示丁不作祟于卓也。”①此组文字“匚三龙纠丁”之义是他们举行了祭礼，从而得到了高祖成汤、太宗大甲、中宗祖乙纠集诸位先王、天神的保佑。可知迁居亚利桑那州的殷人也是殷商王族。

第二组。

第1字“”，是太阳外围有晕气之象。《字汇补·口部》读为 mian，《字汇补·日部》又读为 bing，字义未明。甲骨文有“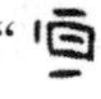”字(《合集》一一五)，《甲骨文字典》释曰：“象日之四周有晕气之形，当为晕之初文。《说文·新附》：‘晕，日月气也。从日，

① 郭沫若：《郭沫若全集·考古编·第三卷》，科学出版社2002年版，第678页。

军声。'"此字与"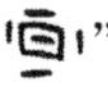"形似,当是晕字。

晕是一种将要起风的天象。《史记·天官书》曰:"日月晕适,云风,此天之客气,其发见亦有大运。"

第2字,John Ruskamp先生识为"回",所识是。

第3字,"回",当读作"国"。甲骨文"国"字作"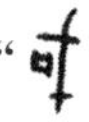"(《存》一.二二一〇),从口从戈。口即城形,以戈守卫,乃国字之义。《说文》:"或,邦也。从口从戈以守一。一,地也。域,或或从土。"

古国字也作"囗"。《汉语大字典》引《字汇·囗部》:"囗,古作国字。《商子》:'弱民囗强,囗强民弱,有道之囗,务在弱民',古国字皆作囗。"今本《商君书·弱民》"囗"字作国。

《汉语大字典·补遗》载有"囦"字,释曰"同国"。《通志·六书略五》:"国,也有作囦者。"

国字作囗,囗为城。国字作囦,国有四方。此甲骨文作"回",乃国中之城也。此字以往未见,是为古文字库又添一新字。

第4字"",John Ruskamp先生将其横看识作齿。但这三组刻石文字都应竖看,此字应读为贝。

甲骨文"贝"字作""(《前》五.一〇.四),象海贝之形。商周时以贝为货币,至秦时废贝币而实行钱币。

此组"晕回国贝"四字,是对殷人回国探家的记载,他们携带了贝币,太阳有晕,风向合适,趁机回了国。这可能是中美之间最早的交往。

第三组。

第1字,从宀从豕,是"家"字。

第2字,是"回"字,与第二组回字相同。

第3字,是"丩"字,与第一组丩字相同。此"丩"字当指将数条船只用藤蔓纠缠在一起,以增强抗风浪的能力。

此组"家回丩"三字,是对纠合起来回家的记载。

亚利桑那州刻在石头上的三组古文字,记载了迁居此地的殷人在此举行祭礼,求得高祖成汤、太宗大甲、中宗祖乙纠集诸位先王、天神保佑。他们既是乘风而来,也是乘风而归。太阳有晕大风起,合适的风向,是上天赐给他们的回国机遇。他们携带了回国购物的贝币,这可能是美中贸易的开始。他们对家国情深,他们在说:"回家了,我们团结在一起,回到了那个太阳升起地方的家!"

从文字演变进化的情况看,“丁”“家”等字已呈现西周金文的文化特征,因此这些刻石文字要晚于新墨西哥州发现的古文字,其年代当在西周晚期或春秋时期。

John Ruskamp 先生声称,他发现的中国古文字共有 84 个,除了新墨西哥州和亚利桑那州外,还有加利福尼亚州、俄克拉荷马州、犹他州和内华达州。这些古文字也都刻在石壁上或岩石上,看来迁居美洲的殷人不是来自一个地方。

四

殷人东渡美洲的时间,学者认为在周武王克商之时。

最早提出“殷人东渡美洲”设想的是 19 世纪英国翻译家梅德赫斯特,他在翻译中国古典文献《尚书》时,提出周武王伐灭商纣王时可能发生殷人渡海逃亡,途中遇到暴风,被吹到美洲。这一假设和推断,不仅影响了西方学术界,从而形成了“跨越太平洋文化关系说”的学术流派,也影响了中国学者。1992 年,黑龙江人民出版社出版的韶华等著《中华祖先拓荒美洲》称,公元前 1046 年,周武王克商,商纣王自焚于鹿台,这时征伐东夷的殷军统帅攸侯喜率领的 25 万大军与家属,漂洋过海,来到美洲,开创了奥尔梅克文明。此说现在虽很盛行,却是一种误解。

此说或是受了《孟子》一书的影响。《孟子·滕文公下》载有《尚书》逸文《武成》篇,其中旧注有“有所不惟臣,东征,绥厥士女。篚厥玄黄,绍我周王见休,惟臣服于大邑周”之句。“有所不惟臣”指的是那些助纣为虐,不肯臣服于周的诸侯国。今人见甲骨文、金文中载有“有攸”“攸侯”,遂将“有所”改为“有攸”,陈梦家《殷虚卜辞综述》①、陈浦清《孟子注译》②皆用此说,但所改并非历史之真实。

《尚书·武成》是对周武王克商后,在回镐京的路上进行狩猎和回到镐京后庆祝克商胜利的记载。《尚书·序》曰:“武王伐殷,征伐归兽,识其政事,作《武成》。”《史记·周本纪》载,“乃罢兵西归,行狩,记政事,作《武成》”。《尚书·武成》记载的“东征”,并不是征东夷,更不是征“有攸”,而是征伐在镐京东面今河南境内的殷诸侯。

《逸周书·世俘解》载,武王攻克商都后,周军统帅吕尚率师追伐畿内的殷将方来,又分兵四路南下,征伐王畿内不肯服周、负隅顽抗的殷诸侯。第一路由吕他(彶)率领,征伐在今河南巩县东南的越戏国;第二路由侯来率领,征伐在今河南淮阳的陈国;第三路由百弇率领,征伐在今河南滑县的韦国;第四路又分为三队,一队由陈本率领,征伐在今河南禹县的栎,二队由百韦率领,征伐在今河南长葛东北的宣,三队由新

① 陈梦家:《殷虚卜辞综述》,中华书局 1988 年版,第 306 页。

② 陈浦清注释:《孟子注译》,花城出版社 2008 年版,第 101 页。

荒率领,征伐在今河南新郑西南的蜀。四路大军共征伐了九十九个诸侯,得聝(耳)十七万七千多,俘虏三十一万多,生擒了霍侯、艾侯、佚侯、宣君等诸侯,降服了六百五十二国。杨宽《西周史》认为:“这些数字出于夸大,并不确实。”①杨宽先生所论是高见。

《逸周书·世俘解》记载的武王克商时征伐的殷诸侯都在河南,其中并无淮地的攸国。今人将《孟子·滕文公下》记载的《尚书》逸文《武成》篇中的“有所”改为“有攸”,与史不合。伪《尚书·武成》省去“有所不惟臣”一语,今文《尚书》则没有收录《武成》篇。②

说周武王克商时,攸侯喜正在外率领二十五万大军征东夷,也不是历史事实。

殷卜辞载,“隹十祀,才(在)九月,余步从侯喜正(征)人方,告于大商邑”(《卜通》五九二)。纣王征人方,以攸国的军队为主力,以攸侯喜为统帅,王朝出兵协助。“告于大邑商”,是纣王在京城举行了告知祖先神灵将要征人方的仪式,时间在纣王十祀九月。

殷卜辞对征人方有详细的记载。

“才十又一月癸亥,正人方,在鴞餗。”(《前》四.一一.四,二.九.七)

“才十月又二己巳,才,步于攸。”(《续》三.三〇.七)

“才十月又二癸酉,才(攸),正人方。”(《金》五八四)

“才正月癸卯,来正人方,才攸侯喜鄙永餗。”(《明续》七八六,《缀》一八九)

“来正人方,攸侯喜鄙永餗。”(《前》二.九.七)

“乙方,才温,步于攸。”(《缀》二一八,《哲庵》三一五)

“才正月,癸亥,来正人方,才攸。”(《缀》一八九)

“癸亥,来正人方,才攸永。”(《珠》四六六)

“乙丑,才攸,从攸东。”(《缀》二一八)

“才二月,癸酉,来正人方,才攸。”(《缀》一八九)

“癸酉,来正人方,才攸永。”(《前》二.一六.六)

“丁酉,才□,步于载。”(《缀》二一八)

“戊辰,才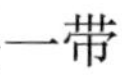,步于□。”(《缀》二一八,《前》二.一九.五)

卜辞记载的“鄙永”是攸国的西北边鄙之邑永城,在今河南东部,攸国在今河南永城和安徽宿县一带。

据陈梦家先生考证,纣王时征伐淮水流域的人方,从十祀九月甲午日,到十一祀

① 杨宽:《西周史》,上海人民出版社2003年版,第101页。

② 〔唐〕孔颖达等:《四部要籍注疏丛刊·尚书》,中华书局1998年版,第54页。

五月癸丑日，其中有一个闰月，共计260天。① 其时的一祀相当于农历的一年，是知纣王征伐淮夷人方在其十年和十一年。

纣王征伐山东的人方，也不在武王克商之年。

殷卜辞："才二月癸巳，来正人方，在齐餗(师)。"(《前》二.一五.三，二.一五.五)齐在山东。郭沫若先生曰："征尸(夷)方所至之地有在淮河流域者，则殷代之尸方合山东之岛夷与淮夷而言。"②所言是。

殷帝辛时的铜器《小臣艅尊》载："丁巳，王省夔京，王赐小臣俞夔贝，唯王来征夷方，唯王十祀又五，肜日"(《集成》11.5990)。《小臣艅尊》于清道光年间(1820—1850)在山东梁山出土，胡厚宣、胡振宇《殷商史》曰："《小臣艅犀尊》有铭27字，内容记帝辛十五年王来征人方，赐小臣艅贝，其关系到殷商末年商王朝同人方间的征伐战争。有明确纪年的铜器关系到殷商青铜器的编年，是很重要的研究材料。"③

《亚过爵》(《集成》13.7815)也是帝辛时的一件铜器，铭文"亚过"二字说明，纣王时征东夷，越过了胶莱河，到达了胶东西部，在今莱州的过国被征服，做了纣王的姻亲国，其时间也应在纣王十五年。

以上考证说明，纣王时征淮地的人方在其十年至十一年，征山东的人方在其十五年。纣王在位共三十一年，不管是十一年还是十五年，都不在其末年，更不在武王伐纣之时。今人说的武王伐纣时，攸侯喜率领的二十五万征东夷的大军去了美洲，并不是历史之真实。殷人逃亡东渡，当在其参与武庚叛乱被周成王征伐时。

将攸侯喜的大军说成二十五万，恐也过于夸大。殷卜辞《库》三一〇记载的帝武丁时伐羌方，有妇好之族三千人，旅万人，共一万三千人，这是规模最大的一次战争。胡厚宣、胡振宇《殷商史》也曰："殷人与方国的战争，规模相当大，一次出征可动员三千人至五千人，最多武丁时一次出征达一万三千人。帝乙、帝辛时，伐夷方往返一年之久。"④殷军二十五万这个数字，在殷卜辞里是找不到的。

史载武王克商，仍封纣王子武庚禄父于殷，并分置管叔、蔡叔、霍叔监管，史称"三监"。武王回到镐京，二年薨，武王子成王年少，周公旦摄政行使王权，管叔、蔡叔、霍叔不服，纣子武庚及淮夷熊盈、徐、奄，乘机兴兵作乱，妄图复商，于是成王与周公东征，历时三年，平定了"三监"与武庚之乱，逃亡到美洲的殷人当是参与武庚之乱被征伐的殷王族。

---

① 陈梦家：《殷虚卜辞综述》，中华书局1988年版，第304页。
② 郭沫若：《郭沫若全集·考古编·第二卷》，科学出版社2002年版，第62页。
③ 胡厚宣、胡振宇：《殷商史》，上海人民出版社2003年版，第587页。
④ 胡厚宣、胡振宇：《殷商史》，上海人民出版社2003年版，第366页。

五

文献记载说明，西周成王初年参与武庚叛乱的，主要有淮水流域的熊盈族十七国和山东之地的奄、薄姑，他们应当是逃亡到美洲者。

《逸周书·作雒解》载："武王既归，成岁十二月崩镐……周公立相天子，三叔及殷东徐、奄及熊盈以略……二年又作旅师……凡所征熊盈族十有七国。"

徐、奄、熊盈本来都是少昊嬴姓之国，殷商时改封为子姓诸侯。徐国初在山东，靠近曲阜，春秋时迁到江苏泗洪县南。

奄为东夷大国，在今曲阜旧城东。商王南庚时将国都由庇（在今山东鱼台）迁到奄，商王阳甲都于此，盘庚自奄迁都于殷，即河南安阳。奄为殷三王之都，是商殷王朝在东夷的根据地和桥头堡。

熊盈在淮水流域，又称淮夷。帝乙时征人方，其地归殷，卜辞有多条记载。

廪辛卜辞："……方美……"（《甲》一二六七）

康丁卜辞："用方囟于妣庚，王宾。"（《明续》六六九）

武乙卜辞："丁未卜，王令卯征方。"（《粹》一九六）

"庚辰贞，令乘望征方。"（《京津》四三八六）

"癸未贞：甲申，方□自上甲。"（《邺三》四四.六）

"方以牛，其烝于来，甲申。"（《明续》四九九）

"……小臣墙从伐，禽、美……人廿人四，而千五百七十，䜌百……丙（辆），车二丙（辆），□百八十三，函五十，矢……用又白麟于大乙，用𩿋白印，□于祖乙，用美于祖丁。僼甘京易。"（《合集》三六四八一正）

"才卜。"（《金》二五）

"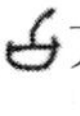方其有祸。"（《乙》六三八二）

"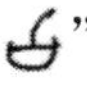"字，有学者释为"危"，即危方。① 危方在西北今内蒙古自治区一带，由卜辞"才十又二月己巳，才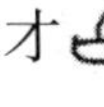，步于攸"（《续》三.三〇.七）知，""与攸近，属人方，其地当在淮水流域的江苏境内，故释"危"欠确。此字当是盈字。《说文》："盈，满器也。从皿、夃。"盈乃嬴姓之后，《路史·后纪七·小昊》曰："嬴之后，又有盈氏。"盈，《逸周

① 王蕴智：《殷商甲骨文研究》，科学出版社2010年版，第526页。

书·作雒解》称作熊盈,熊为图腾,盈为姓氏。

新墨西哥州发现的甲骨文"美"字是新地名,其原地当在今淮水下游的今江苏境内,由殷卜辞"……盈方美"(《甲》一二六七)知,美是盈方之地。殷卜辞的记载说明,从商王廪辛开始,就不断地对盈、美发起侵地掠人的战争。帝康丁时用盈人的脑门祭祀其先妣庚,帝武乙时用美族人祭祀祖丁。由殷卜辞"才盈卜"(《金》二五)知,盈地已被殷人占领,由殷卜辞"盈方其有祸"(《乙》六三八二)知,盈方已经成为殷诸侯的封地,因此商王关心盈方是否有灾祸,此王当是纣王之父帝乙。

帝乙时的卜辞"子美亡蚩"是一条关于美地的重要记载。《甲骨文字典》释曰,"子"字在卜辞中又引申为嗣位者,因此常冠于人名之前,如"贞,子渔隹有蚩"(《合集》七六)。可知此卜辞中的"子"为王子,"美"即美地,"亡"义为无,"蚩"义为灾祸,"子美亡蚩"是帝乙卜问封在美地的王子有没有灾祸的记载,此"子美"当是纣王的弟兄,周成王初年其参与武庚叛乱,妄图复商,也就可想而知了。

《逸周书·作雒解》载,周公"凡所征熊盈族十有七国,俘维九邑。俘殷献民,迁于九里"。孔晁注:"九里,成周之地。"《作雒解》的这段记载,有几点应该引起注意。第一,所谓的"熊盈族","熊"是图腾崇拜,"盈"是嬴姓之国,熊盈族是以熊为保护神的少昊旧族,舜帝时命东夷首领伯益辅助大禹治水,又命朱、虎、熊、罴部落作为伯益的助手,朱、虎在泰沂山区,熊、罴在淮水流域,商殷时其地被占,成为殷王族的封地,但其图腾和地名未改。第二,周公征伐的熊盈族十七国中,当有盈、美和攸国。第三,周公将俘获的九邑殷人作为献俘,迁到东都成周附近的九里之地,这些献俘将成为周人告祭先祖的牲品。第四,《作雒解》中没有熊盈族十七国国君被俘的记载,这些国君可能在叛乱中战死,也可能逃亡。第五,新墨西哥州发现的中国古文字说明,美地的殷贵族逃亡到此,当是他们叛乱战败,逃亡出海,遭遇暴风,被吹到了美洲。亚利桑那州岩石上的中国古文字说明,迁居这里的殷人也是殷商王朝的大宗贵族,其族属当在被周公征伐的熊盈族十七国之中。第六,熊盈族十七国中可能有的被风刮到了南美洲。

山东的奄和薄姑可能是出海徙美的另一支殷人。奄在今曲阜,薄姑在临淄西北。《尚书大传》载:"奄君、薄姑谓禄父曰:'武王既死矣,成王年幼矣,周公见疑矣,此百世一时也,请举事。'"可知奄与薄姑是策动武庚禄父叛乱的主谋。"三监"作乱是为了争夺王位,奄、薄姑策动武庚叛乱则是为了反周复商。

《尚书·序》载:"武王崩,三监及淮夷叛,周公相成王,将黜殷,作大诰。""成王既黜殷,命杀武庚,命微子启代殷后,作微子之命。""成王既伐管叔、蔡叔,以殷民封康叔,作康诰、酒浩、梓材。""成王东伐淮夷遂践奄,作成王政。""成王既践奄,将迁其君于薄姑，周公告召公，作将薄姑。”

西周早期的《塱方鼎》载：“隹周公于伐东尸（夷），丰白（伯）、尃古（薄姑）咸戈”（《集成》5.2739）。丰在今淄博高青县，是薄姑的一支。2009 年，全国文物考古十大新发现之一，是在山东高青县陈庄发现了西周初年丰国称王造反建立的祭天之坛。①

上述的这些记载说明，奄和薄姑策动了武庚叛乱并成为叛乱的主要力量，奄作为三代商王的旧都，在盘庚迁都殷墟之后也一直是殷王朝的主要诸侯国。奄作乱被征伐，成王迁奄君及其民于薄姑，奄君不甘心失败，遂又策动丰与薄姑继续作乱，在周公征伐丰伯时，奄君和薄姑国君闻风而逃的可能性很大。

1953 年，美国考古学家在墨西哥奥尔梅克遗址祭祀中心拉文达四号遗址发现了十六尊玉雕像和六件玉圭。玉圭上的古文字说明，这些玉器是薄姑国君出海逃亡携带的宗庙之物。

西周初年，成王和周公平定“三监”与武庚叛乱，造成淮夷熊盈族十七国和山东东夷奄、薄姑出海逃亡。他们可能想去朝鲜而未达，在海上遭遇大风，被刮到了美洲。《诗经·商颂·长发》曰：“相土烈烈，海外有截。”相土是商汤的十一世祖，居于商丘，诗意是说在威武的相土之时，东夷玄鸟族的势力范围已经到达了海外。另据《史记·宋世家》“武王乃封箕子于朝鲜”和《汉书·地理志》“殷道衰，箕子去之朝鲜”的记载，可知这“海外有截”治理的乱国是朝鲜。朝鲜在虞夏之时就已经是东夷玄鸟族的疆土，故箕子能封于此。箕子是纣王的诸父，官太师，纣王无道，箕子谏纣王，纣王不听，将其囚禁。武王克商，救箕子出狱，箕子不愿在周王朝为官，武王封箕子于朝鲜。淮夷熊盈族十七国和山东东夷的奄和薄姑可能想到朝鲜去投奔箕子，在海上遭遇了大风，朝鲜没有去成，却被风刮到了美洲。

六

1992 年 10 月，连云山先生撰著的《谁先到达美洲——纪念东晋法显大师到达美洲 1580 年兼纪念哥伦布到达美洲 500 年》一书出版了，这是连云山先生历经三十年的艰辛结出的丰硕成果。

法显是东晋的一位僧人。东晋隆安三年（399），法显为寻求佛法经典，由长安出发，历时四年到达了印度。东晋义熙八年（412），法显由斯里兰卡乘中国商船回国，途

---

① 吕茂东：《解读高青县陈庄西周遗址》，《管子学刊》2011 年第 4 期。

中在中国南海遭遇大风,向东航行了105日,到达了一个叫耶婆提的地方。法显大师在这里停留了五个月,于义熙九年(413)五月,乘船西航112日,回到山东青岛崂山。法显将求法的经历写在了《晋法显自记历游天竺事》一书中,像哥伦布不知道自己到达了美洲一样,法显生前也不知自己到达的那个叫耶婆提的地方,是墨西哥的西海岸,连云山先生为解开这一谜团,花费了三十多年的精力。① 法显在海上的遭遇可能是对当年殷人是怎样来到美洲的最好的诠释。John Ruskamp 先生说,他在加利福尼亚的小湖岸边还发现了描述在水上的船的符号和数字五,殷人东渡,或将五只船并联成了一体,增强了抗风浪的能力。

连云山《谁先到达美洲——纪念东晋法显大师到达美洲1580年兼纪念哥伦布到达美洲500年》是一个重大的贡献,虽然只是一个十万字的小册子,但得到了史学界多位大家的赞同,周谷城先生为其题词,赵朴初先生为其题写了书名,贾兰坡先生和苏秉琦先生为其作了序。

苏秉琦先生说,"谁先到达美洲"是一个严肃的课题,极富现实意义,在法显大师到达美洲一千八百五十年和哥伦布到达美洲五百年之际,他期待全体进步人类借此机会进行一次认真的历史反思,从而找到每个国家、民族、人民在这关键的几十年间自己的历史地位、历史使命和责任。②

贾兰坡先生在序中说:"我在上学的时候,只知意大利航海家和探险家哥伦布是登上美洲的第一个欧洲人。后来,我见到兴公于1913年在《地学杂志·说郛》第七期发表的《寻获美洲者非哥伦布说》一文,近来西方学者忽创一说,谓最初寻获美洲者,实为中国人。其说以美洲红印度人之语言形体皆与中国人相似为证……最近则有著名考古学家奈云偕人类学家数人在墨西哥国越万滔地方寻获泥制古像甚多,面貌确与华人无异,其衣饰亦稔为中国十数纪之物。此外还发现有泥造佛像,在佛像之侧又有古铜钱以一中国绳贯之,乃可证明美洲大陆实由中国人最先发现者。"

"此外,我还曾为海洋出版社转来的《几近退色的记录》一书的译稿作'序',原作者是一位美国老年小姐,前人民日报社驻香港代表、中国太平洋历史学会理事袁先禄先生在美时曾讯问过这位小姐。她在书中说:'中国人至少在4000年前就已开始到北美和中美探险了。'原作者根据慧深所提供的线索,踏着慧深1500年前的足迹,从东亚利桑那往北旅行的情形,描写得有声有色。她还查对了《山海经》(推测是战国

① 连云山:《绪论》,《谁先到达美洲——纪念东晋法显大师到达美洲1580年兼纪念哥伦布到达美洲500年》,中国社会科学出版社1992年版,第7~12页。

② 苏秉琦:《序》,《谁先到达美洲——纪念东晋法显大师到达美洲1580年兼纪念哥伦布到达美洲500年》,中国社会科学出版社1992年版,第1页。

后期的作品）中所记录的山脉，说‘在怀俄明州找到了与记载相符的地方’，因此她对4000年前就为白雪皑皑的峻峭山峰绘制地图的刚毅无畏的中国人，我们只有低头顶礼。可是我相信这个汉译本书并未出版，因为《海洋》杂志，把我的‘序言’发表在1987年第10期上了。”

“一般人都认为美洲最古老的居民是印第安人，他们是在一万五千到二万年前从亚洲经白令海峡迁入美洲；印第安人属于蒙古人种的美洲支系也为人类学家所确定。但对美洲居民何时从亚洲的楚克奇半岛到达美洲阿拉斯加则有不同的意见，并认为在美洲发现有距今10万年以前的文化遗物。”

“我对蒙古人种何时通过白令海峡进入美洲很感兴趣，并对这个问题也写了一些文章。远在1937和1939年，纳尔逊和德日进都曾以亚洲发现的细石器和北美的细石器类型相一致作过论述。1978年，我发表了《中国细石器的特征和它的传统、起源与分布》，并认为东亚和北美的细石器起源于华北地区；1985年，我和陈淳发表的《亚洲和北美洲的史前文化联系》一文提出：‘北太平洋地区马蹄形文化带，华北地区正是这一洲际文化带传播的起点和渊源所在。’根据目前发现的资料来看，细石器文化的主人在距今一万数千年前才到达阿拉斯加西部，并率先占据了费尔班斯克地方。因为正当冰期的时候，没有人工取火和缝缀皮衣的条件，还不能使北纬65°地带变为通途。”

“连云山先生为纪念东晋法显到达美洲一千五百八十年和哥伦布到达美洲五百年而写的《谁先到达美洲——纪念东晋法显大师到达美洲1580年兼纪念哥伦布到达美洲500年》一书，他阅读了不少古今文献，并作了大量考证。这是很值得赞扬的一件大事。尽管法显到达美洲的事件为《传记》所不载，人们只知他从长安到印度和斯里兰卡求法，获经典甚多。后来乘船从海路经印度尼西亚的爪哇，回到山东青岛的崂山，游三十余国。但这也不等于说他未到过美洲，因为世界上的许多事迹的记载也并不全面，甚至不可靠，愈往古代推移愈是如此，事件失落的现象也就愈多。哥伦布虽然于五百年前即到达过美洲，但直到他逝世还误认为他所到达的地方是印度，故称当地居民为‘印地安人’。”

“我一直觉得，一桩科学事件或历史事件能得到人们的承认，实非易事；只有彼此不断地进行讨论，拿出证据，才能使人深信不疑。在这种思想支配下才愿为本书作‘序’。目的是希望对此有兴趣的各方面的学者把它当作一个未解决的事件来对待。”①

---

① 贾兰坡：《序》，《谁先到达美洲——纪念东晋法显大师到达美洲1580年兼纪念哥伦布到达美洲500年》，中国社会科学出版社1992年版，第1～3页。

贾兰坡先生和苏秉琦先生的序言，对于我们今天研究美国发现的中国古字和“谁最先发现了美洲”而不是“谁最先到达了美洲”，仍有重要的指导意义。我们相信法显大师曾经到过美洲，但这仅是到达而已，在此前1455年，殷人已经来到这里，开始了拓荒美洲的伟大事业。法显在美洲住了5个多月，虽然在他的航海日记中，对美洲只记了5句话22个字，但这已经告诉我们，那是一个实行酋长制的文明社会。今天，我们可以告知法显大师的在天之灵，他当年到过的那个叫耶婆提的地方是美洲，那里的文明是奥尔梅克文明的延续，奥尔梅克文明是殷人东渡美洲后的创造，那里的酋长和土著之民，是东夷殷商贵族的后裔。我们还要告慰贾兰坡先生、苏秉琦先生的在天之灵，他们生前关注的东晋法显最先到达美洲问题，如今有了比法显更早的史料发现。倘若这些史学界、考古界的大家仍然健在，一定会为今天在美国发现的中国古字振笔发声。

拥有24000多件岩画刻石的美国新墨西哥州阿尔伯克基城国家岩画遗迹公园，是印第安人文化的宝库，除了John Ruskamp先生发现的中国古文字外，可能还有许多珍贵的史料，这是中华民族宝贵的文化遗产，国家应该重视对其的研究和保护。

第三编　古国考疑

西周晚期青铜器《筥小子簋》

引　言

“山东省在我国古代社会文化史上的地位，古文献中有着丰富的记载。但是，我们也认识到这类记载的局限性、片面性，同史实会有很大的差距。”

“我国近代考古学的兴起不妨说它是直接对传统史学观点的进攻。”

“上述认识的内容实质指的是什么呢？

第一，鲁西南临沂地区沂源县发现一处属旧石器早期古人类化石地点，临沂县和郯城等地发现几处属旧石器晚期到新石器早期的细石器地点，济宁地区兖州西桑园和滕县北辛等地发现属于新石器初期（可以早到距今七千年前）农业村落遗址等，它们之间可能存在某种渊源关系，而其文化特征则同其他省、区所发现的相应阶段遗存有着明显的差异。

第二，鲁西南以泰安地区大汶口、济宁地区兖州王因等遗址为代表的大汶口文化自身特征是鲜明的……

第三……山东的大汶口文化同龙山文化代表了山东新石器时代的一前一后的两个不同发展阶段；它们各自的文化特征又是如此清楚而又相通的；那么，我们只是在山东东南部的临沂地区和昌潍地区看到两者的衔接点（集中分布地区）。

第四，位于山东东北端的烟台地区（胶东半岛）虽然做了一些工作，但在颇大程度上那里的史前文化还是个未知数，却不是一个无足轻重的未知数。如果我们简单地把它纳入上面所涉及的‘北辛—大汶口—龙山’那个序列，当作边缘地带，不予重视就不妥当了。”①

——摘自苏秉琦《山东史前考古》

① 苏秉琦：《山东史前考古》，《山东史前文化论文集》，齐鲁书社 1986 年版，第 17 ~ 21 页。

禹　夏

龙山文化晚期临朐西朱封太阳神面玉冠图像文字探赜

一

临朐县城南约5千米的西朱封村，是一处大汶口文化、龙山文化、岳石文化和西周文化遗址。遗址坐落在弥河上游干流北岸一处高出周围地面2—3米的台地上，遗址北部被压在现代房屋之下，东部和西南部因平整土地而受到严重破坏。据文物部门2008年调查，遗址现存面积约60万平方米，此前已揭露面积360平方米，文化堆积最厚达4.6米，含龙山文化、西周文化和汉代文化遗存。

1987年夏天，山东省和临朐县文物部门清理了一座龙山文化大墓，葬具为两椁一棺，随葬品盛在边箱之内，共54件，有6件珍贵的黑陶蛋壳高柄杯和5件白衣红陶鬶，还有一件玉管和一件绿松石耳坠。① 另外，历年在遗址采集的还有玉钺2件，玉铲5件，玉璇玑2件，玉璧1件，玉环1件，玉矛1件。

1989年，中国社科院考古研究所山东工作队对遗址进行了第一次发掘，又发现了M202和M203两座特大型墓葬。

墓葬规模宏大，规格很高。M202被破坏，墓室东西长6.68米，南北残存宽2.20—3.15米，墓室残存面积约为20平方米。M202墓室的东西长度大于M203，其南北长度也应大于M203，因此M202的墓室面积可能大于30平方米。葬具为一椁一棺。椁东西长4.38米，南北残存宽1.70—2.00米。棺东西长2.64米，南北宽0.72米，葬式为单人仰身直肢，墓主人为成年人，身高约1.75米，尸骨腐朽。随葬品由专制的边箱和陶皿存

① 山东省文物考古研究所、临朐县文物保管所：《临朐县西朱封龙山文化重椁墓的清理》，《海岱考古（第一辑）》，山东大学出版社1989年版，第219～222页。

放,有陶器、石器、骨器、玉器等,共50多件。陶器为黑色或黑灰色夹砂陶和泥质陶,器身为轮制,鼎、鬶的实足部分及流、鋬、器耳等则为手制,素面陶为多。器类有鼎1件,罍3件,罐3件,盆2件,单耳杯2件,器盖2件,有2件蛋壳高柄杯破成碎片。石器有砺石1件,石镞6件。骨器有骨匕1件,骨镞2件,鳄鱼骨板两堆,每堆有数十片。玉器、饰器放在棺内,有玉冠1套,玉簪1件,玉钺2件,玉刀1件,绿松石坠饰4件,绿松石串饰18件,绿松石薄片980多片,每片大小只有几毫米,其中1件带有圆孔。

M203墓葬位于M202墓葬东北约3米处。墓室东西长6.30—6.44米,南北宽4.10—4.55米,面积约为30平方米。葬具为两椁一棺。外椁呈"井"字形,东西长4.65米,南北宽2.75米,椁墙厚0.12—0.16米。内椁也呈"井"字形,东西长3.85米,南北宽1.60米,椁墙厚0.12—0.15米。棺东西长2.60米,南北宽0.58—0.6米,棺板厚0.05—0.12米。在外椁与内椁之间、椁与棺之间,皆有盛随葬品的边箱或陶皿。随葬的玉器、管状绿松石饰器和绿松石薄片均放在棺内。随葬品共100多件,陶器50件,其中25件为实用器,25件为明器。器类比M202稍多,有鼎、鬶、罍、罐、盆、豆、盂、盒、单耳杯等,陶质、陶色、制法、纹饰与M202陶器相同。

学者将发掘的百余座山东龙山文化墓葬分为超大型、大型、中型、小型四个等级。超大型墓室面积多数超过20平方米,葬具为一椁一棺,随葬有玉器和几十件陶器;大型墓室面积在10平方米左右,葬具多为一棺一椁,随葬有陶器,无玉器;中型墓室面积多在5平方米左右,葬具为一棺,随葬有陶器或玉器;小型墓室面积在2平方米左右,基本不见葬具和随葬品。① 西朱封三座大墓是超大型墓葬中最高等级的墓葬,墓室面积相当于小型墓葬的15倍,巨大的反差,反映了阶级社会财富占有的悬殊,显示了墓主人高贵的身份、地位和权力。

发掘者称:"迄今为止,山东龙山文化发现的墓葬数以百计,但是,像这两座墓葬的规模之大,墓室结构之复杂,随葬器物之丰富多彩,则属首次发现。随葬的玉器等精品,无论是数量、造型及制作工艺,均为已往发现中所罕见。尤其是色彩斑斓,面积较大,成片彩绘之发现,更非其他已知的龙山文化墓葬所能比。这不仅对于研究史前时期的绘画艺术和琢玉工艺等的水平和成就,而且对于深入探讨海岱地区有关文明起源等重大课题,都具有极其重要的价值。"②

临朐西朱封大墓的考古发现,引起了学术界极大的关注。

---

① 曹芳芳、孙庆伟:《山东龙山文化用玉制度的考古学观察》,《临朐西朱封龙山文化玉器研究》,科学出版社2015年版,第103页。

② 中国社会科学院考古研究所山东工作队:《山东临朐朱封龙山文化墓葬》,《考古》1990年第7期。

长期从事二里头夏文化考古研究的杜金鹏先生敏锐地意识到西朱封 M202 出土的玉冠,“表现的是头戴‘皇冠’的‘神’之形象”。“其功用性质,准确地说恐怕不是装饰品(虽然具有装饰作用),而应是一种‘神灵’(包括祖先神灵、动物神灵)崇拜之偶像,一种地位和权力的标志物,我们姑且称之为‘神徽’或‘神像’。”杜先生认为,西朱封玉冠与台北故宫博物院收藏的两件玉圭、日照两城镇发现的玉圭神像近似,与偃师二里头文化有较多的相似之处,“朱封龙山文化玉石器的发现和一批传世玉器之年代的推定,为我们追寻二里头文化源头,提供了新的线索”①。2012 年,中国社科院“中国古代玉器科学研究”项目在杜金鹏先生主持下正式启动,西朱封玉器被选为第一个课题。2015 年 6 月,《临朐西朱封龙山文化玉器研究》一书由科学出版社出版问世,学者们运用现代科技手段,对西朱封玉器的文化内涵、制作技术等方面进行了多角度深入研究,开创了我国玉文化研究的新历程。临朐西朱封龙山文化玉器作为“中国古代玉器科学研究”工程的第一个课题,显示了西朱封龙山文化玉器在中国古代玉器研究中的重要地位,逼近了三代文化源头,意义重大。

二

M202 棺内随葬的玉冠,是一个太阳神面像,含有禹夏文化“夏”和“龙”两大本质特征,具有极其珍贵的文献价值。

玉冠由两件玉器组成。一件为乳白色,形似玉佩,镂孔透雕,玲珑剔透,两面两珥镶嵌绿松石。另一件为墨绿色,形似玉笄,由首和柄两部分组成。首部呈扇形,扁平,高约 5 厘米,宽 9 厘米,厚 0.36 厘米。柄为青灰色圆锥形,长 18 厘米,通体有竹节状旋纹(图 3－1)。

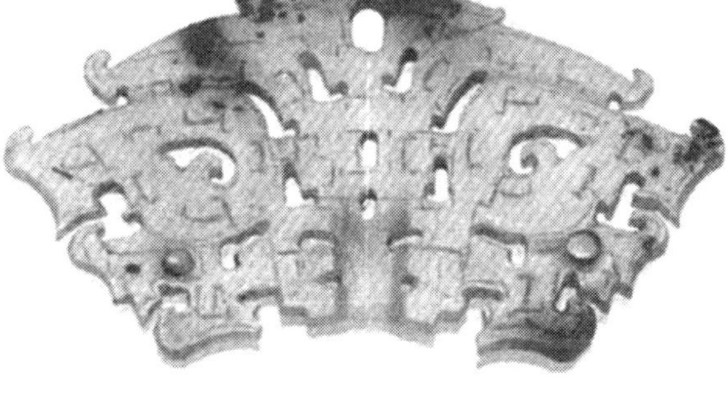

图 3－1　西朱封太阳神面玉冠图像

玉冠首部镂空透雕成太阳神面像。太阳神头戴“皇冠”,冠顶正中作一弧形凹槽,凹槽之下,是一个上下略长的圆孔,寓有太阳来到头顶之意。太阳神的两眉舒展,眉梢上翘,眉根连着鼻梁和嘴,牙齿微露,两眼与两耳各作蜷曲的龙形,龙首外展,趾爪下伸,整个玉冠威武庄严,神态生动,像是一位关注天下的太阳神。

① 杜金鹏:《论临朐朱封龙山文化玉冠饰及相关问题》,《考古》1994 年第 1 期。

玉冠呈现“夏”和“龙”字最初的创意。

周金文的“夏”字,《伯夏父鬲》作“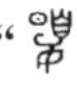”(《集成》3. 719),从“日”、从“首”、从“止”;《邳伯罍》作“”(《集成》16. 10006),从“昜”、从“首”、从“止”;从“昜”与从“日”义同,都是太阳;“首”借人首表示日坛中央天柱之顶,“止”即“足”,为行走之义;“夏”字之造,指事日坛日中太阳直射于中央天柱之顶,也即“夏至”之义。尽管夏朝之时,作为四季之分的“夏至”尚未确立,但夏朝名“夏”,说明其时已将一年之中太阳直射于天柱之顶,也即日中日晷最短、白天最长的一天称为“夏”了。《说文》将“夏”字释为“中国人也”并非“夏”字的本义。

夏至是东夷太阳部落立杆测影、观象授时的发现。泰安大汶口文化遗址彩陶上彩绘的太阳八角芒形图像文字,即太阳部落观测太阳运行规律,以一年白天最短的一天(冬至)和最长的一天(夏至)为岁首,将一年分为春秋两岁(季)的标志,是中国最早的原始太阳历。《大戴礼记·夏小正》记载的“(五月)时有养日,养,长也”。“(十月)时有养夜,养者,长也,若日之长也。”即对夏朝夏至和冬至的记载。“夏”字之造,正是出自观象授时。

《山海经》中有对尧舜时代立杆测影、观象授时的记载。《海内经》曰:“有九丘,以水络之:名曰陶唐之丘、有叔得之丘、孟盈之丘、昆吾之丘、黑白之丘、赤望之丘、参卫之丘、武夫之丘、神民之丘。有木,青叶紫茎,玄华黄实,名曰建木,百仞无枝,有九欘,下有九枸,其实如麻,其叶如芒。大(太)暤(昊)爰过,黄帝所为。”可知,尧舜时代立杆测影、观象授时的日坛中央立有建木天柱,又称帝柱,四方和四隅立有八根支柱。中央帝柱和支柱的根部都培有加固的土堆,称为“九丘”。每天从早到晚在建木帝柱上援上援下,投下供人们观测晷影的是太昊,太昊即太阳神。《大荒东经》《西次三经》记载的少昊也是一位太阳神。唐兰先生曰:“太昊少昊之所以称昊,是代表太阳神。”①《山海经》记载的太昊、少昊都是太昊太阳历和少昊太阳历的神化。临朐西朱封玉冠上的太阳神,即太昊或少昊。

M202 和 M203 椁、棺与边箱之上有较大面积彩绘的红、黑、绿、白、黄五色图案,可惜椁壁倒塌,图案已模糊不清。《周礼·春官·典瑞》记载的帝王朝日“执镇圭,缫藉五采五就”。五彩代表五方之神,黄为中央之神,红为南方之神,玄(黑)为北方之神,绿(青)为东方之神,白为西方之神。可知夏朝之前和夏朝之时,日坛中央天柱和四方建木绘有不同色彩的神像,后世所谓的“星官分野”,“四象”对位,南朱雀,北玄武,东

① 唐兰:《中国奴隶社会的上限远在五六千年前——论新发现的大汶口文化与其陶器文字,批判孔丘的历史观》,《大汶口文化论文集》,齐鲁书社 1979 年版,第 5 页。

青龙，西白虎，可能出自夏朝日坛建木上的五彩。M202 墓主人戴玉冠，绘五彩，有五方神灵保护，绝非一般的贵族。

殷代甲骨文、金文都有“龙”字。甲骨文写作“”（《乙》五四〇九）、“”（《京》四八八九），金文写作“”（《龙子觯》，《集成》11.6349）。《甲骨文字典》释曰：“象龙形。其字多异形，以作者为最典型：从从，与甲骨文凤字之首略同，象巨口长身之形，其吻，其身。盖龙为先民想象中之神物，甲骨文龙字乃综合数种动物之形，并以想象增饰而成。金文作（昶仲鬲）、（龙母尊），与甲骨文龙字略同，是为《说文》龙字篆文所本。《说文》：‘龙，鳞虫之长，能幽能明，能细能巨，能短能长，春分而登天，秋分而潜渊，从肉，飞之形，童省声。’许慎所释乃附会古代神话传说而成，不足据，说形也不确。”

甲骨文、金文“龙”字呈现三个文化特征：一是上顶的龙冠，二是张开的大口，三是伸蜷的身躯。“龙”字之冠作“”，乃日坛立杆测影、观象授时的中央天柱之形，“辛”“帝”“商”等字皆从此。临朐西朱封太阳神的“皇冠”与左、右眼、耳蜷曲之形，组成双龙图像，与甲骨文“龙”字相似，当是甲骨文“龙”字的本原。

M202 棺内随葬的雕花玉簪，也是玉冠的组件之一，长 10.3 厘米，通体磨光，呈半透明状态。玉簪作蜷曲的龙形，展示的也是龙文化。

临朐西朱封 M202 和 M203 随葬的鳄鱼骨板和绿松石薄片，是龙文化的又一重要体现。鳄鱼是古人称的“龙”。绿松石是四大玉石之一，在龙山文化墓葬中，可见绿松石制作的饰器，如此多的绿松石薄片随葬，仅见于偃师二里头夏文化遗址。偃师二里头遗址 02VM03 墓主人身上有一件由 2000 多片绿松石薄片组成的龙牌，可知临朐西朱封遗址 M202、M203 随葬的绿松石薄片代表的是龙的鳞甲。临朐西朱封大墓随葬的鳄鱼骨板和绿松石薄片，虽然尚未组合成像偃师二里头龙牌那样的龙形，但表达的是对龙的信仰与崇拜，则与偃师二里头夏文化是相同的。

三

龙是禹帝之名，也是禹帝的灵魂和化身。

《说文・内部》释“禹”曰：“虫也，从厹，象形，古文禹。”段玉裁注曰：“夏王以为名。学者昧其本义。”但段玉裁对“禹”字本义同样无解。

《说文》释“禹”字象虫，是其不知“禹”字本义，而著名的历史学家顾颉刚把禹帝之人说成是蜥蜴爬虫，却是犯了一个著名的错误。顾氏试图以此否定大禹和夏朝，并不是什么求真务实的科学态度，禹夏并非只载于先秦文献，出土的周铜器《遂公盨》《秦公簋》《叔夷镈》《叔夷钟》《簷叔之仲子平钟》皆有对禹夏的记载，偃师二里头遗址夏文化的考古发现，是禹夏真实存在的物证。

至今尚未有甲骨文“禹”字释出。甲骨文有“”（《邺》三. 三五. 二）、“”（《合》二三二）字，《甲骨文字典》释曰：“《说文》：‘𪙺，齿蠹也，从牙禹声。，𪙺或从齿。’甲骨文从齿从（它）与《说文》或体形近。古人以齿疾为齿内蠹虫所致，正象齿内有蠹之形。”甲骨文“”“”是个形声字，从齿禹声，即“齿”字，即“禹”字，“”或又从小作“”，可知甲骨文“”“”之义是说牙齿有病，长得长短不齐，大小不一，象鳄鱼之齿，说牙有蠹虫乃后起之义。殷铜器《祖辛禹方鼎》“禹”字作“”“”（《集成》4. 2111、2112），与甲骨文相似。

西周晚期的《禹鼎》（《集成》5. 2833），铭文 204 字，记载禹率兵伐鄂侯驭方之事，禹为人名写作“”。

春秋早期的《秦公簋》（《集成》8. 4315），铭文 120 字，记载秦国制造了新的粮食量器升和斗。铭文“鼏（幂）宅禹责（迹）”，“禹”字作“”，乃禹帝之名；“虩事蛮夏”，夏字作“”，省去了“日”或“昜”字，乃夏朝之名。

“禹”字作“”“”“”“”，是其从殷到春秋时的演变，秦代书同文，小篆改作“”，字形无多大的变化。

殷周金文“禹”字，取象于鳄鱼。其“”“”“”“”象鳄鱼之首和身，“”“”“”象鳄鱼之腿、足和爪，鳄鱼即古人所称的“龙”。

考古发现说明，两亿年前的地球确实有一种称为恐龙的庞然大物，它们有的食草，有的食肉，食量太大，终因地壳变动等原因，失去了生存的条件而灭绝。山东莱阳发现的恐龙化石，距今约 7000 万年，这已经是晚期的一种小恐龙。因此，即使是地球上最早的人类也不会有关于龙的记忆传承，“龙”字也不是古人根据想象创造的，古人在陶器上彩绘的龙和先秦文献记载的龙，都是现实生活中的鳄鱼。

据地质、海洋和气候科学对新石器时期我国东部沿海地区气候的研究，山东大汶口文化时期，处于第二次和第三次高温期，气温比现在高 2—5 摄氏度①，温暖的气候、充沛的雨量，为鳄鱼提供了优越的生存条件。学者收集兖州王因大汶口文化遗址出土的生物标本 7000 多件，鉴定结果表明，这些标本分属于哺乳类、鸟类、鱼类、爬行类和贝类 42 种，水生及喜水的动物有水獭、水鹿、乌龟、鳖、扬子鳄。②

---

① 徐馨、沈志达编著：《全新世环境——最近一万多年来环境变迁》，贵州人民出版社 1990 年版，第 11 页。

② 高广仁、胡秉华：《王因遗址形成时期的生态环境》，《庆祝苏秉琦考古五十五年论文集》，文物出版社 1989 年版，第 168 页。

扬子鳄是鳄鱼中较小的一种，头、身皆扁平，长吻、利齿，皮肤革质，覆以角质鳞甲，鳞甲之下有真皮形成的骨板，躯干背面、腹面及尾部鳞皮略成方形，纵横排列成行，四肢短，前肢五指，后肢四趾，趾间有蹼，内侧的三指、三趾有爪，便于爬行和游泳，后世龙的形象即根据鳄鱼创造的。临朐西朱封龙山文化晚期 M202 出土的诸多鳄鱼骨板，说明了其时鳄鱼在临朐一带的存在。

山西吕梁石楼镇出土的商代铜觥上的图像，鳄鱼即龙①（图 3－2）。

图 3－2　山西吕梁石楼商代铜觥鳄鱼龙图像

文献记载，虞、夏之时有善于饲养和驯服龙的豢龙氏、御龙氏。

《左传·昭公二十九年》曰："秋，龙见于绛郊。魏献子问于蔡墨曰：'吾闻之，虫莫知于龙，以其不生得也，谓之知，信乎？'对曰：'人实不知，非龙实知。古者畜龙，故国有豢龙氏，有御龙氏。'献子曰：'是二氏者，吾亦闻之，而不知其故，是何谓也？'对曰：'昔有飂叔安，有裔子曰董父，实甚好龙，能求其耆欲以饮食之，龙多归之。乃扰（按：扰义驯）畜龙，以服事帝舜。帝赐之姓曰董，氏曰豢龙，封诸鬷川，鬷夷氏其后也。故帝舜氏世有畜龙。及有夏孔甲，扰于有帝。帝赐之乘龙，河、汉各二，各有雌雄。孔甲不能食，而未获豢龙氏。有陶唐氏既衰，其后有刘累，学扰龙于豢龙氏，以事孔甲，能饮食之，夏后嘉之，赐氏曰御龙，以更豕韦之后。龙一雌死，潜醢以食夏后。夏后飨之，既而使求之。惧而迁于鲁县。'"鲁县在今山东曲阜。

文献也有周代关于龙的见闻。

《左传·襄公二十一年》："深山大泽，实生龙蛇。"

《左传·昭公十九年》："郑大水，龙斗于时门之外有洧渊。"

《诗经·郑风·山有扶苏》："山有乔松，隰有游龙。"

《说文·龙部》释"龙"曰："龙，鳞虫之长，能幽能明，能细能巨，能短能长，春分而登天，秋分而潜渊。"

《周易·乾卦》："元，亨，利，贞。初九，潜龙勿用。九二，见龙在田，利见大人。九三，君子终日乾乾，夕惕若，厉无咎。九四，或跃在渊，无咎。九五，飞龙在天，利见大人。上九，亢龙有悔。用九，见群龙无首，吉。"

文献记载的龙，即现实生活中的鳄鱼。虞夏时，豢龙氏、御龙氏是善于饲养鳄鱼的氏族。鳄鱼善水性，知云雨，冬眠而春出，禹帝以其为名，因其善水也。大禹治水成功而

---

① 杜金鹏：《中国龙，华夏魂》，《夏商周考古学研究》，科学出版社 2007 年版，第 151、164 页。

登帝位，造福于天下百姓，成为人们世代敬奉的神，故《周易·乾卦》曰：“飞龙在天，利见大人。”疏曰：“飞龙在天，犹圣人之在王位。”“飞龙在天”，即禹帝升华为神，成为夏朝王族的图腾崇拜，也成为中华民族共同的信仰，创造出了丰富多彩的龙文化。

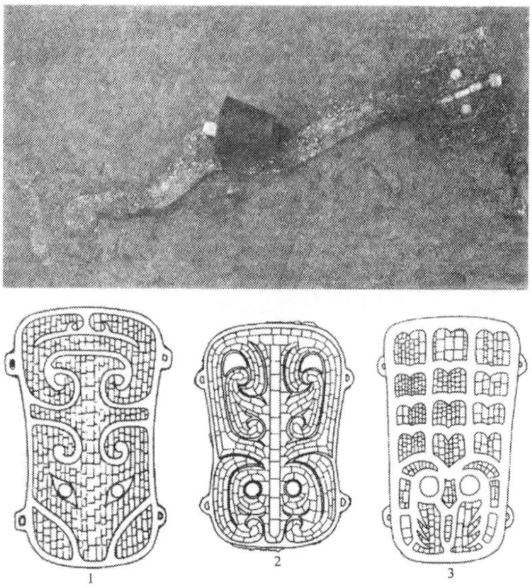

图3－3　偃师二里头遗址出土的绿松石龙牌

图3－4　偃师二里头遗址陶片图像

至此，我们可以给“禹”字一个全新的解读：“禹，鳄鱼也，象形，古人称为龙，禹帝用为名。禹平水土，造福百姓，开创了龙文化。”

禹父名鲧，“鲧”字之义为大鱼，禹父以鲧为名，也是与治水有关。

偃师二里头遗址发现的绿松石龙牌，说明龙是禹帝的灵魂和化身。龙牌发现于三号大型宗庙基址南院的02VM03墓中，龙牌由2000多片绿松石薄片组合而成，龙首巨大，龙身长64.5厘米，斜放在墓主人身上，旁边还有一只珍贵的青铜铃。铃者，令也。龙牌和青铜铃当是巫祝降神招魂用的法宝，墓主人当是一位管理宗庙的神职人员。另在二里头遗址四区M57墓葬、六区M11墓葬、五区M4墓葬，发现3个镶嵌绿松石龙形的青铜器铜牌和青铜铃。铜牌呈圆角梯形，长14—16厘米，宽7—11厘米，比三号大型宗庙基址前02VM03墓发现的绿松石龙牌小而精致①（图3－3），当是02VM03龙牌的替代物，有了新的更为高贵的青铜龙牌法宝，旧的法宝成为其使用者的随葬品。

1959年，在偃师二里头二号宫殿南发现的陶片图像上，有“夏”和“龙”两大文化特征②（图3－4），是二里头为夏文

① 杜金鹏：《中国龙，华夏魂》，《夏商周考古学研究》，科学出版社2007年版，第162页。

② 杜金鹏：《中国龙，华夏魂》，《夏商周考古学研究》，科学出版社2007年版，第172页。

化遗址的物证。

二里头大型宗庙祭祀的应是禹帝。二里头遗址和西朱封遗址发现的诸多龙文化遗物，说明龙是禹帝的化身，也是禹帝家族的图腾崇拜。

夏朝以“夏”为名，禹帝以“龙”为名，“夏”和“龙”是夏文化最本质的两大特征。临朐西朱封太阳神面玉冠集“夏文化”和“龙文化”于一体，是禹夏文化本质特征的生动体现。

在传世的诸多山东龙山文化玉器的图像中，我们可以看到“夏”和“龙”字的一些文化特征。

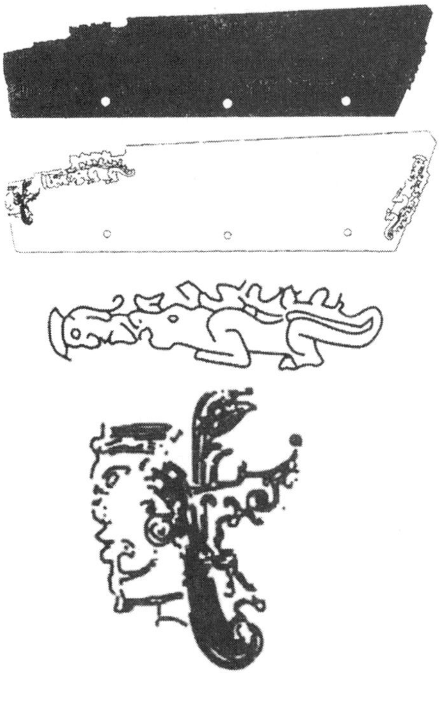

图3－5　美国弗利尔美术馆藏玉刀

美国弗利尔美术馆收藏的一件山东龙山文化玉刀（图3－5），长37.5厘米，宽18.4厘米。玉刀左侧刻有一个侧面神像，神像背后的长发是一卷起飞腾的大浪，说明此神与大水有关。玉刀背部左上方和玉刀右侧上方皆作牙齿形，所刻图像相同，学者称为“虎吞人头图”①。细察此图，并非“虎吞人头”。虎脊无鳍，此动物非虎。玉刀牙齿之状，表示的也是鳍形，故此物象鳄鱼，鳄鱼即龙。龙吻之前戴冠的人头与左侧的神像义同。图像说明，此龙是人，此人是神，此神即禹帝的象征。图像将西朱封太阳神面玉冠的“龙”字图案线条化，当是甲骨文、金文“龙”字的本原。玉刀的三个图像，是禹帝升华为龙的生动写照。玉刀造型奇特，可知是礼器，不是工具。玉刀的三个圆孔，或是代表着观象授时的日、月、星。

图3－6　美国芝加哥美术馆藏玉圭

美国芝加哥美术馆收藏的一件玉圭（图3－6），长30.5厘米，宽7.1厘米，玉圭下方钻有一小一大两个圆孔，小者代表太阳，大者代表月亮，太阳神像刻于两个圆孔之间，小

① 杨小博、赵国靖、王青：《山东龙山文化玉器发现与研究综述》，《临朐西朱封龙山文化玉器研究》，科学出版社2015年版，第44页。

图 3-7 傅忠谟藏品

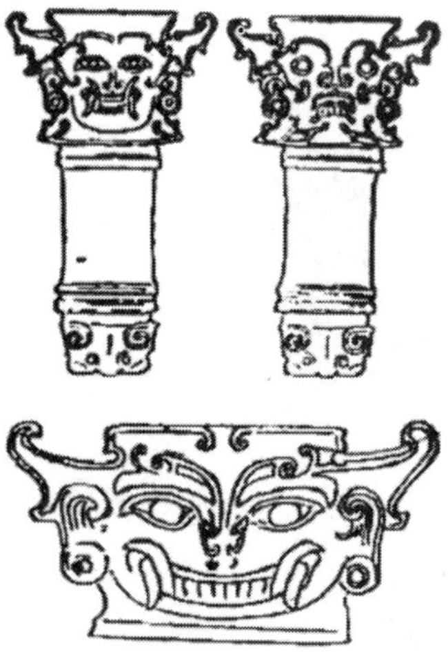

图 3-8 美国史密森艺术馆藏玉器

孔恰好在太阳神额头正中①,寓有太阳来到头顶的"夏至"之意。

香港傅忠谟藏品太阳神像(图 3-7),皇冠,龙耳,冠中、嘴下和一侧刻有三个圆孔,当是代表日、月、星②,寓有"夏至"之意。

美国史密森艺术馆收藏的一件玉器上(图 3-8 上),太阳神像居于圆柱顶端,此柱当是日坛立杆测影的天柱,图像表示的是太阳直射于天柱之顶,也即"夏至"之意。该馆收藏的另一件玉器上的太阳神像(图 3-8 下),"皇冠"两层,下层外展上卷作龙首形,与西朱封玉冠相似。唯此太阳神大嘴巨齿,体现了龙口龙齿的特征③。

英国大英博物馆收藏的玉器上刻的太阳神像(图 3-9),两耳作龙形。④ 美国旧金山亚洲美术博物馆收藏的一件玉器上的太阳神像(图 3-10),两耳也作龙形,皆与西朱封太阳神面玉冠的龙耳相似。⑤ 西朱封玉冠上太阳神的两耳镶嵌绿松石,这两个太阳神两耳戴耳环,可知其时的贵族有戴耳环的习俗。

图 3-9 英国大英博物馆藏玉器

图 3-10 美国旧金山亚洲美术馆藏玉器

① 杨小博、赵国靖、王青:《山东龙山文化玉器发现与研究综述》,《临朐西朱封龙山文化玉器研究》,科学出版社 2015 年版,第 45 页图 10-6。

② 傅忠谟著,傅熹年整理:《古玉精英》图 3,中华书局(香港)有限公司 1990 年版。

③ 杨小博、赵国靖、王青:《山东龙山文化玉器发现与研究综述》,《临朐西朱封龙山文化玉器研究》,科学出版社 2015 年版,第 48 页图 13-14、13-13。

④ 杨小博、赵国靖、王青:《山东龙山文化玉器发现与研究综述》,《临朐西朱封龙山文化玉器研究》,科学出版社 2015 年版,第 48 页图 13-8。

⑤ 杨小博、赵国靖、王青:《山东龙山文化玉器发现与研究综述》,《临朐西朱封龙山文化玉器研究》,科学出版社 2015 年版,第 48 页图 13-9。

日照两城镇玉圭太阳神图像与临朐西朱封太阳神面玉冠相似。

上述国内外收藏的玉器皆为山东龙山文化，这些含有“夏”和“龙”文化元素的太阳神面图像，都应属于龙山文化晚期的禹夏文化。

四

关于临朐西朱封遗址墓主人的身份，发掘者认为：“他们绝非一般的氏族成员，而应当是具有某种特殊身份，地位显赫，高踞于当时社会组织上层的显贵人物……这些具有特殊身份和显赫地位的人，或许就是属于当时统治这一地域的权力集团中某个阶层中的当权者一类人物。”①

综观临朐西朱封遗址的考古发现，可知这几座大墓的主人，已非文明时代初期的那些方国小王可比。墓葬规模之大，规格之高，葬品之精，彩绘之丰富，玉文化之先进，都代表了现知山东龙山文化中最高的水平，体现出引领当时社会发展的时代特征和帝王风范。

临朐西朱封大墓出土的陶器特征，“与潍坊姚官庄、胶县三里河、诸城呈子等处遗址比较接近。应属典型龙山文化的两城类型。从这批陶器的器形特点观察，与胶县三里河第二期文化中的晚期墓 M2100 出土的同类器物非常相似。因此，这两座墓葬应属典型龙山文化的晚期，亦即目前对两城类型分期中的第四期”②。

山东龙山文化的年代，距今 4600—4000 年，早期阶段与晚期阶段的分界在距今 4300 年前后。夏商周断代工程确定的夏朝纪年为距今 4070—3600 年，临朐西朱封大墓的年代在夏朝的纪年以内。③

龙山文化时期，玉器已经成为社会权贵的权力和财富的象征，西朱封和日照两城镇是出土龙山文化玉器最多的遗址。临朐西朱封 M202 随葬的 2 件玉钺，M203 随葬的 3 件玉钺和采集的 2 件玉钺，都是王权的象征，临朐西朱封大墓的主人或是夏王。

M202 随葬的玉簪两端，共有 3 个浮雕人面像（图 3－11），似在说明墓主人是第三代夏王。

临朐西朱封遗址西南约 25 千米的嵩山乡泉头村，是周青铜器《鄩仲盘》《寻仲匜》的出土地，“寻”即斟鄩，禹帝时封的同姓国（详见本书《〈鄩仲盘〉〈寻仲匜〉铭文

① 中国社会科学院考古研究所山东工作队：《山东临朐朱封龙山文化墓葬》，《考古》1990 年第 7 期。

② 中国社会科学院考古研究所山东工作队：《山东临朐朱封龙山文化墓葬》，《考古》1990 年第 7 期。

③ 杜金鹏：《论临朐朱封龙山文化玉冠饰及相关问题》，《考古》1994 年第 1 期。

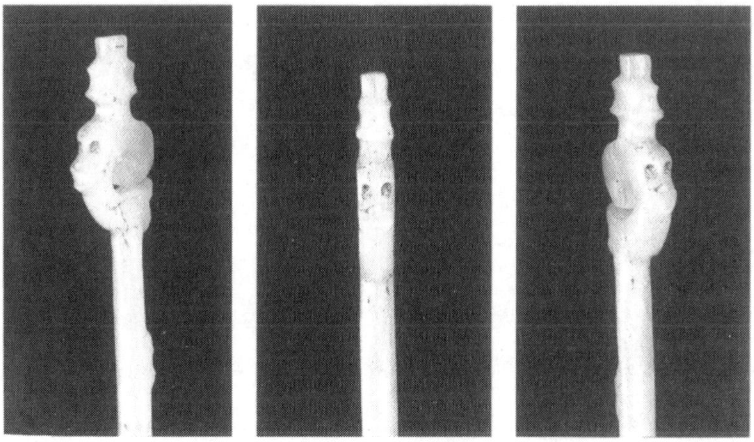

图3－11　西朱封玉簪三个浮雕人面像

考释》)。《古本竹书纪年》载,“太康居斟寻”。太康是禹帝之孙,夏后启之子。文献记载,帝太康时,终日游猎,不理民事,被后羿驱逐,居于斟鄩。太康传位于仲康,仲康传位于帝相,帝相又居于另一同姓国斟灌,在今潍坊市东南。后来,寒浞杀后羿,自立为帝,又使子浇杀帝相,灭斟灌,伐斟鄩,斟鄩迁到了临朐嵩山一带。如此,临朐西朱封M202的墓主人或是帝太康,太阳神面玉冠是帝太康的王冠,由此开创了家天下的“王玉”时代,而帝仲康的墓葬或也在此。临朐西朱封遗址的考古发现和玉冠文化内涵的探赜,逼近了禹夏文化的源头。

龙山文化晚期日照两城镇太阳神面玉圭图像文字探赜

一

玉圭和另一件玉铲是山东大学刘敦愿先生1963年在日照两城镇一户农民家中发现的。[①] 1955年与1957年时，刘敦愿先生就曾多次对两城镇遗址进行调查，采集到玉版一件。[②] 他对两城镇玉石坑及其出土的玉器成品、半成品、原材料的追踪调查，说明了龙山文化时期这里当有玉石作坊的存在，意义重大。[③]

日照两城镇遗址是龙山文化的典型遗址。遗址位于日照市东港区，西南距日照市约20千米，东面距黄海约6千米。遗址大部分坐落在两城镇西北岭一带。1936年，由中央研究院历史语言研究所梁思永、尹达和祁延霈等组成的考古组，对遗址进行了正式发掘，发现并清理了51座龙山文化时期的墓葬，出土了一大批珍贵的玉器、陶器和石器。这批珍贵的文物和发掘资料还没来得及整理和公布，抗日战争就全面爆发了。这批珍贵的文物和发掘资料，有的随历史语言研究所迁往台湾地区，有的保存于南京博物院，有的流失到国外，有的毁于战火。目前，正式发掘的资料报道仅有大孤堆TKTM2出土的一件扁平穿孔玉钺、绿松石头饰和精制的蛋壳陶杯。[④]

20世纪70年代以后，文物部门对日照市两城镇等九处龙山文化遗址进行了多次调查，在东海峪遗址发现了大汶口文化与龙山文化的叠压地层关系。1995年至2000年，山东大学与美国耶鲁大学、芝加哥自然历史博物馆等单位合作，对日照市进行了系统区域调查，调查范围达400多平方千米，发现有一件以上陶片的遗址750余处，其中龙山文化遗址199处，呈现五大聚落群体，四大聚落等级，以两城镇为第一等级的核心聚落形态。调查说明："龙山时代，以两城镇遗址为中心所形成的高度核心化，显示出该中心同其周围存在着的较小的聚落群之间有着一定程度的经济和社会交往，而两城镇同那些次一级中心聚落之间有规律的空间分布这一现象，更加增强了这

① 刘敦愿：《记两城镇遗址发现的两件石器》，《考古》1972年第4期。

② 刘敦愿：《日照两城镇龙山文化遗址调查》，《考古学报》1958年第1期。

③ 刘敦愿：《有关日照两城镇玉坑玉器的资料》，《考古》1988年第2期。

④ 曹芳芳、孙庆伟：《山东龙山文化用玉制度的考古学观察》，《临朐西朱封龙山文化玉器研究》，科学出版社2015年版，第96页。

样一种可能，即两城镇中心无论是在政治上还是在经济上，都对这一相对广大的地区发挥着一定程度的支配和影响作用。”调查发现，两城镇与相邻4.5公里的第二等级的丹土遗址，至少在龙山文化早期（前2600—前2200年）曾经共时存在。“该地区从龙山文化晚期开始，考古学文化出现了衰退迹象。从整个海岱地区来看，这个衰退过程在各地都不同程度地存在着，最明显的反映便是龙山文化晚期、尤其是岳石文化时期的遗址数量大大减少，遗址的面积也变小了。但同胶东半岛、鲁中南和苏北等相邻地区相比，日照地区在龙山文化之后的衰退似乎更加明显。五个季度调查所发现的岳石文化遗址寥寥无几，只在6处遗址上采集到零星的岳石文化陶片。这同龙山文化和周、汉时期聚落分布的密集情况形成鲜明对照。”①这一调查发现说明，龙山文化晚期这里曾发生了重大的历史变故。

两城镇遗址历次调查所采集的遗物丰富，石器有：镞12件，铲4件，斧4件，刀3件，锛3件，凿2件，石球1件，锛形器1件，磨光器1件。骨器有：镞1件。陶器有：鬶8件，甗1件，鬲1件，鼎5件，杯13件，盘1件，豆3件，罐4件，盂1件，壶4件，瓮1件，小盆4件，盒1件，器盖4件，碗1件，三足器1件，纺轮2件。玉器有：圭1件，钺9件，刀1件，锥形器2件，残环形器1件，玉版2件，是发现龙山文化玉器最多的遗址。② 刘敦愿先生发现的玉圭具有极其珍贵的文献价值。

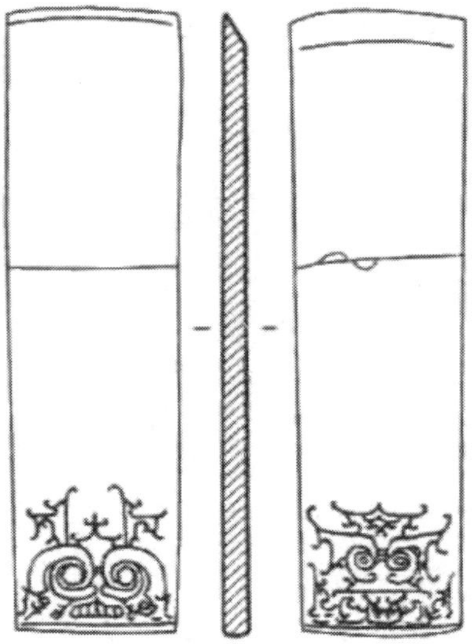

图3－12　日照两城镇玉圭太阳神像

二

玉圭长18厘米，上宽4.5厘米，厚0.85厘米，下宽4.9厘米，厚0.6厘米，两面皆刻有纤细纹的图像，刘敦愿先生称其为“类似兽面的纹饰”，我们称其为“太阳神面图像”（图3－12）。

A面图像由龙门、宫殿和太阳神面三部分组成。龙门为二条高耸直立的龙，龙门大开，中间像一大壑，大壑里面，显出宫殿。龙门和宫殿又像是太阳神的“皇冠”。太阳神两眼巨大，作漩涡状，嘴露巨齿。图像示意，太阳神的宫殿在东海，宫殿大门由两龙守卫。

① 中美两城地区联合考古队：《山东日照地区系统区域调查的新收获》，《考古》2002年第5期。

② 曹芳芳、孙庆伟：《山东龙山文化用玉制度的考古学观察》，《临朐西朱封龙山文化玉器研究》，科学出版社2015年版，第109页。

B 面图像彰显的是太阳神“皇冠”、眉眼和大嘴。“皇冠”两层，作宫亭龙首之状，中央有一个似表示太阳的火球。太阳神两眼也作漩涡状，与 A 面图像相同。大嘴饰浪花纹。图像寓有太阳来到头顶的“夏至”之意，可见“夏”和“龙”字最初的本义，与临朐西朱封太阳神面玉冠相同。

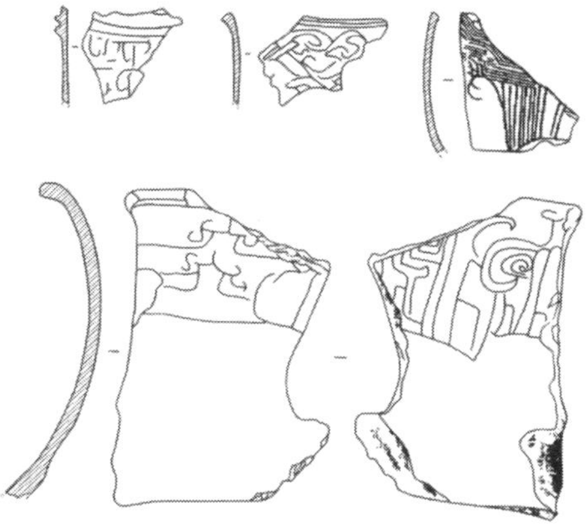
图 3－13　日照两城镇出土黑陶花纹

1958 年，在两城镇遗址勘察采集的一件蛋壳黑陶片（图 3－13）上，刻有“宫亭尖顶花纹”，与玉圭龙宫之形相同，由此可知刘敦愿先生发现的玉圭确实是两城镇遗址的遗物。①

玉圭是古代帝王、诸侯朝聘或祭祀时所执的礼器，是帝王及诸侯身份的标志。《周礼·春官·典瑞》记载，周代的玉圭有六种：王执刻有四岳之形的镇圭，以示镇守四方；公执刻有栋梁之形的桓圭；侯执刻有人形的信圭，以示能慎行保身；伯也执刻有人形的躬圭，但纹饰较粗；子执刻有谷形的谷璧，以示能养民；男执蒲席形的蒲璧，以示能使人民安宁。君王朝日，执的也是镇圭。日照两城镇发现的玉圭，当是帝王朝日时用的礼器。玉圭的年代和图像说明，所朝的太阳神是帝少昊。

文献记载的少昊之国在曲阜，今鲁东南之地皆是少昊部族的领地。

《山海经·大荒东经》曰：“东海之外大壑，少昊之国。少昊孺帝颛顼于此，弃其琴瑟。有甘山焉，甘水出焉，生甘渊。”《大荒南经》也载有“甘水”，曰：“东南海之外，甘水之间，有羲和之国。有女子名曰羲和，方浴日于甘渊。羲和者，帝俊之妻，生十日。”袁柯注曰：“《大荒南经》此节疑亦本当在此经（《大荒东经》）‘有甘山者，甘水出焉，生甘渊’之下，乃简策错乱，误脱于彼也。此经甘渊实当即《大荒东经》羲和浴日之甘渊，其地乃汤谷扶桑也。《海外东经》云：‘汤谷上有扶桑，十日所浴。’即此，亦即少昊鸟国建都之地。《尸子》（孙星衍辑本）卷上云：‘少昊金天氏邑于穷桑，日五色，互照穷桑。’谓此也。则所谓甘渊、汤谷（扶桑）、穷桑，盖一地也。”

《山海经》记载的少昊之国，是帝少昊时日坛立杆测影、观象授时、制定少昊太阳历的神化。两城镇东边距海只有 6 千米，可见太阳每天都从东海出来，于是认为少昊太阳神在东海之外的大壑里，这即两城镇玉圭图像龙门之间呈现的大壑之义，大壑里面的宫殿，即太阳神少昊之居。帝颛顼并非少昊之子，《山海经》记载的少昊“孺帝颛

① 山东省文物管理处：《山东日照两城镇遗址勘察纪要》，《考古》1960 年第 9 期。

顼”,乃是指帝少昊传承了帝颛顼观测太阳历。《山海经》记载的帝俊当是帝舜,帝俊又是东夷部落日坛图腾柱上的保护神“大人”。帝俊之妻“羲和”即日坛之神,羲和“生十日”,“十日”即十个日坛的神话。“有夏”之国,来自观象授时获知的“夏至”之地,其地在日照两城镇也。

据参加1936年两城镇遗址发掘的尹达先生记载:“有一座墓葬的随葬品特别丰富,就有玉质的带孔扁平式斧,它略似殷代的玉圭……这一墓葬中还有绿松石凑成的东西,大约是头部的一种装饰品。据说就在这遗址的附近还有不少用玉器殉葬的墓葬。”[①]尹达先生所说的由绿松石拼凑的东西,很可能也是像偃师二里头夏文化遗址发现的绿松石龙牌。不管是不是龙牌,偃师二里头遗址、临朐西朱封遗址的考古发现都说明,随葬的绿松石片代表的是龙的鳞甲。龙是禹帝的化身和标志,是夏王族的信仰与崇拜。日照两城镇玉圭、临朐西朱封太阳神面玉冠、偃师二里头绿松石龙牌,呈现着禹夏文化的本质特征,他们应是同宗,两城镇玉圭的器主人当是一位夏王。

三

图3-14 台北故宫博物院藏玉圭太阳神像

传世的龙山文化玉器中,有一些文化内涵与两城镇玉圭相同的玉器。

台北故宫博物院收藏的一件玉圭(图3-14),长30.5厘米,宽7.2厘米,厚1.05厘米。玉圭下方有一圆形穿孔,两面太阳神像皆刻于圆孔之上,圆孔寓有太阳之意。A面太阳神戴一宫亭顶状的皇冠,圆形大脸,眉眼如人,巨齿,两耳向外翻卷作浪花之形,神面之下是一条浪花纹带。B面太阳神像,皇冠也如宫亭之顶,眉眼如龙,与两城镇玉圭B面神像酷似,唯此圭比两城镇玉圭多了一个代表太阳的穿孔和一条浪花纹带,制作也更为精良。[②]

20世纪90年代,江苏溧阳出土的一件玉圭(图3-15),学者认为是良渚文化玉器珍品,并名其曰:“神人

① 尹达:《新石器时代》,生活·读书·新知三联书店1979年版,第60页。

② 杨小博、赵国靖、王青:《山东龙山文化玉器发现与研究综述》,《临朐西朱封龙山文化玉器研究》,科学出版社2015年版,第45页图10-3,第47页图12-5、6。

兽面鸟纹圭。”①此圭的两面图像也都刻在代表太阳的圆孔之上，图像当是太阳神像。两个太阳神像，一个两眉外展，看似鸟翅，但另一个神像的两眼表现的则是卷起的浪花，两个鼻孔也作滴水之状，可知神像外展的并非鸟翅，而是与水有关的两个龙首。玉圭的图像寓有“夏”和“龙”的文化特征，与日照两城镇玉圭和临朐西朱封太阳神面玉冠的文化内涵相同，当是禹夏文化之物。②

美国芝加哥美术馆藏品太阳神像③（图3－16），皇冠两层，第二层尽力外展，突出了龙首之形，与日照两城镇玉圭B面太阳神像相似。

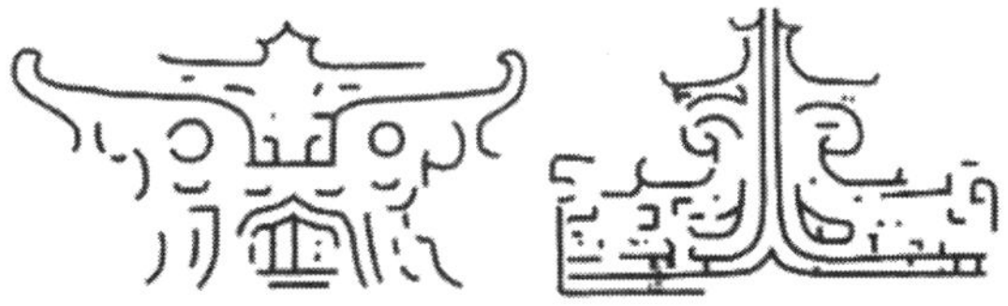

图3－15 江苏溧阳出土玉圭太阳神像

图3－16 美国芝加哥美术馆藏太阳神像

美国匹兹堡博物馆收藏的玉圭④（图3－17），长34.1厘米，A面太阳神在宫殿之中，B面刻的是掀起的两个大浪，两个大浪之间显出一条大沟，与日照两城镇玉圭A面图像相似。

山西黎城玉戚图像⑤（图3－18），形如分开的龙城宫门，中间是一大壑，下方有一个代表太阳的圆孔，与此类同的还有美国圣路易斯博物馆的玉圭⑥（图3－19），美国华盛顿赛克勒美术馆的玉刀⑦（图3－20）。台北故宫博物院的玉戚龙门又作人头形⑧

---

① 汪青青：《溧阳出土良渚文化玉器珍品——神人兽面纹圭》，《东方文明之光——良渚文化发现六十周年纪念文集（1936—1996）》，海南国际新闻出版中心1996年版。

② 杨小博、赵国靖、王青：《山东龙山文化玉器发现与研究综述》，《临朐西朱封龙山文化玉器研究》，科学出版社2015年版，第49页图12－14、15。

③ 杜金鹏：《论临朐朱封龙山文化玉冠饰及相关问题》图八－3，《考古》1994年第1期。

④ 杨小博、赵国靖、王青：《山东龙山文化玉器发现与研究综述》，《临朐西朱封龙山文化玉器研究》，科学出版社2015年版，第48页图12－13。

⑤ 杨小博、赵国靖、王青：《山东龙山文化玉器发现与研究综述》，《临朐西朱封龙山文化玉器研究》，科学出版社2015年版，第53页图12－20。

⑥ 杨小博、赵国靖、王青：《山东龙山文化玉器发现与研究综述》，《临朐西朱封龙山文化玉器研究》，科学出版社2015年版，第54页图12－21。

⑦ 杨小博、赵国靖、王青：《山东龙山文化玉器发现与研究综述》，《临朐西朱封龙山文化玉器研究》，科学出版社2015年版，第54页图12－22。

⑧ 杨小博、赵国靖、王青：《山东龙山文化玉器发现与研究综述》，《临朐西朱封龙山文化玉器研究》，科学出版社2015年版，第55页图12－23。

图 3－17　美国匹兹堡博物馆藏玉圭

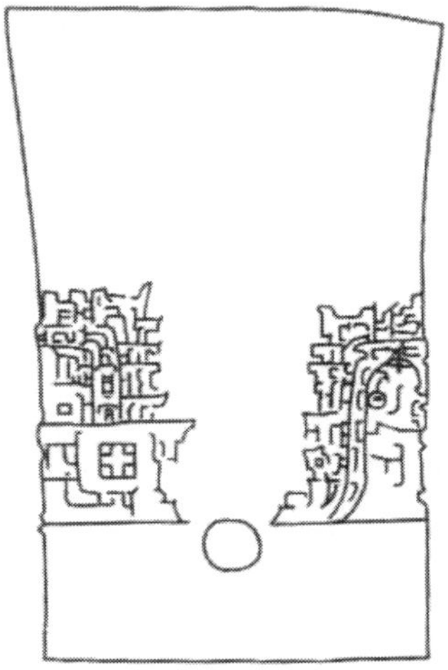

图 3－18　山西黎城玉戚

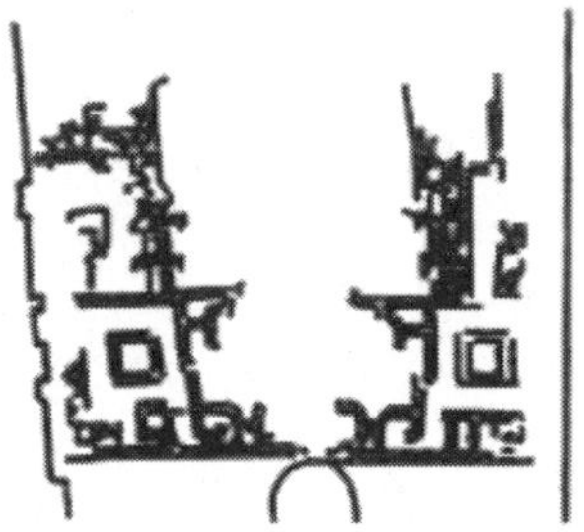

图 3－19　美国圣路易斯博物馆藏玉圭

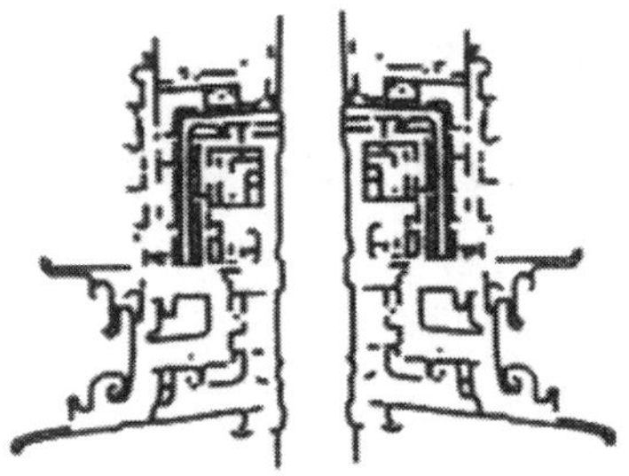

图 3－20　美国华盛顿赛克勒美术馆藏玉刀

(图 3－21),北京故宫博物院的玉圭图像作浪花形①(图 3－22),关氏收藏的一件玉圭也作浪花之形②(图 3－23)。这些图像表示,东海之外有大壑,有太阳神少昊之国,太阳神宫殿大门由龙守卫,龙门开启,太阳神出海。龙是禹帝的象征,禹帝"有夏"之国当属少昊太阳部落。

湖北钟祥六合遗址龙山文化晚期瓮棺墓出土的太阳神头像玉饰(图 3－24),龙首之形很突出③。美国西雅图美术馆收藏的玉器上的太阳神头像与湖北钟祥六合遗址太阳神头像相似④(图 3－25)。

① 杨小博、赵国靖、王青:《山东龙山文化玉器发现与研究综述》,《临朐西朱封龙山文化玉器研究》,科学出版社 2015 年版,第 56 页图 12－24。

② 杨小博、赵国靖、王青:《山东龙山文化玉器发现与研究综述》,《临朐西朱封龙山文化玉器研究》,科学出版社 2015 年版,第 57 页图 12－25。

③ 杜金鹏:《论临朐朱封龙山文化玉冠饰及相关问题》图一〇－3,《考古》1994 年第 1 期。

④ 杜金鹏:《论临朐朱封龙山文化玉冠饰及相关问题》图一〇－2,《考古》1994 年第 1 期。

图3-21　台北故宫博物院藏玉戚

图3-22　北京故宫博物院藏玉圭

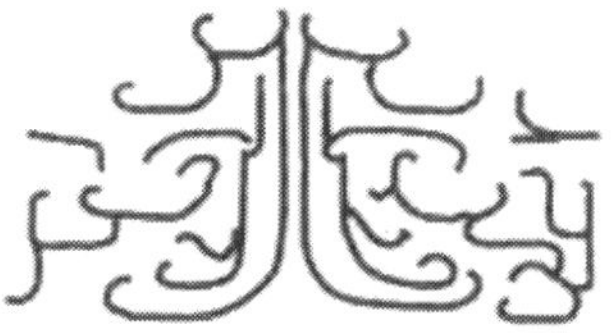

图3-23　关氏藏玉圭

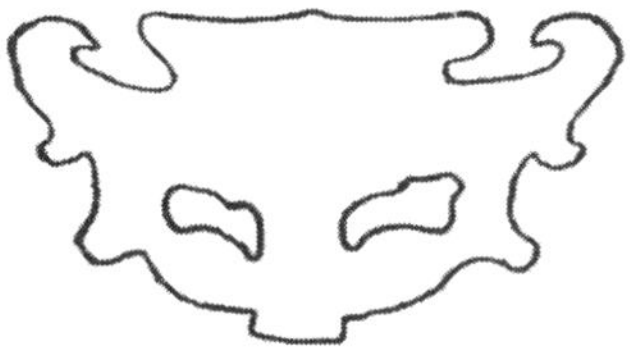

图3-24　湖北钟祥六合遗址出土玉器

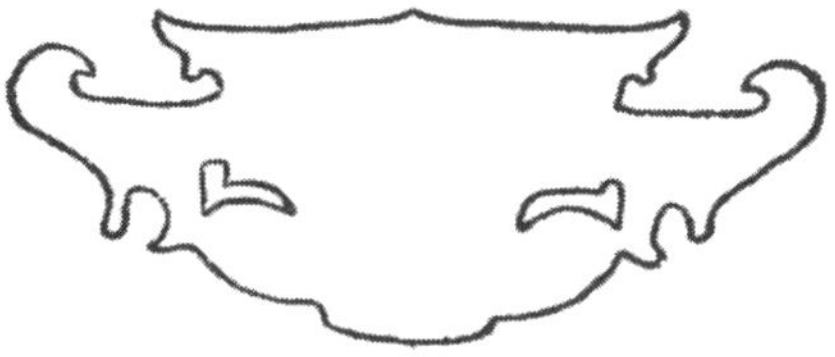

图3-25　美国西雅图美术馆藏品

上述国内外这些与日照两城镇玉圭文化内涵相同或相似的玉器，都应是日照两城镇遗址龙山文化晚期时的禹夏文化遗物。

湖北钟祥六合、江苏溧阳、山西黎城皆有禹夏文化特征的玉器出土，说明这些地方夏代时当都有禹夏王族分布。

传世的龙山文化玉器中，有一些鹰形或刻有鹰图像的玉器，学者称为玉鹰。帝少昊时以鸟纪官，少昊名挚，“挚”与“鸷”通用。《楚辞·离骚》：“鸷鸟之不群兮。”《辞源》释曰：“鸷，执也，谓能执服众鸟，鹰鹯之类也，以喻忠正。”这些玉鹰当是少昊族的图腾崇拜，是知历史上确实有少昊之人。

四

甲骨文有从日之“啓”字，作“□”（《乙》九九七）、“□”（《粹》六五一）、“□”（《京》三八〇五）、“□”（《甲》一五六一）、“□”（《邺》三. 三七. 五）等形，义为“门户开启日出”，与日照两城镇玉圭之义契合。

日照两城镇玉圭、山西黎城玉戚等9件玉器上的开启龙门图像，寓有帝夏后启的文化信息，记载着夏朝父传子承家天下的开始，是甲骨文“□”字的图像文字形态。

《山海经·大荒西经》曰:“西南海之外,赤水之南,流沙之西,有人珥两青蛇,乘两龙,名曰夏后开。开上,三嫔(宾)于天,得《九辩》与《九歌》以下。此天穆之野,高二千仞,开焉得始歌《九招(韶)》。”

《山海经·海外西经》曰:“大乐之野,夏后启于此舞九代,乘两龙,云盖三层。左手操翳,右手操环,佩玉璜。在大运山北,一曰大遗之野。”

《大荒西经》记载的“夏后开”,《海外西经》记载的“夏后启”,实为一人。袁珂注曰,汉人避讳汉景帝刘启之名,故改“启”为“开”。然既避讳汉景帝刘启之名,为何只改《大荒西经》,不改《海外西经》,可见未必是汉人为避讳汉景帝之名而改,是“开”与“启”义同,故“夏后启”又作“夏后开”。夏后启乘两龙而登天,得禹帝《九辩》与《九歌》乐歌,又歌舜帝之《九韶》,是说夏后启登帝位,而成为神也。《归藏·郑母经》也曰:“夏后启筮:御飞龙登于天,吉。”夏朝之家天下从夏后启开始,夏后启之“开启”之义与其乘两龙之像,与两城镇玉圭等玉器图像寓意相同,由此观之,两城镇玉圭或是夏后启的遗物。

《尚书·甘誓》《史记·夏本纪》载,夏后启废禅让制,立家天下,地处今山西的有扈氏不服,启征有扈氏而巩固了家天下,《山海经》之载,正是这一历史的神化。如此看来,夏后启有子封于山西黎城。

禹夏文化本质特征与禹都阳城探赜

一

东夷古国的探赜,引发了笔者对于文献记载的"禹都阳城"的思辨。

《世本·居篇》曰:"夏禹都阳城,避商均也,又都平阳,是在安邑,或在晋阳。"《史记·夏本纪》也曰:"禹辞辟舜之子商均于阳城。"

《汉书·地理志·颍川郡》"阳翟"条下注曰:"夏禹国。"应劭曰:"夏禹都也。"臣瓒曰:"《世本》禹都阳城,《汲郡古文》亦云居之,不居阳翟也。"

唐人张守节《史记正义》引刘熙曰:"今颍川阳城是也。"又引《括地志》云:"阳城县在箕山北十三里,又恐'箕'字误,本是'嵩'字,而字相似。其阳城县在嵩山南二十三里,则为嵩山之阳也。"颍川阳城,在今河南登封。有趣的是《鄩仲盘》《寻仲匜》的出土地山东临朐,也有嵩山(海拔758米)、阳城之名,而莒县东北也有箕山。古人迁徙,往往携带着地名,今河南"嵩山""阳城""箕山"之名,或是当年禹夏王朝迁豫所名,若如此,"嵩山""阳城"必为禹夏迁徙中原之地。

偃师二里头考古划时代的意义是竖起了夏文化的旗帜。1959年开始发掘的偃师二里头遗址,面积达3.75平方千米,遗址发现了城址和成组的大型宫殿群基址,其中位于中部的一组基址总面积达1万平方米以上,中心宫殿为面阔八间、进深三间,周围有廊庑环绕,学者认为这是夏人的宗庙,有宗庙即国都。遗址还发现制陶、铸铜、制石等手工业作坊,还发现了与甲骨文接近的文字。① 碳-14测定的38个标本数据,显示其年代为公元前1900—前1550年。② 学者将二里头文化分为四期,第一期和第二、三、四期为不同的族属,而第三、四期为夏商文化更替期。在二里头从事了14年田野考古工作的杜金鹏先生认为:"偃师二里头遗址具有早期王都的规模和内涵,因而被认为是一代王都之遗墟。""而今学术界一般认为属夏代,是夏代后期的

---

① 邹衡:《中国文明的诞生》,《文物》1987年第12期。

② 刘莉、陈星灿:《中国早期国家的形成——从二里头和二里岗时期的中心和边缘之间的关系谈起》,《古代文明(第1卷)》,文物出版社2002年版,第76页。

都城遗址。”①李伯谦先生称其为“‘后羿代夏’以后的夏文化”②。于是，夏朝初年的禹都就要在另外的地方寻找。

1977—1981 年，考古工作者对河南登封王城岗龙山文化遗址进行了正式发掘，发现有古城基址，但面积不足 1 万平方米。碳－14 测定的年代为距今 4000 ± 65 年，发掘者认为：“王城岗城址可能是夏王朝初期城垣的遗迹。”③此后，有数位学者将此与禹都阳城联系起来，进行了考证。④ 邹衡先生认为王城岗遗址太小，没有作为禹都的坚实物证。“这样规模的城址作为有防御设施的军事城堡应该是比较合适的；若作为政治、经济和文化中心的都城就显得很不相称。”⑤进入 21 世纪以后，考古工作者又对王城岗遗址发掘了多次，发现了面积超过 30 万平方米的大型城址，碳－14 测定其年代在公元前 2000 年，认为这即禹都阳城。但王城岗遗址碳－14 测定的年代晚于禹夏初建的年代，登封王城岗遗址可能是少康中兴后迁居的都城。

经过考古发掘的河南密县新砦遗址，是属于龙山文化晚期和二里头早期的遗存，龙山文化晚期和二里头文化早期之间，存在着许多相似之处，说明二里头文化是从河南龙山文化发展而来的。但新砦遗址也没有发现作为禹都的坚实物证，解决不了学术界最为关注的禹都及朝代归属问题。禹都在哪里，考古工作者仍在不懈地探索。

二

既然河南登封王城岗遗址、密县新砦遗址和偃师二里头遗址都非禹都，那么，我们不妨调整一下视角，关注一下山东，这里是夏朝初年“羿浞代夏”的战场，与禹都有着密切的联系。

1. 二里头文化中有山东龙山文化的因素。二里头遗址出土的 30 多种陶器中，三足鬶、三足盘、罐、瓮、壶、豆、盆等为山东龙山文化常见器类。黑陶是山东龙山文化的典型特征，二里头遗址早期的泥质黑陶约占 14%，中期约占 9.5%，晚期约占 3%。二里头陶器上的篮纹和附加堆纹也是山东龙山文化常见的纹饰。二里头遗址发掘报告

---

① 杜金鹏：《偃师二里头遗址都邑制度研究》，《夏商周考古学研究》，科学出版社 2007 年版，第 107 页。

② 李伯谦：《二里头类型的文化性质与族属问题》，《文物》1986 年第 6 期。

③ 河南省文物研究所、中国历史博物馆考古部：《登封王城岗遗址的发掘》，《文物》1983 年第 3 期。

④ 安金槐：《试论登封王城岗龙山文化城址与夏代阳城》，《中国考古学会第四次年会论文集（1983）》，文物出版社 1985 年版，第 1 ~ 6 页。京浦：《禹居阳城与王城岗遗址》，《文物》1984 年第 2 期。

⑤ 邹衡：《中国文明的诞生》，《文物》1987 年第 12 期。

称:“我们认为,二里头类型应该是在继承中原的河南龙山文化的基础上,吸取了山东龙山文化的一些因素而发展成的。其中有的器形是在河南龙山和山东龙山文化中都可以见到的,如平底盆和鬶等。有的器形能够在山东龙山文化中找到它们的祖型,如三足盘和鬶等。”①发掘者所引的资料是《考古》1963 年第 7 期《山东潍坊姚官庄遗址发掘简报》,姚官庄遗址位于潍坊市潍城区白浪河西岸,这里距临朐县西朱封村遗址约 50 公里。发掘报告提到的三足盘和鬶,在西朱封龙山文化晚期的 M202 和 M203 特大型墓葬中都有发现,考古发现证实了西朱封遗址和二里头遗址之间的文化联系。

2. 二里头遗址有一个重大的考古发现,便是青铜凿、锥、刀、镞、爵及其作坊,表明二里头遗址夏文化已经进入了青铜时代。但这是一个突如其来的青铜时代,在此前的中原河南龙山文化中,并无青铜器的出土发现,严文明先生在论述《龙山文化和龙山时代》时,关注了这个问题。他指出龙山文化时期,河北唐山大城山发现两件穿孔小铲,甘肃武威皇娘娘台发现铜刀和铜锥,永靖大何庄发现一件残铜片,山东胶县三里河发现两件铜锥,“现在的问题是,西、北、东三个方面都出铜器,唯独中原地区至今没有发现一件。但中原在紧接龙山时代之后的二里头文化中已多次发现了青铜器,包括某些青铜容器,显然已经进入青铜时代,不能设想在它以前没有一个使用红铜器的准备时期。所以中原地区龙山时代铜器的发现,也只是时间早晚的问题了”②。但事情总是存在两种可能,一种是二里头的青铜器是从河南龙山文化的红铜时代发展而来;另一种可能是二里头的青铜器制作技术是由外地传播的,河南没有红铜时代。如是后者,西、北、东三个方面都有向河南传播的可能,但发生“羿浞代夏”的山东,应是首先考虑的方向。

山东潍坊、临沂、烟台等地区,铜矿资源丰富,除胶县三里河外,在栖霞杨家圈、诸城呈子、日照尧王城、临沂大范庄、鹿邑栾台等龙山文化遗址都发现过铜块、铜条和铜渣。1958 年,黄县出土的一件岳石文化青铜甗,甗与甑鬲合体,通高 33 厘米,口径 28 厘米,与陶甗相似,是胶东进入铜器时代的物证。③

综观史前的考古发现,在仰韶文化之后,代之而兴的是山东的大汶口文化和龙山文化,龙山文化以后,山东内地考古学出现了明显的衰退现象。岳石文化陶器厚重、粗笨,与山东龙山文化时期精制的陶器相比,有退无进。1995—2000 年中美两城地区联合考古队对山东日照地区系统区域调查的结果表明,日照地区在龙山文化晚期,尤其是岳石文化时期,考古学衰退的迹象最为突出。先进的山东龙山文化在进入岳石

① 中国科学院考古研究所洛阳发掘队:《河南偃师二里头遗址发掘简报》,《考古》1965 年第 5 期。
② 严文明:《龙山文化和龙山时代》,《文物》1981 年第 6 期。
③ 李步青、林仙庭:《山东黄县出土一件青铜甗》,《考古》1989 年第 3 期。

文化时，失去了领先发展的地位，不能不说其中有着重大的变故。偃师二里头文化的兴起和山东龙山文化的衰落，有着内在的、必然的联系。

早在1949年，范文澜先生就提出夏朝在山东章丘城子崖遗址的观点，他说："夏朝文化遗址，迄今还没有得到确实的证明。但龙山文化层在仰韶之上，殷商之下，却是确然无疑的实事。"他指出："《韩非子·十过篇》说禹作祭器，外面黑色，里面红色，城子崖遗物中正有一种表面漆黑，里面红色，叫作亮黑红的陶器。传说夏有城郭叫作邑，城子崖遗址环绕着长方形的版筑城墙，南北约四百五十公尺，东西约三百九十公尺，住房多在城内。夏朝在东方有不少与国，同姓昆吾就是其中最强的一国。东部地区有比较发展的龙山文化与传说似相符合。"①此后，杨向奎《夏民族起源于东方考》、杨子范《对山东史前考古的追述与瞻望》都有夏文化在山东之论。

1990年3月，山东省文物考古研究所对城子崖遗址进行复探试掘，发现龙山文化城址和岳石文化城址。龙山文化城址东西宽430余米，南北最长处约530米，面积约20万平方米。夏代城址的平面与龙山文化城址基本一致。其城垣或在龙山文化城垣之上，或在内侧修筑，城内面积约为17万平方米。"这一发现表明，城子崖从龙山时代到夏代一直是某种权力统治的中心，据此认为城子崖是夏朝前期某个王的国都所在地或许不为过。"②但同河南登封王城岗、密县新砦遗址一样，城子崖遗址缺乏作为夏朝王都坚实的物证，至今未被确认。

三

我国历史上五帝时代，与西方的军事民主联盟时期相似，是部落酋长民主联盟的时代。禹帝是这个时代最后一位由禅让制推举产生的大盟主。禹帝之人的造就、禹夏之国的产生，都是五帝时代优秀文化的结晶，具有丰富的文化内涵和鲜明的时代特征。

周灵王二十二年（前550），谷水和洛水汇流，将毁王城，灵王欲壅堵谷水，太子晋谏言，曰："昔共工弃此道也，虞于湛乐，淫失其身，欲壅防百川，堕高堙庳，以害天下。皇天弗福，庶民弗助，祸乱并兴，共工用灭。其在有虞，有崇伯鲧，播其淫心，称遂共工之过，尧用殛之于羽山。其后伯禹念前之非度，厘改制量，象物天地，比类百则，仪之于民，而度之于群生，共（工）之从孙四岳佐之，高高下下，疏川导滞，钟水丰物，封崇九

---

① 范文澜：《中国通史简编（1949年修订本）》第一编，人民出版社1955年版。

② 张学海：《揭开城子崖考古之谜》，《走向世界》1990年第5期。安作璋主编：《山东通史·先秦卷》，山东人民出版社1993年版，第69页。

山,决汩九川,陂障九泽,丰殖九薮,汩越九原,宅居九隩,合通四海。故天无伏阴,地无散阳,水无沉气,火无灾燀,神无间行,民无淫心,时无逆数,物无害生。帅象禹之功,度之于轨仪,莫非嘉绩,克厌帝心。皇天嘉之,祚以天下,赐姓曰‘姒’,氏曰‘有夏’,谓其能以嘉祉殷富生物也。祚四岳国,命以侯伯,赐姓曰‘姜’,氏曰‘有吕’,谓其能为禹股肱心膂,以养物丰民人也。”

《国语·周语下》的这段文字,讲述了大禹治水成功,从而得姓、得国、得天下的历史,可知大禹之功德,夏国之由来。

治水是造就禹帝和夏国的伟大事业。禹帝的名字,便是治水的旗帜,也是禹夏文化的标志。

“禹”字作“”“”“”“”,取象于鳄鱼。鳄鱼不仅善于游泳,还能在陆地爬行;鳄鱼有灵性,知云雨,每当大雨来临,它都会露出水面戏水;鳄鱼冬眠而春出,古人又认为它知冬春。鳄鱼即古人称作的龙。《左传·昭公二十九年》记载,禹夏之时,都有专门饲养和驯服鳄鱼的豢龙氏、御龙氏。大禹是尧、舜时代的人,正是基于对鳄鱼习性的认识,才取名为禹,也正是尧、舜之时,洪水为患,民不聊生,人们才有了对治水英雄急切的需求。而大禹治水的成功,是总结和汲取了先人共工和鲧治水失败的教训,改壅堵为疏导,引洪水入河入海,终于获得了成功,可谓洪水时代造就了治水英雄。大禹治水成功而成为帝,也成为神,成为龙。龙是禹帝的化身和标志,是禹帝家族的宗神图腾,也是人们共同的信仰。美国弗利尔美术馆收藏的玉刀上的三个图像是禹帝升华为龙的生动写照。龙山文化晚期刻画在各种礼器上的龙,彰显的都是禹夏文化的本质特征。

舜封禹国曰“夏”,“夏”是禹夏文化的另一本质特征。

周金文“夏”字作“”“”,是太阳直射天柱头顶的“夏至”之义。尽管夏朝时,作为四季之分的“夏至”尚未确立,但夏朝名“夏”,说明其时已经有了“夏至”的观念,这是龙山文化时期,少昊部族立杆测影、观象授时的重大发现。

《大戴礼记》记载的《夏小正》,相传是夏代的历书。《礼记·礼运》载,孔子曰:“我欲观夏道,是故之杞,而不足征也,吾得夏时焉。”杞即古杞国,商汤时封的夏之后裔,至周武王时,封于杞,《括地志》云在汴州雍丘县。春秋时孔子到杞国寻求治世之道未得,却得到了《夏小正》,郑玄注曰:“得夏四时之书也,其书存者有《小正》。”《论语·卫灵公》载,颜渊问孔子怎样治理国家,孔子曰:“行夏之时,乘殷之辂,服周之冕,乐则《韶》《舞》。”“行夏之时”,即实行夏朝的历法。《史记·夏本纪》也载:“孔子正夏时,学者多传《夏小正》云。”《夏小正》记载有十二个月的天象。其对一年之中白天最长的一天和晚上最长的一夜的记载尤为重要。《夏小正》曰:“(五月)时有养日,养，长也。一则在本，一则在末，故其记曰‘时养日’云也……初昏，大火中。大火者，心也。”“（十月）时有养夜。养者，若日之长也云……织女正北乡则旦。织女，星名也。”其记载的白天最长的一天在五月初或五月末。日本学者能田忠良曾对《夏小正》中的星象进行研究，发现其中极大部分天象是属于公元前2000年左右的，正在夏朝的纪年以内。① 我国的潘鼐先生研究认为，夏朝纪年范围在公元前2360—前1600年，与用现代天文学方法测算《夏小正》星象的大部分记事的年代相合，因此，他认为：“《夏小正》成书虽然在东周时期，然而其中的天象却是夏代的。”②

夏朝的历法是对东夷原始太阳历的继承和发展。东夷原始太阳历，是一个太阳八角芒形图像，诞生于公元前4300年的大汶口文化初期，是世界上最早的太阳历。它以一年之中白天最短的一天和最长的一天为岁首，将一年分为两岁（季）。夏朝名夏，说明龙山文化时期，这白天最长的一天有了名字，称作“夏”，故舜帝赐禹国名曰“有夏”。夏季雨多，洪水易发，也与治水有关。“夏”是禹夏文化的本质特征，其图像形态，是太阳神或龙的头顶之上有一表示“夏至”的圆形或火球。

四

迄今为止，考古发现的具有禹夏文化“龙”和“夏”两大本质特征的遗址有三处：一是偃师二里头遗址，二是临朐西朱封遗址，三是日照两城镇遗址。这是夏朝不同历史时期的三处政治、经济、文化中心。

偃师二里头遗址是学术界公认的夏文化遗址。偃师二里头遗址三号大型宗庙基址02VM03墓出土的绿松石龙牌，四区M57墓葬、五区M4墓葬、六区M11墓葬出土的绿松石青铜器骨架龙牌，二号宫殿南陶片上刻画的龙形和额中作一圆形寓有“夏至”之意的残存龙首，都充分说明偃师二里头遗址的族属是禹夏王族，二里头遗址是夏朝晚期的王都。

临朐西朱封是早于偃师二里头遗址的龙山文化晚期遗址。遗址M202随葬的太阳神面玉冠，寓有禹夏文化“龙”和“夏”两大文化特征，M202随葬的鳄鱼骨板，M202与M203随葬的绿松石薄片，都是禹夏文化的标志物。在临朐西朱封遗址西南25千米的嵩山乡泉头村，是周青铜器《鄩仲盘》《寻仲匜》的出土地。寻即斟鄩，是禹帝时封的同姓国，《古本竹书纪年》记载：“太康居斟寻（鄩）。”太康是禹帝之孙。文献记载，帝太康时，淫于游猎，不理民事，被后羿驱逐，避居于斟鄩。太康传位于仲康，仲康

① ［日］能田忠亮：《夏小正星相论》，《东方学报》1941年第13册，第2、130页。

② 杜金鹏：《试论夏文化探索》，《夏商周考古学研究》，科学出版社2007年版，第205页。

传位于帝相,帝相时又迁居于另一同姓国斟灌,在今潍坊市东南。临朐当是帝太康和仲康的避居之地。M202 的墓主人和太阳神面玉冠的器主人或是帝太康。

日照两城镇是一处大汶口文化晚期至龙山文化晚期的遗址,遗址面积 200 万平方米。遗址发现的太阳神面玉圭是“帝王朝日”的礼器,玉圭两面的太阳神像,寓有禹夏文化“龙”和“夏”两大文化特征,开启的龙门寓有禹帝之子夏后启的文化信息。除此之外,还有 8 件传世的山东龙山文化玉器寓有“开启龙门”之意。这些玉器可能都是日照两城镇遗址的遗物。

两城镇西北 4.5 千米的丹土遗址,是属于两城镇一级中心聚落群的二级聚落群,遗址面积约 130 万平方米,文化堆积为大汶口文化晚期和龙山文化早期。遗址出土的玉器最多,有玉钺、玉刀、玉璋、玉璇玑等 30 多件,已发现有城址。中美联合考古调查说明,龙山文化时期,两城镇是这一地区的政治、经济、文化中心。

两城镇遗址发现的太阳神面玉圭是两城镇遗址身份的标志,玉圭呈现的禹夏文化特征,说明两城镇遗址当是最初的禹夏之都。

1975 年,莒南县大店镇出土的《簷叔之仲子平钟》载有铭文 68 字。铭文“嘟嘟嗡嗡,闻于夏东”一语,说明莒南在夏都之东,这与我们考证的禹都在日照两城镇相合。

五

“羿浞代夏”是发生在夏朝初年的重大历史事件,《左传》两载其事,而涉及的人名、地名皆在今山东。

《左传·襄公四年》载:“昔有夏之方衰也,后羿自鉏迁于穷石,因夏民以代夏政。恃其射也,不修民事,而淫于原兽。弃武罗、伯因、熊髡、龙圉,而用寒浞。寒浞,伯明氏之谗子弟也。伯明后寒弃之,夷羿收之,信而使之,以为己相。浞行媚于内而施赂于外,愚弄其民而虞羿于田,树之诈慝,以取其国家,外内咸服。羿犹不悛,将归自田,家众杀而亨之,以食其子。其子不忍食诸,死于穷门。靡奔有鬲氏。浞因羿室,生浇及豷,恃其谗慝诈伪而不德于民。使浇用师,灭斟灌及斟寻(鄩)氏。处浇于过,处豷于戈。靡自有鬲氏,收二国之烬,以灭浞而立少康。少康灭浇于过,后杼灭豷于戈,有穷由是遂亡,失人故也。”

《左传·哀公元年》载:“昔有过浇,杀斟灌以伐斟鄩,灭夏后相。后缗方娠,逃出自窦,归于有仍。生少康焉,为仍牧正。惎浇,能戒之。浇使椒求之,逃奔有虞,为之庖正,以除其害。虞思于是妻之以二姚,而邑诸纶,有田一成,有众一旅。能布其德,而兆其谋,以收夏众,抚其官职,使女艾谍浇,使季杼诱豷。遂灭过、戈,复禹之绩,祀夏配天，不失旧物。”

代夏之人，一曰后羿，一曰寒浞，皆东夷有穷氏族也。

后羿是有穷氏的国君，因善射而名“羿”，其地在鲁西北。尧帝时以羿为射正，征伐太阳部落，迁居“穷石”。“穷石”即“穷桑”，在今山东曲阜一带。舜帝时仍以羿为射正，扶持下国。但《史记·五帝本纪》记载的尧舜之臣中没有后羿，后羿载于《山海经》，司马迁视为怪物而不敢言也。①

“羿浞代夏”反映了史前时期由部落民主联盟制度改变为父传子承家天下时的斗争。

禹治水成功登帝位，以佐其治水的伯益为大臣，号称“四岳”，并荐伯益为继承人。禹帝在位十年薨，以天下授伯益。三年丧毕，伯益让位于禹子启，而避居于潍水源头的箕山之阳。启夺伯益位而为帝，废除了尧舜之时的禅让之制，首先引起了地处今山西的有扈氏不服。启伐有扈氏，而巩固了家天下。启卒，传位于其子太康，太康淫于游猎，不理民事，被后羿驱逐，不得返国。羿因夏民，代夏之政，为帝。

太康被逐，居于同姓国斟鄩，在临朐城南西朱封。太康卒，传位于弟仲康。仲康卒，传位于子帝相。帝相居斟灌，又称斟戈，在今潍坊市东南。

寒浞之国在今潍坊寒亭。寒浞是寒国国君伯明之子，阴险奸诈，伯明弃之不用，后羿用为大臣。后羿恃其善射，不修民事，政事委于寒浞。寒浞行媚于内，施贿于外，愚弄后羿之家众，伏杀了后羿，遂掌夏政，自立为帝。浞占羿妻室，生浇与豷二子。二子及长，浞使浇灭斟灌，杀帝相，又伐斟鄩。斟鄩余众沿弥水而上，居于嵩山泉头村一带。寒浞封浇于过，过国在今胶莱河东岸的莱州土山一带，又封豷于斟戈（即斟灌），在今潍坊市东南，扩大了寒国的疆域。

帝相被杀于斟灌，相妇后缗逃归娘家有仍，在今金乡县东北二十五里。后缗有孕，生子少康。少康既长，为避寒浞追寻，逃避于有虞。有虞是舜帝之后，禹帝所封，地在今济南市北。有虞国君以二女妻少康，赐邑曰诸纶，在今成武县东北。于是少康有田一成方十里，有众一旅五百人。少康收夏余民，设官立职，建立了流亡政权。

寒浞谋杀了后羿，夏臣伯靡逃奔有鬲之国（在今德州市东南）。及少康兴起，伯靡乃收斟鄩、斟灌余众，灭寒浞，立少康为帝。少康使臣女艾谍浇，灭浇于过；使子季杼诱豷，灭豷于斟戈（斟灌），有穷氏遂亡，夏朝恢复，史称“少康中兴”。

少康登帝位，封其庶子曲烈于曾，在今兰陵县城西北约 4 千米，临朐县嵩山泉头村出土的《上曾大子鼎》，即春秋时的曾国铜器。

---

① 袁珂校注：《山海经校注》之附录《山海经叙录》，巴蜀书社 1993 年版，第 543 页。

“羿浞代夏”约40年，所涉及的代夏之人及方国、地名皆在山东。

《古本竹书纪年》曰，夏伯杼子东征，往于东海，至于三寿。三寿即平寿，在今潍坊市。其时，夏未迁都也。

《古本竹书纪年》又曰：“后芬即位，三年，九夷来御，曰畎夷、于夷、方夷、黄夷、白夷、赤夷、玄夷、风夷、阳夷。”后芬即《史记·夏本纪》所载的帝杼之子帝槐。九夷皆在今山东，其时，夏都已迁中原也。九夷来御，大概也是对其迁居新都的祝贺。今考古发现的河南登封王城岗遗址当是后芬迁居之都，而禹都阳城在今山东日照两城镇。

遂国是舜帝后裔，禹帝所封，地在今山东济南济阳区西北，商、周时重封。2002年，由海外购回的周铜器《遂公盨》载有铭文98字，记载了大禹治水得天下之事，证实文献记载的禹夏是信史，而舜和禹皆东夷人也。

斟 鄩

《鄩仲盘》《寻仲匜》铭文考释

一

图 3－26 《寻仲匜》铭文

1978—1981 年，山东临朐县嵩山公社泉头村社员在村东取土时，先后发现春秋早期墓葬两座，出土铜器 21 件，有 6 件载有铭文，其中，《鄩仲盘》《寻仲匜》《上曾大子鼎》和两件《齐趫父鬲》出土于墓葬乙，《齐侯子行匜》出土于墓葬甲。①

《文物》1983 年第 12 期刊载了孙敬明等《山东临朐新出土铜器铭文考释及有关问题》一文，《文物》1983 年第 12 期发表了临朐县文化馆、潍坊地区文物管理委员会《山东临朐发现齐、鄩、曾诸国铜器》。其后，张亚初《殷周金文集成引得》和《山东金文集成》皆有释文。

墓葬乙出土鼎三、鬲一、簠二、盘一、匜一、壶一。

《鄩仲盘》通高 14.5 厘米，口径 40.5 厘米，重 7.75 千克，载有铭文 20 字："鄩仲賸（媵）仲女子宝般（盘），其万年无疆，子子孙孙永宝用。"（《集成》16.10135）

《寻仲匜》（图 3－26）通高 22 厘米，流鋬距 42 厘米，重 5.05 千克，铭文与《鄩仲盘》略异，《殷商金文集成引得》释为 22 字："寻（鄩）仲賸（媵）仲女丁子子宝也（匜），其万年无疆，子子孙孙

① 临朐县文化馆、潍坊地区文物管理委员会：《山东临朐发现齐、鄩、曾诸国铜器》，《文物》1983 年第 12 期。

永宝用。”(《集成》16.10266)《郭仲盘》和《寻仲匜》是郭国二公子为其二女儿出嫁作的媵器，盘和匜为一套洗盥器。

《上曾大子鼎》(图3－27)通高26.5厘米，口径30.5厘米，重6.65千克，铭文38字：“上曾大(太)子般殷，乃择吉金，自作䵼彝，心圣若慮(虑)，哀哀利锥，用考(孝)用享，既龢无测，父母嘉寺(持)，多用旨食。”(《集成》5.2750)这是曾国的太子为其父母作的食用器。

图3－27 《上曾大子鼎》铭文

《齐趫父鬲》共两器，每件高11厘米，重1.4千克，铭文16字：“齐趫父作孟姬宝鬲，子子孙孙永宝用享。”(《集成》3.685)这是齐国的贵族趫父为其夫人孟姬作的炊器。孟姬应是此墓的主人。

墓葬甲出土鼎二、鬲五、盘一、匜一、舟一、戈一。匜高21.5厘米，流鋬距42厘米，重4.7千克，铭文16字：“齐侯子行作其宝也(匜)，子子孙孙永宝用享。”(《集成》16.10233)此齐侯子与齐趫父当是一人，是齐国的公子。

墓葬甲与墓葬乙相距只有3米，两墓所出铜器的年代相同，论者称：“《上曾太子般殷鼎》有修补过的痕迹，与《寻仲匜》很可能是由于某种历史原因辗转到齐趫父之手，为孟姬生前所用，后来随葬入墓。如果甲、乙墓是夫妇墓，那么，墓主可能是齐趫父和孟姬。”①所言是也。

发掘报告称，在甲墓东南1米，还有一座残墓，与甲、乙墓成“品”字形。

1978年，泉头村民在甲、乙墓东约400米处发现一墓，出土有铜鼎、铜匜和陶鼎、陶豆、陶罐等，器物的形制与排列次序大致与甲乙墓相同。

1979年，在甲、乙墓南5千米的暖水河村也发现过春秋战国时期的墓葬，出土有青铜剑、戈、镞等。

在甲、乙墓东约2公里的青石崖村西边有一西周至战国时期的遗址，范围约为400×300平方米，文化层厚达2—3米，曾出青铜剑、镞等。1982年12月，在青石崖村遗址南边发现春秋晚期墓葬三座，出土青铜鼎、壶、戈以及陶罐、陶豆等。嵩山在临朐县西南部，与淄博市沂源县为邻。考古发现说明，《郭仲盘》《寻仲匜》的出土地附近是一个西周至战国时期的考古文化区。

---

① 临朐县文化馆、潍坊地区文物管理委员会：《山东临朐发现齐、郭、曾诸国铜器》，《文物》1983年第12期。

二

鄅国嫁女的媵器与曾国太子的铜器同出，说明两者之间存在着某种联系，这位曾（鄫）太子或是鄅女之夫，而临朐或是鄅女之国。

曾，文献又作鄫、缯，是夏朝时建的姒姓国。《史记·夏本纪》载："禹为姒姓，其后分封，用国为姓，故有夏后氏……斟寻氏……鄫氏……斟戈氏……"《世本·氏姓篇》载："夏少康封少子曲烈于鄫，春秋时为莒（筥）所灭。鄫太子巫仕鲁，去邑为曾氏。"《左传·僖公十四年》："夏六月，季姬及鄫子遇于防。使鄫子来朝。"杜预注："季姬，鲁女，鄫夫人也。鄫子本无朝志，为季姬所召而来，故言使鄫子来朝。鄫国今琅邪鄫县。"鄫国弱小，常受邻国邾、筥的欺凌。《左传·僖公十九年》载，宋人、曹人、邾人会盟于曹南，邾人执鄫国国君，欲用其作祭品，幸有宋国司马劝说，鄫君才免于一死。《左传·宣公十八年》载，邾国派人到鄫国暗杀了鄫国国君。因此鄫国依附于鲁国而求生存，又因此而轻慢了筥国，终被筥国所灭。《左传·襄公六年》："莒（筥）人灭鄫，鄫恃赂也。"杜预注："鄫有贡赋在鲁，恃之而慢筥，故灭之。"

鄫国之名又作缯。《路史·国名纪四》："缯，子爵，昭公取鄫也，曲列国，一曰缯，衍。今沂之承县东八十（里）故缯城，莒（筥）灭之。汉缯国属东海。"《左传·僖公十四年》："鄫，国名，姒姓。襄六年灭于莒（筥），昭四年鲁取其地。后又属齐，见《吴世家》。故城在今山东省峄县东八十里。……《战国策·魏策四》云：'缯恃齐以捍越，齐（田）和子乱，而越人亡缯。'即此缯地，但已是战国初事。恐非姒姓之鄫矣。由传世彝器考之，古代有姒姓之鄫，亦有姬姓之鄫。《曾侯簠铭》云：'曾侯乍叔姬奶賸（媵）器'，则为姬姓之曾。"鄫为夏朝时的姒姓国，历商、周两朝，易主改姓都是可能的，鄫国的名字作"缯"，作"曾"，都是易主改姓的表现。因此，春秋早期，曾与鄅已非同姓之国，两国通婚是可能的，曾太子般即鄅女之夫。

《上曾大子鼎》是鄫太子般为孝敬父母作的炊器，而非祭祀用的礼器。"心圣而虑""哀哀利锥"这些自我标榜而又悲伤不止的词语，表达的是太子般被废的悲哀，可见春秋之时，鄫国既有外患，也有内乱。这位被废的太子只好避居于夫人之国，当鄅国被齐兼并时，这些鄅国和鄫国的铜器也就成为齐人之物。

三

鄅，文献称为斟寻，是夏同姓之国。《史记·夏本纪》载："禹为姒姓，其后分封，用国为姓，故有夏后氏、有扈氏、有男氏、斟寻氏、彤城氏、褒氏、费氏、杞氏、缯氏、辛氏、冥氏、斟戈氏。”夏后太康时，盘桓于游猎，不恤民事，被后羿所逐，不得返国，羿浞代夏，大约四十年。

“羿浞代夏”是夏朝初年发生的重大历史事件，《左传·襄公四年》《左传·哀公元年》对此都有记载。

《左传·襄公四年》载魏绛曰：“昔有夏之方衰也，后羿自鉏迁于穷石，因夏民以代夏政。恃其射也，不修民事，而淫于原兽。弃武罗、伯因、熊髡、龙圉，而用寒浞。寒浞，伯明氏之谗子弟也。伯明后寒弃之，夷羿收之，信而使之，以为己相。浞行媚于内而施赂于外，愚弄其民而虞羿于田，树之诈慝，以取其国家，外内咸服。羿犹不悛，将归自田，家众杀而亨之，以食其子。其子不忍食诸，死于穷门。靡奔有鬲氏。浞因羿室，生浇及豷，恃谗慝诈伪而不德于民。使浇用师，灭斟灌及斟寻（鄩）氏。处浇于过，处豷于戈。靡自有鬲氏，收二国之烬，以灭浞而立少康。少康灭浇于过，后杼灭豷于戈，有穷由是遂亡，失人故也。”

《左传·哀公元年》载伍员谏吴王夫差趁越国战败进而灭越也曰：“昔有过浇，杀斟灌以伐斟鄩，灭夏后相。后缗方娠，逃出自窦，归于有仍。生少康焉，为仍牧正。惎浇，能戒之。浇使椒求之，逃奔有虞，为之庖正，以除其害。虞思于是妻之以二姚，而邑诸纶，有田一成，有众一旅。能布其德，而兆其谋，以收夏众，抚其官职，使女艾谍浇，使季杼诱豷。遂灭过、戈，复禹之绩，祀夏配天，不失旧物。今吴不如过，而越大于少康，或将丰之，不亦难乎？”

《古本竹书纪年》有“太康居斟寻”和“相居于斟灌”的记载，当是太康被后羿驱逐，居于同姓国斟鄩，而帝相时则避居斟灌，招致斟鄩、斟灌被寒浞所灭。

司马迁作《史记·夏本纪》，没有记载“羿浞代夏”之事，唐代张守节《史记正义》曰：“帝相被篡，历羿浞二世，四十年，而此纪不说，亦马迁所为疏略也……《括地志》云：‘故鉏城在滑州韦城县东十里。《晋地记》云河南有穷谷，盖本有穷氏所迁也。’《括地志》云‘商丘，今宋州也。斟灌故城在青州寿光县东五十四里。斟寻故城，今青州北海县是也。故过乡亭在莱州掖县西北二十里，本过国地。故鬲城在洛州密县界。杜预云国名，今平原鬲县也。’戈在宋郑之间也。寒国在北海平寿县东寒亭也。伯明其君也。臣瓒云斟寻在河南，盖后迁北海也。”

羿，文献又作夷羿、后羿，同史前的炎帝、黄帝、太昊、少昊之称一样，羿并非一人之专名，而是其历代部落首领的共称。羿为东夷有穷氏部落首领，《吕氏春秋·勿躬》曰“夷羿作弓”，是说夷羿发明了弓箭。《楚辞·天问》曰“帝降夷羿，革孽夏民”，是说夷羿乱夏乃上天的安排。两者皆称羿为夷羿，则羿为东夷之人明矣。《左传·襄公四年》曰《夏训》载有"有穷后羿",知羿为有穷氏,称其为"后羿",则是因其代夏为帝。《左传·襄公四年》:"少康灭浞于过,后杼灭豷于戈,有穷由是遂亡",则知寒浞也是有穷氏,寒国在今潍坊寒亭。《孟子·离娄下》有"逄蒙学射于羿"的记载,逄蒙即逄蒙,商代逄国作夆,殷诸侯,地在今淄博市高青县,后迁济阳刘台子。羿当距逄不远,在今鲁北一带。

文献对羿的记载,跨越了尧、舜、禹三代。《淮南子·本经训》曰:"尧之时,十日并出,焦禾稼,杀草木,而民无所食,猰貐、凿齿、九婴、大风、封豨、修蛇皆为民害。尧乃使羿诛凿齿于畴华之野,杀九婴于凶水之上,缴大风于青丘之泽,上射十日而下杀猰貐,断修蛇于洞庭,禽封豨于桑林,万民皆喜,置尧以为天子。于是天下广狭险易远近始有道里。"《山海经·海内经》曰:"帝俊赐羿彤弓素矰,以扶下国。"帝俊即帝舜。可知羿为帝尧、帝舜时的射正,而不在《五帝本纪》舜时十臣之中。羿射十日,非天上之十个太阳,而是夷族的十个日坛及其历法。盖少昊之后,九黎乱德,各自为巫,自制历法,违背天时,稼禾无收。尧帝时命羿取缔了各个部落自行建造的日坛,实行了统一的历法,此即《国语·楚语下》所谓的"绝地天通"。考古发现鲁南和苏北的大汶口文化和龙山文化之民,有拔牙之习俗,学者认为此即"凿齿"之民。而太昊、少昊的日族在今鲁南,莒县陵阳河出土的陶尊图像文字,有"风"和"封"族的图像,风为太昊之姓,封是封豖,《左传·昭公二十八年》载,封豖被有穷氏后羿所灭,风和封豖皆在今莒县。尧帝征服了东夷而有天下,羿因南征而迁居穷石,穷石即穷桑、扶桑,在今曲阜一带。总之,文献记载的羿为东夷人,尧舜时,其活动范围在东夷,《括地志》说鉏在滑州,穷石在河南,将羿作为中原人,非也。

《左传·襄公四年》又注寒浞"处浇于过,处豷于戈"之过、戈曰,过在莱州,"戈在宋、郑之间"。宋、郑之间确有隙地曰戈。《左传·哀公十三年》:"宋、郑之间有隙地焉,曰弥作、顷丘、玉畅、岩、戈、锡。"此戈距寒国、过国均有千里之遥,寒浞将其子置于千里之外,也难信。寒浞"处豷于戈"之戈,当是斟戈。《史记·夏本纪》载,禹后分封,有斟戈氏。斟戈即斟灌,《世本·氏姓篇》:"戈氏,分封用国为氏,斟戈即斟灌氏。"其地,西汉时置斟县,今属潍坊市。

《括地志》载的斟寻故城有二,一在青州北海县,一在河南洛州巩县西南五十八里。"臣瓒云斟寻在河南,盖后迁北海也。"其说皆非,斟寻在西汉时的齐郡,不属北海。考古发现说明,从夏初到春秋,斟寻一直在临朐,而不在巩县也。

四

《鄩仲盘》《寻仲匜》出临朐,是鄩国在临朐的物证。

鄩国传世的铜器还有一件《寻伯匜》，铭文曰：“寻（鄩）伯作邾子□□朕（媵）匜，子子孙孙永宝用。”（《集成》16.10221）这是寻（鄩）国国君为邾国女子出嫁赠送的礼品。《寻伯匜》为西周晚期器，可见其时鄩国与邾国的关系密切，可证鄩为西周时的诸侯国。

鄩国在临朐，传世铜器《𬷕镈》也是其力证。

《𬷕镈》又称《齐侯镈》，同治庚午年（1870）四月山西荣河县后土祠旁河岸圮出土，现藏中国国家博物馆。《𬷕镈》是春秋器，铭文曰：“唯王五月，初吉丁亥，齐辟𩍌（鲍）叔之孙，遵（跻）仲之子𬷕（紷），乍（作）子仲姜宝镈，用祈侯氏永命，万年紷（令）保其身，用享考（孝）于皇祖圣叔、皇妣圣姜，于皇祖又成惠姜，皇考遵（跻）仲、皇母，用祈寿老毋死，保𪓑（吾）兄弟，用求丂（考）命、弥生、𥳑𥳑（肃肃）义政，保𪓑（吾）子𡛷（姓），𩍌叔又（有）成𤔲（劳）于齐邦，侯氏赐之邑二百又九十九邑，𦦙（与）寻之民人都啚（鄙），侯氏从造（告）之曰：枼（世）万至于辝（台）孙子，勿或俞（渝）改，𩍌（鲍）子𬷕（紷）曰：余弥心畏認（忌），余四事是台（以），余为大攻厄、大事（史）、大（徒）、大（太）宰，是辝（台）可事（使），子子孙孙永保用享。”（《集成》1.271）器主人𬷕，是齐大夫鲍叔牙之孙。当年，鲍叔牙向齐桓公推荐管仲为相，使齐国称霸天下。鲍叔牙荐贤有大功，子孙世代受赏赐。《史记·管晏世家》载：“鲍叔牙既进管仲，以身下之，子孙世禄于齐，有封邑者十余世。”《史记》未载所封之地与大小，《𬷕镈》说明了齐侯赏赐之地。铭文“寻”即“斟鄩”，“都鄙”即鄩国的国都和边邑。鲍叔牙之孙所得的封地“二百又九十九邑”之“邑”，是井田制之“邑”，不是城邑之“邑”。按《周礼·地官司徒·小司徒》对井田之制的记载“九夫为井，四井为邑”，郑玄注：“邑，方二里。”若如此，二百九十九邑应为方圆五百九十八里，其中包括鄩国的都邑。证之《鄩仲盘》《寻仲匜》之出土地，可知两周时，鄩国的都邑在今临朐泉头村一带。这里是沂山北麓，弥水上游，纪国郱邑西邻。齐灵公十年（前690），齐师取纪郱、郚、郡三邑。斟鄩被齐国兼并的时间，当在其后不久。

至今尚未发现斟灌的铜器。《汉书·地理志》北海郡载有斟县，注曰：“故国，禹后。”《后汉书·郡国志》平寿县载有“斟城，有寒亭，古寒国，浞封此”。杜预注：“有斟亭，古斟国，故县，后省。”汉代的斟县在今潍坊市东南，平寿县在今潍坊市西南，均约15千米。斟县与平寿县相距也不远，斟县和斟城当是斟灌地也。斟灌，《史记·夏本纪》作斟戈，寒浞“处殪于戈”，当是此地。斟灌被寒浞所占，迁居今寿光市东南。

《续山东考古录》曰：“二斟者，夏之近宗，寒之邻土，因浞所急欲灭绝，以廓其境而除其逼也……二斟既灭，始行弑逆，后缗逃有仍，今济宁州也。臣靡奔鬲，今德州也。少康生于（有）仍而奔虞，今曹州，南接壤河南之虞城县也。浞封浇于过（掖县），以为近藩，处豷于戈，以防夏众。少康既长，老臣靡自鬲东伐，收二斟之烬，俾为内应，用诛寒浞于寒，少康复位即自帅就近诛浇于过，倘浞在夏都或居穷石，岂肯使维城宗子遥处东莱，少康反正遽离京邑远伐海隅，皆无之理也。观寒浞始终，及其时事皆在今山东境，知浞之都寒无疑，而斟之先灭或后相曾依之，无妨在寿光、平寿矣。”言之有理，唯其不知斟鄩在临朐，戈即斟戈、斟灌，在汉之北海郡平寿、斟县，后迁寿光。穷石即穷桑，在曲阜，而禹都也不在河南也。

临朐西朱封龙山文化晚期三座特大型墓葬的考古发现说明，临朐即禹帝时封建的同姓国斟鄩的所在地。斟鄩最初在今临朐城南，“羿浞代夏”时，帝太康居斟鄩，被寒浞征伐，斟鄩迁到临朐西南约 25 千米的嵩山一带。《鄩仲盘》《寻仲匜》的鄩国是夏代斟鄩的延续。

筥　国

《筥小子簋》铭文考释

一

传世有两件《筥小子簋》铜器(图3－28),铭文相同,各有22字,此处作24字,曰:"筥小子逬(跗)弗受㪔(散),用乍(作)厥文考隫(奠)簋,其万年,子子孙孙永宝用。"(《集成》7.4036、4037)

图3－28　《筥小子簋》铭文

铭文筥为国名,"逬"即"跗"字,足也,古人常用为名字,《史记·扁鹊仓公列传》载,上古有医曰俞跗。铭文"逬"是筥国少子之名。铭文"㪔"即"㪔"字,《㪔车父簋》《㪔伯车父鼎》"㪔"字不从辵,与此字义同。《说文·林部》:"㪔,分离也。从林、从支。林,分㪔之意也。"徐锴《系传》:"此分散字,象麻之分散也。"王筠句读曰:"经典皆借《肉部》散为之,而变为散。"铭文"筥小子逬弗受㪔"是不分离之义。《筥小子簋》为西周晚期铜器,铭文显示筥国虽小,但宗族同心,团结安定。

筥为东夷古国,建于禹夏之时,立国1500多年。筥国历史悠久,情况复杂,文献将筥国与曩国的历史混作一谈,使其历史真相长期被湮没。筥国之名作"筥"、作"䣄"、又作"鄘",是其易主改姓的标志,有着不同的文化内涵。

二

1. 筥，吕国也，吕侯伯益之封国，姜姓

（1）“筥”义为吕国之音乐，如同现在的国歌

“筥”，周金文《筥小子簋》作“”，从竹吕声，本义为竹制的吹奏乐器，代表吕国音乐和吕氏之国。

“筥”和“莒”是两个字，《说文》释“筥”为竹筲，圆形的竹器，释“莒”为“芋头”。《春秋》《左传》等典籍以“莒”为“筥”，流传至今，与史不合。《筥小子簋》的出土，揭示了筥国之名的本原。

“吕”是“筥”字之本。《说文》释“吕”为“脊骨也，象形”。《甲骨文字典》释“吕”“象宫室正面所见门窗之形”，皆非“吕”字本义。甲骨文、金文“吕”字的两口之间并无竖画相系，不象脊骨，《说文》释为脊骨乃引申之义。“宫”字从吕，非因宫有门窗，而是宫中有音乐礼仪。殷卜辞“吕”字之用有三：一为有音乐的祭名，如“……吕示（祀）”（《乙》八九五六）；二为铸钟铜块，如“其铸黄吕”（《甲》一六四七）；三为方国地名，如“于吕王田亡灾”（《粹》九八四）。周金文中，又以吕为音律，如《曾侯乙钟》：“在齐为吕音。”（《集成》2.290）《汉书·律历志上》曰：“律十有二，阳六为律，阴六为吕。”后世称音律为律吕。是知吕字的两口，一为人之口，一为吹奏乐器之孔。

1987 年，河南舞阳贾湖新石器时期墓葬出土了龟甲文字 16 个，还发现用鹤腿骨制作的七孔竖吹的笛子 25 支①，其中有几支至今仍可吹奏乐曲，专家鉴定其有七个音阶。这是 8500 多年前音乐和乐礼已经诞生的物证。

竹子是比鹤骨更容易作成吹奏乐器的材料，竹类吹奏乐器的制造当也很早。考古发现的陶埙、骨埙也是一种吹奏乐器，音孔有一至五个不等。吕字之造当指事吹奏作乐，故吕字有律吕之义。

音乐和文字都是构成中华文明的文化元素。骨笛、文字和獐牙在贾湖遗址的 M253、M341、M344、M387 等墓葬中同出，是一个值得重视的文化现象。獐牙是古人与天、地神灵沟通的信物，音乐和文字则是古人与天、地神灵沟通的语言。《史记·乐书》曰：“乐者，音之所由生也，其本在人心感于物也。”“故礼以导其志，乐以和其声，政以壹其行，刑以防其奸。礼乐刑政，其极一也，所以同民心而出治道也。”“大乐与天地同和，大礼与天地同节。和，故百物不失；节，故祀天祭地。”古者圣贤登基，必制音

① 河南省文物研究所：《河南舞阳贾湖新石器时代遗址第二至六次发掘简报》，《文物》1989 年第 1 期。

乐。“《传》曰‘治定功成，礼乐乃兴。’”尧帝时作《大章》，舜帝时作《韶》，禹帝时作《夏》，皆以音乐歌颂帝王功德，也是国之有歌。东夷首领伯益佐禹治水有大功，舜帝赐国曰“吕”，赐爵为“侯”，谓其能为禹之股肱心膂，造福百姓，“吕”“筥”之字，正是歌颂吕侯伯益功德而作的吕国之乐。

2. 吕是四岳封国

《国语·周语下》曰：“昔共工弃此道也，虞于湛乐，淫失其身，欲壅防百川，堕高堙庳，以害天下。皇天弗福，庶民弗助，祸乱并兴，共工用灭。其在有虞，有崇伯鲧，播其淫心，称遂共工之过，尧用殛之于羽山。其后伯禹念前之非度，厘改制量，象物天地，比类百则，仪之于民，而度之于群生，共(工)之从孙四岳佐之，高高下下，疏川导滞，钟水丰物，封崇九山，决汩九川，陂障九泽，丰殖九薮，汩越九原，宅居九隩，合通四海。故天无伏阴，地无散阳，水无沉气，火无灾燀，神无间行，民无淫心，时无逆数，物无害生。帅象禹之功，度之于轨仪，莫非嘉绩，克厌帝心。皇天嘉之，祚以天下，赐姓曰‘姒’，氏曰‘有夏’，谓其能以嘉祉殷富生物也。祚四岳国，命以侯伯，赐姓曰‘姜’，氏曰‘有吕’，谓其能为禹股肱心膂，以养物丰民人也。”

共工是尧帝时炎帝部落的首领，以善天文历算、百工建造而著称。《淮南子·天文训》有共工与颛顼争为帝，怒而触不周之山的记载。尧帝时，共工以壅堵之法治水失败，被流放幽州。大禹之父伯鲧也用壅堵之法治水失败，被流放于羽山。舜帝时，命伯禹负责治水，以共工之从孙四岳辅佐，他们吸取前人治水失败的教训，改堵为疏，导水入海，水患得平。禹治水成功，舜帝以天下授禹，是为禹帝。四岳佐禹治水有功，舜帝赐四岳建立吕国，封爵为吕侯，是为姜姓吕氏。

3. 四岳即伯益

《国语·周语下》记载的佐禹治水的四岳，又称太岳，是禹帝时伯益掌管四方部落和四岳之祭的官职，四岳即伯益。

《史记·夏本纪》载，舜帝命禹平水土。“禹乃遂与益、后稷奉帝命，命诸侯百姓兴人徒以傅土，行山表木，定高山大川……令益予众庶稻，以种卑湿。命后稷予众庶难得之食。”《史记·夏本纪》记载的佐禹治水之人，有伯益、后稷二人，而在禹帝时任四岳之职者是伯益。

《史记·夏本纪》曰：“帝禹立而举皋陶荐之，且授政焉，而皋陶卒。……而后举益，任之政。”“十年，帝禹东巡狩，至于会稽而崩。以天下授益。三年之丧毕，益让帝禹之子启，而辟居箕山之阳。禹子启贤，天下属意焉。及禹崩，虽授益，益之佐禹日浅，天下未洽。故诸侯皆去益而朝启，曰‘吾君帝禹之子也。’于是启遂即天子之位，是为夏后帝启。”此箕山当在潍水和沭水上游，吕国地也，非河南之箕山。

《史记·夏本纪》所载，与《孟子·万章上》的记载略同，司马迁不用《古本竹书纪年》说的“益干启位，启杀之”，是认为启代益为帝是史实，而启杀益则非。今以吕国迁都南阳，为夏镇守南疆之史实观之，启未杀益，益让位于启是历史之真实。

禹帝使益“任之政”，并“荐益于天”，说明伯益是禹帝时的执政大臣，称为“四岳”，即管理四方部落。《国语·周语下》用“四岳”作为舜帝时“益”的代称，给司马迁造成了很大的疑惑。

4. 伯益之名，又作柏翳

《史记·秦本纪》曰：“秦之先，帝颛顼之苗裔孙曰女脩。女脩织，玄鸟陨卵，女脩吞之，生子大业。大业娶少典之子，曰女华。女华生大费，与禹平水土。已成，帝锡玄圭。禹受曰：‘非予能成，亦大费为辅。’帝舜曰：‘咨尔费，赞禹功，其赐尔皂游。尔后嗣将大出。’乃妻之姚姓之玉女。大费拜受，佐舜调驯鸟兽，鸟兽多驯服，是为柏翳。舜赐姓嬴氏。”

《史记·秦本纪》载，柏翳又名大费，大费即太费，古“大”“太”为一字。伯益儿子若木，封地在费，因而称伯益为“大费”，费是地名，即今山东费县。

柏翳之名，来自大费调驯草木鸟兽。草木鸟兽是指以“草”“木”“鸟”“兽”为图腾崇拜的氏族部落，柏者木也，翳者鸟也，也曰羽毛作的华盖。

《史记·五帝本纪》载，禹、皋陶、契、后稷、伯夷、夔、龙、倕、益、彭祖自尧帝时就被举用，只是没有分职。舜帝即位，设官立职，以禹为司空，平水土。以益为虞，掌山泽部落。“舜曰：‘谁能驯予上下草木鸟兽？’皆曰益可，于是以益为朕虞。益拜稽首，让于诸臣朱虎、熊罴。舜曰：‘往矣，汝谐。’遂以朱虎、熊罴为佐。”《史记·五帝本纪》的这段记载，与《史记·秦本纪》和《尚书·舜典》的记载相同。

柏翳之名，在司马迁《史记·太史公自序》中又作“伯翳”，曰：“维秦之先，伯翳佐禹。”《国语·郑语》也作“伯翳”，曰：“嬴，伯翳之后也”“伯翳，能仪百物以佐舜者也”。可知，柏翳即伯翳。柏者，调驯草木鸟兽部落之谓也；伯者，即“命以侯伯”，是东夷部落首领之谓也。《史记·秦本纪》之柏翳，即《尚书·舜典》和《史记·五帝本纪》中佐舜调驯上下草木鸟兽虞官的“益”。益为玄鸟之子，玄鸟即燕子，燕子是北方春天的使者。伯益本炎帝后裔，帝少昊时以鸟纪官，伯益的先祖被命为玄鸟氏，主祀春分、秋分。《汉书·地理志序》作“伯益”，曰：“伯益知禽兽”“嬴，伯益之后也”。此皆伯益、伯翳、柏翳为一人之证。

在司马迁的《史记》中，伯益与伯翳、柏翳混淆不清。《史记·陈杞世家》曰：“伯翳之后，至周平王时封为秦，项羽灭之，有本纪言。垂、益、夔、龙，其后不知所封，不见也。”所言将伯益与伯翳作为二人。司马贞《史记索隐》注《史记·秦本纪》“柏翳”曰：

“此则秦、赵之祖，嬴姓之先，一名伯翳，《尚书》谓之‘伯益’，《系本》《汉书》谓之‘伯益’，是也。寻检《史记》上下诸文，伯翳与伯益是一人不疑。而《陈杞系（世）家》即叙伯翳与伯益为二，未知太史公疑而未决邪？抑也谬误尔？”《史记索隐》又注《史记·陈杞世家》“伯翳”曰：“秦祖伯翳，解者以翳（为）益，则一人，今言十一人，叙伯翳又言垂、益，则是二人也。且按《舜本纪》叙十一人，无翳而有彭祖，彭祖亦坟典不载，未知太史公意如何，恐多是误。然据《秦本纪》叙翳之功，云‘佐舜驯调鸟兽’与《舜典》‘命益作虞，若予上下草木鸟兽’文同，则为一人必矣，今未详其所由也。”司马贞《索隐》之言甚是。

5. 伯益之名，承载着少昊挚之后伯益为东夷鸟族部落首领的信息

《国语·周语下》载，伯益是共工从孙，共工是尧帝时炎帝族的首领，《山海经·海内经》炎帝世系有载。《山东通史·先秦卷》曰，阪泉之战失败后，炎帝部落的大部分迁至黄河下游的“东夷之域”，形成了姜姓的齐、莱、淳于、纪、向等国，这些姜姓之国，多分布在淄、潍流域，在炎、黄之后的少昊挚时代，他们成为了少昊挚部落联盟集团的成员。

《左传·昭公十七年》记载郯子讲述少昊挚时代以鸟纪官曰：“昔者黄帝氏以云纪，故为云师而云名。炎帝氏以火纪，故为火师而火名。共工氏以水纪，故为水师而水名。大（太）皞（昊）氏以龙纪，故为龙师而龙名。我高祖少皞（昊）挚之立也，凤鸟适至，故纪于鸟，为鸟师而鸟名。凤鸟氏，历正也；玄鸟氏，司分者也；伯赵氏，司至者也；青鸟氏，司启者也；丹鸟氏，司闭者也；祝鸠氏，司徒也；鴡鸠氏，司马也；鳲鸠氏，司空也；爽鸠氏 ，司寇也；鹘鸠氏，司事也。五鸠，鸠民者也。五雉为五工正，利器用，正度量，夷民者也。九扈为九农正，扈民无淫者也。”少昊挚时代的五鸟、五鸠、五雉、九扈之官，实是少昊挚部落联盟集团中各个部落的首领，他们并非都与少昊挚同姓。“为鸟师而鸟名”，是说少昊时代以鸟纪官，部落会盟时各个部落举的旗帜皆以一种鸟为标志。伯益既系玄鸟氏所生，则玄鸟氏也是少昊挚时代炎帝族部落的首领，今青州之地，旧又称益都，或是少昊挚时代玄鸟氏之都的文化传承。

《史记·五帝本纪》载，帝颛顼是“黄帝之孙，昌意之子也”，姬姓。《史记·秦本纪》关于颛顼之孙女脩吞玄鸟之卵而生伯益之父大业的记载，是颛顼姬姓与炎帝姜姓玄鸟氏合婚的神化。此“玄鸟之卵”是伯益祖父的神化，他与共工应是伯仲弟兄。可知，伯益的先祖在少昊挚时代是司春分、秋分的玄鸟氏，其地当在益都。伯益是尧舜时玄鸟氏的首领，因儿子若木封于费县，因而称为大费。古“大”“太”为一字，大费即太费。

伯益是炎帝文化、少昊文化的传承者。《世本·作篇》载“后益作占岁之法”“化

(伯)益作井”。《孟子·滕文公上》记载伯益佐禹治水,烧荒垦田,曰:“舜使益掌火,益烈山泽而焚之,禽兽逃匿。”《汉书·地理志序》曰:“伯益知禽兽。”《后汉书·蔡邕列传》也曰:“伯翳综声于鸟语。”鸟语是鸟族的方言,伯益熟悉以草木鸟兽为图腾崇拜的东夷部落的方言习俗,与东夷部落关系融洽,因此得到东夷部落的拥戴。伯益在尧帝时就已经被举用,只是没有分职。舜帝即位后,以伯益为虞官,管理东夷草木鸟兽部落,草木鸟兽部落多被驯服。伯益佐禹治水有大功,舜帝赐国曰吕,又赐姓曰嬴,嬴为少昊之地。《说文·女部》曰:“嬴,少皞(昊)之姓也。”嬴国故地在今山东泰山莱芜一带。舜帝将少昊嬴姓赐予伯益,使伯益管理少昊旧族,因此伯益成为东夷鸟族部落的首领。

6. 伯益、伯夷、契当是一人

伯益、伯夷和契都是尧、舜之臣。《史记·五帝本纪》载,契、伯夷、益等十人自尧帝时皆被举用,未有分职。帝舜时,以伯禹为司空,平水土;以契为司徒,敬敷五教;以伯益为虞,掌驯山泽鸟兽部落;以伯夷为秩宗,主祀三礼。三人虽有司职之分,但在另外的篇章中往往又混为一谈。

舜帝命禹治水,以伯益和后稷为助。《史记·夏本纪》载:“禹乃遂与益、后稷奉帝命,命诸侯百姓兴人徒以傅土,行山表木,定高山大川……令益予众庶稻,可种卑湿。命后稷予众庶难得之食。”禹、益治水成功,舜帝以天下授禹,赐姓曰“姒”,氏曰“有夏”;又封伯益为侯伯,赐姓曰“姜”,氏曰“有吕”。禹登帝位,以伯益为摄政大臣,称为“四岳”,并举伯益为继承人。

《史记·齐太公世家》载:“太公望吕尚者,东海上人。其先祖尝为四岳,佐禹平水土甚有功。虞夏之际封于吕,或封于申,姓姜氏。”

《史记·郑世家》载:“夫齐,姜姓,伯夷之后也,伯夷佐尧典礼。秦,嬴姓,伯翳之后也,伯翳佐舜怀柔百物。”此与《国语·郑语》说同。

《史记·陈杞世家》又曰:“伯夷之后,至周武王复封于齐,曰太公望,陈氏灭之,有世家言。”《史记》记载的伯益、伯夷,都是齐国吕氏之始祖,伯益与伯夷是一人也。

伯益名益,义为燕子玄鸟,是说伯益为东夷玄鸟族的首领。伯夷名夷,即东夷,是说伯夷是东夷族的首领。玄鸟族即东夷族,伯益与伯夷,音义相同,是同一人之名。《史记·五帝本纪》等典籍将其分作二人。

丁山先生在论述“太岳与伯夷”时也曰:“孟子滕文公篇所谓‘舜使益掌火,益烈山泽而焚之,禽兽逃匿’;这位掌火之官益,可以指即烈山氏,更可指即炎帝或大岳了。管子立政,‘修火宪,敬山泽,虞师之事也’,故掌火之益,出舜典径称‘作朕虞’。这位能用火驯伏鸟兽的益,史记秦本纪字伪为伯翳。翳、夷两字,音近谊通。我认为柏翳也即是书吕刑所谓‘伯夷降典，折民惟刑’的伯夷。可是战国学者伪造舜典，硬将益与伯夷区分为二人，使他既主鸟兽，又典‘三礼’，于是史伯所谓‘姜，伯夷之后也’一语，在流传史料里颇难寻其迹象。”①丁山先生所言至确。

伯益是虞、夏时期的人也，其时文字虽已创始，但为数极少，尚未承担其记载历史的重任，信息的传承，靠的是世代口耳相传。这些口耳相传的信息，只存声音，而无形体，伯益与伯夷是一人之声，是后人将其分作了两人。

伯益与伯夷是一人，伯益与契可能也是一人。

《史记·殷本纪》载：“殷契，母曰简狄，有娀氏之女，为帝喾次妃。三人行浴，见玄鸟堕其卵，简狄取吞之，因孕生契。契长而佐禹治水有功。帝舜乃命契曰：‘百姓不亲，五品不训，汝为司徒而敬敷五教，五教在宽。’封于商，赐姓子氏。契兴于唐、虞、大禹之际，功业著于百姓，百姓以平。”由“契长而佐禹治水有功”可知，契并非帝喾之子。《史记索隐》引谯周也云：“契生尧代，舜始举之，必非喾子。以其父微，故不著名。其母娀氏女，与宗妇三人浴于川，玄鸟遗卵，简狄吞之，则简狄非帝喾次妃明矣。”

《史记·秦本纪》载：“秦之先，帝颛顼之苗裔孙曰女脩。女脩织，玄鸟陨卵，女脩吞之，生子大业。大业取少典子，曰女华。女华生大费，与禹平水土。已成，帝锡玄圭，禹受曰：‘非予能成，亦大费为辅。’帝舜曰：‘咨尔费，赞禹功，其赐尔皂游。尔后嗣将大出。’乃妻之姚姓之玉女。大费拜受，佐舜调驯鸟兽，鸟兽多驯服，是为柏翳。舜赐姓嬴氏。”此柏翳即伯益，前已有论。

契和伯益为玄鸟所生的神话，反映出的历史事实则是契和伯益都是东夷玄鸟族的首领，在尧、舜部落联盟时代，载入典册的同期玄鸟族首领不会是两人，契与伯益当是一人。

《史记·夏本纪》载，佐禹治水的官员，一是伯益，二是后稷，未有第三人。《史记·殷本纪》载：“契长而佐禹治水有功……封于商，赐姓子氏。”此契也佐禹治水，与伯益相同。“契兴于唐、虞、大禹之际，功业著于百姓，百姓以平”，也与伯益事迹相合。伯益称“契”，是言其司职。

“契”字本义为“刻”，《释名·释书契》：“契，刻也。刻识其数也。”《诗经·大雅·绵》：“爰始爰谋，爰契我龟。”郑玄笺：“契灼其龟而卜之。”契也指钻凿龟甲的工具，《周礼·春官·菙氏》：“掌共燋契，以待卜事。”契之名，当是史官司职之称。《山海经·海内经》曰：“炎帝之妻，赤水之子，听訞生炎居，炎居生节并，节并生戏器，戏器生祝融，祝融降处于江水，生共工，共工生术器，术器首方颠，是复土壤，以处江水。共

---

① 丁山：《中国古代宗教与神话考》，上海文艺出版社1988年版，第408页。

工生后土，后土生噎鸣，噎鸣生岁十有二。”噎鸣即嗌鸣，玄鸟燕子叫声，噎鸣即伯益。袁珂注曰：“古神话当谓噎鸣生十二岁或噎鸣生一岁之十二月。《大荒西经》云：‘黎（后土）下地是生噎，处于两极，以行日月星辰之行次。’即此噎鸣，盖时间之神也。”《世本·作篇》载，“伯益占岁”，是说伯益发明了历法纪年运数之术，而数术的运算，则要刻在木竹或其他载体上。契，当是伯益占岁之司职，伯益与契也是同一人也。夏朝时，伯益之后裔阏伯居商丘，相土因之，观测心宿二大火之星以定春秋二分，为商侯。

总之，伯益、伯夷、契同是尧舜之臣，又同佐禹治水，伯益与伯夷音同义同，同是吕氏始祖，伯益与契又同是玄鸟所生，同是玄鸟部落首领，伯益、伯夷、契当是一人不同的称谓，伯益、伯夷、契是同一人也。

7. 伯益有三子三氏

《史记·秦本纪》载：“大费生子二人：一曰大廉，实鸟俗氏；二曰若木，实费氏。其玄孙曰费昌，子孙或在中国，或在夷狄。费昌当夏桀之时，去夏归商，为汤御，以败桀于鸣条。大廉玄孙曰孟戏、中衍，鸟身人言。帝太戊闻而卜之使御，吉，遂致使御而妻之。自太戊以下，中衍之后，遂世有功，以佐殷国，故嬴姓多显，遂为诸侯。”

显然，司马迁所言有费、嬴之氏，无吕侯之封。《世本·氏姓篇》曰：“吕氏，太岳为禹心膂之臣，虞夏之际，故封吕侯，后为氏。”《路史·国名纪七》曰：“大费生大廉、若木、恩成。”《古今人名考》也曰：“伯益有子恩成。”如此，伯益有三子三氏：长曰若木，封地在费，为费氏；次曰大廉，封地在嬴，为嬴氏；三曰恩成，封地在吕，为吕氏。三子封地，都在山东泰沂山区，其文化中心在莒。

8. 吕国初都于莒，后迁南阳

《史记·齐太公世家》曰：“太公望吕尚者，东海上人。其先祖尝为四岳，佐禹平水土甚有功。虞夏之际封于吕，或封于申，姓姜氏。”《史记集解》引徐广注曰：“吕在南阳宛县西。”《史记索隐》引《汉书·地理志》注曰：“申在南阳宛县，申伯国也。吕亦在宛县之西也。”然南阳吕国是夏朝“少康中兴”之后的后迁之地，吕国初都在今莒县。

莒县是东夷文明的发源地之一，在大汶口文化晚期或龙山文化早期，以太阳为图腾崇拜的阳国文明在这里诞生。2000 年，张学海先生和莒县博物馆的考古工作者在莒县陵阳河大汶口文化遗址进行调查时，在陵阳河北岸发现了长约 150 米的大汶口城垣垣基，“证明鲁东南地区国家在距今 5000 年时首先在莒县东南部诞生，陵阳河遗址是其都城”①。龙山文化时，这里以图像文字、蛋壳陶工艺和酿酒技术为代表的莒

① 张学海：《论东夷文明的诞生与发展》，《古代文明（第 1 卷）》，文物出版社 2002 年版，第 144 页。

文化独树一帜。帝少昊之后，这里的东夷部落自制历法，违背天时，庄稼无收，人民遭难。尧帝时，命羿征东夷，羿射十日，恢复了少昊太阳历，东夷部落也遭到了很大的挫折。虞舜时，舜将此地赐予伯益，建立吕国，是使伯益成为东夷部落首领，佐舜管理原少昊挚鸟兽部落的需要。

《尚书·大禹谟》载，虞夏之际，四方归服，只有南方的三苗不遵教命，实行自己的历法。舜帝命禹，会集各方部落征三苗，但三十天后，三苗仍然不肯归顺。伯益对禹帝曰："惟德动天，无远弗届。满招损，谦受益，时乃天道。""至诚感神，矧兹有苗。"禹帝听从了伯益的建议，撤回了军队，施以德政，果然七十天后，三苗就来归顺了。

今人考证《尚书·大禹谟》为汉以后学者所作，但伯益佐禹征三苗之事，并非只见于《尚书·大禹谟》。《古本竹书纪年》曰："三苗将亡，天雨血，夏有冰，地坼及泉，青龙生于庙，日夜出，昼日不出。"《墨子·非攻下》曰："昔者三苗大乱，天命殛之，日妖宵出，雨血三朝，龙生于庙，犬哭乎市，夏冰、地坼及泉，五谷变化，民乃大振。高阳乃命禹于玄宫，禹亲把天之瑞令，以征有苗……有神人面鸟身，奉珪以待，扼矢有苗之祥，苗师大乱，后乃遂几……"《墨子·非攻下》所载与《纪年》略同，皆说三苗乱德，自制历法，违背天时。以往学者，不解"祥"字之义，改"祥"为"将"，非也。此"祥"当是绘刻在日坛图腾柱上的三苗保护神。人面鸟身的神人持弓扼箭，瞄准了三苗图腾柱上的保护神，引起苗师惊慌大乱，于是跪下求饶，俯首称臣。《尚书·吕刑》称皇天上帝，"遏绝苗民"，也指废除了苗民自制的历法。

《太平御览》卷八八二引《随巢子》曰："昔三苗大乱，天命殛之。夏后受于玄宫，有大神人面鸟身而福之：司禄益食而民不饥，司金益富而国家实，司命益年而民不夭，四方归之。禹乃克三苗而神民不违，辟土为王。"

《墨子》和《太平御览》所载的人面鸟身的神人，都是伯益的化身。伯益是玄鸟燕子的形象，《史记·秦本纪》曰伯益之子大廉玄孙孟戏、中衍，也是"鸟身人言"，可能是鸟族身着羽衣的传说。神人益食、益富、益年，皆含有伯益之意。伯益成为三苗敬畏的神。

禹征三苗而平天下，立国于今日照两城镇。帝太康时，发生了"羿浞代夏"事件，少康中兴，复夏之国。其后，夏都迁到中原，吕国迁都南阳，镇守夏朝南疆。南阳吕国历夏、商、周三代，春秋时被楚国所灭。

吕国迁都南阳，原来的吕国改名曰筥，是为伯益三子支庶。约在晚商之时，殷伐东夷，筥国成为殷王族子姓的领地，改名曰𫊣，筥国贵族东迁。武王克商，封筥国后裔于介根，即汉代之计斤，在今胶州西南。

《左传·襄公二十四年》载："秋，齐侯闻将有晋师，使陈无宇从莲启疆如楚，辞，且乞师。崔杼帅师送之,遂伐莒(筥),侵介根。"杜注:"介根,莒(筥)邑,今城阳黔陬县东北计基城是也。"《春秋左传注·襄公二十四年注》:"介根,本莒(筥)旧都,在今山东高密县东南四十里,即胶县西南七里。"鲁襄公二十四年即齐庄公五年,公元前549年,其时,崔杼伐筥侵介根,筥国尚未灭亡,其后,筥国无记载。

筥国后裔,或以吕为氏,或以筥为氏,居于今胶东、鲁南、鲁东南等地。

9. 齐太公吕尚是伯益后裔,筥国支庶

典籍对于齐太公吕尚的身世和里籍有多种记载。

《史记·齐太公世家》载:"太公望吕尚者,东海上人。其先祖尝为四岳,佐禹平水土甚有功。虞夏之际封于吕,或封于申,姓姜氏。夏商之时,申、吕或封枝庶子孙,或为庶人,尚其后苗裔也。本姓姜氏,从其封姓,故曰吕尚。"

在《史记·郑世家》和《史记·陈杞世家》中,齐国又成为伯夷之后裔,伯益与伯夷、契是一人之名,前已有论。《国语·周语下》载的"祚四岳国,命以侯伯,赐姓曰'姜',氏曰'有吕',谓其能为禹股肱心膂,以养物丰民人也"的"四岳",即《古本竹书纪年》记载的"益干启位,启杀之"的"益"。吕是伯益的封国,太公吕尚是伯益的后裔,而"伯夷""契"是伯益的另称。

齐太公吕尚的里籍,《孟子》称其"居东海之滨"。《庄子》称其"投竿东海",《吕氏春秋》称其为"东夷之士",《史记·齐太公世家》称其为"东海上人"。东海,即今之黄海。《古本竹书纪年》载:"伯杼子往于东海,至于三寿,得一狐九尾。"伯杼子是帝少康之子,其东征斟戈,灭寒浞之子豷。雷学淇《竹书纪年义证》卷九曰:"三寿,东海之国名也。《路史》云:'即平寿也。'"汉平寿县在今潍坊市东南,与斟(戈)县相邻。可知文献记载的东海,是指日照以东的沿海。《博物志》曰:"海曲城有东吕乡、东吕里,太公望所出也。"《齐乘·古迹》曰:"海曲城,莒(筥)州东百六十里地有东吕乡,太公望所出。"《路史·国名纪一》曰:"太公望乃出东吕,吕,莒(筥)也。"《路史·国名纪一》"吕,莒(筥)也"之论是高见。吕尚是筥国的支庶后裔,夏和早商时,吕筥在莒县,晚商时殷人东扩,莒县被占,改封为子姓叡国,而吕筥东迁计斤,在今胶县,故吕尚的里籍在鲁东南一带是可信的。

商朝末年征伐东夷,除半岛东部外,山东之地大部分成为商朝的疆土,筥国也成为商之领地。

三

虘、叡,殷子姓国。

1. 甲骨文、金文“虘”“叡”为一国之名。《说文》以虎性解释此字，曰：“虘，虎不柔不信也。”“虘”字从虎且声，且即“俎”“祖”字。《甲骨文字典》释曰：“且，象俎形。古置肉于俎上以祭祀先祖，故称先祖为且，后起字为祖。”从虎，是以虎为保护神。虘加“又”（手）旁作“叡”，是取肉祭祀之义。可知“虘”“叡”是以虎为图腾崇拜的氏族国名。

《尚书·舜典》和《史记·五帝本纪》载佐益调驯草木鸟兽部落的臣有“朱虎熊罴”。今学者多将此释为“朱虎、熊罴”二臣。其实，“朱虎熊罴”当是以“朱”“虎”“熊”“罴”为图腾崇拜的四个国族之名。《山海经》之《海外北经》《大荒北经》《大荒南经》《海外南经》载有“熊、罴、文虎、离朱”。“朱”以“蛛”为图腾崇拜，殷、周金文朱国之名作“鼄”，后又作“邾”，《春秋左传注》曰，邾，国名，曹姓，初都今曲阜县东稍南，后都今邹县东南，春秋后八世楚灭之。虎族在今费县，有叡国铜器在费县出土。熊和罴是两种相近的野兽，熊即楚人的图腾崇拜，故楚人以“熊”为姓，其地在淮北，罴也当在淮北一带。舜帝时，朱、虎、熊、罴皆是佐益管理草、木、鸟、兽之族的部落或方国首领。商代时，虎族之国称作“虘”“叡”，嬴姓。周铜器《史密簋》称莒为“膚虎”。

2. 虘、叡，晚商时改封为子姓之国

殷卜辞中有晚商时伐叡和占有叡地的记载。

“……𢦏，征叡方。”（《人》二一四七）

“戍弗及叡方𢦏，戍弗及叡方𢦏，戍在伐𢦏叡方大□。”（《甲》八〇七）

“戍及虘方，系方叀虘方亡咸。”（《业》三四三. 四）

“叀叡令。”（《后上》八. 二）

“叀小臣叡。”（《南明》七六〇）

“小臣叡”是以地名“叡”为氏的小臣，说明叡国已经成为殷的疆土。

1981 年，北京市文物工作队从北京钢厂的废铜中，拣出 27 件殷铜器，器类有方鼎、圆鼎、甗、簋、豆、爵、觚、觯、斝、角、尊、卣、罍、盉、盘、勺、刀、戈等。这些铜器皆载有二字，一为国名“叡”，一为子姓族徽“”（图 3－29）（《集成》6. 3112）。

图 3－29　《叡簋》铭文

殷铜器《叡卣》等载有子姓族徽“”，说明虘、叡是殷子姓之国，晚商时殷人东扩，今费县和莒县都成为殷人之封地。

3. 西周初年，叡夷大反

原为殷王族子姓之国，武王克商，叡未服周，成王时，𪡏与徐、奄共作乱。

西周早期铜器《大保簋》曰："王伐录子听，𪡏厥反（叛），王降征令于大（太）保，大（太）保敬亡遣（谴），王辰（永）大（太）保，赐休余（徐）土，用兹彝对令。"（《集成》8.4140）录为淮夷，成王征淮夷录国，𪡏夷也叛，王又命太保前往征伐𪡏国，并赐徐土。徐旭生曰："徐国在周初当在今山东东南部曲阜县附近，以后才迁到南方数百里外。"①此器传出山东寿张梁山下，为梁山七器之一。梁山县在奄都曲阜西约 90 千米。徐、奄皆嬴姓之国。

据《小臣謎簋》（《集成》8.4238）记载，西周初年，参与征伐𪡏夷的还有伯懋父率领的殷八师。他们从牧野之地出发，沿山东半岛南部沿海，一直征伐到山东半岛东端的嵎夷之地。

传世铜器有《𪡏乍父辛爵》（《集成》6.3502）、《𪡏乍父辛簋》（《山东金文集成》第 292 页）和《𪡏乍父辛壶》（《集成》15.9577）三器，年代都是西周早期。《𪡏乍父辛壶》载有族徽"㝢册"。"㝢册"是殷王朝负责观测天文历法的史官家族的徽识。三器的受祀人都是"父辛"，纣王名辛，此器的主人或是纣王之子，𪡏在周初叛乱，也就可想而知。

㠱与𪡏国为邻。㠱虽然是商殷的姻亲国，但㠱国识时务，武王克商之后，即归顺了周朝，封为侯国，并与周王室结为姻亲。周初，𪡏国被征伐后，其地或封予㠱，地名仍称作"𪡏"。

传世有西周中期《虘钟》四器，其一铭文曰："唯正月初吉丁亥，虘乍（作）宝钟，用追孝于己伯，用享大宗，用泺（乐）好宾，虘众（视）蔡姬永宝，用邵（昭）大宗。"（《集成》1.88）其二字数与其一相等，只是"虘"字写作"𪡏"（《集成》1.89）。其三铭文 12 字："用追孝于己伯，用享大宗，用泺（乐）。"（《集成》1.90）其四铭文 6 字："好宾，𪡏众蔡姬。"（《集成》1.91）《𪡏钟》四器无有子姓徽识，族属不同于前文所说的子姓徽识铜器。铭文"虘""𪡏"是国族之名，也是作器者，器主人；"蔡姬"应是𪡏国演奏钟鼓之乐的蔡国女子；"己伯"即"纪伯"，受祀人，伯是爵位。铭文称"己伯"为"大宗"，则𪡏为小宗，即己姓㠱国之𪡏也。

《㠱甫人匜》是㠱国春秋早期的铜器，铭文曰："㠱甫（夫）人余（徐），余（徐）王寳𪡏孙，兹乍（作）宝匜，子子孙孙永宝用。"（《集成》16.10261）余即徐字，国名，又作郐，春秋时徐国在今安徽省泗县一带。㠱侯的夫人是徐国人，而徐国已经称王，徐王寳是𪡏国之孙，此𪡏国是子姓。可知，西周初年，子姓𪡏国被周王征伐后，南迁徐地，称作

① 徐旭生：《中国古史的传说时代》，文物出版社 1985 年版，第 167 页。

“徐”，而曩人成为莒县䣄国新的主人。

四

簷、鄺，曩族之国。

簷字从“竹”从“膚”，“竹”即“筥”字之“竹”，“膚”即“筥”字之“吕”，《簷叔之仲子平钟》铭文“铝”字作“鏞”可证。国名作“簷”，犹存“筥”字古义。簷加邑旁作“鄺”，说明“鄺”是都邑之名。

《世本·氏姓篇》载：“莒（筥），已姓。”此已姓应是己姓之“曩”。

1978 年，沂水县刘家店子发掘出春秋早中期簷国墓葬二座，出土一批铜器。一号墓出土铜器 115 件，有鼎 16、鬲 9、簋 7、壶 7、盆 2、盘 1、舟 2、罍 4、瓿 2、盂 1、匜 1、盂 1、匜 1，还有兵器 29 件，杂器 31 件。一戈载有铭文“簷公”，一簋载有铭文“公簋”，一壶载有铭文“公铸壶”。二号墓出土铜器 11 件，有鼎 9、镭 2。

沂水县春秋时属筥国之地，《簷公戈》说明，春秋早中期䣄国已改名作“簷”。国君称“公”，“公”是爵位。簷公墓葬有如此多的铜器随葬，可见簷国的强大，而两墓皆随葬 9 鼎，已经与周天子的规制相同。

1975 年，莒南县大店镇发掘了两座有十人殉葬的簷国墓葬。一号墓出土铜器 107 件，其中编钟 9 件，无铭文。二号墓出土铜器 32 件，其中有《簷叔之仲子平钟》编钟 9 件，每件有铭文 64 字至 68 字不等。其一曰：“唯正月初吉庚午，簷叔之仲子平，自乍（作）铸游钟。玄镠鋿鏞（铝），乃为之音。鈛鈛（嘟嘟）雍雍（嗡嗡），闻于□东。仲平善发䣄考，铸其游钟，（以）泺（乐）其大酉（酋），圣智龚哴，其受此眉寿，万年无諆（期），子子孙孙永保用之。”（图 3－30）（《集成》1.172）

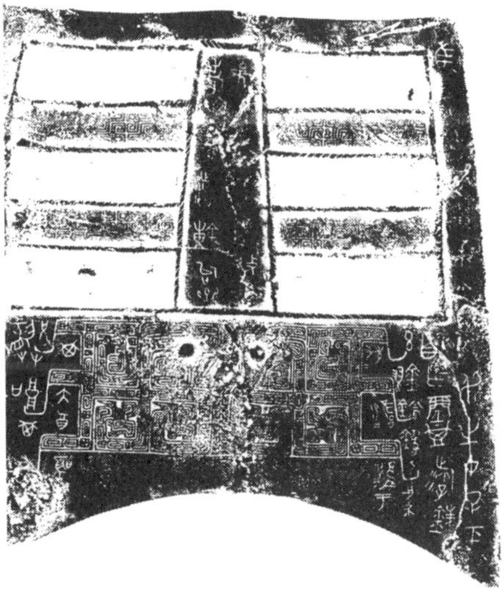

图 3－30　簷叔之仲子平钟

编钟是簷叔之仲子平自作自用的游动乐器，国名作“簷”，与《簷公戈》所载相同。铭文“□”，9 件编钟各有各的写法，张亚初《殷周金文集成引得》释为“顶”，金文《伯夏公鼎》（《集成》5.2584）、《邳伯缶》（《集成》16.00016）“夏”字作“□”“□”等形，与此字相近，当以释“夏”为是。“鈛鈛雍雍，闻于夏东”，是说簷本是夏都的东土。这与前考禹夏之都阳城在今日照两城镇正合。铭文“𢼸”，国名，即簷前之国。“考”字义为稽考，言仲子平善于稽考从前𢼸国兴衰成败的道理。“以泺（乐）其西（酉）”是说以成其大成就。此编钟的主人仲子平，即《左传·僖公二十六年》所载的兹平公，编钟作于其未作国君之时。此器的年代，《集成》断为春秋晚期，鲁僖公二十六年（前634）为春秋晚期偏早。此器是记载筥国历史沿革的重要史料，铭文说明，筥国始于夏代，春秋时称“簷”“𨝬”，以前称“𢼸”，约在晚商和西周之时。大店簷墓存在以人殉葬的习俗，且铜器风格皆与㠱器相似。《簷叔之仲子平钟》记载了夏王朝的存在，史料弥足珍贵。

春秋中期之后，簷国称为侯爵。

1996年，莒县西大庄春秋𨝬墓出土铜器41件，器类有鼎、甗、鬲、簋、壶、盘、匜、舟、刀、戈以及车马器等，其中《𨝬侯少子簋》铭文曰：“唯五年正月丙午，𨝬侯少（小）子析（析），乃孝孙不巨，𨙸（拾）趣（取）吉金，妳乍（作）皇妣𠫑（玲）君中妃祭器八，永保用享。”（《集成》8.4152）此器国名作“𨝬”，增加了邑旁，“簷”“𨝬”之用相同。“𨝬侯”一词说明𨝬国已经成为侯爵。而《春秋》《左传》一直以筥为子爵。此器的年代，《集成》断为春秋，未说早、晚。

《簷大史申鼎》是春秋晚期铜器，铭文曰：“唯正月初吉辛亥，郜宷之孙簷大史申，乍（作）其造鼎十，用征用迮，以御宾客，子孙是若。”（《集成》5.2732）大史即太史，是史官之长。周时，诸侯建国，设官立职，太史是要员之一。簷既设有太史之职，说明簷已成为诸侯国，这与《簷侯少子簋》的记载相吻合。按周朝礼制，天子用九鼎，诸侯用七鼎，大夫用五鼎，而簷国君用九鼎随葬，太史申用十鼎待客，皆显示出其富有和不守周之礼制。

20世纪70年代，诸城臧家庄发掘了一座战国墓和两个陪葬坑，出土编镈7枚，编钟9枚及鼎5件、豆5件、壶5件等铜器，编镈载有铭文16字：“陈翊立事岁，十月已亥𨝬公孙朝子造器。”编钟铭文比编镈末尾多一“九”字［《近出殷周金文集录（一）》第9～10、12～15页］。铜器的年代，诸城县博物馆认为以“战国中期为宜”①。

器主人名“朝”，是𨝬国的“公孙”，“公孙”是诸侯公族之孙的称谓，与《𨝬侯少子簋》《簷大史申鼎》关于𨝬为诸侯的记载相吻合。

编镈、编钟的纪年为“陈翊立事岁”，即陈翊任齐相、主政事之年。陈翊即田翊。齐国田氏本姓陈，齐桓公十四年（前672），陈国内乱，陈国公子完避难投奔齐国，齐桓公厚待，任为工正之官，陈完改姓田，称田完。此陈翊是在得势之后，恢复了其原姓。田翊之名不见于史籍。《史记·田敬仲完世家》载，田完五世孙田乞时始专齐权。田

① 山东诸城县博物馆：《山东诸城臧家庄与葛布口村战国墓》，《文物》1987年第12期。

乞卒，其子田常代立。田常弑齐简公，另立齐平公，田常为相，专齐权，尽诛鲍、晏、监止及齐公族之强者，割齐自安平县以东至琅邪，为其封邑，封邑大于齐平公。田常卒，子襄子盘代立，相齐宣公。田襄子使其兄弟宗人七十余人皆为齐国的都邑大夫，又掌握了齐国的地方政权，从而废除了齐国境内的诸侯国。编镈与编钟以“陈翊立事岁”为纪年，说明此时的鄘国已经成为陈氏的封地，但鄘国尚未被废黜。因此，编镈与编钟当作于田乞之后，田襄子之前，即田常执政期间。田常在公元前453年相齐宣公，这批铜器当作于此年，田常谥曰田成子，田常或是其号，陈翊或是其名。

田氏执齐政，纪月不用数字，《陈喜壶》的“飢月”（《集成》15.9700）、《陈逆簋》的“冰月”（《集成》7.4096）、《子禾子釜》的“稷月”（《集成》16.10374）都是例证。此编镈、编钟铭文“十月”之“十”写作“[illegible]”，恐非“十”字。淄博高青县陈庄西周遗址出土的《丰觥》和战国齐刀币铭文齐字写作“[illegible]”，此字比“[illegible]”字中间多了一点，疑为“齋”字，“[illegible]月”或为“齋月”。

编镈、编钟的出土地臧家庄，今称龙宿村，在诸城西北，莒县东北，西邻浯水，隔河与安丘石埠子村（原属诸城）相望。石埠子村是商代姑幕国之所在，今有汉姑幕故城遗址。编镈、编钟在臧家村出土，说明春秋战国之时，这里是鄘国之地，石埠子村当是鄘公孙朝的邑城所在。鄘国㠱姓，王献唐先生言㠱国在莒北潍水源头一带是可信的①。

鄘是㠱的子国，编镈与编钟说明，㠱、鄘存在到战国早期。鄘国大约在齐宣公时被废黜，成为齐国五都之一，田大夫成为莒都的统治者。

公元前284年，燕、秦、韩、赵、魏五国联合攻齐。燕军攻占齐都临淄，又陷齐国70余城，齐（田）湣王避居在鄘，被杀。鄘人另立湣王子法章，是为齐（田）襄王。襄王避居在鄘六年，鄘成为齐（田）国的临时国都。其间在鄘制作的《簷邦刀币》《匽刀币》地名莒皆作“簷”或“鄘”。

五

㠱为夏、商、周时的东夷大国，但只有宋代的王洙、司马光《类编》为其记载了“㠱，古国名”四字，今学者往往发出㠱不见于史籍的感叹。寻检《春秋》《左传》等史籍，㠱国的历史不是没有记载，而是被与己、莒混为一谈。

《左传·隐公元年》：“（前722）八月，纪人伐夷。”杜预注：“夷国在城阳庄武县。”

---

① 王献唐：《山东古国考》，青岛出版社2007年版，第234页。

庄武县在今青岛市即墨区西。西周夷王时，纪侯谮之周，致齐哀公被夷王烹杀，与齐结下世仇。至鲁隐公元年（前 722），齐国争权夺位的内乱已经平息了 20 多年，齐国日益强大，寻纪报仇已经列入齐人的日程。因此，面临危机的纪侯，不会再对外扩张树敌，鲁隐公元年以后，也未再有纪国对外扩张的记载。鲁庄公元年（前 693），齐国伐纪取纪郱、鄑、郚三邑，并迁其民，也未有夷邑。故《左传・隐公元年》“纪人伐夷”的“纪人”应是“曩人”，纪、曩音同而混。

《左传・隐公二年》：“九月，纪裂繻来逆女，卿为君逆也。”纪侯为与齐国对抗自保，娶鲁国女子为后，与鲁结为姻亲。同年，“冬，纪子帛、莒（筥）子盟于密，鲁故也”。此筥子即齂子，齂为曩之子国，纪、曩皆己姓，纪国有难，寻求同姓曩国支持，也在情理之中。

《左传・隐公二年》：“莒（筥）人娶于向，向姜不安莒（筥）而归。夏，莒（筥）人入向，以姜氏还。”此“莒（筥）”也当作“齂”。向国，在今莒县南七十里。向本姜姓，《世本・氏姓篇》曰：“许、州、向、申，姜姓也，炎帝后。”殷末东扩，向国被占，改封为子姓国。周铜器《向簋》（《集成》6.3572）、《向卣》（《集成》10.5250）铭文皆载有子姓族徽“”。《左传》此载称向国女子为“向姜”，也与铜器铭文不合。

《左传・文公七年》载：“穆伯娶于莒（筥），曰戴己，生文伯；其娣声己生惠叔。戴己卒，又聘于莒（筥）。莒（筥）人以声己辞，则为襄仲聘焉。冬，徐伐莒（筥），莒（筥）人来请盟。穆伯如莒（筥）莅盟，且为仲逆。及鄢陵，登城见之，美，自为娶之。”《左传・文公八年》又载：“穆伯如周吊丧，不至，以币奔莒（筥），从己氏焉。”可知，筥国己姓，但筥国当作“齂”国，己姓当是己曩。

《左传・昭公十九年》载：“秋，齐高发帅师伐莒（筥），莒（筥）子奔纪鄣，使孙书伐之。初，莒（筥）有妇人，莒（筥）人杀其夫，已为嫠妇。及老，托于纪鄣，纺焉以度而去之。及师至，则投诸外，或献诸子占。子占使师夜缒而登，登者六十人，缒绝。师鼓噪，城上之人亦噪。莒（筥）共公惧，启西门而出。七月丙子，齐师入纪。”《说文・邑部》：“鄣，纪邑也。”段玉裁注：“今江苏海州赣榆县县北七十五里，有故纪鄣城，亦曰纪城。”纪鄣在今江苏赣榆县北，离纪国很远，不可能是纪邑。《春秋》《左传》对纪国疆域的记载是清楚的。纪国共有一都四邑，都城曰纪侯台，在今寿光城南三十里，郱邑在今临朐县境，鄑邑在今昌邑县境，郚邑在今安丘县境，酅邑在齐东安平县，距齐都临淄约三十里，纪鄣不在纪国的领土之中，显然纪鄣并非纪邑。曩国己姓，己国《左传》作“纪”，“纪鄣”应是“曩鄣”，音同而误。筥共公也当作齂共公。

《左传・襄公六年》载：“莒（筥）人灭鄫，鄫恃赂也。”杜预注：“鄫有贡赋之赂在鲁，恃之而慢莒（筥），故灭之。”《春秋左传注・僖公十四年注》曰，鄫国故城在今山东苍山县境内，也非纪邑，灭鄫之筥非介根之筥，而是莒县之鄘。

《世本·氏姓篇》（秦嘉谟辑补本）引《元和姓纂》曰："莒（筥），子氏，春秋时莒（筥）子失国，子孙氏焉。"又曰："莒（筥），自纪公以下为己姓。"《世本·莒（筥）世家》曰："莒（筥），己姓，子爵，少昊之后；周武王封舆期于莒（筥），十一世至兹丕公，其后有纪公庶其，纪公遇弑，子季佗立，季佗卒，渠邱公朱立，渠邱公卒，犁比公密州立，字买朱钼，犁比公遇弑，子展舆立，展舆奔吴，犁比公之子展舆之兄著邱公去疾立，著邱公卒，郊公奔齐，著邱公之弟共公庚舆立，共公奔鲁，齐复纳郊公，共公以下四世，楚灭之。"

《世本》所载的筥国之姓有嬴姓、子姓、己姓。嬴姓是伯益次子大廉的封氏，吕、筥是伯益三子恩成的封氏。《世本》误将伯益三子恩成的封氏作为伯益次子大廉的封氏。《世本》关于筥为"子"姓的记载，与出土的殷铜器"叡"为子姓相合。《世本》所载的"莒（筥），自纪公以下为己姓"，"纪公"当是"曩公"，"己姓"是己姓之曩。而《世本》所载的筥为"嬴姓"少昊之后，"周武王封舆期于莒（筥）"等皆欠确。

《左传·定公四年》载："晋文公为践土之盟，卫成公不在，夷叔，其母弟也，犹先蔡。其载书云：'王若曰：晋重、鲁申、卫武、蔡甲午、郑捷、齐潘、宋王臣、莒（筥）期'，藏在周府，可覆视也。"此与晋、鲁七国结盟的"莒（筥）期"，即《世本·莒（筥）世家》所载的"舆期"，或曰"兹舆期"。晋文公公元前636—前628年在位，舆期非武王时所封。《世本·莒（筥）世家》所载的"兹丕公"即"兹平公"。《左传·僖公二十六年》载："二十六年春，王正月，公会兹平公、宁庄子盟于向，寻洮之盟。"鲁僖二十六年为公元前634年。按《世本·莒（筥）世家》所载，兹平公之后，为纪公庶其。《左传·文公十八年》载："莒（筥）纪公生大子仆，又生季佗。爱季佗而黜仆，且多行无礼于国。仆因国人以弑纪公，以其宝玉来奔，纳诸宣公。"鲁文公十八年即公元前609年，此时纪国已被齐国灭亡了80多年，此纪公当是"曩公"之误。《世本》言"莒（筥），自纪公以下为己姓"，是一条很重要的记载。莒县之地出土的青铜器铭文说明，春秋至战国城阳莒县之地一直是鄘国所在。鄘是曩之子国，非己姓之纪。"兹平公"和"纪公庶其"都是曩国的支庶。兹平公者，以"兹"为氏，纪公庶其者以"其"为氏。《春秋·昭公五年》："莒（筥）牟夷以牟娄及防、兹来奔。"牟娄、防、兹皆方国地名。杜注："城阳平昌县西南有防亭，姑幕县东北有兹亭。"《春秋左传注·昭公五年注》曰："据《汇纂》，防在今山东省安丘县西南六十里，兹在今诸城县北，安丘县稍西而南。""莒（筥）纪公庶其"者，"筥"为国名，"筥"当作"鄘"；"纪"为姓氏，"纪"即"曩"字；"庶"即曩侯的庶子，"其"即国名"曩"字，殷铜器"亚曩"又作"亚其"。"其"即"西汉设的箕县"。《水经注》"潍水"条下曰："潍水导源潍山。许慎、吕忱云：潍水出箕屋山。"《汉书·地理志》载有琅邪郡箕县，注为侯国。箕县在潍水上游，今莒县北部，即曩国之所在。《世本》谓筥国在“莒（筥）纪公庶其”以下皆纪姓，其所谓的“纪”当是“曩”。而纪公庶其以上是曩国的“兹氏”。

《春秋》《左传》记载筥国参加了30多次与诸侯大国的会盟，参入了伐郑、伐宋、伐秦、伐齐、侵楚等诸侯国的联合军事行动，筥或被称为“筥人”，或被称为“筥子”。《春秋·定公四年》载：“三月，公会刘子、晋侯、宋公、蔡侯、卫侯、陈子、郑伯、许男、曹伯、莒（筥）子、邾子、顿子、胡子、滕子、薛伯、杞伯、小邾子、齐国夏于召陵，侵楚。”鲁定公四年即公元前506年，属春秋晚期。此条记载的“公、侯、伯、子、男”五爵俱全，筥国为子爵。然据《酅侯少子簋》《簷大史申鼎》和《酅公孙朝子钟》铭文记载，酅在春秋中期以后称为侯，春秋中期以前当是子爵，也即“兹氏”为国君时，酅（筥）为子爵，“其氏”为国君时，酅（筥）为侯爵。

莒县出土的铜器文献说明，春秋战国之时，城阳筥国之名作“簷”。《春秋》《左传》除襄公二十四年所载的“崔杼帅师送之，遂伐莒（筥），侵介根”外，其余关于筥国的记载，国名都应作“酅”。

总之，莒县本是少昊太阳部落的领地，大汶口文化晚期或龙山文化早期，阳国文明在这里诞生，先民创造了珍贵的陶尊图像文字。虞舜时，伯益佐禹治水有功，封吕侯，建吕国于此。禹帝时，吕侯伯益为摄政大臣，管理四方部落，号称“四岳”，禹帝以伯益为继承人。禹帝卒，伯益让位于禹之子启，避居箕山之阳的吕国。夏朝传位于帝太康时，发生了“羿浞代夏”的重大历史事件。“羿浞代夏”四十年，至少康时灭寒浞及其二子，恢复了夏朝政权。大概夏朝传位于帝槐时，由今日照迁都河南，吕国也迁都于河南南阳，成为夏朝的南方屏障，莒县之吕改名曰筥，以别于南阳之吕。晚商时，殷人东扩，筥国被殷占领，改封为子姓叡国，而筥东迁介根，周武王时重封。武王克商，叡未臣服于周。周初，叡夷大反，被王朝征伐，其地成为曩之子国，国名改曰“簷”或“酅”。战国早期，酅国被楚国征伐，后又做了齐国附庸。齐宣公时，齐国设五都七十二邑，废黜了诸侯国，酅国消亡，酅成为齐国五都之一。筥与叡、酅长期并存，典籍不辨筥、叡、酅有族属、年代、地望之别，也不辨“筥”“莒”之不同，统称作“莒”，误传了筥国的历史。今据出土铜器史料探其本原，还其历史真相。

曩　国

岳石文化莱阳陶盉图像文字探赜

一

1981年春，山东莱阳中荆乡前河前村村民盖新平在耕作时发现一件陶盉。陶盉的腹部、颈部和流的两侧皆刻有铭文，有的具有字形，有的则为图像，闪烁着东夷文化的光彩（图3－31）。

图3－31　莱阳陶盉

1984年，《东岳论丛》第1期发表了李步青、刘玉明《"⺋盉"铭义初释及其有关历史问题》。1987年，《文物》第10期刊载了李步青、吴进云《山东莱阳发现一件罕见的仿铜陶盉》。2004年11月，李步青、刘玉明《"⺋盉"铭义初释及其有关历史问题》载入《胶东考古研究文集》，由齐鲁书社出版。李、刘、吴先生将陶盉腹铭释为"蛇"或"蚕"，读作"己虹"，也即"齐"字，是己、纪、齐国的族徽或图腾。将陶盉颈铭释为14字："虫（己）、国、父、乙、作、酉、午、未、宅、□（不识）、□（不识）、鳄、鹿、龟。"流铭释为"师父"或"父师"，并认为陶盉是仿周铜器，年代定为西周早期。①

常兴照、程磊《试论莱阳前河前墓地及有铭陶盉》一文，认为李步青先生的"释读方式和铭文解释比较随便，主观成分较多"，表示"不能苟同"，并坦言："我们得到的

① 李步青、刘玉明：《"⺋盉"铭义初释及其有关历史问题》，《胶东考古研究文集》，齐鲁书社2004年版，第372～376页。

印象除了几个比较生动的图像如鹿、鱼、蟹等,其余符号均不得而知,与现在已知的汉字传统对不上号,可能是一种失传的文字符号,结合前面实物遗存分析,此盉应属于莱夷遗物,那么这些符号也就只能是莱夷文字的孑遗了。"①

莱阳陶盉不论器物还是图像文字都与周铜器和铭文不是一个时代的东西,其历史真相和宝贵的古史、古文字学价值值得进一步探讨。

二

莱阳是7000万年以前恐龙的栖息之地,也是胶东人类较早的居住地之一。1980年,严文明先生带领北大考古系师生在莱阳南部近海地带发现了泉水头贝丘遗址,属胶东邱家庄一期文化类型,相当于大汶口文化早期。同年,又在莱阳城西2.5千米的于家店发现了胶东北庄文化类型遗址,含有大汶口文化和龙山文化遗存。80年代后,在五龙河流域又发现了柏林庄镇杨家岭、大夼镇韶格庄、高格庄镇佛岩山、穴坊镇西富山等新石器时期文化遗址和高格庄镇大薛家新石器时期井。这些新石器时期的遗址多在与前河前村遗址10千米的范围内。其中,高格庄镇佛岩山遗址位于五龙河中游东岸,是一处与泉水头贝丘遗址年代相同的邱家庄一期文化类型,相当于大汶口文化早期,距今约6000年;佛岩山遗址距前河前遗址只有3千米。考古发现说明,在距今6000—5000年时,五龙河中游已经形成了以佛岩山遗址为主的中心聚落群,他们与烟台白石村文化时期的居民都是胶东原始的土著民族。

前河前村在莱阳城南35千米,处于五龙河中游西岸平原地带的中心。陶盉出土于前河前村南的一块东西长约200米,南北长约250米的高台地上,台地高出周围平地2米多。当地人说这片台地过去高得多,中央是个大土丘,曾有城墙遗迹,新中国成立前也曾出土过青铜器。

1974年冬,前河前村民在此取土,发现了8件青铜器,有鼎2、甗1、簠1、壶2、盘1、匜1,其中壶和甗带有铭文,引起了文物部门的重视。1975年,山东省和烟台市文物工作者对遗址进行了发掘,清理了部分灰坑、车马坑和五座墓葬。

墓葬位于遗址北部,皆为土坑竖穴,多数为一棺一椁。其中以M2墓葬为最大,有殉人4个,殉狗1只。1974年发现的8件青铜器即取自此墓的椁外。另在棺内和棺椁之间还出土有铜盆1、鱼形铜饰1、陶鬲20、陶豆20、陶簋20、陶罐37。墓主的颈部有玉玦、玉管、石珠等物。铜壶铭文13字:"己侯乍(作)铸壶,事(使)小臣以汲,永宝

① 常兴照、程磊:《试论莱阳前河前墓地及有铭陶盉》,《胶东考古研究文集》,齐鲁书社2004年版,第412页。

用。”(《集成》15.9632)铜甗残存铭文4字:“乍(作)旅尊彝。”

小臣是服侍王侯生活的近臣。铭文说明,《己侯壶》乃己侯所作,由小臣为己侯汲水使用。铜甗因残只辨四字,两器铭文对读,铭文当还有“己侯”二字。

《己侯壶》的年代,学者见解不一。《文物》1983年第12期发表的李步青《山东莱阳县出土己国铜器》认为:“不得超过西周中期。”《集成》断为春秋早期,以《集成》所见为是。

墓地的其他四座墓葬,皆无铜器发现。据常兴照、程磊文称,墓地“常见一种陶片,为灰褐或红褐色,质地极为粗糙,夹有云母、贝壳、岩屑等杂物,制法极为原始、拙笨。可辨器形有鬲足、簋、罐之类的口沿与圈足,其鬲足为乳状足,具有一个矮小的柱状实根。这种遗存与M2等所出的陶器,应分属两种不同的风格,即可能是当地的土著文化”①。

这是一个很重要的考古发现。但这两种不同风格的文化遗存,不仅是族属不同的表现,也是年代差异的特征。那些灰褐或红褐色的陶片,质地极为粗糙,制法极为原始、拙笨,是比西周更为古老的文化特征,陶盉与这些陶片类同。

我们特别注意到,陶盉并非这些西周或春秋墓葬的随葬品。它发现于遗址的中部,这里曾是一个大土丘,陶盉发现时,大土丘已经荡然无存。这说明,陶盉原来埋葬在大土丘之下,大土丘土被取尽,陶盉得以现身。

三

陶盉为酒器。泰安大汶口遗址和邹县野店遗址出土的诸多大汶口文化陶盉中,已见三短足、短流、短把之器形②,应是莱阳陶盉之祖型。

此盉通高14.7厘米,口径10.6厘米,腹颈13厘米,壁厚0.7厘米,陶质为夹砂泥质灰陶,器形为侈口、束颈、短流、鼓腹,四个分裆短柱足,足距8厘米,足高2.5厘米,表面粗糙,除图像文字外,无纹饰。器和盖都有桥形把手,粗大而结实。陶盉为手制,粗糙厚重,古朴拙笨。这种落后的制陶工艺多见于龙山文化之前。商、周之时,青铜器被视为权力和财富的象征,流行的是青铜盉。这种手制的陶盉是难以登上大雅之堂的。与其说这件陶盉是仿周铜器之作,不如说它是商、周四足铜盉之鼻祖。

---

① 常兴照、程磊:《试论莱阳前河前墓地及有铭陶盉》,《胶东考古研究文集》,齐鲁书社2004年版,第407页。

② 山东省文物管理处、济南市博物馆编:《大汶口——新石器时代墓葬发掘报告》图版80-2,文物出版社1974年版。山东省博物馆、山东省文物考古研究所:《邹县野店》图版56,文物出版社1985年版。

陶盉上刻画的图像文字，是其身份和年代的重要标志。

陶盉最显要的位置是腹部。腹部的三只虫，是公认的族徽或图腾。但这三只虫是蚕，不是蛇。三只蚕，其中两只交尾，当是一雌一雄，寓繁衍昌盛之意，释为“己竝(并)”。

1983 年 12 月，寿光县城北 10 千米处的“益都侯城”发现一个商代奴隶主的陪葬坑，出土 64 件青铜器，其中的 5 件铜鼎、5 件铜爵、3 件铜觚、1 件铜提梁卣和 1 件铜尊共 15 件青铜器上皆载有族徽“”。另有 1 件铜刀和 2 件铜锛上载有一“己”字①。“己”为国族名，族徽中联手并立的二人当是一男一女，寓有男女和合、氏族昌盛之意，与陶盉族徽意同。寿光“益都侯城”出土的铜器上的族徽“”，当是陶盉族徽三只蚕“己竝”在商代的传承延续和进化。

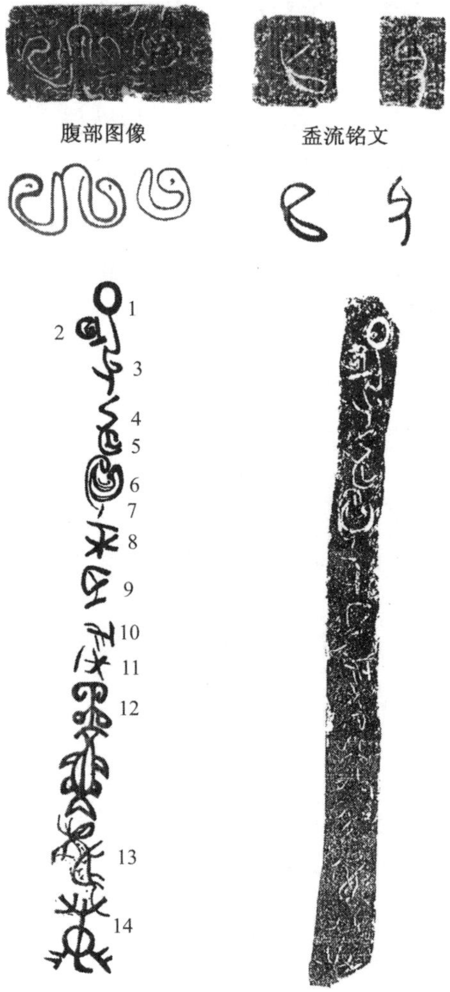

图 3－32　莱阳陶盉颈部铭文

陶盉颈部的图像文字最多，李步青先生将其释为 14 字(图 3－32)。

首字“”，李步青释为“己”。此字取象于人牲小儿之形，当是“祀”字。甲骨文“祀”字作“”(《合集》三〇七五七)，“”(《甲》二八九六)，或加“示”旁作“”(《前》四. 二〇. 一)。《甲骨文字典》释曰：“从示从，之初形为，为祭祀时象征神主之小儿，亦即后世讹变之‘尸’字。”陶盉之“”，是祭祀之义。

第二字，也非“国”字。此字作“”，“”象簸箕，即“”字，“”即“土”字，读作“基”。一期卜辞已有“基”字，写作“”，《甲骨文字典》释曰：“从土在(箕)上，当是基之原字。古文字偏旁变动不居，土旁在上与在下无别。疑会(意)以箕盛土之意。《说文》：‘基，墙始也。从土，其声。’应与初义近。”陶盉“”字，“土”在“”右旁，也与“土”字在“其下”“其上”无别。“基”字有基础之义，《释名·释言语》：“基，据也；在下，物所依据也。”《集韵·之韵》：“基，本也。”《诗经·小雅·南山有台》：“乐只君子，邦家之

① 寿光县博物馆：《山东寿光县新发现一批纪国铜器》，《文物》1985 年第 3 期。

基。”毛传：“基，本也。”“基”字又有起头、开始之义，《尔雅・释诂》：“基，始也。”《国语・晋语九》：“基于其身，以克复其所。”韦昭注：“基，始也。始更修之于身，以能复其先。”“基”字还有基业之义，《尚书・大诰》：“呜呼！天明畏，弼我丕丕基。”孔传：“辅成我大大之基业。”陶盉“祀基”之义当是创建了祭祀用的宗庙和祭坛，这是建国之基，立国之本。《左传・成公十三年》曰：“国之大事，在祀与戎。祀有执膰，戎有受脤，神之大节也。”

第三字释为“父”，第四字释为反书的“乙”，第五字释为“乍”，都无误。“父”是一个表意的象形字。邹平丁公龙山文化陶文“”字，取象于人首和身，李学勤先生释为“父”。此颈铭“”与流铭“”字与其相似，首形开口，会意说了算事的主事之人。甲骨文“父”字进化作“”，金文作“”，“”“”即“主”字，“”为手形。“父”字之造是以手持“主”之义。《说文》“父，矩也，家长率教者，从又举杖”，也说父是家中手持权杖之人。“父”是古代男子的统称和美称。李步青释“父乙”是作器者，可从。

第六字，李步青释为“酉”，欠妥。此字作“”，左边写作蚕形，象蚕在簸箕中，是“”之初字，隶定作“曩”。“曩”是己人新建的国族名。一期卜辞已有“曩”字，写作“”，此字作“”，已表达出蚕在箕中之义，但字形尚在初创时期，为甲骨文“”字之本。

第七、八、九三字，非“午、未、宅”，乃是一个“盉”字。盉是一个形声字，以禾为声，以皿为形。此“盉”字的声符禾字写得很散，但不是三字，而是一字，下部形符象器皿之形，释为盉。金文《员盉》的“盉”字写作“”（《集成》15.9367），隶定作“盉”。盉是酒器。王国维谓，古人行嘉礼、宾礼、吉礼，皆以盉备玄酒，用以淡化酒的强度，防止酒醉而礼不成。① 容庚先生认为盉兼有温酒的作用。② 此陶盉为商、周以前的器物，铭文说明此盉为宗庙祭坛的礼器。

第十、十一字，李步青先生不识，当是一字“彝”字。卜辞“彝”字，作“”（《合集》三六三九〇）、“”（周甲川大卜祭一）等形。与陶盉此字相似。《甲骨文字典》释为“象双手捧鸟形。古者宗庙祭祀每以鸟为牲，甲骨文彝字正象以鸟献祭之形。后更取鸟形以为宗庙器，故名其器曰彝”。

第十二字是一个图像，释为“鳄”欠妥。鳄为爬行动物，有足有趾有爪而无鳍，尾长而不分叉。卜辞“鱼”字作“”（《南明》七二六），与此图像相似。此图像乃是一个“鱼”字，嘴前的装饰部分是鱼须。

---

① 王国维：《说盉》，《观堂集林》，中华书局1959年版，第153页。

② 容庚：《商周彝器通考》，上海人民出版社2008年版，第295页。

卜辞“鹿”字作“”（《合集》一九九五六），“龟”字作“”（《合集》一〇〇七六），第十三图像释为“鹿”，第十四图像释为“龟”，都是对的。常兴照、程磊将第十四图像释为“蟹”，但蟹无尾，而此图像有尾，故释蟹欠妥。

鱼、鹿、龟是古人崇拜的吉祥物。古人以鱼祈生活富裕，以鹿祈国运长久，以龟祈神灵保佑。商、周金文中可见以鱼、鹿、龟作的徽识。马王堆汉墓出土的帛画，天上有伏羲、女娲，人间有帝王。鱼、鹿、龟、龙、鸟都是他们所属。颈铭最后作“鱼、鹿、龟”三图像，是祈求福寿美好之义。

颈铭当为：“祀基，父乙作曩盉彝，鱼、鹿、龟。”

流铭的两字，李步青先生释为“自父”或“父自”，当以释“父自”为妥。“父”，既是古代男子的统称，又是古代男子的美称。“自”字，甲骨文作“”。《甲骨文字典》释为“臀尻为自，旅途中坐卧止息及止息之处亦为自。行旅人数以军事征伐所集结者最为众多，故军旅止息驻扎之自引申为师众之师”。新石器时期，男子是捕猎、农作和征伐的主力，流铭“父自”当是祈求男子众多之义。

总之，陶盉腹铭为“已竝”，流铭为“父自”，颈铭为“祀基，父乙作曩盉彝，鱼、鹿、龟”。

陶盉铭文说明，曩是一个以蚕神为图腾崇拜，善于养蚕织丝的氏族。他们是已族的一支，岳石文化时期在今莱阳五龙河中游，创建了曩国及其宗庙祭坛。作器者“父乙”或正是曩国的开国之君，在殷铜器中，“父乙”是被曩族祭祀最多的先祖。父乙为曩国和宗庙祭坛的建立制作了陶盉，并刻上铭文，表达对国家繁荣昌盛、国人生活美好的祝愿。陶盉可名曰“曩父乙陶盉”。

四

《曩父乙陶盉》上的图像文字，是继泰安大汶口文化早期彩陶太阳八角芒形图像文字、莒县陵阳河龙山文化早期图像文字、邹平丁公龙山文化晚期陶器文字之后，又一重大的图像文字发现，填补了岳石文化图像文字的缺环，对研究古文字的起源和曩国、已国的历史有重要意义。

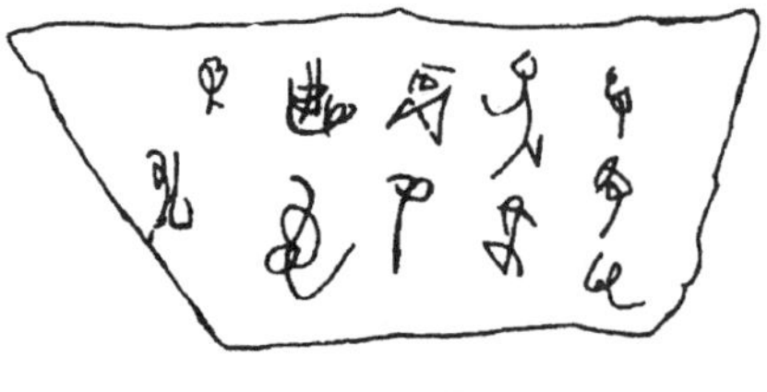

图3－33　邹平丁公陶文

《曩父乙陶盉》的15个图像文字，与邹平丁公陶文有相似之处，但其比丁公陶文更接近于商代甲骨文字。

1991年，在丁公遗址第四次考古发掘中，发现了龙山文化城址和龙山文化陶片。陶片自右向左契刻着5行11字(图3－33)。李学勤先生释为:“何父以夒(扰)犬麠(献),又(有)思(憸),叏抑。厷。”大意是:“何父以驯养的犬上献,有邪佞之心,将他交付惩治,由厷签名。”①犬是古人狩猎和看家护院的助手,考古发现,东夷贵族有用犬陪葬的习俗,大墩子大汶口文化遗址M44头号大墓和莱阳前河前村春秋早期纪侯墓葬皆有犬陪葬。何父乙以训练有素的犬上献,不应受到惩治,而应受到赏赐,所释待考。但无论受惩受赏,丁公陶文已由莒县陵阳河陶尊上的一器一字或两字,进化到成文成篇,表达出一个完整的语言章节。这表明文字已经成为记载历史的语言符号。可知其时已经有国、有君、有臣、有制度、有法治,进入了文明时代。

丁公陶文11个,多数与商代甲骨文难以比对,说明丁公陶文离商代甲骨文尚远。丁公遗址的城墙始建于龙山文化早期,距今约4600年,陶文的年代晚于城墙,为龙山文化晚期②,距今约4200年。

《曩父乙陶盉》的图像文字,体现着晚于邹平丁公陶文、早于商代甲骨文的文化特征,年代当在岳石文化时期。《曩父乙陶盉》是曩国创建的物证,是代表东夷岳石文化的瑰宝。

① 李学勤:《中国文字与书法的孪生》,《中国书法全集·第1卷·商周编·甲骨文》,荣宝斋出版社2009年版,第59页。

② 李学勤:《中国文字与书法的孪生》,《中国书法全集·第1卷·商周编·甲骨文》,荣宝斋出版社2009年版,第58页。

《亚㠱疑母癸爵》铭文考释

一

图3－34 《亚㠱疑母癸爵》铭文

1941年,河南安阳出土的殷铜器《亚㠱疑母癸爵》载有铭文8字:"亚㠱疑,高老乍(作)母癸。"(图3－34)(《集成》14.9075)这是器主人高老为祭祀母癸作的一件宗庙礼器,"亚㠱疑"是其族徽,"高老"是合文。

铭文"㠱"即㠱国,《㠱父乙陶盉》在莱阳前河前村出土,是㠱国创建于莱阳的物证。

"㠱国"之名见于殷一期卜辞。殷卜辞:"……贞翌日乙酉小臣□其……又老㠱侯王其……以商庚凡王不每。"(《前》二.二.六)卜辞说明商代时,㠱为侯国,㠱侯在商王朝供职,陪同商王活动。卜辞称其为"老㠱侯",足见㠱侯年龄之大,威望之高,是商王朝倚重之人。

殷卜辞"癸未……于㠱"(《甲》二三九八),记载商王来到㠱国,可知㠱与商王朝关系亲密。

㠱国是一个名不见《经》《传》的国家,除《类编》载有"㠱,古国名"四字外,不见于其他文献。但已发现的㠱国殷卜辞和殷、周青铜器,要比齐、鲁两个大国的总数还多。

据不完全统计,㠱国带铭文的铜器共发现320多件,器类有钟、铙、铃、鼎、簋、卣、觥、尊、罍、爵、觚、斝、壶、盉、盘、匜、钺、戈、矛、斧、锛等,按其族徽可分为以下十类:

(1)"亚㠱疑"(图3－35)共17器,其中殷代10器,西周早期7器。

(2)"亚其疑"共5器,皆为殷代器。

(3)"亚其丑"共116器,其中殷代115器,西周早期1器。

(4)"亚㠱侯"共8器,其中殷代2器,西周早期6器。

(5)"亚㠱"共9器,其中殷代1器,西周早期8器。

（6）“亚其”共38器，其中殷代35器，西周早期2器，春秋时期1器。

（7）“亚疑”共109器，其中殷代95器，西周早期14器。

（8）“㠱”共19器，其中西周10器，春秋时期9器。

（9）“其”共2器，其中殷代1器，春秋晚期1器。

（10）“疑”共2器，皆是殷代器。

以上，殷代266器，西周48器，春秋11器，足见㠱国之强大，尤其是在商代。

“㠱”是方国名。“亚㠱疑”器和“亚其疑”器对读，可知“㠱”字又可省去“己”字作“其”。战国陶文“即墨之丌坿工”，“丌”即“其”字，地名，属即墨，与莱阳为邻。《汉书·地理志》琅邪郡载有“箕”县，在潍水上游，侯国，知“㠱”“其”汉时又作“箕”。典籍“其”字加竹头作“箕”，是因“其”字本是簸箕之义，与“己”字加丝旁作“纪”类同。可知，商代时㠱国的疆域已扩大到潍水流域，并在其上游建立了新都。然地名作“箕”者，尚不止山东一地。《山海经》之《南山经》《中山经》皆载有“箕尾山”，《玉篇》作“箕山”，即今河南登封之“箕山”。看来，虞、夏之际，养蚕织丝的并非山东己、㠱一族。商代，纣王的诸父名箕子，官太师，封于箕，在今山西太谷东北。箕子谏纣王，纣王不听，将其囚禁。武王克商，将箕子释放。箕子不愿在周为官，迁居辽东朝鲜，也成为一大家族。

图3－35　《金文编》附录《亚㠱疑》铭文

族徽“矣”即“疑”字。疑是古代天子四大辅佐之臣之一。《礼记·文王世子》：“虞、夏、商、周，有师保，有疑丞。”孔颖达疏引《尚书大传》：“古者天子必有四邻，前曰疑，后曰丞，左曰辅，右曰弼。”疑是为天子释疑解惑之官，由知识渊博、德高望重的长老担任。殷卜辞所载的“老㠱侯”，即帝武丁时的疑官。从“老㠱侯”开始，㠱国国君世代在王朝袭任疑官之职，形成了以官为氏庞大的疑氏家族。上引疑氏传世的123件铜器，载有30多种不同形态的疑氏族徽。王献唐先生曰：“㠱国矣系一支，从殷代武丁时起，经过祖庚、祖甲、廪辛、康丁、武乙、文武丁、帝乙、帝辛八代，先后约200年，外领曩国而内为王朝服务，子孙连绵不断。”①疑氏在祖庚、祖甲时，还任贞人史官，已发现疑作贞人的卜辞有30多例。疑之后，还形成了以巫觋为氏的丑氏家族和以史官为氏的“爿片”氏家族。

族徽“丑”也是曩国以巫为氏的一支。丑是巫觋的代称，曩国丑氏一支也是一个庞大的家族。

族徽铭文“爿片”字，由片字一反一正组成，当是“版”字。版有龟版、玉版、木版、铜版，皆史官记事之载体，故“版”是史官的标志。族徽“亚其版”中的“版”，是曩国以史官为氏的一支。

族徽“亚”字是曩国与王族联姻的标志。甲骨文、金文中的“亚”字，学者众说纷纭。“亚”字本象日坛、祭坛四正四隅方位之平面图形。商代的城墉、宫室、宗庙、坟墓皆按方位建造，故皆呈“亞(亚)”字形。宫室和宗庙的位次安排，王居中央，王之弟兄居于旁边，故“亚”有次弟之义。亚又是王室姻亲国的标志。《甲骨文字典》曰“与王族联姻之族，其族名或称号前皆冠以亚字”，所言至确。上揭的曩国320多件铜器，有298件族徽皆冠以“亚”字，说明曩国是王室的姻亲之国，显示了曩国的强大和荣耀。

1976年，安阳殷墟妇好墓出土了21件载有族徽“亚其”和“其”的铜器。妇好是帝武丁时的王妃。在帝武丁时期的卜辞中，也有20多条“妇姜”的记载。妇姜是姜姓所出，“其”是姜姓之国。孙敬明先生认为：“从殷商甲骨文及金文资料，知曩与商王室的关系极为密切，从妇好墓中出土的曩国青铜器更可看出曩与商可能有联姻关系。”②所言是也。如此，这位文武双全、地位显赫的女统帅妇好是曩国女子。诸多的“亚曩”“亚其”“亚疑”铜器族徽说明，曩国与商王室联姻，尚不止帝武丁一代，曩国女子为商王妃也不止妇好一人。

《叟方鼎》(《集成》5.2702)，1973年出土于辽宁喀左北洞村2号窖藏，是西周早期器。其族徽“亚曩侯疑”之“侯”字写在“亚”字之中，“疑”字写在“亚”字之外。侯是爵称，卜辞和铜器铭文中曩国的爵位有的称“侯”，有的称“伯”，有的称“公”。

上述曩器，许多都无出土地的记载。所见到的出土地有河南安阳，北京城外、房山琉璃河，辽西喀左，山东益都(今青州，下同)、临朐、烟台、黄县(今龙口，下同)等地。考古发现说明，商殷时代，曩国国君世代在王朝任职，他们居住在商都畿服以内，卒后也葬在那里，因此有许多曩器出土于河南。商朝亡后，有曩国贵族随同商朝贵族一起迁居北京、辽西一带。1974年发掘的北京房山县琉璃河董家林西周早期墓地，

① 王献唐：《山东古国考》，青岛出版社2007年版，第203页。

② 孙敬明：《考古发现与齐史类征》，齐鲁书社2006年版，第432页。

M52 是商朝贵族，M54 是曩国贵族，两墓同葬一地，是其结伴同迁的明证。1973 年出土于辽西喀左平房子公社北洞村二号坑的一件曩器，系窖藏之物，有流徙的可能。这两地的墓主人和器主人，都非曩侯，不能成为曩国迁到北京和辽西的依据。纵观曩器出土和铭文所载，曩国之都夏代建于莱阳，商代时迁都于诸城以西的潍水上游，《中国历史地图集》曩国的标位在今诸城西南约 45 千米。20 世纪 70 年代，在诸城臧家庄出土了一批战国时的青铜器，其中《鄘公孙朝子钟》载有铭文，鄘是曩的子国，说明这一带是曩国之地。

二

西周初年，曩国即归顺了周朝，并与周王室联姻，成为周王室的姻亲国。

《繁簋》铭文曰："唯十又一月，初吉辛亥，公令繁伐(阀)于曩伯，曩伯穠(蔑)繁历，宾(傧)柀二十、贝十朋，繁对扬公休，用乍(作)祖戊宝尊彝。"(《集成》8. 4146)《繁簋》为西周早期器，铭文中的公当是周公旦。《周髀算经》开卷载有周公旦问于商高数术之事，此商高是由事商转而事周之人。曩国之君世代为商王疑臣，知识渊博，此器所载，当是周公旦命繁向曩伯请教某一方面的问题，曩伯赏繁柀子二十，贝十朋，繁为此作器。此器称曩国国君为伯，可知周初曩国即归顺了周朝，被封为诸侯国，此器乃商朝灭亡之后，曩国臣服于周的确证。

《公贸鼎》是西周中期铜器，铭文曰："唯十又二月，初吉壬午，叔氏使(布)安曩伯，宾貣(布)马辔乘，公贸用牧休鲜，用乍(作)宝彝。"(《集成》5. 2719)周王室有使大臣巡视安抚诸侯之礼制，《公贸鼎》记载的正是此事。铭文"曩伯"之称，与西周初年相同。

《曩孟姜匜》铭文载："王妇曩孟姜乍(作)旅也(匜)，其万年眉寿用之。"(《集成》16. 10240)这是一件西周晚期器，铭文"王"即周王，"妇"即"妃"，"曩"为国名，"孟"为排行，"姜"为姓。周时，男子称其氏，女子称其姓，王妇是曩国名为孟姜的女子。可知，曩国姜姓。西周晚期，曩国与周王室联姻，成为周王室的姻亲国。以西周早期诸多冠以"亞(亚)"字的曩器来看，曩与周王室联姻，西周早期就已经有了。

西周晚期，淮夷作乱。于是，周王命师寰率领"齐师、曩、𠫑(鳌)、僰，𡰥(臀)左右虎臣，征淮尸(夷)"。《师寰簋》器 115 字、盖 111 字，记载了此事(《集成》8. 4313、4314)。铭文"齐"即齐国，在临淄；曩即曩国，在莒县；𠫑即鳌国，在黄县；僰即棘国，在淄博市东。据潍坊金石学家陈介祺先生记载，《师寰簋》"出登莱地，归余器盖二"。此器出登莱，则器主人师寰也与登莱之地有关。

1951年,山东黄县出土了8件春秋时期的曩器,其中6件载有铭文,4盨同铭,盘、匜同铭。《曩伯庭父匜》铭文曰:"曩伯庭父朕(媵)姜无㞑(沬)也(匜)。"(《集成》16.10210)可知春秋时,曩国又与黄县归城的𨟶国联姻。

曩国最晚的铜器是春秋晚期的《其台钟》(《集成》1.3),铭文二字"其台"。

曩国的铜器尚不止上述的这320多件,西周早期,曩人成为䢼(莒)国的主人,春秋时又改名曰"簷""鄘",许多簷、鄘器实际上也是曩器。

三

曩与己是一国还是两国,学者历来见解不一。宋代薛尚功《历代钟鼎彝器款识法帖》将"曩"释为"杞"。清代方浚益《缀遗斋彝器款识考释》纠正薛尚功"曩与杞同",又认为"曩与纪同"。1934年,郭沫若释《曩公壶》也曰:"余谓曩也是纪,同一纪国而作曩若己者。"①1957年,王献堂《黄县曩器》一文,对1951年黄县归城出土的八件曩器进行了释读,认为"曩非杞亦非纪"②,曩与纪是两个国家。1984年,《齐鲁学刊》第1期刊载的王恩田《纪、曩、莱为一国说》,认为纪、曩、莱都是姜姓,曩器与己器又同在烟台上夼村一墓中出土,从而得出纪、曩、莱也是一国的结论。其后学者,虽未认同纪、曩、莱一国之论,却多认为曩与己是一国。

曩是己的子国,说曩与己是一国,不是不可以,但子国也是国,而且商、周之时,曩国大于己国,曩国的灭亡也晚于己国,曩是国名,不是地名,是不容置疑的史实。姓与国虽有联系,但毕竟是两个不同的概念,一姓数国,一国数姓,都是历史之常识。《左传·僖公二十四年》载富辰谏周王曰:"昔周公吊二叔之不咸,故封建亲戚,以蕃屏周。"周公封文王子十六人于管、蔡、郕、霍、鲁、卫、毛、聃、郜、雍、曹、滕、毕、原、酆、郇;封武王子四人于邘、晋、应、韩;封周公子六人于凡、蒋、邢、茅、胙、祭。这些王族诸侯国都是姬姓,从未有人将其说成一国。齐、莱、曩、己皆姜姓,是周之异姓封国。齐国是周武王克商后之首封。莱国本也是姜姓,殷末东扩被占领,成为子姓封国,周以其为不得姓(封)之国。将齐、曩、己、莱混为一国,与史不合。

曩与己虽然都是以蚕神为图腾崇拜的姜姓氏族,但国名"曩",而不名"己",明明是"曩"有别于"己"。大量的殷卜辞和殷、周铜器铭文说明,曩国之名作"曩",或者作"其",从不作"己";己国之名作"己",或加丝旁作"纪",也从不作"其"。曩、己历经千年,从不混同。

---

① 郭沫若:《郭沫若全集·考古篇·第八卷》,科学出版社2002年版,第424页。

② 王献唐:《山东古国考》,青岛出版社2007年版,第163页。

史料说明，殷、周之时，曩、己都是王朝封的诸侯国，各有封地，各有封爵，各自经营管理其国。如曩、己是一国，何能既封曩又封己？没有一国二主的事情，此是曩、己两国的明证。

周铜器《师寰簋》载，周王命令师寰率领齐师、曩、釐、僰国之军，䏌左右虎臣征淮夷。齐、曩、釐国并列，则齐、曩、釐非一国明矣。

己国灭于公元前690年的春秋早期，而曩国存在到春秋晚期，曩、己如是一国，何能己灭而存曩？

1969年11月，烟台上夼村西周晚期墓葬出土的《曩侯弟叟鼎》和《己华父鼎》并不能成为曩、己一国的依据。

《曩侯弟叟鼎》铭文曰："曩侯赐弟叟嗣䄀，弟叟作宝鼎，其万年，子子孙孙永宝用。"(《集成》5.2638)铭文"䄀"字，《玉篇·火部》释为火盛貌。此字从"或"从"火"，"或"即"国"字，"火"即"火正"，是观测祭祀心宿大火之星的史官。《左传·襄公九年》曰："古之火正，或食于心，或食于咮，以出内火。是故咮为鹑火，心为大火。陶唐氏之火正阏伯居商丘，祀大火，而火纪时焉。相土因之，故商主大火。"铭文"嗣䄀"是司火正之职，负责观测和祭祀心宿大火之星，以知春分和秋分。

《己华父鼎》铭文曰："己华父作宝鼎，子子孙孙永用。"(《集成》4.2418)

《曩侯弟叟鼎》与《己华父鼎》同出一墓，知"弟叟"与"己华父"是一人。墓主人名叟，号华父，是己国贵族，虽自称是曩侯之弟，非因同国，而是同姓之故。

上引《左传·僖公二十四年》富辰之言，周公封周文王之子为十六国，封周武王之子为四国，封周公之子为六国。这些同宗同辈的诸侯国之间称兄道弟是情理中事。《左传·僖公二十四年》载富辰又言："召穆公思周德之不类，故纠合宗族于成周而作诗，曰：'常棣之华，鄂不韡韡。凡今之人，莫如兄弟。'其四章曰：'兄弟阋于墙，外御其侮。'如是，则兄弟虽有小忿，不废懿亲。"西周中晚期，己侯谮之周，致齐哀公被烹杀，己与齐关系紧张。己国贵族叟投奔同姓的曩国，曩侯赐叟火正之职，他作了《曩侯弟叟鼎》这件铜器。

《曩侯弟叟鼎》在今烟台市芝罘区上夼村出土，说明西周中期晚曩国的东部疆域达到今烟台一带。春秋时，齐设阳主于芝罘，秦始皇东巡也在芝罘祭阳主，皆因此地是西周时曩国设的日坛。

《亚其丑钺》铭文考释

一、释器

图3－36　亚其丑钺

1965年，山东益都（今青州）苏埠屯发掘的商代一号大墓出土了两件青铜钺。铜钺形体硕大，造型奇特，长32.7厘米，宽32.5厘米，重4.6千克，宽弧刃，平肩，宽短内，有穿，作透雕人面状，鼻梁作成对置的双刀形，横眉怒目，龇牙咧嘴，面目狰狞，透出一股杀气，令人望而生畏。在人面口部左右各有一个“亚其丑”形族徽，铭文左为反书。钺的反面图像与正面相同（图3－36）。铜钺是一件罕见的珍品，现藏于山东博物馆。

益都苏埠屯之地，是一处商周文化的密集区。1935年，在商代墓葬中出土的鼎一、觯一、钺二等青铜器，也皆载有“亚其丑”族徽。1937年，罗振玉《三代吉金文存》一书，载录“亚其丑”铜器约60件，器类包括鼎、甗、簋、尊、卣、觥、罍、觚、爵、铙等，族徽释为“尊”或“奉尊”。王献唐将族徽释为夏代王室姒姓之族徽。① 1985年，容庚《金文编》将此族徽30多例，列入附录（图3－37）。2001年，张亚初《殷周金文集成引得》将此族徽释为“亚醜”。② 2007年，王心怡《商周图形文字编》也释为“亚醜”。③ 2007年，《山东金

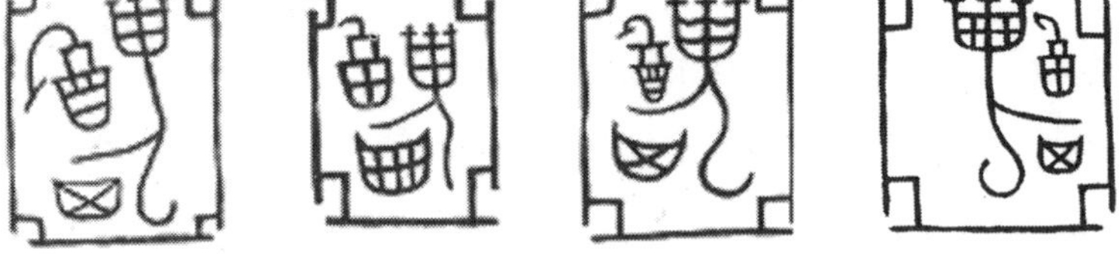

图3－37　《金文编》附录之“亚其丑”族徽

① 王献唐：《山东古国考》，青岛出版社2007年版，第73页。

② 张亚初编著：《殷周金文集成引得》，中华书局2001年版，第25页释3・886。

③ 王心怡编：《商周图形文字编》，文物出版社2007年版，第613页。

文集成（下）》释为“亚醜（丑）”。①

二、释“□”

以往诸家所释，忽略了亚中的“□”字，导致释为二字之误。此亚中之“□”乃“其”字，其是方国名。

“其”即㠱国之名的省写。己与㠱是一族两国，都是以蚕神为图腾崇拜、善于养蚕制丝的氏族。莱阳前河前村出土的《㠱父乙陶盉》说明，㠱国创建于夏代莱阳之地，商代时迁都到今诸城西北。从商王武丁时开始，㠱国就被封为侯国，㠱国的国君世代在商王朝供职，为商王四大辅臣之一的“疑官”。㠱又是帝武丁时的姻亲国，因此㠱国铜器常把国名写在“亚”字之中，据不完全统计，已发现㠱国的铜器有320多件，其族徽有“亚㠱矦”“亚其矦”“亚其丑”“亚㠱侯”“亚其”“亚矦”“亚㠱”“㠱”“其”“矦”等十种。其中，“亚㠱矦”共17器，殷代10器，西周早期7器；“亚其矦”共5器，皆为殷代器。“亚㠱矦”器与“亚其矦”器对读，知㠱国之名又可写作“其”，“其”应是㠱国的分支。

三、释“亚”

甲骨文“亚”字作“□”“亞”等形，殷、周金文又作“□”“□”，小篆改方折为圆转作“□”，今简化作“亚”。

《说文》释曰：“□，丑也。象人局背之形。贾侍中说以为次弟也。”

“亚”字之形，诸家所论，异彩纷呈。王筠《说文释例》附会“局背之形”，曰：“丑是事而不可指，借局背之形以指之，非惟驼背，抑且鸡匈（胸），可云丑矣。”高田忠周《古籀篇八》曰：“夫人之局背佝偻者，其丑成于胎中也。”“佝偻病也，□以象其意指其事也，亞是丑态之极也。”阮元《积古斋钟鼎彝器款识》、孙诒让《古籀拾遗》不从《说文》，皆释亚为古代礼服上黑色的纹饰“黻”，陈独秀《小学识字教本·上篇》释为“壶”之初文，马叙伦《说文解字六书疏证》卷二十八释为“家”之初文，丁山《甲骨文所见氏族及其制度》释为畿服内“不成方的区田”，于省吾受纳西族字字典“方隅或角落作□”的启发，认为“亚字象隅角之形”。②

《甲骨文字典》释曰：“据甲骨文□（墉）字所象之形，与殷墟陵墓所呈□形相参照，甲骨文亚字盖象古代聚族而居之大型建筑平面图形。殷代之城墉、庙堂、世室、墓葬沿用此形，即《周礼·考工记》所谓“殷人四阿重屋”，所论是也。

《文物》1989年第7期刊载的陆思贤绘制的《临潼姜寨仰韶文化村落遗址平面

---

① 山东省博物馆编：《山东金文集成（下）》，齐鲁书社2007年版，第888页。

② 李圃主编：《古文字诂林（第十册）》，上海教育出版社2004年版，第865～874页。

图》揭示了村落中心广场呈“亞(亚)”字形,广场正南、正北各有一座主要房屋,与广场中心在同一轴线上,四周的房屋皆朝着广场中心。广场中心当立有羊角天柱。这既是一个观测天文的日坛,也是一个进行各种祭祀活动的祭坛。古人观象授时,立杆测影,测的就是日出、日中、日入时日晷的方位和长度,因此日坛之建必先测定四方四隅,因而成“亞(亚)”字形。临潼姜寨仰韶文化村落遗址平面图表明,除中央广场呈“亞(亚)”字形外,周围的其他房屋皆不按方位建设。说明“亞(亚)”字形,最早用于立杆测影的日坛,是日坛的平面图形。日坛为神灵交会的圣地,商代推而广之,王族的庙堂、宫室、城墉、墓葬等皆按方位设计建成“亞(亚)”字形。

高青县陈庄西周遗址是2009年全国考古十大新发现之一。遗址出土的祭坛全国罕见。祭坛四周围墙成180米的方形,外有壕沟环绕,只有一个南门。祭坛坐落在遗址中心偏南,南与南门相对,北与一座“甲”字形大墓相对。祭坛中心部位呈圆台形,残高近1米,面积近20平方米。祭坛用不同的土色组成圆形、方形、长方形、圆形、椭圆形等五种图案,寓有东、西、南、北、中五方之意。祭坛中心为圆形,直径5.5—6米,圆外为一正方形,寓意“天圆地方”,祭坛正中下方有一方形坑,打破了台基起建的黄土地面,内有一个小动物牲骨,当是图腾天柱立处。出土的铜器铭文揭示,这是丰国的祭坛。丰是殷末东扩建立的子姓方国,武王克商,丰未臣服于周,僭号称王,被周公征伐,成为齐之附庸。此祭坛是丰国称王祭天用的天坛,可见殷代祭坛之一斑。

金文“亚”字又作“□”“□”,见于西周晚期铜器《南宫乎钟》:“先祖南公、□祖公仲。”(《集成》1.181)春秋铜器《伯亚臣鐳》:“黄孙须颈子伯□臣,自乍鐳。”(《集成》16.9974)是知□与亚为一字,而“□”中一横或一点,正是日坛中心图腾天柱的立处。

“亚”字之义,《说文》释为“丑也”。段玉裁注曰:“此亚之本义。亚与恶音义皆同。故《诅楚文》亚驰,《礼记》作恶池;《史记》卢绾孙他之封恶谷,《汉书》作亚谷。”

《甲骨文字典》释曰:“殷代之城墉、庙堂、世室、墓葬沿用此形,即《周礼·考工记》所谓之殷人四阿重屋。阿、亚古音同,故通用。殷代亚形建筑多曲隅,而《说文·自部》:‘一曰阿,曲自也。’段注:‘引申之凡曲处皆得称阿。’典籍亦每训阿为曲隅,阿曲引伸(申)之义有昵近、朋比、同侪之义,盖亚形建筑既便于合族共处,又使各户皆得独立,故同代兄弟并列同侪,而复可叙以位次。《说文》:‘亚,丑也。象人局背之形,贾侍中说以为次弟也。’按后世误以亚训丑恶之丑,段注亦据象人局背之形谓像丑恶之状,并称亚与恶音义皆同,训丑恶为亚之本义。然丑字在典籍中多训为丑类之丑,段玉裁谓:‘丑即畴之假借字,畴者,今俗之俦类字也。’而贾说又以亚为次弟之义,故亚训俦,训次弟,皆与其初义近。又《诗·节南山》‘琐琐姻亚’。传谓:‘两婿相谓曰亚’,古代族外婚,两婿乃外族之同俦,故亦互称曰亚。”

诸家所论，皆有可取之处，也有欠确之处。“亚”字多义，本义为日坛之四方四隅平面图形，丑恶、次弟皆其借义。

《说文》释“亚”为丑也，学者多不认同。这是因为《说文》将“亚”字误为“局背之形”。“亚”字既非“局背之形”，当然也非“局背之丑”。我们说亚义训丑，是假借在图腾柱下作法与神灵沟通的巫师。巫师着奇装异服，戴假面具，狰狞可畏，丑恶无比。“亚”字训丑是借义而非本义。

“亚”“恶”古为一字。殷卜辞：“……卜若兹不雨隹……有丑于……”（《合集》一二八七八正）《甲骨文字典》释“丑”为憎恶，是知“亚、恶、丑”之义可互训也。

金文“亚”字作“”，见于西周晚期的《南宫乎钟》，而“恶”字作“”也见于夷王时的《史密簋》铭文：“执鄙宽。”①

西周夷王时烹杀了齐哀公，另立食采于薄姑的齐乙公得庶子之孙胡公静。齐人不服，发生内乱。“执鄙宽”说的就是这些不服王命的齐人据守边鄙之地作大恶。于是，周夷王命师俗、史密东征。史密为此作了《史密簋》为记。

秦作小篆，“恶”字从心。《睡地虎秦简》作“”，《汗简》“恶出石经”，恶作“”。亚心加一点为恶，世人多不知此“亚”乃象日坛的平面图形，“心”乃指事图腾天柱及巫师所在之日坛中心。《汗简》“恶”字从日作“”，犹存日坛之古义。

“亚”字“次第”之义源于明堂、宫室、宗庙中诸王位次的安排。王国维《观堂集林·明堂庙寝通考》绘有“亞”字形的《明堂图》《宗庙图》《大寝图》《燕寝图》。其曰：“明堂之制，外有四堂，东西南北，两两相背。每堂又有左右二个，其名则月令诸书谓之青阳太庙，青阳左个，青阳右个；明堂太庙，明堂左个，明堂右个；总章太庙，总章左个，总章右个；玄堂太庙，玄堂左个，玄堂右个。”“此四堂八个，实与听朔布政之事相关。亦可由文字上旁证之。于文，王居门中为闰。《周礼·春官》：‘大史闰月诏王居门终月。’”②按王国维《明堂图》，明堂太庙在南，玄堂太庙在北，青阳太庙在东，总章太庙在西。门在南，即在明堂太庙。王居明堂太庙，可知明堂太庙为主，其余为次。于是，“亚”字有了贾侍中说的“次弟”之义。“亚”字用于官职，见于卜辞有亚、多亚、亚旅等，皆是当时国王的同族兄弟集团。

卜辞有“”字，《甲骨文字典》释为“婭（娅）”。《玉篇·女部》：“娅，姻娅也。”《广韵·祃韵》：“娅，《尔雅》曰：两婿相谓为亚，或作娅。”所释是姊妹之夫相互的称谓，俗称“连襟”。然以卜辞“妣戊娅”（《乙》四六七七）与同版“妣乙娅”观之，娅又是先妣之称，与卜辞“庚子卜贞王宾妣庚姬亡尤”之“姬”字义同，如后世之称妃。

① 周宝宏：《近出西周金文集释》，天津古籍出版社 2005 年版，第 114 页。
② 王国维：《观堂集林》，中华书局 1959 年版，第 123～144 页。

《甲骨文字典》释“亚”字之义又曰：“与王族联姻之族，其族名或称号前皆冠以亚字。”所言极是，族徽《亚其丑》《亚曩矣》等都是例证。但在殷、周金文中，有些写在“亚”字之中，或写在“亚”字之下的族名，不都是与王族联姻之族，凡是时王的兄弟之族，也有写在“亚”字之中或“亚”字之下的，此即贾侍中所说的“次弟”之义，《亚鼂父己鼎》(《集成》4.1604)是证。

四、释“醜(丑)”

“醜”字，甲骨文作“”，金文作“”。

《说文》释曰：“丑，可恶也，从鬼，酉声。”段玉裁注：“《郑风》‘无我魗兮’，郑云：‘魗亦恶也，是魗即丑字也。凡云丑类也者，皆谓丑，即畴之假借字。畴者，今俗之俦类字也。’《内则》曰：‘鳖去丑。’郑云：‘醜谓鳖窍也’，谓即《尔雅》白州驠之州字也。”又注鬼曰：“非真鬼也，以可恶故从鬼。”

《说文》所释，《甲骨文字典》无疑义。其曰：“从鬼从酉，与《说文》丑字篆文形同。《说文》‘醜，可恶也，从鬼酉声’。”

甲骨文“”字所从之“”，形如盛酒之器，内有数点，表示所盛之酒，乃是“酒”字。甲骨文、金文“酉”与酒通。“”字所从之“”，乃“鬼”字。非真有鬼也，鬼乃巫师所扮。“”字乃巫师作法降神之象，于金文表现得最为生动。

族徽“”，亚中之“”乃“其”字，其是方国名。“”乃“醜”字。“”字之“”，乃表示撒酒之义。酒乃祭品，商人有酌祭。酒又可使人产生幻觉，故巫师作法以酒为法宝。“”字所从的“”，乃戴着羽冠等头饰和假面具的巫师，“”作手舞足蹈之形，俗谓“跳大神”。金文“醜”字又作“”，“”字右旁乃“”字之省，以头饰代表示巫师之首。亚中之丑，乃是“其”国人。写在亚中，表示“其”国又是君王的姻亲国。当释为三字：“亚其丑。”

“丑”字从鬼，鬼实为巫觋。

“巫”字，甲骨文、金文皆作“”。《说文》：“巫，祝也。女能事无形。以舞降神者也。象人两褎舞形，与工同意。古者巫咸初作巫，凡巫之属皆从巫。，古文巫。”《说文》巫字本于小篆，形已讹变，释为“象人两褎舞形”，不可据。

《甲骨文字典》释曰：“字形结构不明，唐兰、郭沫若均以此字与《诅楚文》巫咸之巫字同，故释巫(见唐兰《古文字学导论》下编、郭沫若《殷契粹编考释》)按其说可从。《诅楚文》“巫”字作，又齐巫姜簋亦作。”

“巫”字之用一为神，一为人。在神为神祇名，在人为官职名。卜辞中的“巫”，多为神祇名。如：

“壬午卜，尞土，巫帝。乎……”（《铁拾》一．一）

“壬午卜，巫帝。”（《人》三二二一）

“巫帝，一犬。”（《新写》三二四）

“甲子……巫帝……”（《粹》一〇三六）

“丁酉卜，巫帝……”（《粹》一二六八）

“癸亥贞，今日帝于巫，豕一、犬一。”（《人》二二九八）

“帝东巫。”（《粹》一三一一）

“辛亥卜，帝北巫。”（《邺》三．四六．五）

“癸酉卜，巫宁风。”（《后下》四二．四）

“辛酉卜，宁风巫九豕。”（《库》一一二）

“戊寅卜，巫又伐，今夕雨。”（《库》九七二）

“癸卯卜，贞，乙巳酌桒：自上甲廿示一牛，下示羊，土尞牢，四戈彘，四巫豕。”（《续》一．二．四，《戬》一．九，《佚》八八四）

由卜辞“东巫”“北巫”“四巫”“巫宁风”“今夕雨”观之，巫是掌管风、雨的四方之神，也即在日坛四方所立的四根支柱。陈梦家《殷虚卜辞综述》曰：“巫作𢀖象四方之形。”此四方是日坛之四方，南北、东西交会于日坛中心，乃是观测日晷的天柱立处，也是巫觋降神作法之处。

巫神之载，见于《山海经》。

《海外西经》曰：“巫咸国，在女丑北，右手操青蛇，左手操赤蛇。在登葆山，群巫所从上下也。”

《海内西经》曰：“开明东有巫彭、巫抵、巫阳、巫履、巫凡、巫相，夹窫窳之户，皆操不死之药以距之。”

《大荒西经》曰：“大荒之中，有山，名曰丰沮玉门，日月所入。有灵山，巫咸、巫即、巫朌、巫彭、巫姑、巫真、巫礼、巫抵、巫谢、巫罗，十巫从此升降，百药爰在。”

《海外西经》载的巫咸国之群巫，《海内西经》载的开明东之六巫，《大荒西经》载的灵山十巫，区域不一，巫数不同，名也有异，然“日月所入”，“十巫从此升降”，“群巫所从上下”，皆是日坛立杆测影的写照。所载与殷卜辞“帝巫”相同，巫也是神也。

神是巫，能降神与神沟通的人也称巫。《国语·楚语下》：“古者民神不杂，民之精爽不携贰者，而又能齐肃衷正，其智能上下比义，其圣能光远宣朗，其明能光照之，其聪能听彻之，如是则明神降之，在男曰觋，在女曰巫。”

巫觋即通过图腾天柱能够与上帝沟通的人，因此巫咸、巫彭、巫阳成为人名，是神与人的统一。在神权统治下的殷、周之际，巫师的权力是很大的。周官设有司巫之职，管理女巫和男巫。

卜辞“妥其氏巫”（《乙》四六二八）表明，殷代有以“巫”为名的方国。《集成》11.6086载有《巫觶》，是西周早期铜器，巫也是国族名。

《亚其丑钺》中的“丑”是以巫觋为司职的氏族名，也是己姓其（曩）国的一大家族。《亚其丑钺》在益都苏埠屯出土，说明丑氏封地在苏埠屯。苏埠屯殉葬的奴隶有48人，除殷墟安阳外，苏埠屯是用奴隶殉葬最多的一处，在二号墓中，发现有殉葬的人头。《亚其丑钺》重达4.6千克，龇牙咧嘴、面目狰狞、造型奇特，正是神权威严的象征和卯人殉葬的物证。

五、释“钺”

钺是古兵器，形似斧而较大，圆刃，有石制、玉制、金属制。《小尔雅·广器》：“钺，斧也。”《广韵·月韵》：“戉，又作钺。”

钺多用于仪仗礼仪，是帝王权威的象征。清朱骏声《说文通训定声·泰部》：“《字林》：‘钺，王斧也。’按：王者，大也。”《尚书·牧誓》：“王左（佐）杖黄钺。”黄钺是用黄金饰的大斧，故称“黄钺”。

甲骨文、金文“王”字与“戉”字相似，林沄《说“王”》认为：“斧钺这种东西，在古代本是一种兵器，也是用于‘大辟之刑’的一种主要刑具。不过在特殊意义上来说，它又曾长期作为军事统率权的象征物。”“中国的王权发展是经历了和希腊、罗马相类似的过程的。”①林沄先生所论，是说国家是在军事民主时期的基础上形成的。作为权力象征的石戉、玉戉，在大汶口文化、龙山文化的墓葬中多有发现。进入青铜时代，贵重的青铜吉金成为铸造斧钺的新材料，铜钺作为仪仗用具，主要用于帝王礼仪活动，也成为帝王和贵族卒后的随葬品。

益都苏埠屯一号墓形制宏伟，工程浩大，墓室面积达165平方米，深8.2米，有四条墓道，墓室呈“亞（亚）”字形。墓葬出土的《亚其丑钺》是墓主人神权身份的标志。《亚其丑钺》体形之硕大，构思之奇特，制作之精良，显示了曩国丑氏家族显赫的权势和富有的资财，其丰富的文化内涵，更是研究商代和曩国历史珍贵的史料。

《亚其丑钺》说明，殷代，在意识形态领域占统治地位的是神权。

据不完全统计，已发现曩国丑氏家族的铜器共116件，其中殷代115件，西周早期1件。

---

① 林沄：《说“王”》，《考古》1965年第6期。

己　国

《己竝鼎》铭文考释

1983年，山东寿光县（今寿光市）城北10千米的“益都侯城”发现一个商末己国国君的陪葬坑，出土铜器64件，器类有鼎、甗、簋、爵、觚、尊等，其中鼎五件，分三式。一式通高33.4厘米，口径28厘米，大口、方唇、立耳、鼓腹、圜底，圆柱形足，口沿下饰饕餮纹三组，扉棱六条，云雷池地。沿下腹内铸有阴文“己竝”（图3－38）（《山东金文集成》第119页）。这批铜器载有铭文的共有19件，其中15件为族徽，体现着殷铜器铭文的特点。

图3－38　己竝鼎

己，甲骨文作“己”，或反书作“己”。金文作“己”，又作“S”。莱阳前河前村出土的《曩父乙陶盉》族徽说明，“己”象蚕形，本为国族之名，后借为天干第六字。

铭文“己竝”，是己族的族徽，读作“己竝”。“己”是国族名，牵手并立的两人当是一男一女，寓有男女和合、氏族繁衍昌盛之意。类同的商代族徽还见于《齐竝爵》（《集成》13.8181）、《单竝爵》（《集成》13.8180）、《木竝爵》（《集成》13.8182）。族徽“己竝”与莱阳出土的《曩父乙陶盉》族徽义同，是己、曩都系蚕族的物证。

图3－39　簙甗

“益都侯城”出土的一件铜甗，通高34.2厘米，口径20厘米，甑鬲连体，上部甑立耳，侈口，尖唇，沿腹,束腰,下体鬲分档,圆柱形足,沿下腹内铸有阴铭“□”字(图 3－39)(《山东金文集成》第 251 页)。

铭文“□”,金文首见,以往无释。此字取象于养蚕的工具蚕帘,释为“簿”。《正字通·竹部》:“簿,蚕簿,通作薄。”“簿”当是氏名,己族的支庶,“簿姑”“博兴”之名,或源于此。

《世本·氏姓篇》载:“纪氏,姜姓,炎帝之后,封纪,为齐所灭。以国为氏。”纪即“己”字,典籍加丝旁作“纪”,正是因为丝系蚕出。“纪”与“己”音、义相同。

传世有西周中期铜器《己侯貉子簋》铭文曰:“己侯貉子分己姜宝,乍(作)簋,己姜石(祏)寷,用匃万年。”(《集成》7.3977)己侯名貉子,己姜是其女,已侯分赐其女以珍宝,其女己姜为此作器祈福。可知己国姜姓,文献记载不误。另有《己侯钟》《己侯壶》《己侯鬲》等铜器出土,皆说明己国在西周和春秋时为侯国。

典籍记载和考古发现说明,炎帝时人们已经学会种植五谷,养蚕织丝,进入农业时代。

炎帝族本来居住在渭水流域,后沿黄河东迁,经河南淮阳、山东曲阜,又到淄、潍流域。《山东通史·先秦卷》载,炎、黄“阪泉之战的结果是炎帝族失败,失去了在中原地区的立足地。炎帝部落的大部分不得不东迁至黄河下游的‘东夷之域’,山东地区所以有诸多炎裔之国如姜姓的齐、莱、淳于、纪、向等,原因即在于此”①。

山东的这些姜姓古国,多分布在淄、潍流域,己国在今寿光市南 15 千米,又称“纪侯台”。

己是炎帝部落中善于养蚕织丝的一支。淄、潍流域丰富的桑蚕、柞蚕资源,使己族蚕业大兴。夏朝时,这里的丝织业已经非常发达,丝是五大贡品之一,《尚书·禹贡》有“莱夷作牧,厥篚檿丝”的记载,檿丝即桑蚕丝。

1984—1986 年,考古工作者在弥河流域的寿光县孙家集镇边线王村发现内外相套的两座古城址。内城边长约 100 米,面积约 1 万平方米。外城边长约 240 米,面积约 5.7 万平方米,外城的面积是内城的 5.7 倍。内城的年代约为龙山文化早期偏晚,距今约 4500 年,外城的年代约为龙山文化晚期偏早,距今大约 4200 年。②

张学海先生在论述东夷文明的诞生与发展时,将淄河、弥河、白浪河流域称为齐、纪、莱中心区,认为“该地区文明诞生于距今 5000 年左右”。寿光边线王城“是属于本聚落群的二级城(邑城),该聚落群应存在成组的城”③。

---

① 安作璋主编:《山东通史·先秦卷》,山东人民出版社 1993 年版,第 52 页。

② 栾丰实:《东夷考古》,山东大学出版社 1996 年版,第 216～217 页。

③ 张学海:《论东夷文明的诞生与发展》,《古代文明(第 1 卷)》,文物出版社 2002 年版,第 146 页。

夏朝时，己族在莱阳五龙河中游创建了曩国。

商代时，已成为东夷大国，拥有了弥水流域的大片领土。商末帝乙、帝辛时东扩，来国易主，成为商王族的子姓国，己与齐虽未改姓，却也成为商之方国。武王克商，己、齐归周，皆封为侯国，周封太公吕尚于齐，都营丘，与己国为邻。

公元前670年，己国被齐国兼并，而招致己国灭亡的起因，则是“纪（己）侯谮之周”，致齐哀公被烹杀。

《史记·齐太公世家》载，齐“哀公时，纪（己）侯谮之周。周烹哀公，而立其弟静，是为胡公”。胡公徙都薄姑，而当周夷王时。

己侯为何谮之周？齐哀公犯了何等大罪被处以烹杀的极刑？胡公静为何徙都薄姑？这些西周史上重大的事因，史籍没有记载。直到2009年，在淄博市高青县陈庄西周遗址，发现了商末丰国的祭天之坛和《丰觥》《引簋》等铜器，才使我们解开了这一千古之谜。

高青县陈庄之地，在商代属姜姓夆国。殷末东扩，夆人被薄姑国逼迫迁居济阳刘台子，夆国之地成为殷王族子姓的封国，改名曰“丰”。周武王克商后，丰国自立为王，续殷之祀，在陈庄建坛祭天，制作了载有“丰”和“丰王”铭文的马具铜泡（《集成》18.11845—11850）。周成王初年，丰国与薄姑继“三监”和徐、奄之后作乱，受到周公征伐。《塱方鼎》载：“惟周公于征伐东夷，丰白（伯）、専（薄）古（姑）咸𢦏。”（《集成》5.2793）“咸𢦏”一词说明，周公只是征服了丰和薄姑，并未将其“斩尽杀绝”。成王将丰和薄姑之地赐给齐国，丰和薄姑做了齐之附庸。齐国传位于齐太公之孙齐乙公得时，将丰和薄姑之地赐予其庶子幽，作为其食采之地，从而废除了丰和薄姑贵族享有此地的权力。丰国在陈庄的祭天之坛，成为齐国贵族幽公一支社祭的场所。

成王平定“三监”与徐、奄、丰、薄姑之乱，将丰和薄姑之地赐予齐，又授予齐太公“东至海，西至河，南至穆陵，北至无棣”“五侯九伯，实得征之”的大权，齐国由此成为大国。齐国的强大，引发了邻国己国的不安。于是，己侯便阴谋制造齐国内乱，以削弱齐国势力。他策动食采于薄姑的齐国贵族幽公，篡夺国君之位。幽公买通了周夷王，又设下圈套，邀齐哀公到丰地祭坛进行社祭，己侯则向周夷王告发齐哀公在丰地天坛祭天，违背“天子祭天地，诸侯祭社稷，大夫祭五祀”的王制，图谋不轨。于是，周夷王将齐哀公处以了烹杀的极刑，制造了西周史上震惊天下的冤案。

齐哀公被烹，周夷王另立幽公之子静，是为齐胡公。胡公以其食采之地薄姑为都，但齐人不服，陷于内乱。于是，周夷王亲命胡公之子“引”接替其年迈的祖父幽公兼司齐师之职，并调兵遣将，命师俗、史密会同山东的膚虎、杞夷、舟夷、棘夷、釐伯等诸侯到齐平乱。高青县陈庄遗址出土的两件《引簋》和陕西安康发现的《史密簋》铭文,都是记载这一历史事件的重要文献。

“周夷王‘烹哀立胡’,引发了齐国30多年内乱。史载,哀公的同母少弟山怨恨胡公篡位,率领营丘党羽攻杀薄姑胡公而自立,是为献公。献公元年将胡公的儿子逐出国外,并把国都迁到临淄。献公卒后,子武公寿立。武公卒后,子厉公无忌立。厉公暴虐,引起齐人不满,胡公之子趁机潜回齐国,带领其党,杀死了厉公,但胡公子也在混战中被杀。齐人又立厉公之子赤,是为文公。文公即位后,诛杀参与攻杀厉公者70余人,至此,这场内乱才算结束。”

“夷王失德,烹杀哀公,自毁长城,伤及王室自身。夷王五年,哀公同母少弟山杀胡公而自立。夷王蒙羞,欲追究其罪,出资命师旋‘羞追于齐’,但这位师旋并未践命,只是用夷王的资助作了三件《五年师旋簋》。《古本竹书纪年》载:‘夷王衰弱,荒服不朝。’‘七年,冬,雨雹,大如砺。’‘八年,夷王卒,子姬胡即位,是为厉王。’厉王三十七年,‘国人’起义,厉王出奔彘,王室大乱,大臣行政,号曰共和。又七十年,犬戎杀幽王,西周结束。”①

己侯谮之周,致哀公被烹,己与齐结下世仇。齐自釐公时就欲灭己。己侯为自保,先娶鲁女为后,再嫁女与周王,与鲁国和周王室结为姻亲,又与莒结盟。鲁国多次为己说情,虽延缓了齐灭己的步伐,但未能挽救其灭亡的命运。齐襄公五年(前693),齐师取己郱、鄑、郚三邑,并将其民迁到外地。两年后,己侯之弟纪季携酅邑投靠了齐国。齐襄公八年(前690),齐国大军伐己都,己侯出逃,己国宣告灭亡。

清乾隆年间(1736—1795),寿光农民得之于“纪侯台”下的《己侯钟》(《集成》1.14)载有铭文六字,曰:“己侯虓乍宝钟。”陈梦家先生曰:“此己侯当是谮齐哀公于周王的纪侯。己侯名虓,与《鲜钟》之司土(徒)同名,若是一人,则纪侯曾为王官。”②若己侯在王朝任司徒,则己侯“谮之周”,烹杀齐哀公,确有许多方便条件。

己国载入著录带有铭文的铜器约有74件,其中殷代42件,西周25件,春秋7件。出土地多在山东寿光、莱阳、龙口、烟台,河南安阳,陕西西安、宝鸡等地也有流徙。

---

① 吕茂东:《解读高青县陈庄西周遗址》,《管子学刊》2011年第4期。

② 陈梦家:《西周铜器断代(上册)》,中华书局2004年版,第288~289页。

丰　国

解读高青县陈庄西周遗址①

2008年10月至2010年2月，山东省文物考古研究所对高青县陈庄西周遗址进行了发掘，发现了西周早期的城址、墓葬、祭坛、马坑、车马坑等遗迹，出土了许多石器、玉器、陶瓷、骨器、蚌器、卜骨和青铜器。其西周城址、祭坛、带有“丰”和“齐公”铭文的铜器、带有卦爻的卜骨，都属山东首次发现，有的甚至是全国罕见，意义重大，被评为“2009年度全国十大考古新发现”之一，引起社会多方面的关注。

《考古》2010年第8期发表了山东省文物考古研究所撰写的《山东高青县陈庄西周遗址》，介绍了高青县陈庄西周遗址的发掘经过。《考古》2011年第2期又发表了山东省文物考古研究所撰写的《山东高青县陈庄西周遗存发掘简报》，同时发表了著名考古学家、古文字学家李学勤等十三人在济南专家座谈会上的发言。《东岳论丛》2010年第10期发表了李学勤先生《论高青陈庄器铭“文祖甲齐公”》的论文，《文史哲》2011年第3期发表了李学勤先生《高青陈庄引簋及其历史背景》。发掘者与专家们对城址、墓葬、祭坛和铜器的断代及族属方面，意见较为一致，都认为铭文中的“文祖甲齐公”是首封于齐的姜太公，作器者“丰”或“丰启”是太公之孙。专家们对于遗址的用途、遗物的性质看法不一，对于铜器铭文中的疑难文字，也各有所见，对于相关历史，尚未有深入、系统的研究。

笔者认为，将“齐公”释为“齐太公”和将“丰”释为太公之孙恐非历史之真相。铜器铭文“丰”，当是殷末东扩建立的“子”姓“丰国”。“文祖甲齐公”，是周初僭号称王的“丰王”。“丰王”被周公征伐，从而臣服于齐，因而称为“齐公”。城址、祭坛是丰国称王

---

① 此文发表于《管子学刊》2011年第4期，2012年获山东省文物考古优秀研究成果奖，2014年收编于《甲骨学暨高青陈庄西周城址重大发现国际学术研讨会论文集（2012　中国高青）》，由齐鲁书社出版，今略有改动。

建的“天坛”。卜骨数字符号乃《周易》六十四卦中的《艮》和《噬嗑》,是“丰”归齐所遵的天意。两座西周中晚期的“甲”字形大墓,是齐国公族的墓葬。《引簋》中的“幽公”名“酭”,是齐乙公得之庶子,胡公静之父,作器者“引”之祖父,哀公不辰之叔父。周夷王“烹哀立胡”是“夺位”之争,与纪侯的策动和丰族的“天坛”有关。《引簋》与《史密簋》可谓是“姊妹篇”,记载的都是周夷王“烹哀立胡”“平齐内乱”的重大历史事件。

一、“齐公”非“齐太公”

高青县陈庄西周遗址共出土铜器50余件,其中有10件带有铭文,这是遗址身份的真实记载。正确解读这些铭文是解开遗址谜团的关键。

这些带有铭文的铜器,出自三个墓葬。其中编号M17的墓葬1件,M18墓葬7件,M35墓葬2件。M17和M18是西周早期墓葬,M35是西周中晚期墓葬。M17和M18铜器的作器者都是“丰”,我们先将这些《丰器》铭文梳理释读如下:

M17《丰簋》铭文8字:“丰启作祖甲宝尊彝。”

M18《丰甗》铭文8字:“丰启作祖甲宝尊彝。”

M18《丰尊》铭文8字:“丰作厥祖齐公尊彝。”

M18《丰卣》铭文9字:“丰启作文祖齐公尊彝。”(图3-40)

M18《丰簋》铭文9字:“丰启作厥祖甲宝尊彝。”(图3-41)

M18《丰觥》铭文11字:“丰启作厥祖甲齐公宝尊彝。”(图3-42)

图3-40　M18《丰卣》铭文

图3-41　M18《丰簋》铭文

图3-42　M18《丰觥》铭文

M18《丰鼎》铭文11字:“鲁姬锡贝十朋用作宝尊彝。”

M18墓葬还有一件铜器铭文破碎。

分析现有的7件《丰器》,可知其主体文字为“丰作祖尊彝”。“丰”是作器者,“祖”是受祀人。

除主体文字,铭文尚有“启”“厥”“文”“甲”“齐”“公”等字。《丰器》将这些字作为可有可无之字。其中,“启”训开、始,铭文“丰启”义为丰族开始了新的生活。“厥”,代词,后用作“其”。“文”是美谥。《谥法》曰:“忠信接礼”“刚柔相济”皆曰文。“甲”是日干字,殷人以日干字为庙号。“齐”虽指齐国,但“公”是作器者对受祀人的尊称,非指爵位。“齐公”如同“齐翁”,意在表明受祀人是齐国的长者。

“文祖甲齐公”确实令人费解,但由“丰”是国族之名,而不是个人私名,知“齐公”并非“齐太公”。

笔者注意到,M17《丰簋》和M18《丰甗》的墓主不同,器型不一,但铭文相同,都是“丰启作祖甲宝尊彝”。发掘者说:“M17一件铜簋上有‘丰启作祖甲宝尊彝’铭文,与M18铜甗铭文内容一致,书体大致相同,说明M17和M18二墓时代相近,关系密切。”①不会有一人二尸、一人二墓的荒诞事情出现,所以M17《丰簋》和M18《丰甗》之“丰”不是个人私名,而是国族之名,或曰氏族之名。而“启”也不是人名。M17《丰簋》和M18《丰甗》的作器者都是丰族的首领,他们以丰族的名义为其祖作器。

那么,这个“丰氏”会不会是齐太公所封,太公之孙?回答是:不可能。

其一,《丰器》之年代与齐太公之孙的年代不合。发掘报告称,M27出土的簋和尊,同陈梦家先生考定的康王器《竞尊》和《白富盉》相近。朱凤瀚先生认为,M17、M18、M27三座墓出土的铜器,“年代应为西周早期,似不晚于康王”。方辉先生也认为“其具体年代有可能在成、康之世”。李零先生认为“只能在齐丁公之前”。

《古本竹书纪年》和《史记·齐太公世家》载,康王六年,齐太公望卒,子丁公伋立。康王六年之前,齐太公在位。成、康之时的M17、M18和M27的墓主人,显然不是齐太公之孙。《左传·昭公十二年》载,齐丁公吕伋与卫君王孙牟、晋君燮父、鲁君伯禽、楚君熊绎共事康王。其时,太公之孙、丁公之子尚未及位,更未作古,可知“丰”器的主人与太公之孙并非同时代人。丰和薄姑成为太公曾孙幽公酭的封地,当在西周中期的穆王、共王之时。

其二,“祭天之坛”是遗址的标志性建筑,断为西周早期,说明其地与周王室分庭

① 《山东高青县陈庄西周遗址笔谈》之“郑同修谈话内容”,《考古》2011年第2期。下文所引专家意见皆在本篇文章。

抗礼。而太公七十岁遇文王，拜为文武师，尊为师尚父，统帅牧野之战，是灭商兴周的头号功臣。太公封齐，是为了为周王室镇守东夷。太公有女为武王后，是成王生母，丁公吕伋是成王母舅。太公以下五世皆返葬于周，陪周王文、武、成、康。齐与周关系密切，并无反周的理由。高青县陈庄的西周早期墓葬非太公之孙，祭坛也非太公之孙所建。

其三，太公之孙无以"丰"为氏者。据《史记·齐太公世家》《世本》《通志·氏族略》等载，齐丁公吕伋有三子。嫡子叔乙让国于乙公得，食采于崔，后为崔氏。杜预云，济南东朝阳县西北有崔氏城是也。丁公还有一子名懿伯，食采于若，其后子孙称"丁若氏"。《风俗通》载，晋遂兴令丁若坚，高密人。可知丁公三子，无以丰为氏者。逄振镐《山东古国与姓氏》汇集由齐国分出的氏达160个，也无丰氏。

其四，M27是西周早期墓葬中最大的一座，出土铜器11件。M27出土的死者生前朝聘会盟所执的柄形礼器三件，其中一件上有"玄鸟孕卵生子"的图像(图3-54)，说明墓主人是殷子姓诸侯，丰是殷末东扩建立的东夷子姓属国，M27是丰王之墓。丰国亡于周初，族人以国为氏，是为丰氏。

其五，M17和M18出土的铜器铭文"丰"字，与《塱方鼎》记载的被周公征伐的丰伯之"丰"相同。

"丰"既然是殷子姓国族之名，当然不是齐太公之孙，齐太公也不是丰氏之祖，"齐公"非"齐太公"。将"齐公"释为"齐太公"，将子姓国族"丰"说成是齐太公之孙，是误解也，大谬！

二、丰王天坛

高青县陈庄西周城址是这次考古的重大发现。但这个城址既非太公封齐时所都的营丘，也非胡公徙都的薄姑，甚至也不是丰国的都城。它是丰国的"天坛"，又是丰族的"陵园"。殷人以祖先为上帝，周初丰国僭号称王，在此建天坛祭天，后又用作墓地，四周的城墙是其围墙。

城址选建于当时无人居住的高地上。城址近方形，四面各约180米，面积小，而且只有一个南门，是一座封闭式的建筑。城内有14座西周早期、中晚期墓葬，还有马坑5座，车马坑1座，灰坑千座。遗址发现的西周时期的残房基只有7座，说明遗址的主要功能是祭祀，不是生活区。故其不是都，也不是邑。

城内有一标志性的夯土台，专家们称其为祭坛。

祭坛位于城内中部偏南，中心部位近似圆形，直径5.5—6米，残高接近1米。平面中心向外依次为用五色土作的圆圈、方圈、长方形圈、圆圈、椭圆形圈，表示东、西、南、北、中五方。中心小圆圈正下，有一方形坑，打破了台基起建的黄沙地面，坑内埋置一具小动物骨架，是用牲的遗迹，按古之天坛，中间当立有天柱，或曰氏族图腾柱。这与《逸周书·作雒解》记载的新都洛阳南郊的郊祀天坛相合，是迄今为止发现的周唯一天坛遗迹。

此坛是丰国在西周初年称王时所建。

西周之时，丰国有三：一是王室姬姓丰国，二是犬戎丰国，三是东夷子姓丰国。

姬姓丰国在今陕西省长安县西北沣河以西。《诗经·大雅·文王有声》《史记·周本纪》载，丰地本是殷诸侯崇侯虎的一邑。周文王灭崇侯虎，迁都于丰。周武王时，建都镐京。丰与镐京并称西周二都。

武王克商，封其同父异母弟、周文王第十七子于丰，是为姬姓诸侯丰国。故《左传·僖公二十四年》载："毕、原、酆（丰）、郇，文之昭也。"丰侯荷罂负缶，沉湎酒乐。"成王十九年，黜丰侯"①，另立丰伯，迁其于镐京东南，在今陕南山阳一带。

姬姓丰国的传世铜器有陕西宝鸡市竹园沟墓葬出土的西周初期的《丰公鼎》（《集成》4.2152），西周早期的《丰伯戈》（《集成》17.11014）、《丰伯剑》（《集成》18.11573）等。《丰伯戈》和《丰伯剑》说明，其时的丰国已经降封为伯爵。

《丰伯车父簋》（《集成》7.4107）是西周晚期的铜器，有铭文27字，载入《济宁州金石志》。《丰伯车父簋》若出在济宁，说明西周晚期，丰伯国亡，避居在鲁。

犬戎，又称为畎戎，是西戎的一支，殷、周时游牧于泾、渭流域。西周中期，犬戎强大起来，逐渐东迁，占据了周人的西岐、丰都，自立为王。《史记·秦本纪》载，周幽王五年，秦襄公将其妹妹缪嬴嫁给丰王为妻。

周幽王十一年（前771），"申人、鄫人及犬戎入宗室弑王及郑桓公，犬戎杀王子伯服，执褒姒以归。申侯、鲁侯、许男、郑子立宜臼于申"②，是为周平王。平王东迁于洛，历史由西周进入东周。

传世铜器《丰王斧》（《集成》18.11774）出土于易州（今河北易县），载有铭文"丰王"二字。《丰王斧》是西周晚期的铜器，与《史记·秦本纪》记载的犬戎丰王相吻合。

西周初年，东夷也有一个自称为王的丰国，即高青县陈庄出土之"丰"。

淄、弥、乌河流域，经炎帝族东迁的一支与东夷土著共同开发，"最晚到大汶口文化晚期，该地区已经形成五个聚落群，即昌乐南部群，聚落16处；青州中、东部和昌乐最北部群，聚落28处；寿光西南部群，聚落18处；临淄东南部与淄河中游群，聚落10

① 方诗铭、王修龄：《古本竹书纪年辑证（修订本）》，上海古籍出版社2005年版，第247页。
② 方诗铭、王修龄：《古本竹书纪年辑证（修订本）》，上海古籍出版社2005年版，第262页。

处;临淄西北部与广饶西南部乌河中游群,聚落9处”①。在距今大约5000年,国家开始在这些聚落诞生,形成了一批姜姓古国,张学海先生称之为齐、纪、莱国中心区。到夏、商之时,这里已经成为一块物产丰富、人口众多的宝地。

《左转·昭公二十年》记晏子说齐地的历史沿革时说:“昔爽鸠氏始居此地,季萴因之,有逢伯陵因之,薄姑氏因之,而后大(太)公因之。”杜预说爽鸠氏,少昊司寇也。季萴,虞夏诸侯,代爽鸠氏者。逢伯陵,殷诸侯,姜姓。蒲姑氏,殷周之间代逢公者。

逢国,金文作“夆”,姜姓,是炎帝后裔。在丰和薄姑之前,夆人是齐地的主人。《国语·周语》载,周文王的祖母太姜是逢国国君逢伯陵的孙女,逢公是逢伯陵之后,太姜的侄子,殷诸侯,封于齐地。

从1979年开始,山东省文物考古研究所对济阳县刘台子四座西周贵族墓葬进行了三次发掘,出土青铜器33件,其中有14件带有铭文,9件载有国族名“夆”字。李学勤先生考证说:“夆国系姜姓,其始封君逢伯陵是炎帝之后,时在商朝,取代季萴一系,都于齐。”“商武乙、文丁及周穆王时,夆国仍在,其君逢公且颇有重要地位。”他进而推论,“姜姓逢国在殷末受东夷薄姑的压迫,放弃临淄一带地区,迁到今济阳”②。今高青县陈庄西周遗址的发现,证实了李学勤先生的推论。夆国被迫迁徙济阳,原地被薄姑氏的一支占有,始称为“𠭯”,后改为“丰”。

《小子“𠭯”方卣》是一件殷铜器(《集成》10.5417)。铭文记载帝辛时征人方,子令小子𠭯率族人先行,前往人方的堇地,监视人方的行动。郭沫若先生曰:“旧多释尸为人,余谓当是尸字,假为夷。它辞言‘在齐餗隹王来征尸方’,尸方当即东夷也,征尸方所至之地,有在淮河流域者,则殷代之尸方,乃合山东之岛夷与淮夷而言。”③所论至确。《小子𠭯方卣》记载的人方,当在今潍坊一带,后迁至即墨。小子是子姓小宗的首领,他以地为名,称为“小子𠭯”。“𠭯”字旧未释。此字从“夆”、从“冏”。“夆”即“夆”字。《说文·來(来)部》释“來(来)”为“二麦一夆,象其芒束之形”,“夆”字的四点表示麦粒。“齐”“來(来)”“夆”三字皆象麦形,是产麦之地名。“冏”训明,与“丙”字音、义相通。“丙”是殷人观天授时、专司心宿大火星的徽识,金文又作“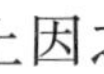”。《左传·襄公九年》:“陶唐氏之火正阏伯,居商丘,祀大火,而火纪时焉。相土因之,故商主大火。”服虔云:“商丘,地名,相土,契之孙,因之者,代阏伯之后居商丘。汤以

① 张学海:《论东夷文明的诞生与发展》,《古代文明(第1卷)》,文物出版社2002年版,第146页。

② 李学勤:《有逢伯陵与齐国》,孙敬明《考古发现与齐史类征》之《逢史献苴》,齐鲁书社2006年版,第494页引。

③ 郭沫若:《卜辞通纂考释》569片,《郭沫若全集·考古编·第二卷》,科学出版社2002年版,第462页。

（商）为（天下）号。”甲骨文“商”字所从的“冂”或“冏”，都是殷族司大火之星的标识。“𠷎”字从“冏”，表明是殷王朝子姓之“夆”，与姜姓逄伯陵之“夆”相区别。“𠷎”字是殷人东扩，占有“夆”地的记载。“𠷎”后来改作“丰”，形变而音同。由“夆”到“𠷎”再到“丰”，是殷时丰地历史的演变。

周武王克商，决战牧野，只用了一天时间，武王封纣子武庚于殷，并置蔡叔、霍叔、管叔监管，史称“三监”。武王回到镐京，二年薨。武王子成王即位，年少，周公摄政为王。“三监”反对周公篡权，纣子武庚及淮夷熊盈、徐（在今江苏）、东夷奄（在今山东曲阜）乘机作乱。于是，成王亲征徐、奄，迁奄君于薄姑①。不久，丰与薄姑称王又反。

丰虽是殷王室的子姓小宗，但成王践奄之后，与薄姑成为殷幸存的子姓封国。丰国称王，也是为了续殷帝之祀。

在神权统治之下的殷、周之际，国家的头等大事是祭祀。“天子祭天地，诸侯祭社稷，大夫祭五祀”，是西周的王朝制度。天子自命是上天之子，享有祭天的特权，因此建坛祭天是丰国称王的必然之举。

丰国称王，也作了一些铜器，在高青县陈庄西周遗址发掘之前，已有丰国丰王的数件铜器传世。《殷周金文集成》第十八册载有《丰铜泡》（图3－43）和《丰王铜泡》（图3－44）各三件，都是一国之器，年代也都是西周早期。

图3－43　丰铜泡

《丰王铜泡》说明，这是一个与周王朝分庭抗礼、自称为王的国家。这个丰国，既不是姬姓的丰国，也不是犬戎的丰国。姬姓的丰国没有僭号为王，犬戎的丰国不在西周早期。这个丰国是东夷的丰国。

图3－44　丰王铜泡

这六件铜器都无出土地的记载。其中编号为11845的《丰铜泡》和编号为11848的《丰王铜泡》为清末潍坊金石学家陈介祺先生旧藏，而陈介祺先生所以能收藏到这些铜泡，或许与这些铜泡出土于山东高青有关。

铜泡在青铜器中类属杂器，是装饰和联结马络

① 《尚书·周书》：“成王东伐淮夷，遂践奄，作成王政。”“成王既践奄，将迁其君于蒲姑，周公告召公，作《将蒲姑》。”

头和辔带的零件，多呈球面形。陈介祺先生旧藏的《丰铜泡》直径只有7厘米，《丰王铜泡》直径也只有11厘米。将"丰"或"丰王"铭文铸于这样小的铜泡之上，不仅显示了精湛的青铜工艺，更显示了丰王对于车马的珍爱，这与高青县陈庄西周遗址出土的车马器有着相同的文化元素。高青县陈庄西周遗址出土的铜泡之上，已无铭文"丰"或"丰王"，说明其时丰国已亡，"丰王"之称已经成为了历史。

需要说明的是，甲骨文和金文的"丰"字，学者有"豐(丰)"和"豊(礼)"两种解释，高青县陈庄西周遗址出土的铜器铭文丰字与姬姓的《丰公鼎》《丰伯戈》《丰伯剑》《丰伯车父》和犬戎的《丰王斧》的铭文丰字写法相同或相似。这说明古"豐"与"豊"是一字，"豐"字用作国名、族名或地名读作"丰"，而用作祭礼则读作"豊"。

三、归齐受锡

图3-45 《塱方鼎》铭文

丰国称王叛乱，受到周公征伐。《塱方鼎》记载了周公东征这一重大的历史事件。其铭文曰："惟周公于征伐东夷，丰白(伯)、尃(薄)古(姑)咸𢦏。公归，禩于周庙。戊辰，酓(饮)秦酓(饮)。公赏塱(坍)贝百朋，用乍(作)尊鼎。"(《集成》5.2739)(图3-45)

"𢦏"字，有学者释为"斩"，于是，"咸𢦏"一词就成为"都斩"，所释欠确。《说文》释"𢦏"为"伤也"。《诗经·豳风·破斧》："周公东征，四国是皇。"皇，《齐诗》作"匡"，是匡正之义。可见，"咸𢦏"是都征服了的意思，并未"斩尽杀绝"。这与《丰器》承载的信息相吻合。

需要特别指出的是，《塱方鼎》铭文丰伯的"丰"字与高青县陈庄西周遗址出土的丰器铭文的丰字相同。丰与薄姑都是殷商旧族，因参与武庚叛乱而被周公征伐，丰伯即高青县陈庄丰国的国君，也即M27的墓主人。

《塱方鼎》与"天坛"、《丰王铜泡》可为互证，记载的都是丰国称王作乱的信史。

M18墓葬出土的《丰鼎》铭文曰："鲁姬锡贝十朋用作宝尊彝。"此鲁姬当是鲁国的姬姓女子嫁给齐君为妇者。鲁姬锡贝十朋，说明齐对丰恩威兼施，这是丰国臣服于齐的确证。

发掘报告称，遗址还出土了周代多片卜甲、卜骨。其中一片残片上有卦爻"一八八一八八"和"一八一八八一"(图3-46)。"一"即"⚊"，代表阳；"八"即"⚋"，代表阴。"阳阴阴阳阴阴"当是《周易》六十四卦中的《艮》,"阳阴阳阴阴阳"当是《周易》六十四卦中的《噬嗑》。

图3-46 卜骨卦

《艮》卦以人体部位取象,探讨有关停止、抑制的道理。其言凡事有得就有失,有所为就要有所不为,能止才能行,止的最高境界是止于当止。《噬嗑》卦以吃食之道设喻治国之方。其言治国要恩威兼施,刚柔相济,既要正饬法令、法纪,惩罚犯罪,又要运用怀柔政策,安抚归附的国族。

这两卦爻是丰人归齐所遵的天意。《艮》卦告诉丰人,反周之举应"止于当止",归服于齐。《噬嗑》卦告诉丰人,齐对丰会恩威兼施,归齐将受到礼遇。这与M18《丰鼎》铭文记载的"鲁姬锡贝十朋"相合。诸多《丰器》铭文和卦爻说明,丰国虽亡,成为齐属,但在齐君的治理下,经济发展,文化繁荣,丰人开启了新生。丰人对归齐心悦诚服,引以为荣,因此作了许多铜器祭祀他们那位承上启下的"文祖甲齐公"。

铭文和卜辞表明了齐、丰和谐的关系。这使人想起《史记·齐太公世家》对于齐国初创时期的记载:"太公至国,修政,因其俗,简其礼,通商工之业,便鱼盐之利,而人民多归齐,齐为大国。"这是齐国对西周成、康盛世的重大贡献。

《周易》是我国最著名的古典之一,史学界对于《周易》成书的年代,一直争论不一。高青县陈庄西周遗址《艮》与《噬嗑》的发现,为《周易》的成书断代提供了新的佐证。

遗址大量黍亚科和豆科为主的非农作物种子、秸秆及周围养马场的发现,表明高青县陈庄西周城址在西周中期以后被用于军事,成为齐师驻地。

四、"烹哀"平乱

在祭坛北面发掘有M35、M36两座"甲"字形大墓。M35随葬的铜器有鼎、簋、壶各两件,盘、匜各一件,还有戈三件和车马器。M36随葬的铜器有盨、方壶各两件,盘一件、戈一件,年代均为西周中晚期。

M35随葬的2件铜簋载有74字相同铭文,李零和方辉先生在济南专家座谈会上对铭文进行了释读。《文史哲》2011年第3期又发表了李学勤先生的撰文《高青陈庄引簋及其历史背景》。但铭文中的几个疑难文字,仍需探讨,对作器者"引"、受祀者"幽公"与丰、齐之间是何关系,周王又为何直接任命"引"司齐师之职等相关历史,更需深入研究。

我们先来释读铜器铭文。

作器者"□",有的释为"申",有的释为"引"。金文"申"字从"□",末端无改走势者。"引"字,《师旂鼎》作"□"(《集成》5.2809),与此字形似,当释"引"。李学勤先生称此器为《引簋》,是。

"败"下之字,李学勤先生隶作"□",释为"绩"。《五年师旋簋》有"敬毋败速(绩)"(《集成》8.4216—4218)之例,与此句相类。但《五年师旋簋》三器"绩"字皆作"□",与此字差别很大,并非一字。此字不清,尤其上部模糊。依稀描之,或作"□"。《鄂君启舟节》"岁罷返"(《集成》18.12110—12114),"罷"字从"羽"从"能",与此字形似,疑此乃"罷"字。《金文编》释为"能",张亚初《殷周金文集成引得》隶为"䏻",释为"羸"。《汉语大字典·羽部》引《篇海》曰:"䏻同䗶。"《汉语大字典·虫部》又曰:"䗶同𧐖。"《玉篇·虫部》曰:"𧐖,俗能字。"可知"罷"当释为能。铭文"毋败罷"是说不要有失败的作为。

"□"字首见,形欠清。李学勤先生隶作"隊",释为"随"。李零先生隶作"陵",也有隶作"陡",释为"市"的。此字从"□"从"□"。"□"是"□"之反书,即"阜"字。"□"表示烟火,"□"表示双手,"□"字是指在高埠上弄烟火者。此烟火即烽火。烽火设在边遂高埠,由军队守望,白日放烟告警曰"烽",夜间举火告警曰"燧"。由于金文"豖"字,孳乳为边遂之"遂"和军隊(队)之"隊",可表示烽火之地、之军,所以"□"字后来省去烟、手之形,加"豖"字,作声符,成形声字。字当隶作"隊",释作"□"。《说文·□部》篆文作"□"。《集韵·至韵》:"隧,古作□,通作燧。"《说文》释曰:"隧,塞上亭守㷭火者。"铭文"同隧",当是同守望烽火台的边防军队。

铭文"孚"与"吕"是两个字,专家误为一字。俘字,金文《过伯簋》作"孚",不从"亻",也不从"邑",从邑乃"郛郭"之"郛"。"吕",即青铜吉金,铭文"择吉金膚吕""玄镠膚吕"习见。"追孚吕兵"即追击逃敌缴获了青铜兵器。

图3-47 M18《引簋》铭文

全文释作:"隹正月壬申,王各(格)于龏(共)大(太)室。王若曰:'引,余既命汝更乃祖,䝙(兼)司齐自(師),余唯□(申)命汝,易(锡)汝彤弓一,彤矢百,马四匹,敬乃御,毋败罷(能)。'引拜稽首,对扬同燧追孚(俘)吕兵,用乍(作)幽公宝㲃(簋),子子孙孙宝用。"(图3-47)

“王”和作器者“引”、受祀人“幽公”，是铭文的三个关键人物，弄清这三个人物的身份，对于解读此器非常重要。

对于铭文中的王，有“懿王”和“夷王”两说。按周纪年表，共和之前的西周诸王依次是武王、成王、康王、昭王、穆王、共王、懿王、孝王、夷王、厉王。共王是穆王之子，在位23年。懿王是共王之子，在位8年。孝王是共王之弟，在位6年。夷王是懿王之子，在位8年。铭文“龚”即“共王”，“大”即“太”字，“龚太室”是共王的宗庙。既称共王的宗庙为“太室”，则此王是共王之孙，即夷王。

作器者“引”与《丰器》主人并非同宗。朱凤瀚先生认为，M17、M18、M27三墓“与其北M35、M36的墓主人似有不同的出身，当非同宗族成员”，所见极是。M17、M18、M27三墓均是竖式，而M35和M36则是“甲”字形大墓，葬俗不同，氏族不一。从夷王任命“引”接替其祖父幽公，兼任齐师之职，并给予弓马之赏赐来看，他不是丰族成员，而是齐国公族，太公后裔。

铭文“乃祖”与“幽公”是一人，即作器者“引”的祖父。

《史记·齐太公世家》载：“盖太公之卒百有余年，子丁公吕伋立。丁公卒，子乙公得立。乙公卒，子癸公慈母立。癸公卒，子哀公不辰立。哀公时，纪侯谮之周，周烹哀公，而立其弟静，是为胡公。胡公徙都薄姑，而当周夷王之时。哀公之同母少弟山怨胡公，乃与其党率营丘人袭杀胡公而自立，是为献公。献公元年，尽逐胡公子，因徙薄姑都，治临淄。”

《史记》所载的齐世系中，无幽公之人，《引簋》可补史书之缺。

《系本》载有“廇公”。《史记索隐》于“癸公慈母”下注曰：“《系本》作‘廇公慈母’。谯周亦曰‘祭公慈母’也。”齐丁公、乙公、癸公皆是以日干字为谥号，知“祭”是“癸”字之误。癸公慈母的谥号、名字俱全，“廇公”也非癸公慈母，而是另有其人。“廇公”与癸公慈母的名字混在一起，则当是癸公慈母之弟兄。“廇”与“幽”音同，训朽木臭气，与谥号之“幽”皆属贬义。“廇”当是“幽公”之名，“幽公”则是“廇”的谥号。幽公廇，癸公慈母之弟也。

《史记·齐太公世家》关于夷王“周烹哀公，而立其弟静，是为胡公”，“胡公徙都薄姑”，“哀公之同母少弟山怨胡公，乃与其党率营丘人袭杀胡公而自立”表明，齐哀公时，齐国公族不睦，分为营丘和薄姑两派。营丘为嫡系，薄姑是支庶。营丘在今昌乐市东南。

《史记·齐太公世家》对于哀公、胡公、献公之间兄弟关系的不同表述，是一个值得引起注意的问题。《史记》称献公山为哀公同母少弟，而对胡公静只称弟，表明胡公静不是哀公的亲弟。胡公为何要废都营丘，而另都薄姑，其中必有原因。可能胡公本来就居住在薄姑，薄姑是他父亲受封的食采之地。于是我们知道齐乙公得生有二子，长曰慈母，次曰庴。乙公得卒，长子慈母立，是为癸公，都营丘。次子幽公庴食采于薄姑，生子静。癸公慈母卒，子哀公不辰立。周夷王烹哀公，另立静为胡公，胡公是哀公之堂弟，是幽公庴之子，是《引簋》作器者“引”之父。

西周时，齐国十二君主世系如下表：

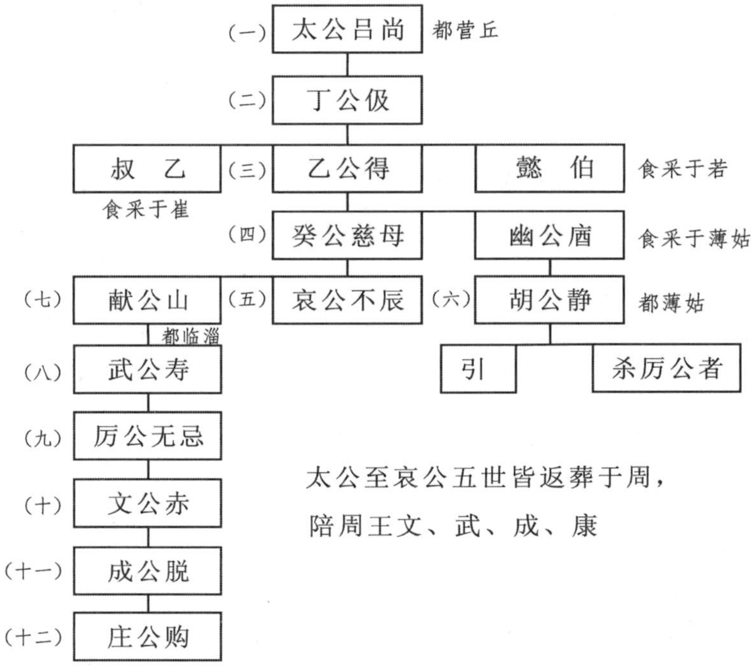

丰与薄姑，都是幽公庴的食采之地。考古发现表明，幽公庴食采于丰与薄姑，丰族享有丰地的权利被废除，他们不再是丰地的主人，祭坛也不再是他们的墓地。

《引簋》说明，齐乙公得封次子庴食采于丰和薄姑，又命庴兼司丰地齐师之职，驻齐师于丰族陵园，镇守齐之西北边境。

周夷王三年（前892），发生了震惊天下的烹杀哀公大案。这是齐国强大招致的灾祸。

西周初年，东夷诸国多未臣服于周。“三监”与徐、奄、丰、薄姑作乱，成王授予太公“东至海，西至河，南至穆陵，北至无棣”“五侯九伯，实得征之”的大权，并将丰与薄姑之地封于齐。齐通鱼盐于东莱，向东扩展，而其地本是纪国的疆土。齐之强大，使纪国受到威胁，纪人阴谋削弱齐之势力。《史记·齐太公世家》“纪侯谮之周”之一个“谮”字，道出了纪侯是制造齐国内乱、烹杀齐哀公的主谋，而“山怨胡公”的一个“怨”字，道出了这是一场与胡公有关的夺位之争。

《古本竹书纪年》有这样的记载："夷王二年，蜀人、吕人来献琼玉，宾于河，用介圭。"夷王"三年，致诸侯，烹齐哀公于鼎"。此吕人，不是吕国人。穆王时，吕国的吕侯任王朝司寇，作《吕刑》，赐甫地新蔡，已改吕为"甫"，称为"甫侯"。此吕人，也不是诸侯。诸侯称爵，不称人。"人"是对无爵位之人的称呼。诸侯晋见天子，执的信物是圭，此吕人见夷王用的是介圭。介圭是长一尺二寸的大玉。《诗经·大雅·崧高》："锡尔介圭，以作尔宝。"郑玄笺："圭长尺二寸谓之介，非诸侯之圭。"此献琼玉的吕人当是食采于丰、薄姑的幽公吕酭与其子吕静。幽公吕酭、吕静父子以赤色美玉私贿周夷王，非齐国之意，故不称"齐人"，而称其为"吕人"。周夷王贪财，史载，卫顷侯厚赂周夷王而为侯。在哀公被烹之前，幽公酭父子也买通了周夷王。次年，周夷王烹齐哀公于鼎。

《史记》并未记载齐哀公犯了什么罪，以至于被处以烹的极刑。《史记索隐》引宋忠曰："哀公荒淫田游，国史作《还诗》以刺之也。"但哀公荒淫田游，罪不至烹。可见纪侯所谮，必是逆天大罪。今高青县陈庄西周遗址的发现，解开了这一千古之谜。

发掘者称，尽管祭坛"周缘堆积被晚期遗迹破坏，但中心夯土圆台一直到战国时期仍无人破坏，且春秋、战国时期的干道绕行圆台的西侧，说明在西周时期建立台基后的几百年内，人们对该遗迹似乎还保持利用"①。考古发现说明，丰人举行郊祭的天坛后来成为齐人举行社祭的场所。而这种在天坛之上进行的社祭，如果被说成是"祭天"，也就有口难辩。因此就产生了这样一种可能：纪侯与幽公酭父子，利用哀公好游之弱点，设下圈套，请哀公到丰地游玩、秋祀社稷；纪侯则以"齐侯祭天，有违王制，图谋不轨"，谮于夷王。处于王室日衰、担心齐国强大会危及王室的周夷王，相信了纪侯的谗言，于是对哀公施行了烹杀极刑。

哀公被烹，周夷王另立幽公之子静，是为胡公。胡公以薄姑为都，但齐人不服，陷入内乱。于是，周夷王乃亲命胡公之子"引"接替其年迈的祖父幽公酭兼司齐师之职，并调兵遣将，会同南夷、东夷诸侯，到齐平乱。陕西安康出土的《史密簋》记载了这一历史。其铭文曰：

"隹十又一月，王令师俗、史密曰：东征。敆（合）南夷膚（莒）虎，会杞夷、舟夷、雚（观）。"

"不阶（悊、哲），广伐东国。齐𠂤（师）、族土（徒）、述（遂）人乃執鄙宽亞（恶）。"

"师俗率齐𠂤（师）、述（遂）人左［周］伐长必；史密右率族人、釐伯、僰夷瞖周伐长必，获百人。"

① 山东省文物考古研究所：《山东高青县陈庄西周遗址》，《考古》2010年第8期。

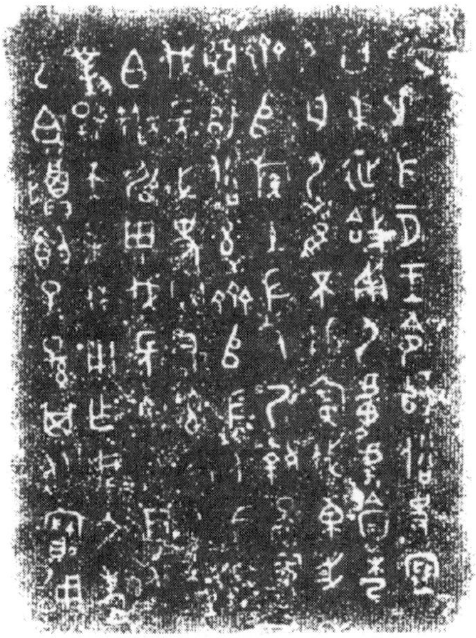

图3－48 《史密簋》铭文

"对扬天子休，用作朕文考乙伯尊簋，子子孙孙其永宝用。"（图3－48）

铭文"王"，即周夷王。夷王三年十一月，命师俗、史密东征齐国。

师俗是司寇①，掌刑狱、纠察，平息齐国内乱，是其司职。史密是史官，史官有代王到诸侯国视察、安抚和参与战事之职责，因此史密也参与了东征。

征伐的对象是营丘派那些不服王朝王命的齐师、族土（徒）和述（遂）人。征伐的理由是"不所"。"不所"即不服、不敬。周夷王烹哀公、立胡公，这些齐师、族土（徒）、述（遂）人对王朝之命不服、不敬，据守边鄙之地作大恶。

围攻的地方是长必。长必与"昌密"音近，长必或是"昌密"。"昌密"在今昌邑附近，这里本是纪国的鄙邑之地，或被齐国占据，驻有另一支忠于哀公的齐师。

师俗率领"引"掌管的丰地齐师、遂人，从左面围攻长必。史密率领其族人与釐伯、僰夷之师从右面围攻长必。

东征的结果，俘获了百人。

以往诸家释文，将敌对的两支齐师误为一方，没有弄清征伐的对象，将《史密簋》释为征东夷、征淮夷，或曰淮夷侵犯到东夷②，以至有断字、断句、断代、断史之误。

《史密簋》与《引簋》可谓"姊妹篇"。《引簋》当在《史密簋》之后，即夷王四年，其时，内乱仍在继续，引率齐师追击逃兵，又缴获了一些青铜兵器，作了两件《引簋》。

周夷王"烹哀立胡"，引发了齐国30多年内乱。史载，哀公的同母少弟山怨恨胡公篡位，率领营丘党羽攻杀薄姑胡公而自立，是为献公。献公元年将胡公的儿子逐出国外，并把国都迁到临淄。献公卒后，子武公寿立。武公卒后，子厉公无忌立。厉公暴虐无道，引起齐人不满，胡公之子乘机潜回齐国，带领其党，杀死了厉公，但胡公子也在混战中被杀。齐人又立厉公之子赤，是为文公。文公即位后，诛杀参与攻杀厉公者70余人，至此，这场内乱才算结束。

① 《南季鼎》："用佐佑俗父司寇。"（《集成》5.2781）

② 周宝宏：《近出西周金文集释》之《史密簋铭文集释》，天津古籍出版社2005年版，第105～174页。

夷王烹杀哀公，自毁长城，伤及王室自身。夷王五年，哀公同母少弟山杀胡公而自立。夷王蒙羞，欲追究其罪，出资命史旋“羞追于齐”。但这位史旋并未践命，只是用夷王的资助作了三件《五年师旋簋》。《古本竹书纪年》载：“夷王衰弱，荒服不朝。”“七年，冬，雨雹，大如砺。”八年，夷王卒，子姬胡即位，是为厉王。厉王三十七年，“国人”起义，厉王出奔彘，王室大乱，大臣行政，号曰共和。又七十年，犬戎杀幽王，西周结束。

纪侯谮之周，致哀公被烹，与齐结下了世仇，招致灭国之灾。齐襄公五年（前693），齐师取纪郱、鄑、郚三邑，迁其民。两年后，纪侯之弟纪季带着酅邑投靠了齐国。齐襄公八年（前690），齐师再次伐纪，纪侯出逃，纪国宣告灭亡。

M35、M36两座“甲”字形大墓，规格如同诸侯。前者有《引簋》出土，知墓主人为“引”，后者或是幽公赤，或是胡公静，丰是他们的封地。《礼记》载，太公至哀公比及五世，皆返葬于周，此墓与他们无涉。《水经注》“谷水”条下载：“孙畅之尝见青州刺史傅弘仁说临淄人发古冢，得桐棺前和外隐为隶字，言齐太公六世孙胡公之棺也。”若胡公之棺在后魏时被发掘，则高青陈庄M36墓主人当是幽公赤。唯胡公是齐国第六位国君，非齐太公之六世孙也。考古发现说明，丰族陵园到西周中期时用作军事，成为齐师驻地，而M35、M36的墓主人正是这支齐师的两任首领。

考古发现说明，丰国，子姓，殷商诸侯，西周初年称王，与薄姑参与武庚叛乱，被周公征伐，其地封于齐，成为齐之附庸。齐乙公时，丰国被废黜，其地与薄姑成为齐乙公庶子幽公赤的食采之地。高青县陈庄西周遗址是丰国称王造反建立的祭天之坛，又是丰族的陵园，齐乙公时用作齐师的驻地。

高青县陈庄西周遗址，使我们对周、齐、丰、纪的兴衰及其原因多了一些新的思考，我们总想对历史了解得多一些，因为历史总是一面镜子。

乡野拙见，谬误难免，敬请方家指正。

薄 姑

解读墨西哥奥尔梅克遗址发现的中国古文字

位于墨西哥南部的奥尔梅克文明是闻名世界的中美洲最早的文明。奥尔梅克文明具有殷商文化特征,国内外越来越多的研究表明,奥尔梅克文明起源于中国的殷商文明。

1953 年,美国考古学家在墨西哥奥尔梅克遗址祭祀中心拉文达四号遗址发现了十六尊玉雕像和六件刻有象形文字的玉圭(图版十一上)。玉圭上的象形文字,过去一直被西方学者当作“花纹”“裂纹”。为了探本求原,释疑解惑,2000 年 10 月至 2001 年 8 月,这些玉雕像和玉圭曾在中国西安、北京、广州展出。学者王大有认为,玉圭上的这些“花纹”“裂纹”,“实际上这是用中国商代文字契刻的殷人祖先谱系,这是一组祭祀中国殷人祖先的最高规格的神主牌位文献典籍,并有列祖列宗形象的国祀大典整体谱系”。[①] 王大有先生对六件玉圭上的象形文字进行了摹写和释读(图版十一下),但玉圭上的象形文字是否尽如其言,以及玉圭的年代、族属、相关历史究竟如何,仍需深入探索研究。

一

十六尊 7—8 厘米高的玉雕像按其颜色和大小可分为三组,其中一尊红砂岩色的最为高大,摆放在最上层的中央,其下是三尊白色的雕像,再其下是十二尊墨绿色的雕像。王大有先生认为:“位于中心的红色玉雕像应是殷祖高辛氏帝喾(或少昊),其他十五尊雕像应是殷人祖先少昊、有娀氏茧翟、娵訾氏常仪(宜)、邹屠氏蚩尤之女、

① 王大有:《三皇五帝时代(修订版)(上册)》,中国社会出版社 2005 年版,第 569 页。

卨、相土、王亥、上甲微以及其他诸位先王等。”①笔者根据殷卜辞和《史记·殷本纪》对殷人先祖先王祭祀的记载，认为其居于中央最为高大的红色玉尊应是殷人的始祖契；三尊白色的玉雕像应是殷人的高祖成汤、太宗大甲、中宗祖乙，他们是殷商三十一位先王的杰出代表；十二尊墨绿色的雕像应是盘庚迁殷后到商朝灭亡时的十二位君王，即盘庚、小辛、小乙、武丁、祖庚、祖甲、廪辛、康丁、武乙、文丁、帝乙、帝辛（纣）。

玉圭是古代帝王、诸侯朝聘或祭天祭祖时所执的礼器，是帝王及诸侯身份的标志。奥尔梅克拉文达四号遗址发现的玉圭，高23.7—27.3厘米，宽3—4厘米，厚0.95—2.1厘米，皆白色。除一号玉圭为白色笔画外，其他五圭皆涂过避邪的朱砂，并作过抛光处理。特别珍贵的是，六件玉圭上皆刻画有象形文字组成的图案。这种图案化的文字组合，大概是出于玉圭与神灵沟通不宜直白的需要，因而显得既很神秘，又很雅观。

1. 一号玉圭

一号玉圭上的象形文字，王大有先生释为：“郊供祖玄鸟殒卵，帝夋喾携玄女吞卵受孕，阏台生子，殷得子姓。”②

一号玉圭的象形文字，刻画于玉圭的上方，分为两组。

右上方的一组由玄鸟、五、五、卵、甲（祭坛）五个文化元件组成。一只头戴五峰王冠的玄鸟，降了一个闪光的卵于祭坛，这只玄鸟即殷人宗庙图腾柱上的宗神。玄鸟的左右两旁，是两个甲骨文数字五。甲骨文“五”字作“⧖”（《粹》一二），“⧗”（《佚》二二四），或省作“×”（《库》一七九九），皆出自立杆测影、观象授时的原始太阳历图像。其时，一日为十时，“五”与“午”皆为一日之半，故“五”有“午”义。古人将日中正午中央帝柱的晷影与日坛正南正北刻度线的重合称作“天地阴阳之交”。《说文·五部》：“五，五行也。从二。阴阳在天地间交午也。”一号玉圭的宗神玄鸟在两个“五”字中间，表达的即天地阴阳交午之时，这是殷人祭祀宗神的时间。盖殷人以玄鸟为保护神，又称宗神，宗神绘刻于宗庙广场祭坛中央的氏族图腾柱上，在祭日的日中正午之时，举行迎神、祭神之礼。一号玉圭上的象形文字说明，那枚闪光的卵是宗神玄鸟正午之时所赐。

卵下文字是“甲”。甲是天干第一字，甲骨文字作“十”（《后上》三.一六）、“⊞”（《前》三.二二.四），象日坛、祭坛平面之图形。

一号玉圭的第二组象形文字，由“玄、妇、京、生、子”五字组成。

“玄”，金文《师奎父鼎》作“8”，与“幺”字形同。《说文》释“玄”曰：“幽远也，象幽，而人覆之也。黑而有赤色者为玄。”此玉圭的“玄”字是指以玄鸟（燕子）为图腾崇

① 王大有：《三皇五帝时代（修订版）（上册）》，中国社会出版社2005年版，第574页。
② 王大有：《三皇五帝时代（修订版）（上册）》，中国社会出版社2005年版，第570页。

拜的玄鸟氏部落。

“妇”字,殷甲骨文作“”(《存》一. 一〇一四),殷金文《妇好鼎》作“”,此玉圭“妇”字上为鸟首,下为人身,是指玄鸟氏族部落首领之妇。

图3-49　殷铜器《亚疑𪉖妇罍》“𪉖妇”拓片

一号玉圭“玄妇”二字是殷铜器《亚疑𪉖妇罍》(《集成》15.9794)(图3-49)铭文“𪉖妇”二字的传承与演化。《亚疑𪉖妇罍》的左右两肩还有“亚疑”二字,“亚疑”是㠱国的族徽,可知𪉖妇是㠱国人,㠱、己皆出自玄鸟族(图3-50)。

甲骨文“京”字作“”(《邺》一. 三三. 一一),《说文》:“京,人所为绝高丘也。从高省,丨象高形。”朱骏声《说文通训定声》曰:“对文则人力所作者为京,地体自然者为邱;散文则通称也。”一号玉圭的“京”字,正是人筑高地之义。此高地即殷人的宗庙祭坛,与上组“五”“甲”字之义相合。

图3-50　陈介祺《亚疑𪉖妇罍》拓片

一号玉圭下部图像刻画的是,一个直立的梭形之卵,透过盆形之巢,与其下的“子”字相连,表示的是“生子”之义。

一号玉圭的两组象形文字,表述的是日中正午天地阴阳相交之时,宗神玄鸟降了一个闪光的卵于祭坛,玄鸟族部落首领之妇感受有孕而生契,契为子姓之祖,这是殷人先祖诞生的神话。

《史记·殷本纪》载:“殷契,母曰简狄,有娀氏之女,为帝喾次妃。三人行浴,见玄鸟堕其卵,简狄取吞之,因孕生契。契长而佐禹治水有功……封于商,赐姓子氏。契兴于唐、虞、大禹之际,功业著于百姓,百姓以平。”唐司马贞《史记索隐》引谯周云:“契生尧代,舜始举之,必非喾子。以其父微,故不著名。其母娀氏女,与宗妇三人浴于川,玄鸟遗卵,简狄吞之,则简狄非帝喾次妃明也。”一号玉圭记载的殷人的始祖契诞生的神话,与《史记·殷本纪》的记载不同,这个降卵的玄鸟,不是天上飞的燕子,而是刻绘于图腾柱上的宗神;玄妇不是受卵于三人在河中行浴，而是受感于日中之时对宗神玄鸟的祭祀；这个“玄妇”也的确不是帝喾的次妃，而是玄鸟族部落首领之妇。一号玉圭记载的殷人先祖契诞生的神话，可以纠正司马迁《史记》的有关误传。

2. 二号玉圭

二号玉圭上的象形文字，王大有先生释为：“俎祭有娀氏长女（伯）茧翟（简狄）暨感应玄鸟。”①

二号玉圭的象形文字刻于玉圭的中央，一根很长的旗杆立于整个图像之中，旗杆之上有旌旗，有飘带，有两个表示出行乘坐的车轮，此义当是“旅”字。“旅”字，甲骨文作“”（《合》三〇一），殷金文《幸父乙卣》作“”，与此字相似。

“旅”字下方的文字，象一只展翅的正面玄鸟，也象龙山文化玉器上的太阳神像，字中有一个“”（丙）字，旗杆立于其上和其中，此当是“商”字。甲骨文“商”字作“”（《甲》七二七）、“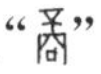”（《甲》二四一六），上部从“辛”，辛是立于日坛中央观象授时的帝柱，玉圭借用旗杆来表示；下部从“丙”或“冏”，“丙”字取象于两石相击生火，代表殷人历代先祖观测大火星的司职火正。“冏”字义明，“丙”与“冏”义通。

二号玉圭右上方文字正看为“”，象山丘之形，乃是“丘”字。“商丘”是地名，图像所示“旅商丘”为一词组。

“丘”字之下的图像“”，当是表示心宿的三颗星。图像三颗星的下方，王大有先生认为是一个“伯”字，但此“伯”为爵称，“星伯”为一词，即司职火正。如此，二号玉圭的文字为“旅商丘星伯”。

商丘在今河南省商丘县南，尧、舜时设有日坛，即天文观测中心。《左传·襄公九年》载：“古之火正，或食于心，或食于咮，以出内火。是故咮为鹑火，心为大火。陶唐氏之火正阏伯居商丘，祀大火，而火纪时焉。相土因之，故商主大火。”服虔曰：“相土，契之孙，代阏伯之后居商丘，汤以为号。”陆思贤《神话考古》认为，阏伯即《孟子·滕文公上》记载的“舜使益掌火，益烈山泽而焚之”的“益”。② 杨宽先生认为，益是《山海经·海内经》记载的炎帝世系中的“噎鸣”。③ 噎鸣是时间之神，他观测天文，发现了一年十二个月。陆思贤和杨宽先生的研究均有创见性。夏朝时，契之孙相土任火正之职，旅居商丘，观测和祭祀大火星。二号玉圭“旅商丘星伯”之载说明，《左传·襄公九年》的记载是信史，殷人的先祖从相土开始旅居商丘，故成汤得天下，以商为国号，而其祖籍不在商丘也明矣。

---

① 王大有：《三皇五帝时代（修订版）（上册）》，中国社会出版社 2005 年版，第 570 页。

② 陆思贤：《神话考古》，文物出版社 1995 年版，第 37 页。

③ 杨宽：《杨宽古史论文选集》，上海人民出版社 2003 年版，第 298 页。

3. 三号玉圭

三号玉圭的象形文字，王大有先生释为：“禘祀火祭农（辰林合文）辛（或，人形为帝喾）。”①

三号玉圭图像由“火、农、傛”三个文字和一个神像组成。上方第一字是“火”字，此“火”是指大火星。心宿是二十八宿之一的东方苍龙宿七的第五宿，有星三颗，大火是心宿的第二星。夏朝时，殷人的先祖相土任火正，旅居商丘，世代为星伯，观测心宿之星，发现了其与农时季节的关系。二月，当大火星黄昏时出地平线，咮星在南方上中天时，便是春分季节，于是放火烧山，开垦农田，春耕备播。七月黄昏，当大火星跟随太阳落地平，白虎星从东方出地平，便是秋分季节，开始秋收秋种。大火星成为商人从事农业生产的指示星，被称为农神。“火”字之下是“农”字，王大有先生所释是。“农”下之字是一个人形与“身”字，此当是“傛”字之本。《说文·人部》：“傛，神也。”《字汇·人部》：“傛，神名。”玉圭左旁的神像很胖，说明其衣食丰足。三号玉圭之意是说殷人先祖发现了农神大火星。这是殷人先祖对于天文历法的重大贡献。

4. 四号玉圭

四号玉圭的文字，王大有先生释为：“报祭（匚或⌐⅃）娵訾氏多目、祖蚩尤（示蚩祖多）、卨（契或罚）、相（畕）土并王亥（萑豖合文）兂（上甲微）（‘王亥与上甲微’连为一体，取象危屋华盖建筑，‘兂’之上立天杆日表，表顶为始鸠鸟相风，以鸠鸟为日，商以萑鸟为日，日为甲，‘商家生子，以日为名，盖自微始’，故‘微字上甲’，见《殷本纪》）。”②

四号玉圭的文字刻满了圭表，最上一字作双线对角，上角之中有圆形六个，下角之中有圆形五个。甲骨文“曲”字作“”（《乙》七三八五），殷金文《曲丁爵》的“曲”字作“”，《说文》小篆字作“”，与此字相似，当是“曲”字。《说文·曲部》：“曲，蚕薄也。”《礼记·月令》载，季春之月“具曲、植、籧筐，后妃齐戒，亲东乡躬桑”。郑玄注：“时所以养蚕器也，曲，薄也。”《淮南子·时则》：“具扑曲莒（筥）筐。”高诱注：“曲，薄也。青（州）徐（州）谓之曲。”曲为养蚕之薄，则曲字中的圆形当是蚕蛾产的卵，两角相对之间还可见蚕蛾、蚕茧和蚕虫。

青州地区的薄姑国，因蚕薄而名。曲为养蚕之薄，当是薄姑国的另称。

“曲”下的两个字，上部之“”形相同，象蚕吐丝。下部右边之字作方形加三角锤形，此义当是“專”字。甲骨文“專”字作“”（《前》五.一二.一），《甲骨文字典》释为象用手旋转“纺砖”形，其上之“”代表三股线，纺砖旋转，三线即成一股。《说文·寸部》：“專，六寸薄也。从寸，叀声。一曰專，纺專。”纺專有方形，也有三角锤形，皆

---

① 王大有：《三皇五帝时代（修订版）（上册）》，中国社会出版社 2005 年版，第 570 页。

② 王大有：《三皇五帝时代（修订版）（上册）》，中国社会出版社 2005 年版，第 572 页。

为玉圭图像所取。可知四号玉圭“曲”字下的右边之字义，是收丝的器具“専”。

“曲”下左边之字，中部象一团丝线，丝线之下有支架，此义当是“丝”字。纺丝制衣，在当时是一件了不起的事情。

“丝”下之字，上部的“”形为“囟”，脑门；中部的“”形同“”，即人；下部的“”是“目”字，此字当是“睿”字。“睿”字，金文《中山王鼎》作“”，《说文》古文作“”。《玉篇·目部》释曰：“睿，智也，明也，圣也。”此字是说曲（薄）族的先祖聪明睿智，善于养蚕织丝。

“睿”下的“”字象虫，当是“蚕”字。甲骨文有“”（《佚》一八五.三）、“”（《前》六.六六）、“”（《后上》二八.六），《汉语大字典》皆释为“蚕”，所释是。

“蚕”下之“”字，王大有先生释作“竝”，所释是，但此“竝”有特殊的含义，“竝”与上一字“蚕”为一词，“蚕竝”是蚕族的徽识，义为氏族繁衍昌盛。

图3－51　《莱阳陶盉》腹部铭文

1981年，莱阳县前河前村出土的陶盉腹部、颈部和流部载有铭文。① 在显要的腹部位置上载有三只蚕，其中有两只交尾连体，表示雌雄相合，蚕业兴旺，是己国的族徽，读作“己竝”（图3－51）。1983年，寿光县“益都侯城”发现一个殷末己（纪）国国君的陪葬坑，出土的鼎、爵、觚、尊、提梁壶等十七件青铜器上都载有己（纪）国的族徽“”（己竝），在刀、锛等四件青铜器上载有国族名“己”。② 甲骨文“己”字取象于蚕，玉圭的“蚕竝”二字与“己竝”义同。要之，青州、徐州称蚕薄为“曲”，但徐州无以蚕为图腾崇拜的国族，则玉圭当出自青州，即益都。

四号玉圭下方的图像，上顶是一只玄鸟燕子，中部是一柱形，柱中的四个圆形犹如宗神的双目、鼻和口，下部是一个形似宗庙的建筑，这是一个以玄鸟为宗神的氏族图腾柱的写照，它立于宗庙，与一号玉圭上的图像文字相合。在文献记载中，玄鸟之神就是东夷首领伯益。甲骨文“乙”字作“”（《甲》三），取象于玄鸟燕子。甲骨文“益”字作“”（《菁》五），取象于图腾柱上顶的标志玄鸟投在日坛水槽中的影子，是一个以“乙”（玄鸟）为声，以皿水为形的形声字。伯益的祖居在今青州，这与青州称蚕簿为“曲”正合。《尚书·禹贡》载，夏朝时，青州之地就以蚕丝为贡品。青州之地

① 李步清、吴云进：《山东莱阳发现一件罕见的仿铜陶盉》，《文物》1987年第10期。

② 寿光县博物馆：《山东寿光县新发现一批纪国铜器》，《文物》1985年第3期。

以蚕立国的有己（纪）、曩、薄姑。商朝时，己（纪）、曩归殷，但仍是姜姓之国，只有薄姑又被封为子姓侯国，因此四号玉圭上记载的以蚕为族徽的应该是薄姑。在周初制作的铜器《塱方鼎》中，薄姑国名写作“尃古”，“尃古”之义也是养蚕纺丝的工具，而“曲尃”应是“尃古”的方言俗语。

四号玉圭“曲、尃、丝、睿、蚕竝、益（宗庙玄鸟图腾柱）”七个象形文字，说明玉圭的主人是东夷首领伯益玄鸟氏部落以蚕业立国的一支薄姑，薄姑属青州。《晏子春秋·内篇谏下》讲的“齐丁公伐曲沃”的曲沃当是薄姑。

5. 五号玉圭

五号玉圭的文字，王大有先生释为“十二示土（十二宗祖）二（即社祭殷十四位先王）”①。

甲骨文“十”字作“丨”（《甲》八七〇），“二”字作“＝”（《粹》四一六），“示”字作“亍”（《甲》二八二）或“示”（《前》二.三八.三），释作“十二示”无误。但“亍”字的下横与竖画与下面的一横组成合文“匚”，即“报”或“祊”字。“匚”为宗庙神主之匰，“匚”与下面的“三”字组成“匚三”一词，在殷卜辞中常见，“匚三”者是指将代表三十一位先王的高祖成汤、太宗大甲、中宗祖乙的灵位置于一匰之中共祭。甲骨文“祖”字作“A”（《粹》二），“匚三”之下之字当是“且”（祖）字。

“且”下之字“＝”，两画长短相等，但王大有先生在《奥尔梅克拉文塔第四号文物玉圭原文与中国文字对照解读本（二至五号玉圭）》一文中，写作上长下短的“二”形，此既称作是原文，故取其形读作“下”。②

五号玉圭上的文字共七字：“十二示匚三且下。”“十二示”即十二位神主，也即盘庚迁殷后的十二位君王。宗庙祭祀，十二神主的灵位摆放在高祖成汤、太宗大甲、中宗祖乙之下，这与十二尊墨绿色的玉雕像摆设的位置是相合的。

6. 六号玉圭

六号玉圭的文字只有两个，王大有先生释为“小昊（少昊）”③。

甲骨文“小”字作“ıIı”（《甲》六三〇）、“ıIı”（《林》一.二六四），三画皆不相连，与此字不同，因此此字并非“小”字，更非“少”字。甲骨文“衣”字作“仌”（《后上》二〇.一），与上部“仌”形似。下部两竖画中有发光的圆形，当是表示“明”义的太阳，后来进化为“冏”，此字当是“裔”字。

金文《陈逆簋》“裔”字作“裔”，《说文·衣部》作“裔”，玉圭此字当是“裔”字的初

① 王大有：《三皇五帝时代（修订版）（上册）》，中国社会出版社2005年版，第570页。

② 王大有：《三皇五帝时代（修订版）（上册）》，中国社会出版社2005年版，第570页。

③ 王大有：《三皇五帝时代（修订版）（上册）》，中国社会出版社2005年版，第570页。

形。“裔”字之义为后代,《广韵·祭韵》:“裔,苗裔也。”

需要特别注意的是,甲骨文“衣”又用作“殷”,“衣祭”即“殷祭”,如“丁酉,卜,贞,王宾□自上甲至于武乙,衣,亡尤”(《后上》二〇.三)。王国维《殷礼征文》曰:“衣为祭名,未见古书。惟潍县陈氏(介祺)所藏《大丰敦》云‘王衣祀于丕显考文王。’案,衣祀疑即殷祀。殷本声,读与衣同,故《书·康诰》‘殪戎殷’,《中庸》作‘壹戎衣’。郑(玄)注:‘齐人言殷声如衣。’……然则卜辞与《大丰敦》之衣殆皆借为殷字,惟卜辞为合祭之名,《大丰敦》为专祭之名,此其异也。”①《甲骨文字典》认为:“王国维谓衣祀疑即殷祀,为合祭之名(《殷礼征文》),可从。”因此,玉圭“裔”字含有殷人后裔之义。

裔下之字,中间站立的是一个戴着面具的人,此人当是巫师。巫师作法,头戴面具,身着异服,面目狰狞丑恶,用以通鬼神,两旁的手形“”表示奉祀,此字当是“異”字。“異”,甲骨文作“”(《甲》三九四)。異是禩字之本,禩即祀字,《说文·示部》:“禩,祀或从異。”西周铜器《作册大鼎》(《集成》5.2758)铭文“公来铸武王、成王異鼎”,異即祀字。六号玉圭“裔異(祀)”,即“殷裔祀”,是殷商后人对先祖的祭祀。

这六件玉圭的文字梳理如下:

一号玉圭十个:“五、五、鴞、卵、甲(祭坛)、玄、妇、京、生、子。”大意为,日中之时,天地阴阳相交,祭祀宗神,宗神玄鸟赐卵于祭坛,玄鸟族部落首领之妇感受而有孕,诞生了子姓的始祖契。这是对子姓起源的记载。

二号玉圭五个:“旅商丘星伯。”大意为,夏朝时,殷人的先祖相土任火正之职,旅居商丘,观测心宿之星。此后,火正成为殷人先祖的世袭之职,因此商汤王天下,以商为国号。这是对殷人先祖迁居商丘,任火正之职的记载。

三号玉圭四个:“火、农、侽、神像。”大意为,殷人先祖在对心宿之星的长期观测中,发现了其与农时季节的关系,心宿二大火之星成为指示农业生产的农神。这是对殷人先祖发现农神之星的记载。

四号玉圭七个:“曲(薄)、専、丝、睿、蚕竝、益(宗庙玄鸟图腾柱)。”大意为,曲(薄)族聪明睿智,善于养蚕织丝,蚕业兴旺,子孙昌盛,居于薄姑,是东夷首领伯益玄鸟氏部落的一支。这是对玉圭主人的族属、图腾、地望的记载,可知子姓出自姜姓。

五号玉圭七个:“十二示匚三且下。”大意为,盘庚迁殷后的十二神主在宗庙中的位置,在“匚三”(高祖成汤、太宗大甲、中宗祖乙)之下,这是对宗庙神主位置的记载。

六号玉圭二个:“裔異(祀)”,即“殷裔祀”。大意为,殷商后裔对先祖的祭祀。这

① 李圃主编:《古文字诂林(第七册)》,上海教育出版社2004年版,第558页。

是薄姑族祭祀先祖的记载,可知这些玉雕像和玉圭是薄姑国的宗庙之物。

六件玉圭上的三十五个象形文字,是一部殷商和薄姑国的简明源流史,它记载了殷人得姓于玄鸟氏,夏朝时任火正,旅居商丘,发现了农神之星,汤以商为国号。他们本是东夷首领伯益玄鸟氏部落善于养蚕的一支,成汤王天下,封为子姓侯国,都薄姑。商亡,存殷之祀,祭祀历代先王。这些玉圭和玉雕像便是薄姑国的宗庙之物,是殷商珍贵的历史文献,它们出现在墨西哥奥尔梅克拉文达四号遗址,是经历了重大的历史变迁。

二

薄姑国的地望,有说在今博兴县东北,有说在今博兴县东南,《春秋左传注·昭公二十年》注在今临淄区西北五十里。《左传·昭公二十年》记载晏子说齐地的历史沿革时曾曰,少昊时爽鸠氏始居齐地,这与考古发现及玉圭文字记载的玄鸟氏不合。这一带的小清河、淄河、潍水流域,是东夷族文化与炎帝族文化大融合的地区,考古发现的先秦文化遗址有数百处之多,从公元前5500年的北辛文化到大汶口文化、龙山文化、岳石文化、商周文化,形成了一条长达5300多年的完整的考古学年代文化链。这是一个以益都来国为中心,由十多个姜姓古国组成的历史文化区。《山东通史·先秦卷》曰:"阪泉之战的结果是炎帝族失败,失去了在中原的立足地。炎帝部族的大部分不得不东迁至黄河下游的'东夷之域',山东地区所以有诸多炎裔之国如姜姓的齐、莱、淳于、纪、向等,原因即在于此。"①这些姜姓古国,来、齐、夆以小麦为族徽,己、曩、薄姑以蚕为族徽。

养蚕织丝是中华民族的一大发明创造,在七八千年以前,中华民族就已经学会了养蚕。1926年,著名的考古学家李济在山西省夏县西阴村仰韶文化遗址中发现了半个蚕茧。1928年,他拿到美国华盛顿去作检测,证明是家蚕的老祖先,这是世界上最早的家蚕发现。② 在《山海经·中山经·宣山》的记载中,炎帝的女儿就是一个桑神,可知炎帝族已经学会了养蚕。炎帝末年,东迁的炎帝族不仅将先进的小麦栽培技术传播到东夷,也带来了家蚕的饲养技术。考古发现说明,以蚕为族徽的己国,在4500年前的龙山文化早期,就已经在今寿光市边线王村立国建都。《史记·五帝本纪》载,黄帝二十五子,其得姓者十四人。《国语》胥臣云,黄帝之子二十五宗,其得姓者十四人,为十二姓。其时,是部落民主联盟时期,所谓的"黄帝二十五子",是黄帝部落联盟

① 安作璋主编:《山东通史·先秦卷》,山东人民出版社1993年版,第52页。

② 胡厚宣、胡振宇:《殷商史》,上海人民出版社2003年版,第602~604页。

集团中的二十五个部落成员，其中有十四个部落原来已经有姓，共十二姓，己是其中之一，姜姓。

黄帝之时，仍以少昊为东夷部落的首领。后来，少昊挚为帝，以鸟命名纪官，组成了一个由二十四个鸟氏部落联盟的集团，居于益都的炎帝族被命名为玄鸟氏。《诗经·商颂·玄鸟》："天命玄鸟，降而生商，宅殷土芒芒。"此"天"即帝少昊，"降"有逮义，少昊将益都的炎帝族命名为玄鸟氏，到后来这里诞生了殷人的先祖契。

尧帝时，益都玄鸟氏部落首领炎帝后裔伯益，成为尧帝部落联盟集团的主要成员。舜帝时，以伯益为虞官，管理山林地区以鸟兽为图腾的部落，鸟兽部落多被驯服。时，洪水为患，舜帝又命伯益佐大禹治水。禹、益治水成功，舜以天下授禹，并封伯益为吕侯，建吕国于今莒县，又将少昊嬴姓旧地曲阜赐予伯益，伯益成为东夷玄鸟族部落集团的首领，也成为姜姓嬴氏之祖。禹帝时，以益为执政大臣，号称"四岳"。禹荐益为继承人，禹卒，禹之子夏后启夺益之位，建立起夏朝父传子承世袭的家天下。

在司马迁《史记》之《五帝本纪》《夏本纪》《殷本纪》《秦本纪》《齐太公世家》《陈杞世家》等记载中，伯益与伯夷、契混淆不清。伯益与伯夷、契都是尧帝时生人，又同在尧、舜部落联盟中任职，又同佐大禹治水，伯益与伯夷同是吕氏始祖，伯益与契都是玄鸟所生，又同是玄鸟部落首领，伯益与伯夷、契（刻）当是一人之名字、爵位、职能的不同称谓，伯益与伯夷、契当是同一人也。《亚疑鴞妇罍》说明，玄鸟族与己、曩同宗，都是姜姓。丁山先生在论述"太岳与伯益"时也曰："《孟子·滕文公篇》所谓'舜使益掌火，益烈山泽而焚之，禽兽逃匿'；这位掌火之官益，可以指即烈山氏，更可指即炎帝或大岳了。管子立政，'修火宪，敬山泽，虞师之事也'，故掌火之益，出舜典径称'作朕虞'。这位能用火驯伏鸟兽的益，《史记·秦本纪》字伪为伯翳。翳、夷两字，音近谊通。我认为柏翳也即是《书·吕刑》所谓'伯夷降典，折民惟刑'的伯夷。可是战国学者伪造舜典，硬将益与伯夷区分为两人，使他既主鸟兽，又典'三礼'，于是史伯所谓'姜，伯夷之后也'一语，在流传史料里颇难寻其迹象。"[①]丁山先生所言至确。拉文达一号、四号玉圭上的象形文字，说明伯益与契也是一人。

夏朝时，殷人先祖相土任火正，旅居商丘，观象授时，此后世代袭职，发现了与春分、秋分季节相关的大火星，从此有了指导农业生产的指示星。

成汤称王天下，以商为国号，弘扬其先祖的司职与贡献。薄姑被封为侯国，子姓。

一期殷卜辞有数条有关薄姑国的记载。

---

① 丁山：《中国古代宗教与神话考》，上海文艺出版社1988年版，第408页。

“贞，乎作圂于尃。”（《乙》八一一）“尃”字与西周初年《塱方鼎》铭文“尃古”的“尃”字形同，“尃”为地名，即薄姑。这是要在薄姑建造猪圈的记载。

“癸亥卜，王贞，余从侯尃。”（《前》五.九.二）侯为爵称，侯尃即薄姑国君。

“九示自大乙至丁祖，其从侯尃。”（《粹》一四九）九示即祀大乙（成汤）、大丁、大甲、大庚、大戊、中丁、祖乙、祖辛、祖丁九位直系先王，以侯尃为配享从祀，可知其生前地位显赫。

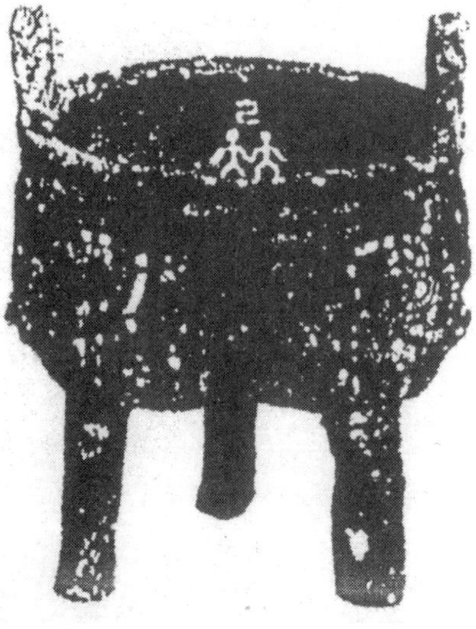

图3－52　殷铜器《己竝鼎》

图3－53　殷铜器《薄甗》

薄姑本是姜姓己（纪）国的一支。寿光市北10千米处的旧城一向被称作“益都侯城”。1983年在这里发现了一个商朝末年己国国君的陪葬坑，出土铜器64件，其中的5件铜鼎、5件铜爵、3件铜觚、2件铜尊、2件铜提梁壶上皆载有己国的族徽“”（图3－52），在2件铜刀、2件铜锛上载有国族名“己”字，在一件通高34.2厘米、口径20厘米的铜甗上载有一字“”①（图3－53）。“”字旧未释，此字取象于蚕薄，当是“薄”字，是“薄姑”国的国名。薄姑国的铜器与己国的铜器在同一个陪葬坑中同出，说明“薄姑”是己国的一支，本也是姜姓。铜器出土于寿光“益都侯城”，与四号玉圭上的图像文字“益（玄鸟图腾柱）”相合。“益都侯城”还出土墨绿色的玉戈一件，红色的柄形器两件。

薄姑处于我国古玉文化区，有用玉作礼器的传统。位于益都（今青州）东南约25千米的今临朐县西朱封遗址，考古文化年代从大汶口文化、龙山文化、商周文化、一直到汉代文化，其中龙山文化晚期的内涵最为丰富。这里发掘和采集的龙山文化玉器达23件之多，器类有玉冠饰、玉钺、玉铲、玉刀、玉璧、玉环、玉璇玑等。临朐是中国社科院考古研究所“中国古代玉器科学研究项目”选择的第一个研究对象，研究成果《临朐西朱封龙山文

① 寿光县博物馆：《山东寿光县新发现一批纪国铜器》，《文物》1985年第3期。

化玉器研究》一书已于2015年6月由科学出版社出版。奥尔梅克拉文达四号遗址发现的玉雕像和玉圭所用的墨绿色、乳白色和红色的材质，在这里都有发现。奥尔梅克拉文达发现的玉器是山东龙山文化晚期的玉文化在商、周时的传承与延续。这种古玉文化的创造与传承，在美洲是没有先例的。

类似奥尔梅克拉文达出土的玉雕像和玉圭，在青州一带都有发现。1996年7月，青州市高柳镇东水渠村村民在挖蔬菜大棚时发现两个陶盒，每个盒内装着四个玉人，两盒共八个，每个高约5厘米，宽约1.5厘米，每盒两男两女，裸体，生殖器刻画明显，男女成对角装置，男性为平顶式发式，有发带系于颔下，俯面卧式；女性长发披至腰际，仰面卧式。两盒玉人似在表示男女合和，子孙昌盛，与蚕族的族徽“”之义相合。青州博物馆认为，这是祭祀用品，年代在春秋至战国之间。①

丰国是薄姑的一支，被评为2009年全国文物考古十大新发现之一的山东高青县陈庄西周遗址是丰国称王叛乱建立的祭天之坛，发现有墙址、墓葬、祭坛、车马坑等遗迹。遗址出土了一批玉器、陶瓷、骨器、蚌器、卜骨和青铜器。出土的50多件青铜器上有10件载有铭文，6件载有国族名“丰”字。遗址发掘的M27墓葬是一座最大的仰身直肢土坑竖穴墓。墓圹上口长5.7—6米，宽3.6—3.7米，下口长4.24—4.38米，宽2.4米，深5.9米，葬具为一椁一棺。随葬品丰富，有鼎、簋、壶、盉、爵、卣、盘等10多件无字青铜器，还有陶器、玉器、串饰等。M27墓葬出土了三件玉圭，其中一件上部和左右两边雕有獠牙，学者称为柄形玉器，长9.25厘米，宽3.75厘米，厚0.35厘米，白色，有沁，一面白中泛灰，一面半侧为黑色，两面都有用阴线平雕的鸟形图像。一只昂首扬尾的大鸟卧在一个鸟巢上，鸟巢之中有一个直立的婴儿，他低首垂胸，两眼很小，手臂斜贴在身上。婴儿下肢穿过了鸟巢，与一椭圆形的卵和一双肥大的足相连，鸟巢与婴儿造型与甲骨文“”（生）字相似，图像表示的是“玄鸟孕卵生子”②（图3－54）。柄形玉器说明墓主人是一位殷商子姓的诸侯国君，他应是周初造反称王的丰王。

图3－54　高青县陈庄西周遗址M27出土的柄形玉器图像文字

---

①　青州博物馆编：《青州博物馆》，文物出版社2003年版，第135页。

②　山东省文物考古研究所：《山东高青县陈庄西周遗址》，《考古》2010年第8期；《山东高青县陈庄西周遗存发掘简报》，《考古》2011年第2期。

丰地本是东夷的姜姓古国，国名原作“夆”，是周文王祖母太姜的母国，商纣王时征东夷，薄姑的一支占有了这里，改封为子姓诸侯国，国名改作“𠧪”（《小子𠧪方卣》，《集成》10.5417），后又改作“丰”，姜姓的夆国则迁到济阳刘台子。西周初年，丰国自立为王，与薄姑参与了武庚叛乱，被周公征伐，成为齐国的附庸。

高青县陈庄西周遗址 M27 丰王墓葬出土的柄形玉器上的图像文字“玄鸟孕卵生子”，与墨西哥奥尔梅克拉文达遗址出土的一号玉圭上的图像文字有着相同的文化内涵和族属关系，丰是薄姑的一支，可证玉圭当与薄姑有关，是薄姑国的宗庙之物，这与玉圭上图像文字的记载相合。

三

奥尔梅克拉文达遗址发现的十二尊墨绿色的玉雕像和四号玉圭“十二示”的记载，与盘庚迁殷后的殷十二王数相合，其中包括纣王。可知这批玉器制作于殷商灭亡之后的西周初年，这与西周早期《塱方鼎》和高青县陈庄西周遗址的考古发现相合。这些薄姑国宗庙里的神器出现在太平洋彼岸，是遭遇了重大变故，有着不为人知的经历。

按照中国社科院夏商周断代工程确定的纪年表，周武王克商在公元前 1046 年，殷商立国五百五十多年，传了十九世，三十一位王。

武王克商后，为存殷祀，仍然封纣王的儿子武庚禄父于王畿之内，为防其不轨，又置管叔、蔡叔、霍叔对其监管，史称“三监”。

箕子是纣王的叔父，因谏纣王被囚。武王克商，救箕子出狱，箕子因是亡国之臣，不愿在周王朝为官，武王封箕子于朝鲜，《史记·宋世家》和《汉书·地理志》对此都有记载。

周武王克商后回到镐京，两年薨。武王子姬诵继位，是为成王。成王年少，周公旦摄政，行使王权，“三监”不听其命，刚刚诞生的西周政权，陷入了权力之争。

山东的奄和薄姑是殷商王朝在山东的两个主要的同姓封国，薄姑为其祖源之地，奄曾是殷商三王之都。《尚书大传》载：“奄君、薄姑谓禄父曰：‘武王既死，今王年幼矣，周公见疑矣，此百世一时也，请举事。’”在奄和薄姑国君的策动下，武庚禄父发动了反周叛乱。

参与武庚叛乱的，主要有两部分殷商旧族：一是在今江苏一带的淮夷熊盈族十七国，二是在今山东的东夷奄、薄姑。

公元前 1043 年，周公率师征淮夷，熊盈族十七国被灭，国君率众出海逃往朝鲜而未达，被暴风刮到了美洲。2015 年，美国学者 John Ruskamp 在美国新墨西哥州和亚利桑那州等地发现了他们记载这一重大历史事件的刻石文字。

灭了淮夷熊盈族十七国，周公继而平定了武庚与“三监”之乱，管叔被杀，蔡叔被囚，霍叔被流放，武庚向北出逃被诛。

公元前 1041 年，成王与周公东征践奄，奄国被灭，其地封于鲁。成王迁奄君于薄姑，但奄君不甘心失败，遂又策动薄姑与丰叛乱。

《尚书·序》载：“武王崩，三监及淮夷叛，周公相成王，将黜殷，作《大诰》。”“成王既黜殷，命杀武庚，命微子启代殷后，作《微子之命》。”“成王既伐管叔、蔡叔，以殷民封康叔，作《康诰》《酒诰》《梓材》。”“成王东征伐淮夷遂践奄，作成王政。”“成王既践奄，将迁其君于薄姑，周公告召公，作将薄姑。”

西周早期的《塱方鼎》载：“隹周公于伐东尸（夷），丰白（伯）、専（薄）古（姑）咸𢦏。”（《集成》5.2739）（图 3－55）这是记载周公征伐丰和薄姑叛乱的重要文献。“咸𢦏”是都征服了的意思，由高青县陈庄西周遗址出土的《丰觥》铭文“丰启作厥祖甲齐公宝尊彝”[①]知，丰国归周，其地赐予齐，成为了齐国的附庸国，丰王做了齐国的臣民。由墨西哥奥尔梅克拉文达遗址发现的玉雕像和玉圭知，薄姑国君则携带这些宗庙之物逃亡到了美洲。那时，他们可能并不知道有美洲之地，他们是想投奔朝鲜箕子，中途遭遇暴风，被刮到了今墨西哥之地。

图 3－55 《塱方鼎》铭文

齐国传位至太公之孙齐乙公得时，将丰和薄姑之地赐给其庶子幽公亶，作为其食采之地。齐国传位于第五位国君哀公不辰时，齐国的强大引起了邻国己（纪）国的不安，这时在周王朝任司徒的己（纪）侯策动薄姑的幽公亶，买通了周夷王，烹杀了齐哀公，另立幽公亶之子静为齐国国君，是为齐胡公，胡公以薄姑为齐国国都，原来的国都营丘被废。齐哀公的亲弟献公山不满齐胡公篡位，带领营丘之众攻杀胡公，自立为国君，是为齐献公。献公将齐国的国都迁到了临淄。[②] 高青县陈庄西周遗址的考古发现，说明丰国国都在高青县，具体的位置尚未发现，而薄姑国都当距高青县和临淄不

① 山东省文物考古研究所：《山东高青县陈庄西周遗址》，《考古》2010 年第 8 期；《山东高青县陈庄西周遗存发掘简报》，《考古》2011 年第 2 期。

② 吕茂东：《解读高青县陈庄西周遗址》，《管子学刊》2011 年第 4 期。

会太远。

殷铜器《亚过爵》(《集成》13.7815)载,殷商之时,地处胶东半岛的过国是纣王的姻亲国。奄和薄姑国君逃往朝鲜,过国是其必经之地。奄和薄姑出海逃亡的人数可能有千百人之多,过国可能为其提供了帮助。奄和薄姑国君由山东半岛出海逃亡后,过国国君惧怕周王征伐,也将国都由今繁华的莱州城区东迁到40千米以外的今招远市东曲城山区偏僻之地,隐蔽起来。

3000多年前,成王和周公平定"三监"和武庚叛乱,造成了淮夷熊盈族十七国和山东奄、薄姑殷商旧族出海逃亡,暴风将他们送到了美洲,他们比哥伦布发现美洲新大陆早了2500多年。他们是美洲的拓荒者,他们创造了美洲最早的奥尔梅克文明,美洲土著印第安人是他们的后裔。特别应该称道的是,善于刻字纪事的殷人为我们留下了极其宝贵的文献史料,使我们从中得知了许多历史真相。这是中华民族宝贵的文化遗产。

齐　国

春秋时期《叔夷镈》铭文考释

一

宋徽宗宣和五年(1123),齐都故城村民耕地发现铜器数十件,其中镈一件,载有铭文491字;钟十三件,前七件载有铭文499字,内容与镈基本相同,另六件铭文116字,但未能成篇。宋薛尚功《历代钟鼎彝器款识法帖》、清《西清续鉴甲编》、孙诒让《古籀拾遗》皆称其为《尸镈》,郭沫若《两周金文辞大系图录考释》称其为《叔夷钟》,马承源主编《商周青铜器铭文选》和中国社科院考古研究所《殷周金文集成》则分别名其曰《叔夷镈》《叔夷钟》。今以《叔夷镈》为例,探讨其有关铭文及历史(图3-56)(《集成》1.285)。

图3-56-1　《叔夷镈》铭文

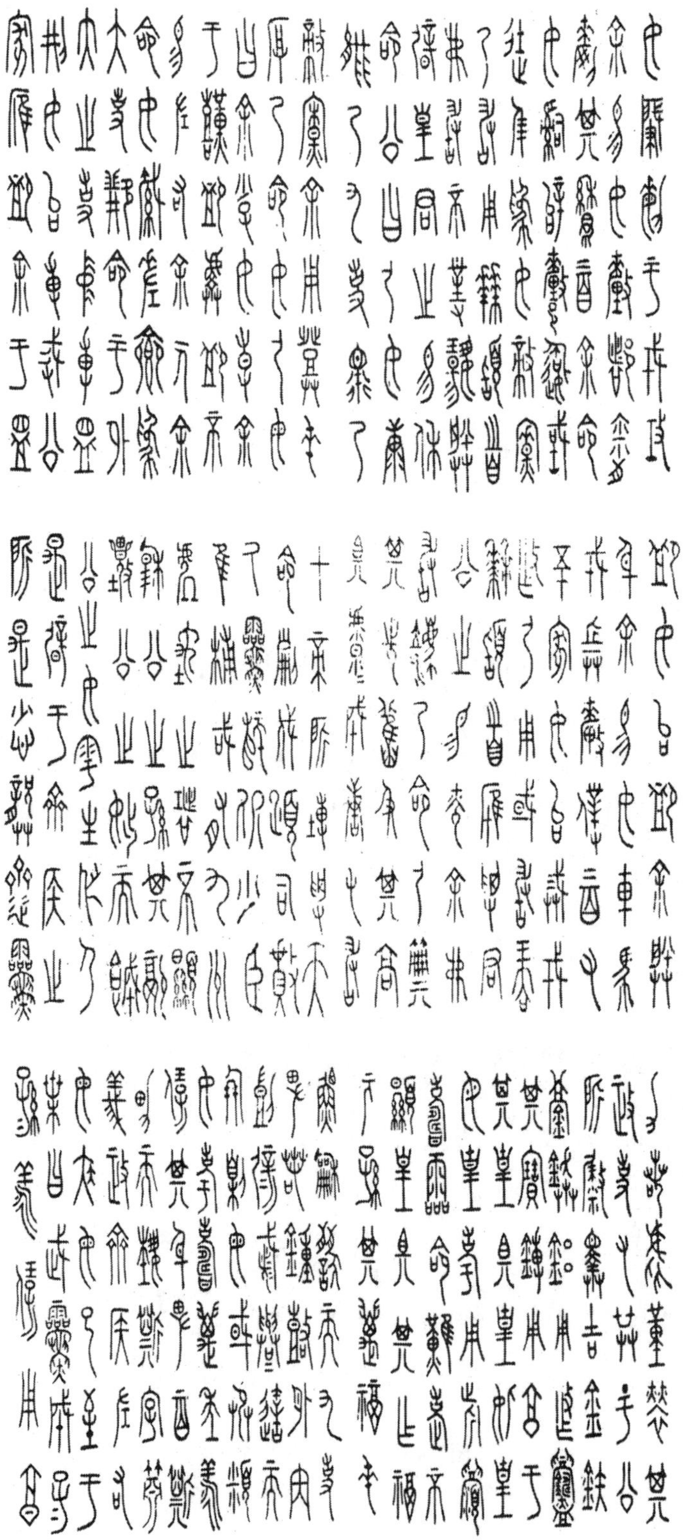

图3－56－2 《叔夷镈》铭文

释文：

唯王五月，辰在戊寅，师于淄涶。公曰："女（汝）尸（夷），余经乃先祖，余既尃乃心。女（汝）少（小）心畏忌，女（汝）不彖（墜），夙夜宦执而（尔）政事，余引厌乃心。余命女（汝）政于朕三军，肃成朕师旟之政德，谏罚朕庶民，左右毋讳。"尸（夷）不敢弗憼（儆）戒，虔恤乃死事，戮（勠）龢三军徒𨓚，雩（与）厥行师，慎中厥罚。公曰："尸（夷）女（汝）敬共（恭）辝（治）命，女（汝）膺（应）鬲（历）公家，女（汝）巩（巩）袭（劳）朕行师，女（汝）肇勄（敏）于戎攻（功）。余赐女（汝）釐都𩁹（育）𠩺（犂），其县三百，余命女（汝）嗣（司）辝（治）釐邑，造（造）或（国）徒四千，为女（汝）敕（隶）寮。"尸（夷）敢用拜䭫首，弗敢不对扬朕辟皇君之赐休命。公曰："尸（夷），女（汝）康（安）能（善）乃九事，眔乃敕（隶）寮，余用登屯（纯）厚乃命。女（汝）尸（夷）毋曰'余少（小）子'，女（汝）尃（辅）余于艰恤（忧），虔恤不易（弛），左右余一人。余命女（汝）织（职）差正卿，为大事（吏），兼（兼）命于外内之事，中尃盟（明）井（刑），女（汝）台（以）尃戒公家，膺恤余于盟（明）恤。女（汝）台（以）恤余朕身。余赐女（汝）车马戎兵，釐仆三百又五十家，女（汝）台（以）戒戎饮（连）。"尸（夷）用或（又）敢再拜䭫首，膺受君公之赐光，余弗敢灋（废）乃命。尸（夷）典其先旧及其高祖，虩（赫）虩（赫）成唐（汤），又（有）敢（严）才（在）帝所，専（溥）受天命，㓷（刬）伐頣（夏）后，敱（败）厥灵（大）师，伊少（小）臣唯補（辅），或（国）有九州，处堣（禹）之堵（都），不（丕）显穆公之孙，其配襄公之妣，而鹹（成）公之女，雩生叔尸（夷），是辟于齐侯之所，是少（小）心龏（恭）齐，灵力若虎，堇（谨）袭（劳）其政事，又（有）共（恭）于公所（按：《叔夷钟》此句曰：共于桓武灵公之所）。𢽽择吉金鈇镐、鏻铝，用乍（作）铸其宝镈。用享于其皇祖、皇妣、皇母、皇考，用祈眉寿，灵命难老，不（丕）显皇祖，其乍（祚）福元孙，其万福屯（纯）鲁，龢协而（尔）又（有）事，卑（俾）若钟鼓，外内剀（闓）辟（闢），䢵（嘟）䢵（嘟）誉（誉）誉（誉），适而（尔）倗剌，毋或丞（胥）頪，女（汝）考寿万年，羕（永）保其身，卑百斯男，而執（艺）斯字（子）。肃肃（按：《叔夷钟》肃为重文）义政，齐侯左右，毋疾毋巳，至于枼（世）曰：武灵成。子子孙孙，羕（永）保用享。

二

《叔夷镈》约洋洋五百字，记载了叔夷率三军灭釐之后，齐侯赐其封地，任其为正卿之事，叔夷因此作器典祀其先祖。

诸家皆言叔夷所灭釐在黄县（今龙口，下同）东南，至确，但诸家又将叔夷所灭的釐混同《左传·襄公六年》"齐侯灭莱"的"莱"，却欠确了。

郭沫若曰:“‘釐都[illegible]’孙诒让云,‘釐疑即莱,故莱国。左襄六年传:齐侯灭莱。又哀五年传:齐置群公子于莱是也。字亦作郲,襄十四年传:齐人以郲寄卫侯。莱、郲并从来声,来、釐古音同,经典多通用。’今案此说至确,盖此器实灵公灭莱之翌年所作也。《春秋·襄六年》‘十又二月齐侯灭莱’,当灵公十五年,其翌年五月有戊寅,与本铭适合。本铭又言,‘师于淄浝’,言‘政于三军,肃成师旟之政德’,言‘勠和三军徒𨗨,雩厥行师’,言‘娶裳行师,肇敏于戎攻’,均是灭莱前后事。盖于是役,叔夷最有功,故齐侯以莱邑赐之,并以莱之遗民三百五十家为其臣仆也。古者国灭,则人民沦为奴隶,本器足证春秋中叶以后,奴隶制度犹俨然存在也。”①

马承源先生也曰:“釐都,即齐之大都釐。釐即莱国,莱从来声,莱釐古音相同,经典多通用。莱国故址在山东黄县东南,《左传·襄公六年》:‘齐侯灭莱,迁莱于郳。’此当齐侯灭莱后将其子邑分赐给功臣。”②学者多从郭、马之说。

甲骨文“来”字作“[illegible]”(《乙》六三七八),《说文》释其是小麦。殷卜辞国名、地名作“[illegible]”,不作“莱”,《说文》“莱”训草义。经典“[illegible]国”写作“莱国”,是音同而误。两周之时,来国有三:一曰𨛫(郃),在陕西武功,本炎帝姜姓之国,商代改封为子姓之国,西周时复封;二曰来,典籍写作“莱”,在山东益都(今青州)东阳,本炎帝之后,姜姓之国,殷末东扩被占有,改为子姓封国;三曰釐,在黄县归城,是𨛫之子国,也子姓。

莱国都东阳,经典有明确的记载。《左传·襄公二年》载,鲁襄公之妇齐姜薨,“齐侯使诸姜宗妇来送葬。召莱子,莱子不会,故晏弱城东阳以逼之”。《左传·襄公六年》:“十一月,齐侯灭莱,莱恃谋也。于郑子国之来聘也,四月,晏弱城东阳,而遂围莱,甲寅,堙之环城,傅于堞。及杞桓公卒之月,乙未,王湫帅师及正舆子、棠人军齐师。齐师大败之。丁未,入莱。莱共公浮柔奔棠,正舆子、王湫奔莒(筥),莒(筥)人杀之。四月,陈无宇献莱宗器于襄宫。晏弱围棠,十一月丙辰,而灭之。迁莱于郳。高厚、崔杼定其田。”

《左传》两次记载“晏弱城东阳”,所谓“城东阳”即在东阳城外筑城安营。盖其时军队安营扎寨,是以夯土垒墙为营,是知莱国之都在东阳,东阳在益都。齐灭莱在鲁襄公六年,齐灵公十五年,公元前567年。灭莱的统帅是晏弱。灭莱之后,齐将莱人迁到郳地,郳即小邾国,在今滕州东南五十里。原莱国之地被齐国贵族瓜分,即《左传》载的“高厚、崔杼定其田”。莱国宗庙的铜器,被齐将陈无宇献于齐襄公之宗庙,其后可能被回炉另造,故莱国的铜器传世很少。莱国灭后,成为齐邑,典籍写作“郲”,《左传·襄公十四年》:“齐人以郲寄卫侯。”是也。

---

① 郭沫若:《郭沫若全集·考古编·第八卷》,科学出版社2002年版,第209页。

② 马承源主编:《商周青铜器铭文选(四)》,文物出版社1990年版,第541页。

叔夷灭的鳌国与晏弱灭的莱国并不是一回事，叔夷灭的鳌国在今黄县归城，灭鳌的时间在齐灵公十五年（前567）灭莱以后。

三

叔夷灭鳌有功，齐侯将鳌都及[illegible]“其县三百”赐给叔夷，作为其食采之地，“[illegible]”何地，至关重要，但诸家众说纷纭。

孙诒让《古籀拾遗》曰：“‘余易女鳌都其县一百’者，盖齐之县为采邑，下文亦云司治鳌邑。又云锡鳌仆二百又五十家，并其证也。賫劀，王楚释为圁鄺，薛及孙并从之，然与字形不合。王俅释为脒膂，脒与賫形略近。然《说文》《玉篇》《类篇》并无其字，则也不足为据。今案賫即霸之或体。《说文》月部：‘霸，古文或作䨣’，即其字也。劀当从王俅释膂为是。霸膂盖鳌都所属县名。[illegible]即一百二字合文。《说文》：‘百，古文从自作百。’此可以证之。《宣和图》载此文作[illegible]，释为三百，王俅同薛、孙释为二百，并非。其县一百者，言锡及（夷）一百县为采邑也。（注：此县为小邑之通称。与《周礼》六遂之县异。谓锡霸膂一百县也。左襄二十八年传，与晏子邶殿其鄙六十，与此事略同。）”①

郭沫若《两周金文辞大系图录考释·叔夷钟》曰：“賫劀当是鳌之子邑，齐侯所以锡夷者，其下有县而至三百之多，则知古县甚小。”②

此“三百县”之“县”，并非地方行政区划的郡县之县，而是指井田制中的“邑”。《周礼·地官司徒·小司徒》载：“九夫为井，四井为邑。”郑玄注：“邑，方二里。”如此“三百县”为方六百里，比《𬴊镈》记载的齐侯赏赐鲍叔牙之孙的二百九十九邑略大。

“[illegible]”字，王楚释为圁，王俅释为脒，孙诒让释为霸，皆非。郭沫若先生对此字未释。“[illegible]”字从衣、从米、从月，隶定作“賫”，当是“育”字。

甲骨文“育”字作“[illegible]”（《佚》九六七）、“[illegible]”（《前》二. 二四. 七）等形。金文《吕仲爵》作“[illegible]”。徐中舒主编《甲骨文字典》释“育”从[illegible]，[illegible]为倒子形，象产子之形，子旁数点乃羊水。

《集韵·屋韵》载有“𥙷”字，音育，释为“阑幔也”。另有“𥻨”字，《改并四声篇海·米部》引《搜真玉镜》：“𥻨，音育。”唐玄应《一切经音义》又读作粥。

“育”从倒子，是产子生育之义。“賫”字从衣、从米，兼有“𥙷”“𥻨”二字，是养育之义。《诗经·大雅·生民》：“载生载育，时维后稷。”后稷是农神，《诗经》言载生载

---

① 〔清〕孙诒让：《古籀拾遗·古籀余论》，中华书局1989年版，第5～6页。

② 郭沫若：《郭沫若全集·考古编·第八卷》，科学出版社2002年版，第209页。

育，说的是衣食。因此，“𡗜”即“育”字，后分化成“裿”“精”二字。

“□”字从来、从刿。来是釐之省，训麦。刿即刈字。“□”字隶定作劙，是割麦之义，应是𠠾之本字。𠠾又作𠠾。《玉篇·刀部》：“𠠾同𠠾。”𠠾与犁音义同。甲骨文有“□”字（《前》二.一二.三），音利，地名，当是“□”字之本。

□□即育犁。《汉书·地理志》载，东莱郡有邑曰育犁，地在今烟台西。

《叔夷钟》铭文“余易（锡）女（汝）釐都□□其县三百”，大约相当于其时的六百平方里。釐都在黄县归城，齐侯锡叔夷之地为黄县归城以东至今烟台以西的部分地区。

四

郭沫若认为《叔夷钟》铭文“桓武灵公”是生称，而不是死谥，《叔夷钟》作于齐灵公十六年。既然郭老将“叔夷灭釐”误为“晏弱灭莱”，那么，《叔夷钟》并非作于齐灵公十六年，“桓武灵公”也不是生称，而是死谥。

《逸周书》载有《谥法解》，《世本》也载之，皆谓谥法起源于周初，是周公旦、太公望所制，周铜器铭文中天子称“王”，诸侯称“爵”，称谥者为数极少。《春秋经》记载的天子、诸侯、大臣故去，都只书其名，而不称其谥，谥是死后至下葬前确定的。《左传·隐公八年》载：“无骇卒，羽父请谥与族。”《左传·襄公十三年》载，楚共王临终时自责，要求臣下给予恶谥，是谥非生称的最好证据，历代学者皆认为谥是死谥。近代学者王国维考《遹簋》穆王之称，认为：“周初诸王，若文武成康昭穆皆号而非谥也。”“则谥法之作，其在宗周共、懿诸王以后乎？”①郭沫若先生进一步阐发了王国维谥法生称说，认为“谥法之兴不仅当在宗周共、懿诸王以后，直当在春秋中叶以后也”②。

王国维、郭沫若以《遹簋》《宗周钟》《叔夷钟》《庚壶》等九器为例，作为其“谥法生称”说的理论支撑，然这并不能说明问题的全部，因为许多铜器并非作于当时，而是作于事后，著名的《利簋》铭文“武王征商，唯甲子朝”，显然就是一种追记的口吻，而武王卒于克商后二年，《利簋》当作于武王卒后。

再如“齐灵公”之“灵”，是生称，还是死谥？按《世本·谥法》：“乱而不损曰灵，极知鬼神曰灵，不勤成名曰灵，死见神能曰灵，好祭鬼神曰灵。”谥法“灵”字，显然含有贬意，并非懿美之辞，灵公生前会以“灵”为号？难以置信。

《史记·齐太公世家》记载齐灵公四事，一是灵公十年（前572），晋悼公伐齐，齐

① 王国维：《观堂集林》，中华书局1959年版，第895页。

② 郭沫若：《郭沫若全集·考古编·第五卷》，科学出版社2002年版，第204页。

令公子光质晋；二是十九年（前563）立光为太子；三是二十七年（前555），晋使中行献子伐齐，齐师败，灵公走入临菑。晏婴止灵公，灵公不从，曰："君也无勇矣！"晋兵遂围临淄，临淄城守不敢出，晋师焚郭中而去；四是灵公二十八年（前554），听从宋女戎姬之言，废太子光，另立戎姬抚养的公子牙为太子，将太子光逐于齐国东鄙。灵公疾，崔杼私自迎太子光而立为君，是为庄公，庄公杀戎姬。五月壬辰，灵公卒。看来，"灵"是齐国君吕环一生"乱而不损"的评价。

《春秋十二诸侯年表》载，以"灵"为谥的还有周灵王姬泄心、晋灵公、陈灵公、郑灵公、卫灵公、蔡灵侯等人。

然而春秋之时，生前赐谥的事情也是有的。《左传·昭公二十年》载，卫国的齐氏、褚师圃、公子朝等作乱，卫侯出逃。北宫喜灭齐氏，公子朝、褚师圃、子玉霄、子高鲂出逃奔晋，卫侯回宫，与北宫喜盟于彭水之上。卫侯赐北宫喜谥曰贞子，赐析朱鉏谥曰成子，并以齐氏之墓地予之。《世本·谥法》："清白守节曰贞，大虑克就曰贞，不隐无屈曰贞"，"安民立政曰成"。北宫喜与析朱鉏未死，卫侯作为奖赏赐其谥曰"贞"、曰"成"，并以齐氏墓地赐之，"谥"与"墓地"皆为其死后而用，"谥"即"死谥"，而非生称，此记可知。

郭沫若先生言，谥法之兴在春秋中叶以后，齐灭莱、灭鳌都在春秋后期，按郭老之言，其时也有"谥"，而非"无谥"。

齐灭鳌发生在齐灵公之后的齐庄公之时。齐庄公在位共六年，《叔夷镈》《叔夷钟》当作于齐庄公卒后。叔夷本是逃亡避齐之人，并不富有。这是叔夷灭鳌之后，有了胶东大片食采之地，才使他积累起巨大的财富，制作了如此多的铜器，而财富的积累和镈、钟等铜器的制作，皆需要较长的时间。至于《庚壶》，记载了庚一生的功绩，跨越了齐灵公、齐庄公两朝，追记的性质更为明显。庚伐陆寅一事，发生在齐庄公五年（前549）冬。次年春，齐庄公被崔杼所杀，《庚壶》当作于齐庄公卒后，齐景公之时。《叔夷镈》铭文最后"至于世曰：武灵成"一语，说明齐环已死，"武灵"是谥号。因此《叔夷钟》和《庚壶》中的"灵公"是死谥，而非生称，二器皆不足为死谥生称之证。

《叔夷镈》的一个重大的史料价值是其记载了夏朝的存在。叔夷是宋穆公之孙，宋是殷商子姓之国。西周初年，成王平定武庚叛乱之后，将殷商遗族微子封于商丘，国名曰宋。《叔夷镈》曰："虩（赫）虩（赫）成唐（汤），又（有）敢（严）才（在）帝所，尃（溥）受天命，删（剋）伐頣（夏）后，敱（败）厥灵（大）师，伊少（小）臣唯辅（辅），或（国）有九州，处堣（禹）之堵（都）。"这是周铜器对商汤灭夏最明确的记载，证实了《史记》对夏朝的记载。

春秋时期《庚壶》铭文考释

一

图3－57 《庚壶》及其铭文

《庚壶》是春秋齐器，不知何时何地出土并藏于清廷内府。1937年，此器收录入《西清续鉴甲编》，题为《周齐侯钟》，藏于热河避暑山庄，民国初年运到北京，放在武英殿展出，后拨给南京博物院筹备处，今藏于台北故宫博物院（图3－57）。

《庚壶》铭文口浅漫漶，多不可识，《西清续鉴甲编》摹出57字。20世纪40年代，容庚先生著《商周彝器通考》，辨出铭文27行，每行7字，释得95字，并名其曰《庚壶》①。郭沫若先生据容庚先生所释，将《庚壶》载入《两周金文辞大系图录考释》，共释112字②。1981年11月，张光远先生用X光透视技术加放大镜窥测，释出完整的铭文与残笔共170字，使缺失的铭文减少至9个。张光远先生摹本及释文《春秋晚期齐庄公时庚壶考》，在澳大利亚堪培拉大学中国铜器讨论会上发表（图3－58），又在台北《故宫学术季刊》1982年第3期刊出③。此后，张政烺④、李家浩⑤等学者皆撰有释文。1993年，中国社科院考古研究所将《庚壶》收录入《殷周金文集成》（《集成》15.9733），张亚初收录入《殷周金文集成引得》。⑥

① 容庚：《商周彝器通考》，上海人民出版社2008年版，第335页。

② 郭沫若：《郭沫若全集·考古编·第八卷》，科学出版社2002年版，第442页。

③ 张光远：《春秋晚期齐庄公时庚壶考》，台北《故宫学术季刊》1982年第3期。

④ 张政烺：《庚壶释文》，《出土文献研究》，文物出版社1985年版，第126～133页。

⑤ 李家浩：《庚壶铭文及其年代》，中华书局1992年版，第89～101页。

⑥ 张亚初编著：《殷周金文集成引得》，中华书局2001年版，第146页。

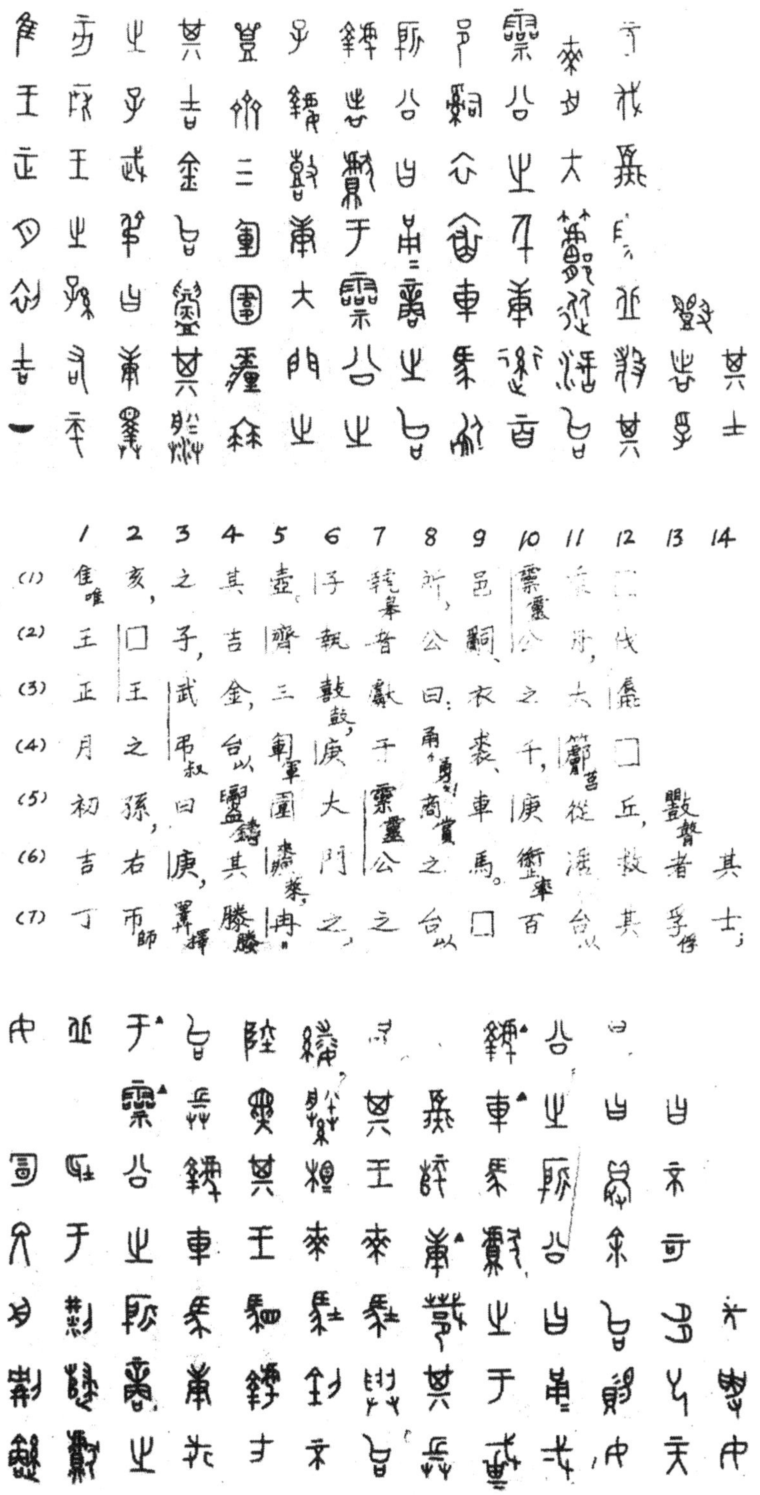

图3－58－1　张光远摹本与释文

图 3－58－2　张光远摹本与释文

二

《庚壶》铭文经诸多学者考释，已见其大意，但仍有数个铭文和相关历史需深入探讨。

铭文第2行第2字，金文首见，张光远先生未释，张政烺、张亚初先生释为“殷”，李家浩先生释为“周”，此字与金文“殷”“周”差别都很大，疑非“殷”“周”二字。此字从“户”从“方”，方字反书，当释为“房”，房即房国，在汝水上蔡西，今河南遂平县。

第4行第7字，张光远先生释为“媵”，因此将《庚壶》当作嫁女的媵器，但铭文并无嫁女之语。张亚初、李家浩先生皆以金文有“盥壶”之辞例，将此字释为“盥”。金文《夆叔匜》“盥”字作“盥”（《集成》16. 10282），从臼、从水、从皿，与此字差别很大，故此字也非“盥”字。金文《滕侯耆戈》滕字从火作“[illegible]”（《集成》17. 11077）。可知滕国之名从火与从水相通。《说文 · 水部》：“滕，水超涌也。”《庚壶》为盛水器，故“滕”字从水。此字金文首见，后取代了从火的“滕”字，用作滕国之名。

第5行第7字，张光远先生释为“冉”，张亚初、李家浩先生改释为“崔”，谓“崔子”即“崔杼”。此字与金文《南疆鼎》的“冉”字相同，当以释“冉”为是。《说文 · 冉部》：“冉，毛冉冉也。”段玉裁注：“冉者，柔弱下垂之貌……《诗》：‘荏染柔木。’传曰：‘荏染，柔意也。’染即冉之假借。凡言冉、言姌，皆谓弱。”另外，龟甲边毛曰冉，人之胡须也曰冉。冉与晏音同，晏弱、晏婴父子之名，皆含有胡须弱意，铭文“冉子”或是

“晏子”，即“晏婴”。晏婴事齐厉公、灵公、庄公、景公四朝，齐三军围鳌，晏婴执鼓，士气大振。

第9行第7字，张光远先生未释，李家浩、张亚初先生释“於”，是也。於，相依之意。

第10行第4字，张光远先生释为“千”，李家浩、张亚初先生释为“身”，释“身”为是。铭文“於灵公之身”为句，是言相依于灵公之时。

第12行第4字，诸家皆未释。此字，张光远先生摹有残笔，与铭文“霝”字相似，故释为“霝”。“霝丘”即“灵丘”。《汉书·地理志》琅琊郡载有灵门县，有高柘山、壶山，浯水所出。浯水是潍水上游的支流，经安丘、诸城入潍水。灵丘在莒县东北，诸城西北。

第15行第2字，是张光远先生未摹写出的9字之一。此字，居于《庚壶》记载的第四件事情之首，当是器主人之名“庚”字。

第15行第4字，张光远先生未释，张亚初先生释为“矢”。此字与《班簋》(《集成》8.4341)的“”(允)字相似，或是“允”字。铭文“庚旬允”为句，“旬”义为“巡”，“允”义为公允，是说庚巡治食采之地，秉持公允。

第15行第6字，张光远先生未释，张亚初先生释为“羿”。此字的左旁与《南单冓觚》(《集成》12.7191)的“”(冓)字相似，或是“蒯”字。《国语·周语中》：“庐由蒯妫”。韦昭注：“庐，妫姓之国。蒯妫，庐女，为夫人。”宋明道本《国语·周语中》作“庐有荆妫”。韦昭注：“荆妫，庐女，为荆夫人。荆，楚也。”是知“蒯”即“荆”字。金文“荆”与“刱”同，《墙盘》“广能楚荆”，“荆”字作“”(《集成》16.10175)，“”又与“刑”同，铭文“蒯”当是刑罚之义。

第15行第7字，张光远先生释为“鏑”，张亚初先生释为“鲧”。《盂鼎》铭文“遹”字作“”(《集成》5.2837)，与此字相似，此字或当释作“遹”。《诗经·小雅·小旻》：“谋犹回遹，何日斯沮。”毛传：“回，邪；遹，僻。”铭文“遹丘”，即偏僻之邑，也即下句所说的梁国之地。

第16行第2字，也系X光未检出之字，按文意此字或是“食”字。

第16行第3字，诸家未释。此字摹文似从“爪”从“土”，从“土”疑是从“木”之误，此或“采”字，“食采于粱(梁)”为句，当是铭文之义。

第18行第7字，张光远先生释为“伐”，张亚初先生释为“戍”。《庚壶》铭文另有“伐”字，此字是“伐”字的反书，当以释“伐”为是。

第19行第2字，张光远先生释为“寅”，铭文“陆寅”即“陆浑”，张亚初先生释为“睾”，当以释“寅”为是。陆浑有一支族称作“阴戎”，“陆寅”当是指“阴戎”而言，“陆阴”是“陆寅”传写之误。

第20行第1字，“绫”同“棱”，第3字“相”同“箱”，铭文“方绫(棱)縢相(箱)”为句，是言陆寅王的乘舆是一个用绳索缠束结实的大方箱。

第21行第1字，诸家未释。此字摹文上部有一“口”字残笔，知此字为上下结构，疑是“足”字。铭文“乘駐钊不足”为句，是说陆寅王的乘駐披有革甲，乘舆方棱縢箱，攻击不到。《玉篇·金部》：“钊，剽也。”

第22行首字空缺，铭文言陆寅王用其大而坚固的乘舆掩护其士兵，缺字或为“扞”，义为遮蔽掩护。《左传·成公十二年》：“此公侯之所以扞城其民也。”杜预注：“扞，蔽也。”

第24行第7字笔画残缺，张光远先生未释，张亚初先生释为“戒”，此字或释为“戎”。《尔雅·释言》：“戎，相也。”《广韵·东韵》：“戎，狄亦助也。”《诗经·小雅·常棣》：“每有良朋，蒸也无戎。”郑玄笺：“犹无相助己者。”

第25行首字，摹文得一残笔“曰”，诸家未释。残笔“曰”在上部，知其字为上下结构，疑为“昆”字。《广韵·魂韵》：“昆，兄也。”《诗经·王风·葛藟》：“终远兄弟，谓他人昆。”

第25行第3字，诸家未释。此字从“臼”从“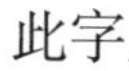”，当是“舁”字。《说文·臼部》：“舁，共举也。从臼从廾，读若余。”王筠句读：“舁则两人共举一物也，四手相向而不交。著纸平看，即得其意。”铭文“戎昆曰舁”为句，是说庄公欲以庚为弟兄，为相，共理国事。

第26行第1字，张光远先生未摹出，按铭文之义，当是“庚”字。“庚曰不可”为句，谢绝庄公美意。

第26行第6字，张光远先生释“敬”，张亚初先生释“也”，当以释“敬”为是。

第27行首字空缺，上有“多敬天”三字，此字或为“谴”。“多敬天谴”为句，是说庚若任相，与庄公兄弟相称，会遭到上天的谴责。

第27行第5字，也摹得几画残笔，疑也是“敬”字。“敬”字之上有三字空缺，不知何字。铭文未意大概是说，庚谢绝了庄公重任的美意，表示会忠于职守，听命于君，而庄公或另有赏赐。

以上，补释空缺字5个：“庚”(15行第2)、“食”(16行第2)、“扞”(22行第1)、“庚”(26行第1)、“谴”(27行第1)；据残笔补释缺字4个：“霝”(12行第4)、“足”(21行第1)、“昆”(25行第1)、“敬”(27行第5)；补释诸家未释字2个：“采”(16行第3)、“舁”(25行第3)；改释字4个：“殷”改“房”(2行第2)、“腠”改“縢”(4行第7)、“矢”改“允”(15行第4)、“鏑”改“適”(15行第7)。全文共得以下179字：

唯王正月，初吉丁亥，房王之孙、右师之子武叔曰庚，择其吉金，以铸其滕壶。齐三军围𨛊，冉子执鼓，庚大门（攻）之，执者（诸）献于灵公之所。公曰："甬（勇）甬（勇）商（赏）之台（以）邑嗣、衣裘、车马。於灵公之身，庚率二百乘舟大𨜴（筥），从河台（以）殛伐𪙊灵丘，杀其斗者，俘其士女。庚㫚（巡）允，舟㓱（刑）遹丘，食采于梁（梁），归献于灵公之所，商（赏）之以兵虢（皋）车马。庚伐陆寅（阴），其王驷虢（皋），方绫（棱）縢相（箱），乘䮂（牡）钊不足，其王乘䮂（牡）舆，台（以）扞𪙊师，庚捷其兵虢（皋）车马，献于庄公之所，公曰："甬（勇）甬（勇）！戎（相）昆（兄）曰异，余台（以）赐女（汝）。"庚曰："不可，多敬天谴。"□□□敬受（授）女（汝）。

三

《庚壶》铭文记载了五件事情，可分为五个小段。

第一段从"唯王正月"到"铸其滕壶"。这一段记载了《庚壶》制作的时间和器主人庚的身份。

铭文采用王室纪年，"王"即"周王"。张光远先生将《庚壶》定为齐庄公时器，而铭文中的"灵公"是齐君吕环的谥号，庄公是环子吕光的谥号。史载齐庄公六年（前548），庄公被崔杼所杀，《庚壶》记载的伐陆寅，事在庄公五年。此器当作于庄公之后的齐景公时，其时的周王为周灵王。

学者将"房"字释作"殷"，认为庚是"殷王之孙，右师之子"，而宋是亡殷之族，因而说庚是宋国人。但从武王克商到齐庄公卒，已经过去了近五百年。殷三十一王，有圣贤之君，也有无道之人。《叔夷钟》的叔夷典其先祖，以赫赫成汤为荣，而不囊括所有殷王。"殷王之孙，右师之子"为句，为孙、为子的时间相连，显然为时不远，故庚不是殷王之孙。

庚是房王之孙，房国在今河南遂平县。《国语·周语上》载："昔昭王娶于房，曰房后。"韦昭注："房，国名。"昭王娶房女为后，可见房国也非平常之辈。《通志·氏族略二》曰："房氏，祁姓。舜封尧子丹朱于房，今蔡州遂平故吴房县是也。以后楚封吴王夫概于此，谓之吴房。"吴王夫概是吴王夫差之弟，春秋时，房国被吴国兼并，成为吴王夫概的封地，庚投奔了齐国，是一员勇猛善战的武将，因此称为"武叔"。庚选择吉金作了这件盛水器，记载了他一生的功绩，铭文无庚嫁女之语，故《庚壶》并非庚嫁女的媵器。

第二段从"齐三军围𨛊"到"商（赏）之台（以）邑嗣、衣裘、车马"，记载的是齐三军伐𨛊，庚打开了𨛊国都城的大门，所获献于宗庙灵公之所，齐侯赏赐封邑及衣裘、车马。诸家释釐国在黄县东南归城，是也。唯将《庚壶》所灭的釐国与《左传·襄公六年》所载的"齐侯灭莱"的"莱国"混为一谈，却是误也。两周之时，莱国有三：一曰𩞁，在陕西武功；二曰来，在山东益都（今青州）东阳；三曰釐，在山东黄县（今龙口）归城。《左传·襄公六年》所灭的莱国，在益都东阳，灭莱的统帅是晏弱，灭莱的时间在齐灵公十五年（前567）十一月。《庚壶》记载的灭釐与《叔夷钟》记载的灭釐是同一历史事件，所灭的釐国在黄县归城，灭釐的三军统帅是叔夷，庚是叔夷麾下的将领，灭釐的时间当在齐庄公之时。

第三段从"於灵公之身"至"俘其士女"，追记的是齐灵公时庚率二百乘舟，从潍水逆流而上，殛伐鄟国灵丘之事。鄟国在今莒县，灵丘在莒县东北，这里原是诸国、防国之地，西周至春秋时，鄟、诸、防皆被㠱国兼并，后来又被鲁国占有。《春秋·庄公二十七年》："城诸及防。"杜预注："诸、防皆鲁邑……诸，今城阳诸县。"《春秋·昭公五年》："莒（筥）牟夷以牟娄及防、兹来奔。"杜预注："城阳平昌县西南有防亭，姑幕县东北有兹亭。"《汉书·地理志》琅琊郡载有灵门县，颜师古注曰："灵门，有高柘山、壶山，浯水所出，东北入淮。"浯水即潍水上游的支流，灵丘当在灵门县境，庚所伐的𪚥灵丘，当是诸和防国，至此，今诸城以北皆为齐地。

第四段从"庚甸（巡）允"到"商（赏）之以兵虢（皋）车马"，记载的是庚乘舟沿济水巡治食采之地梁丘之事。梁丘是齐国西南边陲，《路史·国名纪一》称梁丘为"齐之分"。《世本·氏姓篇》曰："梁邱氏，齐采邑。"《尚友录》云："梁丘，姓。梁邱，齐大夫食采梁丘。"梁邱在今成武县东北，临近金乡、单县。《春秋·庄公三十二年》："宋公、齐侯遇于梁丘。"《春秋左传注》："梁丘，宋邑，在今山东省成武县东北三十里，其地有梁丘山。"《谷梁传》云："梁丘在曹、邾之间，去齐八百里。"可知梁丘原为宋国之地，春秋时被齐国兼并，成为齐国最西南的边境，是齐大夫的食采之地。此齐大夫或就是庚。庚率舟到此，对其进行巡视管理，收取贡品。据此，第16行缺失的第2字补为"食"，第三字释为"采"，当无误。

第五段从"庚伐陆寅（阴）"至文末，记载的是庚率齐师伐陆寅之事。陆寅是西戎陆浑的一支，又称阴戎，活跃于洛水流域，对成周形成威胁。《左传·襄公二十四年》载："齐人城郏。"杜预注："郏，王城也。"郏即郏鄏，在成周洛阳西。《汉书·地理志》河南郡曰："河南，故郏鄏地。周武王迁九鼎，周公致太平，营以为都，是为王城，至平王居之。"成周位于洛水和谷水汇合处，常有水患，故周王又迁居于郏。鲁襄公二十四年即齐庄公五年，公元前549年，当是成周受到陆寅的侵扰，故庚率齐师至郏都安营扎寨，以伐陆寅。陆寅王的乘駐披有革甲，乘舆方棱縢箱，攻击不到，故庚未擒到陆寅王，乃攻其兵士，缴获了一些兵甲车马。庚伐陆寅告捷，成周转危为安，鲁国派穆叔入周致贺，周王嘉其有礼，赐乘大车，曰大陆。庚屡建功勋，庄公欲与其结为昆仲，任为相职，共举国事，被庚谢绝。

《庚壶》所载，事关齐灵公、庄公两朝，除庚伐陆寅之事见于《左传》，其他如灭釐、伐灵丘、巡梁丘均不见于史籍，可补史籍之缺。《庚壶》珍贵的史料价值不言而喻。

四

《晏子春秋·内篇问上第三》载有《景公伐斄，胜之，问所当赏，晏子对以谋胜禄臣》，文曰："景公伐斄，胜之，问晏子曰：'吾欲赏于斄何如？'对曰：'臣闻之，以谋胜国者，益臣之禄；以民力胜国者，益民之利。故上有羡获，下有加利，君上享其名，臣下利其实。故用智者不偷业，用力者不伤苦，此古之善伐者也。'公曰：'善。'于是破斄之臣，东邑之卒，皆有加利。是上独擅名，利下流也。"

《晏子春秋》记载的景公伐斄与《叔夷钟》和《庚壶》记载的伐斄不是一回事。景公所伐的"斄"，又作"筴"，其地不在黄县归城，筴或是斄国的子国，其地或在今烟台夹河一带。齐庄公灭斄，斄国贵族逃亡在筴，故齐景公时又灭之。齐景公灭斄筴，动用的并非齐之三军，而是东邑之士。其时，胶东之地的过国是齐之附庸，斄国成为叔夷的封地，他们当是破斄筴的东邑之卒。按《晏子春秋》所载，春秋时胶东还有一个筴国。齐景公灭斄筴，胶东之地尽为齐有。

《晏子春秋》说明，釐国之名又可写作"斄"，可见𥝩国双"來(来)"之文化传承。

《战国策》之《苏秦说齐闵王》《张仪说秦王》者考

一

《战国策·齐五》载有《苏秦说齐闵王》（以下简称《说齐闵王》）篇，说者是否是苏秦，学者历来多异议。

此说发生在齐闵王七年，公元前294年。自公元前386年田和篡齐之后，齐发动了三十多次战争，虽成为战国七雄之一，却也付出了很大的代价。公元前314年，齐宣王伐燕，将燕王哙杀死，又将燕相子之剁为肉泥，掠其地，囚其民，与燕结下深仇。公元前300年，齐闵王即位，继续穷兵黩武，从闵王三年开始，连续三年联合韩、魏攻打秦国，三年打了四仗，消耗了大量的人力、财力。此策正是针对齐国时弊而上的强齐之策。

苏秦、苏代、苏厉三兄弟都是有名的说客。《史记·燕召公世家》载，燕易王十年（前323），“苏秦与燕文公夫人私通，惧诛，乃说王使齐为反间，欲以乱齐。易王立十二年卒，子燕哙立。燕哙既立，齐人杀苏秦。苏秦之在燕，与其相子之为婚，而苏代与子之交。及苏秦死，而齐宣王复用苏代”。

马王堆三号汉墓出土的《战国纵横家书》第四章是苏秦间齐五年后写给燕王的密信，其言：“臣之计曰：齐必为燕之大患，臣循用于齐，大者可以使齐毋谋燕，次可以恶齐、赵之交，以便王之大事，是王之所与臣期也。”“期”就是苏秦与燕王的密约，而“王之大事”便是破齐、灭齐。“齐必为燕之大患”一语，说明此信写于齐宣王伐燕，杀燕王哙、剁燕相子之以前，证实《史记·燕召公世家》所载的“燕哙既立，齐人杀苏秦”是可信的。按《十二诸侯年表》，燕王哙立于公元前320年，齐宣王立于公元前319年。《资治通鉴·周纪三》曰，齐宣王三年（前317），齐大夫与苏秦争宠，使人刺杀苏秦，苏秦间齐阴谋暴露，被齐宣王车裂于市。

苏秦既死于齐宣王时，则不会复活再说齐闵王。

二

《战国策》成书之前其素材一直以竹简形式存放在皇家书府中。西汉成帝建始三年(前30)诏光禄大夫刘向领校皇家书府珍藏秘籍。刘向在《战国策序》中说,府中这些史料篇卷繁多,或曰《国策》,或曰《短长》,或曰《事语》,或曰《长书》,或曰《修书》,名称不一,内容不同,来源各异,杂乱无章,按国别分章者仅有八篇,其余大量素材相互掺杂,错字残字很多。刘向对这些材料删除重复,按国别分卷,按时间排序,校正讹字,编成十二国三十三卷,定名为《战国策》①。

东汉时,高诱作《战国策注》二十一卷,《隋书·经籍志》载:"《战国策》二十一卷,高诱撰注。"可知,东汉时,《战国策》佚失十二卷。后经唐、五代变乱,至宋初时,崇文院所藏此书,只有本书十一卷,高诱注八卷。约在北宋熙宁年间(1068—1077)曾巩编校史馆书籍,多方寻访,补齐失书,复完三十三卷,然所补并非所失,如卷三十一《燕太子丹质于秦》,则是根据司马迁亲自从公孙季功、董生那里采访的《刺客列传》补充的。

南宋时,姚宏和鲍彪相继完成《战国策校注》三十三卷。

元朝时,吴师道认为鲍注谬误之处太多,乃以姚本校鲍本,或正或补成《战国策鲍注补正》一书。

清嘉庆八年(1803),黄丕烈依宋版姚本摹刻,收入《士礼居丛书》中,以后多据此版本刊印。

1973年底,在长沙马王堆三号汉墓出土的帛书中,有一类似今本《战国策》的书,今人称之为《战国纵横家书》。全书二十七篇,其中有十一篇的内容见于今本《战国策》和《史记》,文字也大体相同。另外十六篇为佚书。原书未标书名,有十五篇是苏子的书信、说辞,也未署名。

《战国策》和《战国纵横家书》虽是研究战国时期历史的重要资料,然《战国策》毕竟不是出于史家之手,率意很多。北宋曾巩在《战国策》序中曾指出:"战国之游士则不然,不知道之可信,而乐于说之易合。其设心注意,偷为一切之计而已。故论诈之便,而讳其败;言战之善,而蔽其患。其相率而为之者,莫不有利焉而不胜其害也,有得焉而不胜其失也。"

南宋晁公武《郡斋读书志》指出:"予谓其记事不皆实录,难尽信。盖出于纵横者所著。"

《隋书·经籍志》也指出:"自秦拨去古文,篇籍遗散。汉初,得《战国策》,盖战国游士记其策谋。其后陆贾作《楚汉春秋》,以述诛锄秦项之事,又有《越绝》相承,以为子贡所作。后汉赵晔又为《吴越春秋》。其属辞比事,皆不与《春秋》《史记》《汉书》

① 〔西汉〕刘向集录,范祥雍笺证:《战国策笺证(上册)》,上海古籍出版社2006年版,第2页。

相似。盖率尔而作,非史策之正也……通人君子,必博采广览,以酌其要。”

杨宽先生在《马王堆帛书〈战国策〉的史料价值》一文中说,《战国纵横家书》是秦汉之际编辑的一种纵横家言的选本。“长短纵横”之说,不仅战国时代十分流行,直到秦汉之际、汉代之初,仍是一门“显学”。游说韩信叛汉的蒯通,曾“论战国之权变,为八十一首”(《田儋列传》),编成《蒯子》五篇(《汉书·艺文志》纵横家)①。马王堆三号汉墓出土的帛书也好,汉初皇家书府收集的竹简也好,这种纵横家的游说辞,有的注重历史,与史实相合,有些只是用作练习游说的脚本,不免夸张扩大,甚至假托虚构,造成年代错乱,矛盾百出,与史实不合。如苏秦、张仪游说各国合纵连横的长篇游说辞就属这种情况。由于苏秦和张仪都是纵横家们学习的榜样,除了假托他们编造说辞,也就免不了把本来不属于苏秦、张仪的策谋归到他们的名下,至于把苏代、苏厉统说成苏秦,那更是平常之事。

三

《说齐闵王》为《战国策》卷十二《齐五》。南宋姚宏、鲍彪,元吴师道对说齐闵王的“苏秦”持有异说。

姚宏注:“(苏秦)一本无上二字。”他言“苏秦”二字是增加的。

鲍彪《战国策校注》从《汉书·艺文志》将苏秦改为“苏子”。

吴师道云:“此策旧为苏秦,实误。前章代误为秦,或遂以此为代,则亦不然。一本无章首二字,是矣。”他认为无“苏秦”二字为是。

黄丕烈云:“吴说甚详,其最是。”

缪文远先生在马王堆西汉三号墓帛书出土后,校注出版的《战国策新校注》在章首注曰:“此章主旨在‘兵后起而重伐不义’。则可以役属诸侯,逐节皆推明此义。又此章为‘战者,国之残也’,极言攻战之害,与《秦策一·苏秦以连横说秦章》之鼓吹用兵,倡言‘恶有不战者乎’其说迥异,可知两章并非一人之言也。”他也认为此章并非出自苏秦。

马王堆三号汉墓出土的帛书中,有苏子书信、说策十六篇,无此《说齐闵王》。姚宏注一本无“苏秦”二字,“苏秦”是其对曾巩本校勘时增加的。但《战国策》卷二十九《燕一》言苏秦在齐宣王时已死,不知姚宏为何还要让其复活再说齐闵王。藉苏氏兄弟间齐,不论苏秦死于齐宣王时,还是齐闵王时,将此篇归于苏秦还是苏代、苏厉都是

① 杨宽:《马王堆帛书〈战国策〉的史料价值》,《文物》1975年第2期。

说不通的。

四

《说齐闵王》是救齐、强齐之策，而非苏氏弟兄间齐、亡齐之谋，这是很清楚的。

鲍彪评此策曰："此策辗转皆中事机，而不诡于圣，虽钟竽倡乐，非所以启人主者，亦孟子货色之比。闵王骄不能听。以及鼓里之祸，百世之戒也！"

吴师道正曰："此策谈兵主于后起，权借不为人主怨。其云'案兵而后起，寄怨而诛不直，微用兵而寄于义'，最其术之深者。是岂仁义之师，正大之论乎？虽其后极言战之害，何救于失哉！钟鼓倡乐之云，视孟子与民同乐之意不类，鲍氏不察甚矣。"又补曰："苏秦佯为得罪燕而亡走齐，说闵王厚葬以明孝，高宫室，大苑囿，以明得意，欲敝齐而为燕。苏代继之，实祖秦之故智。《大事记》云，齐之伐宋也，苏代实启之。秦之救宋也，苏代复止之。代为燕反间，骄其君，劳其民，而速其亡也。其说燕曰'齐王长主也，而自用也。南攻楚五年，蓄积散，西困秦三年，民憔悴，士罢弊；又以余兵举五千乘之劲宋，而包十二诸侯。此其君之欲得也，其民力竭也'云云。此《策》之谋既中，而劝燕伐齐也。此《策》旧为'苏秦'，实误。前章，'代'误为'秦'，或遂以此为'代'，则亦不然。代之谋如彼，岂能劝齐王后战哉？一本无章首二字者，是矣。抑是言也，当在灭中山后，取淮北、灭宋、侵三晋之前。此士之明，盖已逆知闵王之败矣。"又云："策文甚佳，首以'用兵后起''约结远怨'二端为言，而以'权借时势'明之。'今虽干将'以下止'求霸则远矣'，言先天下之祸，后借之得也。'臣闻善为国'以下止'好挫强也'，言远怨之得、主怨之祸也，'且夫'以下至'强弱大小之祸可见于前事矣'为一节，'语曰'以下至'战攻之败，可见前事'为一节。'今世所谓善用兵'以下至篇终为一节。三节皆推言用兵不为天下先之意，而不主怨之意在其中，错综起应，变化不穷。只'何以知其然也'一语六用，而不觉其复。"①

吴氏指出，此策旧为苏秦，实误。这也不可能是苏代、苏厉，苏代、苏厉岂能劝闵王后战？其所言极是。

此策说闵王"用兵后起""约结远怨""权借时势""滥兵为害"是针对齐国连年穷兵黩武、缔约招怨、不明时势、国力日衰的积弊而制定的休养生息、伺机而动的救齐、强齐之策，与苏氏兄弟的间齐、亡齐之谋是对立的。其说正义之理，论正大之策，不失仁义之风，也非苏氏弟兄的诡辩生事之辞。其说不以任何一国为敌，其对战例的分

---

① 〔西汉〕刘向集录，范祥雍笺证：《战国策笺证（上册）》，上海古籍出版社2006年版，第701页。

析,抓住矛盾转化的凭借,事事切中事机,而对滥兵造成的灾难,条条俱关国运。若非贤士,难怀此德;若非兵家,难有此论;若非学子,难具此文采。总之,此策非苏氏弟兄所为,何也?苏氏亡齐者也。

五

《战国策》与《战国纵横家书》中,苏氏兄弟(以下称"苏子")为燕间齐之谋很多。

苏子效命于燕,一是苏秦游说之始,遭周逐秦斥,是燕国重用了他,并资助他游说六国。二是苏秦与燕文王后私通,燕文王子易王不仅不治罪,反而对苏秦更加重用。三是苏秦与燕相子之结亲。苏代助燕相子之篡权,说燕王哙将大权全部交给子之。燕王哙昏庸,苏代得售其奸以为友,子之篡其权以为贤。三年,燕国大乱,齐宣王趁机伐燕,剁子之,杀燕王哙,掠地囚民三年,齐、燕结下深仇。公元前 311 年,燕昭王即位,招贤纳士,发愤图强,誓报齐仇,复用苏子间齐。

苏子来见齐闵王,先以白璧一双、黄金千镒贿赂齐大夫淳于髡,使淳于髡荐于闵王。(《战国策·燕二》)

公元前 298 年至前 296 年,苏子说齐闵王联合三晋连续三年远征伐秦,使齐疲于战争。(《马王堆三号汉墓出土帛书十四》)

公元前 294 年,闵王以吕礼为相,休养生息,苏子间齐阴谋受阻,遂说田文使秦相魏冉兴兵伐吕礼。公元前 288 年,吕礼由齐奔秦,闵王不察,反用苏子。

公元前 287 年,苏子说闵王联合赵、楚、韩、魏等国攻秦。

公元前 286 年,苏子说闵王灭宋,又侵楚,伐三晋,欲灭二周为天子,使齐走上灭亡之路。

苏子之谋,可见于下。

《战国策·燕二》记载,苏代自齐使人谓燕昭王曰:"臣间离齐、赵,已经成功,现在齐、赵都已孤立了。大王何不出兵攻齐?大王若出兵攻齐,我愿为大王削弱齐国。"燕乃伐齐,攻晋。

苏代派人对闵王说:"燕国所以进攻齐国,是想收复燕王哙时失去的土地。现在燕军驻晋地不进,是因为兵弱犹豫不决。王何不派苏代领兵前去迎击?以苏代的才能,一定能打败燕军。"于是,闵王对苏代说:"燕军驻扎在晋地,现在派你领兵前去迎击。"苏代说:"对于带兵,我怎么行呢?这样会失败的。"闵王说:"去吧,我了解你。"

苏代于是率领齐军,与燕军战于晋城之下,齐军大败,燕军斩齐军两万余人。苏代退守阳城,向闵王报告说:"大王选错了人,派我抗击燕军,损失两万余人,我有伏砧被斩之罪，臣愿接受死刑。”闵王说：“这是我的过错，您没有罪。”

第二天，苏代又让燕军攻打阳城和狸地。苏代又派人对闵王说：“前日，齐在晋地没打胜仗不是苏代之过，而是天不助齐而助燕，现在燕军攻打阳城和狸地，是上天赐给我们战胜燕军的机会。大王再派苏代迎击燕军，苏代这次必然取胜来报答大王。”于是闵王派苏代，苏代固辞，闵王不允，苏代于是率领齐军在阳城和燕军大战，燕军大胜，又斩齐军三万首级。从此，齐国君臣不和，百姓离心，燕国于是派乐毅领大军进攻齐国，把齐军打得大败。

齐闵王十七年（前284），燕昭王以乐毅为上将，联合秦、韩、魏、赵伐齐，魏收旧宋地，楚收淮北地，燕军下齐七十城，克齐都临淄，闵王逃莒被杀于鼓里。闵王昏庸骄暴，不听吕礼之言，终有杀身亡国之祸。

苏子间齐，骄齐君，劳齐民，离赵之交，激秦之怒，灭宋、侵楚、攻韩、伐魏，树敌天下，耗尽齐力，终使齐亡。像苏子这样亡齐之人，怎能为齐闵王谋兴国之策？

总之，《战国策》的《说齐闵王》的政治主张与艺术风格与苏子的说辞迥异。因此可以断言，说齐闵王者非苏秦，也非苏代、苏厉。

六

元吴师道在《战国策》注释中曾指出，说齐闵王者，不是苏秦，也非苏代，而是另有其人。“此士之明，盖已逆知闵王之败矣。”吴师道所言极是，这位说齐闵王者，不是别人，而是齐相吕礼。

吕礼是齐太公吕尚后裔，《新唐书・宰相世系表》载：“吕尚字子牙，号太公望，封于齐。十九世孙康公贷为田和所篡，迁于海滨。康公七世孙礼，秦昭王十九年自齐奔秦，为柱国、少宰、北平侯。”公元前386年，齐臣田和篡齐，迁康公于东莱海滨。康公之孙吕祁避居夜邑，吕礼是吕祁玄孙。[①] 吕礼是先仕秦，又仕齐，后又返仕秦。《新唐书・宰相世系表》所载，是自齐返秦之事。《史记・秦本纪》载：“（昭襄王十三年）五大夫礼出亡奔魏。”“十九年，王为西帝，齐为东帝，皆复去之，吕礼来自归。”可知，昭襄王十三年以前，吕礼已经仕秦。

吕礼由秦出亡奔魏仕齐的原因，是与秦穰侯魏冉有隙。《史记・秦本纪》载，昭襄王十二年，秦相楼缓免职，穰侯魏冉为相。《史记・穰侯列传》载，昭襄王十三年，穰侯“欲诛吕礼，礼出奔齐”。吕祖谦《大事记解题》曰：“礼未尝得罪于昭王，特避穰侯之

① 吕心惠主编：《中华吕姓》，中州古籍出版社2003年版，第83页。

祸耳。后六年(按谓出奔之后六年)《秦纪》复书吕礼来归。则其权宠能与穰侯相轩轾可知矣。”

吕礼奔齐,路经魏和周。《战国策·东周·周最谓吕礼》曰:“子何不以秦攻齐,臣请令齐相子。”周最是周之诸公子,建议吕礼以秦攻齐为说辞,仕齐。吕礼经周最、祝弗荐于齐闵王。

吕礼至齐,献治国安邦之策,得到齐闵王信任,任为相。其时,苏代间齐,吕礼成为苏代间齐的一大障碍。《战国策·东周·谓薛公》曰,苏代游说薛公孟尝君逐祝弗、吕礼,而扩大自己的势力。但其阴谋未成。《战国策·东周·齐听祝弗》曰,齐闵王听从祝弗之言,以吕礼为相,与秦交往,以抗赵国,“即天下之理也”。

吕礼相齐,使苏代间齐的阴谋受阻,故吕礼成为苏代的心腹大患。其后,苏代利用孟尝君和秦穰侯加害吕礼,吕礼只好离开齐国。《史记·孟尝君列传》载:“其后,秦亡将吕礼相齐,欲困苏代。代乃谓孟尝君曰:‘周最于齐,至厚也,而齐王逐之,而听亲(祝)弗相吕礼者,欲取(悦)秦也。齐、秦合,则亲(祝)弗与吕礼重矣。(彼)有用,齐、秦必轻君。君不如急北兵,趋赵以和秦、魏,收周最以厚行,且反齐王之信,又禁天下之变。齐无秦,则天下集齐,亲弗必走,则齐王孰与为其国也!’于是孟尝君从其计,而吕礼嫉害于孟尝君。孟尝君惧,乃遗秦相穰侯魏冉书曰:‘吾闻秦欲以吕礼收齐,齐,天下之强国也,子必轻矣。齐、秦相取以临三晋,吕礼必并相矣,是子通齐以重吕礼也。若齐免于天下之兵,其仇子必深矣。子不如劝秦王伐齐。齐破,吾请以所得封子。齐破,秦畏晋之强,秦必重子以取晋。晋国敝于齐而畏秦,晋必重子以取秦。是子破齐以为功,挟晋以为重;是子破齐定封,秦、晋交重子。若齐不破,吕礼复用,子必大穷。’于是穰侯言于秦昭王伐齐,而吕礼亡。”

上述记载说明,吕礼与间齐的苏子是对立的两派,《战国策·齐五·说齐闵王》是强齐之策,此策绝不会出自苏秦、苏代,而是出自吕礼。

吕礼是太公后裔,对《太公韬略》、诸子之说、百家之术,无有不精。孟尝君田文和苏氏弟兄也认为如果把祝弗和吕礼排斥走了,齐国就无能人了。除田文外就没人能和齐闵王一起治理国家了。吕礼由齐奔秦后,秦王任为柱国,统率镇守京都的军队,又封北平侯。吕礼有制定此策的能力,出自吕礼是可能的。

吕礼相齐,必献策略。齐闵王以吕礼为相,必为吕礼之策所折服。此策“用兵后起”“约结远怨”“权借时势”“滥兵为害”,无一不切中齐之时弊,是救齐之策,也是兴齐之道,出自吕礼是可能的。

此策,不以任何一国为敌。然在齐国合三晋连续三年伐秦,秦被迫割地求和的形势下,说齐用兵后起,休养生息,既为秦,也为齐,利益所在,出自吕礼是可能的。

此策极言滥兵之害，非带兵之将难有此阅历，出自吕礼是可能的。

此策以明主和察相在庙堂之上打败敌人为用兵之道，结语又以秦孝公和卫鞅为事例，以其为榜样，阐述为相的主张，出自吕礼是可能的。

吴师道说此策写的时间“当在灭中山以后，取淮北灭宋侵三晋之前”，中山国，在今河北正定东北，公元前296年为赵所败，翌年亡。齐灭宋在公元前286年，接着又伐楚、侵三晋。吴师道说此策写的时间当在公元前295—前286年之间。吕礼任齐相的时间为公元前294—前288年。此策出于吕礼任相之始，是可能的。

吕礼相齐前，苏子说齐闵王联合三晋连续三年伐秦。吕礼离齐后，第二年苏子说齐闵王联合五国复攻秦。吕礼相齐六年间，齐国无战事。这不是历史的巧合，而是实施《说齐闵王》之策的结果。这一历史事实说明《战国策》说齐闵王者应当是吕礼也。

七

《战国策·秦一》载有《张仪说秦王》篇：作者是否是张仪，学者见解不一。鲍彪作注删去“张仪”二字，曰：“此上元（原）有‘张仪’字，而所说皆仪死后事，故删去。”吴师道曰：“（张仪）误，当作‘韩非’。王应麟曰：‘姚氏谓《韩非子》第一篇，吕成公《丽泽集文》取此，鲍失考。’愚按《集文》所谓‘非上书请破天下从’，即此。非以韩王安称藩使秦，秦始皇十三年也，次年见杀。”黄丕烈云：“按此当各依本书，刘向次第在此，而高诱注云‘秦惠王’；详其意，皆不以为韩非也。”钟凤年曰：“按《韩子》开端即此文，设非非作，断无辞令如是之繁，而意一一悉合者。且所举皆昭襄王事，故必为韩非无疑。黄氏……未免存古太过矣。此殆因仪初入秦文已佚，或不考此章之事实，遽妄窜以代之，遂有此失。”范祥雍笺曰：“按此篇作者张仪或韩非之论，颇有纷纭。友人陈其猷君《韩非子集释》概括诸家说为：（一）以为出韩非之手；（二）以为非出韩非之手；（三）以为张仪作而韩非袭用之。三类之中，主韩非作者，自吴师道、卢文弨、顾广圻、张文虎以下，最为有力。陈氏亦谓是出于韩非，并立五证。愚细绎全文，言张仪作者可不必置议，然谓是韩非作者，亦大有可疑。试举其疑点如下：（一）此篇主意在于破从，乃从横家之辞，与韩非重法之思想不合。何篇中无一语涉及非平生之学？（二）非为韩之诸公子，其入秦为韩王所使，不应篇内首陈亡韩之策，以覆灭其宗国，而与本书能惬意。（三）考篇内历陈秦谋臣失策之事，一为秦入楚郢之战，在秦昭襄王二十九年（前278）；二为秦败魏华阳之战，在昭襄王三十三年（前274）；三为穰侯秉政，亦在昭襄王时；四为秦败赵长平之战，在昭襄王四十七年（前260）；其事并在昭襄之时。韩非入秦，在始皇十四年（前233），从《秦本纪》及《六国表》（《韩世家》在王安五年，则当始皇十三年)。与昭襄王之末相距十八年,长平之役相距二十七年,其间不乏重要战役,何以不举?(四)始皇距昭襄王为三世,篇内历述各战,于破郢之役,接云'今荆人收亡国,聚散民'云云;败魏之役,接云'今魏氏收亡国,聚散民'云云;又于长平之役,接云:'以大王之明,秦兵之强,伯王之业地,尊不可得,乃取其欺于亡国。'此'大王'当指上书之对象而称。何以并作对当时事情及人物之口气,而绝不类越代之进述语?(五)篇末所述'举赵亡韩,臣荆、魏,亲齐、燕',亦是远交近攻之意。此范雎之故谋,秦已纳用,何庸至始皇时再言之?且始皇即位之初,'秦地已并巴、蜀、汉中,越宛有郢,置南郡矣。北收上郡以东,有河东、太原,上党郡,东至荥阳,灭二周,置三川郡'(《秦始皇本纪》)。其后攻韩破魏,败楚击赵,扩地益广。始皇十四年时,秦势大张,兼并之势已成(距吞并六国止十二年),韩非之智,何至拾人唾余以媚时君?据上五点,愚意此篇亦非韩非之辞。依上文所考订,当是策士上秦昭王书,其时在长平之战后,当昭襄王四十八年—五十六年之间。鲍彪列此策于昭襄王下,删去首'张仪'二字,颇有见识。吴氏讥之,非也。原文本不具姓名,从横家祖苏、张,言从者皆附之于苏秦,此言破从,则又附之于张仪。刘向乃因旧题而列之于《策》耳。至于《韩非子》亦有此篇,则古书羼入他人之作者,其例繁多,不足异也。《文选》王粲《从军诗》注引'一举而伯王之名可成也'句,作'张仪说秦王'。是《国策》旧本作'张仪',故高注秦王'秦惠王'。黄氏谓'当各依本书',亦是谨严态度。"①

范祥雍先生之论甚是,此策作者既非张仪,也非韩非,"当是策士上秦昭王书",而此策士当是吕礼。

吕礼事秦惠文王、武王、昭襄王三朝。昭襄王十三年(前294),吕礼因避穰侯魏冉之害走齐,任为相,献有《说齐闵王》之策,齐罢伐秦之战,苏代间齐阴谋受阻。昭襄王十九年(前288),苏代与孟尝君合谋,致书于秦穰侯魏冉,以破齐割土为约,使魏冉出兵伐齐,吕礼被迫离齐返秦,后任为上柱国、北平侯。

吕礼走齐前,为秦五大夫、将军,由齐归秦后,任为上柱国,负责京都戍卫,是武官。策中屡言秦之谋臣失职,使秦丧失了多次完成伯王之业的机会,这与吕礼上柱国的身份相合。此策与《说齐闵王》对读,主张与文风如出一人之手。每节首句"臣闻"及文中"何以知其然也"的口气,皆与《说齐闵王》相同。

此策主旨在于"破天下之从(纵)",而成秦之伯王之名。篇末"举赵亡韩,臣荆、魏,亲齐、燕,以成伯王之名,朝四邻诸侯之道",其战略思想与《说齐闵王》联秦是一致的。

① 〔西汉〕刘向集录,范祥雍笺证:《战国策笺证(上册)》,上海古籍出版社2006年版,第176页(注)(一)。

此策当是吕礼给秦昭襄王的上书，传抄流传，被刘向收入《战国策》，原无姓名，因是破从之论，而被冠以张仪之名。

八

《战国策·秦五》之《谓秦王》篇不知何人所作，高诱云："（秦王）秦始皇也。"鲍彪认为此"王"为秦武王，次此章于武王下。于鬯云："此章鲍次在武王时，不从高《注》，甚为有见。篇内言'战胜宜阳，不恤楚交'；又云'今王破宜阳，残三川'。则明指武王破宜阳矣。……且始皇时，宋灭已久，《策》何以云'齐、宋绳墨之外以为权'乎？尤可见高氏此注必不合矣。"钟凤年之说同。①

此策称"臣"，显然是武王臣下。武王是昭襄王异母兄，年表载其公元前310—前307年在位。张仪死于秦武王二年（前309）。武王三年（前308）秋，使甘茂、庶长封伐宜阳。四年（前307），拔宜阳，斩首六万。此策与张仪无涉。篇中两节皆以"何以知其然也"开头，设问之风格也与《说齐闵王》相同。此策是吕礼的上书，当作于武王四年（前307），《史记·秦本纪》载，武王卒于四年八月。此策劝说武王不要"轻齐易楚而卑畜韩也"。在范雎相秦之前三十六年，吕礼已提出了"远交而近攻"的战略思想，秦国的王伯之业，吕礼贡献颇多。《战国策》之《说秦（武）王》《说齐闵王》《说秦（昭）王》者，皆吕礼也。

---

① 〔西汉〕刘向集录，范祥雍笺证：《战国策笺证（上册）》，上海古籍出版社2006年版，第436页（注）（一）。

齐刀币新考[①]

一、齐徽识的演化与展示

以往学者皆认为齐刀币源于工具刀削，如同空首布源于农具铲。所论虽是，尚不能解释这样一种历史现象，即春秋战国之时，周王室及燕、赵等国，或用布币，或布币与刀币并用，唯有齐国不用布币，只用刀币。显然，齐人对刀币情有独钟，另有成因。

同其他货币一样，齐刀币是齐国社会生产力发展到一定历史阶段的产物，它不仅取决于经济基础，也取决于上层建筑。刀具不仅在齐人的生产、生活和商品交换中扮演着重要的角色，也在齐人的意识形态中占据着统治地位。齐以刀为币，是国家意志的选择。我们只要全面地考证齐国的历史文化，不难发现，小麦及其收割工具刀是齐人的徽识。

齐国姜姓，炎帝后裔。山东诸多姜姓古国的形成，可以上溯到炎帝末年。《山东通史・先秦卷》曰："阪泉之战的结果是炎帝失败，失去了在中原地区的立足地。炎帝部落的大部分不得不东迁至黄河下游的'东夷之域'，山东地区所以有诸多炎裔之国如姜姓的齐、莱、淳于、纪、向等，原因即在于此。"[②]

中华民族以炎帝神农氏为农业之祖。20 世纪 70 年代考古发现的宝鸡北首岭、临潼姜寨等仰韶文化遗址，说明在距今 7000 多年前，先民们已进入了稳定的农耕时代。1985 年和 1986 年，考古工作者在甘肃省民乐县六霸乡东灰山新石器遗址中，发现了大麦、小麦、高粱、粟、稷等五种炭化籽粒，碳－14 测定为距今 5000 年左右。而在河北省武安县磁山遗址发现的粟，在甘肃省秦安县大地湾遗址发现的黍、稷，距今都达 8000 多年。[③] 考古发现说明，五谷起源于黄土高原，是炎帝之族的创造。尽管迄今为止，山东尚无像甘肃民乐县那样早的小麦考古发现，但我们从国名齐、来、夆等携带的信息中，确信东迁的炎帝之族将先进的小麦栽培技术传播到了东夷。

2005 年 5 月至 8 月，山东省文物考古研究所与青岛市文物局、胶州市文化局联合，对胶州市赵家庄遗址进行了发掘，发掘面积 3000 多平方米，揭露了大汶口文化、

---

① 此文发表于《管子学刊》2014 年第 1 期。

② 安作璋主编：《山东通史・先秦卷》，山东人民出版社 1993 年版，第 52 页。

③ 陈文华：《农业考古》，文物出版社 2002 年版，第 47、50 页。

龙山文化和东周时期的聚落布局，其中龙山文化时期的聚落资料最为丰富，有房址、木构架水井、窖穴、灰坑、墓葬等遗迹，出土了大量陶器、石器等遗物。考古工作者运用现代科学技术，对赵家庄遗址的土壤和农作物遗存进行了浮选，得到10粒小麦、1粒大麦。不论是大麦还是小麦，都是龙山文化时期出现在山东地区新的农作物类型。H339出土炭化小麦AMS测年结果为公元前2500年至前2270年，属于龙山文化早中期，这说明至迟到龙山文化中期阶段，海岱地区已经比较普遍地种植了小麦。除赵家庄外，在两城镇、教场铺遗址进行的系统植物考古研究，也都发现了小麦。“炭化植物遗存的分析结果显示，赵家庄聚落以稻和粟为主要作物，黍和小麦居于比较次要的地位，聚落农业是一种稻粟混作、多种作物共存的模式。”①

2007年，山东大学历史文化学院考古系和青岛市、即墨市文物考古工作者，在即墨市金口镇北阡村北辛文化和大汶口文化遗存中发现了农作物粟、黍种子，在周代文化遗存中，发现了小麦、大麦等农作物种子。“北阡遗址的发现则表明，最迟在春秋时期，小麦已经和传统的粟一起成为北阡聚落旱作农业的最重要的农作物，这是中国北方先秦农业研究中的重要突破。”②随着时间的推移，山东将会有时间更早的小麦考古发现。

与齐国相邻的来国，是山东姜姓古国中的大国，以小麦为族徽。甲骨文“来”字写作“”“”等形，上撇象小麦之叶，中竖象小麦之茎，下部象小麦之根，两旁“人”字象小麦芒束之形。《甲骨文字典》释“来”：“象来麰之形，卜辞用为行来字。《说文》：‘来，周所受瑞麦来麰，一来二缝，象芒束之形，天所来也，故为行来之来。’《诗》曰：‘诒我来麰。’”来是小麦，麰是大麦。来国之“来”，典籍加草头，讹变作“萊（莱）”，改变了来国的文化内涵。

胶州赵家庄龙山文化遗址和即墨市金口镇北阡村周代遗址的小麦考古发现，说明至迟在春秋之时，小麦已经成为山东主要的粮食作物。这也印证了《管子》和《左传》关于齐国小麦生产的记载是信史。

《管子·轻重》曰：“麦者，谷之始也。”“令以九月种麦，日（夏）至而获。”《春秋·庄公二十八年》载，鲁国受灾，“大无麦禾，臧孙辰告籴于齐”。鲁庄公二十八年，即齐桓公二十年（前666）。其时，鲁国麦禾无收，告籴于齐，则齐国的麦禾已是自足有余。

齐人对于小麦栽培生产的重视和对小麦丰收的祈求，打造了以小麦为族徽的齐

① 靳桂云等：《山东胶州赵家庄遗址龙山文化炭化植物遗存研究》，《科技考古（第三辑）》，科学出版社2011年版，第38～49页。

② 山东大学历史文化学院考古学系、青岛市文物保护考古研究所、即墨市博物馆：《山东即墨市北阡遗址2007年发掘简报》，《考古》2011年第11期。

文化。

甲骨文“齐”字写作“”“”。《甲骨文字典》释其“象禾麦吐穗似参差不齐而实齐之形”。

殷、周金文“齐”字又省作“”，或填实作“”，象小麦的一个芒束之形，见于《齐鼎》《齐簋》《齐盘》等30多件青铜器。2009年，山东省高青县陈庄西周遗址出土的《丰觥》铭文“齐”字也作“”。

甲骨文“刀”字作“”。金文“刀”字或虚或实皆画作“”形，也见于殷、周诸多青铜器。

齐国的徽识由“齐”和“刀”两字组成，或作齐刀“”，或作刀齐“”，都是小麦丰收之义。

徽识“齐刀”从殷代的《夒方鼎》(《集成》5.2597)、西周早期的《齐父丁簋》(《集成》6.3650)(图3－59)、西周中期的《𢦏且庚簋》(《集成》7.3865)(图3－60)，一直使用到西周晚期的《[illegible]生[illegible]簋》(《集成》7.3935)。春秋时，徽识“齐刀”演化为刀币。可知殷末东扩，齐国虽然臣服于殷，但仍为姜姓。战国时，田和篡齐，田齐也仍然使用刀币，传承齐文化。

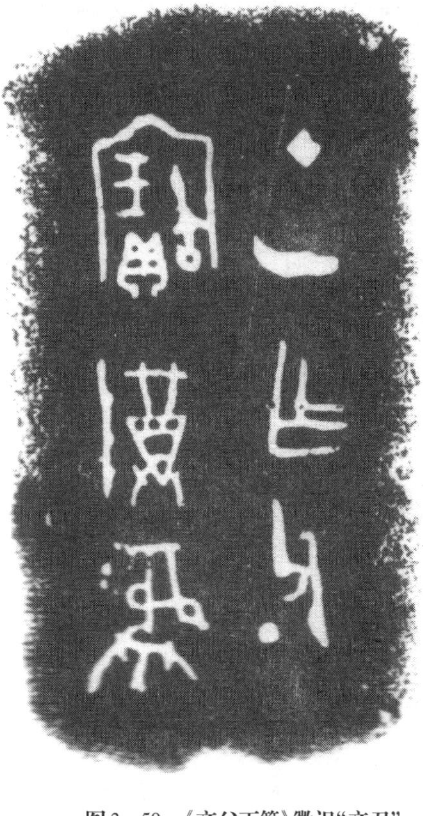

图3－59 《齐父丁簋》徽识“齐刀”

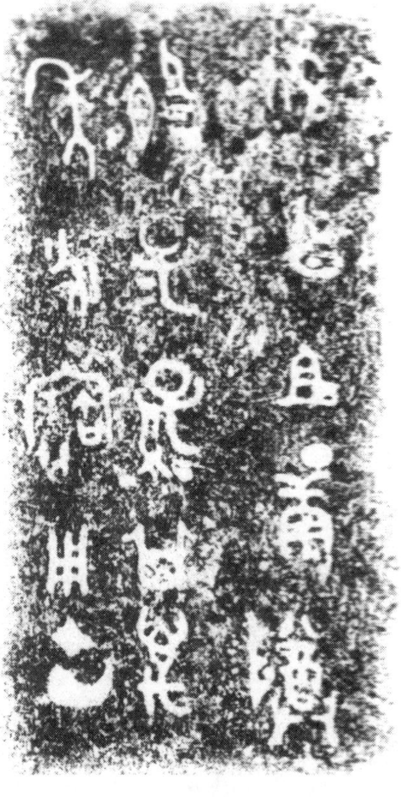

图3－60 《𢦏且庚簋》徽识“齐刀”

唐兰先生在《中国古代社会使用青铜农器问题的初步研究》中说："金属货币的货与布是从金属农器发展而来的。""西周时代还没有专用货币，但有交换制度，金、贝、玉、帛，都可作交换用。"①他说的"金"包括青铜农器。

1954 年，济南大辛庄采集的殷铜器《齐镰》（《集成》18. 11832），载有一字铭文"个"，旧释为"个"，欠确。此字与齐徽识之"↑"字正同，当释为"齐"。1984 年，寿光县益都侯城故址出土的殷青铜刀削，也载有一字铭文"己"（《集成》18. 11808）。己即纪国，与齐相邻，也姜姓。《齐镰》和《己刀》的铭文，不只是为了标明镰刀和刀削的国别，而是为了标明它们不仅可以用作割麦和削物，还可用作商品交换，如同后来的"齐去化"。可见，商、周之时，赋予青铜器具商品交换职能的，是国家的行政权力。我们将《齐镰》和《己刀》视为齐国刀币的先驱。

春秋之时，齐国富甲一方，雄霸天下。商业的高速发展，催生了金属专用货币的诞生。其时，周王室及燕、三晋等国皆用布币，而唯独齐国选择了刀形。徽识"齐刀"演化为金属刀币，齐人对于小麦丰收、民富国强的祈求，进而寄托在齐刀币上。刀币承载着源远流长的齐文化，担负起繁荣商品经济的重任，影响到燕与三晋诸国，成为中国货币史上辉煌的一章。

《管子》一书有许多关于齐刀币的记载。

《轻重戊》曰，桓公"令左司马伯公将白徒而铸钱于庄山"。

《国蓄》曰："人君铸钱立币，民庶之通施也。""五谷食米，民之司命也；黄金刀币，民之通施也。故善者执其通施以御其司命，故民力可得而尽也。"

《轻重乙》曰："故先王度用于其重，因以珠玉为上币，黄金为中币，刀布为下币。故先王善高下中币，制下上之用，而天下足矣。"

管仲主张以国家的行政权力调控物价，操控关系国计民生的粮食和货币，揭示了国家意志与货币的关系。

管仲相齐桓公在东周庄王时。《管子》书中所称的"先王"当是庄王之前的东周诸王。由此看来，齐刀币的铸造当始于东周初年。

有学者因《管子》一书成于战国，且非管仲一人所著，因而认为齐刀币始于战国。然据对临淄齐国故城的考古勘探，在小城南部发现了东周时期的炼铜和"齐法（去）化"铸币遗址②，证实了齐刀币铸于春秋，《管子》所载可信。燕与三晋是布、刀币共用区，其刀币铸于战国，当是受齐刀币影响所致。而周人的青铜农具铲所以能够演化为空首布，也与"𤰔"（周）字承载的农田之义相关。

---

① 故宫博物院编：《唐兰先生金文论集》，紫禁城出版社 1995 年版，第 432、452 页。

② 群力：《临淄齐国故城勘探纪要》，《文物》1972 年第 5 期。

二、“□”是“筥”与“即”之合文

图3－61　“節墨夕之去化”刀币

“節墨夕之去化”是齐刀币家族中非常重要的一员（图3－61），如何释读，是一个需要探讨的问题。

清人蔡云《癖谈》曾将“□”字释为“筥”与“即”之合文，可惜未作详论，也未引起世人的重视。

民国丁福保《历代古钱图说》释“□”为“即”，“墨”为“鄤”，曰：“節鄤者，即墨也，節、即古字通。墨下从□，即邑也，因地名故加邑旁。”①郑家相《中国古代货币发展史》视《癖谈》释“□”为合文是怪论“奇谈”，认为：“節墨即即墨，刀文即字从竹，可知古时原作節墨，盖竹头为后人所去也。”其将墨下之“□”单作“邑”，铭文释作“即墨邑之去化”，并断为春秋时期的齐刀币。②今学者又多将“□”字省掉，释为“即墨之去化”。然其义未安也。

其一，甲骨文、金文“即”字作“□”，象人就食之形。《先秦货币文编》和《古币文编》收录即字五十多例，或作“□”，或作“□”，无一从竹。

其二，即墨是战国时的封邑。《战国策》《史记》等典籍，皆屡载“即墨”之名，无作“節墨”者。现藏于故宫博物院的《即墨华戈》（《集成》17.11160），是战国时的铜器，铭文“即墨”也不作“節墨”。可知战国之时，即墨并不作“節墨”。刀币将“即墨”写作“節墨”，并不是因为“即”与“節”音同可通，而是另有其特定的意义。

其三，“□”是“筥”与“即”之合文。

殷卜辞已出现采用兼笔将两字写作一字的合文，如“上下”二写作“□”（《甲》五六二）。西周金文中的合文，不仅采用兼笔将某些笔画共用，而且有的合文将上一字的一些笔画省去，用下一字去填充，如《召乐父匜》的“宝用”二字写作“□”（《金文编》第525页）。战国时，文字的形体变化更大，出现的合文更多。如《曹公子戈》的“公子”二字写作“□”（《金文编》第51页），《上乐床鼎》的“参分”二字写作“□”③，

① 丁福保编纂：《历代古钱图说》，齐鲁书社2006年版，第81页。

② 郑家相：《中国古代货币发展史》，生活·读书·新知三联书店1958年版，第79～80页。

③ 汤余惠：《略论战国文字形体研究中的几个问题》，《古文字研究（第十五辑）》，中华书局1986年版。

《玺》三七八二的“司马”二字写作“”①。

刀币“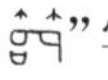”字即一个由“莒”与“即”组成的合文。

金文《莒小子簋》“莒”字作“”(《集成》7.4036)。金文“即”字作“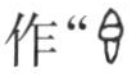”,“節”字作“”。《古币文编》收录节字42例,全都出自“節墨”刀。其中,竹头之下左旁写作“”形的36例,写作“”形的6例。“”字为“莒”和“即”字兼用,组成合文“”;“莒”字省去“”字,另以“即”字填充,组成合文“”。总之,“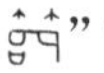”“”都是“莒”与“即”的合文。“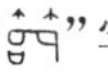”字用于節墨大刀,“”字用于節墨小刀。这是莒作为齐国国都的特殊历史时期,将其和即墨连在一起的产物。

莒即酈国,都于今莒县。齐宣公时实行都邑制,齐设五都七十二邑,莒和即墨都是五都之二。

公元前284年,燕、秦、韩、赵、魏五国联合攻齐。燕军攻占齐都临淄,又陷齐国七十余城。齐(田)湣王逃亡在莒,被杀。莒人另立湣王之子法章,是为齐(田)襄王。齐国另一个未陷落的地方便是即墨,由齐贵族田单率军民据守。

齐(田)襄王避居在莒五年,莒成为齐之临时国都,代表了齐国。刀币既称“去化”,则是齐(田)襄王在莒授命铸造的。“”字写成“莒”与“即”的合文,含有“莒(齐)之即墨”之义。

《古陶文字征》载有陶文“節墨之亓坊工”。“節”字也是“莒”与“即”的合文。“亓”即“其”字。《集韵·之韵》:“其,古作亓。”其,地名,在莒与即墨之间,今诸城西南。坊即市字,工即制作商品陶器的陶工。“物勒工名”,官窑行为。陶文不仅表明了其产地和作工,也表明了其国属——莒(齐)。

其四,刀币“節墨”之下有一“”字,学者或释为“鄿”字的邑旁,或单独释为“邑”,或干脆将其去掉,皆不妥。

前引的《战国策》《史记》等典籍,以及铜器《即墨华戈》,陶文“節墨之亓工”,墨字皆不从邑,字书也无“鄿”字。

邑字早出,甲骨文作“”,金文作“”,“”象城,“”象人。战国陶文、币文多省作“”,与刀币墨下“”字差别很大,故“”非“邑”字。

“”是“夕”字,指夜市贸易。

莒和即墨都是大都。史载齐(田)威王时即封即墨大夫万家。燕军围莒和即墨五年,其间夜间贸易兴盛,刀币当为此而造,“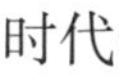”字具有明显的时代特征。

---

① 汤余惠:《略论战国文字形体研究中的几个问题》,《古文字研究(第十五辑)》,中华书局1986年版。

其五，背文“”义为“避”。

刀币背文有“”字，旧未释。“”即齐字，与齐徽识“”字相同。“”二字，丁福保释“闢封”，开辟封疆，今人多从。字未释错，但其义未必是“开辟”。

闢字多义。《周礼·天官·阍人》：“凡外内命夫命妇出入，则为之闢（辟）。”陆明德释曰：“闢，本又作辟。避也。”齐国被燕军攻占七十余城，处于危亡之时，言其开辟封地，并不合时宜。此时，齐（田）襄王君臣避居在筥和即墨，将“闢封”释为“避居在封地”，或更为确切。“齐避封地”与另刀币之“齐返封邦”也正成前后因果。

其六，传世節墨刀币有大小两种。大者通长18.8厘米，有57.4克至41.2克四个重量，面文为“節墨夕之去化”，“節”字作“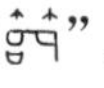”。背文有“齐”“齐化”“安邦”“齐闢邦”“吉”“昌”等十三种。小者通长15.5厘米，有41.7克至35.6克三个重量。面文比大者少一“之”字，“節”字作“”。背文有“化”“大”“上”“工”等九种。两刀大小、轻重、形制、铭文皆不一，或为两地所制。節墨大刀厚重宽博，铭文端正庄重，背文“齐”“齐化”“安邦”“闢邦”更像是国君用语。

其七，此刀币在莒南、日照、五莲、蒙阴、青岛、海阳、栖霞、莱州、平度、昌乐、临朐、寿光、博兴等地都有出土，以海阳、莱州为最多。1972年，海阳汪格庄出土“齐去化”“齐之去化”“安阳之去化”“筥即墨夕之去化”“齐返封邦长去化”五种刀币1800枚，其中“齐去化”1469枚，“筥即墨夕之去化”只有29枚。其他地方出土的節墨刀币则更少。

莱州，战国时是齐置的夜邑，都即墨。田单破燕复国有功，封安平君，夜邑万户。①1983年5月，莱州当利故城发现齐刀币窖藏，出土刀币约1000枚，交到县博物馆48千克，960枚，面文五种，与海阳出土的品种相同，也以“齐去化”为最多。1988年，莱州程郭乡又出土“筥刀”100余枚，面文为“匽”，背文为“鄺冶”“鄺冶得”。

1963年时，莱州梁郭公社小于家村出土“齐去化”等刀币81枚，圜钱115枚。“文革”期间，在莱州城西福禄山还曾出土青铜矛和齐刀币共一筐，数量未计，当作废铜卖给了收购站。

2016年6月，莱州柴棚镇牛市场出土青铜刀削一件，刀身残长5.8厘米，宽1.6至2厘米，刀柄长7.5厘米，刀环为长方形，年代为春秋时期。

其八，“節墨”刀币或是筥都铸造。

传世有“筥邦”残刀币，其筥字完好作“”，邦字已残，尚可辨识，或还有“之去

① 〔西汉〕刘向集录，范祥雍笺证：《战国策笺证（下册）》，上海古籍出版社2006年版，第726页。

化”三字缺失。邦为诸侯封国之称，此刀币或作于齐（田）襄王在莒即位之初，他以莒为国，称莒为邦。这也说明莒有制作刀币的历史。

20 世纪 70 年代，考古工作者在莒国故城发现了刀币作坊和刀范残铭，面文为“匽”，背文为“鄘冶安”“鄘冶丙”。学者认为，这是“齐王君臣避难于莒（莒）城中，为便于在非常时期，与燕国人和齐境民众进行商业贸易，而仿照燕国形制铸造的”①。莒刀币作坊既然曾铸燕刀币，不会不铸齐刀币，特别是齐（田）襄王在莒即位以后。“莒邦”残刀和背文为国家用语的“齐”“齐化”“安邦”“闢邦”“吉”“昌”等“節墨”大刀，有可能是莒都铸造的。

三、“□”是“返”和“封”的合文

齐刀币难释之字，莫过于“齐□邦长去化”之“□”字。此字写法很多，清人或释为“建”，或释为“徙”，或释为“通”。刘心源《奇觚室吉金文述》释为“造”，丁福保《历代古钱图说》、王毓铨《我国古代货币的起源和发展》、郑家相《中国古代货币发展史》等皆从其说。民国《临淄县志》始释为“返”。1984 年，李学勤《东周与秦代文明》也释为“返”。1984 年，在西安举行的中国古文字研究会第五次年会上，何琳仪提交的论文《齐返邦刀币考》对释“返”作了诸多论证，其后学者多从之。此字释“返”，无疑是进了一大步，然其义仍然未安，因为“□”字所从的“□”不仅仅是个“反”字。

“反”字之造很早，甲骨文、金文皆作“□”。杨树达先生曰：“反字从又从厂者，厂为崖岩，谓人以手攀崖也。”②《甲骨文字典》认为“其说近是”。但“□”为手形，学界并无异议。

金文“又”与“寸”通用。《中山王嚳兆域图》“又”字作“□”（《集成》16. 10478），《伯寺簋》“寺”字作“□”（《集成》7. 4007），都是例证。

战国货币文字有的“反”字从寸作“□”“□”，为何琳仪先生所取，但迄今为止尚未发现有写作“□”“□”的齐刀币。

何琳仪《齐返邦刀币考》将“返”字概括为七式，例举了十三字。但若按“反”字之“又”分类，实际上只有两式，一式作“□”，有二字，另一式作“□”，有十一字。何琳仪先生所举之例，无作“□”和“□”形者，漏掉了最为关键的字形。

《古文字诂林（第二册）》收编的“齐造（返）邦长去化”之“造（返）”字，凡三十九

---

① 孙敬明：《莒城铸币作坊及相关问题》，《考古发现与齐史类征》，齐鲁书社 2006 年版，第 374 页。

② 杨树达：《积微居小学述林全编（上册）》，上海古籍出版社 2007 年版，第 105 页。

例，“又”字作“□”形者八例，作“□”形者二例，下有圆点表示土字作“□”形者二例，圆点变短横作“□”形者二十二例，一横在底部作“□”形者一例，中部、底部都有一横作“□”形者四例。古今收藏网载的此刀币作“□”。齐国临淄故城出土的此刀币作“□”（图3－62），载于《山东省博物馆藏珍》和《山东通史·先秦卷》两书。

图3－62 临淄齐故城出土“□”字刀币

如果说何琳仪先生例举的A式“□”字之“□”与“□”“□”之形相近，可释为“返”，但将“□”“□”“□”也释为“反”，且又疏漏了“□”“□”之形，就令人难以信服了。

此刀币所从的“□”“□”“□”“□”“□”“□”，并非“又”或“寸”字，它是“封”字的声符“□”。

甲骨文“封”字作“□”（《后上》二.一六），金文《康侯丰鼎》“封”字与甲骨文形同。《封孙宅盘》“封”字从土、从丰作“□”（《集成》16.10278）。《召伯簋》“封”字从土、从丰、从手作“□”（《集成》8.4293）。《古币文编》收录“封”字八例，七例取之此刀币背文“闢封”之“封”，字作“□”“□”“□”“□”“□”“□”“□”。

《说文》曰：“封，爵诸侯之土也，从之土、从寸，守其制度也，公侯百里，伯七十里，子男五十里。□，籀文从□。□，古文封省。”

尚志儒《秦封宗邑瓦书的几个问题》论曰，古代所谓的“封”，包括“封土”和“封树”两个实体。① 甲骨文、金文与货币文“封”字，将“封土”与“封树”之意，表达得淋漓尽致。“□”字上部为“封树”，下部为“封土”。土或单作“□”“土”，写作“□”“□”等形。

刀币铭文所从的“□”“□”，表示“封树”，“□”“□”“□”“□”则表示“封树”与“封土”。

金文有“返”字。“返”字作“□”。“□”字省去“又”字，以“□”“□”“□”“□”“□”“□”等形充之，组成了“返”与“封”的合文。刀币应释为七字：“齐返封邦长去化。”

“齐返封邦”与“齐返邦”意义并不尽相同。周封齐国在临淄，春秋时齐国强大，兼并了周围许多国家。这些被齐国兼并的国家，虽也成为齐国的疆土，却不是周王所封，莒也如此。齐（田）襄王即位于莒，其以莒为国，称莒为邦，已见于“莒邦”残刀。

① 尚宗儒：《秦封宗邑瓦书的几个问题》，《古文字诂林（第十册）》，上海教育出版社2004年版，第241页。

"齐返封邦"不是"返莒",而是指齐(田)襄王由避居的莒地,返回齐国的国都临淄。史载公元前279年,田单以即墨大破燕军,收复失地,迎齐(田)襄王于莒,入都临淄。此刀币正是齐(田)襄王入都临淄后所造,收藏界称其为纪念币。

"莒即墨夕之去化"与"齐返封邦长去化"是齐国被燕攻占,后又转危为安的历史见证,有重要的史学价值。

四、"去化"是"法化"

刀币"去化"二字,旧读为"法化"。王献唐《临淄封泥文字叙》说:"'大''太'通用,本为一字……作夻、变太、又变夵(今传齐刀文夻化,即大货,犹言大泉,对小化言,列国布固有小化之文,其在齐国当时,则以圜金賹化为小化……)"裘锡圭先生说,王献唐先生"解说'夻'字形体变化是错误的,但解释此字为'大'则很正确。古文字从口与不从口往往无别"①。其后,又有人释"化"为"刀",读"齐去化"为"齐大刀",遂成为今之时尚。

王献唐先生不仅弄错了"夻"之演变,其"大化""小化"之论也不成立。齐刀币始于春秋早期,齐圜钱"賹化"行于战国末年。春秋时齐制刀币并无"小化"与其相对,释"夻化"为"大化"并无意义。齐地賹化圜钱,有"賹二化""賹四化""賹六化",也无"賹小化"。至于释"化"为"刀",对于齐刀币尚可,因为刀币是刀形。但春秋时,卫、晋空首布都有一"化"字。战国时,宋布也曰"封化"。齐圜钱又有"賹二化""賹四化""賹六化",若皆读"化"为"刀",岂不贻笑。

朱活《古钱新典》读"去化"为"法化",是可取的。

其一,刀币充当一般等价物的职能,是由国法授予并受国法保护的,"法化"表明的就是刀币的属性和职能。

其二,《先秦货币文编》释"去"为"法"。"去"字是"法"字之省,"法"字是金文"灋"字的声符。

金文"法"字,《大盂鼎》作"灋",《克鼎》作"灋",新发现的《柞伯簋》作"灋",小篆作"灋",隶定作"灋"。《说文》不识"法"乃"灋"之声符,释为"平之如水,从水,从廌去"。马叙伦释"灋"字"从廌法声","伦以为古自有法字,灋字从之得声,故灋可作法也"②。所见甚是。

---

① 孙敬明:《考古发现与齐币探索——铸造、流通两论》,《考古发现与齐史类征》,齐鲁书社2006年版,第312页引。

② 马叙伦:《说文解字六书疏证》卷十九,《古文字诂林(第八册)》,上海教育出版社2003年版,第511页引。

“灋”字所从的廌，是传说的黄帝时能决讼触不直的神兽，字书又称为“解廌”“解豸”。

甲骨文已有“廌”字，写作“”。《甲骨文字典》释曰：“字形与《说文》廌字篆文近似，唐兰释为廌(《天壤阁甲骨文存考释》)。按唐说可从。甲骨文“廌”象头部有二弯角之牛形，当属牛类……《说文》：‘廌，解廌兽也，似牛，一角，古者决讼，令触不直者，象形，从豸省。’《说文》谓廌‘似牛’，近是，谓廌‘一角’则不确。”

甲骨文“”字，林义光《文源》卷八释为人形，可贵。但这个人不是普通的人。他有角、有尾，是扮作“解廌”作法的巫师。

殷、周之时，人们被神权统治，君王不论实行礼治，还是法治，均要借助于天。《虞书》云，“天秩有礼”，“天讨有罪”，“故圣人因天秩而制五礼，因天讨而作五刑”。① 而天意是由巫师作法沟通的，金文“”字正象巫廌作法触不直之人。

甲骨文“廌”字之义引申为法。殷卜辞：“乙酉贞王其令慧以……从白公廌协王事。”(《南明》四七二)或释为大鱼，即鱼，国名。《左传·文公十六年》：“唯裨、鯈、鱼人实逐之。”马宗琏补注：“《水经注·江水》‘又东径鱼复县故城南’，郦道元曰‘故鱼国也’。”卜辞“从鱼伯公廌协王事”，“廌”义为“法”，即“法协王事”，与《大盂鼎》“法保先王”之用类同。是知甲骨文“廌”即“法”字，周金文加声符“法”，写作“”。

“”字之“法”，亦声亦形。“法”字从水从去。水是巫师作法用的法水或法酒。“去”字，《克鼎》“”字从“”作“”，《柞伯簋》“”字从“冂”作“”。《甲骨文字典》认为“”“凵”(冂)可通，为陷坎之坎字。《说文》释“去”为“人相违也”。是知“”乃巫廌，“水”乃法水、法酒，“”乃陷坎，“大”乃不直之人。“”象“解廌”触陷坎不直之人。要之，法为金文“”之声符。

法即国家法令。刀币“去”字乃“法”字之省，“化”字乃币、货之变。“法化”即国家法令授予刀币易货之职能，充当一般等价物。齐刀币凡言“去化”者，皆是齐国运用行政权力铸造发行的货币。

---

① 〔东汉〕班固：《汉书》卷二十三，中华书局 1962 年版，第 1079 页。

来　国

来国殷周七器铭文考释

来是东夷大国，公元前567年被齐国兼并时，宗庙铜器皆被齐人取去，故来国传世的铜器不多，见于著录的只有《来卣》等七器，我们一并读之。

一

《来卣》是殷铜器，载有一字“□”（《集成》10.4749）（图3－63），张亚初《殷周金文集成引得》释为“秾”，秾为禾麦。

来国在西周早期的铜器有《来父己鼎》《作册般甗》和《般觥》三器。

《来父己鼎》铭文：“来父己。”（《集成》4.1619）（图3－64）其“来”字写作两“来”，寓有瑞麦之意，这是来侯为父己作的宗庙礼器，幸存下来，实属不易。

《作册般甗》铭文：“王宜人（夷）方，无敄，咸，王商（赏）作册般贝，用乍（作）父己尊。来册。”（《集成》3.944）（图3－65）器主人为作册般，般是名字，作册是官职，即史官，掌记事、册命、出使安抚诸侯等职。铭文记载，作册般随王巡视夷方，闲暇无事，王赏作册般贝，般作了这件祭祀父己的礼器。铭文末尾署有“来册”两字，知般为来国人。

《般觥》铭文：“王令般兄（贶）米于鏂（搕）丂甬，甬用宾父己。来。”（《集成》15.9299）（图3－66）铭文“兄”即“贶”字，是赏赐之义；“鏂”即“搕”字，今作“扼”；“丂”同“考”，

图3－63　《来卣》铭文

图3－64　《来父己鼎》铭文

图3－65 《作册般甗》铭文

图3－66 《般觥》铭文

是稽考之义;"甬"同"斛",是斗斛一类的量器;"宾",敬也。铭文大意是,王令般稽考量米的甬,般用甬米敬父己。铭文末尾署有国族名"来"字,知般为来国人。

《来父己鼎》《作册般甗》和《般觥》都作于西周早期,受祀人都是父己,器主人当都是作册般。铜器文献说明,其时的来国已经归顺了周朝,因此来人在王朝做了史官。西周时有诸侯国君在王朝供职之例,此作册般或也是来国之君。

来国在西周中期的铜器有一件《来父盉》,铭文:"来父乍(作)盉,子子孙孙其永宝。"(《集成》15.9429)父是男子的美称,作器者是来国的一位贵族。

《来䆗盘》是西周晚期器,有铭文:"来䆗乍(作)鋄(鎣)般(盘),孙孙子子其永宝。"(《集成》15.10085)铭文"䆗"或是"窔"字,《尔雅·释宫》:"东南隅谓之窔。"《仪礼·既夕礼》:"举席埽室聚诸窔。"郑玄注:"室东南隅谓之窔。"此器或是来国国君迁居东南隅而作。

二

来国的族属，历代学者各有其说。一是，有说姜姓，如清人顾栋高《春秋大事表》卷五《春秋列国爵姓及存灭表》“莱国”条下曰：“姜姓，子爵。”二是，有子姓说，如《史记·殷本纪》：“契为子姓，其后分封，以国为姓，有殷氏、来氏……”《世本·氏姓篇》也曰莱为子姓。三是，有说莱为“周不得姓之国”，出自郑樵《通志》卷二十六《氏族略》。《山东通史·先秦卷》将《史密簋》铭文“㳄”（率）字释为“玄”，又称莱夷为“玄族”。①

来国本为炎裔之国，姜姓。《山东通史·先秦卷》曰：“阪泉之战的结果是炎帝失败，失去了在中原的立足地。炎帝部落的大部分不得不东迁至黄河下游的‘东夷之域’，山东地区所以有诸多炎裔之国如姜姓的齐、莱、淳于、纪、向等，原因即在于此。”②其说不可易。但来国的族属并非一成不变，姜姓，当是指殷以前，殷代东扩，来国归殷，改封为子姓国，即《史记·殷本纪》所载。

殷卜辞：“己未卜，今日不雨，在来。”（《甲》二四）“王其步自尌于来。”（《后》十二. 十二）来为地名，即来国，这是来国归殷的记载。《史记·殷本纪》：“契为子姓，其后分封，以国为姓，有殷氏、来氏……”是历史的真实。可知虞夏之际，来为姜姓，殷代东扩，易主改姓，成为殷子姓诸侯国。

公元前 1046 年，武王克商，来未臣服于周。武王封吕尚于齐，都营丘。营丘邻近来，来侯率兵与太公争营丘。故来国在周初没有得到王朝的承认和复封，郑樵说其为“周（时）不得姓之国”，“不得姓”是“不得封”，并非其无姓也。

三

来国的都城和地望在哪里，一直是一个困扰学者的难题。自西晋杜预为《春秋·宣公七年》“公会齐侯灭莱”作注，说莱国在东莱黄县，其后的学者多跟着“学舌”，将来国和黄县的㠱国混为一谈，认为来国的疆土，西起淄、弥，东至半岛东端，北至黄河，南至莒、介之地。至于来国的都城，唐代李吉甫《元和郡县图志》，北宋乐史《太平寰宇记》，南宋罗泌《路史》、郑樵《通志》，清代顾祖禹《读史方舆纪要》、同治《黄县志》等认为在黄县城南二十五里的故黄城；元代于钦《齐乘》，明、清《山东通志》《登州府

① 安作璋主编：《山东通史·先秦卷》，山东人民出版社 1993 年版，第 486 页。
② 安作璋主编：《山东通史·先秦卷》，山东人民出版社 1993 年版，第 52 页。

志》，康熙《黄县志》等认为在黄县（今龙口，下同）东南二十五里的龙门山；清《黄县志》认为在灰城（归城），《黄县志稿》又认为在即墨，光绪《登州府志》认为在黄县。今学者除了黄县说，又有临朐、昌乐、安丘、高密、寿光等说。

来国的都城，文献记载得很清楚，在东阳。

《左传·襄公二年》："夏，齐姜薨。""齐侯使诸姜、宗妇来送葬。召莱子，莱子不会，故晏弱城东阳以逼之。"齐姜是齐国贵族女子，其死曰薨，知其为鲁成公正室，故齐姜薨，齐灵公令齐国宗室之妇都到鲁国为姑母齐姜送葬。莱子者，莱国女子嫁给齐国贵族为妇者。莱子居于莱国，不愿去为齐姜送葬，故齐相晏弱率兵"城东阳"以逼之。

《左传·襄公六年》："十一月，齐侯灭莱，莱恃谋也。于郑子国之来聘也，四月，晏弱城东阳，而遂围莱。甲寅，堙之，环城傅于堞。及杞桓公卒之月，乙未，王湫率师及正舆子、棠人军齐师，齐师大败之。丁未，入莱。莱共公浮柔奔棠。正舆子、王湫奔莒（筥），莒（筥）人杀之。四月，陈无宇献莱宗器于襄宫。晏弱围棠，十一月丙辰，而灭之。迁莱于郳。高厚、崔杼定其田。"

《左传》两载晏弱"城东阳"，一为逼之，一为灭之。"城东阳"之义，是在东阳筑城，安营扎寨，盖其时安营扎寨，乃挖沟垒土为营，故曰"城"，类似的记载还见于《春秋·文公十四年》："季孙行父帅师城诸及郓。"《左传·隐公元年》："夏，四月，费伯帅师城郎。"可知"城东阳"即兵临城下，所以能够逼使莱子去鲁国为齐姜送葬，能够迅速完成对于莱都的包围。

东阳在淄水的支流浊水和阳（洋）水之间。《水经注》"淄水"条下曰："浊水又东北流，径东阳城北，东北流，合长沙水。（长沙）水出逄山北阜，世谓之阳水也。东北流，径广县故城西。旧青州刺史治，亦曰青州城。""阳水又东径东阳城东南。义熙中，晋青州刺史羊穆之筑此，以在阳水之阳，即谓之东阳城。世以浊水为西阳水故也。"按《水经注》所载，东阳城在浊水和阳（洋）水之间，浊水出为山，东北流经其城北；阳（洋）水出逄山，东流经其城东南，其地当在益都（今青州，下同）附近，西汉时在此设广县，1986 年益都改名青州市。

来为虞夏时的东夷大国，拥有沂山以北、以东淄潍流域的大片领地。殷、周时，己、曩、齐国兴起，领地被占，到春秋国灭时，只剩下了国都东阳和棠邑之地，棠邑在今平度。

四

益都之地是炎帝东迁之族的中心聚落区，炎帝后裔东夷首领伯益当出自这里。考古发现，今青州市境内有北辛文化遗址1处，大汶口文化22处，龙山文化遗址85处，岳石文化遗址10处，商周文化遗址百余处。考古发现说明，这里在距今7000年以前就有人聚居，在大汶口文化时期就已经形成了一个大的聚落群体，他们以善于种植小麦而被称为“来夷”，益都就是来夷来国之都。

图3－67　《鱼伯己觚》铭文

来都在益都有铜器可证。1973年5月，益都县涝洼村出土的《鱼伯己觚》，高27.3厘米，口径16厘米，底径9厘米，圈足内侧铸有铭文：“鱼伯己。”（《山东金文集成》第531页）（图3－67）“鱼”为国名，“伯”为爵位，“己”是鱼伯之名，《鱼伯己觚》是宗庙祭祀“鱼伯己”的酒器。此鱼国、鱼伯当是殷代子姓封国，周初尚未臣服于周。

图3－68　《郭伯䢅簋》铭文

《郭伯䢅簋》是西周早期铜器，铭文曰：“唯王伐逨鱼，徣（诞）伐淖（潮）黑，至，燎于宗周，赐郭伯贝十朋……”（《集成》8.4169）（图3－68）铭文“逨鱼”是国族之名，“逨”即“来”字，金文所从的辵部有的可省。于省吾先生释曰：“逨鱼即《尚书·禹贡》中的莱夷。”[①]“逨鱼”也是《鱼伯己觚》的鱼国。西周初年，鱼国未臣服于周，遭到王师的征伐。铭文称其为“逨鱼”，可知鱼是来的一支，《鱼伯己觚》出青州，是来国在青州的一证。《郭伯䢅簋》铭文也再一次说明来国之名作“来”，而不作“莱”。

① 于省吾：《双剑誃吉金文选》，中华书局1998年版，第299页。

⿱臸⿰來來国

⿱臸⿰來來国西周六器铭文考释

⿱臸⿰來來是以瑞麦为族徽的国族，传世有西周《⿱臸⿰來來忧觯》等六器，我们一并释读之。

一

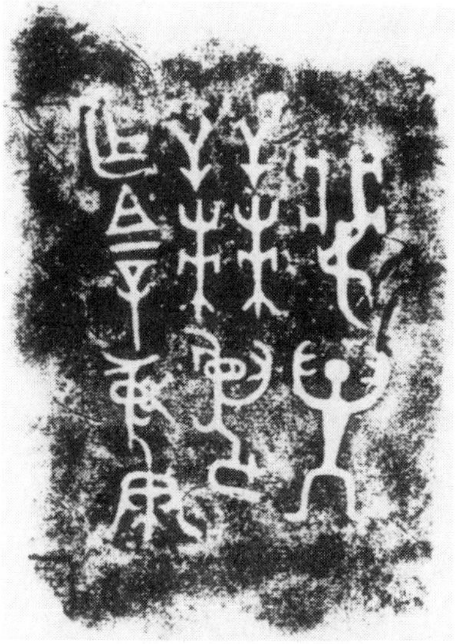

图3－69 《⿱臸⿰來來忧觯》铭文

《⿱臸⿰來來忧觯》，《集成》名曰《[illegible]作且辛觯》，“[illegible]”是殷子姓的族徽，“⿱臸⿰來來”是国族之名，子姓的一支，我们称此器为《⿱臸⿰來來忧觯》。

《⿱臸⿰來來忧觯》铭文：“[illegible]。⿱臸⿰來來忧乍（作）祖辛彝。”（《集成》12.6481）（图3－69）

⿱臸⿰來來人以瑞麦为族徽，国名写作两“至”两“來”。“來”义为小麦，“至”字尖头向下，表示小麦是上天所赐。写作两“至”两“來”，如同蚕族的族徽“己竝”，表示男女成双和合，氏族繁衍昌盛。

小麦是五谷中营养价值最高的珍品。新中国成立前，我国小麦亩产只有百十斤，3000多年之前，小麦的产量更低，其珍贵的程度也就可想而知，故周人以小麦为瑞品。《诗经·周颂·思文》曰：“贻我来牟，帝命率育。”这就是言小麦是其先祖农神后稷所赐。传说武王渡孟津，有白鱼跃入王舟，出涘以燎，化为乌乌，乌乌五至，送来五谷，故《说文》释“来”曰：“周所受瑞麦来麰也。”

周人的先祖周太王居于渭水上游的岐山，岐山在今陕西扶风西北。在扶风东南与武功之间，有一方国曰蓥，或曰邰，蓥是炎帝族姜姓的一支，因善于种植小麦而得名。㠭郃是周人先祖弃的外家。《史记·周本纪》曰:“周后稷,名弃,其母有郃氏女,曰姜原。姜原为帝喾元妃。姜原出野,见巨人迹,心欣然说,欲践之,践之而身动如孕者。居期而生子,以为不祥,弃之隘巷,牛马过者皆辟不践;徙置之林中,适会山林多人迁之;而弃渠中冰上,飞鸟以其翼覆荐之。姜原以为神,遂收养之。初欲弃之,因名曰弃。”《史记正义》注曰:“郃,天来反,亦作‘㠭’同。”《说文》云:“郃,炎帝之后,姜姓,封郃,周弃外家。”周弃诞生的神话,反映的是母系时代,知母不知父的愚昧和姬姓与姜姓联姻的史实。弃又称后稷,是尧舜时掌管五谷的农神。《史记·五帝本纪》载,尧帝时闻弃善于栽培五谷而用为臣,舜帝命其为农官,顺时播种五谷,后又佐禹治水,为农正。商殷时,渭水流域是王朝的国土,周为殷诸侯,姓未改,而㠭郃之地易主,改封为殷子姓国,渭水流域成为商王朝小麦的主要产区。

殷卜辞:“王固曰:‘ㄓ(有)希(祟),其ㄓ(有)来嬉(艰)。’乞(迄)至七日己巳,允ㄓ(有)来嬉(艰)自西。𡋞友角告曰:𢀛方出,侵我示𣑭田,七十人,五月。”(《合集》六〇五七正)卜辞记载五月己巳那天𢀛方七十人入侵商王西部的“示𣑭田”。“示”即“祀”字,义为祭祀。“𣑭”为地名,“𣑭田”即𣑭地的麦田,殷人祭祀用的小麦主要产于𣑭田。五月,正是小麦收获的季节,𢀛方七十人到商王西部的小麦主产区𣑭地掠夺小麦。

殷卜辞“示𣑭田”的“𣑭”字从两“至”一“來”,与“𣑭”字从两“至”两“來”义同,都是表示小麦是上天所赐的瑞麦,𣑭与𣑭是一国之称。

铭文之首,署有“□”字,这是殷人宗庙礼器上祭祀先祖的子姓徽识,说明《𣑭忧觯》的器主人是𣑭国国君,殷诸侯,殷子姓王族。受祀人为祖辛,奉祀人或是纣王帝辛之孙。

武王克商,商朝灭亡,作为商王族的诸侯国,𣑭人担心自己的命运,作了这件宗庙礼器,祈求平安。

二

《□无忧作父丁卣》铭文:“□无忧乍(作)父丁彝。”(《集成》10.5309)(图3－70)

图3－70　《□无忧作父丁卣》铭文

国族名作“□”,向上的尖头表示小麦来自上天所赐,与“𣑭”“𣑭”义同,《殷商金文集成引得》(以下简称《集成引得》)释为“𣑭”。

国族之名冠以“亚”字,或写在“亚”字之中,是殷卜辞和殷、周金文中常见的文化现象，是王族姻亲国的标志。《甲骨文字典》曰："与王族联姻之族，其族名或称号前皆冠以亚字。""□"字之义正是𢑚族与周王族联姻的标志。可知，𢑚虽是殷王族子姓国，但武王克商以后，𢑚人未像武庚、徐、奄那样反周作乱，而是适时地归顺了周朝，并与周王族联姻，成为周王室的姻亲国。《𢑚忧觯》制作时，𢑚人担心自己的命运而言"忧"；此器制作时，已是化险为夷而言"无忧"，此器正是其时形势和命运变化的真实记载。

《□作父丁甗》也是一件𢑚人与周王族联姻后作的礼器，铭文："□父丁。"（《集成》3.842）受祀人父丁与《𢑚无忧作父丁卣》相同。

图3－71 《□窡豊作父癸卣》铭文

《□窡豊作父癸卣》是西周早期器，铭文："□窡豊乍（作）父癸宝尊彝。□。"（《集成》10.5360）（图3－71）

国族名"□"与《□无忧作父丁卣》相同，说明都是同一国作的铜器。

"窡"字以往未释。此字从"宀"从"舐"。"宀"即家、室之义，金文从"宀"之字在其后的进化中往往被省去，如"親"和"造"字金文皆从"宀"，后皆省去，"窡"字也当如此。"舐"字之"舌"与"口""言"之用相同，当是"呪""咒""詋"字。《正字通・口部》："詋"，今则皆作"咒"。《集韵・宥韵》："咒，诅也。古作祝。或从言。"《玉篇・言部》："詋，詋诅也。""舐""呪""詋"即"咒语"，是巫觋作法念祷的可以消灾除祸的口诀。

"豊"字，《集成引得》释为"纏"，《玉篇・系部》释"纏"为"缠也"。此字为形声字，从"曲"为形，言细，从"丝"为声言小。《说文・曲部》："曲，或说蚕薄也。"引申为"丝"为"细"。"丝"义微小，《说文・幺部》："丝，微也。从二幺。"段玉裁注曰："微当作散。《人部》曰：'散，眇也。'小之又小则曰散。"铭文"豊"字之义当是细小，言巫觋作法念咒已将灾难化解得小之又小。

商朝灭亡，决定𢑚国命运的，尽管是其顺应了历史发展的潮流，及时地归顺了周朝，并与周王族结为姻亲，但在神权统治的时代，𢑚人还是相信这是巫觋咒语起的作用，因此作了这件礼器。

《□窡豊作父癸卣》铭文末尾署有殷子姓族徽"□"，是子姓宗庙礼器祭祀的标志。《集成》将此器的年代断为殷代，据铭文内容当为西周早期。

三

《周𩰫生簋》与《周𩰫生盘》也都是西周早期器。《周𩰫生簋》铭文:“周𩰫生(甥)乍(作)櫨(妘)媸賸(媵)簋,其孙孙子子永宝用。周。”(《集成》7.3915)(图3－72)《周𩰫生盘》铭文:“周𩰫生(甥)乍(作)櫨(妘)朕(媵)般(盘),金用邦,其孙孙子子永宝用。周。”(《集成》16.10120)

图3－72　《周𩰫生簋》铭文

铭文“[illegible]”字,《集成引得》释为“楷”,此字从“木”从“盧”,或当释为“櫨”字,“櫨”当是妘姓的一支。此器是周𩰫生为櫨妘嫁女赠送的媵器。

周𩰫生是器主人,周为国名,铭文末尾也署一“周”字。“生”即“甥”字。周𩰫甥是周王的公子𩰫国的外孙。此器说明,𩰫国与周王族结为姻亲,是𩰫国国君之女嫁给周王为妃,周𩰫甥即𩰫国女子所生。

上述六器说明,𩰫与周关系密切。西周初年,东夷胶东之地皆未归顺周朝。成王时,𩰫国派出一支五百人的劲旅,随太保召公奭征黄夷,后成为黄地的主人,建立了䕫国,制作了《旅鼎》《启卣》《启尊》《䕫伯鼎》等铜器瑰宝。

西周宣王时,𩰫国国君趞征淮夷,得到宣王赏赐,史留(籀)为其书写了《趞鼎》铭文,成为史留(籀)唯一传世的金文书法瑰宝。

西周晚期《趨鼎》铭文考释

一、释趨

图3－73 《趨鼎》铭文

《趨鼎》(《集成》5. 2815)是西周晚期一件非常重要的铜器,现珍藏于中国国家博物馆。

《趨鼎》铭文,曰:"唯十又九年,四月既望辛卯,王才(在)周康邵(昭)宫,各(格)于大室,即立(位),宰訊(讯)右(佑)趨,入门,立中廷,北鄉(向),史留(籀)受(授)王令(命)书,王乎(呼)内史黹册易(锡)趨玄衣、屯(纯)黹、赤市、朱黄(衡)、䜌(銮)旂、攸勒,用事。趨拜韻(稽)首,敢对扬天子不(丕)显鲁休,用乍(作)朕皇考□白(伯)奠(郑)姬宝鼎,其眉寿万年,子子孙孙永宝。"(图3－73)

趨字,又见于《趨亥鼎》(《集成》5. 2588),诸家皆未释,《金文编》列在附录。趨字,从走从马,隶定作"趨"。

甲骨文有"□""□"字,见于殷卜辞"戌卜贞王……麐驳□"(《前》四. 四七. 三),"……于马……□"(《叕》七一),旧未释。《甲骨文字典》曰:"从马从□,所会意不明。"

此字从马从□。马即坐骑。"□"字,"大"即人形,"□"象足踏马镫。"□"字指事人跨马行走,释为"骑",当是"趨"字之本。

《说文・马部》:"骑,跨马也,从马奇声。"段玉裁注:"两髀跨马谓之骑,因之人在马上谓之骑,今分平、去二音。《曲礼》曰:'前有车骑。'《正义》曰:'古人不骑马,故经典无言骑者。今言骑,当是周末时礼。'按《左传》:'左师展将以昭公乘马而归。'此必谓骑也,然则古人非无骑矣。赵旃以其良马二,济其兄与叔,非单骑乎?"

段玉裁言古人有单骑是对的,殷代已有骑兵,刘钊《卜辞所见殷代的军事活动》① 对殷代的骑兵有翔实的论证。卜辞"壬申卜,令马即射"(《合集》三二九九五),是命

① 刘钊:《卜辞所见殷代的军事活动》,《古文字研究(第十六辑)》,中华书局1989年版,第81页。

令骑兵前往射箭。卜辞“令多马”(《合集》五七一九),“丙申卜,贞肇马左、右、中人三百,六月”(《合集》五八二五),“多马”即成左、中、右编队的骑兵。殷时的田猎,王已骑马参加。卜辞“庚午卜,贞,翌日辛,王其田,马其先,禽(擒),不雨”(《屯南》九.二七九四八),“王马于田”(《屯南》九.二七九六三),就是殷王骑马进行田猎的记载。殷墟第十三次发掘,发现的人马合葬墓,葬有一人、一马、一犬和一套兵器。从马的装饰和武器来看,此马不是用于驾车,而是骑士的坐骑。卜辞中有“登马”,是征集战马武装骑士。卜辞又有“先马”,于省吾先生曰,先马“是就骑马在前言之”,说明了“殷代的单骑和骑射已经盛行”①。所言与前引卜辞正合。卜辞“王……麐驳□”,或是说王得了一匹像麒麟一样花色美丽的坐骑。卜辞属于五期,此王或是尚武的纣王。卜辞“……于马……□迨”,意为于马骑迨遝。上述之例足证殷时马已用为坐骑,“□”“□”即根据骑马创造的“骑”字。

“骑”字从马奇声,无疑是形声字,马是形符,奇是声符。“奇”字,《说文》曰:“异也,一曰不偶,从大从可。”金文“□”字,从“大”从“足”,“大”字写作奔走的人形。“奇”字和“走”字上部都从“大”。“奇”字下部的“可”字,《说文》释为“肎”,肎是“肯”的异体字,是附在骨头上的肉,“可”与“足”都有骨肉之义。骑字从“可”,当是“□”字从“足”的演变。所以,从“骑”字演变上来分析,“□”是殷代甲骨文“骑”字“□”“□”在周代金文时的进化。

二、考□

《趞鼎》铭文中有两个诸侯国名,一曰“□”,一曰“奠”。

“□”字,从两来从攴。甲骨文有“□”字,《甲骨文字典》释为:“象手持□(来,义同麦),以□(攴)击之而脱粒之形,以示有丰收之喜庆,引申之为福祉之义,为釐之初文。”釐字改从“来”为从“未”,是“□”字之省,也是“□”字之讹。

殷卜辞有“𪎭”字,曰:“王固曰:‘㞢(有)希(祟),其㞢(有)来嬄(艰)。’乞(迄)至七日己巳,允㞢(有)来嬄(艰)自西。𢦔友角告曰:𢀛方出,侵我示𪎭田,七十人,五月。”(《合集》六〇五七正)卜辞记载𢀛方入侵商王西部的“示𪎭田”,“示”即“祀”字,“𪎭”是地名,“𪎭田”是殷人祭祀用的小麦产地。𪎭字,殷或西周早期的《□作祖辛觯》(《集成》12.6481)写作□,西周早期的《周□生簋》(《集成》7.3915)写作“□”,《□无忧作父丁卣》(《集成》10.5309)写作“□”,“□”“□”“□”“□”等字皆是□国之名在殷、周

① 于省吾:《殷代的交通工具和驲传制度》,《东北人民大学人文科学学报》1955年第2期。

时的演变。"□""□"从"两至""两来","两至"表示来自天上,"两来"表示瑞麦芒束成双。□字写在亚字之中,表示与王族联姻。《□作祖辛觯》载有子姓族徽"□",可知□本是殷子姓国,殷亡,臣服于周,并与周王室联姻,是周王室的姻亲国,其地在今陕西扶风。1982 年,《启鼎》出土于武功西邻扶风。

"奠"即"鄭(郑)"字,金文"奠"字无邑旁。郑姬,是郑国姬姓之女,郑是国名,姬是国姓。

郑国初封于西周宣王时。《史记·郑世家》:"郑桓公友者,周厉王少子而宣王庶弟也。宣王立二十二年,友初封于郑。"《春秋·隐公元年》:"郑伯克段于鄢。"杜预注:"郑在荥(荥)阳宛陵县西南。"清人江永《春秋地理考实》引《汇纂》曰:"朱子《诗》传,郑本在西部畿内咸休之地。武公得虢、郐之地,乃徙其封,而施旧号于新邑,是为新郑。今新郑县属河南开封府。"可知郑国是西周宣王封其庶弟姬友所建。姬友即郑国的开国君郑桓公。郑国原在宗周畿内京兆之地,即今陕西华县东,犬戎猖獗,西周将亡,郑桓公将家族及财产迁到东虢和郐之间。郑武公时,先后灭郐和东虢,都新郑。

《史记·郑世家》载:"宣王立二十二年,友初封于郑。"《趞鼎》纪年为十又九年,其时郑国已经封建,知司马迁之记有误。今以《趞鼎》证之,郑国无疑分封于周宣王十九年(前 809)之前,而当宣王之初。

铭文中的□伯是□国的国君,郑姬是郑国贵族之女,嫁给□国君为后。称其为皇考,则趞是□伯与郑姬之子,无疑趞也是□国国君,《趞鼎》是□国的铜器。

陈梦家《西周铜器断代》释《趞鼎》为厉王器,还认为□伯是郑伯之误,说:"以寰盘奠白奠姬之例例之,作器者的皇考亦当是奠白。"①

考金文"姬"字在周铜器中有两用,一为王族姬姓之姬,如"蔡姬"(《集成》1.88,1.89,1.90),"鲁姬"(《集成》3.593),蔡、鲁是国名,姬是国姓,《趞鼎》的郑姬即属于此例。姬字另义为妾、为妃,如《秦公钟》之"王姬"(《集成》1.264)、《王作亲王姬鬲》之"王姬"(《集成》3.584),皆是王妃之义。《寰盘》中的"皇考奠白奠姬"与《伯姬鼎》的"奠白姬"显然都是郑伯妃。而《趞鼎》之"□白奠姬"则与此不同,奠是国名,姬是国姓,奠姬是郑国的姬姓女子。陈梦家说《趞鼎》的"□伯郑姬"也应是"郑伯郑姬",失当。□伯子姓,是受祭人,如此关键的字,作器者不会写错。

由铭文"朕皇考□伯郑姬"可知,《趞鼎》铭文"王",是周宣王,《趞鼎》作于周宣王十九年(前 809),而当郑桓公时。

① 陈梦家:《西周铜器断代(上册)》,中华书局 2004 年版,第 282 页。

三、考史留、史籀

铭文“史留受王令书”的“史留”，马承源《商周青铜器铭文选》、陈佩芬《繁卣、趞鼎及梁其钟铭文诠释》、彭裕商《西周青铜器年代综合研究》、丛文俊《籀文考述》、张亚初《殷周金文集成引得》等皆认为即《史籀篇》的作者史籀。

班固《汉书·艺文志》载：“史籀十五篇。周宣王太史作大篆十五篇，建武时亡六篇矣。”又曰：“《史籀篇》者，周时史官教学童书也，与孔氏壁中古文异体。”

许慎《说文解字序》也曰：“及(周)宣王太史籀著大篆十五篇，与古文或异。”

王国维《史籀篇疏证序》质疑史籀并非人名，而是史书之名。籀文上承石鼓，下启秦刻石，是周秦间西土文字。① 唐兰《中国文字学》认为史留是《汉书·古今人表》中载的战国周元王时人，《史籀篇》是春秋至战国初期的文字。② 当代学者启功、李学勤、裘锡圭、丛文俊等维持汉人旧说，史籀成为困扰史学界、古文字学界、书法界的一个重大问题。

《趞鼎》的出土，证实周宣王时确有史官名留，史留即史籀，史留(籀)是人名无误。

“留”是“籀”的本字。《说文·竹部》：“籀，读书也。从竹擂声。春秋传曰卜籀云。”《说文·手部》：“擂，引也，从手留声。”留、擂、籀古音同。留从手作“擂”，表示“擂”是用篆引的笔法写的字，再从竹作“籀”，表示“籀”是用篆引的笔法写于竹简上的字。随着留、擂、籀的演变，史留的名字也变为史籀，史留用作教学童的字书，也被称为《史籀篇》。

《汉书》载周代有两个史留，一为周宣王时人，《汉书·艺文志》《说文叙》称其为太史籀，著有《史籀篇》。《汉书·古今人表》载周宣王时有史伯，《说文·人部》：“伯，长也。”史伯即史官之长，与太史之职正合，史伯当是太史留的另称。另一个为周元王史官，载入《汉书·古今人表》。唐兰说《汉书·古今人表》将周宣王时的史留改在周元王之时，正是《史籀篇》的准确时代。显然唐兰认为历史上只有一个史留。《趞鼎》的出土，说明王国维、唐兰所言欠确。

历史上既然有两个史留，也就存在《史籀篇》出自谁手的问题。《说文》载的二百零七个籀文，的确与《趞鼎》等周宣王时的文字差别较大，而和《石鼓文》较近。王国维云“周秦间的西土文字”，唐兰说是战国周元王时史留所作，不是没有道理，但这并不能成为否定宣王时《史籀篇》的依据，《汉书·艺文志》和《说文叙》载的史籀十五

① 王国维：《史籀篇疏证序》，《观堂集林》，中华书局1959年版，第252页。
② 唐兰：《文字的变革》，《中国文字学》，上海古籍出版社2001年版，第134～135页。

篇，是秦人改小篆时，“或颇省改”的那部分籀文，这些文字结构复杂，笔画繁多，是春秋战国时期的秦国文字，而非宣王时期的文字。史籀十五篇是秦人的编纂，并非《史籀篇》原著。这些籀文呈现春秋战国时秦国文字的特点，是周宣王太史留著的《史籀篇》到春秋战国时的演变。文字是在不断进化的，以“”字为例，宣王时作“”，春秋时《秦公簋》作“”，《说文》载秦小篆作“”，古文作“”，也即孔府壁中的文字。“”“”字已与“”字相差甚远了。再如“箕”字，宣王时“箕”与“其”是一字，金文皆写作“”，《说文》载的古文有三：作“”“”“”；籀文有二：作“”“”，小篆作“”，将这些籀文当作宣王时史留《史籀篇》的文字，进而否定宣王时《史籀篇》的存在，显然是不当的。

古时，用《史籀篇》教学子，是为了培养史官。《说文解字序》曰：“尉律，学僮十七已（以）上始读，讽籀书九千字以乃得为吏。”作为教学童用的字书《史籀篇》，其传承的主渠道当在史官家族之中。1976 年 12 月，在陕西扶风出土的微氏家族铜器 103 件，其中《墙盘》《旂觥》等器记载了微氏家族七代为史，事武王、成王、康王、昭王、穆王、共王、懿王、夷王。周宣王太史留是否出自微氏家族虽然无考，然其能著《史籀篇》足证其知识渊博，必出于史官世家。而周宣王至周元王，积年约三百，人约十代，两个史留之间，或也相传相承。周元王的史官以周宣王时的史留为名，或正是后人继承了前人的事业。但其时，《史籀篇》已演变为西土文字。秦人改小篆后，这些西土文字，也只留下了被省改的那部分籀文，秦人将这些文字编纂成十五篇，用来证明秦改的小篆合于古籀，史留也因此被写作了史籀。

总之，《趞鼎》说明，《汉书·艺文志》和《说文解字序》记载的周宣王太史籀（留）作《史籀篇》是可信的，《史籀篇》并非只有十五篇，所谓的“史籀十五篇”，是秦人书同文时保存下来的那部分笔画多的春秋大篆文字。

《趞鼎》作于周宣王十九年（前 809），其时史留是一名起草诏命的史官。史载宣王在位四十六年，《汉书·艺文志》称史留为“太史”，可知宣王十九年后，史留晋升为史官之长，《汉书·古今人表》称其为“史伯”。

就大篆文字发展演变的历史进程来看，商代的金文呈现的是一派威严、庄重的气息，铜器铭文多为几个字，或几十个字。武王克商，商王朝的史官，转而仕周，所以西周初年的铜器继承了商代的书风，但周初即出现了几百字的长篇铭文。西周夷王、厉王之时，王室衰败，诸侯离心，文字也出现率意散漫的特点，《散氏盘》便是突出的一例。宣王时，励精图治，修明政治，效法文、武、成、康，诸侯复宗周，出现了文化复兴繁荣的气象。著名的《毛公鼎》《小克鼎》《大克鼎》《颂鼎》《虢季子白盘》《逨盘》等皆出其时，其中《毛公鼎》铭文长达 499 字。这些长篇巨作，不仅承袭了西周王室金文庄重肃穆之风，而且俊美灵动，文字结体、线条式样和书写方法都趋于稳定、规范，突现出“篆引”的特点，具有了范本的作用。

周宣王时，已有金文3500多字，处于这样一个文化复兴繁荣的时代，史留收集整理金文资料，编辑成册，以教学子，使金文得以传承，其功德不小。而今，虽然难见《史籀篇》的原貌，但有宣王时期的铜器铭文传世。史留既受王命作书，则《趞鼎》铭文或是其亲笔，若如此，《趞鼎》可使我们一睹《史籀篇》的风采。

鳌国

西周早期《旅鼎》铭文考释

图3－74 《旅鼎》铭文

清光绪二十二年丙申(1896),黄县(今龙口,下同)归城莱阴出土西周早期的青铜器《旅鼎》,载有铭文:“唯公大(太)保来伐反(叛)尸(夷)年,在十又一月庚申,公在盩自,公赐旅贝十朋,旅用乍(作)父丁尊彝。𣎵。”(《集成》5.2728)(图3－74)

铭文中的“大(太)保”,郭沫若释为召公君奭①,陈梦家释为周公旦次子明保君陈。② 传世铜器有《明公簋》《令方彝》等,周公之子虽“保尹三事,四方”可称为保,但铭文皆称其为“明公”,不称“大(太)保”,《旅鼎》中的“公大(太)保”当以郭沫若先生说的召公君奭为是。

铭文“旅”是器主人。旅是军旅之称。《左传·哀公元年》:“(夏少康)有田一成,有众一旅。”《说文》:“旅,军之五百人。”可知古以五百人为一旅。《旅鼎》之“旅”是编制为旅的首领,旅是职务之称,如同旅长。黄县归城出土的西周昭王时期的《启卣》《启尊》所署的“戉箙”,即这支军旅的标志。

《旅鼎》末尾署有族徽“𣎵”,张亚初《殷周金文集成引得》释为“来”。《旅鼎》与《鳌伯鼎》同出一地,可证“𣎵”即“鳌”字。

郭沫若、陈梦家皆认为《旅鼎》为成王时器,《殷周金文集成》断为西周早期。《旅鼎》记载,公太保来征东反夷,驻军鳌地,公赐给旅贝十朋。可知,旅是王朝的一支军队,

① 郭沫若:《郭沫若全集·考古编·第八卷》,科学出版社2002年版,第71页。

② 陈梦家:《西周铜器断代(上册)》,中华书局2004年版,第38页。

随公太保东征，此后或封在此地，因此驻扎在黄县。

图3－75　《来作父辛觯》铭文

《来作父辛觯》与《旅鼎》一同出土，铭文曰："公赏贝，来用作父辛于彝。"（《集成》10.5333）（图3－75）铭文"来"字作"来"。《作册大鼎》铭文"公束铸武王成王异（祀）鼎"的"来"字作"束"，杨树达释曰："束字自罗振玉《贞松堂集古遗文》以下及今日治金文诸家皆释为束字，于形固合矣，然与义殊不可通。或以公束连读，认为人名，亦非是。下文云'公赏作册大白马'，此公字与彼义同，不得以公字与下一字连读也。余谓古人作字，与后世经过统一者不同，故字形相近之字，往往彼此混淆无别而不以为异，余疑束即来字也。"①杨树达先生所言是也，"束"即"来"字。《来作父辛觯》的"来"字作"来"，向上的尖头表示小麦来自上天所赐，与《亚无忧作父丁卣》亚字中的"来"字字形相同。此也说明"亚""来"为一国之名。

《来作父辛觯》铭文中的公与《旅鼎》铭文中的公是一人，即太保召公奭，此两器记载的当是同一件事。《旅鼎》的作器者称"旅"，是军旅之称，犹如旅长；《来作父辛觯》的作器者称"来"，"来"是国名，即陕西扶风的𦍒、亚。

《山东金文集成》载，与《旅鼎》同出黄县莱阴的，还有《寓鼎》和《遇甗》。

《寓鼎》铭文曰："唯十又一月，师雍父省道至于㝬（胡），寓从，其父蔑寓历，赐金，对扬其父休，用乍（作）宝鼎。"（《集成》5.2721）

《遇甗》铭文曰："唯六月既死霸丙寅，师雍父戍在古师，遇从师雍父，肩（肩）史（事）遇事（使）与㝬（胡）侯，侯蔑遇历，赐遇金，用乍（作）旅甗。"（《集成》3.948）

《寓鼎》中的"寓"和《遇甗》中的"遇"是同一个人。

《寓鼎》和《遇甗》的年代，《殷周金文集成》定为西周中期。

《寓鼎》载的地名"㝬"，《遇甗》载的地名"古"，陈梦家认为当是一地之名。古地当在大沽河流域的黄县、招远境内，师雍父率领的周师在这里驻扎，遇是师雍父的下属，遇随师雍父从驻扎的古地来到淮夷㝬（胡）国，得到㝬（胡）侯赏赐的吉金，用之作了铜器。

① 杨树达：《积微居金文说（增订本）》，中华书局1997年版，第144页。

西周早期《启卣》《启尊》铭文考释

一

图3－76 启卣

图3－77 《启卣》铭文

1969年，黄县（今龙口，下同）归城小刘庄出土了西周初年的启器四件，有卣一、尊一、卣盖一、觯一。除觯外，其余三件皆有铭文。

《启卣》通高22.7厘米，兽首提梁，子母口，鼓腹，喇叭形圈足，腹、盖均饰一条波形纹带，云雷纹地，中间饰突起的兽面。铭文五行三十九字："王出兽（狩）南山，叟（搜）□山谷，至于上侯滰川上，启从征，堇（谨）不扰，乍（作）祖丁宝旅尊彝，用丏鲁福，用夙夜事。戉箙。"（《集成》10.5410）（图3－76、图3－77）

《启尊》通高18.5厘米，喇叭口，鼓腹，矮圈足，颈部饰波带纹，云雷地，带纹中间饰有突起的兽面。底部载有铭文三行二十一字："启从王南征，□山谷，在洀水上，启乍（作）祖丁旅宝彝。戉箙。"（《集成》11.5983）（图3－78）

卣盖饰饕餮纹，铭文一行三字："□父辛。"（图3－79）

《文物》1972年第5期刊载的齐文涛《概述近年来山东出土的商周青铜器》一文，始对这批铜器进行了报道和释读。1990年，《启卣》《启尊》被中国社科院考古研究所收编入《殷周金文集成》。1995年，唐兰先生在《论周昭王时代的青铜器铭刻》一文中，对《启卣》铭文进行了考释①。2001年，张亚初《殷周金文集成引得》对《启卣》和《启尊》铭文进行了释读②。2004年，王锡平、李步青《建国来烟台

① 故宫博物院编：《唐兰先生金文论集》，紫禁城出版社1995年版，第280、303～319页。

② 张亚初编著：《殷周金文集成引得》，中华书局2001年版，第107页。

地区出土商周铭文青铜器概述》一文，也对三器铭文进行了释读①，但三器仍多有待解之谜。

图3－78　《启尊》铭文

图3－79　《启卣盖》铭文

二

《启卣》"□"字，《启尊》"□"字，容庚《金文编》载入附录，唐兰《论周昭王时代的青铜器铭刻》写作"□""□"②。张亚初《殷周金文集成引得》将两字皆释为一字，甚确，但其将二字隶定作"逌"，释为"蹦"③，有待商榷。

《启卣》和《启尊》记载的是启随昭王南征的同一历史事件，《启卣》言"叟（搜）□山谷"，《启尊》言"□山谷"，可知"□""□"虽然形异，但出于一词，用为一义，当是一字，释为"通"。

甲骨文已有"通"字，写作"□"（《库》一〇五一）、"□"（《合集》三一七九三）、"□"

① 李步青、王锡平：《建国来烟台地区出土商周铭文青铜器概述》，《胶东考古研究文集》，齐鲁书社2004年版，第342页。

② 故宫博物院编：《唐兰先生金文论集》，紫禁城出版社1995年版，第277～280页。

③ 张亚初编著：《殷周金文集成引得》，中华书局2001年版，第113页。

(《粹》一一九一),都从“辵”从“用”。徐中舒《甲骨文字典》曰:“从辵从〓(用),或从彳从用,用为声符。金文从甬作〓(颂鼎),用、甬古音同,故从用从甬无别。”但“通”字由甲骨文时从“用”到金文时从“甬”,实为一大进步。

金文“甬”字,《彔伯簋》《毛公鼎》等多作“〓”,是在“用”字的基础上,增加了“〓”字的特征。“〓”字,薛尚功《历代钟鼎彝器款识法帖》、阮元《积古斋钟鼎彝器款识》释为“钟”。钟是古代打击乐器。唐兰《古乐器小记》曰:“古钟羡而不圆,有两边为两栾,谓之铣。两边之间谓之于。于上击处谓之鼓。鼓上正体谓之钲。钲上钟顶谓之舞,舞上出于顶为筒谓之甬。甬上平处,对于言之谓之衡。钟悬与甬相含谓之旋。”①是知甬为钟的顶部,俗称钟的“鼻头”。

杨树达先生释“甬”为铃是一高见。他在《积微居金文说·录伯〓簋跋》中曰:“余去岁撰《释甬篇》,谓甬为钟之象形初文。此云金甬,即金钟也。此文皆言车上之物,车上不得有钟,而云金钟者,车上有铃。《广韵》云:‘铃似钟而小’,钟与铃大小虽异而形制则同,故云金铃也。”②

杨树达先生之论甚是。《录伯〓簋》《吴彝》《毛公鼎》铭文中的金甬,皆是周王赏赐的金车上的配物。车上无钟,金甬即金铃。金铃的作用是为行车开道,以便通行。金文“通”字从“甬”,较之甲骨文时从“用”,更确切地表达了“通”字的本义。

金铃圆形,上有甬(鼻头),下有悬锤(舌),甬为金铃之象形,就产生了象鼻还是象锤,象方还是象圆的不同写法。《启卣》的“〓”字,象金铃圆形和悬锤(舌)。《启尊》的“〓”字保持了甲骨文“用”的方形,悬锤(舌)加一短横,象锤下有连接之物,似拽金铃锤(舌)用的系物。锤击铃响,铃响车行,反映了先民造“通”字的初意。这是西周昭王时金文“通”字的初形。

昭王以后的金文“通”字,写作“〓”或“〓”,金铃上顶有“甬”,见于《颂鼎》《颂簋》《颂壶》和《瘐钟》,这也是一种进步。

铭文“王出兽(狩)南山,叟(搜)通山谷”,“王”即昭王,“南山”即秦岭终南山。昭王南征楚荆,终南山是其必经之路。“搜通”即搜索开通终南山行军通道。

铭文“洀”字,唐兰先生释为“盘桓”之义。可知昭王南征,出南山后,在水路上行舟多日,才到达荆楚之地。

铭文“至于上侯滰川上”,“上侯”当指湖北境内的姬姓封国随、邓。昭王南征,必取得南方诸侯的支持,北宋时,在湖北孝感出土的《中方鼎》和《中甗》等六器,记载王

---

① 故宫博物院编:《唐兰先生金文论集》,紫禁城出版社1995年版,第350页。

② 杨树达:《积微居金文说(增订本)》,中华书局1997年版,第3页。

命中先省南国，为王南征做准备。今学者肖木森《中国历史文化名城随州》称，随、枣（阳）走廊是西周时南征“孚金”的通衢。铭文“滰”字，是淘米晾干之义。湖北之地以稻米为主食，铭文“至于上侯滰川上”，即到了汉水流域的食米之地。

铭文末尾的两字为“戉箙”。“戉”是兵器斧，“箙”是用竹木或皮革制作的盛箭器。“戉箙”是军队师旅的标志，启是这支师旅的首领。

卣盖有铭文三字：“□父辛。”父辛是启的父名，祖丁是启的祖父名，□是炳字。甲骨文“丙”字作“□”，金文作“□”或填实作“□”。“□”和“□”字两旁的“□”，不论向上或向下，都表示火，读若炳。炳是殷人司职火正的族徽。《左传·襄公九年》：“古之火正，或食于心，或食于咮，以出内火。是故咮为鹑火，心为大火。陶唐氏之火正阏伯居商丘，祀大火，而火纪时焉。相土因之，故商主大火。”服虔曰：“相土，契之孙，代阏伯之后居商丘，汤以为号。”商丘是观测天文历法的日坛之地，商人的祖先从尧帝时开始，即世代司火正之职，在商丘负责观测春分和秋分的指示星——大火星（心宿二）形成了一大家族，“□”是其族徽，可知启乃商人之后，子姓。

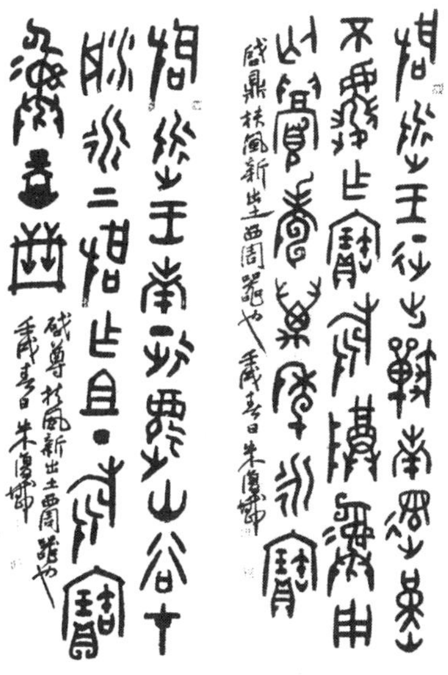

图3－80　朱复戡临《启鼎》《启尊》铭文

1982年，另有两件启器《启鼎》《启尊》在陕西扶风出土，朱复戡先生摹有铭文，鼎文：“启从王征，出兽南通，堇不扰，乍宝旅尊彝，用作眉寿万年永宝。”（图3－80）尊文与黄县出土的《启尊》相同。①

陕西扶风出土的启器与山东黄县出土的启器内容相同，记载的都是启从昭王南征之事，四器当为同期之作。陕西扶风是商、周时𨚕国之地，《启鼎》《启尊》的出土可解开与宗周相隔千里的黄县之“启”为什么会从昭王南征之谜，也为探索黄县䢵国的历史提供了重要的线索和依据。

三

记载西周昭王时南征的还有《过伯簋》《小子生方尊》等铜器，这些文献记载说明昭王南征的对象是“反荆”，征伐的目的也是为了获得荆楚之地的青铜资源。

史籍记载昭王时的南征共有两次，一次在昭王十六年（前980），一次在昭王十九

① 金通达主编：《中国当代书法家辞典》，浙江人民出版社1990年版，第412页。

年(前977)。

《古本竹书纪年》曰:“周昭王十六年,伐楚荆,涉汉,遇大兕。”“周昭王十九年,天大曀,雉兔皆震,丧六师于汉。”《左传·僖公四年》曰:“昭王南征而不复。”《史记·周本纪》曰:“昭王南巡狩不返,卒于江上。其卒不赴告,讳之也。”可知昭王十九年(前977)第二次南征时,命丧汉水。而《启卣》《启尊》所记,乃昭王十六年(前980)第一次南征之事。第一次南征,主要的任务是开辟了南征的通道,到达了荆楚的汉水流域,并俘获了一些青铜器材。《启卣》《启尊》是启第一次从王南征之物。第二次南征,启或与昭王一同命丧汉水。1983年,黄县城西北的海云寺徐家出土《辛簋》一件,为穆王时铜器,铭文五十多字,记载穆王到此巡视之事。器主人名辛,或是启之子。

西周中期《釐伯鼎》铭文考释

《黄县志稿·金石目》载：“光绪二十二年春，城东南鲁家沟田中，出土铜器十：钟三，鼎二，一鼎破碎，钟无款识；尚有壶一、盘一，盘无款识，壶亦破碎；若甗、若觯皆有铭，俱归丁幹圃。”鼎铭五字：“□白(伯)乍(作)旅鼎。”(《集成》4.2044)(图3－81)

图3－81 《釐伯鼎》铭文

1951年4月，山东黄县(今龙口，下同)归城南埠村出土㠱国铜器八件，王献唐先生撰写了《黄县㠱器》一文，对此进行了详细论证。王献唐先生误将《釐伯鼎》的“□”字作“□”，释作“華”，又因華字不从支，故又读作“敽”“搋”“揔”字。①

《釐伯鼎》“□”字，陈梦家释作“𠩺”，曰：“其第一字，《金文编》列入附录而未释。今以为即‘釐’字之省，假作莱，乃是莱国之名。《克鼎》之賚，假作釐或赉；和《师嫠簋》之嫠所从之𠩺都和鼎文相近而从来得声。莱与釐、赉与釐是相通假的。”②

陈梦家先生将“□”字释作“𠩺”，是“釐”字之省，近是，字当释作“𢻮”。釐字出自“□”釐字之省。

甲骨文有“□”字(《合集》八一三六)、“□”字(《粹》一〇〇三)，《甲骨文字典》释曰：“象手持□(来，义同麦)以□(支)击之而脱粒之形，以示有丰收之喜庆，引申之为福祉之义，为釐之初文。《说文》十三下里部：‘釐，家福也。’金文作□(师𠩺簋)，与甲骨文略同。”

《釐伯鼎》之“□”字，即殷甲骨文“□”字在西周金文时的演变，也象手持来(麦)以支击之而脱粒之形，义为小麦丰收，福祉绵长。

“釐”是国族之名，《师寰簋》《史密簋》作“賚”，《叔夷钟》作“釐”，《庚壶》作“𥼚”，《晏子春秋》作“斄”，皆与此相同。汉以后学者将其与益都东阳的“来”国混为

① 王献唐：《山东古国考》，青岛出版社2007年版，第225～226页。

② 陈梦家：《西周铜器断代(上册)》，中华书局2004年版，第118～119页。

一团，国名讹作“莱”，或又称其为“莱子国”“东莱国”。

《蠽白（伯）鼎》的“白”即“伯”字，周之封爵有公、侯、伯、子、男五等，此为伯爵，可证蠽被封为诸侯国。

《蠽伯鼎》在黄县鲁家沟出土，鲁家沟在黄县城北的山地中，距归城约二十里，鲁家沟当是蠽国贵族的墓地。《蠽伯鼎》在鲁家沟出土，是蠽国在黄县归城的物证。

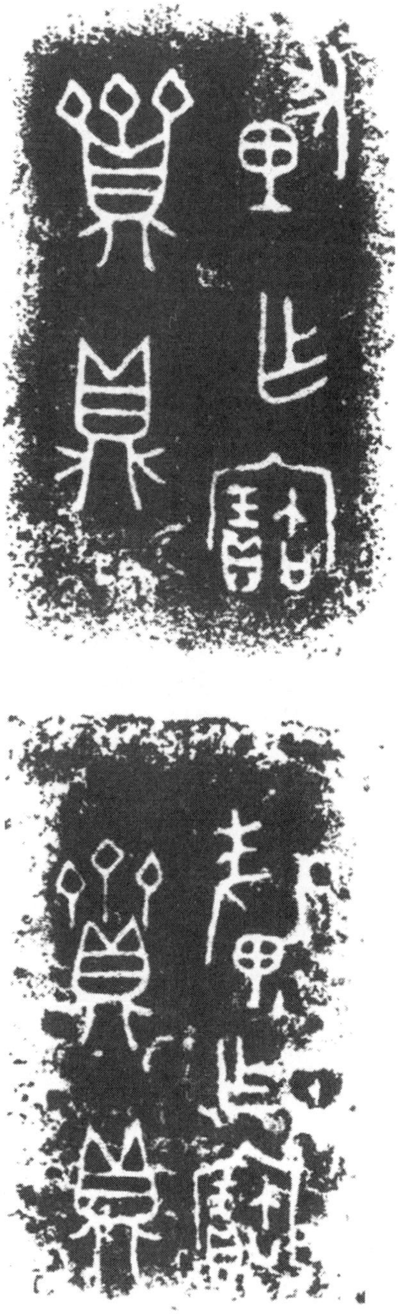

图3－82 《蠽鼎》铭文

《蠽伯鼎》是西周中期器，当作于穆王时期。《蠽伯鼎》铭文中的旅，当是军旅之称，与《旅鼎》铭文之“旅”义同。

《蠽鼎》器盖各有铭文：“蠽作宝鬻鼎。”（《集成》4.2067）（图3－82）其年代《集成》断为西周早期或中期，如此，此器当作于蠽国封侯以前。国名作“□”“□”是“蠽”字之省。

1976年，日照崮河崖遗址一号墓出土《蠽伯鬲》四器，铭文相同，曰：“蠽伯□女子乍宝鬲，子子孙孙永宝用。”（《集成》3.663）此器作于西周晚期，器主人是蠽国国君，“伯”是其爵位。国名“蠽”字上部与《蠽伯鼎》的“□”字相同。

西周晚期的《师寰簋》载有铭文116字，记载了王命师寰率领“齐师、曩、贅、僰，尸（臀）左右虎臣征淮夷”（《集成》8.4314）（图3－83）。“贅”即“蠽”字。齐、曩、贅、僰皆在山东。据陈介祺先生记载，《师寰簋》出土于登莱，此“贅”与“□”是一国。可知，西周晚期，蠽国仍是王朝倚重的一支军事力量。

1969年，黄县归城出土的《启卣盖》铭文载有“□父辛”三字，“□”是商人的先祖世代在商丘负责观测和祭祀大火星（心宿二），以测定春分、秋分农时大节的徽识，可知启为子姓。1982年，另有两件启器《启鼎》和《启尊》在陕西扶风出土，扶风即□国之地，□国的铜器《□乍祖辛觯》载有子姓族徽“□”，可知陕西扶风的“□国”与黄县归城的“蠽国”族属相同，两地都有启器出土，黄县归城的蠽国当出自陕西扶风的“曩国”，或曰黄县归城的盩国是陕西扶风“曩国”的子国。

出土文献为我们说明了黄县盩国的源流。盩本是黄夷之地，武王克商，没有臣服于周，成王时征东夷，作为西周王朝的姻亲之国，曩国派出了一支五百人的军旅，随太保召公奭东征黄夷。黄夷被征伐，封给了曩国作为食采之地，并留下了曩国军旅驻扎。昭王十六年（前980）和十九年（前977）时，黄地军旅的首领启，两次随王南征楚荆，第二次南征时，大概与昭王一起命丧汉水。穆王时，黄县归城的军旅首领被封为伯爵，封国曰盩。春秋时，盩国仍是周王朝信赖的一支重要军事力量，《师寰簋》记载盩人参加了征伐淮夷的战争。齐灵公十五年（前567），地处益都东阳的来国被齐相晏弱所灭，大约在齐庄公时（前553—前548），齐国的叔夷率领三军，攻克了盩都，灭了黄县归城的盩国，传世铜器《叔夷镈》《叔夷钟》《庚壶》对此都有记载。

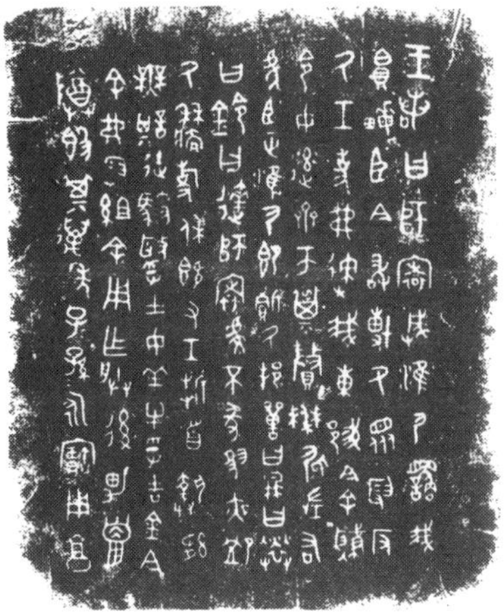

图3－83　《师寰簋》铭文

西周末年，犬戎入侵，周幽王被杀于骊山，周平王迁都洛阳，东周开始。西周灭亡之时，陕西扶风的曩国国君可能东迁到黄县的盩国，于是盩国的势力大增，富甲一方。

来夷、来国和东来

来夷、来国和东来是三个不同的概念，来夷是族名，来国是国名，东来是地名，三者不可等同。

来夷、来国和东来是东夷史研究上的一个重大课题，20 世纪 80 年代中期和 90 年代中期，学者们为此付出了艰辛的努力，然将“来夷”作“莱夷”，“来国”作“莱国”，“东来”作“东莱”，或将“齐、纪、莱”作为一国，都与出土的殷、周文献资料不合，因而不是对历史真实的反映，需究其真相，问个明白。

一、来夷

1. 来夷史籍写作“莱”夷

“来夷”之名最早见于《尚书 · 禹贡》：“海岱惟青州，嵎夷既略，潍淄其道……莱夷作牧，厥篚檿丝。”《尚书 · 禹贡》并非夏代之作，大概出自战国之时，汉人孔安国于孔府壁中发现的《古文尚书》已无存，今《尚书》版本较多，大多是宋以后学者所辑。自汉迄今，历代治《尚书》的学者众多，许多人指出《古文尚书》之伪，但未有人怀疑“莱夷作牧”之误，即使甲骨文、金文资料大量出土以后，人们也仍然囿于《尚书 · 禹贡》之说。出土的甲骨文、金文资料显示，“来”作为国名、族名和地名，皆不从草作“莱”。

甲骨文“来”字作“□”，上撇象小麦之叶，中竖象小麦之茎，下象小麦之根，两旁象小麦芒束。《甲骨文字典》释曰：“象来麰之形，卜辞用为行来字。《说文》：‘来，周所受瑞麦来麰，一来二缝，象芒束之形，天所来也，故为行来之来。’《诗》曰：‘诒我来麰。’”

甲骨文也有“麦”字，写作“□”。“□”字从“来”从“□”，象手持物割麦之形。“来”是生长的麦株，“□”是收获的小麦，二字略有区别。□字从“来”，知“来”字比“□”字先出。金文“来”字与甲骨文形同。

殷卜辞“来”字之用有两类，一作动词，即行来之来，二作名词，即国名、地名，如殷卜辞“己未卜，今日不雨在来”（《甲》二四二）。

殷、周甲骨文、金文都无"莱"字,"莱"是一个后起字。《说文·草部》释"莱"为蔓华,也即葛蔓一类的草。

《诗经·小雅·南山有台》曰:"南山有台,北山有莱。乐只君子,邦家之基。乐只君子,万寿无期。"学者周振甫释曰:"台:莎草,可作蓑衣。莱,藜,亦称灰菜,嫩叶可食。"①然"莎草"虽可作蓑衣,只有雨天才有用;"灰菜"虽嫩叶可食,但毕竟是野菜,且吃多了会中毒。"莎草"和"灰菜",无关于周人的家国命运,"莎草""灰菜"之释与诗意不合。此"台"当是轮休的"台地",此"莱"当作"来"字,是种植的小麦。营养丰富的小麦,是周人称为上天所赐的瑞麦。其时,小麦的种植,实行轮休轮作。"南山有台,北山有来",是说南山有轮休的麦田,北山有种植的小麦,有充足的小麦吃,是周人健康长寿之福。

甲骨文"夷"与"人"是一字,皆写作"乁",金文形同。

《说文·大部》释曰:"夷,东方之人也,从大从弓。"《说文·羊部》释"羌"曰:"羌,西戎,羊种也。从羊儿,羊亦声。南方蛮闽从虫,北方狄从犬,东方貉从豸,西方羌从羊,此六种也。西南僰人、焦侥从人,盖在坤地,颇有顺理之性。唯东夷从大。大,人也。夷俗仁,仁者寿,有君子不死之国。孔子曰:'道不行,欲之九夷,乘桴浮于海。'有师也。"《说文》所说的六种之民,是其图腾保护神的孑遗。南方蛮闽从虫,是以蛇为保护神;北方狄从犬,是以犬为保护神;东方貉从豸,是以豸为保护神,豸又称獬豸,传说是黄帝时能断讼触不直之人的神兽;西方羌从羊,是以吉羊为保护神;西南僰人、焦侥人矮,是以小人为保护神;唯东夷人从大,是以巨人为保护神。《山海经·大荒东经》《海外东经》载有"君子不死之国"和"大人国",即对东夷人图腾的记载。

"夷"字从弓,始见于西周晚期的《南宫柳鼎》(《集成》5.2805),是对夷人尚武善射的表述。东夷人的首领蚩尤"作金兵",与炎帝、黄帝战于涿鹿之野;东夷人的另一位首领后羿"射十日",从而佐尧统一了历法;东夷还有一位首领伯益,佐禹征三苗,拉弓扼矢瞄准三苗图腾柱上的保护神,吓得三苗跪地求饶归服。考古发现,山东出土的龙山文化时期的遗物中,石镞、骨镞明显增多,这些箭镞不都是用来捕猎,而多是用于征战,东夷人尚武的精神,一代一代流传至今。东夷又称仁夷,不仅尚武而且崇文。《左传·昭公十七年》载孔子听说郯子知少昊时以鸟纪官的历史,特地向郯子求教,继而告人曰:"吾闻之,'天子失官,官学在四夷',犹信。"《论语》又曰:孔子悼道不行,欲乘桴于海,居于九夷,是东夷有九夷,九夷有其师也。

《古本竹书纪年》有九夷的记载,曰:"后芬即位,三年,九夷来御,曰畎夷、于夷、

① 周振甫译注:《诗经译注》,中华书局 2002 年版,第 238 页。

方夷、黄夷、白夷、赤夷、玄夷、风夷、阳夷。”《后汉书·东夷列传》记载的九夷与此相同,九夷皆在今山东。

《古本竹书纪年》记载的九夷中无来夷,可知,来夷之称有别于九夷,出土资料显示,来夷是善于种植小麦的夷人,是炎帝族迁居东夷的一支,与东夷土著的融合。九夷皆是善于种麦的夷人,九夷即来夷也,来夷是九夷的另称。

2. 来夷,善于种麦之夷人

徐旭生《中国古史的传说时代》将我国古代的部族大致分为华夏、东夷、苗蛮三个集团。华夏集团以炎帝和黄帝为代表,居于中原;东夷集团以太昊、蚩尤、少昊为代表,居于东土;苗蛮集团以祝融为代表,居于南方。①

新石器时期,在今甘肃、陕西两省交界的黄土高原上,生活着两大部落,一个称作少典氏,一个称作有蟜氏,这两个部落世代通婚,诞生出两个氏族。一个是炎帝族,居于渭水支流的姜水,故以姜为姓;一个是黄帝轩辕氏族,居于渭水支流的姬水,故以姬为姓。炎帝时代有许多发明创造,最主要的是发明了五谷,进入了农耕时代。后来,炎帝族沿渭水、黄河东进,来到今河南、河北、山东三省交界的地方。黄帝族则沿北洛水、渭水及黄河北岸,到达今北京和河北宣化附近。炎帝末年,轩辕氏强大起来,三次与炎帝族战于阪泉之野,轩辕氏获胜,是为黄帝。其后,黄帝又打败了东夷首领蚩尤,成为三大部落联盟的大首领。

《山东通史·先秦卷》曰:“阪泉之战的结果是炎帝失败,失去了在中原地区的立足地。炎帝部落的大部分不得不东迁至黄河下游的‘东夷之域’,山东地区所以有诸多炎裔之国如姜姓的齐、来、淳于、纪、向等,原因即在于此。”②考古发现说明淄水和弥水流域是来、己、齐的中心聚落区,这里应是炎帝族最先迁居的地方。

考古发现说明,我国最早的小麦出在黄土高原。20 世纪 80 年代在甘肃省民乐县六霸乡东灰山新石器时期遗址发现的小麦、大麦、高粱、粟、稷等五种炭化籽粒,碳-14 测定距今 5000 年左右。③ 2010 年 6 月至 11 月,甘肃省文物考古研究所、北京科技大学材料与冶金史研究所、中国社会科学院考古研究所、西北大学文化遗产学院在甘肃省张掖市西城驿遗址发现了小麦、大麦、小米炭化作物,“这是甘青地区继民乐东灰山遗址发现此类作物之后出土层位清楚、数量较大的一次”④。出土的陶器特征也与东灰山陶器极为相近,属于四坝文化。这是迄今为止我国最早的小麦考古发现,说明

---

① 徐旭生:《中国古史的传说时代》,文物出版社 1985 年版,第 3 页。

② 安作璋主编:《山东通史·先秦卷》,山东人民出版社 1993 年版,第 52 页。

③ 陈文华:《农业考古》,文物出版社 2002 年版,第 51 页。

④ 甘肃省文物考古研究所、北京科技大学材料与冶金史研究所、中国社会科学院考古研究所、西北大学文化遗产学院:《甘肃张掖市西城驿遗址 2010 年发掘简报》,《考古》2015 年第 10 期。

炎帝时代已经栽培了小麦等五谷，进入了农耕时代。东迁的炎帝族必然将先进的小麦栽培技术带到东夷，这是炎帝族与东夷族融合的一大贡献。

3. 考古发现了来夷种植的小麦

2005 年，考古工作者在胶州里岔镇赵家庄遗址，发现了来夷在龙山文化早期种植的小麦遗存。

赵家庄遗址位于山东东部沿海，南面是低山，北面是胶莱平原。2005 年，山东省文物考古研究所与胶州市文化局对遗址进行了正式发掘，发现了大汶口文化、龙山文化和东周时期的聚落布局，出土了大量石器、陶器等遗物。对龙山文化炭化植物种子遗存的浮选研究表明，农作物种子占了绝对优势。农作物中，稻的数量最多，其次是粟、黍，还有少量的小麦和大麦。遗址浮选到 10 粒小麦，1 粒大麦，都是龙山文化时期出现在山东地区新的农作物类型。碳－14 测年结果为公元前 2500—前 2270 年，属于龙山文化早中期。这说明至迟到龙山文化中期阶段，东夷地区已经普遍种植了小麦。发掘者称："检索已经公开发表的考古遗存中小麦遗存资料，我们发现，在龙山时代，似乎小麦突然在中国黄河流域大范围出现，这种情况启发我们考虑中国北方地区比较大范围种植小麦的历史和环境背景问题，因为全球范围内的气候干冷事件就发生在龙山时代，可能小麦大规模地向中国北方地区传播，正是在这样的背景下发生的。可能冷干气候首先影响了西亚地区的小麦农人。他们为了寻找更丰富的土地资源而向东迁徙，这是小麦东传到中国的根本原因。"①对于我国小麦的起源，学术界存在西亚传入和中国黄土高原发源两种意见，发掘者主张小麦是从西亚传入的。不管是西亚传入的，还是黄土高原发源的，龙山文化时期，小麦突然在中国北方和东夷大范围的出现，正与炎帝族东迁、黄帝族北上相契合。将小麦从西部传播到东夷的，当是炎帝族迁居山东的一支，历史给了他们一个名号叫来夷，大约在距今 5000 年时，来夷建国，进入了文明时代。

2007 年，山东大学历史文化学院考古学系和青岛市文物保护考古研究所、即墨市博物馆，又在距胶州市赵家庄遗址不远的即墨市北阡村发现了西周时期的小麦遗存。即墨市北阡遗址位于胶东半岛南岸西部，东面距海约 5 千米。遗址包含北辛文化、大汶口文化、周代文化遗存。在大汶口文化早期浮选的植物遗存中，发现了 84 粒粟和黍，说明距今约 6300 年时，这里已经发展了农业经济。在浮选的周代植物种子中，发现了粟、小麦、黍、大麦和水稻。其中，粟最多，共 2043 粒，占出土农作物种子的54.2%；小麦次之，共 1398 粒，占出土农作物种子的 37.1%；大麦共 19 粒，占出土农作物种子总

---

①　靳桂云等：《山东胶州赵家庄遗址龙山文化炭化植物遗存研究》，《科技考古（第三辑）》，科学出版社 2011 年版。

数的0.5%。考古发现说明,周代时,小麦已经成为这里旱作农业的主体。①

北阡遗址的小麦考古发现,与《春秋·庄公二十八年》记载的鲁国受灾,“大无麦禾,臧孙辰告籴于齐”,《管子·轻重乙》记载的“令以九月种麦,日(夏)至而获”相吻合,说明其时小麦已经成为东夷主要的农作物。

胶州是来夷莒国所在地。胶州里岔镇赵家庄和即墨北阡村遗址的考古发现说明,来夷之地在大汶口文化早期已经进入了稳定的农业时代,到龙山文化早期,已经普遍种植了小麦,到西周时,小麦已经成为这里主要的旱作农业。夏朝建于龙山文化晚期,夏朝时这里已经是五谷遍野。《尚书·禹贡》所说的“莱夷作牧”,与考古发现不合。《尚书·禹贡》之误,出在将小麦“来”字误作草头的“莱”,遂将种麦的“来夷”误为作牧的“牧民”。

4. 来夷之国有来、齐、夆、吕(莒)、嬴、费、己、曩、薄姑、州、向、鄑、路等

来、齐、夆三国皆以小麦为族徽,居于淄水流域。来都东阳,在益都(详下)。齐封营丘,在昌乐东南,后迁临淄。夆是周文王祖母太姜之国,原来在临淄,殷代时为薄姑所逼,迁居济阳刘台子,1979年济阳刘台子出土有《夆》(《集成》6.311)等西周早期青铜器。

吕(莒)、嬴、费皆虞夏之际四岳伯益的封国。伯益为来夷首领,也是东夷首领。伯益佐禹治水有功,舜帝封为侯爵,赐姓曰吕,建吕国于今莒县。少康中兴后,夏朝迁都中原,吕国迁都南阳,莒县吕国改名曰“莒”。商代时,莒被殷人占领,改为子姓国,莒国东迁介根,在胶县(今胶州,下同),周武王时重封,传世铜器有西周晚期的《莒小子簋》。嬴在莱芜,本少昊族旧居,舜帝将此地赐予伯益次子,管理少昊旧族。嬴姓有许多分支,其中一支迁于陇西,称为嬴秦,《史记·秦本纪》有记载。费国在今费县,伯益长子封于此,称伯益为大费。

己、曩、薄姑是炎帝族善于养蚕织丝的一支,以蚕神为图腾崇拜。己国在今寿光,考古发现的龙山文化时期的边线王城址当是其初期的都城。己国之地在弥、潍流域,有鄑邑(在今青州西北)、鄑邑(在今昌邑)、郱邑(在今临朐)、郚邑(在今安丘)。曩国是己国的子国,岳石文化晚期建于莱阳五龙河中游,商代时崛起,迁都于莒县东北的其县附近,其地域在山东半岛南部,东到今烟台一带,西到今日照一带,传世铜器有三百多件。薄姑在今临淄和博兴西北,是殷商子姓的祖源之地,殷商时封为侯国。西周初年,薄姑参与了武庚叛乱被镇压,其地封予齐。其国君欲逃亡朝鲜而未达,被暴风刮到了美洲,开创了美洲最早的奥尔梅克文明。1953年,美国考古学家在墨西哥奥

① 山东大学历史文化学院考古学系、青岛市文物保护考古研究所、即墨市博物馆:《山东即墨市北阡遗址2007年发掘简报》,《考古》2011年第11期。

尔梅克遗址发现的十六尊玉雕像和六件玉圭，是薄姑国的宗庙之物，玉圭上图像文字记载的是薄姑族的简明源流史。

州国即淳于，地在今安丘。向国在莒南县南，殷时改封为子姓国。鄑在安平县，后成为己国的一邑。路国，《世本·氏姓篇》载为炎帝之后，其地不详。

上述姜姓诸国的分布，即来夷活动的范围，大致以淄、弥、潍流域为中心，向东到半岛东部，向西南到日照一带，向北到黄河，向南到黄海，大约相当于今山东之地的三分之二区域。春秋时，上述诸国皆被齐国兼并，成就了来夷统一的大业。

二、来国

本节所说的来国是以“来”为名的“来”“𪎊”“𨻰”三国。

1. 来国

来国，《春秋》《左传》写作“莱”。

《春秋·宣公七年》：“夏，公会齐侯伐莱。”

《春秋·宣公九年》：“夏，仲孙蔑如京师。齐侯伐莱。”

《春秋·襄公六年》：“十有二月，齐侯灭莱。”

《左传·襄公二年》：“齐侯伐莱。”

《左传·襄公六年》：“十一月，齐侯灭莱，莱恃谋也。”

《说文》释“來(来)”为麦，释“莱”为草，“来”“莱”义不同，不可通假。

《左传·襄公十四年》：“齐人以郲寄卫侯。及其复也，以郲粮归。”卫侯即卫献公，因孙文子作乱而暂时避居于郲。郲本是来国都城，来国被齐国兼并，成为齐国的一邑，故加邑旁作“郲”。据此可知，春秋之时，来国本不作“莱”，《春秋》《左传》将“来”作“莱”，或因“来”“莱”音同而误，或是鲁大夫鄙夷故意作了手脚。

《史记·殷本纪》：“契为子姓，其后分封，以国为姓，有殷氏、来氏……”“来”字不从草。

出土殷卜辞的“王在来”和《来卣》《作册般甗》等殷、周青铜器铭文，来国之名皆作“来”，不作“莱”，可证《春秋》《左传》《尚书·禹贡》等将“来”作“莱”是误记也。

来国之都在哪里，学者们众说不一，至今没有定论。

《春秋·宣公七年》：“夏，公会齐侯伐莱。”杜预注：“莱国，今东莱黄县。”其后，学者多从杜预之说。

《左传·襄公二年》载，鲁成公的妇人齐姜薨，齐侯使诸姜宗妇去鲁国为齐姜送葬，“召莱子，莱子不会，故晏弱城东阳以逼之”。

《左传·襄公六年》载，齐侯灭莱，“四月，晏弱城东阳，而遂围莱”。

"城东阳"是到东阳筑城，安营扎寨，兵临来国国都城下，来都在东阳明矣。

《水经注》载，东阳在浊水和阳（洋）水之间。浊水出为山，向东北流经东阳城北。阳（洋）水出临朐，向东流经东阳城南，其地理位置在益都（今青州，下同）附近。益都即来夷之都，炎帝后裔东夷首领伯益的祖居。这里与齐地接壤，距齐都不远，故周初太公封齐，来侯与太公争营丘。西汉时在此设青州治广县，东晋时建东阳城。1986 年改益都为青州市。

1973 年 5 月，益都涝洼村出土的西周早期铜器《鱼伯己觚》载有铭文"鱼伯己"，另铜器《郭伯馭簋》铭文曰："唯王伐逨鱼……""逨"即"来"字。于省吾先生曰："逨鱼即《尚书·禹贡》中的莱夷。"①"逨鱼"也是《鱼伯己觚》的鱼国。《鱼伯己觚》出青州，是来国在青州的确证。可知，西周初年，来国被王师征伐后才归顺了周朝。

《左传·襄公六年》对齐灭来有详细的记载，灭来的统帅是齐相晏弱。来都被攻破，来共公逃奔棠，棠在今平度境内，晏弱又围棠将其征灭。来国灭亡，国人被迁到兒，兒即小郳，在今滕州东南，不在黄县。王莽天凤三年（16）在邹城卧虎山前刊立《莱子侯刻石》的，当是来国的后裔。

2. 𨑨国

𨑨国之名，甲骨文作"䅘"，义为小麦来自上天所赐。

殷卜辞载，某年五月麦收季节，𢀛方的七十人侵入商朝西部的"示䅘田"（《合集》六〇五），所谓的"示䅘田"即祭祀用的小麦产地，在䅘国。

殷代䅘国之名，周金文从两"至"两"来"作"𨑨"，其义也是说小麦是瑞麦，来自上天所赐。《诗经·周颂·思文》曰："贻我来牟，帝命率育。"郑玄笺云，周武王渡孟津，有白鱼跃于舟中，出涘以燎，化为乌鸟，五日后乌鸟五至，衔来小麦。郑玄所言，当是周人流传下来的神话，可知人们对于自然神小麦的崇拜，已经上升为宗教信仰，与殷铜器《己竝鼎》，周铜器《齐竝爵》《木竝爵》《单竝爵》一样，"𨑨"也是𨑨国的徽识，寓有男女和合、氏族繁衍昌盛之意。

𨑨国又称邰，在渭水北岸，漆沮水以西，今陕西扶风县和武功县之间。这里本是炎帝族没有迁居东夷的一支，《史记·周本纪》载，周人的先祖名弃，其母是有邰氏女，曰姜原。姜原是帝喾的元妃。姜原春游踏青出野外，践巨人的脚印寻找配偶而有孕，生弃。弃长大成人，好农耕，尧帝闻之，举为农师，有功于天下。舜帝时，以弃为农正，掌顺时播种五谷，号曰后稷，别姓姬氏，其后迁于岐山。

---

① 于省吾：《双剑誃吉金文选》，中华书局 1998 年版，第 299 页。

商代时，⿱⿰来来来国之地改封为子姓国，成为殷人小麦的主要产地，国名写作“⿱⿰来来米”。

武王克商不久，⿱⿰来来来国即归顺了周朝，并嫁女为周王妃，与周王室结为姻亲。成王时征东夷，⿱⿰来来来国派出一支五百人组成的军旅，随同太保召公征黄夷，遂驻扎黄地成为黄地的主人。

⿱⿰来来来国传世的铜器有七，西周早期的《⿱⿰来来来忧觯》(《集成》12.6481)，铭文记载殷灭亡后，⿱⿰来来来人担心自己的命运。《⿴囗来无忧作父丁卣》(《集成》10.5309)，铭文记载，⿴囗来嫁女为周王妃，⿴囗来成为周王室的姻亲国，不再担心自己的命运，国名简写作“来”，小麦来自上天所赐之义不变，写在“亞(亚)”字之中，表明“来”是周王室的姻亲国。

西周昭王时，为了获取荆楚之地的青铜器资源，昭王于十六年(前980)和十九年(前977)对荆楚进行了两次亲征，第一次亲征，打通了秦岭，开辟了南征的通道，到达了汉水流域，获得了一些青铜材料。第二次南征，昭王与六师命丧汉水。⿱⿰来来来军是王朝师氏麾下的一支劲旅，在首领启的率领下，随同昭王南征。1982年，《启鼎》《启尊》在陕西扶风出土，另有《启卣》《启尊》于1969年在黄县归城出土，说明黄县归城的师旅是陕西扶风⿱⿰来来来国的一支。

《趞鼎》是西周晚期宣王时的铜器，记载了⿱⿰来来黍国的国君受宣王赏赐之事。国名写作“⿰来攵”是经过太史留(籀)规范的文字。

西周末年，犬戎入侵，周平王东迁洛阳，⿱⿰来来黍国国君可能东迁黄县归城，壮大了黄县归城⿱敖黾国的势力。

3. ⿱敖黾国

⿱敖黾国在黄县(今龙口，下同)归城，是陕西扶风⿱⿰来来来国的子国。

⿱敖黾国本是黄夷的祖居地，1958年，黄县出土的青铜甗，体形硕大，制作精良，说明此地可能在夏代已经建国并进入了青铜时代。夏、商时，此地的强大可知。在此地的史前古国未有考明之前，我们暂称其为黄夷。武王克商，胶东的过国和黄夷等都未服周，成王时征东夷，⿱⿰来来来国的一支五百人的劲旅随太保召公征黄夷，遂长期驻扎此地，成为此地的主人，周铜器《旅鼎》记载了此事。

旅是王朝师氏麾下的一支军旅，西周昭王十六年(前980)和十九年(前977)，为获取荆楚之地的青铜资源，进行了两次御驾亲征，作为王朝师氏的过伯和⿱⿰来来来旅首领启都随昭王参加了南征。十九年第二次南征时，过伯和启可能都与昭王一起命丧汉水。

西周穆王时，启的儿子被封伯爵，建国于黄县归城，国名曰⿱敖黾。清光绪二十二年(1896)春，黄县城东南鲁家沟出土铜器十件，其中《⿱敖黾伯鼎》铭文五字：“⿱敖黾伯作旅鼎。”(《集成》4.2044)

西周晚期,王朝力衰,王朝对于淮夷的征伐,主要倚靠诸侯的力量,□国仍是王朝倚重的力量之一。登莱出土的《师寰簋》铭文载:"王命师寰率领齐师、曩、□、僰,𡎸左右虎臣征淮夷……"(《集成》8.4314)在黄县出土的铜器中,有数件南方诸侯国的铜器,可能是□国的战利品。

□国与曩国是姻亲国。1951年4月,黄县归城南埠村出土铜器八件,都是曩国嫁女的媵器。1976年,日照崮河崖1号墓出土西周晚期《□伯鬲》四件,铭文各15字,有的铭文漫漶不清。日照之地,当时是曩国的领土,铜器也与两国通婚有关(《集成》3.663)。

春秋之时,齐国崛起,开始兼并周围诸侯国。齐襄公八年(前690),齐灭纪;齐襄公十二年(前686),齐灭郕。至齐桓公时,尊王攘夷,称霸天下。齐桓公二年(前684),齐灭谭;五年(前681),齐灭遂;二十二年(前664),齐降鄣;二十六年(前660),齐人迁阳。齐灵公十五年(前567),齐灭来,除鲁国和胶东半岛外,山东北部、西部、南部大部分皆为齐有。

其时,胶东之地有两个诸侯国:一曰过国,在莱州;一曰□国,在黄县归城。齐灵公十五年(前567)灭来后,继续东进,过国俯首称臣,成为齐之附庸。大约在齐庄公时,齐国大将叔夷率领三军围攻□国。□都虽有依山建筑的内外两城,但最终还是被齐军攻破。□侯逃到莢河一带的莢邑,到齐景公时,莢邑也被齐军攻破,至此,齐国又拥有了整个胶东半岛,国土占了整个山东的三分之二区域。

宋徽宗宣和五年(1123),齐都故城出土《叔夷镈》一件(《集成》1.285)、《叔夷编钟》十三件(《集成》1.272—278)。《叔夷镈》铭文491字,《叔夷钟》铭文499字,记载了叔夷率齐三军灭□后受到齐侯赏赐之事,现藏于台北故宫博物院的《庚壶》,也记载了齐国将领庚攻破□都大门的战事。《叔夷镈》《叔夷钟》《庚壶》这些长篇巨作,都是齐国灭□的重要文献。

据不完全统计,□国出土的铜器有400多件,其中有许多载有铭文,可知□国之强大。

出土文献说明,黄县归城的□国与益都东阳的来国并不是一国。益都东阳的来国灭于齐灵公十五年(前567),黄县归城的□国灭于齐庄公时期(前553—前548)。灭东阳来国的齐军统帅是齐相晏弱,灭黄县归城□国的是齐大夫叔夷;东阳来国都城被攻破,国君来共公逃奔于棠,后又被晏弱灭于棠;黄县归城的□国被攻破,□国君逃奔于莢,齐景公时又将莢攻灭;东阳来国灭后,其地分给了齐国贵族,"高厚、崔杼定其田",黄县归城□国灭后,齐庄公将□都归城以东至育犁三百县之地都赐给了叔夷,育犁在今福山西。来国近齐,与齐国发生的利益之争较多,《春秋》《左传》有许多关于来国的记载，而黄县𨞪国离齐地较远，不见于《春秋》《左传》，故自西晋杜预以来，学者皆把益都东阳的来国安排到了黄县的归城。由此可知，史籍有误记，凡有铜器铭文出土的，都应以出土资料为准。

上述考证说明，殷、周之时来国有三：一曰来，在益都东阳；二曰𩞁，在陕西扶风；三曰𨞪，在黄县归城。来、𩞁本是炎帝之后，姜姓古国，以小麦为图腾崇拜，立国数千年，商代时被占领，改封为子姓国，但国名未改，仍以小麦为保护神。黄县的𨞪国是陕西扶风𩞁国的分支，西周穆王时封为诸侯国，故其又俗称"莱子国"。

三、东来

东来（莱）是国名，还是地名，历代学者见解不一。

南宋罗泌《路史》曰："齐人迁之郳为东莱。"康熙《黄县志》曰，齐国"迁莱子于郳，在国之东，故曰东莱。地今去县城十里，基址犹存，一名归城"。王献唐等学者也认为东莱是公元前567年齐国灭莱后将莱人东迁至黄县所建的国家。①

另有学者认为，莱与东莱自始自终是两个不同的国家。"东莱"一词早在灭莱之前就见于史载，说明"东莱"并非齐灭莱之后迁莱人于郳所建的"莱子国"，"东莱"也不是齐莱境内的地名，而是地处东隅海滨的一个夷族国家，因地处东方海隅，故称作"东莱"，国都在黄县归城。②

也有学者认为，"东莱"并非国名，而是一个特定的地理名称。今淄博、潍坊以东直至半岛地区，是古莱夷的居住之地，故称为"东莱"。③

出土的青铜器文献说明，黄县归城𨞪国不作"东来"，更不作"东莱"，"东来（莱）"是一个地域的概念，是地名而不是国名。"东莱（来）"之称最早见于《国语·齐语》："桓公知天下诸侯多与己也，故又大施忠焉。可谓动者为之动，可谓谋者为之谋，军谭、遂而不有也，诸侯称宽焉。通齐国之鱼盐于东莱，使关市幾而不征，以为诸侯利，诸侯称广焉。"《管子·小匡》也有内容相同的记载。韦昭注《国语·齐语》此条曰："言通者，则先时禁之矣。东莱，齐东莱夷也。"可知"东莱"并非是一国之名，而是指齐东的来国和其他来夷诸国，以后泛指齐东莱夷地区。

秦统一天下，实行郡县制，设胶东郡，管辖今潍坊市以东地区。西汉初年，分胶东郡为三，设胶东国、北海郡、东莱郡，东莱始用作郡名。东莱郡治所在掖县（今山

① 王献唐：《山东古国考》，青岛出版社2007年版，第210页。杜在忠：《莱国与莱夷古文化探略》，《东岳论丛》1984年第1期。迟克俭：《古莱国初探》，《齐鲁学刊》1984年第1期。

② 丛领滋：《莱与东莱两国论》，《管子学刊》1992年第3期。周昌富：《东莱新说》，《东夷古国史研究（第一辑）》，三秦出版社1988年版。

③ 逄振镐：《莱夷与莱国》，《烟台师范学院学报（哲社版）》1997年第2期。

东莱州),辖胶东十七县。东汉至三国曹魏时,东莱郡治所一度移治黄县。西晋时,封东莱国,都掖县,十六国时复设东莱郡。唐代时,郡一级行政区划取消,东莱郡改为莱州。

“莱”夷、“莱”国和东“莱”,行世2500多年,“来”字改头换面,“莱”字以假乱真,今还历史一个明白。

第四编　过国源流

西周早期青铜器《过伯簋》

引　言

“胶东较早的新石器文化，按相对年代排比依次是白石村一期、邱家庄一期和紫荆山一期，并分别与鲁中南和苏北地区的北辛类型、大汶口一期和青莲岗期、以及大汶口二至四期或刘林期相当。”

“全新世早期，胶东地区已有人类居住，蓬莱石门口发现的桂叶形打制石器就是一个清楚的信息。”

“大汶口文化晚期的遗址仍然不多，只有莱阳于家店二期和栖霞杨家圈一期等少数几处，未见贝丘，分布重心似已转入河谷和西部平原地带。”

“胶东龙山文化遗址极多，初步统计有四十余处。”“其分布遍及海边和内地，过去遗址很少的西部几县一下子也多了起来，这又是一个繁荣的时代。”

“继龙山文化之后发展起来的是岳石文化，它是以一九六〇年发掘的平度东岳石遗址而得名的。”“岳石文化遗址的分布以胶东地区为主，初步统计有二十八处。”“从考古学文化来考察，不论是岳石文化，还是以前的各期文化，在胶东地区都是一致的，难以再划分为更小的地方类型。如果说嵎夷和莱夷都在胶东，那么胶东的整个原始文化都可以说是嵎夷和莱夷的文化。”①

——摘自严文明《胶东原始文化初论》

① 严文明:《胶东原始文化初论》,《山东史前文化论文集》,齐鲁书社1986年版,第72~81页。

过　国

蒜园子新石器时期遗址

一

蒜园子新石器时期遗址（以下简称“蒜园子遗址”）位于莱州城南蒜园子村东南高台地上。这里是大基山西南麓的山前岗地，海拔53米，地势平坦，冲积堆积近10米。发源于大基山前店子村南丘陵的南阳河，从莱州城南关与遗址之间流过，至西北海庙姜家入海。遗址北距南阳河250米，东有仲家河，西有阳关河，皆南阳河支流，可谓三面傍水，是理想的居住之地（图4－1）。①

图4－1　蒜园子遗址

① 本文部分图片由莱州市博物馆提供。

1981 年 4 月，烟台地区文化局在掖县（今莱州，下同）举办文物普查培训班发现了该遗址。遗址南北长约370 米，东西宽约360 米。北部断崖剖面有1 米厚的文化堆积。第一层是耕土层，厚约 30 厘米；第二层为黄褐土，厚约 45 厘米，含有战国时期的陶片；第三层为黑板土，厚约 15—60 厘米，含有蓬莱紫荆山文化类型的陶片（图 4－2）。在北部断崖发现一座土坑竖穴单人残墓，墓主下肢骨已被水沟破坏，头骨挂在断崖上，几块脊椎骨散落在水沟中。墓主人为一成年男性，年龄在 20 岁左右。墓南侧还有很多人骨，皆无墓穴、无葬具、无随葬品。西侧有灰坑两处。地表暴露的陶片，俯拾皆是，北部与南部呈现不同的文化特征。北部发现的陶片，以夹砂、云母、滑石的红褐陶为主，夹砂灰褐陶次之，可辨器形有盆形鼎、罐形鼎、罐形钵、小口罐。陶质以夹砂、夹滑石、夹云母的红褐陶为主，夹砂灰陶次之。器表多素面。纹饰有附加堆纹、刻画纹、乳丁纹。制法均为手制。文化特征与蓬莱紫荆山一期相同，年代与大汶口文化早期相当（图 4－3）。南部发现的陶片，以夹砂红陶为主，泥质黑陶较少，可辨器形比北部多，除鼎、钵、罐，还有瓮和盆。鼎有盆形和罐形两类，罐也有高领和折沿两种，盆为卷沿大平底。纹饰与北区相同，但制法不同，皆为轮制。年代晚于北区，相当于龙山文化时期（图 4－4）。另采集有石刀、石斧、石凿、石锛、石磨棒等石器，玉钺、玉琮、玉璇玑等玉器（图版八），年代为新石器时期中、晚期。在北部断崖黄褐土文化层中，发现有战国时期的陶片，可辨器形有豆、盆、罐、板瓦。

图4－2　蒜园子遗址文化层

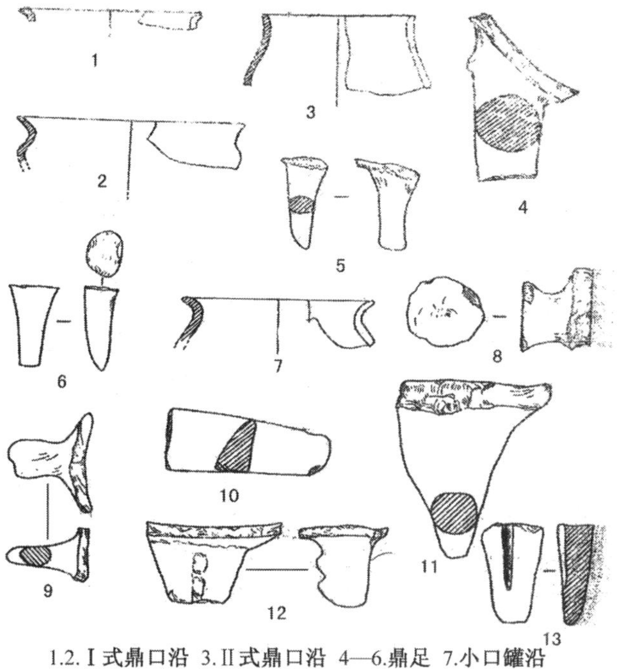

1.2.Ⅰ式鼎口沿 3.Ⅱ式鼎口沿 4—6.鼎足 7.小口罐沿
8.Ⅰ式器把 9.Ⅱ式器把 10.残石磨棒 11—13.鼎足
（1—10.为大汶口文化遗物 11—13.为龙山文化遗物）

图4－3 蒜园子遗址1981年采集陶片标本图(一)

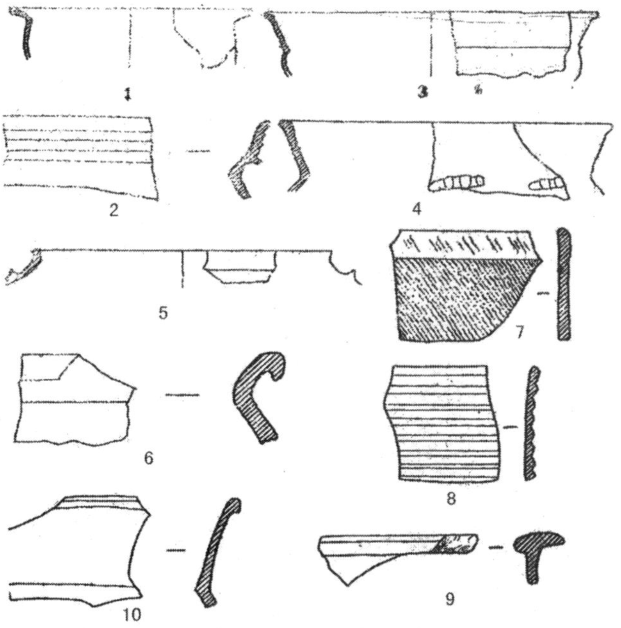

1.Ⅰ式盆口沿 2.Ⅱ式盆口沿 3.Ⅲ式盆口沿 4.Ⅰ式罐口沿
5.Ⅱ式罐口沿 6.Ⅱ式罐口沿 7.8.板瓦 9.罐口沿 10.盆口沿
（1—6.为龙山文化遗物 7—10.为战国时期遗物）

图4－4 蒜园子遗址1981年采集陶片标本图(二)

2016 年 12 月 5 日，笔者到蒜园子遗址进行考古调查，在遗址标志碑西约 30 米的地崖上，发现土坑竖穴单人残墓一座，无葬具。墓主人的两条大腿骨裸露在外，小腿骨与足骨缺失，上身肢体埋在土中(图 4 -5)。在墓葬身西约 4 米处，发现灰坑一个，裸露一些陶片，清理发现有Ⅰ式鼎足三个，每个高 8.2 厘米，上部宽 5 厘米，厚 3 厘米，内外两面皆有长方形窝，式样不多见。鼎足下部内外皆为斜面，宽 2.5 厘米，厚 0.3 厘米(图 4 -6 中的 1、2、3)。Ⅱ式鼎足两个，每个外高 12.5 厘米，内高 8 厘米，扁柱状，鼎壁厚 0.9 厘米(图 4 -6 中的 4、5)。两鼎皆为夹砂夹滑石的红褐陶，陶质细腻坚硬，烧制的火候较高，敲击声清脆如瓷器。发现有两个鼎耳：一个鼎耳完整无损，高 4 厘米，宽 1.6—2.8 厘米，耳与鼎的粘贴面整齐，手制(图 4 -6 中的 6)。另一个鼎耳残，外残长 6.5 厘米，上部断面宽 5 厘米，高 3.5 厘米(图 4 -6 中的 7)。鼎足、鼎耳等是迄今为止蒜园子遗址最具典型特征的陶器考古发现，年代当为大汶口文化早期。发现的一块陶鼎残片上有附加堆纹(图 4 -6 中的 8)。另一陶片上有深浅两种刻画纹，形如网格(图 4 -6 中的 9)。还有一块残陶片，高 4.5 厘米，宽 5.7 厘米，厚 2.5—0.6 厘米，紫红色，有较大的乳丁，手制(图 4 -6 中的 10)。发现石器两件：一件为打制，白色石英石质，六面梯形，长 3.5—5 厘米，宽 3.5—4 厘米，高 3.2 厘米，刃部有用过的痕迹(图 4 -6 中的 11)。另一件为残石斧，长 5.3 厘米，宽 3.2 厘米，厚 2 厘米，黑色，两面磨光，刃部残钝，可知使用的时间较长(图 4 -6 中的 12)。还采集到许多陶片(图4 -7)。

图4 -5　蒜园子遗址新发现的墓葬与陶片

蒜园子遗址初步发现面积 133000 平方米，是一个很大的聚落，经中国社科院考古专家鉴定为新石器中、晚期遗址，1992 年公布为山东省重点文物保护单位。

20 世纪 80 年代以来，蒜园子遗址一带发现的石器、骨器、陶器、玉器等遗物，说明此地从大汶口文化早期到战国之时一直有人聚居；玉器是文明时代的遗物，说明在龙山文化早期，这里已经建立了国家。战国以后的历史已经有文献记载。

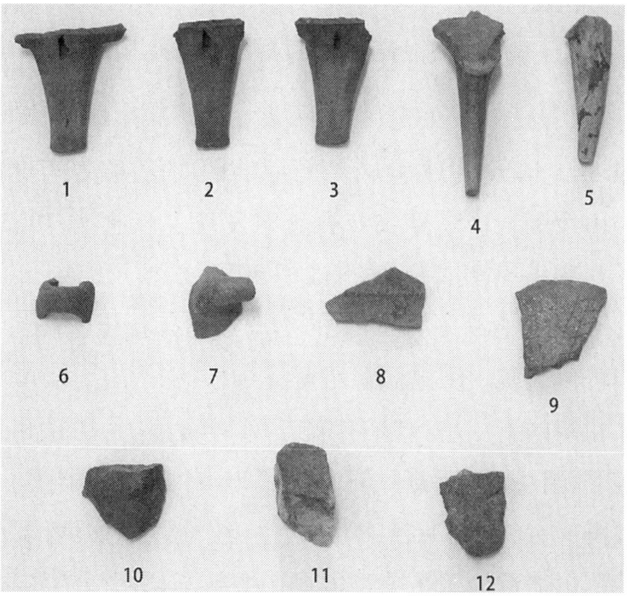

图4-6　蒜园子遗址新采集的鼎足、鼎耳、陶片与石器

图4-7　蒜园子遗址新采集的陶片

莱州市境内,比蒜园子遗址年代略早的还有土山镇中杨村遗址。1987年,烟台市考古专家在土山镇中杨村发现具有白石村文化特征和东周文化特征的陶片及石器等遗物,遂定为白石村文化和东周文化遗址。但遗址为房屋所占,遗物发现不多。

二

蓬莱紫荆山遗址位于蓬莱市西门外，其西、北两面傍海，东有金沙泉流过，遗址坐落在三面环水的小山丘上。1957 年文物普查时发现了该遗址，1963 年 10 月，山东省博物馆对其进行了一次小规模试掘，发掘面积 40 平方米。

紫荆山遗址的上层为龙山文化，出土的生产工具有石斧、石凿、石刀、石箭头和陶纺轮等，生活用具有陶鼎、碗、杯、盘、罐、缸等。

紫荆山遗址文化层的下层，发现的生产工具有石斧、陶纺轮和骨凿，生活用具有陶鼎、罐、盂、钵、碗等，装饰品有陶环、石环、骨笄和牙质束发器等。陶器以夹滑石的红褐粗陶和泥质红陶为主，皆为手制，素面为主，纹饰以附加堆纹为多，有少量彩陶，均为红地黑彩。紫荆山遗址展示了典型的龙山文化与以彩陶为特征之一的大汶口文化之间的地层叠压关系。发掘者认为“紫荆山下层文化很可能系大汶口文化的原始阶段”①。紫荆山遗址的年代为大汶口文化早期，距今约 6300—5500 年，是胶东大汶口文化时期的典型遗址。蒜园子遗址的年代与其相当。

蓬莱紫荆山文化和莱州蒜园子文化在时间上承接烟台白石村文化。

20 世纪七八十年代发现的福山邱家庄遗址、荣成河口遗址和烟台市白石村遗址，展现了与鲁中南地区北辛文化遗址不同的文化面貌，遂以“烟台白石村文化”命名，成为胶东半岛领先的独特的考古文化。

白石村文化以烟台市白石村遗址为代表，以贝丘堆积为突出特征，在西起即墨，东到威海、荣成，南自乳山、莱阳，北至长岛的近海沿岸，40 多处白石文化遗址分布，展现了新石器时期胶东人的渔猎生活。

白石村遗址位于烟台市芝罘区西南黄金顶北麓的坡地上。这里北距海湾约 1. 5 千米，地势南高北低，海拔在 61—74 米之间。1972 年，烟台市考古工作者发现，这里堆积了数千年的“蛤蜊堆”，原来是远古人类生活的宝地。

白石村遗址是一个生活区。在 200 平方米的发掘面积上，发现了 210 多个房架柱洞。这些柱洞，有大有小，有深有浅，分布密集，构造不一。柱洞的底部，或是经过夯实，或是垫有基石，反映出较高的建筑技术和坚固的房屋性能。遗址发现的大量的红烧土墙皮残块，说明这些房屋是御寒性能好的半地穴式建筑，其时的胶东人已过上了稳定的定居生活。

---

① 山东省博物馆：《山东蓬莱紫荆山遗址试掘简报》，《考古》1973 年第 1 期。

陶器的发明是人类社会进入新石器时期的重要标志。白石村遗址出土的陶器有鼎、罐、钵、釜、盆、支脚、纺轮等。鼎是炊具，有钵形、盆形、罐形等多种形态。釜、钵、盆都是盛物器，皆圆底，用支脚架起来，还可作炊具用。陶质以夹砂为主，泥质为次。制法全系手制。多数器物上都安有把手和器耳，体现出结实耐用、使用方便的特色。陶色大多呈红褐或黑褐色。器表多素面，纹饰有附加堆纹、乳丁纹。

石器以琢制为主，兼有打制。器形有斧、锛、凿、铲、锤、石球、弹丸、磨盘、磨棒、网坠等。磨盘、磨棒是干果食物的加工工具。铲很小，大概是挖掘植物根茎的工具，其余多是渔猎工具。陶纺轮的发现，说明其时已有了纺织业。

遗址出土了200多件骨器，多为通体磨光，制作精致。器形有锥、针、笄、镞、矛等，也多是渔猎工具。

在遗址的灰沟中，发现了3具人骨架，皆无葬穴、无葬具、无随葬品。葬俗与滕州北辛文化不同，也无北辛文化的拔牙习俗。

贝丘堆积中还发现有猪的下颌骨。这应是家猪的遗存，说明其时已经有了家畜饲养业。这是一个采集、渔猎时代，捞贝、捕鱼、狩猎和家畜饲养应是人们肉食的主要来源。

白石村文化的年代，碳－14测定了8个数据，其中以邱家庄Q9H91标本为最早，其测定年代为5415±80，校正年代为6060±125；以白石村G2③标本为最晚，其测定年代为4415±80，校正年代为4920±180。①

袁靖《中国大陆沿海地区史前时期人地关系研究》曰："胶东半岛的贝丘遗址可分为白石村一期、邱家庄一期和紫荆山一期这样三期。其中白石村一期为距今6000—5700年，持续300年，邱家庄一期为距今5700—5275年，持续425年，紫荆山一期为距今5275—4860年，持续415年。整个贝丘遗址存在的时间为1140年。""我们推测胶东半岛的贝丘遗址于距今4860年前后消亡……也就是说，当地的人逐渐放弃了采集、捕捞的习惯，而开始从事农耕这种新的生存活动。"②袁靖对于邱家庄一期、白石村一期年代的论述，比碳－14测定的数据偏晚，按其所论，距今4860年是胶东地区采集、捕捞时代和农耕时代的分水岭。

三

白石村文化类型的性质及其源头，考古学界存在两种认识：一种认为白石村文化

① 栾丰实：《东夷考古》，山东大学出版社1996年版，第90页。

② 袁靖：《中国大陆沿海地区史前时期人地关系研究》，《古代文明（第1卷）》，文物出版社2002年版，第61、64页。

类型是海岱文化区较早时期的一个地方类型，在文化体系上可归于北辛文化。另一种则认为白石村文化类型是一支独立的原始文化体系。

将白石村文化归于北辛文化，是山东考古文化大一统的观点。20世纪80年代初，考古工作者发现的沂源猿人与北京猿人相当，属于直立人。随后，凤凰岭文化、后李文化、北辛文化、大汶口文化、龙山文化、岳石文化的考古发现，建立起了海岱文化区考古文化谱系。将白石村文化归于北辛文化，是顺理成章的事情，却忽视了海岱文化区考古文化的多元性和胶东考古文化的特殊性。

人类的诞生和发展，地理环境在其中起着至关重要的作用，不同的地理环境，造就了不同的人种和人群。在海岱文化区中，胶东半岛是一个特殊的地理环境。这里，三面环海，中部山地隆起，河向南、北分流。西部胶莱平原地势低洼，在气候变异的大理冰期，洪水、海浸一度将这里淹没，胶东半岛成为“孤岛”。在这里生存的人们，曾经拥有裸露的海底平原和与辽东半岛连在一起的广袤大地，也曾囿于被洪水、海浸逼上山岭高地的狭小区域。大海是白石村人的生活依托和生命摇篮。特殊的地理环境，打造出特殊的历史文化。

1988年，长岛县发现的古人类化石，有着较高的前额和较明显的眉脊，鉴定为距今3万年左右，并被暂时命名为“长岛人”化石。“长岛人”无疑是胶东“白石村人”的先祖，他们生活在第二次大理冰期期间，其时，裸露的海底平原将辽东半岛与胶东半岛连在一起，丰富的海洋生物成为当时人们生活的佳品。“长岛人”化石的发现，填补了中国东部地区猿人和新人之间的一个缺环，而2007年莱州石埠溶洞人类生存遗迹的发现，则可能将胶东人类生存的年代推向更为遥远的更新世时期。

最先主张将胶东半岛新石器文化作为一个单独系统考察的是著名的考古学家苏秉琦先生。1978年，他在烟台考古工作会议上就指出：“烟台地区的原始文化，有它自己的起源。”①1981年，他在论述《关于考古学文化的区系类型问题》时又说：“山东境内的新石器时代遗存并非仅此一个系统。胶东半岛的古文化遗存就另有特色。虽然这一带的考古工作比较少，材料比较零散，但从半岛顶端的荣成到黄县（今龙口，下同）的沿海一侧遗址中看到，农耕工具很少出土，陶器中筒式的夹砂陶使用类似铆钉状附件作把手，甚至到了铜器时代还保持了这种传统痕迹——在同类器上加有泥饼。假如把长岛的出土物与辽东半岛上旅顺郭家村和长海广鹿等地的出土物加以比较，却可发现两者有很多相似之处。例如，在长岛缺乏农耕工具，而大量使用鲍鱼壳作工具，甚至打制或磨制的石刀，形制也与鲍鱼壳相近似。这种工具既利于切割，也便于

① 《苏秉琦先生在1978年8月22日至23日有关烟台考古工作的谈话》，《胶东考古研究文集》，齐鲁书社2004年版，第428页。

刮削。此外，辽东半岛的两处遗址虽似缺乏用鲍鱼壳制作的工具，但是，却大量出有类似前者的石刀。这种情况，应与当时的生活方式有关。”①

苏秉琦先生的论述，奠定了胶东考古工作的基础。承接和实施苏秉琦先生胶东考古意愿的是著名考古学家、时任北京大学考古系主任的严文明先生。从1979年开始，在严文明先生的主持下，北京大学考古系师生与中国社科院考古所山东队和烟台地区文管会合作，历时十年，对福山、海阳、莱阳、莱西、黄县、长岛、蓬莱、栖霞、牟平、乳山等14个县市、40多处古文化遗址进行了考古调查和考古发掘，发现了岳石文化、龙山文化、大汶口文化和紫荆山一期文化依次叠压的地层关系，发现了芝水二期文化、珍珠门文化、周齐文化，建立起胶东新石器时期和青铜器时代的文化谱系。

1982年8月，严文明先生撰文论述了胶东新石器时期文化的起源问题。他提出：“全新世早期，胶东地区已有人类居住，蓬莱石门口发现的桂叶形打制石器就是一个清楚的信息。那时海平面逐渐上升，海水从黄海侵入到原本是陆地而现在已成为渤海的部分地区，把辽东半岛和山东半岛隔离开来，两地的石器文化也因而失去联系，各自走着不同的发展道路。胶东的居民，从事农业、养畜业、狩猎、采集植物性食物、捕捞鱼类和海贝等，大部分居住于山林、草泽和浅海各种生态系统相交汇的海滨或小河入海口的近旁，发展了新石器时代的综合经济。随着海水的继续上涨，居址大多被淹没在大陆架上，人们不得不逐渐往高处搬迁。这当然是一个极其缓慢的过程，短期内甚至很难感觉出来。新的居址仍然多数设在海边，人们照旧捕鱼和采食海贝，于是形成了白石村一期和邱家庄一期那些贝丘遗址。”“由于内部大致统一而与外部交通困难，于是形成了胶东原始文化特色，在命名时应该反映这一特色，而不宜随意归并于其他文化。”“由此可见，胶东地区在我国东方新石器文化发展的总进程中并不是一开始就处在派生的次级文化区的地位，而是自有起源和自己的发展谱系，只是后来同鲁中南等地的文化联系越来越密切，相互影响越来越深，才逐渐融合为一个较大的大汶口—龙山文化体系。即使到那时，胶东地区原始文化的若干地方特性，仍是不应当忽视的。”②

在《东夷文化的探索》一文中，严文明先生又说：“现在知道，胶东新石器文化的发展是自成体系的，各阶段的代表性遗存是白石村一期—邱家庄一期—北庄一期—北庄二期—杨家圈一期—杨家圈二、三期。从文化内涵分析，各阶段是一脉相承、不断发展的。表现在陶器上的突出特征是自始至终以素面为主，古朴典雅而不尚华丽。比较稳定的陶器组合是鼎、钵（豆）、壶、罐，从北庄一期起有鬶。胶东青铜文化继承了

① 苏秉琦：《苏秉琦考古学论述选集》，文物出版社1984年版，第228～229页。

② 严文明：《胶东原始文化初论》，《胶东考古研究文集》，齐鲁书社2004年版，第7页。

这些传统，铜器同样以素面为主，器物组合上以甗代鬶，陶鼎多为铜鼎所代替，而豆、壶、罐等一直是主要器物。”同时，他又指出：“如果我们把视野放宽一点，就可以看出，胶东史前文化不过是山东和苏北徐海地区史前文化这个大系统中间的一个子系统。”①

中国社科院考古所山东队的韩榕先生对胶东考古持有同论。他在1982年撰文的《胶东史前文化初探》中说：“依据上文的分析，我们认为：山东地区的史前文化存在着两大分支系统，一支是以泰山周围一带为其主要分布区域的大汶口文化，它的前身是‘北辛文化’；另一支则以胶东地区为其主要活动范围，其相当于大汶口文化的阶段，我们称为‘邱家庄类型’和‘北庄类型’。‘邱家庄类型’是由在年代上接近或相当于‘北辛文化’的‘白石村一期’发展而来的。我们看不出‘白石村一期’与‘北辛文化’有什么发展上的联系。在稍后的‘邱家庄下层’，我们也看不出大汶口文化的早期遗存对它有什么明显的影响。就是说，这两个分支的文化从一开始就各有其不同的来源，因而也就形成了各自的文化系统。自‘邱家庄类型’晚期之后，在‘紫荆山下层’‘北庄一期’和‘北庄二期’的文化遗存中才比较清楚地看到了大汶口文化的影响。这一影响大约是由泰山北侧沿渤海湾向东到达半岛北部的蓬莱一带。在半岛的东部和南部似乎还看不出这一时期大汶口文化的明显影响。到北庄类型的晚期，随着大汶口文化晚期遗存在胶莱平原一带的迅速发展，‘三里河类型’有可能越过胶莱河向东延伸，对半岛南部相当于‘杨家圈一期’的文化遗存以较大的影响。从城阳—于家店—杨家圈一带我们似乎隐约看到了大汶口文化的影子。”②

山东省文物考古研究所的杨子范先生认为胶东可能也是中国人类的发祥地之一。他说：“大家知道，胶东半岛是一个古陆块，早已为古生物学者所关注，这个半岛，从远古时代起，物质文化遗存是很丰富的。近年来旧石器中石器时代遗迹、遗物的发现，提出了这样的问题，胶东地区是否也是中国人类发祥地之一呢？是否也可以这样认为，胶东地区的原始文化，一支由东向西往潍河流域的平原地带发展；一支经长山列岛向辽东半岛上发展而去。”③

学术界对于山东内地史前文化与胶东半岛史前文化的关系，存在两种意见：一种以北京大学严文明先生为代表，认为山东内地的史前文化在大汶口文化早期，即传播到了胶东，由此产生了以烟台白石村文化一期和福山邱家庄文化一期为基础的蓬莱

① 严文明：《东夷文化的探索》，《文物》1989年第9期。

② 韩榕：《胶东史前文化初探》，《胶东考古研究文集》，齐鲁书社2004年版，第26页。

③ 杨子范：《对山东史前考古的追述与瞻望（代前言）》，《山东史前文化论文集》，齐鲁书社1986年版，第9页。

紫荆山一期和长岛北庄一期等大汶口文化早期遗址。另一种意见以山东省考古研究所的杨子范先生为代表，认为“龙山文化在它的末期才传播到了胶东半岛上”[①]。两者相差1500年。长岛北庄大汶口文化太阳八角芒形图像文字的出土和笔者近期对其文化内涵的研究表明，山东内地史前文化在大汶口文化早期传播到胶东半岛，当是历史的真实，住在今泰安的太昊太阳部落，是大汶口文化在胶东半岛的传播者，这种传播或是为了寻找夏天的日出之地。

---

① 杨子范：《对山东史前考古的追述与瞻望（代前言）》，《山东史前文化论文集》，齐鲁书社1986年版，第12页。

海北嘴新石器时期遗址

金城镇海北嘴村150户,旧名土城子,1952年更名新立村,1991年因居于海北嘴之地,故又改名海北嘴村。这里南距莱州市区32千米,东距镇政府驻地7.5千米,是渤海莱州湾边的一个村落。

海北嘴新石器时期遗址(以下简称“海北嘴遗址”)在海北嘴村村北。2007年,华电国际莱州电厂建立,征用了村北海岸土地2000亩,基础施工中,挖出了墓葬、陶器、青铜剑等古物。其后,烟台市博物馆派人前来调查,发现几处春秋时期的古墓葬,遂确认为春秋时期的墓葬区。

笔者曾在金城镇工作多年,从未听说这里有古代的遗迹,海北嘴春秋古墓的发现,引起了笔者的关注。2014年10月11日和11月19日,笔者会同莱州市博物馆的张英军、刘国庆先生和时任莱州市人大科教文委主任王玉国先生,对遗址进行了两次调查,有了一些新的发现。

华电国际莱州电厂南门外,是一条东西走向的大道,与一条向南通往海北嘴村内的南北大道相交成“丁”字形。东西大道和南北大道的两侧,都是二三米高的断崖。在东西大道东侧南崖,裸露两座竖式土圹无葬具的古墓(图4-8)。西面的一座墓葬宽约1.8米,深约2米,裸露两根臂骨,稍加清理,发现陶罐两个,其中一个破碎程度较轻(图4-9)。

南北大道东侧断崖,地势南低北高,发现有0.5—1米厚的文化层(图4-10)。文化

图4-8 海北嘴遗址断崖

图4-9 海北嘴遗址墓葬陶罐

层有多处红烧土和贝壳堆积(图4－11),含有石器和陶片,陶片有涂朱现象,可辨器形有罐和盆。在断崖之上的果园南部和其西侧的地里,采集到一些石器、贝壳等遗物。

图4－10 海北嘴遗址文化层

图4－11 海北嘴遗址贝壳堆积

一、采集石器共20多件,其中石质为石英石和花岗石的打制器11件(图4－12);石质为花岗岩的研磨器9件,石凿1件,石刀2件,石锥4件(图4－13)。

图4－12 海北嘴遗址打制石器

磨制石器中有一件为花岗岩质的梯形石,长10—11.5厘米,宽7.5—8厘米,厚4—6厘米,红色,边角圆钝,一端有明显的打击痕迹(图4－13中的1)。

单孔石刀一件,石质为菱镁石,两端断缺,残长7.5—8.5厘米,宽8厘米,厚3厘米,单孔,形似鱼头,通体经过磨制,刃部呈斜面,刃面宽2.5厘米(图4－13中的2),

呈现新石器时期的文化特征。

小刀石 1 件，长 4.5 厘米，宽 2—2.5 厘米，厚 1 厘米，刃部经磨制，有明显使用过的痕迹（图 4－13 中的 3）。

小石凿 1 件，长 5.7 厘米，上宽 2 厘米，下宽 3 厘米，上部厚 3 厘米，六面磨制，刃部有明显使用过的痕迹（图 4－13 中的 4）。

图 4－13　海北嘴遗址磨制石器

二、陶片 110 多件，有红陶、黑陶、灰陶、夹砂和夹滑石，有的外黑内红，有的外红内黑，可辨器形有罐、盆、鬲足等，素面较多，少数陶片有绳纹和附加堆纹（图 4－14）。

袋状残鬲足一件，内空，高 5.2 厘米，残口径 5 厘米，泥质，夹砂，外黑内红，手制（图 4－15 中的 1）。残鼎足一件，高 3 厘米，为实足（图 4－15 中的 2）。

三、渔网具 2 件，黑泥质，夹砂，手制，其中一个长 7 厘米，直径 4 厘米，内孔直径 1.4 厘米（图 4－15 中的 3、4）。

考古调查说明，海北嘴村北不仅是春秋时的古墓群，还是一处新石器时期的古遗址。这里聚落很小，但年代久远。遗址出土的打制石器有旧石器时期的文化特征，遗址贝壳堆积遗迹与烟台白石村文化相似，海北嘴新石器时期遗址的年代，可能与烟台白石村文化的年代相当，海北嘴遗址的发现为新石器渔猎时期人们临海而居增添了例证。

图4－14 海北嘴遗址陶片

图4－15 海北嘴遗址鬲足、鼎足和渔具

东北村大汶口文化早期遗址

西由东北村大汶口文化早期遗址(以下简称“东北村遗址”)在莱州城北约22千米,旧村名柳树里头,1941年因在西由区公所东北而改名东北村。这里北濒临渤海莱州湾约4千米,西临王河约3千米,东北距海北嘴村新石器时期遗址约7千米,西北约2千米为单山商周文化遗址。这里村落密集,东北村530多户,附近的单山村、街西头、西北村、龙泉村、东南村、新合村、天王庙村、孙家也多是一些四五百户的大村,可知这里在古代当是一个很大的聚落群体。

遗址在龙泉河西侧的一块高台地上,现已整成平地,东西长约130米,南北宽约120米,面积约1.5万平方米。第三次全国文物普查,在遗址中部断崖发现有0.6—1米厚的文化层,采集有夹砂红陶鼎足、鼎腹、蘑菇状陶柄、红褐陶残片、夹砂泥质灰陶和海贝等。陶片多素面,纹饰有绳纹、弦纹,呈现蓬莱紫荆山一期文化特征,遂认为该遗址为一处典型的大汶口文化早期遗址。

2014年11月,笔者会同莱州市博物馆的张英军、刘国庆先生和时任莱州市人大科教文委王玉国先生,对遗址进行调查,只见地表上的贝壳、陶片俯拾皆是,采集到大汶口文化鬲足2件、鼎足1件。一件鬲足为灰陶实足,高4.2—9厘米,直径4厘米,上部与鬲腹结合处呈斜面形,手制。另一件为红陶鼎足,内空被土填实,高3—6厘米,上部直径5厘米,下部直径3厘米。鼎足为红色柱状,高4.5厘米,上部直径3厘米,下部残直径0.5厘米。还采集到绳纹口沿一块和龙山文化时期的黑陶片以及一些夏、商、周时的陶片(图4-16)。

西由是莱州市北部的重镇,自古以来,这里的农业、渔业、盐业都很发达,是莱州人口的一大密集区。

与蓬莱紫荆山一期文化不同的是,东北村大汶口文化早期遗址和海北嘴新石器时期遗址,均无彩陶发现,说明这里是没有受到大汶口文化影响的胶东土著文化。

在东北村遗址西北约2千米处,有一山独起,名曰单山,海拔41.5米,山下住着850多户人家。第三次全国文物普查,发现这里是一处商周文化遗址。单山是古代盐场的所在地,据《掖县志》载,这里旧有青铜煮盐锅20多口,相传是春秋时期齐相管仲煮盐锅。

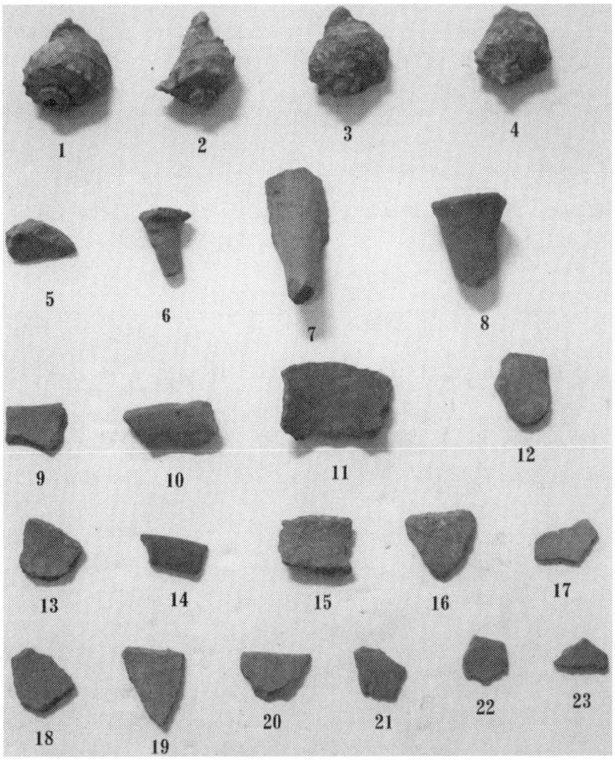

图4－16　东北村遗址采集的贝壳、陶片、鬲足、鼎足

2014年11月，笔者同莱州市博物馆的同志对此调查，采集陶片29片，在灰坑中发现红色扁平石器一块，长约13.5厘米，宽9.5厘米，厚3.8厘米，用水冲刷后，表面红色脱落，知红色乃是涂的朱砂（图4－17）。此石或与祭祀有关，古代时，单山可能是一处祭天祭海的祭坛。

图4－17　单山商周文化遗址采集的涂朱石器

路宿龙山文化早期村落

2007年5月,骄阳似火。伴随着高温光临莱州的还有一股考古热,山东省文物考古研究所(今山东省文物考古研究院)的专家们,由李振光先生带领,对引黄调水工程莱州段的四处古文化遗址进行了抢救性发掘,莱州电视台对此作了连续跟踪报道,将数十万莱州人的思维一下子引向了遥远的过去。

一

在路宿村北,考古工作者发掘了一处龙山文化早期的村落遗址(以下简称"路宿遗址")。

路宿村地处胶东半岛北侧,渤海莱州湾的东岸,西距大海6千米,南距莱州城区19千米。这里是沿海平原地带,地势平坦,土地肥沃,是人类理想的居住之地。遗址在路宿村南约600米处,这里原是一块高台地,后来人们在此整地取土,现在此地地势比周围略高,地面散落的陶片俯拾皆是。附近诸多的历代文化遗存和墓葬,说明此地从远古时期到现在一直有人居住。

图4-18 路宿遗址发掘现场

由于受引黄调水工程征用土地的限制，遗址的发掘未向两侧展开，只是发掘出村落遗址的一角，540 平方米的发掘面积，共发掘出灰坑、窖穴 80 多个，房址两处，陶窑两处，灰沟三道，出土了许多石器、陶器和骨器。清晰的文化层和明显的文化特征，说明这里是龙山文化遗存、岳石文化遗存、东周时期文化遗存和部分汉代文化遗存（图 4－18）。

在龙山文化层的灰坑、窖穴中，出土了罐、鼎、鬶、盆、杯等陶片（图 4－19）及少量残石器，这是山东内地和胶东龙山文化常见的器形。出土的石刀、石铲等农具，表明其时的农业已进入稳定的发展时期。许多陶、石网坠（图 4－20）的发现，说明其时的渔业仍是重要的经济补充。

图 4－19　路宿遗址龙山文化陶片

图 4－20　路宿遗址龙山文化陶、石网坠

岳石文化遗存的灰坑和窖穴，不同于龙山文化遗存。窖穴袋形平底，壁底加工规整。灰坑较大，有的口径和深度都达 3 米多，底部呈锅底状。古朴典雅、厚重实用的陶罐、鼎、盆、杯、尊口、盖钮、豆盘等陶片、鬲足（图 4－21），均呈现岳石文化的风格特征。出土的刀、铲、网坠等石器，可见是龙山文化的延续。

图 4－21　路宿遗址岳石文化陶片、鬲足

东周时期的文化遗存更为丰富，有灰坑、窖穴、灰沟、陶窑、墓葬以及柱洞、槽基等建筑遗存。灰坑呈长方形、圆形、不规则形。壁成直壁或斜壁，底部呈平底或锅底状。灰沟为口宽底窄的长条状。两座陶窑，仅存火塘。槽基长达 14 米，转折处呈直角，显示出当时很高的设计工艺。槽基和诸多柱洞，说明它是一处规模较大的建筑基础。两处墓葬，皆为瓮罐葬（图 4－22），墓穴较小，葬具一为大板瓦铺扣、一为陶罐和陶盆相扣合，内葬幼儿。

图 4－22　路宿遗址东周时期瓮罐葬

东周文化遗存出土的陶器较为丰富，多为泥质绳纹灰陶和夹砂素面红陶，器形有罐、盆、鬲、盂、豆、甑等，与岳石文化有相似性。

东周时期文化遗存出土少量骨器，光亮纤细的骨针（图 4－23），当是缝纫丝制品的工具。

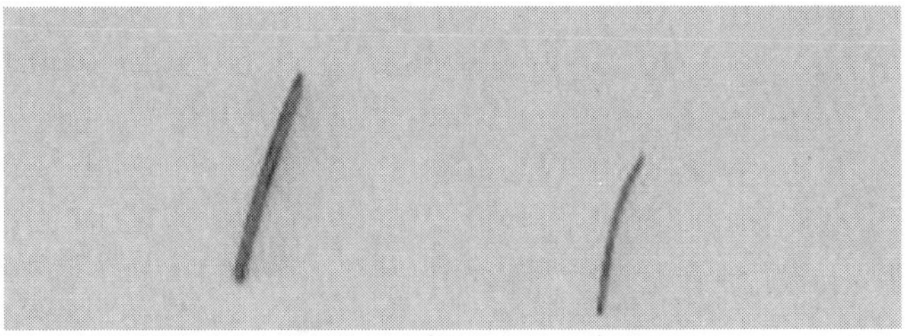

图 4－23　路宿遗址东周时期骨针

路宿遗址的考古发现，揭示了莱州从龙山文化初期至岳石文化、东周时期文化的考古文化链。其龙山文化遗存与岳石文化遗存相接共存，为岳石文化的存在和来源提供了新的佐证。其东周时期文化遗存与岳石文化遗存相接共存，反映了此地受商文化影响较小的胶东文化特色。

丰厚的文化堆积，丰富的出土遗物，携带着农业、渔业、制陶业、纺织业、建筑业等社会各业的文化信念，展示了龙山文化、岳石文化、东周文化时期莱州的社会状况。

路宿处于一个考古文化区。在路宿村东北8千米的西由镇（现属三山岛街道，下同）东北村发现有大汶口文化遗址，西由镇单山村有商周文化遗址。

“路宿遗址为莱州市大面积发掘的唯一一处史前遗址，为胶东地区增添了一处新的史前文化遗址。龙山文化遗存与岳石文化遗存的发现，对研究莱州史前古代居民的生存活动状况有重要的意义。”①

在路宿村北3千米的水南村西，考古工作者发掘了战国、汉代、清代墓葬共122座，战国墓只有1座，编号为M7，土坑竖穴单棺，头向北，头下有一木箱，箱内有铜戈3件、铜矛1件，身旁有铜剑1件、带钩1件。较大的西汉墓有3座，其中一座墓室较好，有墓道、甬道、主室、耳室和封门砖；墓葬被盗，只出土了一个耳壶和几枚散钱。遗址的大部分墓葬遭到早期破坏，出土遗物较少。出土的战国遗物有铜剑1件、铜戈3件、铜矛1件、铜镞3件、陶罐、陶盂等（图4－24）；汉代遗物有陶罐、陶壶、陶盆、陶耳杯、陶扁壶及铜钱、铜镜、漆器等；清代遗物有小瓷罐、半两铜钱、铜扣、铜扳指、银簪以

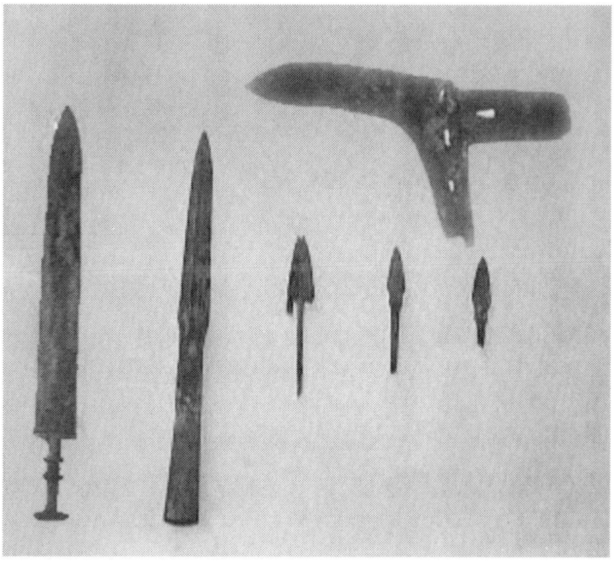

图4－24　水南遗址出土的铜剑、铜戈、铜矛、铜镞

① 山东省文化厅南水北调文物保护工作办公室、山东省文物考古研究所：《山东省胶东地区引黄调水工程文物保护工作报告　2009》，第27页。

及一些铜头饰等。

墓葬出土的扁形背壶，在碾头遗址也有发现，是胶东陶器的一大特点。棱形、方格形、鸟形、鱼形等多种多样的花纹墓砖和在墓室四角放有铜钱，则是胶东葬俗文化的又一大特点。

在路宿村西南6千米的碾头村西北，考古工作者发掘了20多座汉墓，出土了铜镜、陶鼎、陶壶、陶罐、陶尊、陶盘、陶耳杯、陶盒、陶奁、陶魁、铜钱等各种文物100多件。

在路宿村西南15千米的后趴埠村，考古工作者发掘了10座被称为“油篓子坟”的宋、金墓葬，墓内葬有1人或数人，属于二次迁葬。后趴埠村“油篓子坟”的考古发现，说明传说的“六十岁还家子”是不存在的。在一块墓葬盖石上，刻着“杀一十”三字，大概是说墓主人生前曾杀过十人。墓主人是否是金人，有待文物部门的科学鉴定。

在对引黄调水工程进行的先期调查中，还发现了小朱杲战国至汉代遗址，前朱石春秋、战国、两汉遗址，金城战国至汉代遗址。

小朱杲遗址在小朱杲村南，泗河北岸，东南距莱州城区约4.5千米。勘探发现灰土沟1条、灰坑1个、墓葬4座，出土和地表采集的遗物有陶器残片、碎砖瓦、陶纺轮，年代为战国至汉代。

前朱石遗址在前朱石村西，南距莱州城区约5千米。遗址勘探面积22800平方米。文化层厚度在20—60厘米，保存较好，含有较多的陶片和红烧土颗粒，发现有多处灰坑遗迹和15座墓葬。地表的遗物不多，采集的标本有夹砂陶器残片、绳纹灰陶片。“该遗址的年代较早，时代约为春秋、战国至两汉时期。个别陶片还具有更早的时代特征，上限或可早到龙山文化或西周时期。”①

金城遗址在莱州市东北30千米的金城镇滕南村东，东南距桂村贾家80米，西距金城镇中学200米，遗址西8千米为海北嘴新石器时期遗址。金城遗址南北2400米，东西260米，面积6万平方米，发现战国至汉代绳纹陶片、瓦片和3座近代墓葬，因墓葬年代较近而未对遗址作重点调查。

引黄调水工程还在招远市辛庄镇老店村发掘出龙山文化早期的环壕聚落遗址，出土铲足型鼎、侈口罐等陶片。在龙口市芦头镇芦头村，发掘出龙山文化灰坑、灰沟和墓葬，出土罐形鼎、陶罐、陶纺轮等残器。

① 山东省文化厅南水北调文物保护工作办公室、山东省文物考古研究所：《山东省胶东地区引黄调水工程文物保护工作报告 2009》，第8页。

二

龙山文化是20世纪30年代初以山东历城县龙山镇(今属山东省济南市章丘区龙山街道,下同)城子崖考古发现而命名的考古文化,距今4600—4000年。龙山文化确认了大汶口文化后以磨光黑陶为主要特征的新石器时期遗存的存在,是继以彩陶为特征的大汶口文化之后,最有价值的史前考古文化发现。

龙山文化的分布范围包括山东全省、江苏省和安徽省北部、河南省东部,总面积20多万平方千米。

现已发现的龙山文化遗址有1000多处,经过发掘的有60多处。如山东境内的章丘城子崖,邹平丁公,临淄桐林(田旺),寿光边线王,潍坊姚官庄、鲁家口,临朐西朱封,日照两城镇、东海峪、尧王城,泗水尹家城,兖州西吴寺等。

在章丘城子崖、邹平丁公、临淄桐林(田旺)、寿光边线王发现的四座城址,不仅表明龙山文化时期建筑业的水平,更重要的是,城的产生是文明社会形成的重要标志。可知其时,古国已经在这些地方诞生。在农业、畜牧业占主要经济地位的龙山文化时期,出土的大量石镞并非用于狩猎,而是用于战争,这也是国家形成的一个印记。

1992年,邹平丁公遗址5行11个文字的发现,表明龙山文化时期,已进入用文字记载历史的阶段。

胶东半岛发现的龙山文化遗址有栖霞杨家圈(上层)、北城子,胶县(今胶州市,下同)三里河(上层),海阳司马台,乳山小管村,长岛大口、北庄(上层),蓬莱紫荆山(上层),牟平西念家村南、贵家庄村战家台,龙口东周家、下河头、邹家洼,莱阳万家夼等十多处。以栖霞杨家圈(上层)、胶县三里河(上层)、蓬莱紫荆山(上层)最为著名。

胶东地区诸多龙山文化时期的遗址,展示了一个文明形成、古国诞生的时代。在距今4860年时,是著名的胶东贝丘遗址终止的年限,说明其时的胶东先民告别了以渔猎为主的生活时代,进入了稳定的农业时期。在出土的石器、蚌器中,镢、铲、镰、刀等农业生产工具占到很大比例。各种材质镰的增多,表明可能栽培了麦类。栖霞杨家圈遗址发现的水稻遗迹,说明一万年前起源于南方的水稻,已传播到了胶东,并由此传播到辽东半岛、朝鲜半岛、日本列岛。

农业的发展,为饲养业的发展提供了条件。龙山文化时期的饲养业,以养猪为主,兼养狗、鸡、马、牛、羊,为人们提供了稳定的肉食,丰富了人们的物质生活,成为当时社会经济的重要补充成分。

农业、饲养业的发展,使狩猎业的地位下降。出土的诸多网坠、鱼钩、鱼镖等捕捞工具,表明渔业生产仍是胶东沿海居民的重要经济补充。

龙山文化时期,社会分工的规模和范围日益扩大,以制陶、工具制造、建筑、冶铜、纺织为主的手工业,空前繁荣。龙山文化时期的陶器,大类已有30多种,小类已有60多种。多种多样的陶器,制作技术先进,工艺合理,烧制工艺复杂。黑陶高柄杯,薄如蛋壳,乌黑光亮,被称为龙山文化的代表,不仅在其以前的大汶口文化时期没有达到如此高的艺术高度,即使是后来的岳石文化也望尘莫及。黑陶蛋壳高柄杯的制作,需要黏而细的黑泥原料,需要转速极高的制坯工具,需要1000多摄氏度的高温烧制,可知龙山文化时期先民们的智商之高。1982年9月,长岛县砣矶岛大口村遗址出土了一批黑陶器,器形以杯、豆、盘为最多。黑陶杯多为筒形单耳环,其中有一件残破的双层蛋壳高柄杯,分内胆和外壳两层,最薄处仅有0.3毫米。其质量与山东其他地区相比毫不逊色。

多种多样的陶纺轮在龙山文化遗址中出土,说明在龙山文化时期,纺织业已很发达。在一些陶器的底部,也可见紧密纤细的布纹。许多小巧纤细、通体磨光的骨针,表明其时缝纫技术的高超。

栖霞杨家圈、长岛店子等七处铜渣、铜块的发现,表明龙山文化已进入铜器时代。

"可以说,龙山文化中包含有农业、家畜饲养业、渔猎、手工业和商业等多种经济成分,是名副其实的综合经济。"①

张学海先生《论东夷文明的诞生与发展》一文曰:"距今第七千年纪后期,在泰沂山脉周围的近山地带诞生了东夷族。随着时间的推移,其活动范围逐步向远山平原推进,至距今5000年前后,已基本上占有今山东全境,进而南抵淮河,西南到达豫东,占地达20余万平方公里。她那自具特色的文化构成考古学的海岱文化区,形成北辛文化(后期)—大汶口文化—龙山文化—岳石文化连绵不绝的文化谱系,前后长达三四千年。""进入大汶口文化晚期(距今5000—4600年),聚落群在数量和规模上都得到了显著发展。""这些聚落群体已是些国家,证明东夷文明诞生于距今5000年。""东夷文明诞生后,经历了大汶口文化晚期阶段,到龙山文化时期达到了高峰。"②

莱州地处与山东内地接壤的胶东半岛西部,这里是胶东文化和山东内地文化交流的前沿地区,胶东最早的古国——过国,也首先在这里诞生。

① 栾丰实:《东夷考古》,山东大学出版社1996年版,第266页。

② 张学海:《论东夷文明的诞生与发展》,《古代文明(第1卷)》,文物出版社2002年版,第135、141页。

三

莱州市民间收藏有龙山文化时期的珍贵文物，其中以云峰斋为多。

黑陶蛋壳高柄杯，通高17.5厘米，柄高11厘米，杯高6.5厘米，杯口直径6厘米，杯壁薄如纸，仅有0.2毫米，柄部镂有不规则的菱形孔，表面附有黏泥。另一件蛋壳高柄杯，上部的杯体残缺，仅存下部的柄体，残高12厘米，柄部菱形的镂空排列非常规则整齐，壁厚只有0.2毫米。黑陶蛋壳高足盘，通高18.5厘米，足高16厘米，盘口直径16.8厘米，厚0.3毫米，通体黑色光亮。蛋壳黑陶是龙山文化标志性的器物，其工艺精美，令人叫绝。

陶鬶是东夷大汶口文化、龙山文化的代表器物之一。云峰斋收藏的陶鬶，黑色，表面附有黏土，通高40.5厘米，流长11厘米，鋬手作扁形，长13厘米，宽2.5厘米，袋状空心足，足高14厘米，足的上方有三道凸起的条纹。鬶的造型生动，像一只昂首鸣叫的鸟。

玉器是山东龙山文化后期的主要特色之一，云峰斋收藏有数件在蒜园子遗址一带发现的玉器。

玉钺是王权的象征。云峰斋收藏的两件玉钺，首部略残，皆土黄色，沁有半透明的绿斑。一件长15.5厘米，刃部宽5.5厘米，刃部厚0.1厘米，上首部残宽3厘米，厚0.5厘米；另一件长8厘米，刃部宽4厘米，刃部厚0.3厘米，上首部残宽3厘米，厚0.5厘米。

玉璧和玉琮是龙山文化时期的礼器。《周礼·大宗伯》载："以苍璧礼天，以黄琮礼地。"云峰斋收藏的一件玉琮，石质，黄色，呈四面筒形，通高14厘米，每个面宽6.5厘米，内孔直径4厘米。

玉璇玑是祭天的礼器，《尚书·舜典》称为"以齐七政"的"璇玑玉衡"。云峰斋收藏的玉璇玑，直径7.5厘米，内圆直径1.8厘米，厚0.2厘米，周边刻作三牙，每个牙都有四齿。

龙山文化玉器在胶东栖霞市杨家圈、桃村和龙口市薛家等遗址都有发现，多为黑绿色、青绿色和黄褐色，器形有钺、锛、凿等。1972年，海阳杜格庄村民在整地取土时发现了玉璋、玉环、玉璇玑三件玉器。其中玉璋通长27.5厘米，最宽处7.2厘米，最厚处0.5厘米，黑绿色，刃部呈弧形，首部有一圆孔，圆孔左右有把手耳，学者有的称其为祭祀神灵和祈年、盟誓的"牙璋"，有的称其为表示王者身份的"权杖"，有的称其为朝拜天日的玉圭，说法不同，但大都认为此玉器是当时级别最高的礼仪礼器。玉环，外径11.7厘米，内径6.6厘米，领高2.1厘米，黑绿色。玉璇玑，外径14.4厘米，内径11.4厘米，厚1厘米，外缘有三个向同一方向旋转的牙齿。这三件玉器属于龙山文化时期，是国家一、二级文物。①

龙山文化时期的玉器已经成为其时最重要的礼器，从而形成了用玉祭天礼地的国家礼制，学者认为："某些玉器成为礼制的载体，开始进入政治领域，具有了代表王权，标示尊卑贵贱的社会功能。"莱州、海阳、栖霞、龙口等地的这些玉器说明，龙山文化时期，胶东已经进入了文明时代。

① 王富强、于祖亮：《秀润灵光的龙山玉器》，《考古烟台》，齐鲁书社2006年版，第83页。

岳石文化西坊北太阳神面莱州玉雕图像文字探赜

一

2014年冬，有人在莱州城区近郊西坊北村附近采集到一件莱州玉雕，几经易主，后被收藏家曲先生购得收藏。

玉雕为深青色，半球状，略有残缺，直径约11厘米，壁厚0.7厘米，球面刻作太阳神像。太阳神口大牙巨，牙齿作四个山丘形，口作隆起的半圆大弧形，当寓有日坛四方之丘和中央帝丘之意，如同“”字下方的五峰。鼻梁刻作立柱形，像是日坛中央帝柱耸立于帝丘之上。太阳神双眉与额纹连成一体，中央突起，上顶也作方形，其与鼻梁立柱相接相承，显得鼻柱更为高大。鼻柱两侧，两眼圆而有神，两耳直立如柱，又似日坛东、西方位的支柱。这是日坛立杆测影、观象授时的写照和创造，是此地奉行太昊原始太阳历的物证。

据《山海经·海内经》等文献记载，尧舜时代立杆测影、观象授时，先择高地，建立

图4－25　莱州玉雕太阳神面图像文字拓片

方形日坛。日坛中央，立有建木天柱，又称“帝柱”，日坛的四正方位和四隅方位立有八根支柱。中央帝柱和八根支柱上顶有绳索相系，称为“八索”；地面有八线相连，称为“八维”。“八索”和“八维”用以观测中央帝柱日晷的方位与长度。中央帝柱与八根支柱的根部皆培有加固的土堆，合而称为“九丘”。每天，太昊太阳神都要在中央帝柱上援上援下，投下供柱下史观测的太阳晷影，是谓“大（太）皞（昊）爰过，黄帝所为”。此莱州玉雕神像的口齿五丘，代表日坛中央和东、西、南、北方位，是日坛建木九丘的省简。神像将观象授时的日坛拟人化，寓天文、地理、国别、族属之意于一体，刻作太昊太阳神像，承载着非常重要的历史文化信息（图版九、图 4－25）。

二

太阳神像鼻梁之上，刻有一个“”字，这是神像过国身份的标志，读作“過”，今简化作“过”。

冎是“过”字之本。甲骨文“冎”字作“”（《前》七. 六. 一）、“”（《粹》一三〇六）、“”（《宁》一四九五）等形。《甲骨文字典》释曰：“象卜用之牛肩胛骨形，即《说文》冎字初形。上部之象骨臼之下凹，下部之象牛肩胛骨上敛下侈之形。又卜骨整治时于骨臼一侧锯去一直角形之骨块，故复于骨版上部骨臼旁特别描绘形之缺口而作形。甲骨文冎字或又作，乃由形简化为，进而简化为、形。”

甲骨文“”字，除了《甲骨文字典》释读的“骨”字之义，还有“咼”（过）字之义。

于省吾《甲骨文字释林》曰：“甲骨文冎字作或形。”“甲骨文字本象骨架相支撑之形，其左右的小竖画，象骨节转折处突出形。”“西周器《过（過）伯簋》和《过伯爵》的过字（按：、）所从的，与甲骨文同形。冎既为古文骨字的初形，骨、过双声（并见纽一等字），故过从骨声。”①陈梦家《释冎》曰：“过伯簋从冎不从咼，知古文咼本作冎，口乃后加，犹卜辞商、周二字本不从口也。故知《说文》之過、祸皆当从冎，而過（过）、祸实冎之孳乳字也。冎为卜骨之形，引申为骨，故小篆骨字从冎有肉者亦冎字之孳乳字也，骨之从肉乃其义符。”②

于省吾和陈梦家先生所论是也。甲骨文冎是骨和咼字之本字，故冎有骨、咼双声。殷卜辞“……于欠”（《佚》九五〇），“”为地名，当是过字。可知甲骨文“”字，不仅象骨架相支撑之形，也象大腿、小腿、足弯曲行走之形，故“”有“过”义，后来进化为从“辵”的“过”字。

---

① 于省吾：《甲骨文字释林》，中华书局 1979 年版，第 368、369 页。

② 陈梦家：《释冎》，《考古社刊》第五期。

殷铜器《冎父口斝》(《集成》15.9221)冎字作“”,于省吾《甲骨文字释林·释冎》曰:“商器《冎父口斝》有‘’字,旧不识,《金文编》入于附录。以甲骨文“网”字作也作网以及车字纵列横列无别论之,则字自系冎之横出者。至于其篆画稍有繁简,自是古文字的常例,不足为异。”①所言极是。是国名,也即过国之“过”。

太阳神面图像鼻梁上的“”字,横书作“”,与“”“”相同或相似,“”即“过”字。神像两眉横书的“”字,也与“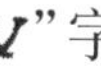”字相似,“”“”皆是太阳神像过国身份的标志,是甲骨文“过”字的祖形。

神像双耳所作的“”“”之形,与甲骨文“壬”字相似。

甲骨文“壬”字作“”,上横为天,下横为地,中间竖画为日柱。竖画或又加一个代表太阳的圆点作“”,表示竖画是日柱,日柱沟通天地,阴阳相交而万物生长。神像“”“”的上、下两横变作斜形,是拟作人耳的表现,斜与不斜无别,都是表示沟通天地的“壬”字。“壬”是“妊”“任”字之本,典籍“壬”“妊”“任”三字通用。

《世本·氏姓篇》载,过是任姓之国,任又是太昊风姓的一支。太阳神像两耳刻作立柱形的“”“”,表达的正是过国的族属。

莱州玉雕太阳神面图像载有过国之名和过国之姓,是过国的族徽和图腾崇拜。过国族徽在莱州城郊发现,是太昊风姓任氏进入胶东的物证。

太昊是东夷部落的首领,“太昊帝原居地今山东,后进中原河南境,建都于陈”②。《左传·僖公二十一年》载,任国与宿、须句、颛臾都是太昊的后裔,任国故城在今济宁市任城区,宿国故城在今东平县东南东平镇,须句故城在今东平县西北,颛臾故城在今费县西北颛臾城,四国都是风姓,又都近于济水,因此世代主祀太昊与济水之神。

殷卜辞中有纣王经过过国日坛的记载,曰:“今冎巫九,咼。”(《前》三.廿八.一及四.三七.五)“冎”即过国之名,“咼”即经过之过。殷卜辞记载过国观象授时的日坛有九巫,即有九根日柱,与莱州玉雕太阳神面图像文字蕴含的文化内涵相合。

过国太阳神面莱州玉雕的发现地西坊北村,在莱州城东北近郊,距城区不到1千米。第三次全国文物普查,在西坊北村北发现一处面积约为3000平方米的汉墓群。③墓群南距蒜园子新石器时期中晚期遗址约有6千米。东南距浦家洼新石器时期至东周遗址约2.6千米。过国太阳神面莱州玉雕的发现,说明西坊北村地下还有年代更

① 于省吾:《甲骨文字释林》,中华书局1979年版,第368、369页。

② 逄振镐:《山东古国与姓氏》,山东人民出版社2006年版,第59页。

③ 烟台市第三次文物普查工作领导小组办公室、烟台市博物馆:《山东省烟台市第三次全国文物普查成果汇编(上卷)》,黄河数字出版社2012年版,第102页。

为久远的墓葬。

西坊北村220户，任姓居多，与过国太阳神面图像文字承载族属信息正好相合。《莱州市地名志》“程郭乡西坊北村”条下曰：“明洪武二年(1369)，任姓由四川迁此立村，因村东南有一座石牌坊而得名西坊北。”莱州玉雕太阳神面图像文字的发现，说明数千年以前任姓就已经在这里居住了。

三

莱州玉雕太阳神面图像文字的年代，是一个需要探讨的问题，因玉雕是采集品，没有考古地层学的支持和同类器物比对，我们只能据其文化特征作一个大概的估计。

莱州玉雕太阳神面图像文字与大汶口文化彩陶太阳八角芒形图像文字、龙山文化早期莒县陵阳河陶尊图像文字、龙山文化晚期日照两城镇太阳神面玉圭和临朐西朱封太阳神面玉冠图像文字的古太阳历文化内涵，一脉相承，其年代显然在龙山文化晚期以后，从古文字演变的进程来看，莱州玉雕太阳神面图像文字“ξ”“ᴎᴍ”“[”“]”，呈现出早于殷商甲骨文字的文化特征，其年代当以殷商早期为下限。

传世的诸多太阳神面图像玉雕多出于龙山文化晚期，以禹夏文化为内涵，构思奇特，工艺先进，制作精良。莱州玉雕太阳神面图像文字的文化内涵虽与龙山文化晚期的太阳神面玉器相类，但从制作工艺上看，粗犷豪放，简单粗糙，体现岳石文化的特征，属于岳石文化晚期的可能性较大，故暂以岳石文化命之。岳石文化为公元前2000—前1500年，与历史上的夏朝纪年大体相当，但只是这件莱州玉雕的大体年代，并非是过国文明形成的年代。

考古发现说明，胶东三面环海一面隔河的特殊地理环境，造就了胶东独具特色的史前文化。长岛猿人头骨和蓬莱石门口桂叶形打制石器的发现，说明在距今3万年以前的全新世早期，胶东之地就已有猿人生存。① 考古发现的烟台白石村一期等文化遗址，说明距今7000—6000年时，人类已在胶东半岛定居。在大汶口文化和龙山文化时期，胶东形成了福山邱家庄和蓬莱紫荆山、长岛北庄等数十个文化遗址，长岛北庄遗址发现的太阳八角芒形图像文字说明，早在距今5700年时的大汶口文化早期，山东内地的大汶口文化已经传播到了胶东，形成了以烟台白石村文化为基础的大汶口文化福山邱家庄、蓬莱紫荆山、长岛北庄类型。② 大汶口文化晚期，太昊太阳部落的任姓，可能又分出两支，一支沿胶东半岛的北部沿海东进，寻找夏天太阳在最东北的

① 《光明日报》1988年9月15日。

② 严文明：《胶东原始文化初论》，《山东史前文化论文集》，齐鲁书社1986年版，第11页。

日出之地，形成了胶东之地众多的任姓之民。据中国姓氏群体遗传学研究，胶东半岛为全国任姓居住的最高密集区，平均每平方千米达2.1人以上。[①] 任姓当是大汶口文化在胶东半岛的主要传播者。任姓的另一支进入河北，寻找夏天太阳在最西北的日入之地，在今河北任丘建立了观象授时的日坛。反映在《尚书·尧典》里，则是尧帝分命羲仲、羲叔、和仲、和叔分别于东、南、西、北四方建立日坛，测定四时。羲氏、和氏是伏羲氏后裔，伏羲氏是太昊的另称。《尚书·尧典》说的"分命羲仲，宅嵎夷"，嵎夷即居于胶东半岛的岛夷。莱州地处胶东半岛西北部，与山东内地接壤，是最先接受大汶口文化、龙山文化传播的前沿地区。过国太阳神面图像文字表明，胶东文明最先在这里诞生。过国是山东内地大汶口文化、龙山文化与胶东土著文化大融合的产物。过国文明形成的年代，当在龙山文化早期，距今约4600年。

距今约5000年时的大汶口文化晚期，太昊任姓的一支在今山东滕州市建立了薛国。"薛"字之义是日坛中央帝柱发生了歪斜，这或是因为地震、狂风等自然灾害所致，或是与"羿浞代夏"时战争的破坏有关。夏朝时，薛国国君奚仲在夏王朝任车正，"羿浞代夏"时，奚仲率领一支族人南迁至江苏邳县（今邳州市，下同）东北，建立了邳国。[②] 邳县大墩子彩陶盆太阳八角芒形图像文字说明，大汶口文化早期，邳县之地就已经是太昊太阳部落的领地。

四

过国族徽发现于莱州城区近郊西坊北村附近，是其时过国在莱州城区的物证，但这里不是过国的初建之地，最初的过国当在土山镇境内。

土山镇因境内的土山而得名。土山在今镇政府东约500米，北临渤海约1公里，《中国历史地图集》标记这里的海岸是冲积而成，在大汶口文化和龙山文化时，土山当立于海边。土山原来东西长约800米，南北长约500米，东西两座山丘，一座海拔11米，一座海拔20.6米，南坡较缓，北坡较陡。20世纪70年代以来，莱州市拦海筑坝，建盐田、虾池，筑路，在此取土采石，今山体已所剩无几。史前时，这里应是观测夏季日出、祭祀天地大海的理想之地。地方志记载，唐朝时山上建有海王祠，清代时建有龙王庙。

土山镇地处胶莱河下游东岸，与昌邑隔河相望，是山东北部沿海进出胶东地区的必经之地。据地质、海洋考古学家研究，在第四纪的晚更新世的大理冰期，渤海曾有三次海退，最低深度曾达到－150米至－160米，这时的黄海、渤海成为一片平原。冰

---

① 袁义达、张诚：《中国姓氏：群体遗传和人口分布》，华东师范大学出版社2002年版，第153页。
② 安作璋主编：《山东通史·先秦卷》，山东人民出版社1993年版，第462页。

期之后，气候变暖，冰川融化，原来裸露的海底平原，重又变成了大海。在距今约1.2万年时，渤海海平面由－60米持续上升，至距今约6000年时的大汶口文化早期，海平面高出现在4米多，海浸发生。在距今约5000年时，海平面下降，进入小幅度波动期。① 大汶口文化时期，胶莱河一度被海水淹没，人们进出胶东半岛，需要过胶莱河这片水域，这可能是过国之名的由来。《说文》释“过”为“度也”，“过”和“度”义同。西汉初年设的平度县城，在今莱州市土山镇境内。“平度”之名，是平安度过之义。平度名“度”，是因这里古时名“过”也。

夏朝初年，发生了“羿浞代夏”的重大历史事件，《左传·襄公四年》载，寒浞谋杀了后羿，自立为帝，又占羿妻室，生浇、豷二子，及长，“少康灭浇于过，后杼灭豷于戈”。杜预注曰：“过、戈皆国名。东莱掖县北有过乡。戈在宋、郑之间。”杜预所注的“过乡”，并非“过都”，过乡是春秋以后的称谓。戈也不是《左传·哀公十三年》记载的宋、郑之间的戈地。《史记·夏本纪》载，斟灌又称斟戈，是禹帝时封的同姓国，其地在今潍坊城东南。《左传·襄公四年》所载的“后杼灭豷于戈”，当是斟戈。寒国在今潍坊市寒亭区。寒浞“处浇于过，处豷于戈”，是将三国连成一片，扩大了寒国的疆域，故有过、戈一国之说。寒浞“处浇于过，处豷于戈”，是占有了过国和斟戈，过国和斟戈并非寒浞时所封。《左传·哀公元年》载，伍子胥劝吴王夫差，趁吴国打败越国之机，进而消灭越国，有“今吴不如过，而越大于少康”之语，可知其时，拥有鱼盐之利和粮食的过国已经非常强大，否则，寒浞也不会将其子置于过国之地。

《大清一统志·莱州府》载有寒浞河，曰：“寒浞河，在潍县东北三十里，源出车留庄，北流经寒亭西入海。唐置寒水县，以此名。”莱州市西南部的沙河镇、土山镇境内有浞河，传为寒浞时所开。浞河之名称为“浞”，是为了与潍坊市的寒浞河相区别，省去了“寒”字。浞河源出黑羊山东部丘陵，在土山镇境内并于胶莱河入海。土山镇内的大浞河村、小浞河村、浞李村、浞里村，皆因浞河而得名。这些河名、村名保留下来的，当是夏朝初年寒浞“处浇于过”的信息。

《清史稿》认为古过国在莱州府掖县土山。《清史稿·地理八》“莱州府”条下曰：“掖山……府北际海，西北自昌邑迤东为海沧口，其胶莱北河入，有土山，迤东浞河入，古过国在焉。”

考古发现说明，土山曾是新石器时期的一个大的聚落群体。第二次全国文物普查，在土山镇中杨村东200米处的高台地上，发现了烟台白石村文化至东周文化遗址，遗址大部分被压在现代建筑之下。2013年11月，笔者同莱州市博物馆的刘国庆

① 高广仁：《说“丘”——城的起源一议》，《海岱区先秦考古论集》，科学出版社2000年版，第174页。王锡平：《试论环渤海地区史前文化的关系与文明》，《胶东考古研究文集》，齐鲁书社2004年版，第105页。

到此地作考古调查时，在土山南坡接近平地的路旁地崖文化层中，采集到一件釜足，高4.5厘米，宽3.5厘米，厚3厘米，红灰色，夹砂夹滑石，手制（图4－26）。釜是一种炊具，在福山邱家庄一期和莱州蒜园子北辛文化遗址都有发现。土山临海，在以渔猎为主的新石器时期，这里是夷人理想的居住之地，在距今六七千年的大汶口文化以前，这里可能已经有人定居。土山已将挖尽，这件釜足因在接近平地的文化层中得以保存下来，实属万幸，而大量的新石器时期的文化遗迹、遗存，都已被毁作了沙土。第三次全国文物普查，在土山镇土山村东北约6.5千米的沙河下游东岸的大东庄村发现了夏朝至周代遗址。这一带发现的岳石文化遗址有沙河镇国家遗址，国家村南7.5公里便是平度市东岳石村岳石文化遗址，岳石文化因其而命名。2002年，山东省文物考古研究所发掘的沙河镇黑羊山商周文化遗址也发现有岳石文化遗物。这一带发现的商周文化遗存还有土山海沧、土山沙埠子、沙河邱家、路旺侯家等，这诸多古遗址的考古发现，为《清史稿》所说的古过国在土山提供了佐证。

图4－26　土山陶釜足

任姓是莱州的主要姓氏之一。据1988年人口普查数据，任氏有18591人，占莱州市总人口的2.14%，是莱州市的第九大姓氏。任姓的村庄多分布在沿海的土山镇、珍珠镇（现归属沙河镇）、东宋镇（现归属虎头崖镇）一带。这些村庄的分布，显示出过国被寒浞占据后，任姓沿海岸向东迁移的路线图。沙河大东庄夏朝至周代遗址的发现，应是过国任姓贵族东迁的主要遗迹。大概在夏朝中后期，任氏贵族来到了今莱州城区一带，创造了莱州玉雕过国太阳神面图像文字稀世珍宝。此后一直到商代，过国之都大概都在今莱州城区附近。

“羿浞代夏”约40年，土山过国被浇占据约20年，故过国又有猗姓之说，夏朝“少康中兴”时，寒浞与浇被杀，猗姓过国灭亡。

2014年10月25日，柞村镇收藏爱好者温广明在莱州城区西南隅村赵家大院建筑工地挖地基时,采集到残石刀1件、残陶鬲足1件、残象牙梳1件、骨料14件。残石刀呈梯形,长24.5厘米,大头宽13厘米,小头宽11厘米,厚2.6厘米,石质为坚硬的青石,双面磨刃,刃部有用过的残迹。残陶鬲足为红陶夹滑石,残高5厘米,上部残直径3.5厘米,下部残直径1.2厘米。残象牙梳宽16厘米,高1.4厘米,梳背厚0.7厘米,残梳齿33个。骨料为牛骨,多被切割,未见钻凿和卜辞。其中一件球形股骨头残直径7厘米,高7厘米,下段锯去,切面整齐,骨管直径6厘米,球骨面上刻有“”字,与莱州玉雕过国族徽的“”“”字相似,当也是“过”字。这件股骨头显然不是工具,当与过国的祭祀活动有关。这些在西南隅赵家大院建筑工地采集的遗物,皆系早商之物,是过国商代在莱州城区的物证(图4-27)。

莱州玉雕太阳神面图像文字说明,过国并非寒浞所建,重刊明万历《莱州府志》、《莱州市志》有关过国的记载失实。过国文明是山东内地的太昊文化和胶东土著文化大融合的产物,距今约4600年。

图4-27 西南隅石刀、陶鬲足、象牙梳、带字骨器

东岳石村岳石文化遗址

一

岳石文化是以东岳石村遗址命名的夏朝考古文化。

东岳石村位于莱州市与平度市交界处的平度一侧，东南距平度城区约30千米，今隶属于平度市大泽山镇。东岳石村岳石文化遗址（以下简称“东岳石遗址”）在淄阳河北岸，东岳石村东南的一块台地上，现被淄阳水库所淹没。这里东临大泽山，南靠大泽山支脉高望山与明堂山，北距渤海莱州湾15千米，西、北和胶莱平原相接，是胶东西部前沿地区的一处宝地。

东岳石遗址在1959年修水库时被发现，遗址面积约5万平方米。1960年，中科院考古研究所山东发掘队对其进行了第一次发掘，发掘面积200平方米。其后，又对其进行了多次调查，1993年进行了第二次发掘。

东岳石遗址有四个文化层，即商代文化、岳石文化和两层龙山文化。发现的遗迹有两个灰坑，遗物丰富，有石器、骨器、蚌器、陶器和其他器五类。

石器共20件，多为磨制，有1件打制器。器形有斧、锛、凿、铲、刀、镞、纺轮、圆饼形器，其中农具9件，占45%。骨器34件，器形有铲、鱼镖、针、锥、匕、笄等。

陶器全是碎片，可识器形有甗、鼎、罐、尊、簋、盆、盂、豆、杯、器盖、纺轮、皿、网坠等。陶质以夹砂红陶为最多，夹砂灰陶与泥制灰陶次之，制法有手制和轮制两种，以手制为主，表面抹平。装饰以素面为主，纹饰比较简单，夹砂陶有附加堆纹和刻画纹，泥制陶有弦纹和凸棱。尽管器形尊、簋、器盖有独特的风格，又未发现龙山文化常见的鬶和特有的黑陶蛋壳杯，但发掘者最初尚未认识到这些破碎的陶片代表着一个考古文化时代，最终以这些陶片“弦纹和凸棱的作风与城子崖龙山遗存相似”，“出土的Ⅱ式半月形石刀，其形制与城子崖的大体相同”为理由，确定其“应属于龙山文化”。①

1972年，牟平县宁海镇（今山东省烟台市牟平区文化街道办事处，下同）照格庄

① 中国科学院考古研究所山东发掘队：《山东平度东岳石村新石器时代遗址与战国墓》，《考古》1962年第10期。

遗址在修水渠时被发现。1979 年秋，北京大学考古系和中国社会科学院考古所山东队等单位，对照格庄遗址进行了正式发掘，发掘面积 280 平方米。①

照格庄遗址的文化堆积除上部有近代层和战国墓葬之外，均为岳石文化堆积，文化层厚 1—1.5 米，遗迹有灰坑和灰沟。灰坑数量较多，口部大多数为椭圆形，少数呈不规则形，并且以锅底状为多。灰坑中有少数带斜坡或阶梯状通道的二联坑、三联坑较具特色，说明其时已告别了群居时代。

遗址出土的遗物非常丰富，有石器、骨器、牙器、蚌器、陶器、铜器等。石器较多，除个别为打制外，均系磨制而成。器形有斧、锛、凿、铲、刀、钺、研磨器、砾石和纺轮等。其中，绝大多数为生产工具，尤以石铲和石刀数量最多。

出土的骨器达 300 多件，多为磨制。器形有铲、刀、凿、匕、镞、锥、针、鱼钩、两刃器、笄、管、珠等。其中骨针占总数的一半之多。此外，还发现许多卜骨。卜骨采用鹿、羊、猪之肩胛骨，孔有钻、有凿，钻孔排列比较整齐，有的类似“三联钻”。这些卜骨说明宗教已经诞生，但未发现卜辞文字。

陶器特征明显，夹砂陶以褐陶为主，含云母或滑石，多为手制，纹饰以附加堆纹为主，也有较多刺纹，几乎不见绳纹。泥质陶以灰陶居多，黑陶次之，多为轮制，纹饰以弦纹为多，也有刻画纹。器形有甗、罐、尊、豆、盆、盒、杯、碗、器盖等，不见鬶，也不见鼎，其文化特征多与东岳石遗址的考古发现相似。

出土 1 件青铜锥，虽然锈蚀严重，但器形仍然完整。

牟平照格庄遗址的考古发现，引起了考古专家们的高度重视。1981 年，严文明先生在《龙山文化和龙山时代》一文中，正式提出了岳石文化的命名，认为海岱地区“继龙山文化之后发展起来的，在鲁中南不甚清楚，在胶东则是以平度东岳石遗址为代表的一类遗存”②。此后，岳石文化逐渐成为考古学界的共识。

2007 年发掘的莱州路宿遗址，是更有说服力的岳石文化考古发现。路宿遗址的东周文化—岳石文化—龙山文化三个考古文化层叠压相接，层次分明。其岳石文化层系灰土堆积，土质疏松，与东周文化层和龙山文化层迥然不同。岳石文化与龙山文化遗迹虽都是灰坑和窖穴，但岳石文化的窖穴多为布袋平底，壁底加工比龙山文化规整，口径也大，有的达 3 米多，深三四米。岳石文化层出土的遗物陶尊、盖钮、豆、盘和杯，不见于龙山文化层，而龙山文化常见的鬶，不见于岳石文化层。路宿遗址的东周文化—岳石文化—龙山文化相接共存的重要发现，为研究龙山文化的去向和岳石文

---

① 中国社会科学院考古研究所山东队、烟台市文物管理委员会：《山东牟平照格庄遗址》，《考古学报》1986 年第 4 期。

② 严文明：《龙山文化和龙山时代》，《文物》1981 年第 6 期。

化，增加了新的例证。

现已发现的岳石文化遗址有二三百处，其中正式发掘的有30多处。其分布的范围与大汶口文化的晚期阶段和龙山文化时期基本一致，说明岳石文化是龙山文化的延续。

岳石文化的年代，碳-14测定距今为4000—3600年。夏商周断代工程确定的夏朝纪年为距今4070—3600年。岳石文化年代在夏朝的纪年之中，因此岳石文化又是夏朝时期的考古文化。

东岳石遗址的岳石文化标本只取了1个，碳-14测定年代为距今3370±70，校正年代为距今3620±125，属于夏朝的晚期。① 东岳石遗址是夏朝时过国的一个村落，今东岳石西邻的岳石庄子村、任王村的任姓居民，应是过国任氏的后裔。

二

东岳石遗址发掘了20座战国墓葬。墓葬多为南北向的竖穴，有7座墓葬的葬具为1棺1椁，11座墓葬有棺无椁，2座墓葬无棺无椁。除7座墓葬的葬式不明和1座墓葬头向北、面向西、屈肢葬外，其余的12座墓葬皆是头向北、面向上的仰身直肢葬，葬式说明这些墓主人的家在墓地北面。

随葬的物品丰富，有陶器、青铜器和饰器等。

陶器共130多件，有鼎9件，豆48件，笾2件，壶22件，舟5件，盒21件，罐1件，盘9件，匜8件，盂2件等。陶质有泥质灰陶、泥质黑陶和泥质红陶三种。陶质粗糙，多数陶器烧制的火候较低，陶质松脆，只有部分灰陶火候较高，陶质较硬。制法有轮制和手制两种。纹饰比较简单，多为素面，少数器物上有彩绘、暗纹和三角纹等。

随葬的青铜容器有鼎1件，敦2件，豆1件，提梁壶1件，盘1件，舟1件。青铜兵器有剑8件，戈12件，矛4件，镞41件。青铜服饰和装饰品有铜带钩、玛瑙环、玛瑙和绿松石制成的管形串饰，石制和陶制的璜、环、璧、贝、骨贝等。

青铜容器皆出自M14和M16两座大墓。

M16墓葬长3.3米，宽3米，葬具为1棺1椁，随葬物品最多。铜器有鼎1件，敦2件，盘1件，提梁壶1件，剑3件，戈6件，镞40件，带钩6件，铜管12件，铜衔1件，骨镳2件，轴头2件，还有陶鼎1件，陶豆6件，陶笾2件，陶壶3件，陶盘2件，陶匜1件，陶舟1件，陶盒2件，陶俑4件，陶马俑2件，玛瑙环4件，石璜62件，石敦2件，石

① 栾丰实：《东夷考古》，山东大学出版社1996年版，第310页。

管 1065 件，石贝 662 件，骨珠 780 件，骨梳 1 件，骨管 2 件，骨锥 1 件。

M16 墓葬随葬的一块残铜片上带有刻画纹图像。图像的右上方，为二行树木、一行鸟、一行人。鸟在两行树中，人作拜谒之状。图像左边，刻画着两条大河中间有一条小河，是否是在表示大沙河和淄阳河之间的泿河，耐人寻味。图像下方双勾的“”字，或是族属“过”字（图 4－28）。

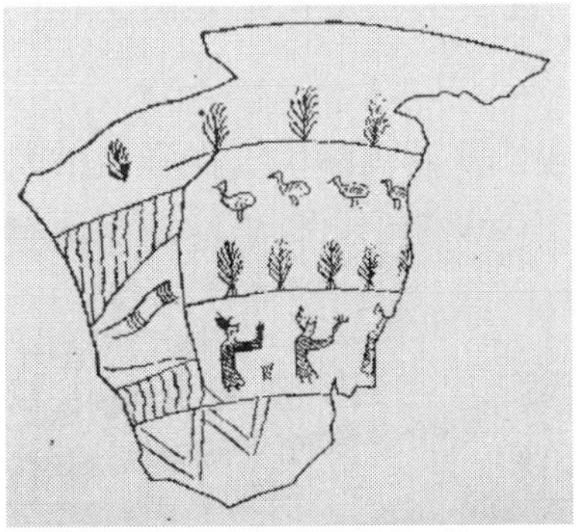
图 4－28　战国残铜片图像

东岳石遗址战国墓葬的年代，从战国早期一直到战国晚期，其族属当是过国某子国的贵族。

东岳石村西北 12 千米是莱州市与平度市分界的黑羊山。黑羊山南坡今属平度市新河镇泮家村。1995 年前后，村民在此放炮采石，炸开一座古墓。古墓利用原来的山洞而建，墓道约有 7 米，墓室约有 4 平方米，棺木已经朽烂。墓主为一年轻的女子。墓内随葬品被村民哄抢，后被公安机关追回，有铜鼎 1 件，铜镜 1 件，陶罐 6 件，珠子数枚，年代为战国。墓主人显然是一位贵族女子，与东岳石遗址的战国墓群当系同一家族。但她未葬于家族墓地，而是另葬一处。

三

岳石文化以东岳石村名字命名，体现了胶东岳石文化的重要地位。

第一，胶东是岳石文化遗址的主要分布区域。1982 年，严文明先生在其《胶东原始文化初论》中曾曰：“岳石文化遗址的分布以胶东地区为主，初步统计有二十八处，其中比较重要的有威海姜南庄、牟平照格庄、烟台芝水、乳山圈塔、海阳司马台、栖霞后炉房、长岛砣矶后口、黄县邵家和平度东岳石等处。”① 此后，胶东地区又发现了一些新的岳石文化遗址，据不完全统计，第三次全国文物普查，胶东地区确认的岳石文化遗址达 43 处，进一步证实了严文明先生的论断。这与鲁南一带岳石文化遗址比龙山文化遗址大减的情况，大不相同。

第二，胶东的岳石文化典型遗址，岳石文化层叠压在龙山文化层之上的地层关系非常清晰，说明岳石文化源于当地龙山文化。

第三，胶东岳石文化遗址体现了岳石文化的主要文化特征。

一是半月形石爪镰和石刀的发明制造，比龙山文化时期的长方形石刀更方便使

① 严文明：《胶东原始文化初论》，《山东史前文化论文集》，齐鲁书社 1986 年版，第 80 页。

用，成为识别岳石文化的标准之一。

二是陶器变得粗实厚重。龙山文化时，陶器以磨光黑陶为主体，器形以鬶为主，制法多轮制，精美的蛋壳黑陶更是龙山文化的标志。胶东岳石文化遗址出土的陶器，黑陶不再占绝大多数，代之而增的是红褐陶和灰陶。轮制的比例也不再占绝大多数，代之而增的是手制比例。器形以甗、尊、豆为主，还有盂、盒、杯、钵等。甗是胶东岳石文化的主要炊具，上部为侈口罐形，下部为高裆鬲形，腰部常有附加堆纹，与龙山文化的连裆甗明显不同。大汶口文化和龙山文化传统的典型炊具鬶，在胶东岳石文化中消失。胶东岳石文化陶器大部分是素面或磨光的，少部分有弦纹和附加堆纹等。胎厚、结实是胶东岳石文化陶器的一大特征，与龙山文化时精制的薄胎黑陶相比，显示出制陶业工艺衰退的迹象，这可能与铜器的兴起有关。

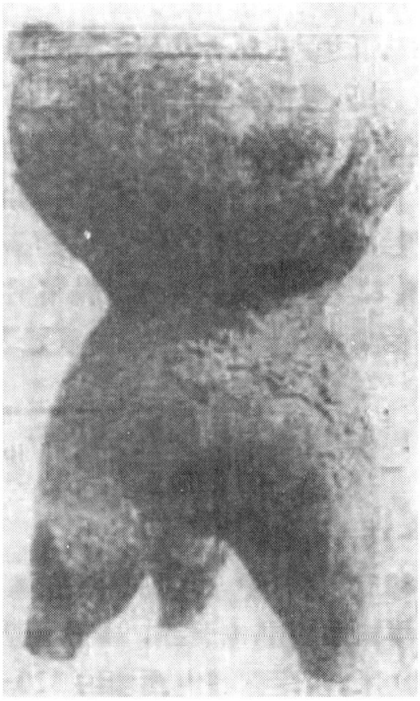
图 4－29　黄县（今龙口）出土的《青铜甗》

第四，青铜时代。胶东地区有丰富的铜矿资源，在胶县三里河、栖霞杨家圈、长岛店子、牟平照格庄等龙山文化和岳石文化遗址中发现有铜条、铜锥和铜渣。1958 年，黄县（今龙口）出土一件岳石文化时期的青铜甗（图 4－29），甗与鬲合体，通高 33 厘米，口径 28 厘米，器形与陶甗相似，这是迄今为止体形最大的青铜容器发现，说明岳石文化时期，胶东进入了青铜时代。①

第五，文字的发展。起源于大汶口文化早期的东夷图像文字，在大汶口文化早期到龙山文化早期 2000 多年的时间里，一直以一器一字或一器两字的形式载于陶质礼器上。龙山文化晚期，邹平丁公陶片上的 5 行 11 字，开始成文成篇。岳石文化时期，文字有了进一步发展。1981 年，莱阳前河前村发现的陶盉上刻画的 15 个图像文字是㠱国及其宗庙建立的记载，辞例已开记史之风，说明岳石文化时，胶东的文字已承担起了记载历史的重任，标志着㠱国文明已经诞生。2014 年，在莱州城郊西坊北村发现的岳石文化莱州玉雕太阳神面图像，载有“过”和“壬”字，是任氏过国立杆测影、观象授时的写照，也是过国的族徽。莱州玉雕太阳神面图像文字，揭示了过国是太昊风姓任氏的一支，是山东内地文化与胶东土著文化交流融合的重要例证。

① 李步青、林仙庭：《山东黄县出土一件青铜甗》，《考古》1989 年第 3 期。

第六，岳石文化即夏朝时的夷人文化，发生在夏朝早期的“羿浞代夏”“少康中兴”历史事件，与胶东有很大关系。前已论述，禹帝时的夏朝之都在今日照两城镇。夏朝传至帝太康时失国，国都被后羿、寒浞占领。太康避居同姓国斟鄩，斟鄩在今临朐西朱封。太康传位于弟仲康，仲康传位于帝太康之子相，帝相时避居于另一同姓国斟灌，斟灌又称斟戈，在今潍坊市东南。寒浞是寒国人，寒国在今潍坊寒亭。寒浞谋杀后羿，自立为帝，并占后羿妻室，生浇与豷二子。寒浞处浇于过，过在今莱州土山，处豷于戈，戈即斟戈，扩大了寒国疆域，建立起强大的后方。“羿浞代夏”四十年，帝相遗腹子少康长大，灭浇于过，灭豷于戈，恢复了夏朝政权，过国归于夏朝。夏朝传位于帝少康之孙帝槐之时，可能将国都由日照两城镇迁到中原，东夷失去了自太昊、少昊、帝舜、帝禹以来主导政治、经济、文化的中心地位，这可能是岳石文化之后，东夷文化发展缓慢而中原文化迅速崛起的原因。

黑羊山商周文化遗址

2002年春，为配合烟台至潍坊高速公路建设，山东省文物考古研究所与烟台市博物馆、莱州市博物馆对莱州市境内的路段进行了全面的考古调查和勘探，发现了沙河镇黑羊山村商周文化遗址和驿道镇朱汉村汉墓群。3月至5月，山东省文物考古研究所的李振光先生带队对黑羊山商周文化遗址进行了大面积的发掘。

一

黑羊山在莱州市区西南24千米的莱州市与平度市的交界处，有黑羊山、大红山、小红山三座山峰，东西长约3.5千米，南北长约3千米，海拔93.8米。黑羊山的石质为大理石和石灰岩，山坡之上，一块块巨石被风化变黑，远远看去像一群正在吃草的黑羊，因此取名黑羊山。黑羊山原有许多洞穴，也有许多古生物化石，可惜没有引起注意。近百年来，人们在此采石烧制石灰，今洞穴无存，化石也都当作碎石铺了道路。与黑羊山的石质不同，大红山的石质为红褐色的花岗石。在大红山与黑羊山之间，古有一条数十丈深的红泥沟，沟东悬崖有一小瀑布，瀑布之下传有沉积沙金。沟东悬崖之上，是一大片松林，虎狼出没其间。大红山之巅有一山神古祠，今已成为废墟。而今，大红山与黑羊山已是一个规模巨大的石料场，生产筑路和建筑用的石子。

黑羊山商周文化遗址位于大红山北坡的高台地上，西北距黑羊山村200米。遗址南依大、小红山，西南与黑羊山相对。寒浞河古道从遗址北侧向西北流去，至土山镇境内并入胶莱河入海。新建的高速公路从遗址的西南部穿过。

黑羊山村是一个长方形的聚落，共有600多户，19个姓氏，以王、邱、曲、李为多。《莱州市地名志》称，明洪武二年(1369)，汪、尹、邱三姓由四川迁来立村，黑羊山商周文化遗址的发现揭示了这里悠久的历史，说明《莱州市地名志》的记载不实。

二

黑羊山商周文化遗址(图4－30)南北约300米，东西约400米，发掘面积1300多平方米。发现商周时期大型环壕一条,灰坑、窖穴230多个,房址5座,墓葬50余座,出土了大量的石器、陶器、骨器以及卜骨等。

图4-30 黑羊山商周文化遗址

环壕很大,平面呈"U"型,东西长90米。两侧南北向沟的剖面呈倒梯形,沟口宽4米左右,深3米,中部收一窄平台,底部窄而深。南侧与东侧沟宽20米左右,沟壁较陡。南北向的沟向北直流入河道。环壕系人工挖掘,很好地解决了山上来水与村落排水问题。环壕内遗迹较少,有窖穴、灰坑、房址和少量墓葬,年代较早,为晚商时期。西侧壕沟以西的墓葬较多,并且较为集中,分布有较多的祭祀坑、灰坑,时代较晚,为西周时期。

灰坑口部呈圆形、椭圆形、方形、长方形、不规则形,多数壁底加工规整。窖穴多为袋形,大而深,有的口径达3米多,残存深度达1.8米,底部经烧烤,有立柱,顶部应有盖顶,为储藏用室或人们加工活动的场所,也可能是人们的居所。

祭祀坑数量较多,多为圆形或椭圆形,底部平整。在坑的底部或口部平台处,摆放有完整的羊骨、猪骨、鹿骨。摆放的牛骨,多不完整,有的只有牛身,有的只有牛头和四腿。祭祀坑靠近墓葬区,可能为祭祀先祖所用。

五座房基分作三种类型:一类平面呈不规则长方形,门道北向,周边有柱洞坑,坑内立柱,房子基础系挖坑埋羊祭祀后夯打而成;一类为椭圆形长条浅穴式,地面经烧烤,穴内地面残存少量陶器;一类平面呈"靴形",拐角处一端较深,穴内地面经过烧烤,残存大量草木灰、陶器及骨、角、石饰件等生活用品。

遗址内的墓葬有50多座,皆为长方形竖穴土坑墓,有的头端有壁龛,少数为侧室墓。墓葬多为东西向,少量南北向。葬具多单棺,有的为带边厢的一椁一棺,有的无葬具。葬式多为仰身直肢葬,双手交叉于腹部,有的为仰身屈肢葬或侧身屈肢葬,个别的为二次葬。发现有幼儿土坑竖穴墓葬,有的头朝下。随葬的陶器多置于龛内,装饰品多置于棺内头部或身体上（图 4－31）。陶器组合为单件的盂、罐、盆或盆罐、盂罐、盂豆罐及鬲盂豆罐等组合。墓葬的时代从西周晚期至春秋晚期。

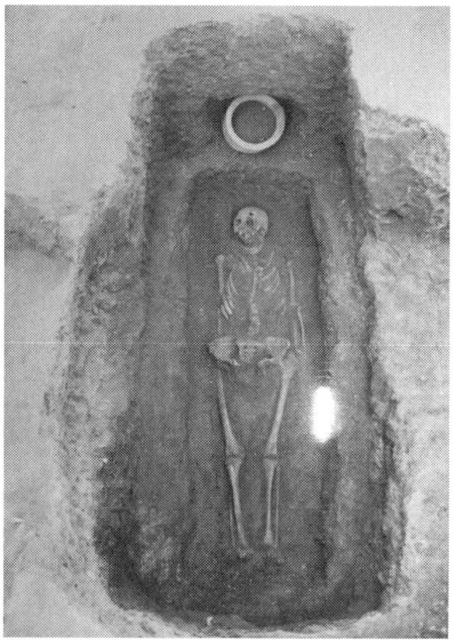

图 4－31　黑羊山商周文化遗址墓葬

遗址内发现几座幼儿瓮罐葬，葬具为盆罐相扣或两盆相扣，时代为战国晚期或汉代。在路宿龙山文化至东周文化遗址中，也有幼儿瓮罐葬的发现，年代为东周。可知这一葬俗由来已久。所不同的是，路宿遗址的幼儿瓮罐葬于家中，而黑羊山遗址的幼儿瓮罐葬于墓地。

遗址内出土了大量的陶器、骨器、角器和石器。陶器多为泥质或夹砂绳纹灰陶，有少量夹砂红陶，器形有鬲（图 4－32）、盂、豆、罐、盆、碗。骨器有镞、簪。角器有锥、钩。石器有双孔或单孔石刀、石镰、石锯、石球、石纺轮等（图 4－33）。还发现有少量牛胛卜骨。

图 4－32　黑羊山遗址陶鬲

图 4－33　黑羊山遗址石器

遗址内发现的遗迹和遗物，多为商代晚期至春秋晚期，因此发掘者将遗址年代定为商周文化遗址。① 但据带队发掘的李振光先生说，遗址的东南部也发现有岳石文化遗存。

莱州市云峰斋收藏有在黑羊山遗址采集的玉璜和石鱼(图4－34)。玉璜呈半圆形，两端有圆孔，长9.5厘米，宽3厘米，为商代以前的遗物。石鱼长16厘米，宽2.3厘米，头有眼，尾有鳍，风化较重，表面粗糙，为商代遗物。玉璜和石鱼当都是礼器。《周礼·春官·大宗伯》载："以玄璜礼北方。"这说明黑羊山在商以前就可能是某部落的祭坛。

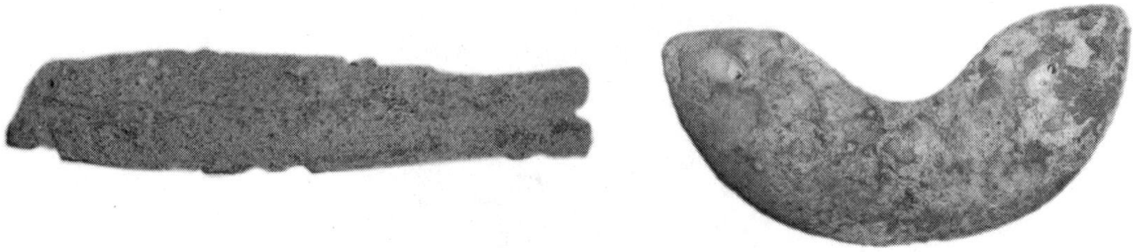

图4－34　黑羊山遗址采集的玉璜和石鱼

三

黑羊山遗址处于胶东半岛西部的夏、商、周文化区域内。遗址东北9千米，有石埠溶洞古生物化石遗址，发现有旧石器时期以前至新石器时期人类生存的遗迹。黑羊山的石灰岩石结构与石埠溶洞的石灰岩石结构相同。2013年，笔者在黑羊山也采集到古生物化石。虽然此处没有像石埠溶洞那样古人类生存遗迹的发现，但地处胶莱河东岸的黑羊山诸多洞穴，无疑是石器时期人类理想的住所。遗址处于寒浞河的上游，遗址西北6千米，有土山镇中杨村白石村文化至东周文化遗址，最初的过国可能在这一带。遗址东南12千米，有平度市东岳石村的岳石文化遗址，在遗址东北5千米的沙河镇国家村，第三次全国文物普查，发现了岳石文化和商周文化遗迹。黑羊山遗址虽然被称为商周文化遗址，但遗址中岳石文化的存在，说明此地的历史并非从商代开始。

遗址内发现的大型环壕和大量的祭祀坑，是遗址属性的标志。完整的羊、猪、鹿

① 李振光、胡常春、张英军：《山东莱州黑羊山遗址有重要发现》，《中国文物报》2003年4月30日。

骨(图4－35),说明它们并非被人们宰杀食用,而是做了祭祀用的牲品。在周人宗庙的二十一种祭品中,没有鹿。鹿作为一种比牛、羊更为珍贵的动物,古人用它来比喻政权或爵位。1981年春,莱阳前河前村出土的《曩父乙陶盉》,就载有铭文“曩父乙作其盉彝,鱼鹿龟”。汉代的画像石中,鹿也是常见的吉祥之物。但以鹿为祭品,在考古发现中并不多见,黑羊山遗址祭品之鹿,是祈求社稷长久之意。这除了说明商周之时,黑羊山中动物种类之多外,也说明遗址的主人非一般家族。

图4－35 黑羊山遗址祭祀之鹿骨架

牛是商周时祭祀的主要牲品,殷卜辞中卯牛祭祀的辞例习见。周人以牛、羊、豕三牲为大牢,牛为三牲之首,祭神、祭祖皆用牛。《礼记·郊特牲》载,每年冬至那天,国君都要到郊外祭天,以迎接长日的到来。祭日的祭礼最为隆重,祭祀用的牲品是一头纯赤色的牛犊。周人除了用牛祭日,也用牛祭祖。《礼记·王制》载,天子祭祀天地,用的是犄角初生、大如蚕茧的小牛犊,祭祀宗庙用的是犄角一握长短的小牛。《礼记·祭义》又载,用作牲品的牛,都是经过精心挑选和专门饲养的。国君每年命令各地进贡献牛,挑选其中毛色纯正的,进行占卜,如果占卜得了吉兆,就将牛送入牛圈,由专职官员进行饲养。每月的初一、十五,国君都要沐浴戒斋,穿上礼服,戴上礼帽,对这些将要献给神灵的牲牛进行巡视。郊祭时,国君与太子亲自牵着牲牛,卿大夫则捧着祭品跟随其后。进入庙门之后,将牲牛拴在碑石上,然后由卿大夫开始杀牲牛。杀牲牛时,先从牲牛耳边拔取一撮牛毛献给神灵,让神灵知道将要献给他珍贵的牲牛,然后剖开牛腹,取出牛血,采下肠脂,割下牛肉,献给神灵。祭礼完后,将牲牛埋入祭祀坑中。黑羊山遗址发现的牲牛,或者只有牛身,或者刻意将牛头、四腿摆放成形,大概就是郊祭时牲牛被宰杀的遗存(图4－36)。这种用牲牛为牲品的郊祭之礼,说明了遗址的主人当是某国的诸侯。

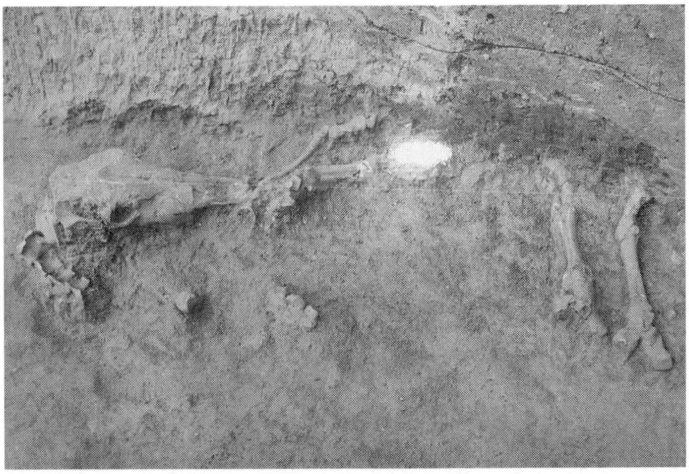

图4-36　黑羊山遗址祭祀之牛骨

黑羊山遗址出土的卜骨，刻有一道道竖画，或为记事之用，数量虽少，但可说明遗址乃一方国的祭坛。

黑羊山遗址发现的墓葬有50多座，时间从晚商到战国，跨越了1000多年。而遗址发现的房址只有5座，说明遗址并不以居住为主。这五座房址，或是守坛人、守墓人所居。而那大而深的窖穴，可能是储藏祭祀用品和生活用品的地方，也可能是人们加工祭品的活动场所。

如此看来，黑羊山遗址乃商周之时某国的祭坛，或与沙河镇国家遗址有关。

黑羊山遗址出土的泥质灰陶罐、豆、盂，两面钻的双孔双面刃或单面刃的石刀及石铲、石纺轮、骨簪、骨锥、鹿骨等，都与平度东岳石文化遗址出土的岳石文化时期的遗物有相同的文化特征。

2004年4月，黑羊山商周文化遗址被公布为烟台市重点文物保护单位。

殷铜器《亚过爵》铭文考释

一

殷铜器《亚过爵》铭文二字："亚过。"（《集成》13.7815）（图4－37）

图4－37　《亚过爵》铭文

"過（过）"字写作""，从""""声。""为足形，即"止"字，甲骨文作""，金文作""。""同甲骨文""（《粹》一三〇六）、""（《宁》一四九五），即"冎"字。于省吾《甲骨文字释林》曰："甲骨文冎字作或形。""甲骨文字本象骨架相支撑之形，其左右的小竖画，象骨节转折处突出形。""西周铜器《过（過）伯簋》和《过伯爵》的过字所从的，与甲骨文同形。冎既为古文骨字的初形，骨、冎双声（并见纽一等字），故过从骨声。"①陈梦家《释冎》曰："过伯簋从冎不从咼，知古文咼本作冎，口乃后加，犹商周二字本不从口也。故知《说文》之过、祸皆当从冎，而过、祸实冎之孳乳字也。冎为卜骨之形，引申为骨，故小篆骨字从冎有肉者亦冎字之孳乳字也，骨之从肉

① 于省吾：《甲骨文字释林》，中华书局1979年版，第368、369页。

乃其义符。”①

于省吾和陈梦家所论是也。甲骨文“过”字作“”，不从“”，如“遣”字作“”不从辵例同。如殷卜辞“于欠”（《佚》九五〇），为地名，当是过字。可知甲骨文“”字，不仅象骨架相支撑之形，也象大腿、小腿、足弯曲行走之形，故“”有骨、咼双声。

殷铜器《冎父口斝》（《集成》15.9221）冎字作“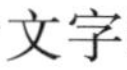”，于省吾《甲骨文字释林·释冎”曰：“商器《冎父口斝》有‘’字，旧不识，《金文编》入于附录。以甲骨文‘网’字作也作网以及‘车’字纵列横列无别证之，则字自系之横出者。至于其篆画稍有繁简，自是古文字的常例，不足为异。”②所言极是。冎是国名，不从辵，也即过国之过。

字为过，形不明显。卜辞有“嵩”字，从止从冎，陈梦家《释冎》曰：“又习见一术语曰‘今冎（巫）九芇’（《前》三．廿八．一及四．三七．五）从止冎，疑即过字，卜辞趄作豈，与此同例。”③

殷铜器《亚过爵》“過”字冎下写作足形，足与止、走、辵用同，彰显了甲骨文“”字的行走之义，与“”字的骨义相分离。此字当是甲骨文“芇”字的演化。张亚初《殷周金文集成引得》释为过，是也。

周铜器《过伯爵》“過”字作“”，足形“”进化为“”，与此字相同。

殷铜器《亚过爵》之“过”是方国名，其时，过国在今山东莱州城区。

二

《亚过爵》国名过字写在“亞（亚）”字之中，携带着重大的历史信息。

“亞（亚）”字像日坛之平面图形。古人设日坛，立杆测影，观象授时，测的就是日出、日中、日落时日晷的方位与长度。因此，日坛必须按方位建成“亞（亚）”形。“亞（亚）”字之形，指事日坛的四方四隅，日坛中心乃是天柱立处。日坛为神灵之地，商代推而广之，王族城墉、宫室、庙堂、墓葬等皆按方位“亞（亚）”形建造。宫室、庙堂在使用上，又有主次之分，故亞（亚）字又有了《说文》引贾侍中说的次弟之义。

《甲骨文字典》在解读“亞（亚）”字之用时曰：“与王族联姻之族，其族名或称号前皆冠以亚字。”所言至确。殷铜器《亚过爵》国名过字写在“亞（亚）”字之中，正是为了

① 陈梦家：《冎释》，《考古社刊》第五期。

② 于省吾：《甲骨文字释林》，中华书局1979年版，第368～369页。

③ 陈梦家：《释冎》，《考古社刊》第五期。

说明过是殷王族的姻亲国。此器当作于纣王时，说明殷纣时东扩，过国被征服，不仅臣服于殷，过君还将公主嫁给纣王为妃，成为殷纣的姻亲国。

考古发现说明，商文化对于山东东夷文化的影响，呈现自西向东逐渐减弱的趋势，而胶东之地几乎不见商文化占主导地位的遗址，只是在长岛县（今属烟台市蓬莱区）北长山岛珍珠门遗址等地见到商文化的影响。但这并不能说明，殷代时，胶东没有归于商之版图，而是胶东归殷在殷代末年，受商文化影响时间短的缘故。

齐国、来国是过国之邻国。殷卜辞有王在齐、王在来的记载，如"癸丑王卜贞旬亡祸在齐餗"（《后上》一五．一二），"庚寅卜在齐餗贞王餗往来亡灾"（《前》二．十五．四）。"已未卜今日不雨在来"（《甲》二四二），"王其步自尌于来"（《后》十二．十二）。

郭沫若《卜辞通纂考释》第569片释"癸亥卜口贞王旬亡畎才九月征夷方在雇"时说："旧多释尸为人，余谓当是尸字，假为夷（金文南夷东夷字作南尸东尸）……则尸方当即东夷也，征尸方所至之地，有在淮河流域者，则殷代之尸方乃合山东之岛夷与淮夷而言。"①郭沫若言殷代征东夷至山东半岛甚确。《亚过爵》为郭沫若先生的论断提供了确证。

殷卜辞载："于来辛，王廼回田卢，亡𢦏。"（《甲》五三二）这是纣王从来国的辛地到过国的卢地田猎的记载。此辛地当在今平度市西北的新河镇，卢地当在今莱州市沙河镇路旺。纣王到过国的卢地田猎，可能是为进军探路。

商承祚《殷契佚存》收集了一条殷卜辞"……于咼欠"编号为九五〇。其"咼"字写作""《甲骨文字典》释为地名，当是过字。殷卜辞"……于过欠"或是某年过国盐业生产歉收的记载。

山东的盐业生产在商代已具规模。新中国成立后在沿渤海地区出土的商代煮盐陶器和在利津县发现的四个专门烧制煮盐陶器的商代窑址，以及被列为2008年度全国十大考古新发现的寿光双王城晚商制盐作坊，说明殷代的盐业生产已由殷王室直接控制经营。殷卜辞"卤小臣其有邑"（《合集》五五九六）说明殷代不仅已设有盐官，而且对盐官非常重视，赐有采邑。春秋早期的《鱻侯簠》是以煮卤制盐著称的卢国的物证。1971年，在掖县朱由出土的青铜煮盐锅，上口直径122厘米，高14厘米，重101.5千克，虽是春秋时的铜器，但其前的盐业生产或可上溯到商代。

前引卜辞"今咼巫九禼"，"咼"是国名之过，"禼"是经过之过。"巫九"即九巫，是指过国日坛中央与四方四隅的九支神柱。与《山海经》所载的九丘、群巫义同。卜辞当是纣王经过过国日坛的记载。卜辞说明，作为夏、商古国，过国设有日坛，制定有

① 郭沫若：《郭沫若全集·考古编·第二卷》，科学出版社2002年版，第462页。

自己的历法，与岳石文化莱州玉雕太阳神面图像文字的记载相印证。

三

宋人乐史《太平寰宇记》卷二十、元代于钦《齐乘》卷三和重刊明万历《莱州府志》都有“沙丘城，纣所造”的记载。

“沙丘城”在今莱州城区东北10千米的平里店镇石柱栏姜家村南，程郭镇郭古庄东南，五佛刘家东北。

1957年，掖县博物馆（今莱州市博物馆）进行考古调查时，沙丘城遗址尚存。遗址呈方圆形，南北长约600米，东西长约800米，面积约48万平方米。城墙系夯土而成，残基高1.5米。城有南、北、西三门，城外筑有城壕。1983年，山东省文物部门前来考察时，尚有城墙600米，今东城墙墙基尚在，已变作田间小路。

掖邑清人毛贽《识小录》曰：“沙丘城在莱州府治东北二十五里，周围约十余里，土垣高逾寻丈，北有崇台，视城倍之，城东古冢墓凡数处，翁仲华表，罗列棋布，俗呼为始皇坟，殊不然也。南接高埠，北濒大河，亦形势之区，但土轻而松，每风起尘土障天。前明为莱州卫屯田。郡志云，商纣所筑。盖因《史记·殷世家》‘益广沙丘苑台’之语而附会之。”

《史记·殷本纪》载，殷纣王“好酒淫乐，嬖于妇人。爱妲己，妲己之言是从。于是使师涓作新淫声，北里之舞，靡靡之乐。厚赋税以实鹿台之钱，而盈巨桥之粟。益收狗马奇物，充仞宫室。益广沙丘苑台，多取野兽蜚鸟置其中。慢于鬼神。大聚乐戏于沙丘，以酒为池，县肉为林，使男女倮相逐其间，为长夜之饮”①。

沙丘在今河北省广宗县西北太平台，是殷纣筑的行宫别馆。殷纣到处游乐，“益广沙丘苑台”，过国当是其中之一。《亚过爵》说明，过国是殷纣的姻亲国，过君将公主嫁给纣王为妃。纣王既占有过国，则在过国建造离宫别馆，饮酒作乐，也是必然之事，可知《太平寰宇记》卷二十、《齐乘》卷三和重刊明万历《莱州府志》所载的“沙丘城，纣所造”是信史，而非毛贽所说的附会之言。

然殷纣筑的沙丘城早已湮没在历史的长河之中，现存的沙丘城遗址并非殷纣筑造的沙丘城。2003年，当地人在东城墙取土，挖出一个砖来，显然不是商代之物。现在可见的沙丘城遗址可能是金元时屯田的兵营。金代诗人掖邑刘迎《与诸友登三山亭》诗有“移尊正及兵厨近，结客何须驿骑招”句，兵厨即兵营的厨房。

---

① 〔西汉〕司马迁：《史记》卷三，中华书局1959年版，第105页。

沙丘城南里许，有一蝎山岭，海拔 70 米，周围 2 千米左右，有程郭镇五佛刘家、沙埠庄、穆家庄子、前苏、郭古庄和平里店镇石柱栏姜家村等数个村庄。汉武帝时寻仙东莱，在此筑有三山亭望海。第三次全国文物普查，在五佛刘家和高郭庄发现了商周文化遗址。蝎山岭旧有寺庙，新中国成立前每年的农历六月初六都要在此举办盛大的庙会，唱上十天半月大戏，民俗所传，或是源自商代的习俗。

西周早期《趞卣》《趞尊》铭文考释

《趞卣》两件和《趞尊》一件都是西周早期的铜器，新中国成立以前出土，曾为著名金石学家陈介祺先生收藏，吴大澂《愙斋集古录》、刘体智《小校经阁金文拓本》、罗振玉《三代吉金文存》等皆有著录，现两器皆藏于美国华盛顿弗里尔美术陈列馆。

《趞卣》《趞尊》铭文相同（图4－38），曰："唯十又三月辛卯，王在庈，赐趞（遣）采曰趞（过），易（锡）贝五朋，趞（遣）对王休，用乍（作）姞宝彝。"（《集成》10.5402，11.5992）。

图4－38 《趞卣》铭文

铭文"王"和"趞"两人名，"庈"和"趞"两地名，学者所释不一，今试解读这两人、两地，探讨其相关历史。

一、考王

铭文中的"王"，郭沫若先生释为成王。曰："此与《睘卣》同言王在庈，而字迹复如出之一人手笔，决为同时器无疑。"《睘卣》："十又九年，文王纪元之十九年，成王六年也。周初,用文王纪元,至成王七年平定徐淮夷后始'以功作元祀'(《洛诰》),王国维有《周开国年表》揭发之(《观堂集林》补遗四页),其说无可易。""王姜乃成王之后。"又说:"或说此器乃昭王时器,《古本竹书纪年》'昭王十六年伐楚荆,涉汉遇大兕'。又'十九年天大曀,雉兔皆震,丧六师于汉(均《初学记》七所引)'。十九年即昭王十九年,庠即汉。案昭王十九年既'丧六师于汉',且其南征而不返者当即此年,为其臣者不应再有此闲情逸趣,作器以扬休烈。且《国语》《周语》言'昭王娶于房,曰房后'。"①陈梦家《西周铜器断代》也认为此王是成王。

唐兰先生将《趞卣》《趞尊》等五十三器释为昭王之器。他在《论周昭王时代的青铜器铭刻》中说《趞卣》《趞尊》的"十又三月辛卯"与《中方鼎》"隹十有三月庚寅"(《集成》5.2785)、《召卣》(《集成》10.5416)、《召尊》(《集成》11.6004)的隹十又三月初吉丁卯是同一年的事,故将《趞卣》《趞尊》的年代确定为昭王十八年的十又三月。②

李学勤先生从唐兰之说,将《趞卣》《趞尊》的时间进一步确定为周昭王十八年(前998)十又三月丁亥朔,庚寅五日,并列出了昭王在《静方鼎》等诸器中的活动日期和地点,时间从周昭王十七年十月甲子,到周昭王十九年十月癸未。彭裕商先生认为,李学勤先生的排法"有一点问题的是,昭王于十九年十月十二日尚未去世,则其殁当在十月下旬到十二月,其间恐怕天气较冷,且水也较小,与昭王死于汉水的传统记载不知是否会有不合之处"。他将这些铜器的年代重新排列了一下,从昭王十五年九月,排到十九年五日,将《趞卣》列在昭王十六年十又三月辛卯。③

诸家之论,有待商榷之处。

郭沫若先生将《趞卣》《趞尊》与《睘卣》作为同年器是卓见,但《睘卣》的隹十又九年,恐非成王六年,王姜也非成王后。

王国维《观堂集林》载有《周开国年表》,其曰:"武王即位克商,未尝改元。《洪范》称唯十又三祀,王访于箕子。十有三祀者,文王受命之十三祀,武王克殷后之二年也。自克商后计之,则为第二年,故《金縢》曰,既克商二年称年不称祀者,克殷之时未尝改元故也。成王即位,周公摄政之初,亦未尝改元,洛诰曰惟七年,是岁为文王受命之十八祀,武王克商之后七年,成王嗣位,于兹五岁,祀于新邑,称秩元祀。"

王国维说的武王之时和成王五年以前,纪年使用文王之祀是对的。但成王五年,东都建成,周公归政。既已改元为成王元年,那么此后不应再使用文王纪年。因此,《睘卣》的"隹十又九年",是成王的十九年,非文王纪元之十九年,也非成王六年。

---

① 郭沫若:《郭沫若全集·考古编·第八卷》,科学出版社 2002 年版,第 48、45、46 页。
② 故宫博物院编:《唐兰先生金文论集》,紫禁城出版社 1995 年版,第 310 页。
③ 彭裕商:《西周青铜器年代综合研究》,巴蜀书社 2003 年版,第 168～270 页。

《睘卣》中的“王姜”,不是成王后,而是成王母。

《大戴礼记》载,武王践祚三日,受丹书于吕尚。《竹书纪年》曰,时有女子化为丈夫。此女子是齐太公吕尚之女,武王登基时册封为武王后。武王卒后,成王年少,王姜帮助处理朝政,有丈夫之为,故后世有此记载。

《左传·襄公十四年》记载:“王使刘定公赐齐侯命,曰:‘昔伯舅、大(太)公右我先王,股肱周室,师保万民,世胙大师,以表东海。王室之不坏,繄伯舅是赖。今余命女環,兹率舅氏之典,纂乃祖考,无忝乃旧。敬之哉,无废朕命。”鲁襄公十四年,当周灵王十三年,齐灵公环二十五年,公元前559年。周灵王所说的太公即齐太公吕尚,伯舅乃齐太公之子齐丁公吕伋。

《左传·昭公十二年》载楚灵公对右尹子革曰:“昔我先王熊绎与吕伋、王孙牟、燮父、禽父并事康王,四国皆有分,我独无有。今吾使人于周,求鼎以为分,王其与我乎?”子革对曰:“齐,王舅也。晋及鲁、卫,王母弟也。楚是以无分,而彼皆有。”服虔云:“齐吕伋,成王之舅。”是知太公有女为武王后,太公是成王之外公。

古代,男子称氏,氏是其封国或封地之名,女子没有封国或封地,故女子称姓。金文中的姜姓女子,有的与国族名相连,如《迟父钟》之“齐姜”(《集成》1.103),《郑姜伯鼎》之“郑姜”(《集成》4.246),《虢姜鼎》之“虢姜”(《集成》4.2472),《己侯貉子簋》之“己姜”(《集成》7.3977)。有的与排行相关,如《伯姜鼎》之“伯姜”(《集成》5.2791),《仲姜鬲》之“仲姜”(《集成》3.523),《卫夫人鬲》之“叔姜”(《集成》3.595),《铸侯求钟》之“季姜”(《集成》1.47),称“王姜”者,仅见于周初的《睘卣》《叔簋》等八器。

图4-39 《睘卣》铭文

王姜,行施王权之谓也。别有《睘尊》称为“君”。君者,君王之君也,女君也,女中丈夫也。成王年少,王姜处政,故称其为“王”、为“君”。《叔簋》载“王姜史(使)叔事(使)于大(太)保”(《集成》8.4132),《睘卣》载“王姜令乍(作)册睘安夷伯”(图4-39)(《集成》10.5407),《旟鼎》载“王姜赐旟田三”(《集成》5.2704),《不寿簋》载“王姜赐不寿裘”(《集成》7.4060),《作册矢令簋》载“乍册矢令尊宜于王姜,姜赏令贝十朋、臣十家、鬲百人”(《集成》8.4301)。王姜权力如此之大,因其是先王武王之王后,当朝成王之母后也。

唐兰先生和李学勤先生将《趞卣》《趞尊》,作为昭王十八年十又三月器,与《过伯簋》不合。《过伯簋》是昭王第一次南征的标准器，其时间无疑是在昭王十六年。如遣在昭王十八年十又三月才得赐“采曰过”，十六年时怎么会有过伯从王伐反荆呢？显然，说《遣卣》《遣尊》是昭王十八年器欠确。

彭裕商先生将《遣卣》《遣尊》作为昭王十六年器也不当，东征和南征都是很大的战役。昭王不会在同一年中既东征东夷，又南征荆楚。何况，《遣卣》《遣尊》也不同于昭王十六年的标准器《过伯簋》，文献中也无昭王东征的记载。

总之，《遣卣》《遣尊》的十又三月，是《睘卣》十九年的十又三月，“王在庐”的王是成王。《遣卣》《遣尊》是成王十九年十又三月器。

二、问“遣”

遣是《遣卣》《遣尊》记载的第二个人物，是器主人。“遣”即“遣”字，从“走”与从“辵”相同。

《疐鼎》（《集成》5.2731）是一件与《遣卣》《遣尊》相关的铜器。《疐鼎》铭文载，王命遣征东反夷，疐肇从遣征，攻战无敌，缴获了许多武器。郭沫若、唐兰都认为《疐鼎》中的遣与《遣卣》《遣尊》中的遣是一人。《疐鼎》说明，周王所以将过国赐给遣作为采邑，是因遣征东反夷有功（图4－40）。

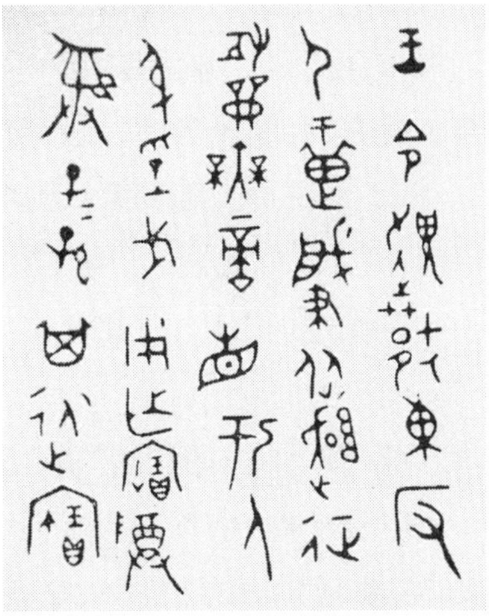

图4－40　《疐鼎》铭文

据郭沫若先生考证，《班簋》中的虢城公和遣是同一人。“别有城虢遣生簋者可为证。又有《城虢仲簋》出土于凤翔。凤翔乃古西虢之地，是知城虢即西虢。《遣尊》《疐鼎》等之遣即虢城公。”[①]陈梦家也曰：“遣卣作器者与上《疐鼎》《班簋》之遣，应是一人。”[②]郭沫若、陈梦家言《疐鼎》《班簋》之遣，与《遣卣》《遣尊》器主人之遣是一人，是对的，但郭沫若言《遣卣》《遣尊》之遣是西虢却有待商榷。

西虢是虢仲的封地。《左传·僖公五年》：“虢仲、虢叔，王季之穆也，为文王卿士，勋在王室，藏于盟府。”杜预注曰：“虢仲、虢叔，王季之子，文王之母弟也，仲、叔皆虢君字。”《左传·隐公元年》载，郑庄公即位，他的母亲请庄公将其弟共叔段封于制地。庄公曰：“制，岩邑也，虢叔死焉。佗邑唯命。”制是郑邑，《汉书·地理志》载，“成

① 郭沫若：《郭沫若全集·考古编·第八卷》，科学出版社2002年版，第59页。

② 陈梦家：《西周铜器断代（上册）》，中华书局2004年版，第66页。

皋，故虎牢，或曰制。”成皋在今河南荥阳汜水镇西，春秋时是郑国的虎牢关。制，四面皆山，故曰岩邑。《国语·郑语》史伯也言：“虢叔恃险。”是知虢叔为东虢，封地在今河南荥阳。虢仲为西虢，封地在雍，即今陕西宝鸡凤翔，《城虢仲簋》出在凤翔是证。《趞卣》《趞尊》之趞是东虢，而非西虢。

虢叔在周初地位显赫，德高望重。《尚书·君奭》记载的是周文王时的五位贤臣，虢叔为首。《国语·晋语四》载，文王“孝友二虢”。“及其即位也，询于八虞，而咨于二虢。”周文王将教育国子的重任委以虢叔。刘向《新序》卷五曰：“武王学乎郭（虢）叔。”韩婴《韩诗外传》曰：“周公学乎虢叔。”班固《白虎通·辟雍》也曰：“周公师郭（虢）叔。”虢叔、虢仲皆为王朝师氏，虢叔、虢仲之后，其子孙世袭其职，世代为王朝师氏。

《墉（郭）伯馭簋》是又一件与《趞卣》《趞尊》相关的铜器。其铭文曰：“唯王伐逨（来）鱼，徃（诞）伐淖（潮）黑，至燎于宗周，赐墉（郭）伯馭贝十朋……”（《集成》8.4169）。铭文记载器主人墉（郭）伯馭随王征逨（来）夷，受到王的赏赐。于省吾《双剑誃吉金文选·墉伯簋》释曰：“逨鱼即《尚书·禹贡》中的莱夷。”至确。莱夷近海，有鱼盐之利，渔民为多，故有“逨渔”之称。言其潮黑，是指其非法进行渔业生产，不服王法，不纳税贡。陈梦家认为此器花纹近于《静簋》，而与《井季簋》相同，“可定为昭、穆间器”①。但此器与《塱方鼎》铭文书风相同，《塱方鼎》为成王器，西周初年征逨夷，不会在伐过国之后，故此器应为成王器。此王即成王，墉（郭）伯馭即虢叔之子，趞之父。

墉（郭）伯馭的国名“墉”字，铭文写作“”，即“郭”字。

甲骨文有“”字（《前》八．十．一），殷铜器《宁墉甗》（《集成》3.792）、《己墉鼎》（《集成》3.1292）、《辛墉鼎》（《集成》3.1296）、《墉青鼎》（《集成》3.1297）的墉字皆如此形。这是殷时城郭的写照，城按亚形建造，四门有城楼。甲骨文“”字，是“”字之省，周铜器写作“”，其本义为城郭。城字，金文《班簋》《城虢趞生簋》作“”，从，成声，是形声字。丁佛言《说文古籀补补》卷五曰：“愚案，古郭、城、墉皆只作。”徐中舒《甲骨文字典》曰：“郭、墉初本一字，其后读音渐伪，复造形声字墉以切合读音，《说文》遂分为二字。”是曰，乃郭之本字。

墉（郭）伯馭是器主人。墉（郭）是国族之名。伯是爵称。馭即捱字，今作挨，是人名。

《墉伯馭簋》的“”字应读为郭，不读为“墉”。“郭”与“虢”音同，“墉”与“虢”音

① 陈梦家：《西周铜器断代（上册）》，中华书局2004年版，第137页。

异。“墉(郭)伯馭”是虢叔之子,“𩫖”字读“虢”为是。吴大澂《说文古籀补第五》曰“𩫖,古郭字,伯馭敦”。张亚初《殷商金文集成引得》也释为郭。《墉伯馭簋》应作《郭伯馭簋》。

东虢、西虢之虢,西周初年铜器铭文作“𩫖”(郭),西周中期铜器铭文作“虢”。《集成》收录写作“虢”的虢族铜器近百件,其年代最早的在西周中期,如《虢叔鬲》(《集成》3.524)等。

甲骨文有虢字,写作“[illegible]”(《粹》一五三七)。丁山曰:“[illegible]当是象两手搏虎形,虢之初文也。”①《甲骨文字典》释为“象以手张虎革之形”。然虢字本义,在于言勇也,古有虎臣、虎贲之称。《诗经·郑风·大叔于田》:“袒裼暴虎,献于公所。”赞美郑国勇士赤膊空拳捉猛虎。故释虢为搏活虎为是。虢为皮革乃其引申义。

陈梦家曰:“郭作𩫖,亦即《说文》古文墉字,古郭、虢音同相假。《左传》僖二隐元之虢,公羊传作郭。”②所论虽是,但未揭示𩫖字为何作虢。

东虢、西虢字作“𩫖”“虢”皆出于其在王朝师氏之司职。

《周礼·师氏》曰:“师氏:掌以美诏王,以三德教国子:一曰至德,以为道本;二曰敏德,以为行本;三曰孝德,以知逆恶。教三行:一曰孝行,以亲父母;二曰友行,以尊贤良;三曰顺行,以事师长。居虎门之左,司王朝。掌国中失之事,以教国子弟。凡国子之贵游子弟学焉。凡祭祀、宾客、会同、丧纪、军旅,王举则从;听治亦如之。使其属帅四夷之隶,各以其兵服守王之门外,且跸。朝在野外,则守内列。”师氏之职包括教育和警卫两个方面。教育方面,上至用善道诱导君王,下至用三德三行教导王的诸子和公卿、大夫的子弟。警卫方面,师氏的朝位,在虎门的左边,因此虢字从虎。凡是君王参加的祭祀、招待宾客,王和诸侯会见、丧事、军事行动,师氏都要随从。平日,师氏使属官率领蛮夷隶卒,守卫王之宫门,禁止行人通过。如王在野外设朝治事,则负责内线警卫工作。师氏之职如此重要,只有王族中德高望重的长辈才能担任。虢仲是周文王的异母弟,封在今陕西宝鸡,东距国都镐京120千米,是镐京的西方屏障。虢叔是周文王的亲弟,封在今河南荥阳,西距东都洛阳80千米,是洛阳的东方屏障。西周早期,其名作“𩫖”(郭),是言守城之职,西周中期以后,其名作“虢”,是言其警卫之责。作“𩫖”(郭)作“虢”都是表明其是王朝之师氏。

考古发现说明,陕西宝鸡市扶风、凤翔等地出土的青铜器,皆是西虢之器,西周初年西虢以镇守犬戎之地为重任。而东虢则在王朝任师氏之职,因此《墉(郭)伯馭簋》传为西安出土。《墉(郭)伯馭簋》的器主人墉(郭)伯馭是东虢家族也。墉(郭)即虢

① 丁山:《甲骨文所见氏族及其制度》,科学出版社1956年版,第151页。

② 陈梦家:《殷虚卜辞综述》,中华书局2004年版,第295页。

字,国族名。𠭰字,《集成引得》释为捱(挨),可从。𠭰是名,伯是爵称。墉(郭)伯即是王朝的师氏,他随同周王一同出师征伐莱夷。《墉(郭)伯𠭰簋》记载的“伐逨(来)鱼”,与《趞卣》《趞尊》记载的伐“东反夷”是同一历史时期东征的两件事情,一在成王初年,一在成王十九年,墉(郭)伯𠭰当是虢叔之子,趞之父。

1974 年 12 月,陕西扶风县强家村出土窖藏青铜器七件,其中三件是虢季氏家族的铜器。

《师𩛥鼎》是西周共王时铜器,铭文 190 字,记载师𩛥受王赏赐之事。铭文曰:“唯王八祀正月,辰在丁卯,王曰:‘师𩛥,女(汝)克赆乃身,臣联皇考穆穆王……’𩛥拜稽首,休白(伯)大(太)师肩(肩)𧾷(谌),𩛥臣皇辟天子,亦弗望(忘)公上父𤔲(甫)德……𩛥敢对王休,用妥(绥)乍(作)公上父尊,于朕考墉(郭)季易父𢽾(秩)宗。”(《集成》5. 2830)器主人“师𩛥”,师是官职,𩛥是名字。师𩛥之祖是公上父,父是墉(郭)季易父。

《即簋》是西周中期铜器,铭文 70 字,曰:“……即敢对扬天子丕显休,用乍(作)朕文考幽叔宝簋……”(《集成》8. 4250)

《师臾钟》是西周晚期铜器,铭文 48 字,曰:“师臾肇乍(作)朕剌(烈)祖虢季,宄公,幽叔,朕皇考德叔大禀(林)钟……”(《集成》1. 141)器主人“师臾”,师也是官职,臾是名字。

《师臾鼎》所载的“宄公”,也见于《师望鼎》。传《师望鼎》是清朝左宗棠征新疆时所得。铭文 91 字,曰:“大(太)师小子师望曰:不(丕)显皇考宄公……”(《集成》5. 2812)

扶风县强家村出土的窖藏虢季氏三器,说明这支虢季氏的世系是公上父—虢季易父—师𩛥(宄公)—师望(幽公)—即(德叔)—师臾,他们无疑是西虢家族。

《师𩛥鼎》与《师臾钟》同出西虢封地一窖之中,国族名《师𩛥鼎》作“𩫏”,《师臾钟》作“虢”。《师𩛥鼎》之“𩫏季易父”即《师臾钟》之虢季,此𩫏即虢字的确证。

《墉(郭)伯𠭰簋》记载虢伯𠭰随成王征伐逨(来)夷,《疐鼎》《趞卣》《趞尊》记载趞受王命征东反夷。

《趞卣》《趞尊》中的趞没有爵位,其时,趞年青也。《班簋》中的趞称为虢城公,公是爵称,可知穆王时,趞位至三公,年已老矣,故穆王令毛班接替其职出征。西周穆王以后,师氏这一职位,西虢担任为多。

东虢灭于郑。《史记·郑世家》载,周宣王二十二年(前 806)封其庶弟友于郑,属京兆,是为郑桓公。周幽王八年(前 774)以郑桓公为司徒。次年,郑桓公因周幽王沉迷于褒氏,失信诸侯,国运日衰,乃迁其民于成周洛阳以东,东虢与郐国献十城给郑桓公，于是建立了新郑。公元前 767 年，郑国攻占了东虢，东虢国君迁于其子国过国以产盐而富甲一方的麠地，建立了麠国。

西周晚期，犬戎入侵，西虢宗室的一支东迁平陆，在黄河北岸，称为北虢。公元前 770 年，西虢宗室随周平王东迁至黄河南岸，与北虢隔河相望，称为南虢。西虢有支族仍留在凤翔，称为小虢。春秋时，公元前 687 年，小虢灭于秦。公元前 655 年，北虢、南虢灭于晋。

东虢传世的铜器有西周早期的《墉（郭）伯馭簋》《郭作宝鼎》，西周中期的《伯郭父作叔姬鬲》八器、《伯郭父盉》、《虢叔簋》、《城虢趞生簋》、《虢叔作叔盂》，西周晚期的《虢叔旅钟》七器、《虢叔鬲》、《虢叔大父鼎》、《虢叔盨》、《虢叔簠》、《虢叔旅簠》、《虢叔尊》等。其中《墉（郭）伯趞簋》传西安出土，《郭作宝鼎》八器和《伯郭父盉》1961 年在陕西长安张家坡窖藏出土。可知西周初年，虢叔虽封在河南荥阳，称为东虢，但其在王朝供职，东虢墓地在宗周，而西虢的墓地在陕西宝鸡。

三、解庠

《趞卣》《趞尊》的地名“庠”，又见于《作册睘卣》《作册折尊》等器。

《作册睘卣》曰：“唯十又九年王在庠，王姜令作册睘安夷伯……”（《集成》10. 5407）

《作册睘尊》曰：“在庠，君令余作册睘安夷伯……”（《集成》11. 5989）

《作册折尊》《作册折觥》《折方彝》曰：“唯五月，王在庠，戊子，令作册折贶圣土于相侯……”（《集成》11. 6002，15. 9303，16. 9895）

与“王在庠”相关联的还有《麦尊》《疐鼎》《中觶》《中甗》等器。《麦尊》“庠”字作“敀”，音、义无别。然“庠”为何义？诸家所论不一，影响到铜器的断代及相关历史的研究。

郭沫若《两周金文辞大系图录考释》曰：“庠与南宫中鼎之一之‘寒餗’为一地，当即寒浞故地，在今山东潍县境。”[①]言“庠”为潍县寒亭。

唐兰《论周昭王时代的青铜器铭刻》曰：“此又比上器（案：《中方鼎》）迟一天。上一天还在寒餗，而此已说王在庠，可见寒餗离庠，只有一天的路程，是很近的。从《召卣》至此三器都是锡采地的。似是由第一次伐楚回来时的赏赐。由下文《乍册睘卣》说‘隹（唯）十又九年王在庠’来看，此十三月当是昭王十八年的岁终。那末，昭王的

---

①　郭沫若：《郭沫若全集 · 考古编 · 第八卷》，科学出版社 2002 年版，第 45 页。

第一次南征是在十六年开始，而曾回来，至十八年底，不知他又从何处归来，恐非十六年伐楚，直至十八年才回。”后又曰：“王在厈的厈，既非厈字，就根本不能读作汉水的汉，我过去认为是邻近楚国的地名，也是错的。其实厈地离莽京不远，王姜同在厈地，却没有同去伐楚，这都是需要纠正的。”①

彭裕商《西周青铜器年代综合研究》曰：“趞器（按：指《趞卣》）记‘王在厈’，与睘卣和作册析器相同，作册析为墙之祖父，当昭王时。厈即古斥字（《汗简》）。学者已指出，厈为昭王南征所经之地。”②

陈梦家《西周铜器断代》曰：“金文‘才’（在）下一字，常是地名，但也有可能是宫室建筑之名，如‘王才寝’‘王才大室’‘王才大宫’之类。《麦尊》曰：‘会王居镐京……王以侯内以寝……粤王才废……’是废为镐京宫寝的一部分，厈当同此。《小臣静卣》‘隹十又三月王居镐京’，字体与此器极相近，可能是同时所作，此又厈在镐京的一旁证。厈可能是地名，《流沙附简・廪给》第三简，斥侯之斥作厈。”③陈梦家认为厈在镐京是确论。

“厈”字《说文》无。《说文》有“㡿”字，与“厈”同。释曰：“㡿，却屋也，从广，屰声。”段玉裁注：“却屋者，谓开拓其屋，使广也。与上屋迫成反对。《广韵》引作却行也。非是。却屋之义引伸（申）之为厈逐焉，充厈。《魏都赋》注引仓颉曰：‘厈，广也。’”

《汉语大字典》有“厈”字，读为 chè，山名。《尔雅・释地》作“斥山”，又读 chǐ，《龙龛手鉴・广部》：“厈，俗；㡿，正。逐也，远也。”《篇海类编・宫室类・广部》：“厈，远也。”

“厈”字从广从干。《说文・广部》：“广，因广为屋，象对刺高屋之形。”徐灏《段注笺》：“因广为屋，犹言傍岩架屋。此上古初有宫室之为也。”甲骨文、金文“干”字象有桠杈的木棒，古人用以狩猎作战。金文“干”字一横又多写作圆点，象抵挡刀箭的护身兵器盾。《方言》卷九曰：“盾，自关而东或谓之瞂，或谓之干。关西谓之盾。”《尚书・牧誓》：“称尔戈，比尔干，立尔矛，予其誓。”孔传：“干，楯也。”《诗经・大雅・公刘》：“干戈戚扬”，郑注：“干，盾也。”郭沫若曰：“干，金文较古者作[illegible]，乃圆盾象形，上有羽饰而下有蹲。”④，由此看来，“厈”之屋与学射习武有关。《麦尊》的“厈”字作“废”，是以手持盾之义。《龙龛手鉴・广部》曰，“厈”读为尺。

《趞卣》《趞尊》的“厈”并非是方国地名，而是西周大学辟雍的明堂大厅。

---

① 故宫博物院编：《唐兰先生金文论集》，紫禁城出版社 1995 年版，第 294、315 页。

② 彭裕商：《西周青铜器年代综合研究》，巴蜀书社 2003 年版，第 260 页。

③ 陈梦家：《西周铜器断代（上册）》，中华书局 2004 年版，第 60 页。

④ 郭沫若：《郭沫若全集・考古编・第八卷》，科学出版社 2002 年版，第 173 页。

商代已有贵族子弟学校，到了西周时，不仅设有小学，还有了大学，贵族子弟八岁在宫中上小学，十五岁到郊外上大学。《公羊传·僖公十年》何林注曰："诸侯之子，八岁受之少傅，教之以小学。""十五受太傅，教之以大学。"《礼记·王制》曰："天子命之教，然后为学。小学在公宫南之左，大学在郊，天子曰辟雍，诸侯曰頖（泮）宫。"《麦尊》"会王饔莽京彤祀"之莽京即大学所在。《三辅黄图》卷五说："周文王辟雍在长安西北四十里，亦曰璧雍。"

辟雍建在镐京郊外名曰莽京。莽京之莽，旧无释。《麦尊》作"莽"，当是芳字。古称贤德之人为芳。《楚辞·离骚》云："昔三后之纯粹兮，固众芳之所在。"王逸注："众芳，喻群贤。"大学之地以芳京为名，义为培养贤才。且芳、旁为一声之转，芳京又是旁京，在镐京之旁。

王室大学曰辟雍。辟字，《麦尊》作璧，璧为圆形玉，中间有孔，边宽为内孔直径的两倍，象大学平面图形。辟雍建在镐京郊区，四周环水为池，中间高地，建有明堂。《大戴礼记·明堂》说："明堂者……以茅盖屋，上圆下方……外水曰辟雍。"《韩诗》也说：辟圆如璧，雍以水。不言圆言辟者，取辟有德。不言辟水言雍，雍，和也。《淮南子·主术训》曰："明堂之制，有盖而无四方。"《史记·封禅书》记述汉武帝时公玊带所献的明堂图，"中有一殿，四周无壁，以茅盖，通水，圜宫垣为复道，上有楼，从西南入，命曰昆仑"①。

明堂广大，是王室子弟习礼学射之地，称为"庠"。

辟雍不仅是王室子弟习礼学射的大学学宫，还是天子与诸侯、贵族公共活动的场所，是政教合一的文化中心。辟雍有宗庙、太室，西周时天子赏赐臣下以及举办的乡酒礼、乡射礼、献俘礼、拘驹礼多在辟雍进行。

周代，二岁的小马升入王闲为服马时，要为其举行系马具的执驹礼。1955 年 3 月，陕西眉县李村西周窖穴出土的《盠驹尊》铭文曰："唯王十又二月辰在甲辰，王初执驹于㡴。王乎师豦召盠。王亲旨（诣）盠，驹易（锡）两……"（《集成》11.6011）"王初执驹于㡴"。㡴与庠是一字，是王在辟雍举行"拘驹礼"，将两匹初上马具的驹锡给盠。

《麦方尊》铭文 164 字，详细地记载了周王在大学辟雍的活动，铭文曰："雩若二月，侯见于宗周。""迨（会）王饔莽京，酌祀。雩若竭（翌）日，在璧（辟）雝（雍），王乘于舟，为大豊（礼），王射大龏（鸿）禽。侯乘于赤旂舟，从。死咸，之日，王以侯内（纳）于寝，侯赐玄周（琱）戈。雩，王在㡴（庠），巳夕，侯赐者（赭）俎臣二百家……"（《集成》11.6015）。此器铭文记载的宗周、莽京、辟雍、㡴四名俱全，是知莽京在宗周镐京郊外，

① 〔西汉〕司马迁：《史记》卷十二，中华书局 1959 年版，第 480 页。

辟雍在莽京之地,攸(庠)又在辟雍之中。

庠即设在莽京的大学辟雍明堂,那么,铜器铭文记载的“王在庠”之王,或是成、康,或是昭王,就不一定是一个人了。

四、释䞣

此器,郭沫若《两周金文辞大系图录考释》、唐兰《论周昭王时代的青铜器铭刻》、陈梦家《西周铜器断代》、杨树达《积微居金文说》皆有考释,然皆未释“□”字。郭沫若先生说:“□当系所赐采地之名,字不识。”《集成引得》将此定隶定作“䞣”。

殷卜辞有“歺”字,《甲骨文字典》篆为“□”,释曰:“象残骨之形,与《说文》篆文形同。《说文》:‘歺,列骨之残也,从半冎。’“歺”字,卜辞假借为死。歺字,或为残骨、半骨,或假借为死,与走字组字,义皆不通。何况也无称“歺”的地名,释歺欠确。

唐兰将此字写作“□”,是。① “□”字从走、从卢,不从歺。“□”字当隶定作“䞣”。

卢即冎字之省。冎字省去上部的“冂”,便于“卢”与走字组合。走与辵同,如趞字,容庚《金文编》释为遣。“□”字从卢从走,与過字从冎从辵相同,是为過,即“过”字。

□是形声字。□字之造与前释《亚过爵》之“□”相同。过为地名,即过国,在莱州。唐兰《论周昭王时代的青铜器铭刻》释《过伯簋》引《左传・襄公四年》杜预注曰:“过,国名,东莱掖县北有过乡是。”②郭沫若《两周金文辞大系图录考释・过伯簋》曰:“古有过国,《左传・襄(公)四年》:‘寒浞处浇于过。’杜注:‘过,国名,东莱掖县北有过乡是。’此过伯即其后。”③杜预注的过乡是汉代的过乡,在今过西,西周时过国国都在今招远东曲成,故过乡有过西之称。

《荣作周公簋》是西周早期铜器,铭文 67 字记载邢侯受周王赏赐三国奴隶之事。陈槃先生释曰:“周公簋中之□,此郭字。而此郭氏者,东方之郭,当于齐境求之。周公簋曰:‘惟三月,王令荣众内史曰,舍井(邢)侯服,锡臣三品:州人、重人、□人。’又有□白叡簋者,□亦当读郭,此郭盖亦东方之郭。而与周公彝之所谓郭人者是一事。郭即齐境郭氏。”④陈槃释郭人是齐境郭氏,至确。前文已论,郭与虢是一字,郭人即东虢

---

① 故宫博物院编:《唐兰先生金文论集》,紫禁城出版社 1995 年版,第 293 页。

② 故宫博物院编:《唐兰先生金文论集》,紫禁城出版社 1995 年版,第 281 页。

③ 郭沫若:《郭沫若全集・考古编・第八卷》,科学出版社 2002 年版,第 55 页。

④ 陈槃:《春秋大事年表・列国爵姓及存灭表撰异三册》,《古文字诂林(第五册)》,上海教育出版社 2004 年版,第 530 页引。

家族在齐东的封地过国之人。

被誉为晋代隶书三大名碑之首的《晋故明威将军南乡太守郛府君侯之碑》(简称《郛休碑》),刊于西晋泰始六年(270)二月,于清道光十九年(1839)在莱州城北梁郭镇上泊(坡)村出土,现藏于故宫博物院。碑文曰:“君讳休,字公彦,东莱曲成人也。其先出自黄轩,后稷之裔,王季之穆,有虢叔者,以德建国,命氏为郛,君其后也。”《郛休碑》说明郛氏是东虢封在过国的分支,郛休是虢叔的后裔。郛由虢出,又由郛而郭,故《说文·邑部》:“郛,郭也。”《郛休碑》出土于莱州,是《趞卣》《趞尊》铭文“赐趞采曰过”和过在东莱曲成的物证。

五、探史

公元前1046年,武王克商,纣王自焚于鹿台。武王存殷祀,封纣王子武庚于殷,为防止武庚作乱,武王将殷都之地划分为卫、鄘、邶三个区,并置管叔、蔡叔、霍叔分别监管,史称“三监”。武王又封文武师吕尚于营丘,曰齐;封弟周公旦于曲阜,曰鲁。齐、鲁镇守鲁北、鲁南,并征服今山东全境。

殷人本是东夷玄鸟族的一支,在东夷有雄厚的势力。东夷的奄(今山东曲阜)在盘庚迁殷之前,一度是殷的国都。薄姑是其祖源之地。殷末,纣王东扩,征服齐、来(莱),到达胶东。地处益都东阳的来国被征服,被改封为殷王族子姓的诸侯国。地处今莱州的过国被征服,成为殷纣的姻亲国。武王克商的牧野之战,只用了一天的时间,殷之残余势力未被消灭,殷在东夷的属国也未伤及。因此,在武王克商之后,东夷成为殷之残余势力与周人较量的主战场。

武王在位共四年,克商后二年薨,武王子成王继位。成王年少,周公旦执政,“三监”认为周公旦篡权,武庚趁机联合“三监”及其在东夷的徐、奄、丰、薄姑等国叛乱。

成王与周公东征是周人灭商之战的继续。

在《竹书纪年》《尚书》《史记》等典籍中都有成王与周公平定武庚与“三监”之乱的记载。《竹书纪年》载,成王元年,“武庚以殷叛”,“二年,奄人、徐人及淮夷入于邶以叛”。“三年,王师灭殷,杀武庚禄父,迁殷民于卫,遂伐奄,灭蒲(薄)姑。”

《塱方鼎》曰:“唯周公于征伐东夷,丰伯、薄姑咸𢦏。”(《集成》5.2739)这是记载周公东征的一件重要铜器。2009年,淄博市高青县陈庄西周早期遗址的考古发现,证实了丰国的所在,而典籍记载的薄姑在今山东博兴西北。考古发现说明,周公旦征伐东反夷丰伯与薄姑,是西周初年对东夷的第二次大规模征伐,并未到达胶东地区。过国是纣王的姻亲国,因帮助被征伐的薄姑出海逃亡,惧怕周王兴师问罪,将国都由今莱州城区迁到招远东曲城。

直到成王十九年(前1024),胶东的过国、黄夷等仍未臣服于周,征伐这些国家是周人统一天下的需要。这是西周早期对东夷的又一次大规模征伐,作为王室师氏的东虢伯叡之子趞是东征的将领,因东征有功而受到成王赏贝赐土,制作了传世铜器《趞卣》《趞尊》。

过国被征伐,成为东虢的食采之地,过国的任姓贵族逃亡他乡,有的以国为氏,遂有过氏。而过国易主,从此改为姬姓东虢郭氏。

康王器《小臣謎簋》记载的伯懋父率殷八师征东反夷至半岛东端,已是西周早期对东夷的第四次大规模征伐,从此,东夷平定,天下太平,《史记·周本纪》说:"成康之际,天下安宁,刑错四十余年不用。"

西周早期《过[1]伯簋》铭文考释

1958年，辽宁省旅顺市登峰街道办事处向旅顺博物馆拨交了一件青铜器。此器通高18.1厘米，口径16.2厘米，腹径16.5厘米，侈口，鼓腹，圈足下连方座，方座四面的下方均有拱形开口，双耳饰兽头，有垂珥，颈圈饰垂冠回首鸟纹，地饰云雷纹，圈足饰云雷纹和兽面纹，方座开口上方也饰兽头。器底内有铭文16字，曰："过伯从王伐反荆，孚金，用乍宗室宝尊彝。"（图版十、图4－41）

图4－41　《过伯簋》铭文

此即《过伯簋》也，先为刘鹗、邹安先生收藏，后又转到罗振玉先生手中，并载入其《三代吉金文存》，今收编入《殷周金文集成》，编号7.3907，现藏于旅顺博物馆，是其镇馆之宝。

此器深得学者们器重，郭沫若先生、唐兰先生都撰有释文，然其史料价值有待进一步探讨。

"過"字，成王器《趞卣》《趞尊》，从走从冎作"□"，此器将从走改为从"辵"，又将从"冎"改为从"□"，"□"是甲骨文"冎"字的正体。《过伯爵》的"過"字又省作"□"。郭沫若先生曰："過字原作'□'，唐兰释如是。卜辞有□字（日本京大藏片，辞残，似为地名），又有从□之字如□（《殷契佚存》八六页，九五〇片，亦地名）。罗振玉所藏《鱼鼎匕》有□字（《集古》遗文十一．一〇），亦从此作。依唐释，则□当是骨字矣。"[2]

于省吾先生释甲骨文"冎"字时也说："西周器《過（过）伯簋》和《過伯爵》的過字所从的冎，与甲骨文同形。冎既为古文骨字的雏形，骨、過双声（并见纽一等字），故過从骨声。"[3]《过伯簋》的"□"字虽然仍保留着甲骨文"冎"字的初形，但其已由《趞卣》

① 本文便于行文解释，同时部分保留"過"字。

② 郭沫若：《郭沫若全集·考古编·第八卷》，科学出版社2002年版，第125页。

③ 于省吾：《甲骨文字释林》，中华书局1979年版，第369页。

《趞尊》的从走从冎，改为从辵从冎，体现着古过字的进化和新的艺术形态。

“过”为地名，即过国。郭沫若先生在释《过伯簋》时说：“古有过国，《左传·襄（公）四年》：‘寒浞处浇于过。’杜注：‘过，国名，东莱掖县北有过乡是。’此过伯即其后。”①唐兰先生释《过伯簋》也说：“东莱郡掖县，‘有过乡，古过国’。按前《启尊》《启卣》出黄县，在掖县之东北，同属于山东半岛北部，相距不远。那末，昭王南征时，东方国家的从征是不可少的。”②

杨宽先生开始也认为过国在莱州（旧称“掖县”）北，在他2003年出版的《西周史》区域图中，将过国标在山东半岛莱州北。三个月后，在他著的《西周列国考》中则将过国改在了安徽。他说：“《过伯簋》载：‘过白（伯）从王伐荆。’郭沫若以为或者就是夏代过国之后。《左传》襄公四年载无终（山戎）使者孟乐谈及，杜注谓过国在‘东莱掖县北有过乡’，在今山东掖县东北（《两周金文辞大系》）。此说不确。此地距楚有千里以上，其君不可能随从周王伐楚。日本白川静以为此字作‘過’，是‘滑’字的省文，《春秋》庄公三年‘公次于滑’，杜注以为滑在陈留襄邑县西北。靠近大康附近的渦水，过（過）当与渦水有关（《金文通释》卷一下）。马承源以为‘過’当是‘濄’，《汉书·地理志》淮阳国扶沟，颜注：‘渦水首受狼汤渠，东至向入淮，过郡三，行千里。’濄水最曲迂的部分在淮阳郡，所以过国当在古淮阳郡内（《商周青铜器铭文选》三）。《水经注·淮水》称淮水‘又东过当涂县北，濄水从西北来注之’，‘淮出于荆山之左，当涂之右，奔流二山之间而扬涛北注也’。当涂有周穆王‘会诸侯’的涂山。过国当即在涂山附近，在今安徽怀远东。”③

杨宽先生之所以将过国改在安徽怀远东，是怀疑掖县距楚有千里以上，其君不可能随从周王伐楚，如果杨宽先生知道此过伯乃虢城公趞之子，在王朝供职，随王南征是其师氏之职，或许就不会有此反复。其所依据的白川静、马承源之说，似乎不足为据。前引于省吾先生之论，甲骨文[illegible]字有骨、过双声，也即有骨、过双义。西周金文，已将骨、过二字分开。骨字从肉作“[illegible]”，见于前引郭沫若先生论及的《鱼鼎匙》之“[illegible]”字；“過”字从辵作“[illegible]”“[illegible]”，见于《过伯簋》和《过伯爵》。白川静先生将“過”字作为“滑”字的省文，失当。至于马承源以“濄”为“过”也欠确。《通志·氏族略四》：“涡氏，楚大夫，封涡，因氏焉。”是知涡（濄）是地名、水名，非国名。涡（濄）是楚大夫的食采之地。显然楚大夫和《过伯簋》之过伯并非一人。

《过伯簋》是过国被封为诸侯国的物证。过是国名，伯是爵称。此过伯当是虢城

① 郭沫若：《郭沫若全集·考古编·第八卷》，科学出版社2002年版，第55页。

② 故宫博物院编：《唐兰先生金文论集》，紫禁城出版社1995年版，第281页。

③ 杨宽：《杨宽古史论文选集》，上海人民出版社2003年版，第235～236页。

公趞之子。成王十九年（前1024），胶东的过国、黄夷等尚未服周，趞奉王命东征，过国被征伐，成王将过国赐给趞作为采邑。此后，过国被封为姬姓的诸侯国，仍以过为名。而过伯可能仍在王朝任师氏之职，故随昭王南征。

成王之世，周人经营的方向是东方和北方，康、昭之世转向经营南方。《古本竹书纪年》载："（周昭王）十六年，伐楚，涉汉，遇大兕。""（周昭王十九年）天大曀，雉兔皆震，丧六师于汉。"《太平御览》卷八百七十四载："周昭王末年，夜清，五色光贯紫微。其年，王南巡不返。"

昭王南征也见于其他典籍。《史记·周本纪》载："昭王之时，王道微缺，昭王南巡狩不返，卒于江上，其卒不赴告，讳之也。"《左传·僖公四年》载，齐桓公伐楚，楚人来问。管仲答复说，楚人不进贡所以来征，昭王南征而不复，所以来问。楚人对曰："贡之不入，寡君之罪也，敢不共给？昭王之不复，君其问渚水滨？"楚人是说昭王是淹死的，与楚人无关。因知昭王伐楚荆可能在汛期。

记载昭王南征的还有《启卣》《启尊》《隹叔簋》《䋣簋》等铜器。然这些铜器与《古本竹书纪年》《史记》等典籍都未说明昭王一再亲征楚荆的原因，《过伯簋》铭文"孚金"二字，道出了这核心的机密。因此，《过伯簋》有极高的历史价值，受到史学界的珍重，被作为昭王时代的标准器。

西周早期，青铜原料弥足珍贵，拥有青铜资源的楚人，不向王朝进贡，导致了昭王时期的南征。

《过伯簋》无疑是过伯随昭王第一次南征时所作，时间在昭王十六年（前980）。作为王室的师氏，过伯十九年（前977）时再次从王南征是情理中事，因此，此过伯可能在十九年时与昭王一起命丧汉水。

《过伯簋》不仅具有很高的史料价值，而且还具有很高的书法艺术价值。《过伯簋》铭文三行十六字，字势开张，线条遒劲，章法灵活，神态流宕，具有昭王时代特征和过国文字风采，是莱州书法的源头之作。

与此器年代相近的还有一件《过伯爵》。《过伯爵》铭文四字："过伯作彝。"（《集成》14.8991）（图4－42）其"過"字省作"[illegible]"，仍然是从冎从辵。此器也属昭王之时，其过伯即《过伯簋》之过伯。《过伯簋》和《过伯爵》都是过伯用随昭王第一次南征获得的青铜原料制作的。

图4－42　《过伯爵》铭文

西周中期《伯作鼎》铭文考释

一

1962年，招远东曲城村农民在故城址的河北崖取土积肥，先后发现了鼎一、簋二、壶三共六件青铜器，其中鼎和簋皆载有铭文。

鼎为圆形，通高19.7厘米，立耳，深腹，柱形足，根部饰兽面纹，腹上部饰雷纹。鼎内载铭文三字："白乍鼎。"（图4－43）李步青、王锡平先生断为西周早期铜器，将"白"释为国族名，曰："其书体与白作册大鼎同。白其人不应属周王朝统治人物。应是东夷之白。《舆方鼎》铭记载有周公伐'东夷、丰、白、尃、古'之白。周公东征时逃来此地者。历来史家据文献把'有逢伯陵'或'薄姑'连读。实际从此'白乍鼎'和其他器铭来看，应为'丰白'的白。因丰为一氏族，白为一氏族。但白的地望是否即曲城是待研究的问题。"①所论有待商榷。

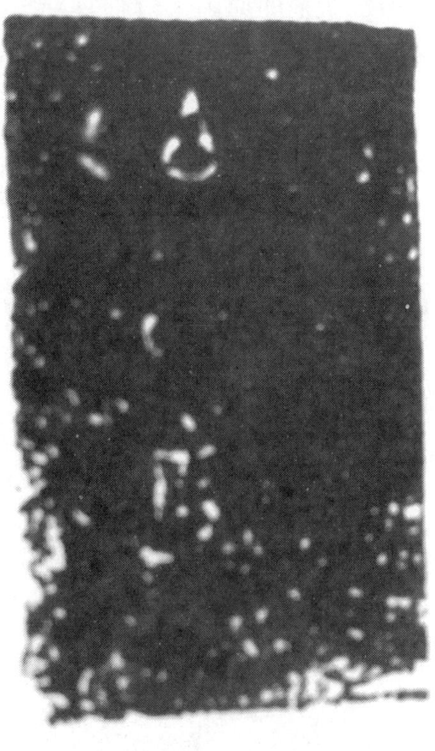

图4－43 《伯作鼎》铭文

二

《白乍鼎》铭文只有三字，"白"为作器者，器主人。"白"是何义，是解读此器的关键。

李步青、王锡平先生引用的《舆方鼎》，《殷周金文集成》又称为《周公鼎》《周公东征

① 李步青、王锡平：《建国来烟台地区出土商周铭文青铜器概述》，《胶东考古研究文集》，齐鲁书社2004年版，第349页。

鼎》《丰伯塱鼎》(《集成》5.2739),“舆”字当写作“塱”,张亚初《殷周金文集成引得》(以下简称《引得》)释为“坍”,所释是。《塱方鼎》据传1924年在陕西凤翔西四十里之灵山出土,铭文三十四字,记载西周成王时,周公平定“三监”与薄姑之乱,征伐东夷丰白和薄姑之事。陈梦家《西周铜器断代》(以下简称《断代》)释曰:“隹周公于征伐东尸、丰白、尃古,咸弋。公归,禩于周庙。戊辰,酓(饮)秦酓(饮)。公赏塱(坍)贝百朋,用乍(作)尊鼎。”周公、东尸、丰白、尃古、周庙之下,皆标有名词的标点符号,“东尸”释为东夷,“丰白”释为丰伯,“尃古”释为薄姑。[①] 张亚初《引得》所释与《断代》大同小异,其将《断代》释的铭文首句“东尸(夷)”之下的顿号,改为逗号,从而不将“东夷”与“丰白(伯)、尃(薄)古(姑)并列,又将“丰公(伯)、尃(薄)古(姑)咸弋”作为一句,很有道理。《引得》将“丰白”写作“丰公”,显系笔下之误,但据此可知《引得》是将“白”释为“公”一类的爵称的[②]。《殷周金文集成》所载的器名中,将《塱方鼎》又称为《丰伯塱鼎》,也可知其释“丰白”为“丰伯”,与《断代》《引得》所释相同。据此,“丰白”应释为“丰伯”,丰是国名,伯是爵称。“白”不是单独的国族,释“丰、白、尃、古”为四个单字国族名欠确。

东夷的丰国,不见于文献记载。2009年,山东高青县陈庄发现西周初年丰国的祭坛遗址,出土铜器五十多件,其中有十件载有铭文,八件载有“丰”字,知丰国在今淄博市高青县。笔者拙作《解读高青县陈庄西周遗址》在《管子学刊》2011年第4期上发表,并获2012年山东省文物考古优秀研究成果奖。

“蒲姑”之名,已见于文献。《尚书·周书》载:“成王既践奄,将迁其君于蒲姑。周公告召公,作将蒲姑。”《左传·昭公九年》也载:“及武王克商,蒲姑、商奄,吾东土也。”蒲姑即薄姑,《塱方鼎》作“尃古”。文献所载的“薄姑”是一国之名,未作“薄、姑”者。《续山东考古录·博兴县下》云:“薄姑国城在东南十五里,今柳桥。”丰与薄姑相邻,高青县陈庄丰国祭坛遗址的发现,说明文献记载的薄姑之地可信。

三

西周铜器中,有一百多件白字开头的《白乍鼎》《白乍彝》铭文,器类有鬲、甗、鼎、簋、卣、尊、壶等,年代有早期、中期、晚期,出土地多在陕西,也有山东、辽宁、江苏、北京,《殷周金文集成》和《引得》皆释“白”为“伯”,无一释作“白”者。

镐京是西周故都,位于今陕西长安区沣河东岸的斗门镇附近。1980年至1981

---

① 陈梦家:《西周铜器断代(上册)》,中华书局2004年版,第17~18页。

② 张亚初编著:《殷周金文集成引得》,中华书局2001年版,第46页。

年，陕西省文管会在此发掘出西周遗址2处，墓葬26座。其中花园村长花M15是鲁国国君、周公旦之子伯禽之墓，出土有“禽乍文考父辛宝鼎”等伯禽祀周公旦之器，也有伯禽之子祀伯禽之器，还有支子所作之器。在距长花M15墓葬8米之处，为长花M17墓葬。长花M17是伯禽之子䢅𠫑的墓葬，文献称其为鲁考公酋。长花M17墓葬出土圆鼎两件，一件铭文三字：“白乍鼎”，是考公酋所作，另一件为《白姜鼎》，有铭文三十六字，白(伯)姜是考公酋之妻。长花M17墓葬出土的圆鼎铭文“白乍鼎”，与东曲城出土的《伯作鼎》铭文完全相同，“白”是“伯”字。“按伯者，长子之称。鲁考公酋继承伯禽而立为鲁公，按西周礼制，继承父亲爵位者必为长子。那么酋自然称作伯了。䢅𠫑即酋，是鲁考公的双字称，此墓有大量䢅𠫑器，因之，长花M17应是䢅𠫑墓，附葬在伯禽墓侧，是比较合理的。”①

文献记载周公旦有八个儿子，禽为长子称为伯禽。伯禽也有酋、熙等数子，酋为长子，也称伯，作《伯作鼎》。西周铜器铭文，凡首字作“白”者，皆是“伯、仲、叔、季”之伯；而“丰伯”“过伯”之伯，用在国名之下，则是爵称。

长花M15、M17墓葬的年代，李学勤先生断为昭、穆之时，曰：“总之，花园村两墓的青铜器基本上分属昭王、穆王两世，穆王时期是墓葬时代的上限。”②

四

1965年春，黄县归城姜家在修水库时发现一批铜器，有鼎二、尊一、卣一、爵二、甗一、壶一、觯一、凿一。尊和卣载有铭文。尊铭一行五字：“乍父辛宝彝。”卣铭一行四字：“乍宝尊彝。”另有一残器底部载有铭文三字：“乍旅彝。”铭文书风与东曲城出土的《伯作鼎》相似。

齐文涛《概述近年来山东出土的商周青铜器》曰：“这批遗物的风格，与长安普渡村长由墓相近，应订为西周穆王时期。胶东地区一般认为系周人势力所未及的莱夷地区，归城小刘庄和姜家这两批铜器的发现，证明至少在昭王末期和穆王时代，周人的统治势力已经到达了胶东地区的黄县，弥补了文献记载的不足。”③

东曲城出土的《伯作鼎》辞例与长花M17墓葬出土的《伯作鼎》辞例完全相同，铭文书风又与黄县归城姜家出土的铜器相似。其年代当在西周穆王时期。

《郛休碑》载，曲成是虢叔的封地。《伯作鼎》在东曲城出土，此伯即过君无疑。此

① 陕西省文物管理委员会：《西周镐京附近部分墓葬发掘简报》，《文物》1986年第1期。

② 李学勤：《论长安花园村两墓青铜器》，《文物》1986年第1期。

③ 齐文涛：《概述近年来山东出土的商周青铜器》，《文物》1972年第5期。

器作于穆王之时，器主人伯，当是昭王器《过伯簋》之过伯的长子。过伯随从昭王伐楚荆，命丧汉水，其长子承袭过伯之爵位，就国登基理政，作《伯作鼎》祀其先祖。

《伯作鼎》在东曲城出土，说明西周时，过国之都迁到东曲城。

商代时，任姓的过国是纣王的姻亲国，国都在今莱州城区。武王克商，过未服周。成王初年，周公平定“三监”、丰伯、薄姑之乱，过国帮助薄姑国君出海逃亡，当是过国恐惧，迁都曲成。

“曲成”之名，《汉书·地理志》作“曲成”，《晋书·地理志》作“曲城”。《周易·系辞上》有“曲成万物而不遗”之句，孔颖达疏曰：“言随变而应，屈曲委细，成就万物。”过国之都由平原迁至山地，或正是因为委曲成全也。

五

曲城位于招远城区西北，今属蚕庄镇。这里是山丘谷地，米山、金华山、磨山、望儿山为其筑起四面屏障。曲城河在此发源，迤西经南吕村、凤毛村，与朱桥河汇流，至原家村北入海。曲城依山临水，城辟地幽，是一个宜居之地。

成王之时，任氏过国因未服周而被王朝征伐，成为东虢的封地，康王时被封为姬姓的诸侯国，过国易主，国名未改，一直到战国之时。

秦亡汉兴。汉高祖四年（前203），置东莱郡，治所在掖县，辖曲成等十七县。汉高祖六年（前201），封虫达为曲成圉侯，食四千户。孝文帝元年（前179），虫达薨，其子虫捷嗣位，改封为夜侯，食至九千三百户。西晋时，改曲成为曲城。南朝刘宋时，曲城一度取代掖县成为东莱郡的治所。元魏时，析曲城为东、西两县。唐武德六年（623），废西曲城、当利、曲台三县，并入掖县。金天会九年（1131），废东曲城县，设招远县。

东曲城村村南，地势较高，海拔为100米，汉代的城址遗迹尚存。遗址东西长约900米，南北长约350米，面积约31500平方米。遗址北面的断崖有5米多高，汉代的陶片俯拾皆是，断崖有灰坑遗迹，有坚固结实的夯土城基（图4－44）。考古发现证明，汉代的城址筑于以前的故城址上。① 这个汉以前的故城址，即《伯作鼎》所在的西周至战国时期的过国都城。1970年时，在遗址北面挖防空洞，出土一陶罐，内有数件青铜器，被送到朱桥废品收购站，当作废铜卖了。此地还曾出土过兵器矛、戈，可惜这些宝贵的文物都被毁了。1992年6月，曲城遗址被定为省级重点文物保护单位。

---

① 李步青、王锡平：《建国来烟台地区出土商周铭文青铜器概述》，《胶东考古研究文集》，齐鲁书社2004年版，第342页。

图4－44　曲城遗址旧城基

图4－45　曲城遗址文化层

六

今东曲城村有340多户，西曲城村有200多户，以杨、黄、滕三姓为多，只有几户姓郭。由于年代久远，谱牒失传，这里的居民只知世世代代在此居住，不知这里悠久的历史和灿烂的文化，以及他们世世代代生存的这块故土在国史方志中所具有的重要地位和珍贵的价值。郭氏更不知自己是西周王族东虢公虢叔的后裔。

前文已经论述，在西周铜器中，“郭”字作“𩫏”，与“虢”用同。郭氏的始祖虢叔，是周文王的同母弟，封地在今河南荥阳，文献称为东虢。西周时，东虢公家族，世代在王朝任师氏要职。成王时，过与东夷诸国仍未服周，郭伯馭之子趞奉王命东征，成王将过国赐给趞作为采食之邑。康王时，封过国为诸侯国。东虢在过国曲成的一支，命氏曰“郛”，有西晋初年的《郛休碑》为证。“郛”与“郭”都是城郭之义，西晋后，改郛为郭。由“虢”到“郛”再到“郭”，是姬姓郭氏的历史演变，今莱州、招远的郭氏，多是其后裔。

西曲城村西 1 千米处，是今莱州市金城镇城子村。城子村名的来历，当与曲成有关。这里或有曲成的子城。

西曲城村西 4 千米的莱州市朱桥镇大冢坡村，三百多户，是郭姓的聚居地。村南原有汉代的疑冢林园，清乾隆年间(1736—1795)被毁。第三次全国文物普查，在罗家、大冢坡一带发现诸多汉墓。古人居住区与墓葬区分离，罗家、大冢坡或是曲城郭氏家族的墓地。从陕西长安等地出土的大量虢氏墓葬和鲁国国君伯禽及其子孙葬于陕西镐京，齐国从太公吕尚比及五世皆陪周王葬于陕西毕原的情况看，两周早期过国的郛氏贵族或皆返葬于荥阳虢氏先祖墓地，这也可能是此地青铜器发现不多的一个重要原因。

春秋《墉夜君成鼎》铭文考释

图4－46 《墉夜君成鼎》铭文

《墉夜君成鼎》出土于新中国成立以前，曾载于吴大澂《愙斋集古录》、刘体智《小校经阁金文拓本》、罗振玉《三代吉金文存》等书，今收编于《殷周金文集成》4.2305，年代断为战国。

《墉夜君成鼎》铭文七字（图4－46），张亚初《殷商金文集成引得》释为："墉夜君成之㦸（载）贞（鼎）。"其史料价值有待探讨。

铭文"[illegible]"字乃金文首见，罗振玉《三代吉金文存》不识，《殷周金文集成》与《殷周金文集成引得》皆释为"墉"，所识是。

《说文》："墉，城垣也。从土，庸声。𩫖，古文墉。"

在西周金文中，"墉"与"郭"是一字，写作"𩫖"，见于《墉（郭）伯取簋》。在陕西宝鸡出土的《师㦸鼎》《即簋》和《师臾钟》等西虢家族的铜器中，"墉"与"郭""虢"之用相通。

铭文首字作"[illegible]"，始从"𩫖"字中分出，是城垣之义，后写作"墉"。

虢叔是周文王的同母弟，封国在今河南荥阳，称东虢。西周时，东虢家族世代任王朝师氏，负责守城，保卫周王的安全。因此，其氏族名字常用墉、郭称之，如"墉（郭）伯取""城虢公""虢城公"。《郛休碑》载，东虢家族在曲成的一支"命氏曰郛"，"郛"与"郭"义同。"墉""郭""郛"皆是城垣之义。铭文"墉夜君成"与"墉（郭）伯取""城虢公"之辞例相同。墉是东虢的氏族之称。按照东虢在过国都城曲成的分支"命氏曰郛"，此东虢郛氏在夜地的分支，可曰"命氏曰墉"。

铭文"夜"是国名，即"夜国"。齐宣公时，实行都邑制，建五都七十二邑，夜国改作"夜邑"。古"夜"与"掖"通，后作"掖邑"，即掖县（今莱州）。

铭文“君”是“国君”之义。“夜君”即夜国的国君。“墉夜君”是东虢郛氏的一个分支,夜国是过国的一个子国。

铭文“成”是完成之义,言夜子国建成。

夜国之地面山背海,土壤肥沃,早在6000多年前就有人类在此聚居。城南南阳河南岸的蒜园子,是一处蓬莱紫荆山类型的遗址,初步发现面积13300平方米。在城东关和东山岭子、蒲家洼,发现有新石器时期到东周的文化遗址,在城北的西坊北也发现有新石器时期的文化遗存。这里是一个新石器时期的胶东土著人聚落群。夏代之时,任姓过国迁居于此,西周初年又由此迁都今招远东曲城。到春秋战国之时,此地的发展规模完全可与都邑媲美。

《墉夜君成鼎》说明,过国在此建立了子国,设立了东虢郛氏宗庙。《元年郛令戈》载夜邑为过国西都。

夜地为何称“夜”?是一个长期以来众说纷纭的问题。有说是因“东莱有日夜出”而得,但不夜县在荣城。《汉书·地理志》载,东莱郡“县十七:掖。莽曰掖通……不夜。有成山日祠,莽曰夙夜”。古时,“夜”与“掖”字通用。“夜邑”后来写作“掖邑”,说明“夜邑”之“夜”,义为“掖”,而非“夜”。《说文》释“掖”为“以手持人臂”,有扶持之义。《诗经·陈风·〈衡门〉序:》:“僖公愿而无立志,故作是诗以诱掖其君也。”郑玄笺:“掖,扶持也。”孔颖达疏:“掖,谓在旁扶之。”过国设子国于夜,在国都曲成之西,曰西都,战国铜器《元年郛令戈》有载。过国设西都的目的,是要以西都护卫和扶持国都。因此,西都以“夜”为名。

《周礼·叙官》曰:“惟王建国,辨方正位,体国经野,设官分职,以为民极。”建国筑城是一项浩大的工程,墉夜君建成夜国,的确是一件应该告知先祖的大事。

铭文“𩰫”字,张亚初《殷周金文集成引得》释为“载”,所释是。

“𩰫”字金文多见,是祭祀之义,如《卯簋》铭文“𩰫乃先祖考死(尸)嗣荣公室”(《集成》8.4327),《国语·晋语二》曰:“重耳若获集德而归载,使主晋民,成封国,其何实不从。”韦昭注:“载,祀也。”

夜为过国西都,必建宗庙,祭祀先祖。铭文“载”字说明,《墉夜君成鼎》是一件墉夜君为夜国建成而作的宗庙礼器。

《墉夜君成鼎》说明,过国在西部建立了子国,其名曰“夜”,其城曰“西都”,其氏曰“墉”,其国君称“墉夜君”,“墉夜”是东虢郛氏的分支。其时,过君掌有分封之权,以此观之,此器当作于春秋之时,过国归齐之前。

春秋《齐仲簋》铭文考释

一

1962年，招远东曲城周代遗址出土了一对形制、尺寸、纹饰、铭文完全相同的青铜簋。簋通高19.7厘米，口径18.5厘米，重3.22千克，内底铭文两行五字："齐中(仲)乍(作)宝簋。"(图4-47)

李步青、王锡平先生认为，此器"时代属西周中晚期"。"齐仲应是齐国王之弟，姜姓之贵族。齐仲簋的出土说明西周中晚期齐国的势力已达到今莱州市和招远县一带，而早期则'白'之邑城。"①

2007年6月，齐鲁书社出版的《山东金文集成(上)》也载有此器，年代断为西周。

图4-47　招远东曲城出土的春秋《齐仲簋》

① 李步青、王锡平：《建国来烟台地区出土商周铭文青铜器概述》，《胶东考古研究文集》，齐鲁书社2004年版，第350页。

簋是盛放谷类熟食的食器，用于祭祀和宴食。据记载，西周时天子用九鼎八簋，诸侯用七鼎六簋，大夫用五鼎四簋，元士用三鼎二簋。簋与鼎组合成使用系列，可见簋在青铜器中的使用价值。

青铜簋出现在商代中期，盛行于商代晚期和西周时期，春秋之后逐渐淡出。此簋侈口、鼓腹，两兽耳有珥，三兽足，与商代《仲子日乙簋》相似①，学者将其断为西周或西周中、晚期，均符合其盛行之年代，但与齐国的历史难合。

《齐仲簋》在东曲城出土，是此地归齐的历史见证。但从文献记载来看，西周之时，齐国的势力尚未到达胶东，胶东的过国、鳌国也未被齐国兼并。

文献记载，齐国对外扩张，是从春秋时期开始的。

纪国是第一个被齐国兼并的国家。纪在今寿光西南二十五里，与齐为邻。史载西周时，纪侯向周夷王进谗言，烹杀了齐哀公，与齐国结下了世仇。公元前693年，齐国出兵夺取了纪国的郱（今山东安丘）、郚（今山东安丘西南）、鄑（今山东昌邑西）三邑，并将其人民迁到别处。两年后，纪侯之弟纪季带着酅邑（在今青州西北）投靠了齐国。公元前690年，齐侯再次伐纪，纪侯逃亡，纪国宣告灭亡。

莱国是继纪、谭、遂国之后，被齐兼并的国家。莱国之都在益都东阳。公元前568年，齐灵公伐莱，围东阳。次年三月，莱都被攻破。莱共公逃奔棠邑，地在今山东平度境内。十二月，棠邑被克，莱国灭亡，今胶莱河以西之地尽为齐有。

齐灵公灭莱后，过国成为齐国东进的下一个目标。但过国是西周姬姓王族东虢公的封地，又是齐国的姻亲国，齐国与东虢家族关系密切。其时，荥阳之东虢，宝鸡之小虢，三门峡之北虢、南虢都已灭亡，胶东的过国是东虢家族中唯一幸存的国祚。其时，或是晏子说服过君臣服于齐，过国因此免遭灭国之灾。过国此后虽然成为齐之附庸，但仍是此地的主宰，而地处黄县归城的鳌国，后来却遭到了灭国之灾。

二

文献记载的齐国公子迁于东鄙，有两次，一次在齐景公时，一次在齐景公的父亲齐灵公时。

齐景公晚年，命大夫国惠子、高昭子立少子荼为太子，将群公子驱逐到莱地。公元前590年，齐景公卒，少子荼即位，是为晏孺子。群公子畏诛，皆出逃。荼诸异母兄公子寿、驹、黔奔卫，公子驵、阳生奔鲁。晏孺子在位只有一年被废，公子阳生即位，是

① 容庚：《商周彝器通考》，上海人民出版社2008年版，第261、537页。

为齐悼公。齐景公的五位公子,虽有迁莱的记载,但莱是莱国的故都,在今益都东阳,莱国亡后成为齐邑。《齐仲簋》在东曲城出土,与这五位公子无关。《齐仲簋》的器主人齐仲东迁或在其先的齐灵公时。

《左传·襄公十九年》载,齐灵公娶鲁国女子为夫人,无子。她的侄女鬷声姬生了光,立为太子。诸妾中,有娶于宋国的子姓女子两人,曰仲子,曰戎子。戎子受宠幸,无生育。仲子生了子牙,托给了戎子抚养。戎子请立牙为太子,齐灵公应允了。仲子反对,认为废弃常规,不吉利,子牙也很难处身于诸侯之列。齐灵公不听其言,于是,把太子光迁徙到东部边境,另立牙为太子,派高厚做牙的太傅,夙沙卫做少傅。是年,齐景公病重,大夫崔杼私下迎立太子光。太子光杀了戎子,暴尸于朝廷。五月壬辰,齐灵公卒,光即位,是为齐庄公。庄公在句渎之丘拘捕了公子牙。牙之少傅夙沙卫逃到高唐,据城以叛,后城破被杀。八月,崔杼又在洒蓝杀了牙之太傅高厚。

齐庄公在位六年(前 553—前 548),被崔杼所杀,崔杼又立庄公异母弟杵臼,是为齐景公。

仲子是公子牙之生母,深明大义,曾力劝齐灵公不要废光立牙,而灵公不听,仲子因此免了杀身之祸,但文献没有记载仲子的下落。

公子牙在句渎被齐庄公拘捕,是杀是放,文献也无记载。若齐庄公想杀他,可能在句渎就一刀了之,不会再捕他入狱,文献的记载,透露出齐庄公并未杀他。《齐仲簋》的出土,使我们产生了这样一种推测:齐庄公将公子牙废为庶人,将他与其母仲子一起流放到东境过国,那是当年齐灵公徙太子光的地方。也可能,齐景公登基后,又赦免了他,恢复了他齐国贵族的身份。对于公子牙来说,不管在齐庄公时,还是在齐景公时,他与国君都是伯、仲弟兄。而后者的可能性或更大些,他重新成为齐公子,作了这两件《齐仲簋》以为纪念。

《齐仲簋》铭文五字,字体草率,缺乏庄重肃穆之气。

《齐仲簋》侈口,鼓腹,双兽耳、垂珥,环颈饰纹,与《过伯簋》的上部极为相似,但《过伯簋》为方座,《齐仲簋》为三兽足,显示出两者既有相同的文化元素传承,又分属两个不同的文化时期。

要之,《齐仲簋》是过国归齐的物证。过国归齐的时间,当在齐灵公十五年灭莱之后,齐灵公二十八年徙废太子光于过国之前,即公元前 567—前 554 年。而此器或作于齐景公时,即公元前 547—前 490 年。

战国《公过戈》铭文考释

清嘉庆二年(1797)，毕沅、阮元撰《山左金石志》载有《宋戴公戈》，释曰："右戈胡长二寸四分，内长二寸五分，援长四寸三分，胡博七分，颜氏呼为小戈。戈内铭二行，首行一字曰朝，次行九字曰：'王商戴公归之造鈛'，末字剥蚀下半，今释其文曰：'朝王商戴公归之造□。'何以知为朝字也，《诗》惄如调饥。释文作輈，今作调者，字形相近而误。輈音周，周、朝一声之转，古字通借，此戈借为朝觐之朝，犹毛诗借为朝夕之朝矣。其右旁近舟。古钟鼎舟周每同字也。谓商戴公为宋戴公者，《春秋传》《礼记》凡有三证，详铜距末跋。宋人本其古国而称商，犹晋诗之称为唐风也。《檀弓》孔子曰某殷人也，皆同此例矣，按《史记》戴公为微子八世孙，当幽王之世。释归字者，石鼓文作歸从辵，是其证也。谓吿为造者，古戈造字多作吿。《说文》：'造，古文作艁。'此作告者，艁之省也，非吉字。末一字似是金旁，其右太剥，不可辨矣。此戈乃戴公朝于平王归后所作，至子武公时始加铭追记作戈，时乃朝王之后，故称讳也。戈造于先，铭勒于后，故文凿而非铸。此戈为颜教授(崇榘)目睹田夫自曲阜土中掘出者，文字铭语非后人所能伪托矣。"① 嘉庆八年(1803)，阮元在其《积古斋钟鼎彝器款识》卷八又载此器，释文多同，唯铭文首行之"朝"字改释为"輈"，第二行末一字增"□"表示不识。又谓："此与下四器皆据赵晋斋所藏拓本摹入。"②(图4－48)

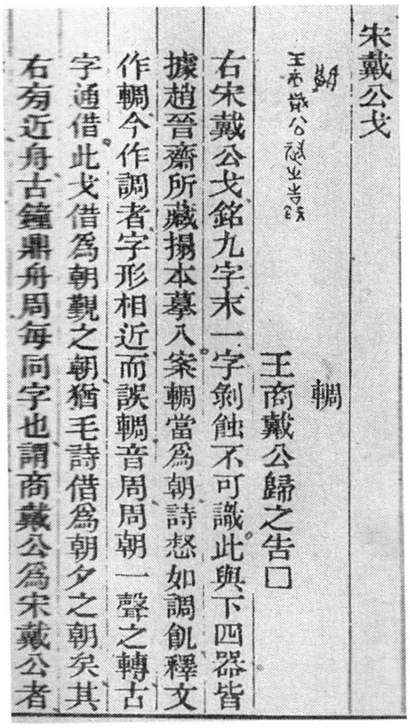
宋戴公戈

輈

王商戴公歸之告囗

右宋戴公戈銘九字末一字剝蝕不可識此與下四器皆

據趙晉齋所藏搨本摹入案輈當爲朝詩惄如調飢釋文

作輈今作調者字形相近而誤輈音周周朝一聲之轉古

字通借此戈借爲朝覲之朝猶毛詩借爲朝夕之朝矣其

右旁近舟古鐘鼎舟周每同字也謂商戴公爲宋戴公者

图4－48　阮元《积古斋钟鼎彝器款识》卷八释文

今黄盛璋先生对阮元所释提出质疑。其曰："此戈最早载阮元《积古斋钟鼎彝器款识》卷八，称《宋戴公戈》，释为'东周王商戴公归之告口'，下称

① 〔清〕阮元：《山左金石志》卷二，《续修四库全书》本。

② 〔清〕阮元：《积古斋钟鼎彝器款识(第四册)》，商务印书馆1937年版，第457页。

‘右宋戴公戈铭文九字，末一字剥蚀不可识，此与下四器皆据赵晋斋所藏拓本摹入’。又说‘此戈为颜运生崇椝目睹田夫自曲阜土中掘出者’。《山左金石志》也说‘自曲阜土中掘’出者，其后《据古》二之一．四五，《周金》六．一三，《小校》十．四五．二皆著录。后者称‘戴公遄戈’，原藏曲阜颜运生，后归长白多智发与吴县潘氏（祖荫），今不知在何处。第二字阮元误释为‘商’字，第三字误释为‘戴’字，因附会为宋戴公戈，谓‘朝于平王归后所作’，今据拓本及摹本，第二字明显为‘章’字非‘商’，第三字乃‘[illegible]’即岁字，与《陈旺戈》‘[illegible]’字全同；第九字阮元‘剥蚀不可识’，其实此字乃明显之‘錢’，乃齐戈铭所常见。此戈出曲阜，明确为齐戈无疑。”

“‘王章岁’乃‘王章立事岁’之简，与陈旺戈之‘陈旺岁’同例。王章应为齐襄王法章之简称，《史记·田齐世家》：‘湣王之遇杀，其子法章变姓名为莒（筥）太史敫家庸……久之，乃敢自言‘我湣王子也’，于是莒（筥）人共立法章，是为襄王，以保莒（筥）城，而布告齐国中，王已在莒（筥）矣。’‘襄王在莒（筥）五年，田单以即墨攻破燕军，迎襄王于莒（筥）入临淄，齐故地尽复属齐。……十九年，襄王卒。’‘王章岁’当为齐襄王在莒（筥）初主国政。1975 年山西临城窑头村古城出土一戈，铭有‘王何立事’，王何为赵惠王何，《史记·赵世家》：赵武灵王‘二十五年惠后卒，使周袑胡服傅王子何’，二十七年‘大朝于东宫，传国，立王子何以为王’。而（按：所引脱‘武灵王’三字）‘自号为主父’。其时赵武灵王仍在，故称‘王何立事’，当在此时。襄王在莒（筥），被立为王，此戈为作于初立之时。”

“由于王章年代明确，故此戈可作为齐戈断代的标准器。戈通长 22 厘米，胡长 9.5 厘米，四穿，内长 8 厘米，斜出，两侧已磨刃，援作弧形，为标准晚期器。”①

黄盛璋先生将铭文第二行第二字释为“章”，第三字释为“岁”，第九字释为“錢”，并谓此王章即齐襄王法章，“王章岁”即“王章立事岁”，是齐襄王在筥即位主事之年，均系卓见，但于铭文首行之字无释，第二行公下之字隶作“迖”，有待商榷。

铭文首行之字，《山左金石志》和《积古斋钟鼎彝器款识》均作“[illegible]”，隶作“輖”。《山东金文集成（下）》写作“[illegible]”，隶作“朝”。金文“朝”字，《利簋》作“[illegible]”，《盂鼎》作“[illegible]”，与此字字形皆相差甚大，故非“朝”，更非阮元所释的“輖”字。此字与《虢太子元徒戈》（《集成》17.11116）的“[illegible]”字形近（图 4－49）当释为“虢”。虢字，是国族之名，故单独书作首行。

公下之字《小校》隶作“遄”，黄盛璋隶作“迖”，孙敬明先生从之。② 戈文不正规，

---

① 黄盛璋：《燕、齐兵器研究》，《古文字研究（第十九辑）》，中华书局 1992 年版，第 44 页。

② 孙敬明：《莒城铸币作坊及相关问题》，《考古发现与齐史类征》，齐鲁书社 2006 年版，第 375 页。

描摹又误，此文当是"[illegible]"字。《趞卣》"[illegible]"字，《殷周金文集成引得》也误作"迖"。"[illegible]""[illegible]"皆从辵（走）、从冎，即過（过）字。

铭文全文释作："虢。王章岁公过之造戋。"

图4－49 《虢太子元徒戈》铭文

虢为氏族之名，即东虢在过国的分支。过为国名，即胶东过国，时在今莱州东北之东曲城。

"过"上一字"公"，非爵称。此"公"之义同"翁"，是对年长之人的称谓。

"王章岁"是铭文的纪年，也即王章立事之年。宋戴公不会使用齐国的纪年。

此戈造于王章在莒立（莅）事之年，也即齐（田）襄王元年（前283）。是年，燕、秦、韩、赵、魏联合攻齐，燕军占领齐都临淄，又陷齐七十余城。襄王困守于莒，田单困守于即墨。而以此戈观之，未被燕军攻陷者，还有胶东的过国。其时，过国已经消亡，成为齐邑，但其地仍在东虢公后裔的掌管之下，故称"公过"，纪时采用齐之纪年。首行"虢"字，东虢族也。其时，东虢、西虢、南虢、北虢俱亡于春秋，但胶东过国虢叔之裔尚在，又称氏为"郭"。戈为备战而造，出土于曲阜，流徙之故也。

战国《元年郛令戈》铭文考释

《元年郛令戈》(《集成》17.11360),是战国晚期器。1957年,于省吾先生将其收编于《商周金文遗录》,旧有释文,未见详论,今试对其铭文及相关历史作些探讨。

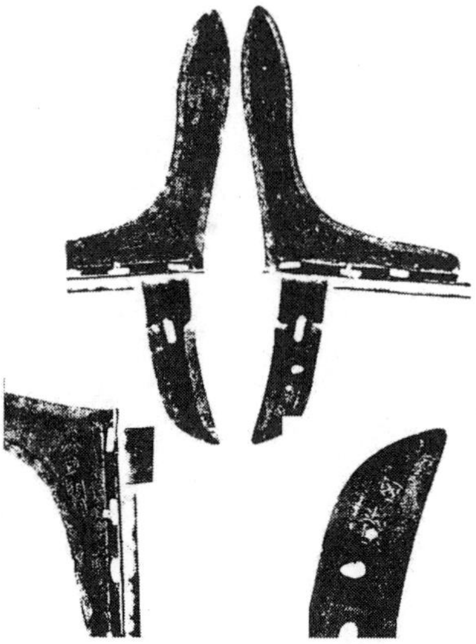

图4-50 《元年郛令戈》

一

此戈援长13厘米,内长8厘米,胡长9.5厘米,三穿。胡内铭文两行(图4-50)。《殷周金文集成》原载《元年郛令戈》十四字,曰:“元年,郛竛(令)夜偝(胍)、上库工师□□,冶闗(间)。”《殷商金文集成引得》释“竛”为立、命二字的合文,字数为十五,但戈内的另面尚有“西都”二字未释,铭文当释为十七字:“元年,郛立命夜偝(胍)、上库工师□□,冶闗(间)。西都。”

郛、夜偝(胍)、上库工师□□是铭文所载的三个人物,郛是立命者,夜偝(胍)和上库工师□□是受命者。铭文缺失的二字,无疑是这位上库工师的名字。

郛字,《说文·邑部》释曰:“郛,𩫖也,从邑,孚声。”段玉裁注:“郛,各本作郭,今正。《公羊传》‘入其郛’,注:郛,恢郭也,城外大郭也。”

杨树达曰:“《说文》郛训郭,而郛与郭又小异。《公羊传·文公十五年传》云:‘郛者何?恢郭也。’何注云:‘恢,大也。’所以名郛者,谓包于郭之外也。’《说文·五篇下·𩫖部》云:‘𩫖,度也,民所度居也。从回,象城𩫖之重,两亭相对也。’经传通用郭。《管子·度地篇》云:‘城外为之郭。’《释名·释宫室》:‘郭,廓也,廓落在城外也。’此城郭之郭之义也。”[①]《说文》释“郛”为“郭”,杨树达释为大郭,皆言“郛”与“郭”通。

铭文之“郛”,是郛氏之称,义为族长。

① 杨树达:《字义同缘于语源同例证》,《积微居小学金石论丛》,上海古籍出版社2007年版,第83页。

清道光十九年(1839),掖县东北梁郭上泊(坡)村出土《郛休碑》,碑额篆书全文曰:“晋故明威将军南乡太守郛府君侯之碑。”碑刊于西晋泰始六年(270)二月,全文1144字。碑文曰:“君讳休,字公彦,东莱曲成人也,其先出自黄轩,后稷之裔。王季之稷,有虢叔者,以德建国,命氏为郛,君其后也。”《郛休碑》说明,郛休是虢叔的后裔。虢叔是周文王的亲兄弟,封地在河南荥阳,史称东虢。东虢自虢叔开始,世代为王朝师氏。师氏的职责之一,是负责王之警卫。周铜器东虢之名,作“郭”或作“虢”,皆出之其在王朝师氏之职,是以官为氏。成王十九年(前1024),胶东的过国等未服周,郭(虢)伯馭之子趞奉王命东征,趞征伐有功,成王将过国赐给趞作为采邑。康王时,过国被封为姬姓的诸侯国,“命氏为郛”,郛氏是东虢在过国的支族。过君又称为过伯。春秋之时,过国被齐兼并,臣服于齐,成为齐之附庸。齐宣公时,废除诸侯封建制,置五都七十二邑,过国消亡,成为齐之夜邑。

铭文“郛”是氏族之名,也是族长的代称。《元年郛令戈》不以国称,而以氏名,郛下也无封号、爵位,是知其时,过国已经消亡,但郛氏仍是过国的统治者,故其族长仍有“立命”之为。

合文在金文中常见,如《何尊》的文王写作“玟”,《利簋》的武王写作“珷”。“竝”是一个合文,金文首见。《说文·口部》:“命,使也,从口、从令。”段玉裁注:“令者,发号也,君事也,非君而口使之,是亦令也,故曰命者,天之令也。”此“竝”,当是国族的一种公文。“立命”之义,签发命令也,这是因为郛氏族长在曲成,而接受命令之人在夜邑。

夜胍与上库工师□□是接受命令之人。夜是地名,即夜邑。夜胍是以邑为氏,名胍者。“胍”字,《玉篇·内部》释为大腹。或许此人是个大腹者,故称其为“夜胍”。上库是收藏兵器、战车的处所,工师是制造兵器、战车的工匠、技师。工师下夺两字,当是工师之名。战国时,兵器上载有工师之名是常事。

铭文闟即闾字。《说文·门部》:“闾,里门也,从门,吕声。”《周礼·地官·大司徒》曰:“令五家为比,使之相保;五比为闾,使之相受。”一闾二十五家,后以闾为乡里。铭文“冶闾”即为城中编制为闾的居民冶造兵器。而“夜胍”当是西都夜邑的一个闾长。

二

戈内另一面有“西都”二字,旧未释。

两周至战国时,过国之都在今招远市东曲城村,西周铜器《伯作鼎》和春秋铜器

《齐仲簋》皆出于此。

西都是过国的西都，因在过都之西而名，是知过国有都和西都两都。西都是郭氏支族的封地，称为“夜”。

西都即夜邑，铭文“夜胍”即以邑为氏。

夜邑为何以“夜”为名？长期以来，众说不一。有说是因“东莱有日夜出”而得。但《汉书·地理志》载不夜县在荣城。古时，“夜”与“掖”通，《说文》释“掖”为“以手持人臂”，有扶持之义。《诗经·陈风·〈衡门〉序》：“僖公愿而无立志，故作是诗以诱掖其君也。”郑玄笺：“掖，扶持也。”孔颖达疏：“掖，谓在旁扶之。”夜邑是过国的西都，西都对过都起着护卫：扶持的作用，因而称为“夜”（掖）邑。

西都又称为西城。西汉时，汉高祖封的曲成圉侯虫达即西城的户将，后改封为夜侯。传世又有“夜丞”之印，可知西汉时，掖县之名仍以“夜”称。东汉班固作《汉书》，改夜为掖，称为东莱郡掖县。

三

《元年郭令戈》制于战国晚期，铭文“元年”，当是齐之纪年，即齐（田）襄王元年（前283），与《公过戈》同年。

史载，齐（田）湣王十七年（前284），燕、秦、楚、韩、赵、魏各出其精锐之师共同伐齐，陷齐七十余城。燕将乐毅攻占齐都临淄，尽取齐宝。齐湣王败走邹、鲁，邹、鲁不纳，遂走莒，旋被楚使淖齿杀于莒。公元前283年，莒人立齐（田）湣王之子法章于莒，是为齐（田）襄王。

齐（田）襄王五年（前279），据守即墨的齐将田单，大破燕军，收复失地，迎齐（田）襄王入都临淄，复齐（田）之国。

此戈造于齐（田）襄王法章在莒即位之年，当是郭氏族长为防止燕人入侵，而命西都首领夜胍与上库工师造戈，武装闾人，以做守城之准备。

《元年郭令戈》是过国郭氏公族一直延续到战国晚期的物证。尽管此时的过国国君已经没有了诸侯爵位，但过国之地仍在郭氏的掌管之下。在齐国生死存亡的危难之际，他仍可以郭氏族长的名义签发命令，令西都的郭氏首领夜胍与工师造戈，以防燕人来犯，俨然仍是一国之君。

《元年郭令戈》虽然没有出土地的记载，但东虢封在胶东过国的一支“命氏为郭”，是独有的文化现象，它与清道光十九年（1839）在掖北梁郭上泊（坡）村出土的晋《郭休碑》互成印证，说明《元年郭令戈》乃属过国的郭氏家族，而其本是东虢的一支。

莱州市收藏家协会的蔡先生收藏有两支矛。一支是春秋时器，锈蚀严重；另一支是战国时器，长 20.3 厘米，乌黑光亮。载有铭文“安余”二字。据蔡先生称，1963 年，村民们在城东北碑坡村整地，在一米深处发现一矛、戈窖藏。矛、戈排列整齐，约有二百多支，大多被当作废品卖给了收购站。另有宿先生称，人民公社化时，在城西南福禄山阳，也曾出土矛、戈、齐刀币共一筐，也作为废品卖给了收购站。这些遗物或也是西都夜邑所造。

蔡先生还收藏一战国时期的泥制黑陶罐。陶罐通高 19 厘米，上口直径 17.5 厘米，肩下围直径 33 厘米，下底直径 10 厘米，细布纹。肩部钤有两方印章，其中一方印字为“安余”，与其收藏的矛文相同。“安余”不论是地名，还是工匠之名，都反映了战国之时夜邑之人对于平安的祈求。

西晋《郛休碑》铭文考释

一

清道光十九年(1839),掖城东北五十里梁郭上泊(坡)村村民耕地发现一碑,掖邑乡绅宋启福闻讯往视,知为《晋故明威将军南乡太守郛府君侯之碑》,遂购之。后金石学家陶斋端方闻之购得,运回北京家中,建亭立碑。宣统三年(1911),端方出任川汉、粤汉铁路督办,后四川保路风潮起,端方率兵入川镇压,资州兵变被杀。端方殁后,其所藏文物失散,而碑体大沉重,不易搬运,得以保存,后为诸城王兰溪所得,运往天津。民国年间,掖人赵琪又将此碑购回,置于掖城县公所之中,最后为柯昌泗收购,运至北京故宫博物院,保存至今,但碑已断为两截。

二

《郛休碑》刊于西晋泰始六年(270)二月。碑额篆文曰郛休为晋明威将军、南乡太守,但《三国志·魏书》《晋书》皆无记载。碑文曰:"泰始五年八月庚辰,薨于位。""春秋六十有三",知郛休生于东汉献帝建安十二年(207)。碑文曰:"弱冠入朝,上计掾州辟部司治中别驾,赞翼万里,克昭茂绩,察孝秀才,并以不就。"古代男子二十岁行加冠礼,故以"弱冠"指男人接近二十岁的年龄,以郛休年二十入朝,时在魏明帝太和二年(227)。曹魏亡于元帝咸熙二年(265),是知郛休仕曹魏约三十八年。公元265年12月,司马炎夺魏元帝曹奂之位,建立晋朝,改元泰始,郛休薨于泰始五年(269)八月,是知郛休仕晋只有五年。

郛休生活在三国末年。魏武帝曹操时,因战争需要人才而立"九品中正制",于州郡中特置"中正"之官,专司选举之责,不再凭借乡评。《三国志》卷三载,太和二年(228),"六月,诏曰:'尊儒贵学,王教之本也。自顷儒官或非其人,将何以宣明圣道?

其高选博士，才任侍中常侍者。申敕郡国，贡士以经学为先”①。郛休即魏明帝太和二年（228）由东莱郡选拔的博士。而晋代名臣、左仆射刘毅也是曹魏末年由东莱郡中正高选的博士。郛休入朝，初仕州府部辟司治中别驾，“再辟公府，为相国掾”。相国掾是王子封国丞相之属官，职如郡之功曹长。

碑文“公府”当是高贵乡公曹髦。曹髦是魏文帝曹丕之孙、东海王曹霖之子，正始五年（244）封为郯县高贵乡公。嘉平三年（251），司马懿死，其子司马师自立为抚军大将军，继其父之职秉政，比其父更为跋扈。中书令李丰、太常卿夏侯玄，皆有时望，因不附司马师，与皇后之父张缉都被司马师所杀，并诛三族，张皇后也被逼废退。魏王曹芳不能忍，密谋除师，被司马师发觉，乃召集群臣，勒逼太后下旨，废魏主为齐王，另立高贵乡公曹髦为帝。髦年十四岁，仍由司马师辅政，曹魏政权已名存实亡。正元二年（255），司马师病卒，其弟司马昭继为大将军、录尚书事秉政。

正元二年（255）八月，蜀大将军姜维犯狄道，雍州刺史王经与战洮西，王经大败，还保狄道城。魏以邓艾为安西将军，与征西将军陈泰合力拒维。甘露元年（256）秋七月，邓艾大破姜维于上邽。碑文曰：“巴蜀未宾，侵略王略。元戎启行，□（军）简精帅，朝推英能，以君为使持节征蜀将军司马，遂迁邺，督军粮治书侍御史。”

甘露二年（257），镇东将军诸葛诞据寿州联合东吴，起兵叛魏，声势浩大。司马昭亲任大将军奉少帝与太后往讨诸葛诞。经过数番激战，到甘露三年（258）春二月，攻下寿春，诸葛诞被杀。六月，朝廷大论淮南之功，封爵行赏各有差。碑文曰：“魏之本部，主公所在，典司外台，统摄殷广。君明敏多艺，达于治体，损益时务，闿塞世教，谠言嘉谟，屡抗其谋，清商迈于河朔，仁风发于冀野。朝廷钦羡，拜子男骑都尉，迁新成太守。”

平定诸葛诞之乱，司马昭晋为相国，封晋公，食邑八郡，加之九锡。少帝曹髦不胜气愤，和左右说：“司马昭之心，路人皆知，我不能坐受废辱。”景元元年（260），少帝曹髦拔剑升辇，率领殿中宿卫出宫，往讨司马昭，与昭党中护军交战，少帝曹髦被刺死。司马昭乃遣其子护军司马炎迎魏文帝曹丕之侄常道乡公曹奂为帝，是为魏元帝。元帝时年十五，是又一个少帝。而其时，郛休在外，任新成太守。

景元四年（263）五月，邓艾、钟会伐蜀。十一月，蜀主刘禅诣艾降，巴蜀皆平。

《三国志》卷四载：“初，自平蜀之后，吴寇屯逼永安，遣荆、豫诸军掎角赴救。七月，贼皆遁退。”②碑文曰：“吴越狂狡，刿刘巴东，边人告急，君乃震威，龙骧虎奋，躬践虏场，斩将搴旗，积尸如京，封豕远遁，三巴用康。天府简勋，俾侯于台，加明威将军，赐子男爵关中侯，又迁江夏太守。”

① 〔西晋〕陈寿：《三国志》卷三，中华书局1959年版，第94页。
② 〔西晋〕陈寿：《三国志》卷四，中华书局1959年版，第150页。

咸熙二年(265)八月,晋王师马昭卒,世子司马炎嗣相国、晋王位。十二月,魏元帝曹奂让位于晋。司马炎登皇帝位,国号曰晋,改元泰始。郛休改仕晋,为南乡太守。

南乡郡属荆州。《晋书·地理志下》载:“后汉献帝建安十三年(208),魏武尽得荆州之地,分南郡以北立襄阳郡,又分南阳西界立南乡郡,分枝江以西立临江郡。及败于赤壁,南郡以南属吴,吴后遂与蜀分荆州。于是南郡、零陵、武陵以西为蜀,江夏、桂阳、长沙三郡为吴,南阳、襄阳、南乡三郡为魏。而荆州之名,南北双立。蜀分南郡,立宜都郡,刘备没后,宜都、武陵、零陵、南郡四郡之地悉复属吴。魏文帝以汉中遗黎立魏兴、新城二郡,明帝分新城立上庸郡……及(晋)武帝平吴,分南郡为南平郡,分南阳立义阳郡,改南乡为顺阳郡……”① 自蜀亡后,荆州之地由三国纷争变为魏、吴对峙。时,魏、吴皆置有江夏郡。郛休为魏江夏郡太守,又迁南乡太守。

碑文所载的陆抗、施绩皆东吴大将军。陆抗是东吴大将军、丞相陆逊之子,孙策之外孙。吴永安二年(259),陆抗拜镇南将军,都督西陵。公元 264 年,孙皓即位,加陆抗镇南将军,领益州牧。建衡二年(270),拜陆抗都督信陵、西陵、夷道、乐乡、公安诸军事。凤凰二年(273),拜大司马,荆州牧。

《晋书·帝纪第三·武帝》载,泰始四年(268)“冬十月,吴将施绩入江夏,万郁寇襄阳。遣太尉义阳王望屯龙陂。荆州刺史胡烈击败郁”②。吴建衡二年(270),大司马施绩卒。碑文曰:“吴肆鲸鲵,潜厄襄阳。君苞神筹,顺风遽发,以貔貅七千,摧犬羊三万。陆伉(抗)奔北于南,施绩舆尸于东”,当指此。

碑额云郛休为南乡郡太守,碑正文云“迁新成太守”,“又迁江夏太守”。侯登岸《掖乘》云,“碑额所题,与碑不符,殊不可晓”,非也。碑之正文虽无郛休任南乡太守的记载,但碑阴所载的为郛休立碑之人,皆郛休南乡郡的属吏、义民,是知南乡郡是郛休最后之任所,碑文载,郛休“薨于位”,是薨于南乡郡,其最后任南乡太守明矣。碑之正文,所以无迁南乡太守之载,或因其在南乡年数不多,然其卒后,却有诸多属下、黎民违禁为其立碑,足见其德政之盛。西晋时,人的寿命平均只有四十几岁。医家葛洪享年六十而称仙,郛休享年六十又三,也是长寿之人,而其身世,是周姬之裔,虢叔之后,则更为显贵。

三

《郛休碑》具有重要的史学价值。

---

① 〔唐〕房玄龄等:《晋书》卷十五,中华书局 1974 年版,第 454 页。

② 〔唐〕房玄龄等:《晋书》卷三,中华书局 1974 年版,第 58 页。

碑文曰："君讳休，字公彦，东莱曲成人也。其先出自黄轩，后稷之裔，王季之穆，有虢叔者，以德建国，命氏为郭，君其后也。"可知东莱郭休家族乃是虢叔东虢的一支，居曲成。曲成即封国之都也。

《史记·周本纪》载，周人的祖先后稷，名弃。帝舜时，封弃于邰。邰，《正义》也作斄，在雍州武功县。后稷为黄帝裔，别姓姬氏。"后稷之兴，在陶唐、虞、夏之际，皆有令德。"[①]逮至商殷，周文王之祖父古公亶父复修后稷、公刘之业，积德行义，国人皆爱戴之。古公卒，季历立，是为公季。公季卒，子昌立，是为西伯。西伯曰文王，遵后稷、公刘之业，则古公、公季之法，笃仁，敬老，慈少，礼下贤者，日中不暇食以待士，士以此多归之。文王卒，武王立，灭商，建立周朝。

《左传·僖公五年》："虢仲、虢叔，王季之穆也，为文王卿士，勋在王室，藏于盟府。"马融曰："虢叔，同母弟；虢仲，异母弟。"《左传·隐公元年》："制，岩邑也，虢叔死焉。"制是郑邑，四面皆山，故曰岩邑。《国语·郑语》史伯也曰："虢叔恃势，郐仲恃险。"《汉书·地理志上》："成皋，故虎牢，或曰制。"应劭曰："故虢国，今虢亭是也。"[②]虢叔封地在今河南荥阳，称为东虢，虢仲封地在今陕西宝鸡，称为西虢。

东虢自虢叔始，世代为王朝师氏，负责劝导君王、教育王子与王室子弟、保卫君王安全，随王参加祭祀、会宾、出征、出行等要职。

《郭（虢）伯𣪕簋》与《疐鼎》载，西周初年，虢叔之子、趞之父郭（虢）伯𣪕随成王东征逨（来）夷。逨（来）夷在益都东阳。

《疐鼎》载，王命趞征东反夷，疐肇从趞征，攻占无敌。

《趞卣》《趞尊》载，成王十九年（前1024）十又三月，王在辟雍明堂，将东夷过国赐给趞，作为东虢的采邑。

碑文："王季之穆，有虢叔者，以德建国，命氏曰郭，君其后也。"所载说明，成王赐趞采邑曰过，过国虢氏成为东虢家族新的分支，命氏为郭。

《过伯簋》载，过国被封为伯爵诸侯，称为过伯，当在康王之时，但过伯仍在王朝任师氏之职。昭王十六年（前980）和十九年（前977），过伯随昭王两次南征楚荆，十九年（前1034）时与昭王命丧汉水。

《伯作鼎》的伯，当是西周昭王之后的过国之君，《伯作鼎》在招远市东曲城村出土，说明东曲城是西周时过国之都，与《郭休碑》所载的郭休为曲成人互成印证。

《齐仲簋》是春秋时过国被齐国兼并的物证，过国成为齐之附庸，但东虢郭氏仍是过国之地的统治者。

---

① 〔西汉〕司马迁：《史记》卷四，中华书局1959年版，第112页。

② 〔东汉〕班固：《汉书》卷二十八，中华书局1962年版，第1556页。

东、西两虢之虢，本作“𩫏”，隶作𩫏，即郭字，见于《郭(虢)伯叚簋》。1974年12月陕西扶风县强家村出土窖藏青铜器七件，其中《师𩛥鼎》《即簋》《师臾钟》都是虢季氏家族的铜器，其国族名虢字，《师𩛥鼎》作“𩫏”(郭)，《师臾钟》作“虢”，是知“𩫏”(郭)即虢字。虢字作“𩫏”(郭)是言东、西两虢师氏守城之职，虢字作“虢”是言东、西两虢师氏为王警卫之责，作“𩫏”(郭)、作“虢”皆出自东、西两虢在王朝的师氏之职。而东虢在过国的分支，命氏为“郛”，义如“郭”同。

《说文·邑部》：“郛，𩫏也，从邑，孚声。”段玉裁注：“𩫏，各本作郭。”今正。《公羊传》‘入其郛’，注：郛，恢郭也，城外大郭也。”《说文》言“郛”即“郭”也，是说郛本郭之分支，郛出自郭。而所以命氏为“郛”，是有别于“郭”“虢”也。

传世有《元年郛令戈》，是战国时器。铭文记载郛令西都夜邑的夜胍与上库工师冶闾戈。此元年，是齐(田)襄王法章在莒即位之年。其时，燕军侵占齐都临淄并齐城七十，当是郛氏为防燕军侵犯而造戈备战。可知其时，过国虽已消亡，但其地仍为郛氏所掌管。而《郛休碑》的记载，也与《元年郛令戈》相合。

西晋以后，郛氏改为郭氏。今招远与莱州的郭氏之民，多是当年东虢郛氏的后裔。

过国之地从西周初年到战国末年，一直是东虢的封地。春秋之时，东虢灭于郑，小虢灭于秦，北虢、南虢灭于晋，过国在章丘的子国鄑国，也灭于齐。过国成为东虢家族唯一的幸存之地。所以，《郛休碑》在莱州梁郭上泊(坡)出土，显得尤为珍贵。

《郛休碑》承载着西周史和过国史，是《趞卣》《趞尊》“赐趞采曰过”和过都在曲成的确证，也为《元年郛令戈》找到了器主人。

郛氏是东虢封在曲成的一支独特的姓氏，郛氏不见于姓氏书，可补姓氏之缺。郛氏，后改为郭。

《春秋公羊传》《新唐书·宰相世系》皆言“虢”谓之“郭”，是声之转。《郛休碑》可解“虢”“郭”之谜。

《新唐书·宰相世系》曰：“郭氏出自姬姓。周武王封文王弟虢叔(按：应为仲)于西虢，封虢仲(按：应为叔)于东虢。西(按：应为东)虢地在虞、郑之间。平王东迁，夺虢叔之地与郑武公。楚庄(按：应为武)王起陆浑之师伐周，责王灭虢，于是平王求虢叔裔孙序，封于阳曲，号曰‘郭公’。‘虢’谓之‘郭’，声之转也。因以为氏。”唐代书法家颜真卿为郭子仪之父郭敬之撰文并书写的碑文曰：“溯其先盖出周之虢叔，虢成为郭，因而氏焉。”但虢氏为郭，并非简单的声之转也。前文已言，虢氏郭氏皆出自东虢公师氏之职，“虢”“郭”可谓音义皆通。

西汉时，置东莱郡，辖掖、平度、当利、曲成等十七县。晋时，置东莱国，辖夜、当利、卢乡、曲成、黄六县。碑文载郛休是东莱曲成人也，是知两周到战国时过国都曲成，故西汉初年置县城于曲成。

今梁郭上泊（坡）之地，改称“上坡”，距招远东曲城过都遗址仅 8.6 千米。“梁郭”之名，在清康熙五十一年（1712）《莱州府志》中载为“临郭乡”，在清乾隆《掖县志》载为“临过乡”。“临郭”说的是临城郭，“临过”说的是临过国，两者所说皆指过国之都曲成。民间又俗称梁郭为“连郭”，义皆相同。《郛休碑》在梁郭上泊（坡）出土，可知战国之后，郛氏迁居至今梁郭一带。今莱州城北过西之地，因两周至战国时其地在过国之都曲成之西而得名。西汉时，在过西之地置有过乡、过亭，过乡、过亭即原来过国的乡、村。

四

《郛休碑》还具有珍贵的书法艺术价值。

此碑高八尺，宽三尺，出土时，碑文虽有磨损，但碑未断。《山东通志》载：出土时碑文已磨损。自估客运至京师竟致横断，碑文剥去三十余字，碑阴也损一二字。

莱州邱学才先生藏有碑之全拓。拓本纵 2.15 米，横 0.90 米。篆额高 0.45 米，宽 0.48 米，字四行，每行四字，曰：“晋故明威将军南乡太守郛府君侯之碑。”碑之正文为隶书。碑阳二十行，每行四十五字。碑阴二列，上列二十五行，下列十五行（图 4－51）。掖人金石学家、书法家翟云升《隶篇》所载的《郛休碑》共计 1137 字，仅缺失 7 字。

《郛休碑》是莱州书法艺术的杰作。

莱州是书法圣地，其书法源头可以上溯至商周金文。莱州作为东虢公的封地，传承的是王室正统的书体。西周昭王时的《过伯簋》三行十六字，字势开张，线条遒劲，结体规整，章法生动，庄严肃穆，神态灵动，被作为昭王时代的标准器。其后的《伯作鼎》《齐仲簋》等铜器，皆是过国的书法艺术珍品。

山东是隶书的发源地。北魏郦道元《水经注·谷水》载：“孙畅之尝见青州刺史傅弘仁说临淄人发古冢，得桐棺前和外隐为隶字，言齐太公六世孙，胡公之棺也。惟三字是古，余古今书。证知隶自出古，非始于秦。”这一重要的发现，说明齐国是隶书的发源之地，在西周早期，齐国就已经有了隶书，它要比 1976 年湖北云梦睡虎地发现的秦简书早 650 年。宋《宣和书谱·叙论》也曰，隶书原与篆籀相生，特未行于世。1972 年，山东临沂银雀山一号墓出土《太公六韬》《孙子兵法》《尉缭子》《管子》《晏子》等西汉残简四千九百余号，其中《太公六韬》字体多具篆意，又与隶近，其年代在秦末或汉初。《孙子兵法》都是隶书，兼有篆书风韵，为汉初所书。坐落在曲阜孔庙的《礼器碑》《乙瑛碑》《史晨碑》被誉为“三大名碑”，是汉隶的代表之作。

汉武帝元狩元年（前122），行幸雍，祠五畤，获一角兽白麟，以为祥瑞之兆，乃作《白麟之歌》，并改年号为元狩。时过十三年，元封三年（前108）春，方士公孙卿言有神人名曰东莱山，欲见天子。于是汉武帝遂至东莱，留宿数日，寻无所见。天子既出无名，恐失信天下。适逢大旱，于是到曲成三山岛沿海万里沙处祭龙王求雨。征和四年（前89），汉武帝又行幸东莱临大海。汉武帝临幸东莱，留下了幸台古迹和《白麟之歌》刻石。《四续掖县志》载：“汉白麟歌刻石，清道光年间，修西城壕时得自瑞莲亭侧。其石刻文曰‘元狩元年冬十月，行幸雍，祠五畤，获白麟，作《白麟之歌》’，计二十一字。邑绅宋启福收藏于家。咸（丰）、同（治）间，因匪乱瘗之，今忘其地矣。按元狩系汉武帝因获一角兽而改的年号，此项记载极有价值。唯惜宋绅已故，石复埋没，其石形字体均未得详，姑据采访以志，备诸异日考稽。”又载“幸台古迹”曰：“幸台，今城南门其地也。汉武帝东游海上，访安期生幸此，碑刻犹存。雍正八年（1730），典史贾臣重修城楼，遂失所在。”幸台刻石，原立掖城北门里，碑立高台之上，故有幸台之名。明代改土城为砖城，城移其址，北门变作南门，碑立城楼之中。清雍正八年（1730），重修城楼，遂失其碑。另立无字之碑于城楼，后人误以为原碑无字，遂有清末掖邑八景之一《幸台古字》之诗作。《白麟之歌》不会只有题款，还当有正文之辞。幸台之碑与《白麟之歌》是二石还是一石二面，也不得知。据说与刻石同埋于井中的，还有一件青铜器《夔侯鼎》，幸此碑与鼎埋于地下，当有发现之日。

东汉时，掖人左伯工八分，又善造纸。左伯纸、张芝笔、韦诞墨并称文房三大名品。据说蔡邕每每作书，非左伯纸不妄下笔。然左伯墨迹也已失传，莱州今可见者，唯《郛休碑》为古。

西晋时禁立墓碑，郛休属下违禁为其立碑，实属难得，碑之传世，尤为珍贵。《郛休碑》与在山东新泰出土的泰始六年（270）十二月《任城太守孙夫人碑》、洛阳出土的太康十年（300）三月《齐太公吕望表》，并称“晋代隶书三大名碑”。《任城太守孙夫人碑》二十行，每行三十七字；《齐太公吕望表》字二十行，每行三十字。《郛休碑》字数比《任城太守孙夫人碑》和《齐太公吕望表》多，时间也比《任城太守孙夫人碑》和《齐太公吕望表》早。

《郛休碑》篆额十六字：“晋故明威将军南乡太守郛府君侯之碑。”魏晋以下，行草代兴，篆分遂微。《郛休碑》之篆额仍守篆法，承袭汉篆。刘涛《中国书法史·魏晋南北朝卷》论曰：“西晋刊立的碑石，现存的篆书题额有两种：其一是《郛休碑》（270），阴文篆额‘晋故明威将军南乡太守郛府君侯之碑’十六字，圆笔，垂作悬针状，而且下端向外分张，对称的纵笔作束腰式，结字精整，还是比较严谨的汉篆篆法；其二是《王君墓神道》(284)，阴文篆额‘晋故安丘长城阳王君墓神道’十二字，笔画端部方截，结体不整，具有美术化的倾向。”①所论以《郛休碑》篆额(图4－51)为晋代承袭汉篆篆法的代表，是也。

图4－51　西晋《郛休碑》碑额与碑阳铭文局部

晋代是中国书法史上汉隶向唐楷进化的重要时期，《郛休碑》正文所书的隶书是这一进程肇始的代表之作。

与汉隶相比，《郛休碑》在隶法上有两点突出的变化：一是《郛休碑》书势多变，结体或扁或长或方，汉隶八分之隶意渐失，楷意渐生，体现汉隶向正书方形发展之趋势。二是横画下笔如斩刀头，收笔也扬刀，虽有“蚕头凤尾”之遗风，却见方笔顿切之凌厉，体现一种正书的笔法。康有为《广艺舟双楫》论曰：“南北朝碑莫不有汉分意，《李仲璇》《曹子健》等碑显用篆笔者无论。若《谷朗》《郛休》《爨宝子》《灵庙碑》《鞠彦云》《吊比干》皆用隶体。”“晋碑如《郛休》《爨宝子》二碑，朴厚古茂，奇姿百出，与魏碑之《灵庙》《鞠彦云》，皆在隶、楷之间，可以考见变体流源。”又曰：“真楷之始，滥觞汉末。若《谷朗》《郛休》《爨宝子》《枳阳府君》《灵庙》《鞠彦云》《吊比干》《高植》《巩伏龙》《秦从》《赵》《郑长酋造像》，皆上为汉分之别子，下为真书之鼻祖者也。”其以《郛休碑》(图4－52)为正书之鼻祖，可以考见变体流源，正是此碑之价值所在。

---

① 刘涛：《中国书法史·魏晋南北朝卷》，江苏教育出版社2007年版，第101页。

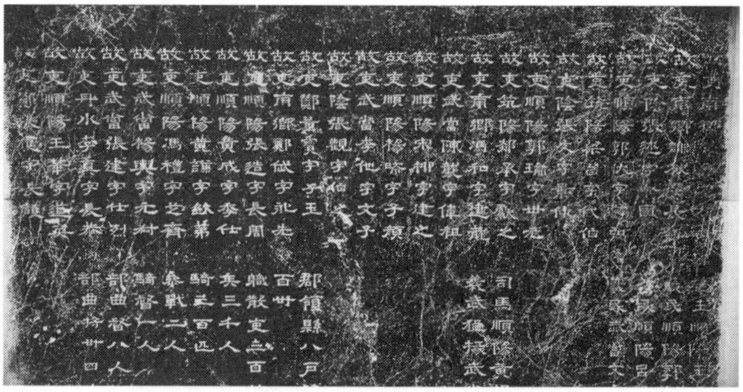

图4－52　西晋《郛休碑》碑阴铭文局部

《郛休碑》为莱州人所书。刘涛《中国书法史·魏晋南北朝卷》论曰:“‘安北大将军’刘宝,‘南乡太守’郛休和‘安丘长’王君分别是地方军政官员,死后都归葬故乡,他们的碑志应是当地人士书刻,由此而论,这些篆书只是反映了当时各地篆书的水平。”①其认为《郛休碑》是郛休家乡人士所书刻是对的,然这地方水平,有时却引领时代潮流。

据翟云升《隶篇·金石目》载,《逢将军砖》和《胶东令王君砖》,皆掖邑侯汉京(式玉)得之掖县东北龙冢庙村古墓中。《逢将军砖》载有十字:“晋故逢将军 晋元康九月”,《胶东令王君砖》载有十三字:“晋□胶东令王君 永嘉二年八月”,字体与《郛休碑》相似。

斗转星移,240年之后,正书发展到登峰造极的成熟时期。逮至北魏太和四年(480),郑道昭出任光州刺史,其组织东莱郡主簿“程天赐”等地方书法名家,书丹了《郑文公碑》等四十多种摩崖刻石,营造了云峰山、大基山、天柱山、百峰山北朝刻石书法宝库,成为当今享誉中外的“中国书法名山。”

清人叶昌炽《语石》卷二论曰:“海内真秦碑仅二石,一在泰山绝顶,一在诸城,皆山左也。典午一朝皆短碣,惟任城《孙夫人碑》在新泰,《明威将军郛休碑》出历下(按:其说《郛休碑》出历下,乃误)与中州《太公望表》鼎足为三,未闻有第四丰碑也。汉隶以《韩敕》《史晨》为第一,而在曲阜。北书以《郑文公上下碑》为第一,而在掖县。”其言天下名碑自秦而下共八种,掖县居其二。足证莱州为中国书法之圣地。

《郛休碑》洋洋一千一百四十四字,是西晋初年汉隶向正书进化之鼻祖。

《郑文公碑》洋洋一千二百四十三字,是北魏时正书成熟之标志。

北齐时,莱州盖平山佛龛造像题记十八篇,三百余字,皆正书佳品。

① 刘涛:《中国书法史·魏晋南北朝卷》,江苏教育出版社2007年版,第102页。

隋代时，莱州城西斧山又刊《光州刺史宇文公德政碑》，碑文存正书拓片三十九字，尚有诸多小字与宇文公画像漫漶不清未传。

西晋《郛休碑》、北魏《郑文公碑》、北齐《盖平山佛龛题记》、隋《宇文公碑》等组成莱州书法由隶书到正书演变的文化链，代表着这一时期中国书法的发展水平。

五

《郛休碑》之碑文，《掖县志》、侯登岸《掖乘》、翟云升《隶篇》皆有载，以《隶篇》缺字最少，据此附原碑文并断句释读如下：

碑阳碑额：晋故明威将军南乡太守郛府君侯之碑

碑阳正文：君讳休，字公彦，东莱曲成人也。其先出自黄轩，后稷之裔，王季之穆，有虢叔者，以德建国，命氏为郛，君其后也。丕勋显绪，历载緜邈。逮君之身，含海岱之英灵，纂乃祖之洪流，伟姿表于岐嶷，聪达兆于自然，孝友著乎乡里，德行立于当时。夫其抗节亮直，度操弘毅，岳峙渊渟，威而不厉，仁爱足以容众，范格足以正世。初志群艺，道心博鉴九思，通朗令闻宣希。然其天材，器为事兴，方冉季之多略，超张赵之逸踪。弱冠入朝，上计掾州辟部司治中别驾，赞翼万里，克昭茂绩，察孝秀才，并以不就。再辟公府，为相国掾，实隆鼎栋，光辅和味。于时，巴蜀未宾，侵犯王略，元戎启行，□(军)简精帅，朝推英能，以君为使持节征蜀将军司马，遂迁邺，督军粮治书侍御史。魏之本部，主公所在，典司外台，统摄殷广。君明敏多艺，达于治体，损益时务，闿塞世教，谠言嘉谟，屡抗其谋，清商迈于河朔，仁风发于冀野。朝廷钦羡，拜子男骑都尉，迁新成太守。尔乃宣惠，康敦素朴，崇四术，正雅俗，敷五教以训民，明赏罚以治国，翔晨风于北林，絷白驹于空谷，犹公孙之处郑文翁之在蜀也。于是政行化成，上下交和，邦畿雍穆，农旅作歌。吴越狂狡，剡刘巴东，边人告急，君乃震威，龙骧虎奋，躬践虏场，斩将搴旗，积尸如京，封豕远遁，三巴用康。天府简勋，俾侯于台，加明威将军，赐子男爵关中侯，又迁江夏太守。旌盖未移，回临我邦，追姬文之遗风，匡二南之诞化，崇为政之以德，帅大礼则兴让，故能期月缉熙，宣曜仁恩，驰于区域，重光被于遐荒，遵禹稷之勋美，羡信臣之惠迹，胥原隰以澍灌，务稼穑以丰国。吴肆鲸鲵，潜厄襄阳。君苞神筹，顺风遽发，以貔貅七千，摧犬羊三万。陆伉(抗)奔北于南，施绩舆尸于东。赫赫振旅，元功是扬，率土称庆，江汉攸宁。方将宏宇崇爵，翼亮天明，致皇代乎隆熙，激溃流于九野，旻天不惠，降年不永，春秋六十有三，泰始五年八月庚辰，薨于位。天子闵悼，群后咨嗟，谒者吊祠。于是故吏弩羡、谢放等，追慕遗化，永怀罔极，佥以为先民即世，庸器勒勋，殁而不朽，赖之斯文，乃相与刊石立铭，撰纪□(述)行，俾彼来昆，有所瞻仰。其辞曰："皇皇大极，芒芒浑元。含灵吐宝，笃生彝伦。邈矣君侯，钟此清醇。皓然秋素，品藻如春。内弘九德，六行外宣。应期作度，命世立言。龙蟠鸿渐，爰发其芬。□（赞）翼三事，扬光台辰。赋政于外，□（令）畅遐邻。颂声丕显，至教入神。将登紫庭，皇极是铨。遭命□（不）□（幸），九鼎徂沦。爰勒金石，永昭后昆。"泰始六年二月丙子造

碑阴：故吏南乡弩羡字方□，故吏南乡谢放字长舒，故吏阴张述字令国，故吏顺阳郭状字叔弘，故吏筑阳梁习字代伯，故吏阴张友字景仲，故吏顺阳郭瑜字世元，故吏筑阳郯承字献之，故吏南乡冯和字建龙，故吏武当陈袭字伟祖，故吏顺阳宋柳字建之，故吏顺阳杨晞字子颜，故吏武当李他字文子，故吏阴张观字伯之，故吏鄚董宝字子玉，故吏南乡郑岱字永先，故吏顺阳张造字长周，故吏顺阳黄成字季仕，故吏顺阳黄谦字钦第，故吏顺阳冯礼字芝齐，故吏武当杨舆字元叔，故吏武当张建字仕烈，故吏丹水李真字长恭，故吏顺阳王华字道英，故吏鄚张获字长护，故主顺阳王群字宣叔，义民顺阳郭贞字仕良，义民顺阳吕崇字修文，义民武当文定字长渊，司马顺阳黄根字巨原，义武猛掾武当华吴。郡领县八、户万七千五百卅，职散吏三百廿人，兵三千人、骑三百匹、参战二人、骑督一人、部曲督八人、部曲将卅四人。①

① 〔清〕翟云升编撰：《隶篇》，中华书局1985年版，第326～327页。

莱州市发现太阳八角芒形图像刻石

2017 年 10 月 17 日，莱州市外事侨务办公室马秀军主任告诉笔者，昨天他到郭家店镇下徐家村看望贫困户，发现村委院内的一个碾子上刻有太阳八角芒形图像。第二天下午，笔者同电视台记者孙兆敏、张颖慧在外侨办李小田副主任陪同下，到实地进行了考察（图版十三）。

碾子放在村委院内的南墙脚下，石质为本地花岗岩，外圆直径 58 厘米，内圆直径 56 厘米，厚 43 厘米。太阳八角芒形图像刻在一个表示太阳的圆形之中，外圆的八个太阳芒角较为尖细，内圆的八个太阳芒角较为粗大，但两个图像皆保存了大汶口文化彩陶上太阳八角芒形图像的原样。碾子体积不大，风化较重，碾面上有一些使用的坑坑洼洼的痕迹，可知其年代较久，可能是汉代以后之物。村委会主任讲，前些年整修街道时，发现了此物，因上面刻有图案，故保存至今，想不到竟是一件“宝物”。另在莱州城南梅园收集的十二个碾子上，也发现刻有太阳八角芒形图像，只是图像已经呈现出演变为装饰图案的趋向。

太阳八角芒形图像是我国和世界上最早的太阳历，是太昊部落长期观测太阳运行规律的创造，距今约 6300 年。迄今为止，太阳八角芒形图像见于报道的共有十多例，皆载在大汶口文化陶器上和崧泽文化玉器上。莱州市发现的太阳八角芒形图像刻石，在全国尚无先例。

碾子是古代人们碾谷所用。碾子在碾盘上运转，使人们联想到太阳运行于天道。“碾”与“年”音同，人们将太阳八角芒形图像刻于碾子上，当寓有“年年（碾碾）丰收”之意。

莱州之地的过国，是胶东地区最早的古国，大约形成于距今 4600 年的龙山文化早期。2014 年在莱州城郊西坊北发现的莱州玉雕太阳神面图像，载有“过”和“壬”字，是过国的族徽，是晚夏或早商之时，过国在今莱州城区的物证。它说明过国最本质的文化特征是以太阳为图腾崇拜，过国文明是山东内地的太昊太阳文化与胶东土著文化大融合的产物。今莱州市发现的太阳八角芒形图像刻石，是过国文明源流的又一例证。

鄩 国

西周晚期《鄩甘敦鼎》铭文考释

《鄩甘敦鼎》于20世纪80年代在章丘县城(今济南市章丘区,下同)明水镇垓庄摩天岭出土(图4-53)。常兴照、宁荫堂先生撰有《山东章丘出土青铜器述要兼谈相关问题》一文,发表于《文物》1989年第6期。该文对铜器铭文进行了释读,对“鄩”与“郭”“虢”等字进行了探讨,提出了史籍所载的“郭氏之墟,可能就是鄩氏之墟”的正确论断。但文章尚未厘清鄩与过、郭、虢之间的关系,将“辜”字释为“享”,“亯”字释为“昌”,也有待商榷。

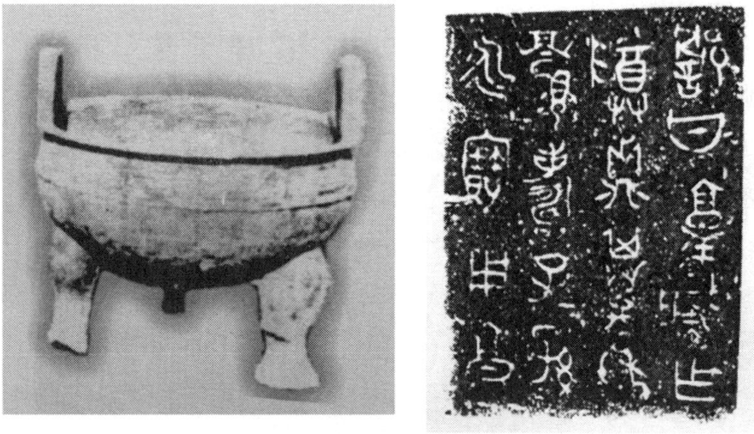

图4-53 《鄩甘敦鼎》及其铭文

一

常兴照、宁荫堂先生将《鄩甘敦鼎》铭文释为:“鄩甘辜肇乍隮鼎其万年眉寿子子孙孙永宝用昌。"并言:"腹内壁铭文首字'',金文初见。即冎,又可隶写为咼,如《過伯爵》的'過',即从''从''。此字从'冎'从'言'从'邑',言口可通,因而左侧还可隶写为'咼'。所以此字应为一形声字,即从邑,咼声。以铭文文义,此字应为族名或国名。第二字'甘',为作器者名。'𦎫'为享。'肈'也写作'肇','肇作某某'及下文'万年眉寿'等,均为金文习用语。"①

2002 年 9 月,刘雨、卢岩将《鄗甘𦎫鼎》收编于《近出殷周金文集录(第二册)》,其将铭文断句释曰:"鄗甘𦎫肇作尊鼎,其万年眉寿,子:孙:永宝用享。"

两文所释只有"昌""享"之字有异,其余字所见无左。

《说文·亯部》:"𦎫,孰也。从亯从羊,读曰纯。""段注:"今俗云纯熟,当作此字。"

"𦎫"字尚不止有"纯熟"一义。清孙诒让《契文举例下》释为《齐侯敦》之敦。②王国维《不嬰敦盖铭考释》释如《虢季子白盘》之"博(搏)伐",《宗周钟》之"戠伐"。③郭沫若《殷契粹编》曰:"𦎫者,挞伐也。《诗·鲁颂》'敦商之旅',《宗周钟》'王𦎫伐其至'。"④笔者今观《集成》收录带有"𦎫"字铭文的铜器凡四十件,有用于国、族名者,如殷铜器《𦎫鼎》之一字"𦎫"(《集成》3.1141);有用于祀享字者,如西周早期《父丁弓𦎫爵》之"父丁弓𦎫"(《集成》14.9005);有用于挞伐之义者,如西周晚期《禹鼎》之"𦎫(敦)伐噩(鄂)"(《集成》5.2833);有用于铜器之敦名者,如战国晚期《十年陈侯午敦》之"用乍(作)平寿适器𦎫(敦)"(《集成》9.4648);有用于淳于国名的,如春秋晚期《淳于公戈》之"𦎫(淳)于公"(《集成》17.11124);有用于治理之义的,如西周中期《寡子卣》之"𦎫(敦)不吊弔(淑)"(《集成》10.5392)。凡此六种,足见其义之广。

《鄗甘𦎫鼎》铭文"𦎫"字当释为"敦",敦是治理之义。清孙诒让《古籀拾遗·古籀中》曰:"此𦎫字当为敳之省(《说文》𢽳从攴,𦎫声,隶变作敳)。《诗·鲁颂·閟宫》'敦商之旅',郑笺:'敳,治也。'𦎫伐,言治而伐之也。"

铭文"肈"即"肇"字,是初创之义,金文常用。"肇作"即初创之作也,与上字"𦎫"字释敦为治正合。

铭文最后一字释为"享",不是昌,《近出殷周金文集录》所释是。"享"字甲骨文、金文中习见。《说文·亯部》:",献也。从高省。曰,象进孰物形。孝经曰,祭则鬼

① 常兴照、宁荫堂:《山东章丘出土青铜器述要兼谈相关问题》,《文物》1989 年第 6 期。

② 李圃主编:《古文字诂林(第五册)》,上海教育出版社 2004 年版,第 556～557 页引。

③ 李圃主编:《古文字诂林(第五册)》,上海教育出版社 2004 年版,第 556～557 页引。

④ 李圃主编:《古文字诂林(第五册)》,上海教育出版社 2004 年版,第 556～557 页引。

亯之。”杨树达曰:“《粹编》一三一五片云:‘甲申,卜,舞楚,亯?’树达按:古文亯字,后世分化为享亨烹三字。舞以悦神,问神享之否也。”①

铭文首字作“”,隶定作“鄙”,可省作“郘”,是国、族之名。鄙下“甘”字,常兴照、宁荫堂先生释为人名虽通,但此字还可另解。

“鄙”作为国名,是过国的子国。鄙为族名,是过国虢氏的分支。过国虢氏“命氏曰郭”(《郭休碑》),鄙又是郭氏的分支,族属东虢家族,姬姓。

“甘”是五味之一。《说文・甘部》:“甘,美也。”段玉裁注:“甘为五味之一,而五味之可口皆曰甘。”甘有美好之义,故铭文甘也可不作人名。甘与下一字“𦎫”(敦)为一词,成“甘𦎫(敦)”,也即“美治”,鄙国为美治始创而作器。

铭文全文为“鄙(郘)甘𦎫(敦)肇(肇)乍(作)隮(尊)鼎,其万年眉寿,子子孙孙永宝用享”。

此器侈口,平唇,方立耳,弧腹,圜底,蹄足。口外径 25.5 厘米,口内径 22.6 厘米,腹深 13.4 厘米,通高 24.1 厘米。腹上部饰重环纹,腹中部饰重鳞纹,年代为西周晚期,无异论。

二

此器最大的历史价值,莫过于它和过国及东虢的关系。

鄙字从邑咼声,咼即过国,邑旁说明,鄙是过国之邑,或曰过之子国。

过国与东虢,一在山东半岛,一在河南荥阳,相距数千里,往来艰难可知。东虢对于过国的治理经营,资料匮乏,不得而知,《鄙甘𦎫鼎》的出土,说明过国在去东虢的途中,在今山东章丘征得了一邑,建立了子国,成为连接过国和东虢的枢纽。鄙国的建立,是通过“挞伐”“敦治”而得的,故铭文作“𦎫”。

据常兴照、宁荫堂先生考证,章丘之地,商、周考古文化丰富。在章丘小峨眉山和涧溪,出土了铜甬钟、铜铙、铜璧形器、铜觚、铜提梁卣等铜器,共 50 多件,还有大量商、周陶片及灰坑残迹。此地山明水秀,物产丰富,可谓一块宝地,过国占有此地,可谓“甘美”。

对于东虢来说,鄙国的建立,意义重大。西周末年,王室衰微,犬戎入侵。西虢宗室的一支,在周平王东迁之前,就迁到了黄河北岸的平陆,史称“北虢”。周平王南迁时,西虢宗室又随平王迁至黄河南岸,在三门峡一带,称为“南虢”。章丘鄙国建立在

① 杨树达:《卜辞求义》,上海古籍出版社 2006 年版,第 21 页。

西周末年，反映了东虢贵族向东迁徙避居的意图。春秋之时，䣊国成为连接过国与东虢宗室的枢纽。春秋早期，东虢灭于郑，过国成为东虢家族的存祀之地。

常兴照、宁荫堂先生将䣊同羿夷西迁联系在一起。曰："铜鼎铭文中的'䣊'字，与'過'同声符，声近义通，又同为国名，内中必有联系。羿夷西迁，沿泰沂山北侧，西徙至德州东南，又西南至豫东北滑县一带，滑县得名，亦应与過（过）氏有关。铜鼎所在地点正处迁徙线内。如把䣊甘氏作为過（过）氏西徙途中的遗裔，当不至大谬。"但《䣊甘𦎫鼎》是西周晚期器，属于东虢家族，䣊国亡后又称郭氏，与夏代羿、浞之有穷氏无涉。𦎫邑不是羿夷西迁的遗裔，而是姬姓东虢郭氏的分支。

三

《䣊甘敦鼎》出章丘，并非流徙之器。常兴照、宁荫堂先生引刘向《新序·杂事四》曰："昔者，齐桓公出游于野，见亡国故城郭氏之墟，问于野人曰：'是为何墟？'野人曰：'是为郭氏之墟。'……野人曰：'善善而不能行，恶恶而不能去，是以为墟也。'"《春秋地名考略》曰："管子曰，齐桓公见亡国之墟焉，访诸野耊，故郭国之墟也……今东昌府聊城县有郭水，水之南岸有郭城。"宣统版《聊城县志·沿革》曰："唐虞三代兖州，周郭国后入齐。"常兴照、宁荫堂先生曰："从郭氏之墟的地望看，应在齐桓之野，聊、摄为春秋晚期齐之西界，齐桓公之时似乎还没达到这一带。""桓公之初的重要活动，多在谭、遂一带，济水之东。这里也是其后南征伐楚，西征攘于白狄的重要通道。郭氏之墟也可能在这一带。此件铜鼎所出的地点距谭国故城不远，䣊，读如過，与郭同为见母字，一为咼声，上古属歌部，一为郭声，上古属铎部，元音均为'ɑ'，二者可以通转。因此郭氏之墟，可能就是䣊氏之墟。""但'郭'到底是何人之裔或是否殷之旧国，不得而知，但有一点是可以肯定的，此'郭'绝不是'虢'的讹变。"

常兴照、宁荫堂先生言《䣊甘敦鼎》的出土地就是当年齐桓公所见的"郭氏亡国之墟"，是高见。但其不知虢本于郭，而西周时过是东虢的封国，䣊又是过国的子国，因而也就不解䣊国之来历。

刘向《新序·杂事》还有两点启示，一是齐桓公所见到的"郭氏之墟"，应写作"䣊氏之墟"。二是，䣊国亡于春秋，至齐桓公时已经成为了废墟，䣊国从西周末年创始到春秋之时灭亡，存世大约百年。而其灭亡的原因是"善善而不能行，恶恶而不能去"。西周王朝何尝不是如此。

𧆨　国

春秋早期《𧆨侯簠》铭文考释

《殷周金文集成》载有两件《𧆨侯簠》铭文，编号 9.4561 的铜器已失，铭文取之罗振玉收藏的拓片；编号 9.4562 的铜器现藏旅顺博物馆，器盖已失。两器铭文相同，字体略有差异。《𧆨侯簠》，是春秋早期的铜器，罗振玉《三代吉金文存》、邹安《周金文存》、刘体智《小校经阁金文拓本》等皆有著录，但各家对于铭文所释不一，相关历史更有待探讨。

一

簠是一种盛食物用的食器。《𧆨侯簠》铭文十七字："𧆨侯乍（作）叔姬寺男媵（媵）簠，子子孙孙，永宝用享。"（图 4－54）

图4－54　《𧆨侯簠》铭文

铭文𧆨字作"□"，容庚《商周彝器通考》隶作"□"①，《金文编》收入附录。从文俊主编《中国书法全集·春秋战国金文卷》隶定作"□"②。张亚初《殷周金文集成引得》隶定作"𧆨"③，其将"□"字之"□"释为"盧"，改作左右结构，乃高见，但将"□"隶作"串"，夺去了上"华"下"手"，似有缺憾。

甲骨文"卢"字作"□"（《甲》二九〇二）、"□"（《京》四三六六）、"□"（《粹》一〇九）等形。《甲骨文字典》释曰："从□从□火，或从□（□）从□，或径

① 容庚：《商周彝器通考》，上海人民出版社 2008 年版，第 275 页。
② 丛文俊主编：《中国书法全集·春秋战国金文卷》，荣宝斋出版社 1997 年版，第 282 页。
③ 张亚初编著：《殷周金文集成引得》，中华书局 2001 年版，第 97 页。

作□、□、□。□表猛兽之革，用以覆盖顶者；□表室内之火塘；□、□象炉身及款足之形。穴居时代，一室之内，中置炉火，昼则围炉而食，夜则围炉而卧。故甲骨文卢实为炉之初文。”其释卢为炉之初文，至确，但说“□”为猛兽之皮革，用以覆盖屋顶者，恐欠妥。甲骨文“卢”是一个形声字，“□”乃声符，“□”“□”乃形符。郭沫若释此字曰：“案此乃炉之初文，下象炉形，上从虍声也。”①于省吾《甲骨文字释林》《殷契骈枝续编》也有同论。

金文“卢”字作“□”“□”（《金文编》第340页），仍是下象炉形，上从虎声。“□”字炉形“□”与甲骨文相同，又加“□”符，使其成为一个难解的疑难之字。

“□”也是一个以“□”为声符，以“□”为形符的形声字。“□”即盧字。“□”字横看为“□”。“□”是“□”（华）字之省，古花字作华。此华与卢组字，是芦苇之花。沿海沼泽湿地多芦苇，秋末冬初，盐工们收割芦苇，作为来年春天煮盐之用。“□”表示放在煮盐灶室上的陶釜或铜釜。“□”是手形。“□”字是用芦苇煮盐的生动写照，携带着其在沿海的地舆信息。“□”字可写作左右结构，隶定作“□”，读作卢。

铭文“□”是国族之名，“侯”是爵称，□国是一个以沿海煮盐为文化内涵的诸侯国。

《□侯簠》是□国诸侯为女儿出嫁所作的媵器。两周之时，男子称其氏，女子称其姓。其女名叔姬，叔是排行，姬是姓。可知□侯姓姬，是周朝王族，此□国与长清的齐国姜姓卢地有别。

《左传·隐公元年》载，郑庄公之母请庄公将其弟共叔段封于制地时，庄公不许，曰：“制，岩邑也，虢叔死焉，佗邑唯命。”杜预注：“虢叔，东虢君也。恃制岩邑险而不修德，郑灭之。恐段复然，故开以佗邑。虢国，今荥阳县。”

两周之时，王室在东莱沿海的姬姓封国只有一个，就是东虢君虢叔的子国过国。

□为姬姓侯国，建于过国□地，当与过国同属虢叔的东虢家族。□国的爵位与东虢相同，当是河南荥阳的东虢灭后，迁居于此。□国即东虢的延续。

容庚《商周彝器通考》将《□侯簠》铭文“叔姬”和“寺男”释为两人名，所见甚是。“寺男”是叔姬之夫，“寺”是国名，“男”是爵位。

寺国之名又写作“邿”。《山东通志》说寺为任姓国，其国在今济宁市南五十里。《左传·襄公十三年》载，公元前560年夏天，寺国发生内乱，一分为三，鲁国以救援为名出兵，轻而易举地夺取了寺国，寺国成为鲁国的附庸。

1995年，山东大学考古系在长清县城东南五峰山仙人台，发现寺国王室贵族墓

---

① 郭沫若：《郭沫若全集·考古编·第三卷》，科学出版社2002年版，第389页。

地，发掘墓葬6座，出土鼎、簋、盘、编钟、兵器、车马器等青铜器200多件，还有许多玉器、陶器和海贝。① 寺国王族墓地的发现，证实寺国的一支在今长清。

寺国传世的青铜器很多，年代从西周晚期到春秋时期。在西周晚期和春秋晚期的铜器铭文中，寺国无爵位，而在春秋早期的《邿伯作孟姜善鼎》（《集成》5. 2601）、《寺艏鼎》（《集成》4. 2422）等铜器中，国君则称为“寺伯”。可知寺国在春秋早期最为兴盛，被封为伯爵诸侯国，而其公子也被封为男爵。鬳侯之女叔姬出嫁在寺国昌盛之时，而其时的鬳国也在昌盛时期。

《鬳侯簠》是鬳国历史的见证。《鬳侯簠》的发现，说明春秋之际，还有一个以煮盐而著称的鬳国。

1997年，丛文俊在主编《中国书法全集·春秋战国金文卷》时，将《鬳侯簠》收编入内，他据此器铭文“永、用等字势多方折推断，其国似在东方”②。

二

今莱州市沙河镇、土山镇一带有一些以卢为名的地名、国名，它们是商周以来此地产盐形成的文化遗产。

殷卜辞：“于来辛，王廼田卢，亡𢦏。”（《甲》五三二）这是身在来国辛地的纣王乃到卢地或卢国田猎的记载。此来国、辛地、卢地、卢国都在东莱沿海一带，辛地当是今平度市西北的新河镇，卢地即今莱州市沙河镇路旺。而殷卜辞“……于过欠”（《佚》九五〇），或是殷时过国盐业生产某年歉收的记载。

2008年，山东省文物考古研究所、北京大学考古文博学院、寿光市博物馆对寿光双王城商周至宋元时期的盐业遗址进行发掘，发现卤水井、盐灶、储卤及制盐作坊遗存，并发现了大量煮盐用的陶盔形器，搞清了古代尤其是商周时期渤海南岸地区制盐的制作工艺。“当时制盐的原料为浓度很高的地下卤水。从卤井内取出卤水后经卤水沟流入沉淀池过滤、沉淀，卤水在这里得到初步蒸发、净化，再流入蒸发池内风吹日晒，形成高浓度的卤水。在这个过程中，部分碳酸镁钙析出，卤水得到纯化。盐工们将制好的卤水放入盐灶两侧的储卤坑。在椭圆形和长方（条）形灶室上搭设网状架子，在网口内铺垫草拌泥，其上放置盔形器。在工作时间内点火，往盔形器内添加卤水，卤水通过加热蒸发后，再不断向盔形器内添加卤水。煮盐过程中还要除去撇刮出来的碳酸钙、硫酸钙、碳酸镁等杂质。盐块满至盔形器口沿时，停火。待盐块冷却后，

---

① 山东大学考古系：《山东长清县仙人台周代墓地》，《考古》1998年第9期。

② 丛文俊主编：《中国书法全集·春秋战国金文卷》，荣宝斋出版社1997年版，第282页。

打碎盔形器，取出盐块。最后将生产垃圾（盔形器、烧土、草木灰）倾倒在一侧。”①

寿光双王城盐业遗址达30多平方千米。盐灶、盐池和灶棚保存完好。据考古人员测量和计算，一个盐灶可以放置150—200个盔形器，每个盔形器至少能容2.5—3.5千克盐，每个作坊区一次举火可获上千斤盐。商周时期，仅双王城一带每年可产盐4万至5万斤。寿光双王城盐业遗址被评为2008年“全国十大考古新发现”之一。

“根据考古人员的多年调查，在渤海南岸地区至少存在着10个像双王城这样的盐业遗址群。”②今沙河镇路旺之地是其中之一。

渤海南岸以卢为名的盐业遗址，是在胶莱河的东岸，而不是在胶莱河的西岸。

今莱州市沙河镇一带，是一个岳石文化、商周文化遗址的密集区。这里有数处以卢为名的地名。史载汉高祖时置东莱郡，辖夜、曲成、当利、平度、卢乡等十七县。卢乡县即汉代在故卢国之乡所设的县。

《平度县志》载：“卢乡故城在今三堤乡（按：今属灰埠镇）城子村，平度故城在今新河、灰埠以北。当时的平度县境，在今之新河、灰埠和掖县之海仓、土山一带。”所载与发现的史料不符。

传世的《晋徐文惠墓志铭》，长方似小碑，圆头有界格，隶书五行，每行十二字，曰：“元康八年（298）十月庚午朔廿六日，晋故东莱卢乡新乐里徐君，讳文惠，年九十七，不禄薨，其子其丑，卜吉改葬，西去旧墓七有一，郡国治卅有五，西南去县治七。”（图4-55）据马子云《碑帖鉴定》载，此墓志为1925年山东掖县（今莱州）出土，曾归柯昌泗，今藏北京故宫博物院。

图4-55 《晋徐文惠墓志铭》拓片

《晋徐文惠墓志铭》出土于掖县，铭文所载的“郡国治”即掖县城。《晋书》载，西晋太康初年，东莱郡改封为东莱国，封齐献王司马攸子司马蕤为东莱王，治所在掖县。

《晋徐文惠墓志铭》记载了卢乡县的地理位置，也道出了卢国所在，具有重要的历史、地理学价值。按其所载，墓距掖县城三十五里，距西南卢乡县城七里。魏晋时，一

① 山东博物馆编著：《考古山东》，青岛出版社2013年版，第53页。

② 山东博物馆编者：《考古山东》，青岛出版社2013年版，第52页。

里相当于现在的0.7里,按此查考,墓葬当在今莱州市夏邱镇白沙村,卢乡县城当在今莱州市夏邱镇路响村附近。这里距沙河镇路旺约8千米,原是䲡国之乡。第三次全国文物普查发现,路响村有汉晋墓群188100平方米,白沙村有汉晋墓群96500平方米,知其在汉晋时皆为人口密集区。《莱州市地名志》曰:"明洪武二年(1369),张姓由四川迁此立村,此地碎石较多,行路带响,故名路响。"看来《莱州市地名志》所言不实,路响当是卢乡之误。而白沙村在西晋时名叫新乐里。

卢乡县在《汉书》《后汉书》《晋书》《隋书》《旧唐书》等典籍中皆有记载,晋属东莱国,隋属东莱郡,唐贞观元年(627)废,县城并于掖县,西南部并于昌阳。

西汉初年置的平度县城,在今莱州市土山镇境内,今灰埠镇和城子村在西汉时均属平度县。王莽时,改平度为利卢县,利卢也与䲡国产盐有关。

《水经注》"胶水"条下曰:"又北过当利县西北,入于海。县,故王莽更名之为东莱亭也。又北经平度县。汉武帝元朔二年,封菑川懿王子刘衍为侯国,王莽更名之曰利卢也。县有土山,胶水北历土山,注入海。海南,土山以北,悉盐坑相承,修煮不辍,北眺巨海,杳冥无极,天际两分,白黑方别,所谓溟海者也。"《掖乘》也曰:"土山之下,白盐堆雪,黑烟浮空。"这些都是对当年煮卤制盐的写照。

《掖县志》载,土山之巅,古有鲁王庙。唐高祖子灵夔封于鲁。相传鲁王卒后,褒封为海神,故掖人立庙祀之。《旧唐书》卷六十四载有灵夔传,并无封为海神之事,鲁王或是卢王之误。

今沙河镇路旺侯家、路旺孙家、路旺戴家、路旺原家等村名之"路旺",清乾隆《掖县志》写作"卢旺"。卢旺是卢火兴旺、卢国兴旺的意思。卢旺当是故䲡国之地。汉初,当利县城设在路旺侯家村西南,并设有盐官。商周以来,这里以产盐而富甲一方。

三

汉高祖时置的当利县,是此地盐业生产经营管理的中心。

当利故城在今莱州市沙河镇路旺侯家村西南约500米处。这里地处胶莱河入海处东岸,西北距海5千米,南距大沙河2.5千米,珍珠河从其村东流过,至西北珍珠乡大李家村西北入海。这里属沿海平原,土地肥沃,俗有"好地在当利"之说。

当利故城坐落在一块隆起1米多的高台地上。1957年文物普查时,发现有东西城壕。遗址周长约2千米,面积45000平方米,汉代文化层厚0.8—1.5米。遗址未经发掘,采集到的铜器有铜印、铜狗、铜铺首、铜镜片等;货币有五铢钱、货泉、货布、大布黄千等；铁器有釜、铁权、匕首、镢、铁铲等；陶器有瓮、壶、扁壶、盒、豆等残件；砖有长方、正方、弧形和子母口等；瓦当有筒瓦、板瓦和圆形、半圆形瓦，有的载有文字。

铁釜口径66厘米，腹深40厘米，壁厚2.6厘米。口沿处铸有便于搬动的双环耳。这件大铁釜，是官方制作的制盐大牢盆。① 汉武帝时，将盐、铁、酒三业由民营改为官营。当利县设有盐官。盐的生产由官府委托商人包办，煮盐工具由官署专供，并课以重税。《史记·平准书》载，大司农上盐铁丞孔仅、咸阳言，"愿募民自给费，因官器作煮盐，官与牢盆"②。此铁釜即所谓的"牢盆"，是当利县经营管理盐业生产的物证。

当利故城遗址采集的铜印，有"臣间人""赵间人""婕妤"数枚，还有"君宜侯王"瓦当，这些都是当利县在东汉时被封为侯国的见证。

1983年，在当利故城遗址北500米处，出土战国时期的齐刀币窖藏，共1000余枚。数量如此大的齐刀币出土，说明了此地在战国之时商品经济的繁荣。当地人称齐刀币出土的地方为"草堰下""草堰上"。"草堰上"原是一块高台地，长、宽大约都有300米，这里可能是鄘国城址所在。高广仁先生在《说"丘"——城的起源一议》中说："我于60年代初期由殷墟转至山东从事考古。多年田野调查的经验使我们能够判断：在一马平川的原野上，如果远远望见高于平地的漫坡或阜丘，十之八九为遗址，又以龙山文化遗址和商代遗址为多。""从居丘发展为台城，则是以社会的巨变为主要背景的。""台城是一种最原始的城址，它的大小受制于其台地的面积，而且从台顶堆垛起来的防御墙体又必然不能太高，这些局限性就使台城日益不适应野蛮时代愈演愈烈的无度掠夺，不适应文明之初各文明小实体之间相互侵伐的军事与政治的需要，于是挖槽夯基与版筑的垣城便应运而生、而盛，并逐渐代替和排挤了台城。不迟于商代，如郑州商城、偃师商城所示，垣城已成为最主要的城建形式。而台城只可能作为次一等级的城邑残存着。"③高广仁先生所论，可提升我们对一些高台地遗址性质的认识。笔者和莱州市博物馆的工作人员，在此采集到新石器时期的陶片，知此地还有很多未知的历史。

1992年，当利故城遗址被列为省级重点文物保护单位。2011年，全国第三次文物普查，发现有岳石文化遗迹，遂将当利故城定为夏至汉代文化遗址。

---

① 林仙庭、崔天勇：《山东半岛出土的几件古盐业用器》，《考古》1992年第12期。

② 〔西汉〕司马迁：《史记》卷三十，中华书局1959年版，第1429页。

③ 高广仁：《说"丘"——城的起源一议》，《海岱区先秦考古论集》，科学出版社2000年版，第172～176页。

图4－56　莱州新发现的清代《㠱侯簋》拓片

20世纪80年代初，莱州人刘振升向莱州市博物馆捐赠了一些清代莱州书法家翟云升与陈介祺的信札，其中有两张清代《㠱侯簋》拓片，其中一张左边破损，另一张完好（图4－56），盖有印章。拓片铭文与《㠱侯簋》铭文（《集成》9.4561）（图4－54）相同。此器出土后可能先被翟云升收藏，后转给陈介祺，而翟云升保存了陈介祺为其拓制的两张拓片。这两张拓片是《㠱侯簋》出土于莱州和㠱国在今莱州的一佐证。

另外，清代莱州西关收藏家宋启福是道光皇帝御前侍卫宋尹东之兄。据《四续掖县志》记载，宋启福家中曾收藏一件汉武帝巡幸东莱时所刻的《白麟歌刻石》。因闹匪患，怕遭不测，被宋启福沉埋于院子井中。今据宋启福后人讲，与刻石一同沉于井中的，还有一件青铜器《毛公鼎》。考《毛公鼎》只有一器，1843年出土于陕西岐山县，现藏于台北故宫博物院，金文“㠱”字有点像“毛”，此器可能是《㠱侯鼎》，既埋于井中，当有出世之日。

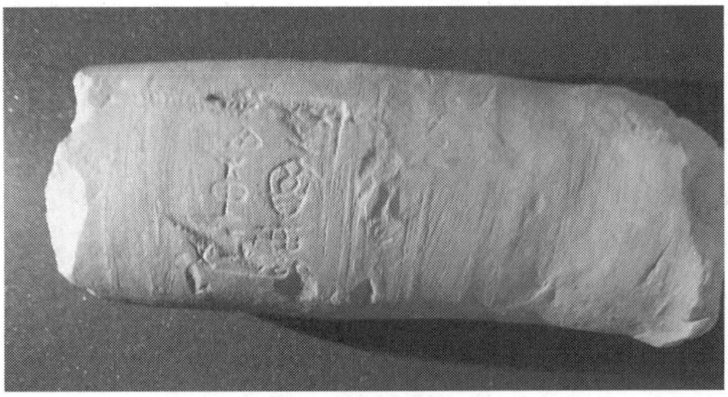

图4－57　莱州采集的战国陶豆残柱铭文

2014 年 8 月，柞村镇温广明在莱州城南关建筑工地采集到一件战国陶豆残柱，高 13.5 厘米，周长 17 厘米，印文六字："楚食乡（飧），卢里□。"（图 4－57）有学者将末尾残字释为"宴"。此印文"卢"字乃《䰜侯簋》"䰜"字之省。"卢里"即卢国乡里，是为䰜国在今莱州的又一佐证。

四

在当利故城东南 4 千米处，有一个名为国家的村庄。国家村 350 户，大部分姓国。

第二次和第三次全国文物普查，在国家村东高台地发现有夏、商、周文化遗址。遗址南北长 250 米，东西宽 140 米，总面积 35000 平方米。遗址断崖文化层厚约 0.5—1.5 米，暴露有灰坑。遗址文化层和地表有大量陶片，可辨器物有罐、盆、鬲、鼎等。陶质有红褐夹砂和泥质灰两种，多是素面陶，纹饰较少，以细绳纹为主，呈现岳石文化、芝水二期、珍珠门二期和周代文化特征。

遗址坐落在大沙河南岸的一块高台地上。这块高台地在三代时当是一座城址。

1962 年，在国家村相邻的高疃村，出土齐刀币三抬筐，有三四千枚之多，说明此地在战国之时，商品经济非常繁荣。

齐宣公时（前 455—前 405），实行都邑之制，过国、䰜国、夜国皆被废黜，在夜国之地设立了夜邑。

䰜国既被废黜，其姬姓贵族有的以国名为氏，遂有莱州卢氏。

被誉为"中国核能之父"的卢鹤绂（1914.6.7—1997.2.13）及其家族，当是卢国的后裔。

医祖神医扁鹊其人其事新考①

中医是中国的国粹。战国神医扁鹊是中医之祖。《史记·扁鹊仓公列传》记载了扁鹊高尚的医德、高超的医术和其开创中华医学的突出贡献,谱写了中华医学的创建史。然司马迁对扁鹊的生平记载不详,后人对扁鹊的姓名、里籍、享年及其医学著作等,有许多疑惑。探讨这些问题,了解历史真相,有着非常重要的意义。

一、扁鹊姓名

《史记·扁鹊仓公列传》曰:"扁鹊者,勃海郡郑人也,姓秦氏,名越人。"②

《史记正义》释曰:"《黄帝八十一难·序》云:'秦越人与轩辕时扁鹊相类,仍号之为扁鹊。'"所释非也,黄帝之时,并无扁鹊之人,《黄帝内经》中载有岐伯、俞拊。《汉书·艺文志》载的良医,"太古有岐伯、俞拊,中世有扁鹊、秦和","汉兴有仓公"。《史记·扁鹊仓公列传》载,秦越人"为医或在齐,或在赵。在赵者名扁鹊"。可知,"扁鹊"是春秋战国时赵国称名医秦越人的专号。扁鹊卒后,其弟子将《难经》也冠以扁鹊之号,扁鹊之号载入医著。

图 4-58　汉画像石《扁鹊行医图》

扁鹊之号,义为医鹊和医疗喜讯。鹊者,喜鹊也,民俗以鹊噪为报喜。扁鹊是号,非姓氏。扁者,砭也。砭是古医针灸用的砭石,代表医生。扁鹊或是"砭鹊"音同之误。

《文物》1972 年第 6 期刊登的山东微山县两城山出土的东汉画像石内容分为三层,上层刻着一位人面鸟形之人正在为一人针灸治病,还有四人在候针;中层为病人拜谢神医;下层为神医与五位弟子出行,弟子皆为鸟首鸟尾。据刘敦愿先生考证,此半鸟

① 此文发表于《管子学刊》2019 年第 1 期。

② 〔西汉〕司马迁:《史记》卷一百五,中华书局 1959 年版,第 2785 页。

半人形的神医即名医扁鹊（图 4－58）。曲阜孔庙收藏的汉画像石《扁鹊行医图》，五只喜鹊立于一棵桑葚树上，扁鹊人首，鸟身，正在为一人针灸，其身旁还有一只小鹊当是扁鹊的弟子，可知民间已将扁鹊神化。

扁鹊姓秦氏。秦氏出自西周，有两大支，一支源于伯益嬴氏，一支源于鲁国姬姓。

史载，舜帝时，东夷首领伯益佐禹治水成功，舜帝赐姓嬴氏，由伯益长子大廉承袭。西周之时，大廉后裔非子为周孝王掌马有功，封于陇西秦邑为附庸国，称为秦嬴，秦氏由此而显。战国之时，秦灭六国，统一天下，建立了秦朝。

扁鹊之秦氏，当出自鲁国姬姓。西周初年，周公旦长子伯禽封于鲁，都曲阜。据《古今姓氏书辩证》记载，伯禽有裔孙食采于鲁国秦邑。《左传·庄公三十一年》："秋筑台于秦。"台类似于楼阁，是供眺望或游观用的高而平的建筑物。杜预注："东平范县西北有秦亭。"《中国历史地图集·春秋》标记秦邑在今范县东南，族人以食地之名为氏，遂有姬姓秦氏。西周初年，周文王同母弟虢叔封于今河南荥阳，国号东虢。东虢与秦氏皆姬姓王族，两地又近，西周中期扁鹊先祖到东虢为官成为东虢贵族。春秋早期，东虢被郑国所灭，东虢国君东迁至其子国胶东过国的纑（卢）地，建立了纑（卢）国，侯爵。扁鹊的先人随东虢君东迁，遂又成为纑（卢）国人。春秋晚期，扁鹊出生于纑（卢）国。扁鹊识字能文，是其出身于士大夫家族的印记，而扁鹊少时即为人舍长，足见其才能出众。

扁鹊姓秦，但名字不叫秦越人。

元代吴师道注《战国策·医扁鹊见秦武王》曰："《史》：'渤海郡郑人，姓秦氏，名越人。'徐广云：'郑'当为'鄚'。《正义》云：'又家于卢，号卢医。'按《周礼释文》引《史记》'姓秦，名少齐，越人'。今《史》无'少齐'字，恐《释文》为是，彼时所见本未缺也。越人，似非名字。"①吴师道所言是也。《经典释文》是唐代陆德明的撰著，可知唐以前的《史记·扁鹊仓公列传》原文作"姓秦氏，名少齐，越人"。唐以后脱"少齐"二字，变成"姓秦氏，名越人。"清《四库全书》收录《战国策》，采用了吴师道此注。

清乾隆四十八年（1783），梁玉绳撰《史记志疑》，也据《周礼释文》"姓秦名少齐越人"之载，指出："则今本脱'少齐'二字。"②。

古"齐"字通"剂"。从扁鹊为虢太子治病，先用针灸，后服药用"八减之齐（剂）"和阳庆授予淳于意的医学禁书《和齐（剂）汤法》的记载观之，扁鹊之名"少齐"，有少"剂"之意，是说扁鹊治病，以针灸为主，辅之以药。

诚如吴师道所言，"越人，似非名字"。"越人"是越国人的意思，但扁鹊不是越国

---

① 〔西汉〕刘向集录，范祥雍笺证：《战国策笺证（上册）》，上海古籍出版社 2006 年版，第 250 页。

② 〔清〕梁玉绳：《史记志疑》，中华书局 1981 年版，第 1366 页。

人。

《史记·越王勾践世家》载，越王勾践是禹帝苗裔，少康时帝封其庶子于浙江会稽，以存对禹帝的祭祀，传二十多代至越王勾践。鲁哀公元年（前494），越王勾践兴兵伐吴，被吴王夫差打败，勾践降吴称臣，后卧薪尝胆，发奋图强，终于打败吴国，又以兵北渡淮河，与齐、晋诸侯会盟于徐州。周元王时（前476—前469），赐勾践伯爵，为诸侯，越遂称霸于江、淮。《路史·国名纪四》云勾践图霸，曾徙都于琅邪，曰："琅邪，汉县，故城在密之诸城东。句（勾）践图霸徙此，起观台山上，徙三万户于下。"《汉书·地理志》琅邪县下也注曰："越王句（勾）践尝治此，起馆台。有四时祠。"然琅琊不属渤海，与扁鹊自称的"言臣齐勃海秦越人也"不合。

此"越人"当是"过人"之误。周铜器《趞卣》（《集成》10.5402）、《趞尊》（《集成》11.5992）过字作""，这是一个容易被误为"越"字的文字。黄山书社出版的《精编金石大字典》就将""字释为"越"。[①] 金文越国之越作"戉"，并不从走，或是司马迁作《史记》时，就将此字释错，致有后世之误。

扁鹊姓秦，名少齐，当是历史之真实。

二、扁鹊里籍

扁鹊是何地人氏，文献记载不一，今也多有争议。

《史记·扁鹊仓公列传》："扁鹊者，勃海郡郑人也。"勃海郡是汉高祖时所设，辖今山东西北部和河北东南部，治所在今沧州东南浮阳。汉代以前，没有渤海郡。汉时，勃海郡也无郑县。郑是春秋时的小国，在今河南省新郑一带。汉代，与勃海郡相邻的涿郡有鄚州。《史记集解》引晋人徐广曰："郑当为鄚。鄚，县名，今属河间。"《史记索隐》也曰："勃海无郑县，当作鄚县，音莫，今属河间。"鄚为春秋时的赵邑，古城在今河北任丘市鄚州镇，扁鹊为赵简子看病，得赐田四万亩，即此地。《史记·扁鹊仓公列传》曰，扁鹊为医，或在齐，或在赵。在赵者名扁鹊。可知，赵国鄚邑是扁鹊的寄居之地，并不是扁鹊的故乡，《史记集解》和《史记索隐》认为"郑"当为"鄚"是误解。

《管子学刊》1992年曾刊载何爱华《中国医学奠基者齐国医家秦越人》一文。文章称："据《陈璋圆壶》《陈璋方壶》铭文及古陶文、陶玺[孙敬明《齐陶新探（附益都藏陶）》]等出土文物证明，'郑'即为齐国临淄附近的'郑阳'。"但《陈璋圆壶》铭文"奠易陈得"之"奠易"与安阳是一地，在莒县。孙敬明《齐陶新探（附益都藏陶）》一文所

① 忠周编纂：《精编金石大字典》，黄山书社1988年版，第782页。

载的"郷鄙大陶里郑"(《季》四二．一)和"蒦阳(阳邑)南里人郑"(《季》五四．一二),是私营陶器铭文八种形式之二:"某鄙某邑某"和之四:"某邑某里人某","郑"是人名,不是地名。在齐国陶文中,与陈得有关的地名有四,即"平陵"(《季》八〇．一)、"痯都"(《益》一七)、"闾门外"(《陈簠斋手拓古印集》一．一五．三)、郑阳(《铁云藏陶》六九．四)。孙敬明先生曰:"平陵当即东平陵,汉为东平陵县,在今济南东75里,位于章丘县龙山镇之东北。痯都在齐城东南境。闾门即《左传·襄公十八年》与《左传·哀公十四年》所载齐城之'雍门'。郑阳在齐东境,本莒地也。"①

齐刀币中有"安阳之法化"。孙敬明先生又曰:"'安阳'本莒地也,《后汉书·方术列传·赵彦》载:'莒有五阳之地。'注云:'城阳、南武阳、开阳、阳都、安阳,并近莒。'"②是知,安平、安阳、郑阳、安陵、平陵并非一地,安平在齐都临淄东十九里,齐(田)襄王封田单安平君即此。安阳、郑阳都在今莒县,安陵在今胶州,平陵在今章丘。

《陈璋圆壶》之"奠"字,学者多读为"郑"。春秋时,虽然郑国国名金文写作"奠",但战国之时或加"𩫏"(郭)旁,或加"邑"旁已与"奠"(diàn)字相区别。《陈璋圆壶》为战国时期的文字,并无郭旁或邑旁,"奠阳"非"郑阳","奠"字应读为diàn,"奠"与"安"字音义相近,"奠阳"即"安阳"。《后汉书》载的莒有五阳之地,有"安阳"而无"奠阳",可证"奠阳"即"安阳",其地在莒县,与扁鹊的里籍勃海卢国无涉。

笔者注意到,扁鹊在为虢(过)太子治病时,自称:"言臣齐勃海秦越人也。"扁鹊说的里籍勃海之下无"郡"字,勃海是"海",不是"郡"。可知,《史记》"勃海郡郑人也"之载,有两个失误,一是将勃海当成"郡",二是将扁鹊说成郑国人,这可能是因为扁鹊的先祖为官的东虢被郑国兼并了,才造成的误传。

西汉时扬雄称扁鹊为卢国人。唐初杨玄操著《黄帝八十一难经注》称《难经》是"渤海秦越人"所作,越人"又家于卢国,因命之曰卢医"。杨玄操说的卢国在渤海,渤海是海,不是"郡",与扁鹊自称的里籍相合。今学者多认为扁鹊是卢国人,但卢国在哪里,又有许多不同的见解。

春秋时,在今济南市长清区西南二十五里,有一齐邑曰卢。南宋罗泌《路史·国名纪六》说,黄帝之时长清有一名神医俞跗和扁鹊先后居住的卢国,但这只是传说,不足为据。《左传·隐公三年》:"齐、郑盟于石门,寻卢之盟也。"杜预注:"卢盟在春秋前。卢,齐地,今济北卢县故城。"《通志·氏族略·以邑为氏》:"卢氏,姜姓,齐太公之后也。齐文公之子高,高之孙傒,食采于卢,今齐州卢城是也,因邑为氏。"

---

① 孙敬明:《从陶文看战国时期齐都近郊之制陶手工业》,《考古发现与齐史类征》,齐鲁书社2006年版,第38页。

② 孙敬明:《刀币蠡测》,《考古发现与齐史类征》,齐鲁书社2006年版,第301页。

《山东通史》以扁鹊为长清人。曰:“扁鹊,姓秦,名越人,齐国勃海卢(今山东长清)人。”①然长清的卢邑是地名,不是国名,非扁鹊之卢国。长清距渤海 200 多千米,不靠渤海,汉代也不属勃海郡,以长清为扁鹊故乡,与扁鹊自称的里籍也不符。

扁鹊为虢(过)太子治病时,请中庶子转告虢(过)君说:“言臣齐勃海秦越人也,家在于郑,未尝得望精光侍谒于前也。闻太子不幸而死,臣能生之。”所言有几点需要注意:第一,汉代以前无勃海郡,扁鹊所言的勃海是海,不是郡。扁鹊的故家是在齐国的沿渤海一带。“家在于郑”之“郑”字,当是“卢”字之误。“郑”是兼并了扁鹊先祖为官的东虢之后的郑国;“卢”是被郑国兼并之后东迁之东虢,是扁鹊的出生之地。第二,扁鹊自称是虢(过)君的臣民,则扁鹊又是虢(过)国人,而且虢(过)也属于齐国。这一切皆因为扁鹊的先祖在东虢为官,而虢(过)国是东虢的子国。第三,“家在于郑(卢),未尝得望精光侍谒于前也”一语,是说这些年扁鹊迁居到鄚邑,因此没有前来拜谒和侍奉虢君。可知,扁鹊家乡渤海卢国,是在虢(过)国的沿渤海一带。

今考,扁鹊家乡渤海之卢国,在今莱州市沙河镇路旺一带。

沙河镇地处莱州市西南,距莱州市区 20 千米,北为渤海南岸,西与土山镇为邻,南与平度市灰埠镇、长乐镇接壤。

沙河之地历史悠久。沙河镇东北部有石埠村古生物化石遗址、当利夏朝至汉代遗址、林家汉代遗址。北部有小周庄村夏、商遗址,大幸台村东周遗址。南部有黑羊山古生物化石和商、周遗址,国家村夏、商、周遗址,前邱家村东周遗址。与其相邻的土山镇,是过国初建之地,镇内有中杨村新石器时期和东周遗址,沙埠庄子村商周遗址,海仓村商周遗址。沙河镇东南 10 千米便是平度市东岳石村岳石文化遗址。

沙河镇及其附近有诸多以卢为名的地名。沙河镇的路旺侯家、路旺王家、路旺孙家、路旺戴家等村,《掖县志》记载又作“卢旺”。《汉书·地理志》载,西汉初年,置东莱郡,辖夜、平度、卢乡、当利、曲成等十七县,1925 年掖县出土的《晋徐文惠墓志铭》(图 4-55)载,徐文惠是东莱郡卢乡县新乐里人,其新迁之墓距东莱郡治所掖县三十五里(合 12.25 千米),距卢乡县治所七里(合 2.45 千米)。卢乡原是卢国之乡,西汉设立卢乡县。卢乡县在今莱州市夏邱镇路响村附近,距今沙河镇卢旺约 8 千米,可知卢国在卢旺。

扁鹊家乡渤海之卢,当出自煮卤制盐之炉。

甲骨文卢字作“”(《京》四三六六)、“”(《粹》一〇九)等形。郭沫若释曰:“此乃炉之初文,下象炉形,上从虎声也。”②

① 安作璋主编:《山东通史·先秦卷》,山东人民出版社 1993 年版,第 667 页。

② 郭沫若:《郭沫若全集·考古编·第三卷》,科学出版社 2002 年版,第 389 页。

考古发现说明，商代时，东莱沿海的盐业生产已具很大规模。其时，沿海之地，打井取卤，垒土为炉，煮卤制盐，产生了以卢为名的地名。殷卜辞："于来辛，王回田卢，亡𢦏"(《甲》五三二)，即身在来国辛地的纣王到卢地田猎的记载。此来国辛地、卢地，当都在东莱沿海，辛地当在今平度市西北的新河镇，距莱州市沙河镇约 15 千米。

《𪉈侯簠》是一件春秋早期的青铜器，铭文曰："𪉈侯乍(作)叔姬寺男賸(媵)簠，子子孙孙，永宝用享。"(《集成》9.4561)(图 4－54)

𪉈是国名，写作""，《集成引得》隶定作"𪉈"。""字从""从""，""即盧字，今简化作卢，声符；""即形符，是煮盐之"卢"。""字横看为""，""是炉灶上并排的两个煮盐陶器；""乃""(华)字之省，古华、花用同，此华是芦苇之花，沿海多沼泽湿地，长满了芦苇，秋末冬初，盐工收割芦苇，以备来年春天用作煮盐烧柴；""是手形；""字是煮卤制盐的生动写照，当隶定作"𪉈"。

1997 年，丛文俊将此器收编于《中国书法全集·春秋战国金文卷》，他据铭文永、用等字势多方折推断，其国似在东方。①

《𪉈侯簠》虽失出土地的记载，但"𪉈"字说明，这是一个地处沿海，以煮卤制盐称著的国家。两周至秦、汉时，胶莱河西北的沿海地区，虽有盐业生产，却无以卢为地名的文化传承。"𪉈"国当在胶莱河东岸的今莱州沙河镇境内的路旺一带。

《𪉈侯簠》是𪉈国国君为女叔姬出嫁作的媵器。铭文说明，𪉈是姬姓侯国，𪉈侯是周朝王族，与过国的东虢郛氏家族同宗，但𪉈国国君称侯，爵位比过国的伯爵还高。

《𪉈侯簠》作于春秋早期，是𪉈国历史的见证。公元前 767 年，河南荥阳的东虢被郑国所灭，国君由河南荥阳东迁至其子国过国以产盐而富甲一方的𪉈地，建立了𪉈国，沿用了东虢的封爵。

20 世纪 80 年代初，莱州人刘振升向莱州市博物馆捐赠的两张清代《𪉈侯簠》拓片(图 4－56)和 2014 年在莱州城南关建筑工地采集的战国陶豆残柱铭文"楚食乡(飨)，卢里□"(图 4－57)都是卢国在莱州的例证。

《汉书·地理志》"东莱郡"条下载，西汉初年在路旺设的当利县，有盐官，是这一带盐业生产经营管理中心。1957 年，路旺当利故城遗址出土的一件西汉双耳铁釜，口径 66 厘米，腹深 40 厘米，壁厚 2.6 厘米，是官方制作的专供盐农使用的制盐牢盆，是此地盐业生产历史的见证，载于《考古》1992 年第 12 期《山东半岛出土的几件古盐业用器》。

春秋战国之时，过国之都在今招远市东曲城，虽然已是齐国的附庸，但国未灭，东

---

① 丛文俊主编：《中国书法全集·春秋战国金文卷》，荣宝斋出版社 1997 年版，第 282 页。

虢家族仍是此地的主宰，故扁鹊既称自己是齐人，又称自己是虢(过)君的臣民。

扁鹊的恩师长桑君，也是过国人。《史记·扁鹊仓公列传》："舍客长桑君过。"《史记正义》注曰："过音戈。"过字读音有四，过字用作动词，读作 guò；过字用作名词，读作 guō；过字用在动词之后，读作 guo；过字通祸，读作 huò。《左传·襄公四年》载有寒浞"处浇于过，处豷于戈"，遂有过、戈一国之说。过作为国名，与戈皆读平声。《史记正义》注"过"字读"戈"，是说"过"是国名，舍客长桑君是过国人。沙河路旺地处过国与齐国之间的交通要道，扁鹊少时为舍长，或在于此。而长桑君行医走访天下，常经此地，也就不难理解。在司马迁的笔下，长桑君被神化，《史记索隐》也注长桑君"隐者，盖神人"。长桑君用药提升了扁鹊的感官机能，又将医学禁书悉授扁鹊，使扁鹊成为一位民间传颂的神医。扁鹊为赵简子看病，得赐田四万亩，因此徙居任丘。数十年后，扁鹊回过国寻访恩师不遇，却医活了虢太子，创造了千古医学奇迹。

史载秦始皇、汉武帝屡次到东莱寻求长生不死之药，秦皇、汉武所为，并非空穴来风。东莱是神医扁鹊的故乡，可能有被称为"神仙"的医学、养生学世外高人，而在莱州南部的黄山、鹰山之上确实有仙草灵芝和丹参等中草药。

三、扁鹊享年

扁鹊的生卒年不详，我们只能根据《史记》的记载，了解其大概。

扁鹊"少时为人舍长"。"少时"是指从十二岁到十五岁，由童年到青年时期的过渡阶段。古代男子二十岁行加冠礼，成为成年人。

扁鹊为赵简子看病，是年代最早的一个病例。《史记·扁鹊仓公列传》说："当晋昭公时。"《史记·赵世家》将其记在"晋顷公之十二年，六卿以法诛公族祁氏、羊舌氏……""后十三年，鲁贼臣阳虎来奔，赵简子受贿，厚遇之"事后，"后二年，晋定公之十四年，范、中行作乱"事前。晋顷公十二年后的十三年和晋定公十四年前的二年之前，都是晋定公十一年。《史记正义》注曰："赵简子疾在定公之十一年"，即公元前 501 年。然从赵简子装病的阴谋来看，赵简子之病当在晋定公十一年后。

春秋之时，国家之间发动战争，或大臣篡权，常常借助"天帝"之口，说成是"天帝"的意志。而其时，有一种巫药巫术，可使人昏迷七日而不死。于是，在醒来之后，便可诉说上帝授意的事情。秦穆公时，与晋修好，娶了晋国女子为夫人。后来，秦穆公要反目，对晋发动战争，就上演了七日不省人事，醒后大言晋国要大乱，上帝令他伐晋的闹剧。赵简子之病，正是当年秦穆公装病的故伎重演，了解巫医巫术的扁鹊，一眼就看出了赵简子五日不省的病之所在，他说赵简子无病，不出三日必然醒来，醒来后必有话说。两天半后，赵简子果然醒来，他对诸大夫说，这些天他被天帝请去游玩，他的儿子也在天帝身旁。天帝命他射死了一熊一罴，赐给他两个竹笥和一只翟犬，要他将来传给他的儿子。天帝告诉他，晋国将一代比一代衰落，再传七代灭亡。秦国在范魁的西边击败周人，但他们不会占据那个地方。在《史记·赵世家》中，专门有一段文字解说天帝之意：赵、魏、韩三分晋室，赵要先行。熊、罴是范昭子和中行文子的先祖魂灵，杀死熊、罴，是天帝要他灭掉范、中二卿。帝赐二笥，是要他灭掉代国和知伯，取其领地。翟犬是代之先祖，赐予赵简子之子赵襄子，是说将来赵襄子拥有其地。范魁之西，即今河南范县西，秦国在此击败周之卫国但不占据，这里正是赵简子谋求的立足之地。此是赵简子分晋室、立赵国的宏图谋略。赵简子装病醒来，将他的谋略说成是天帝的授意。当大夫董安于将扁鹊所言告诉赵简子时，想必赵简子会非常震惊，他不会想到天下竟有人能够洞察其内心的秘密。他以扁鹊为神人，赐给扁鹊田四万亩，即使是周制的小亩百步，四万亩也不是一个小数。然晋定公十一年（前 501）时，并未拥有河北鄚州之地，也就不可能将鄚州之田赐给扁鹊。史载，晋定公十五年（前 497），赵简子始入住晋阳。孔子因此记曰："秋，晋赵鞅（简子）入于晋阳以叛。"晋定公二十一年（前 491），赵简子战胜范氏、中行氏，得河北邯郸、柏人之地，奠定了赵国基础。"赵名晋卿，实专晋权，奉邑侔于诸侯。"①鄚州归赵，当随其后。赵简子装病，实为取范氏、中行氏之地而造舆论。由此看来，扁鹊为赵简子看病，当在晋定公二十一年，公元前 491 年。此时，扁鹊可能是二十岁至二十五岁。

扁鹊为赵简子看病，得赐田四万亩，从此移居鄚州。史载，晋出公十七年（前 458），赵简子卒，其子赵襄子立。赵简子卒后，扁鹊回过国的可能性较大。因此，扁鹊为虢太子治病，可能在齐宣公时。

齐宣公公元前 455—前 405 年在位。《史记·田敬仲完世家》载，齐宣公时，田襄子为齐相，专齐权。齐宣公三年（前 453），三晋杀知伯，分其地。"襄子使其兄弟宗人尽为齐都邑大夫，与三晋通使，且以有齐国。"②可知，齐国废黜诸侯，设五都七十二邑，在齐宣公初年。过国是西周王族姬姓东虢公的封国，春秋时被齐灵公兼并，成为齐之附庸。齐宣公时实行都邑之制，设立夜邑，则过国被废黜。如此重大的变故，对于过国的东虢贵族来说，无疑又是一场灾难，虢太子或因此而患尸厥之症。若如此，扁鹊医活虢太子当在齐宣公初年。

齐桓侯讳疾忌医是《扁鹊仓公列传》记载的第三个病例。司马迁未采用《韩非子》卷七记载的蔡桓公，可能是因为蔡桓公卒后 200 多年才发生了扁鹊为赵简子看病

---

① 〔西汉〕司马迁：《史记》卷四十三，中华书局 1959 年版，第 1786～1792 页。

② 〔西汉〕司马迁：《史记》卷四十六，中华书局 1959 年版，第 1885 页。

之事。《史记集解》云，齐桓侯即齐侯田和之子桓公午。梁玉绳《史记志疑》曰："然赵简子卒时至桓公午立，凡九十三年，何（扁）鹊之寿耶？《文选·养生论》李善注言《史记》自为舛错。余疑即赵桓子。"①所言是也。《史记·赵世家》载，赵襄子卒，赵浣立，是为献公。襄子弟桓子逐献公，自立于代，一年卒。国人曰桓子立非襄子意，乃共杀其子而复迎立献侯。赵桓子在位只有一年，《战国纪年表》载为公元前424年，此时扁鹊九十多岁。

《扁鹊仓公列传》载，扁鹊被秦国太医令李醯所杀。《战国策》卷四载有"医扁鹊见秦武王"篇。文曰："医扁鹊见秦武王，武王示之病，扁鹊请除。左右曰：'君之病在耳之前，目之下。除之，未必已也。将使耳不聪，目不明。'君以告扁鹊。扁鹊怒而投其石：'君与知之者谋之，而与不知者败之。使知秦国之政也，则君一举而亡国矣。'"吴师道云："简子在晋昭、顷、定公时，周景王、敬王之世也。秦武王元年当赧王五年，相去二百余年，名字必差。"黄式三云："按扁鹊，黄帝时之医，后之善医者，遂以扁鹊为号。《史记》云：'扁鹊治赵简子病。赵简子卒于（周）元王元年丙寅，距此一百六十余年，则非一人明矣。"②战国说客皆以预言兴衰为能事，但扁鹊是医不是说客。"怒而投其石"也不是扁鹊之医风。秦武王在位四年（前310—前307），此时的扁鹊当为二百余岁，吴师道、黄式三言此人与扁鹊"则非一人"是也。

河南汤阴县东南十五里，有土岗名伏道岗。相传扁鹊被害于此，今墓、祠尚在，有元、明、清碑刻。陕西西安市临潼区东北三十里南陈村，相传扁鹊被害于此，就地掩埋。在山东历城、长清、朝城，河北内丘，河南开封，山西永济等地也都有扁鹊墓或祠，然这些墓、祠多系为纪念扁鹊而立，其中当有扁鹊弟子墓葬。

从《史记》对于扁鹊里籍和卒年的记载之误来看，司马迁笔下的扁鹊，有些出自传闻。所谓的扁鹊，在传说中是一个由扁鹊和其弟子共同组成的医疗团队。曲阜汉魏碑刻陈列馆收藏的汉代扁鹊画像石，扁鹊与其弟子身上皆有鸟翼，便是明证。

被秦武王太医李醯杀害的扁鹊，当是扁鹊的弟子。文献记载的扁鹊弟子有七人，扁鹊卒后，其弟子行医，民间也以扁鹊称之。如此，扁鹊的卒年并非在秦武王时。

于是，我们得出司马迁记载的扁鹊行医的大体时间，始于晋定公二十一年（前491），终于赵桓子元年（前424），共计67年，但这并不等于扁鹊行医的实际年数。

扁鹊是一位医学家、养生学家，长寿是必然的。《史记·齐太公世家》载，齐太公吕尚在世百有余年。房立中主编的《姜太公年谱》载齐太公吕尚享年139岁。唐代的医学家孙思邈也活了140多岁。晋元康八年（298）刊的《晋徐文惠墓志铭》载，徐文

① 〔清〕梁玉绳：《史记志疑》，中华书局1981年版，第1368页。

② 〔西汉〕刘向集录，范祥雍笺证：《战国策笺证》，上海古籍出版社2006年版，第250页。

惠享年九十七年又十月二十六日。徐文惠是东莱郡卢乡县新乐里人，可谓是扁鹊同乡的后人，此地人长寿，由此可见一斑。

《鹖冠子·世贤篇》有“魏文侯问扁鹊”①的记载。魏文侯为战国初期人，公元前445年至公元前396年在位，与赵简子之子赵襄子、赵简子之孙赵献侯及齐国齐宣公同时。其事若在魏文侯执政的中期，则扁鹊已是百岁高龄。我们以扁鹊为春秋晚期和战国早期人，当不致谬误。

四、虢太子即过太子

扁鹊医活虢太子，是千百年来脍炙人口的医学案例，却因虢国不明而生疑。

《史记正义》注：“陕州城，古虢国。又陕州河北县东北下阳故城，古虢，即晋献公灭者。又洛州汜水县古东虢国。而未知扁鹊过何者，盖虢至此并灭也。”

《史记集解》注：“傅玄曰：‘虢是晋献公时，先是百二十余年灭矣，是时焉得有虢？’”

《史记索隐》注：“案，傅玄云‘虢是晋献所灭，先此百二十余年，此时焉得有虢？’则此云‘虢太子’，非也。然案虢后改称郭，春秋有郭公，盖郭之太子也。”

刘向《说苑》改“虢”为“赵”。然《史记》所载“其后扁鹊过虢”，是从赵国来到虢国，显然“虢”非“赵”。虢君所言：“窃闻高义之日久矣，然未尝得拜于前也。先生过小国，幸而举之，偏国寡臣幸甚。”说明虢君与扁鹊并不相识，虢又是偏僻小国，这些皆与赵国不符。

史载，西周至春秋，曾有数个虢国。东虢是周文王亲兄弟虢叔的封国，地在今河南荥阳东北，公元前767年被郑国所灭。西虢是周文王异母弟虢仲的封国，地在今陕西宝鸡县。西虢的一支在西周时就东迁平陆，在黄河北岸，称为北虢。公元前770年，西虢宗室随周平王东迁至黄河南岸，称为南虢。西虢有一小宗仍留在原地，称为小虢。公元前687年，小虢灭于秦。公元前655年，北虢和南虢都灭于晋。五虢离扁鹊为赵简子治病最少也有一百五十年，显然，这五虢皆非扁鹊为虢太子治病的虢国。于是，《山东通史》将“虢太子”改为“赵太子”②，是不知东虢有一支封于胶东之过国也。

此虢太子乃过太子。过国是胶东古国，建于龙山文化早期，在今莱州土山境内，夏朝时迁都于今莱州城区。殷铜器《亚过爵》（《集成》13.7815）载，纣王东扩，过国被

---

① 〔清〕梁玉绳：《史记志疑》，中华书局1981年版，第1367页。

② 安作璋主编：《山东通史·先秦卷》，山东人民出版社1993年版，第667页。

征服,做了殷纣的姻亲国。武王克商,过未臣服于周,于周初迁都至今招远市东曲城。周铜器《趞卣》《趞尊》载,成王时,过国被虢叔之孙趞率领的王师征伐,过国易主,成为东虢的食采之地,后封为诸侯国,国名未改,仍称过国。春秋之时,过国被齐国兼并,成为齐之附庸,或因过君是姬姓王族,又是齐之姻亲国,国未灭,仍存其对先祖的奉祀。过国是东虢的子国,故《史记》又称为虢国。过国在偏远的胶东半岛,虢君对扁鹊所言的“小国”和“偏国寡臣”,并非只是谦辞。

传说虢太子病愈之后,为报答扁鹊的救命之恩,立志从扁鹊学医,为天下人治病。他策马七天七夜,来到任丘寺沟村外的一棵又高又大的银杏树下。天气炎热,虢太子又饥又饿,再也走不动了。忽然,白马昂首长嘶,扬蹄刨土,一股清泉涌了出来。这泉水甘甜,取而复来,人们称这泉叫“马刨泉”,称这坑叫“流不满”。为纪念这位感恩图报的虢太子,元代至元年间,在这里兴建了“且停寺”,又名“楚云寺”。“且停寺”依山而建,规模宏大,气势雄伟。山门前,子云桥飞架在且停山和白云山之间。如今,“且停寺”的碑石、石狮、基石犹存。“马刨泉”和“流不满”的遗址仍在,子云桥更是保存完好。那棵为虢太子遮阴的银杏树,是河北省的银杏之王,见证了两千多年的人间沧桑,虽然它于1997年老枯倒塌,却又奇迹般地老根生芽,长出新枝。扁鹊的弟子,除了《史记》记载的子阳、子豹外,在《韩诗外传》中还载有子容、子明、子仪、子越、子游。这位子越(过)或就是虢(过)太子。

五、扁鹊医学与《黄帝内经》《难经》

《黄帝内经》是最早的医学经典,但未署名,《史记》的记载说明,《黄帝内经》《难经》当都是出自扁鹊秦少齐(越人)的医学撰著。

1.《黄帝内经》虽未署名,但《难经》旧题为秦越人撰著

《史记·扁鹊仓公列传》载,黄帝、扁鹊脉书在汉以前是作为秘籍禁书藏于本门弟子手中。汉初,临淄人元里公乘阳庆传授给太仓长淳于意。汉文帝时,淳于意因不愿做齐王御医而隐居他乡,触犯了法律,被发送到长安。其小女缇萦上书,愿为官婢,为父赎罪,感动了汉文帝。文帝赦免了淳于意,诏问淳于意所师何人,所学何书,所医何病,所授何徒,淳于意上书,一一如实回答。于是,黄帝、扁鹊脉书传入官府,存于书府。

汉武帝时,设太史,建书府,广求天下书。太史司马迁秉承父志,据书府史料,作《史记·扁鹊仓公列传》。司马迁称仓公所受医书为“黄帝、扁鹊脉书”,黄帝乃假托之名,扁鹊实指秦越人也。

汉成帝时，藏书有失，再求遗书于天下，命光禄大夫刘向校经传诸子诗赋，太医监李国柱校方技，著为《七略》，共著录一万三千二百六十九卷图书，黄帝、扁鹊脉书载入《方技略》中。

王莽末年，书府被焚，但黄帝、扁鹊脉书未绝。光武中兴，重视文化。明帝、章帝尤重经书，天下献书，充积书府。校书郎班固按《七略》书部作《汉书·艺文志》，载有《黄帝内经》十八卷，《外经》三十七卷；《扁鹊内经》九卷，《外经》十二卷。可知《黄帝内经》《外经》、《扁鹊内经》《外经》出自《七略》，当是汉成帝时太医监李国柱校方技，将黄帝、扁鹊脉书改为《黄帝内经》《外经》、《扁鹊内经》《外经》，《内经》《外经》相当于现在的上册、下册。黄帝和扁鹊《内经》《外经》即司马迁时所说的黄帝、扁鹊脉书，《黄帝内经》《外经》、《扁鹊内经》《外经》都是扁鹊的医著。今本《黄帝内经》已非原作，是后人阐发补充的产物。

东汉张仲景著《伤寒论》，他在自序中说引用了《素问》《九卷》《八十一难》。魏晋时，王叔和依据《八十一难》著《脉经》。隋朝时，时人将《八十一难》改名为《黄帝八十一难》，说明了《八十一难》与《黄帝内经》的关系，载入《隋书·经籍志》。唐初，杨玄操撰《难经注·序》，认定："《黄帝八十一难经》者，斯乃渤海秦越人所作也。越人受桑君之秘术，遂洞明医道，至能彻视府藏，刳肠剔心。以其与轩辕时扁鹊相类，乃号之为扁鹊。又家于卢国，因名之曰卢医。"①杨玄操之论得到了官方的肯定和学界的赞同。《旧唐书·经籍志》《新唐书·艺文志》皆载《黄帝八十一难》为秦越人撰著。元朝滑寿撰《难经本义》也持此见。明代时，张世贤撰《校正图注难经脉决》，署名为"卢国秦越人述，四明张世贤注"。清代将《难经本义》和《校正图注难经脉决》收编于《四库全书》。《难经》既然是扁鹊之作，那么，《汉书·艺文志》所载的《扁鹊内经》《外经》即《难经》的原名。当代学者认为《难经》系《扁鹊内经》《外经》的合成本。

2.《黄帝内经》是阳庆授予太仓公淳于意的扁鹊禁书

《史记·扁鹊仓公列传》载："太仓公者，齐太仓长，临淄人也，姓淳于氏，名意。"他答朝廷所问曰："意少时，喜医药，医药方试之多不验者。至高后八年，得见师临淄元里公乘阳庆。庆年七十余，意得见事之。谓意曰：'尽去而方书，非是也。庆有古先道遗传黄帝、扁鹊之脉书，五色诊病，知人生死，决嫌疑，定可治，及药论书，甚精。我家给富，心爱公，欲尽以我禁方书悉教公。'臣意即曰：'幸甚，非意所敢望也。'臣意即避席再拜谒，受其脉书上下经、五色诊、奇咳术、揆度阴阳外变、药论、石神、接阴阳禁书，受读解验之，可一年所。明岁即验之，有验，然尚未精也。要事之三年所，即尝已

① 牛兵占译注：《难经译注》，中医古籍出版社2004年版，第13页。

为人治，诊病决死生，有验，精良。今庆已死十年所，臣意年尽三年，年三十九岁也。"①由淳于意授徒所教，知阳庆授予淳于意的禁书还有《五脏之诊》《脉高下》《奇络结》《论俞所居》《气当上下出入邪逆顺》《定砭炙处》《案法逆顺》《论药法》《定五味》《和齐汤法》《经脉上》《经脉下》《四时应阴阳重》等共二十四种。

所谓的黄帝脉书，虽言上古黄帝时事，并冠以黄帝之名，并非黄帝时所作，托名而已。春秋战国之时，诸子百家立说，为中华医学的发展创造了条件。史载长桑君进出胶东十多年，到处游学调查，最后将其脉学禁书悉授扁鹊，黄帝脉书当是扁鹊据长桑君所授禁书而作。脉书冠以扁鹊之名，秦越人（少齐）不会自称扁鹊，说明书当出自其弟子之手，时在扁鹊卒后的战国后期。

战国到汉初，扁鹊秦越人（少齐）的脉书作为禁书只在本门弟子中世代相传。阳庆授予淳于意黄帝、扁鹊脉书时，就要求淳于意将原来所学的故方全部抛弃，否则不能将禁方传他。黄帝脉书和扁鹊脉书一同在扁鹊弟子中传承，说明黄帝脉书和扁鹊脉书都是扁鹊秦越人（少齐）所著，否则不会在扁鹊秦越人（少齐）弟子中并传。

3.《史记·扁鹊仓公列传》记载的医案与《黄帝内经》所论相合

扁鹊医活虢太子是医案中最为详细的一个。扁鹊来到虢国，正值虢太子死。扁鹊问喜好医方的中庶子，太子死于何时、何病？中庶子告诉扁鹊，太子死于黎明，已近半日，是暴厥而亡。精于医道的扁鹊告诉中庶子，太子未死也，若不信，可闻其耳有鸣鼻有涨，两股至阴部有温度。中庶子验之，果然如此。中庶子急忙告诉虢国国君，虢君急忙出迎扁鹊。扁鹊对虢君说太子之病曰："若太子病，所谓'尸厥'者也。夫以阳入阴中，动胃缠缘，中经维络，别下于三焦、膀胱，是以阳脉下遂，阴脉上争，会气闭而不通，阴上而阳内行，下内鼓而不起，上外绝而不为使，上有绝阳之络，下有破阴之纽，破阳绝阴，色废脉乱，故形静如死状。太子未死也。夫以阳入阴支兰藏者生，以阴入阳支兰藏者死。凡此数事，皆五脏厥中之时暴作也。"②他使弟子子阳针太子的三阳五会，太子苏醒过来；又使子豹施以五分热敷，以八减之齐（剂）熨太子两肋之下，太子坐了起来；继而用药汤调理阴阳，太子服药二旬而康复。

"尸厥"之名，见于《素问·缪刺论》。《素问》又称其为"厥证"，散见于《黄帝内经》四十余篇。《素问·厥论》曰："黄帝问：'有的厥证使人腹部胀满，有的使人突然不知人事，或至半日或至一日方醒，这是为什么？'岐伯答曰：'下部的阴气充盛于上，下部就空虚，下部气虚则水谷不化而致腹部胀满；阳气偏盛于上，则下部的阴气也并

---

① 〔西汉〕司马迁：《史记》卷一百五，中华书局1959年版，第2795～2796页。
② 〔西汉〕司马迁：《史记》卷一百五，中华书局1959年版，第2790～2791页。

聚于上，而致邪气逆乱，逆乱则扰乱阳气，阳气逆乱就不省人事了。'"①《素问·通评虚实论》指出，突然厥逆，不知人事，都是因为情绪激动，逆气上迫所致。② 但厥证不是死证，或者半日，或者一日会苏醒过来，故扁鹊对虢君说，太子未死也。太子病逾，于是，人们说扁鹊能起死回生。扁鹊说："越人非能生死人也，此自当生者，越人能使之起耳。"③而扁鹊不需切脉、望色、听声、写形，就知病之所在，人之死生，不能不说是神医也。

《史记正义》引用《黄帝内经》十七例、《难经》十二例为《史记·扁鹊仓公列传》作注，说明《史记·扁鹊仓公列传》与《黄帝内经》《难经》互成印证，是属于同一医学理论体系。

4.《史记·扁鹊仓公列传》对扁鹊与巫医鬼神观念彻底决裂的记载，与《黄帝内经·素问》相合

商、周之时，崇尚鬼神，有巫无医。春秋时，秦国始以医和、医缓为职业医生。"但他们尚未完全与鬼神观念决裂。从文献记录可以说，扁鹊对鬼神致病的传统观念已予完全否定。"④

《史记·扁鹊仓公列传》载："使圣人预知微，能使良医得蚤从事，则疾可已，身可活也。人之所病，病疾多；而医之所病，病道少。故病有六不治：骄恣不论于理，一不治也；轻身重财，二不治也；衣食不能适，三不治也；阴阳并，藏气不定，四不治也；形羸不能服药，五不治也；信巫不信医，六不治也。有此一者，则重难治也。"⑤这"六不治"与《黄帝内经·素问·五脏别论》所说的"拘于鬼神者，不可与言至德，恶于针石者，不可与言至巧，病不许治者，病必不治，治之无功矣"⑥，都是对巫医鬼神致病论的彻底否定。这在先秦的巫医时代，有此科学唯物思想，敢于反巫而立医的人，只有扁鹊。可知，《黄帝内经·素问·五脏别论》此论，出自扁鹊。这是《黄帝内经》为扁鹊所著的又一力证。李经纬先生在其《中医史》中将扁鹊和《黄帝内经》并论，他说："中医学在扁鹊、《内经》之后，再也没有出现过鬼神观念统治医坛的情形，使中医学始终沿着唯物的道路向前发展着。"⑦

5. 司马迁认为，《黄帝内经》、扁鹊医书都是秦越人（少齐）的撰著，秦越人（少

---

① 姚春鹏译注：《黄帝内经》，中华书局2010年版，第381页。

② 姚春鹏译注：《黄帝内经》，中华书局2010年版，第263页。

③ 〔西汉〕司马迁：《史记》卷一百五，中华书局1959年版，第2792页。

④ 李经纬：《中医史》，海南出版社2007年版，第39页。

⑤ 〔西汉〕司马迁：《史记》卷一百五，中华书局1959年版，第2793～2794页。

⑥ 姚春鹏译注：《黄帝内经》，中华书局2010年版，第113页。

⑦ 李经纬：《中医史》，海南出版社2007年版，第40页。

齐)是中华医学的创始人,“至今天下言脉者,由扁鹊也”。在《太史公自序》中,他又说:“扁鹊言医,为方者宗,守数精明;后世循序,不能易也,而仓公可谓近之矣。”①

《史记·扁鹊仓公列传》是中华医学的重要文献,也是中医史的开山之作。文献记载了从长桑君到扁鹊秦越人(少齐),从元里公乘阳庆到太仓公淳于意等齐医学派对中华医学的创立和发展所作的突出贡献,启示了从春秋战国到秦汉之时长达五百余年的中医学创建发展史。

6. 天回老官山汉墓出土的医简是扁鹊医著,是《黄帝内经》的本原

成都天回镇老官山汉墓是2013年中国文物考古六大新发现之一,《考古》2014年第7期,发表了其考古发掘简报,《文物》2017年第12期发表了其医简整理研究简报。成都文物考古研究院、成都中医药大学、中国中医科学院中国医史文献研究所的专家们对天回镇老官山三号汉墓出土的951支医简和一尊制作精良的人体经穴漆人,进行了长达四年多的整理研究,认为医简的字体有篆有隶,非出自一时一人。其主体部分抄录于西汉吕后至文帝时期,与仓公行医授学的时间相当。墓主人当是仓公弟子,卒葬于汉景帝或汉武帝之时。②

这批医简的珍贵之处,是多次记载了“敝昔曰”三字。成都中医药大学国学院院长、中医古籍文献研究所所长李继明等人认为,“敝昔”是“扁鹊”的通假字。③ 荆州文物保护中心研究员武家璧认为,“敝昔”是“鷩鹊”的省写,意为“头戴鷩冕的雉鸡”,这一形象见于山东出土的汉画像石《扁鹊行医图》。汉代的“郎中”或“侍中”戴此冠冕,医乃王官之一,故也戴此冠。④ 两人的说解虽有不同,但都认为“敝昔”即“扁鹊”。“敝昔”虽是“扁鹊”,但将“敝昔”释为“扁鹊”的通假字,或将“敝昔”释为“鷩鹊”的省写,都欠准确,因为“敝”与“扁”字不通假,“鹊”是汉以后的后出字,其时尚无“鹊”字,说“昔”是“鹊”字的省写,也不成立。“敝昔”实为“鷩鹊”的本字。地域不同,称呼也不同也。“鷩鹊”是齐国人对秦少齐的称谓,“扁鹊”是赵国人对秦少齐的称谓。而为秦少齐封官加冕的不会是讳疾忌医的赵桓子,而应是感谢救活太子的虢(过)国国君。“敝昔”二字是医简身份的标志,说明医简是扁鹊及其弟子的医著,是中医学和中

---

① 〔西汉〕司马迁:《史记》卷一百三十,中华书局1959年版,第3316页。

② 中国中医科学院中国医史文献研究所、成都文物考古研究院、荆州文物保护中心:《四川成都天回汉墓医简整理简报》,《文物》2017年第12期。柳长华、顾漫、周琦、刘阳、罗琼:《四川成都天回汉墓医简的命名与学术源流考》,《文物》2017年第12期。

③ 梁繁荣、王毅主编:《揭秘敝昔遗书与漆人——老官山汉墓医学文物文献初识》,四川科学技术出版社2016年版,第57页。

④ 柳长华、顾漫、周琦、刘阳、罗琼:《四川成都天回汉墓医简的命名与学术源流考》,《文物》2017年第12期。

医史的珍贵资料。

天回老官山三号汉墓出土的扁鹊医简，除681号载有《逆顺五色脉臧验精神》之名外，其他皆无题名。中国中医科学院中国医史文献研究所教授柳长华等人将扁鹊医简归于五种，定名为《脉书·上经》《脉书·下经》《治六十病和齐汤法》《刺数》《逆顺五色脉臧验精神》。①

《脉书·上经》言人与天气相通，内容以五色脉诊为核心，专论对疾病的诊断，包括脉诊、色诊以及通过症状体征来判断疾病，亦即《难经》所论的"望、闻、问、切"四诊。

《脉书·下经》言病之变化归转，内容以经脉病候为核心，分为四部分。第一部分，辨风、痹、蹶、痿、水、肤胀、狐、疝、伤中、女子病、瘕、瘅、金伤、马尤诸病之变化；第二部分，辨十二经脉循行及病候；第三部分，论"相脉之过"及三阴三阳脉死候；第四部分，辨足大阳络、足阳明支脉和间别脉的循行及病候等。

《治六十病和齐汤法》的内容以方剂为核心，围绕与病症相关的病因、病机、病候特点、预后等进行论述，包括风、痹、疝、内瘅、消渴、伤中、金伤、女子瘕、婴儿痫等内、外、妇、儿、五官、骨伤等各科疾病，共计106首方，其中大多为复方，涉及用药197种，基本涵盖了《汉书·艺文志》所载的"经方十一家"的范围。

《刺数》是一篇关于针刺治法的专论。该篇首论"脉刺""分刺""刺水"诸刺法之不同，并论察脉诊病之法，阐述"刺数"之义；其次论及风、痓、水、单、颠疾、疝、痿、蹶、狂、肤胀、肘、咳上气等病的刺法，共40条，多与《史记》记载的仓公针法相合。

《逆顺五色脉臧验精神》名字与《扁鹊仓公列传》所载的《逆顺》《五色》相合，内容与《脉书·上经》有相承关系，包括五色诊脉、表里逆顺、五脏虚实、脉藏配属及石、犮法之运用，明显地体现出具有辩证思维的脏腑辨证、病因辨证、八纲辨证等方法，奠定了中医最为核心和最为重要的辨证方法。

扁鹊医简的五种医书现已识出共两万余字，是迄今为止所有出土医学文献中内容最为丰富、体系最为完整、最具理论及临床价值的文献。其望诊与脉诊、经络与循行、针灸与针法、方剂与配伍及疾病的论述等皆见于《黄帝内经》。

"天人相应"的思想是中医学最基本的原理，这一认识源自上古，而最先将其具体化、系统化，用以阐明人身的生理活动规律的是扁鹊。

简032载："·敝昔曰：人有九徼（窍），五臧（藏）十二节，皆鼂（朝）于气。"

简033载："肾通天为冬。"

① 柳长华、顾漫、周琦、刘阳、罗琼：《四川成都天回汉墓医简的命名与学术源流考》，《文物》2017年第12期。

简035载:“肝通天为春。”

简042载:“肺通天为秋。”

简022载:“金之通天气为天府。”

简050载:“五色甬(通)天。脉之出入,与五色相应也,猷(犹)绷(响)之应声也,犹京(景)象刑(形)也。”

《素问·生气通天论》曰:“天地之间,六合之内,其气九州、九窍、五藏、十二节,皆通乎天气。”《素问·病能论》曰:“《上经》者,言气之通天也。”在《灵枢·邪客》中,对人体结构与自然的关系有更为详细的阐述。可知,《素问》《灵枢》所论,源自扁鹊医著。

《脉书》是扁鹊医学的主要内容,《脉书》之名,出自《史记·扁鹊仓公列传》阳庆“传黄帝、扁鹊脉书”于仓公。黄帝是传说时代的人物,其时并无文字与著作,“黄帝脉书”显系托名之作。司马迁论曰“至今天下言脉者,由扁鹊也”,而不是黄帝。今学者李伯聪也认为:“扁鹊在学术上的最大贡献是脉学的创立。”①他将“黄帝、扁鹊脉书”定为“战国时期扁鹊学派的著作”,而与“黄帝”无涉。② 天回老官山汉墓出土的扁鹊医简说明,脉法是由扁鹊创立的,这在中医史上是划时代的大事。

扁鹊医简论述了呼吸与脉动的关系、脉动与疾病的关系。

简683载:“人一息脉二勭(动)曰平。人一息脉三勭(动)曰参擅,参擅者夺精。”

简684载:“人一息脉四勭(动)(曰)澶,澶者夺血。人一息脉一勭(动)曰少气。”

简686载:“人一息脉六勭(动)曰重,重者死。人三息脉一勭(动)曰争,争者夺血。”

简687载:“人再息脉一勭(动)曰离澶,离澶者夺□。”“□脉一勭(动)曰绝,不至者死。”

简708载:“人四息脉一勭(动)曰僬,僬者死。人一息脉五勭(动)曰暴,暴者夺精死。”

《难经·十四难》与之相合,其曰:“至之脉,一呼再至曰平,三至曰离经,四至曰夺精,五至曰死,六至曰命绝,三呼一至曰死,四呼一至曰命绝。此损之脉也。至脉从下上,损脉从上下也。”

《素问·平人气象论》曰:“人一呼脉一动,一吸脉一动,曰少气。人一呼脉三动,

---

① 柳长华、顾漫、周琦、刘阳、罗琼:《四川成都天回汉墓医简的命名与学术源流考》,《文物》2017年第12期。

② 柳长华、顾漫、周琦、刘阳、罗琼:《四川成都天回汉墓医简的命名与学术源流考》,《文物》2017年第12期。

一吸脉三动而躁，尺热曰病温，尺不热脉滑曰病风，脉涩曰痹。人一呼脉四动以上曰死，脉绝不至曰死，乍疏乍数曰死。"《素问》之论有继承，有阐发。

据柳长华教授考证，今本《素问》中引述古医经三十多处，其中书名见于《史记·扁鹊仓公列传》者，有《上经》、《下经》、《揆度》、《奇恒》（即《奇咳》）、《五色》、《脉变》（即《外变》）、《阴阳》七种，不见于《仓公传》的《比类》《从容》《明堂》《终始》等，似为仓公以后晚出之书。也就是说今本《素问》引述的三十多处古医经，皆是扁鹊医派的论著。"而这批古医经同样构成了《素问》的内核，是其传述之经、问对之本、成书之基。"①新发现的天回老官山扁鹊医简的一些内容也见于《内经·素问》。"天回医简《上经》'五色脉诊'的内容，为《素问》之《五藏生成篇》《脉要精微论》《平人气象论》《玉机真藏论》等篇所引述和阐发；《下经》论'凡风者百病之长也'及诸风病变的内容，到《素问》中则演绎成《风论》一篇，此皆'传训诂'之明证。"②

藏象与经络是中医用以阐明人体结构和生理病理变化的基本理论依据，今本《黄帝内经》中有详尽的论述。但以前出土的马王堆汉墓帛书、张家山汉简医学文献，只载有十脉或十一脉系统，其经脉名称、循行及论述方法都与今本《黄帝内经》差异很大，因此今本《黄帝内经》的来源一直不明。天回老官山出土的扁鹊医简和标有经络腧穴的漆人模型表明，其对藏府经络的认识已经非常系统，医简记载的十二经脉系统名称、循行、主病等都与今本《灵枢》的记载基本一致，只是内容更为简略，"这些内容无疑是今本《内经》的主要来源之一"③。

天回老官山出土的扁鹊医简告诉我们，战国之时扁鹊的医书皆是单篇别行，且大都未有题名。西汉高后四年（前184），阳庆授予仓公的《脉书》已有了篇名，司马迁总称其为"黄帝扁鹊脉书"。汉成帝时，太医监李国柱校方技，将"黄帝、扁鹊脉书"改为《黄帝内经》《外经》、《扁鹊内经》《外经》，载入《七略》之中。东汉，校书郎班固按《七略》书部作《汉书·艺文志》，将《黄帝内经》十八卷、《外经》三十七卷、《扁鹊内经》九卷、《外经》二十卷载入其中。可知，《黄帝内经》《外经》与《扁鹊内经》《外经》，即《史记》所载的"黄帝、扁鹊脉书"。而今，天回老官山汉墓出土的扁鹊医简应是《黄帝内经》原本的主体，今本《黄帝内经》已非原本，是后人的汇集阐发之作。

学界以往认为，中医理论体系的建立是以《素问》《灵枢》的成书为标志，中医临

---

① 柳长华、顾漫、周琦、刘阳、罗琼：《四川成都天回汉墓医简的命名与学术源流考》，《文物》2017年第12期。

② 柳长华、顾漫、周琦、刘阳、罗琼：《四川成都天回汉墓医简的命名与学术源流考》，《文物》2017年第12期。

③ 梁繁荣、王毅主编：《揭秘敝昔遗书与漆人——老官山汉墓医学文物文献初识》，四川科学技术出版社2016年版，第71页。

床辨证体系的确立是以东汉张仲景著的《伤寒论》的成书为标志，天回老官山扁鹊医简的出土对这一认识提出了严重质疑。出土的文献说明，中医的理论体系和临床辨证体系在战国时期已经形成，其创始人是神医扁鹊秦少齐①。文献记载的扁鹊七位弟子及阳庆、仓公、张仲景、王叔和都应是扁鹊医学的传人。

成都老官山汉墓出土的扁鹊医简《六十病方》上载有“废丘”“济北”“都昌”三个地名，学者认为，“废丘”在陕西兴平，“济北”和“都昌”都在山东，“都昌”即今之昌邑。② 昌邑距今莱州市沙河镇约39千米。而“废丘”或是“营丘”的别称。“营丘”在今山东昌乐东南，西周初年齐太公封国之处。齐国后迁都临淄。春秋时，“营丘”废，改称缘陵。西汉初年，置营陵县，也曰营丘县，属北海郡。营丘和昌邑今都在潍坊市，两地相距约50千米。史载，战国、秦汉之时，扁鹊脉书曾在临淄元里公乘阳庆和太仓公淳于意手中传承，临淄距营丘不远，故“废丘”为“营丘”的可能性较大。若如此，《六十病方》当成于战国，而抄于汉初。

---

① 梁繁荣、王毅主编：《揭秘敝昔遗书与漆人——老官山汉墓医学文物文献初识》，四川科学技术出版社2016年版，第3页。

② 梁繁荣、王毅主编：《揭秘敝昔遗书与漆人——老官山汉墓医学文物文献初识》，四川科学技术出版社2016年版，第172～175页。

过史概要

以往的国史方志对于莱州先秦的历史是如下记载的。

载入《四库全书》的《山东通志》“莱州府”条下曰：“莱州府（本东莱地，齐侯迁莱子于郳，在国之东，故称东莱）禹贡青州之域，古莱夷地，殷时为莱侯国，周春秋为莱子、介、州诸国。战国属齐，秦为齐郡东境，汉为东莱郡。”又“掖县”条下曰：“周春秋时为莱子国，后属齐，秦为齐郡，汉置掖县。”

重刊明万历《莱州府志》之莱州历史沿革曰：“禹贡青州之域，古莱夷地，春秋时为莱、潍、介、州诸小国。莱在今黄县东南二十里，齐侯迁莱子于兒，在国之东，始称东莱。战国属齐，秦为齐郡东境，汉析置东莱郡，治掖县，隶青州。”又“掖县”条下曰：“夏寒浞封子浇为过国。汉置掖县，为东莱郡治。”

康熙《莱州府志》、乾隆《莱州府志》、乾隆《掖县志》以及1996年出版的《莱州市志》、2009年出版的《莱州历史文化丛书》等皆抄用旧说。

上述对于莱州先秦史的记载，出自魏晋以后学者之手，既无先秦文献为据，更无地下出土文献作证，因而并非莱州历史之真实。旧说存在四大错误：其一，将在益都东阳的莱侯国和在黄县的釐国混为一谈；其二，将今莱州误为春秋莱侯国和莱子国之地；其三，《山东通志》不知莱州有过国；其四，重刊明万历《莱州府志》虽然记载夏朝有过国，却将过国误为寒浞所建。

考古发现说明，过国形成于夏代以前，一直存在到战国时期。夏、商、周时，莱州既不属于莱侯国，也不属于莱子国，它一直都是过国之地。

一、过国文明的起源

《世本·氏姓篇》载，过国是任氏之国。《左传·僖公二十一年》载，任氏是太昊风姓的一支。太昊是东夷部落集团的首领，同中原部落集团的首领炎帝、黄帝一样，太昊不是某一人的专名，而是一个部落和历代部落首领的共称，代表着一个时代。

考古发现说明，东夷人的远祖是沂源猿人。他们与北京猿人相似，在距今约40

万年时，居住在泰沂山区的洞穴之中。渡过了漫长的蒙昧时代，在旧石器时期的中晚期，沂源猿人走出山洞，来到鲁南的沂、沭流域和汶、泗流域，在距今约 10000 年和 8000 年时创造了细石器时期的凤凰岭文化和新石器早期的后李文化。后李文化时，已有了半地穴式的住房，发明了农业和陶器。在距今 7500—6300 年时，创造了以磨制石器、骨器等为特征的北辛文化。在距今 6300—4600 年时创造了以彩陶为主要特征的大汶口文化。大汶口文化晚期，国家已经诞生。在距今 4600—4000 年时的龙山文化时期，国家的诞生进入了蓬勃发展的阶段。

考古发现说明，太昊太阳部落初居在今泰安大汶口、邹县野店、江苏邳县大墩子一带。在大汶口文化早期，太昊太阳部落发明了原始的太阳回归年太阳历和东夷最早的图像文字，开创了东夷文明之源。

三面环海的胶东半岛，是猿人生存的独特摇篮。蓬莱石门口发现的人的股骨化石和桂叶形打制石器，长岛发现的距今 30000 年以前的“长岛人”头骨，说明胶东之地在全新世早期，已经有人类居住。在距今 7000 多年前，胶东人创造了以烟台白石村一期为代表的胶东北辛文化。大约在距今 5700 年时，泰安大汶口太昊太阳部落的一支来到长岛，创造了绘有太阳八角芒形图像文字的北庄一期大汶口彩陶文化。在大汶口文化早期，半岛文化开始与山东内地文化融为一体。在距今约 4860 年时，胶东半岛进入了稳定的农业时代。

莱州地处胶东半岛西北部，胶莱河的东岸，是山东内地文化和胶东半岛文化交融的前沿地区。石埠溶洞古生物化石和古人类生存遗物的发现，说明莱州之地在距今十几万年或是几十万年以前可能已有人类居住。莱州的沿海平原地带和沙河、南阳河、苏郭河、王河等流域，是古人选择的聚居之地。到新石器时期，形成了土山中杨村、南十里蒜园子、莱州镇蒲家洼、金城海北嘴、西由东北、朱由路宿等聚落群，大约在距今 5000 年时，海浸退去，胶莱河水下降，为人们进出胶东提供了方便。这时，太昊太阳部落风姓任氏的一支，可能为寻找夏天的日出之地而来到胶莱河东岸的莱州土山一带，在渤海南岸的土山之上建立了观象授时的日坛。在距今约 4600 年的龙山文化早期，任氏创建了过国文明。

2014 年，在莱州城郊西坊北发现的莱州玉雕太阳神面图像，载有“过”和“壬”字，是任氏过国以太阳为图腾崇拜的标志，是其时过国在莱州城区的物证。莱州玉雕太阳神面图像文字与大汶口文化太阳八角芒形图像文字有着直接的文化传承关系，说明过国文明源于太昊太阳部落立杆测影、观象授时，与先秦文献《左传・僖公二十一年》记载的任是太昊风姓的一支和《世本・氏姓篇》记载的过是任姓之国相合。

过国以“过”为名，是渡过胶莱河水进出胶东之意。可知史前之时，今土山镇地名曰“过”。

二、夏代时的过国

过国形成的时代，大约相当于传说中的五帝时代早期。炎帝晚年被黄帝打败，失去了在中原的立足之地，炎帝族东迁至黄河下游的今临淄一带，后来创建了齐、莱、纪等姜姓古国。

尧、舜之时，洪水为患。舜帝命禹治水，命炎帝后裔东夷首领伯益佐之。禹与伯益治水十三年，引水入海，水患平息。禹因治水有功而有天下，在今日照两城镇建立了夏国。伯益因佐禹治水有功，舜帝赐以伯爵，在今莒县建立了吕国。禹帝时，以伯益为太岳，管理四方部落，并荐伯益为继承人。禹帝卒，禹之子启，不甘心为臣，联合友党，夺伯益之位，建立起夏朝父传子承的家天下，时在公元前2070年。

夏后启夺伯益之位，激起东夷族不满。启卒，传位于子太康。太康二年，居住在鲁北的有穷氏首领后羿率部族攻打太康，占领了夏都阳城。太康避居同姓国斟鄩，在今临朐西朱封一带。太康传位于弟仲康，仲康传位于太康之子帝相。帝相避居同姓国斟灌，斟灌又称斟戈，在今潍坊市区东南。

后羿代夏，终日射猎，将政事交给了大臣寒浞。寒浞是寒国国君伯明之子，寒国在今潍坊寒亭。寒浞为人奸诈，伯明弃之不用，后羿用为大臣。寒浞结党篡权，杀后羿，占其妻室，生了浇与豷二子。寒浞"处浇于过"，"处豷于戈"。过国在莱州土山，邻近寒国之都潍坊寒亭。《左传·哀公元年》载伍子胥劝吴王趁越国被打败之机灭掉越国时，有"今吴不如过，而越大于少康"之语，可知，寒浞处浇于过时，过国已经非常强大。戈即斟戈，是禹帝封的同姓国，在今潍坊市区东南。过国和斟戈都不是寒浞时才建的。寒浞"处浇于过""处豷于戈"，是占领了过国和戈国，扩大了寒国的疆域，建立起强大的后方，对其代夏起到了很大的支撑作用。

寒浞二子长大成人，寒浞使浇灭斟灌，杀帝相，伐斟鄩，夏朝统治中断。帝相之妻有缗氏有孕，逃回娘家有仍（今山东东平），生子少康。少康长大，夏朝旧臣有鬲氏伯靡率斟灌、斟鄩余部，杀寒浞，灭浇于过，灭豷于戈，恢复了夏朝政权，史称"少康中兴"。

羿浞代夏，大约四十年。其间，过国为寒浞所占，故典籍又称过国为猗姓之国。

土山之地乃胶莱河入海之处，地势低洼，易积水成涝。寒浞处浇于过，曾修河治水，留下了寒浞河之名。

寒浞"处浇于过"，过国被侵占，任氏国君沿海岸东迁，留下了今沙河大东庄等岳石文化遗迹。后来，过国国君迁至今莱州城区，建立了新的过国，制造了过国徽识——莱州玉雕太阳神面图像文字。土山的任氏之族，有的东迁，有的南徙。今莱州市沙河镇东部沿海和平度市大泽山镇淄阳河沿岸任氏居民的分布，是当年任氏迁徙的轨迹。

少康中兴，过国成为夏之属国。夏朝之时，过国创造了“岳石文化”。“岳石文化”是以平度东岳石村文化遗址而命名，上承龙山文化，下启商周文化，代表着距今4000—3600年的一个考古学时代。

三、商代时的过国

夏朝共计470年，传至夏桀时失德，被商汤所灭。公元前1600年，历史进入了商代。

商朝末年，帝乙、帝辛（纣王）为了占有东夷丰富的粮食、鱼盐和奴隶资源，连年征伐东夷，山东之地大都成为殷商的领地。

2014年，莱州城内东南隅赵家大院建筑工地发现一个骨料窖藏，其中一件载有“过”字，是商代时过国在今莱州城区的物证。

帝辛十五年征东夷，齐、来等国归殷，剑指胶东过国。殷卜辞记载，纣王从来国的辛地（在今平度市西北新河镇）到过国的卢地（在今莱州市沙河镇路旺）田猎探路。

帝辛十五年，殷纣的战车越过胶莱河，兵临过国城下。过君俯首称臣，并将公主嫁给纣王为妃，做了纣王的姻亲国。过君以此为荣耀，制作了铜器《亚过爵》，成为了这段历史的见证。

纣王好战、好色、好游，在过国这块富饶美丽的海滨之地建造了一处行宫，史家以河北沙丘平台的行宫称之，名曰“沙丘城”，载入《太平寰宇记》《齐乘》和重刊明万历《莱州府志》。

沙丘城在今平里店镇石姜村西南，与程郭镇交界。现存的沙丘城遗址，并非商代之古迹。从隋、唐时征高丽，到金、元时用兵，这里可能都是一处兵营。但此地既然流传沙丘城之名，说明纣王时筑的沙丘城就在此地附近。

沙丘城南的蝎山岭，或是当年纣王登高望远之处。汉武帝时，曾在蝎山岭上筑“三山亭”望海。蝎山岭上建有蝎山庙，新中国成立前，每年的六月初六，这里都要举办盛大的蝎山庙会，唱上几天大戏。民俗传承的，或也与商、周时的社祭有关。

纣王对东夷的连年征战，大伤了商朝的元气。他推行的暴政，激起了天下人的共愤。公元前1046年，周武王伐纣，会战牧野。纣王掠夺来的数万奴隶军倒戈，商军顷刻大败，纣王自焚于鹿台，仅仅一天的时间，统治了550多年的商王朝灭亡了，历史进入了周朝。

四、周朝时的过国

商人本是东夷玄鸟族的一支，薄姑是其祖源之地，鱼台、曲阜都曾经是前商的国都。商人征服了山东，齐、己（纪）归商，莱国、向国等成为商王朝的子姓国，胶东的过国则作了纣王的姻亲国。武王伐纣，并未触及商朝在东夷的势力。武王克商之后，存殷之祀，仍将纣王的儿子武庚封在殷地。为了防止武庚作乱，武王安排王族弟兄管叔、蔡叔、霍叔驻殷地监管，史称“三监”。武王返回周都镐京，分封诸侯，首封吕尚为齐侯，都营丘，封周公旦为鲁侯，都曲阜，齐、鲁共同镇守东夷，但周人统一天下的战争并未结束。

武王返回镐京，过了两年便去世了。武王的儿子姬诵继承了王位，是为成王。成王年少，周公旦摄政行使王权，管叔、蔡叔、霍叔于是合力反对。纣王之子武庚也趁机联合东夷的熊盈、奄、丰、薄姑等国进行叛乱。于是，成王和周公旦亲自东征，用了三年时间，才平息了“三监”与熊盈、奄、丰、薄姑之乱。奄和薄姑国君欲出海逃往朝鲜而未达，被暴风刮到了美洲，创造了美洲最早的奥尔梅克文明。成王将奄封给鲁，将丰和薄姑封给齐，巩固了新兴的周朝政权。

过国是纣王的姻亲国，与殷商王朝和山东的奄、薄姑等国关系密切，过国是奄和薄姑国君沿海出逃的必经之地，可能在帮助奄和薄姑国君出海逃亡中发挥了重要作用。过国怕周王问罪，于是，过君东徙，迁都于今招远曲城。

曲城西距渤海约 9 千米，东、南有岭山，东北有磨山，西北有望儿山为屏障，曲成河在此发源，是一个理想的避居之地。但曲城之地并未避免任氏过国灭亡的命运。

成王十九年（前 1024），胶东的过国和黄夷等仍未服周，于是成王亲征东夷，随王东征的将领是王朝师氏郭伯㝨和其子䞣。

郭伯㝨是东虢公虢叔之子。虢叔是周文王的同母弟，封地在荥阳，称为东虢，是新都洛阳的东方屏障。另有周文王的异母弟虢仲，封地在陕西宝鸡，称为西虢，是旧都镐京的西方屏障。虢叔在西周姬姓王族中辈分很高，又精通文韬武略，英勇善战，世代为王朝师氏。郭伯㝨与子䞣征伐东夷有功，成王将过国赐给䞣作为食采之地。过国的任氏贵族逃亡他乡，有的以国为氏，遂有过氏。

传世铜器《郭伯㝨簋》和《䞣卣》《䞣尊》等记载了这段历史。

康王之世，过国被封为诸侯国，过君为伯爵。东虢对过国一支命氏为郛，过国的族属是姬姓东虢郛氏。

西周昭王之时，盛产青铜原料的荆楚，不肯进奉纳贡，于是昭王于十六年（前

980）和十九年（前977）进行了两次御驾南征，时在王朝任师氏之职的过伯率兵从征。

昭王第一次南征胜利了，王朝之师打通了横亘在镐京之南的千里秦岭山谷，会同曾、邓诸国，沿着当年殷人南下的路线，开通了随（州）枣（阳）走廊，俘获了一批青铜原料，过伯因此作了《过伯簋》和《过伯爵》两件青铜器。

昭王第二次南征遭遇汛期洪水，昭王命丧汉水，六师全军覆没，过伯也以身殉职。

穆王时，过伯长子继承了过伯爵位，到曲成就国即位，作《伯作鼎》。过伯筑新都城于旧都城之东，是为东曲成，曲成遂有东、西之分。

过都曲成距荥阳东虢有千里之遥，往来不便。西周末年，过国在济南章丘征得一邑，命其曰“鄅”，是过国的子国，成为过国与东虢联系的枢纽。鄅子国存世约百年，春秋时被齐国兼并。

西周末年，王室衰微，犬戎入侵，周幽王被杀于骊山。公元前770年，周平王东迁洛阳。西虢宗族也随平王东迁上阳（在今河南三门峡市陕州区东），因在黄河南岸，称为南虢。此先，西虢的一支已迁居黄河北岸，称为北虢。西虢还有一小宗留在扶风，称为小虢。公元前687年，小虢被秦武公所灭。公元前655年，南虢、北虢又被晋献公所灭。

从商代开始，今沙河路旺一带的盐业生产就已成很大规模，由此而成为一大聚落群。春秋早期，河南荥阳的东虢被郑国占领，国君迁居到这以产盐而富甲一方的虘地，建立了虘国，侯爵。虘侯之女叔姬嫁给寺国太子，制作了铜器《虘侯簠》。

春秋早期，在荥阳东虢为官的医祖扁鹊秦少齐的先祖随东虢国君迁到虘地，春秋晚期医祖扁鹊在虘国出生。

春秋时，齐国崛起，兼并了周围许多诸侯国。

为保国家安宁，过国在西部今莱州之地建立了子国，国名曰夜，城曰西都，命氏曰墉，其开国君是“墉夜君成”。西都是对过都曲成之扶持，因此取名曰“夜”，后改作“掖”。《墉夜君成鼎》是西都夜国建立的历史见证。

过国与齐国修好，将公主嫁给齐侯为妃，齐侯因此作铜器《齐侯匜》。

公元前567年，齐灵公灭莱，胶莱河以西尽归齐有，矛头指向了胶东。

齐灵公灭莱之后，过国成为齐军东扩的下一个目标。过国是西周姬姓王族东虢公的封地，齐与周王族关系密切，过国又是齐国的姻亲国，其时，东虢、西虢、小虢、北虢、南虢都已灭亡，唯胶东过国存东虢之祀。或是齐相晏婴献策，说服过君臣服于齐，过国因此免遭灭国之灾，齐军也免了征战之苦。过人感谢晏婴，在今平里店镇建了晏婴祠。晏婴祠于清乾隆年间（1736—1795）倒塌重修。平里店镇政府院内旧有重修晏婴祠碑记载此事。过国此后虽然成为齐之附庸，但过国未灭，仍是此地的主宰，而地处黄县归城的鳌国,后来却遭到了灭国之灾。

公元前554年,齐灵公听信宋姬戎子谗言,废长子光太子之位,并将其迁到东鄙过国曲成,另立少子子牙为太子。是年,齐灵公病重,齐卿崔杼暗自将光接回齐都临淄,复光太子之位。太子光杀戎子。五月,齐灵公卒,太子光即位,是为齐庄公。庄公追杀牙之太傅、少傅,执公子牙于句渎之丘,废为庶人,逐于东鄙过国曲成。庄公在位六年,被崔杼所杀,崔杼另立庄公异母弟杵臼,是为齐景公。齐景公即位,复子牙公子身份,子牙因此制作了两件《齐仲簋》,成为1962年东曲城出土之铜器。

五、过国的消亡

公元前476年,历史进入争夺天下激烈的战国时期。

时,田常为齐相,专齐权。田常割齐国安平邑以东至琅邪之地,自为封邑,今青州以东皆为田常所有,其封邑比齐平公所食之地还大。过国之地,也属田氏。

齐宣公时,实行都邑之制,设五都七十二邑。过国被废黜,夜国改为夜邑,国君称大夫。过都曲成的郛氏、夜邑墉氏,仍是此地的主宰。

公元前386年,齐相田和篡齐,吕氏齐国易主,改称田齐。

齐(田)威王时,励精图治,围魏救赵,强于诸侯,自称为王,与秦、楚、燕、韩、赵、魏并称战国七雄。然其以后,继续用兵不断。齐(田)宣王时,乘燕国内乱,令章子率五都之兵伐燕,杀燕王哙,剁燕相子之,掠地囚民三年。公元前311年,燕昭王即位,招贤纳士,发愤图强,誓报齐仇,复用说客苏秦弟兄间齐。及齐(田)湣王时,更是不明时势,轻信苏氏弟兄之言,穷兵黩武,到处树敌。《史记·田敬仲完世家》载,湣王七年、十二年两次攻魏,二十三年与秦攻楚,二十六年又与韩、魏攻秦,二十九年佐赵灭中山,三十八年灭宋。"齐南割楚之淮北,西侵三晋,欲以并周室,为天子。泗上诸侯邹、鲁之君皆称臣,诸侯恐惧。"①四十年,燕、秦、楚、韩、赵、魏合谋,各出精锐之师,联合伐齐,齐师大败。燕将乐毅,攻占齐都临淄,尽取齐之宗庙宝器。齐(田)湣王逃亡在莒,被杀。公元前283年,莒人另立湣王之子法章,是为齐(田)襄王。襄王在莒被燕军围困五年,据守即墨的田单攻破燕军,收复失地,迎齐(田)襄王入都临淄,齐(田)国得以劫后复生。

燕军陷齐七十余城,过都和夜邑并未陷落。就在齐(田)襄王在莒即位之年,过都曲成和夜邑造戈备战。《公过戈》载:"虢。王章岁公过之造銭。"《元年郛令戈》载:"元年,郛立命(令)夜偖(胍)、上库工师□□,冶闒(闾)。西都。"铭文"虢""郛"皆是

① 〔西汉〕司马迁:《史记》卷四十六,中华书局1959年版,第1900页。

东虢家族之称，过、夜皆是由原来的国名改的邑名。《元年郛令戈》戈内另面载有“西都”二字，是夜国为过国西都的确证。

燕军围困莒和即墨五年，胶东担负起供给莒和即墨军需民用的重任。1962年，沙河高疃村挖土沟子，出土齐刀币三抬筐，有三四千枚。1983年5月，掖县路旺乡出土齐刀币近千枚，面文有“齐去化”“齐之去化”“安阳之去化”“莒即墨夕之去化”“齐返封邦长去化”五种。1988年，莱州市程郭乡出土莒都制作的匽刀币100余枚。另在县城西福禄山、朱桥镇小于家都曾有齐刀币出土。1972年，海阳县王格庄出土的齐刀币达1800枚，面文也有五种。海阳县的北城阳、西山村、纪家疃，平度县城及小马场、后滕家等地，也都有齐刀币出土。这些齐刀币多是在齐国被燕军攻占的特殊历史时间制作的。其中，“莒即墨夕之去化”是为被燕军围困的莒和即墨进行夜间贸易而作的刀币，有史料价值。“齐返封邦长去化”是为纪念田单大破燕军，收复失地，迎齐（田）襄王入都临淄而作的纪念币。刀币的出土情况，反映了刀币当年的流通情况，是掖邑及胶东在莒、即墨被燕军围困期间，对莒和即墨进行物资供应的物证。

田单因复国有功被任为齐相，封安平君，后又赐夜邑万户。夜邑成为田单的食邑，东虢贵族对夜邑的主宰画上了句号。

六、秦汉时过地的历史沿革

公元前221年，秦始皇扫灭六国，一统天下，建立起中央集权的秦帝国。

是年，秦在全国置三十六郡，郡下设县，县下设乡、亭、里。

秦在齐国故地置齐郡，治临淄，在夜邑置掖县。

秦朝历时只有十五年。但秦朝开创的郡县制，一直沿用到清代。

秦亡汉兴，汉承秦制。汉高祖四年（前203）析青州之地，置东莱郡，莱州始称东莱。东莱郡治掖县，辖十七县：掖、腄、平度、黄、临朐、曲成、牟平、东牟、㡉、育犁、昌阳、不夜、当利、卢乡、阳乐、阳石、徐乡。十七县中，有一些是古过国的遗址，如平度，在今莱州市土山境内，这里是过国的初创之地；当利，在今路旺侯家，这里是鄘国之地；卢乡，在今夏邱路响，这里是鄘国之乡；掖，在今莱州城东南，这里是夏、商时过国的都城，又是春秋至战国过国的西都，夜子国；曲成，在今招远东曲城，这里是西周至战国时的过国都城曲成，曲成因其曾是过国之都而设县。

汉高祖六年（前201），封虫达为曲成圉侯，食四千户。孝文帝元年（前179），虫达薨，其子虫捷嗣位，改封为夜侯，食至九千三百户。

西晋时，晋武帝太康四年（283）封辽东王蕤为东莱王，置东莱国，治掖县，辖掖、当利、卢乡、曲城、黄、㡉六县。曲成始改为曲城。

南北朝刘宋时，东莱郡治所一度由掖县迁曲城。北魏皇兴年间（467—470），析曲城为东、西两县。唐武德六年（623），废西曲城、当利、曲台三县，并入掖县。金天会九年（1131），废东曲城县，设招远县。

《后汉书·郡国志四》载：“（东莱郡）掖侯国，有过乡。”掖侯，是指汉初所封的虫达、虫捷。过乡是在原过国地上设的乡级政权。

过西在过都曲成西 18 千米，因此名为过西，过西是过国西乡，并非过国之都。

七、东虢郛氏之后裔

清道光十九年（1839），掖县城东北五十里梁郭上泊（坡）村出土《郛休碑》。碑额曰：“晋故明威将军南乡太守郛府君侯之碑。”《郛休碑》铭文 1100 多字，记载了郛休的生平事迹。碑文起首曰：“君讳休，字公彦，东莱曲成人也。其先出自黄轩，后稷之裔，王季之穆，有虢叔者，以德建国，命氏为郛，君其后也。”

《郛休碑》说明了莱州四个重大的先秦历史问题。一是，西周时，虢叔东虢公家族有一支封在曲成，命氏为郛，郛休是其后裔。此与西周铜器《趞卣》《趞尊》所载的“锡趞采曰过”相印证。二是，郛休为东莱曲成人也，则东虢的封国过国在曲成。今东曲城出土的《伯作鼎》之“伯”，即过国的国君。《郛休碑》与《伯作鼎》也互成印证。三是，百家姓中无郛氏，郛是东虢曲成特有的文化现象，可知战国之时的《元年郛令戈》是曲成郛氏之器。四是，西周铜器铭文“虢”字又作“郭”。郛氏演变为郭氏，是西晋以后的事情，与陕西宝鸡、河南三门峡一带西虢的后裔称郭归于一宗。

梁郭上泊（坡）之地，距今东曲城 8.6 千米。梁郭之名，在清康熙《莱州府志》中载为“临郭乡”，在清乾隆《掖县志》中载为“临过乡”。“临郭”意为临城郭，“临过”说的是临过国，与民间称梁郭为“连郭”，义皆相同，所说皆是指临近过国之都曲成。然曲成只是西周至战国之时的过国之都，过国最初在莱州土山境内，夏末和商代，其国都在今莱州城区。

过国从夏朝以前起源、创立至战国时期消亡，历时约 2600 年，其间曾三迁其都，两易其主，其活动范围大概在今胶莱河以东，招远老界河、钟离河以西。

过国的“过”字，夏朝时作“”“”（莱州玉雕太阳神面图像文字），殷甲骨文作“”（《粹》1306）、“”（《宁》1495），殷金文作“”（《冎父口斝》），皆为表示下肢弯曲行走的独体字。纣王时，金文加足形作“”（《亚过爵》），成为从足冎声的形声字。西周金文，或从走作“”（《趞卣》），或从辵作“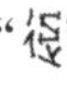”（《过伯簋》），从足、从走、从辵

义同,将过字的行走之义表达得更为明白。西周晚期,过子国名作“鄗”(《鄗甘敦鼎》),改声符“”为“咼”,言与口通,即“咼”字。秦朝书同文,小篆作“”(《说文解字》),隶定作“过”。“过”字的创造与进化承载着过国文明,在东夷古字古国的大家庭中,“过”字与过国都是璀璨的明星。

过国的先秦史即莱州的先秦史,其闪亮的轨迹大致如此。可以说,莱州有近五千年文明。

八、大事记

1. 更新代中晚期,有猿人生活在今莱州市沙河镇石埠、黑羊山和平度市灰埠一带的洞穴之中。他们是胶东猿人的一支,是东莱土著人的远祖。

2. 约在公元前3000年的大汶口文化晚期,海浸退去,东莱进入稳定的农业时代,形成了以农业为主,家畜饲养业、渔猎业、手工业为补充的综合性社会经济。

3. 大汶口文化晚期,鲁南太昊风姓任氏的一支,为观测夏天的日出之地,渡过胶莱河一带水域,来到名曰“过”的今土山境内,在土山之上建立日坛,观测太阳运行规律,以求农时。

4. 约在公元前2600年的龙山文化早期,过地进入文明时代,国名曰“过”,是过胶莱河水域。过为任氏之国。过国的建立,加强了山东内地文化与胶东土著文化的交流与融合。

5. 约在公元前2070年,夏后启夺取了禹帝继承人伯益的继承权,建立起夏朝父传子承的家天下。

6. 约在公元前2030年,“羿浞代夏”发生,寒浞封其子浇于过,建立了猗姓过国,原过国的任氏贵族沿海岸东迁。“羿浞代夏”四十年,寒浞在过国开河挖渠,引沼泽之水入海。

7. 约在公元前1990年,夏少康中兴,寒浞父子被杀,猗姓过国灭亡。

8. 约在公元前1800年,过国任氏贵族迁到今莱州城区,建立起新的国都和观象授时的日坛,制作了新的国徽——过国太阳神面莱州玉雕。

9. 公元前1600年,成汤灭夏桀,建立了商朝。

纣王十五年,商征东夷,过国归商。纣王纳过国公主为妃,过国成为纣王的姻亲国,制作了铜器《亚过爵》。

10. 商代时,过国路旺一带的盐业生产已具很大规模,成为富甲一方之地。

11. 公元前1046年,周武王灭商,建立了周朝。

“三监之乱”后，山东的奄和薄姑参与武庚叛乱被镇压，欲投奔朝鲜的箕子。过君帮助他们出海逃亡，但他们途中遭遇暴风，被刮到了今墨西哥之地，在那里他们创造了美洲最早的奥尔梅克文明。过君惧怕周王朝兴师问罪，将国都迁到今招远市东曲成偏僻之地。

12. 成王十九年（前1024），成王命王朝师氏东虢公虢叔之子墉（郭）伯馭与其子趞率师征东反夷，任氏过国被灭。成王将过国赐给趞作为食采之地。

任氏过国灭亡，有的以国名为氏，遂有过氏。

13. 康王之时（前1020—前996），封过国为诸侯国，伯爵，但过国国君仍在王朝任师氏之职。

14. 昭王十六年（前980），过伯随昭王南征荆楚，俘获了一些青铜材料，制作了传世铜器《过伯簋》和《过伯爵》。

15. 昭王十九年（前977），过伯从昭王第二次南征荆楚，遇大凶，与昭王一起命丧汉水。

16. 穆王初年，过伯长子嗣爵，到曲成就国，作铜器《伯作鼎》。东虢家族命其氏曰郭，是为姬姓东虢郭氏。

17. 西周末年，过国在今章丘之地征得一邑，建立子国曰鄗。鄗是胶东过国和荥阳东虢之间的联系纽带。

18. 春秋（前770—前476）早期，河南荥阳的东虢被郑国兼并，国君迁到今沙河镇路旺之地，建立了𧆠国，侯爵。𧆠侯之女叔姬嫁给寺国太子，作媵器《𧆠侯簠》。

19. 西周时，医祖扁鹊秦少齐的先祖到东虢为官，成为东虢贵族。春秋早期扁鹊先祖跟随东虢国君迁到过国的𧆠地，建立了𧆠国。春秋晚期，秦少齐在𧆠国出生。

20. 齐为周武王克商后的首封之国。春秋早期，过国将公主嫁给齐侯为妃，与齐结为姻亲国，齐侯因此作铜器《齐侯匜》。

21. 春秋早期，过国为保国都安全，建子国于今莱州城区，国名曰“夜”，命氏曰“墉”，城曰“西都”，西都是国都曲成的陪都，作铜器《墉夜君成鼎》。

22. 公元前567年，齐灵公灭东阳莱国，胶莱河以西尽归齐有。约在公元前556年，过国归齐，俯首称臣，做了齐国的附庸。

23. 公元前554年春，齐灵公听信宋姬戎子谗言，废了太子光，将其迁到东鄙过国曲成，另立少子牙为太子。五月，齐灵公病重，齐卿崔杼暗自将光接回齐都临淄，复光太子之位。是月，齐灵公卒，太子光即位，是为齐庄公。庄公追杀牙之太傅、少傅，执太子牙，废为庶人，遂于东鄙过国曲成。公元前548年，庄公被杀，齐景公即位，恢复子牙的公子身份，子牙因此作了两件《齐仲簋》，1962年在招远东曲城出土。

24. 齐宣公二年（前454），齐国实行都邑制，全国设五都七十二邑，曲成过国和西都夜国被废黜，夜国改为夜邑，国君改称大夫。

25. 过国被废黜，太子急火攻心，突然昏死过去，幸遇神医扁鹊回国来访，医活了过太子。过太子即《史记·扁鹊仓公列传》称的虢太子，因为过国是东虢之子国故也。

26. 公元前386年，齐相田和篡齐，姜姓吕氏齐国易主改称田齐。

公元前284年，燕、秦、楚、韩、赵、魏联合攻齐，燕军攻克齐都临淄，又陷齐七十余城。齐（田）襄王被围困在莒，齐贵族田单被围困在即墨，时间长达五年之久。

齐（田）襄王元年（前283年），被废黜的曲成过国国君，以"虢氏""郭氏"族长的名义，命夜邑家族造戈守城，留下了《公过戈》和《元年郭令戈》珍贵的文物。

27. 公元前279年，据守即墨的田单用火牛阵大破围城的燕军，继而收复全部失地，迎齐（田）襄王入都临淄。田单因复国有功被任为齐相，封安平君，又赐夜邑万户。夜邑成为田单的封地，结束了周王族东虢郭氏自西周初年以来对夜邑的长达740多年的统治。

28. 战国之时，夜邑已有万户之众，农业、渔业、盐业是其主要的支柱产业。

29. 公元前221年，秦始皇灭六国，统一天下，建立起中央集权的秦帝国。秦在全国实行郡县制，在齐国设齐郡，在夜邑置夜县。

30. 公元前219年，秦始皇第二次东巡，登祠峄山，封禅泰山，游渤海以东，上成山，临芝罘，过黄、腄，祠名山大川及八神，到东莱三山岛设坛祠阴主，并求神仙与长生不死之药，颂秦铭功，留下诸多刻石遗迹。

31. 公元前206年，秦灭汉兴。汉高祖四年（前203）置东莱郡。治所在夜县，辖夜、腄、平度、黄、临朐、曲成、牟平、东牟、惤、育犁、昌阳、不夜、当利、卢乡、阳乐、阳石、徐乡十七县。

32. 公元前201年，汉高祖封虫达为曲成圉侯，食四千户。公元前179年，虫达薨，其子虫捷嗣位，改封为夜侯，食至九千三百户。莱州城南的四角埠或是虫达家族的墓群。

33. 公元前109年，汉武帝巡幸东莱，寻访仙人，求长生不死之药而未得，时逢大旱，遂至万里沙祈祷求雨，王河由此而得名"万岁河"。

34. 西晋泰始六年（270），东虢郭氏后裔明威将军、南乡太守郭休卒。清道光十九年（1839），其《晋故明威将军南乡太守郭府君之碑》在今朱桥镇上坡村出土，现藏于故宫博物院。是知郭氏已由招远曲成迁到今莱州梁郭，郭氏后改称郭氏，梁郭又称"临过""临郭""连过""连郭"。

第五编　附　录

莱州云峰山北魏《郑文公碑》

引 言

"文化是国家和民族的标志和灵魂，是人的精神家园。任何一个国家和民族都要时时思考，时时注意，不如此，国家或民族就要涣散、萎靡，严重时可能要解体、灭亡。特别是在当前，经济和文化的关系越来越紧密，各国的经济已经是'文化经济'，国家间的关系究其根本，是文化间的关系。在经济全球化和政治多极化的趋势中，世界需要文化的多元化。多元文化的世界可以给人类带来各国人民之间的友好相处，给世界带来和平与繁荣；反之，将是很危险的。"

"当前，应该对中华民族大家庭各民族文化遗产进行保护和抢救，鼓励发展雅文化，建设好大学校园文化，建设好地方文化。"

"按照人类文化发展的规律，民族的文化自觉是决定文化走向和建设的快慢、质量高低的关键。所谓文化自觉，指的是认识到文化发展演变的规律，主动地总结过去的经验教训，思考文化表层和中层怎样建设和发展，底层文化应该有哪些改造。"

"地方文化的生成演变规律有的至今人们还不太了解，为什么这种文化只在这个地方出现或盛行？为什么不能够到临近的地区去？这中间总有其深刻的原因，需要学者们探究。"①

——摘自许嘉璐《中华文化的过去、现在和未来》

① 许嘉璐:《中华文化的过去、现在和未来》,《文史哲》2004年第2期。

云峰四山北朝刻石探秘[①]

东夷古字和过国文明传承延绵，结出了以莱州云峰山、大基山，平度天柱山，青州百峰山为代表的四山北朝刻石文苑奇葩。

以《郑文公碑》为代表的四山47种北朝刻石，是郑道昭与其子郑述祖任光州刺史时所刻，尽管经历了1500多年，但其仍然有许多待解之谜。《郑文公碑》为何而刊？何人撰文？何人书丹？其与《登百峰山诗碑》的书丹人是否相关？如此等等，需要探讨其真实的历史面目和文化渊源。

改谥正名

史载郑道昭之父郑羲中书令一职不是由正当途径升迁的。其时，中山王王叡得宠，被允许设官立职，以郑羲为辅佐。郑羲在中山王府多年不得升迁，又缺乏资金，因此请假回家，遂盘桓不返。时李冲受宠于孝文帝，郑羲使郑道昭娶李冲之女为妻，与李冲结为姻亲，李冲于是推荐郑羲进京候选。太和八年（484），李冲升任内秘书令、南部给事中，位高权重，郑羲被任为中书令，成为二品大员。太和十年（486），郑羲出任西兖州刺史，治滑台。他在任西兖州刺史时贪财受贿。太和十六年（492），郑羲死，尚书请示为其谥为“宣”。“宣”是褒义，《谥法》曰“施而不私曰宣”。但孝文帝不准，诏曰：“盖棺定谥，先典成式，激扬清浊，治道明范。故何曾幼孝，良史不改‘缪丑’之名；贾充宠晋，直士犹立‘荒公’之称。羲虽宿有文业，而治阙廉清。稽古之效，未光于朝策；昧货之谈，已形于民听。谥以善问，殊乖其衷。又前岁之选，匪由备行充举，自荷后任，勋绩未昭。尚书何乃情遗至公，愆违明典！依《谥法》：博闻多见曰‘文’，不勤成名曰‘灵’。可赠以本官，加谥文灵。”[②]“灵”是贬义。《庄子注·则阳》曰“灵”是无

---

① 此文原名为《郑道昭与云峰刻石探秘》，《云峰刻石研究（二）》，黄河出版社2008年版，今作修改，并新增“写错的郑羲表字”和“百峰山断碑”两章。

② 〔北魏〕魏收：《魏书》卷五十六，中华书局1974年版，第1239页。

道之谥。孝文帝诏书郑羲谥曰“文灵”，可见郑羲为官之差。

“文灵”这个谥号，对于郑氏家族来说，是不能接受的莫大耻辱。郑羲葬在荥阳没有立碑，十九年后，郑道昭才为父刊碑天柱，又造碑云峰，正是缘于此故。

在《郑文公碑》中，孝文帝钦定的谥号被篡改了，那个评价郑羲“治阙廉清”“不勤成名”的“灵”字不见了。碑文曰：“谥曰文，祭以大牢。”下碑碑额“荥阳郑文公之碑”也无“灵”字。北魏灭亡后三十一年，郑道昭子郑述祖任北齐光州刺史，在天柱山镌《天柱山铭》，又将郑羲的谥号改为“文贞”。郑道昭将谥号去一字，郑述祖将谥号改一字，父子为郑羲改谥正名，用心可谓良苦。

北宋赵明诚将《后魏郑羲碑》收入《金石录》时，曾曰：“《魏史列传》与此碑皆云羲荥阳开封人，碑又云归葬于荥阳石门东十三里三皇山之阳，而碑乃在今莱州南山上，磨(摩)崖刻之。盖道昭尝为光州刺史，即今莱州也，故刻其父碑于兹山。……《传》云，羲卒，尚书奏谥曰宣，诏以羲虽宿有文业，而治阙廉清，改谥为文灵。今碑首题曰‘荥阳郑文公之碑’，其末又云加谥曰文。《传》载，赐谥诏书甚详，不应差误，而碑当时所立，必不敢讳其一字。皆莫可知也。”①又跋《北齐天柱山铭》曰：“羲谥文灵，而道昭所立羲碑乃云谥为文，今此碑又云谥文贞，皆莫可考。”②赵明诚已经发现碑的谥号与史传不合，但郑道昭竟然改谥正名让他不敢相信。

清人洪颐煊曰：“此碑称谥曰文，郑述祖天柱山铭称文贞公，皆讳之也。”③他认为碑与史传不合，是郑羲后人为隐恶扬善，避讳了有损先人名誉的“灵”字。

刘海粟先生认为，这是郑道昭“掩饰父亲丑闻”④，也未涉及郑道昭为父改谥正名这个实质问题。

碑文曰：“公禀三灵之淑气，应五百之恒期，乘和载诞，文明冠世。笃信乐道，据德依仁。孝弟端雅，慎言愍行。”“常慕晏平仲、东里子产之为人，自以为博物不如也。蕴斯文于衡泌，延德声乎州闾。”郑道昭说其父郑羲秉承天、地、人三灵之美，应五百年出一圣人之期，乘和而生，文明冠世；又说其以春秋之时的齐国贤相晏婴、郑国贤相子产为榜样，德声扬于州闾，这是对赐谥诏书的否定。碑文“绵荣千载，联光百世。自非积德累仁，庆届无穷，其熟能传辉踵美，致如此之远哉！可谓身没而名不朽者也”，更是对“文灵”谥号的反驳，对朝廷不满情绪的宣泄。

---

① 〔北宋〕赵明诚：《金石录》卷二十一，《四库全书》本。

② 〔北宋〕赵明诚：《金石录》卷二十二，《四库全书》本。

③ 山东石刻艺术博物馆等编著《云峰刻石调查与研究》第三章《云峰刻石的著录与研究》，引〔清〕洪颐煊《平津读碑记》，齐鲁书社 1992 年版，第 68 页。

④ 刘海粟：《读郑道昭碑刻五记》，《文峰诸山北朝刻石讨论会论文选集》，齐鲁书社 1985 年版，第 32 页。

《郑文公碑》是郑道昭为父改谥正名而刊。一千五百多年来，人们一直称郑羲为郑文公，不知当称其为“郑文灵”。

碑与史不合之处

《郑文公碑》除了郑羲的谥号之外，还有几处与史籍不合，既有碑伪，也有史误。

碑载郑羲之父郑晔，“拜建威将军，汝阴太守”。《魏书·郑羲传》则曰：“父晔，不仕。”《魏书·王慧龙传》又曰，郑晔是宁南将军、虎牢镇都副将王慧龙的功曹，与“不仕”之载自相矛盾。《新唐书·宰相世系》则说郑晔是郑羲的祖父。晔生中书博士茂，幼麟为茂第七子。《新唐书·宰相世系》所载有误，当以碑为是。唯《新唐书·宰相世系》“晔，后魏建威将军”①之载，与碑相合，可知郑晔并非不仕，其为建威将军是可信的。

《魏书·郑羲传》载，郑羲为西兖州刺史，碑文将“西”字夺去。兖州和西兖州不是一地。兖州治瑕丘，西兖州治定陶，西兖州所辖郡县户数不及兖州的一半，郑道昭可能嫌小，故又将“西”字去掉。《魏书·郑羲传》载，郑羲在西兖州“多所受纳，政以贿成”②。而碑曰：“德政宽明，化先仁惠，不严之治，穆如清风。耕桑有敬让之高，朝市无鞭戮之刑，即道之美，不专于鲁矣。”这与史书所载，也大相径庭。

郑羲出使刘宋，是《郑文公碑》用七十八字大书特书的一件事情。碑文说郑羲听宋乐哀细而知宋亡，“其若神明”。《魏书》载，郑羲出使刘宋，时在北魏太和二年(478)冬十月，也即刘宋顺帝二年冬十月。顺帝是萧道成谋杀苍梧王另立的傀儡，年仅十岁。顺帝二年九月，萧道成再进位假黄钺，都督全国诸军事，太傅，领扬州牧，剑履上殿，“入朝不趋，赞拜不名”③。其时，刘宋已名存实亡，这是有目共睹的事情。碑言郑羲听宋乐而知宋亡，“其若神明”，是故弄玄虚、夸大其词而已。

《郑文公碑》因诸多伪辞谀语而大为失色。碑之名世，赖于书法。

至于郑羲举秀才的时间，《魏书·郑羲传》曰“弱冠举秀才”，碑文曰“和平中，举秀才”，二者并不矛盾。南北朝承袭魏晋“九品中正”选举制度，因其弊病太多，为补中正之失，九品之外，兼行“秀才”考试，谓之课考。但秀才入仕，必须年满三十，称为“限年制”。“弱冠举秀才”，说的是郑羲二十岁左右就被举为秀才，但年不足三十，所以未能入仕。“和平中，举秀才”，说的是和平年中，郑羲三十七岁，又被举为“秀才”，

① 〔北宋〕欧阳修、宋祁：《新唐书》卷七十五，中华书局1975年版，第3259页。
② 〔北魏〕魏收：《魏书》卷五十六，中华书局1974年版，第1239页。
③ 〔南朝梁〕萧子显：《南齐书》卷一，中华书局1972年版，第14页。

他“答策高第，擢补中书博士”。因此，郑羲举秀才之载，并非史与碑不合。

“草”字非“妄添”

在《郑文公碑》碑题一节的末尾，有一个“草”字。“草”字何意，令历代人费解。

清人包世臣《艺舟双楫》称：“《郑文公碑》……与草同源，故自署曰草篆。”①于是有人煞费苦心地寻找“草”下的“篆”字，说“其下石花略似篆字”。有的撰文就这样写上了“草篆”。然，此系造假，“草”字之下根本没有石花似的“篆”字。

有人认为“草”为“草稿”之意。但又有人反对，说“草稿”何不改于纸上，而刊于碑上？以立碑这样严肃的大事，何能草率？

刘海粟先生认为碑中“草”字“与碑的全文并非出自一人手笔”，“可能是后人妄添”，“故而这个‘草’字很可能与郑道昭无关”。②

“草”字既然如此令人费解，而今出版的一些书籍干脆将“草”字去掉了。

这个“草”字是万万去不得的。

此“草”字非指“草稿”，乃简略、粗糙之意。它是对《郑文公碑》为什么将郑羲的谥号去掉“灵”字的解释，是对郑道昭欺君欺世之罪的开脱。一旦朝廷发觉追查，“草”字会有大用。

此“草”字，上、下气脉极不连贯，字偏左，也不守中线，如千军中一出列的士兵。“草”字僵呆无力，气细脉弱，怯懦拘谨，精神委顿。显然这个“草”字创造的是另外一种意境，与整个碑规整肃穆、大气磅礴形成强烈的反差，产生了异曲同工之妙。仔细品味，才知这个“草”字，只能写小，不能写大；只能写弱，不能写强；只能写歪，不能写正。奥妙无穷，发人深省。

这个“草”字可能是后添的，但不会是“妄添”，而是刻意之作。“草”字不失魏体，不出其时。其时无人敢在刺史碑上妄为。“草”字下尚有十四字空白，如系“妄添”，也不会只添此一字。

由云峰山诸多刻石可知，造碑之后，郑道昭常携僚佐道俗游云峰赋诗刻字。当是他心生顾忌，令书丹人又添了一个“草”字。

---

① 〔清〕包世臣：《艺舟双楫·历下笔谭》，《历代书法论文选（下）》，上海书画出版社1979年版，第651页。

② 刘海粟：《读郑道昭碑刻五记》，《文峰诸山北朝刻石讨论会论文选集》，齐鲁书社1985年版，第26页。

写错的郑羲表字

郑羲的表字,《郑文公上碑》写作“幼⿸鹿公”,《郑文公下碑》写作“幼骖”。这种看似不可思议的错误,有着值得一探的原因。

“幼”是一个起源很早的形声字。甲骨文写作“”(《后下》三五. 一),金文《禹鼎》写作“”,隶定为左右结构,写作“幼”。汉《西狭颂碑》《曹全碑》《孔宙碑》皆有“幼”字。

《说文》释曰:“幼,少也,从幺、从力。”幺为“小也,象子初生之形”。力为“筋也,象人筋之形”。《说文》释“筋”欠确,甲骨文“力”象农具耒形,引申为气力之“力”。

《郑文公上碑》和《郑文公下碑》都将“幼”字写作“幻”,改形符“力”为“刀”,失去了造字的本义,成为一个错字。《字汇・幺部》曰:“幼,俗从刀,误。”《汉语大字典》也以“幻”为“幼”的讹字。历代书法家未有将“力”和“刀”混用的。

再说“麐”字。

“麐”即“麒麐”。《说文・鹿部》释“麒”曰:“(麒麟)仁兽也,麇身,牛尾,一角,从鹿,其声。”“麐,牝麒也,从鹿,吝声。”《仓颉篇》曰:“牡曰麒,牝曰麐(麟)。”段玉裁引张揖注《上林赋》释“麐”曰:“雄曰麒,雌曰麟。”“麐”和“麟”都是形声字,声符吝、粦古音相同,“麐”与“麟”通用。《玉篇・鹿部》曰:“麐”同“麟”。麒麐即麒麟,典籍多用“麟”字。

麒麟是传说中的祥瑞之兽,据说麒麟送子,子孙昌盛。《诗经・周南・麟之趾》用麟来赞美姬姓王族子孙德行仁厚,人才出众。郑氏出自姬姓,周宣王时封其同母弟友于郑,是为郑桓公。桓公为郑氏之祖,郑羲是郑桓公的后裔,郑羲表字幼麟,正是取自《诗经・周南・麟之趾》。

“麐”是古字。甲骨文“麐”字写作“”(《存》二. 九一五),金文《秦公敦》写作“”。甲骨文、金文“麐”字声符皆从文,小篆变作从“吝”,文、吝古音都在十三部,可通。北魏之时,甲骨文、金文虽未出土,但是秦始皇统一文字,李斯作的《仓颉篇》有传承。

汉时,将《仓颉篇》“麐”写作“⿸鹿𠫔”,“𠫔”是“吝”的俗字。《广韵・震韵》曰:“吝,俗作𠫔。”“𠫔”既是“吝”的俗字,那么“⿸鹿𠫔”也是“麐”的俗字。

《郑文公上碑》将“⿸鹿𠫔”字写作“⿸鹿公”,声符吝、𠫔改为“公”,成为一个错字。

《郑文公下碑》又将“⿸鹿公”字改作“骖”,形符由鹿变成马。

《说文・马部》有“骐”字,无“骖”字,释“骐”为青黑色纹理的马。《广韵・真韵》有“骖”字,释为白色黑脊的马。《商君书・画策》说骐骖能日走千里。《战国策・赵策四》谅毅说秦王有“覆巢毁卵,而凤皇不翔;刳胎焚夭,而骐驎不至”之语。此语出自《吕氏春秋·应同篇》:“夫覆巢毁卵,则凤凰不至;刳兽食胎,则麒麟不来。”《战国策》将从鹿的“麒麟”改作从马的“骐驎”,《史记·孔子世家》又将从马的“骐驎”改正为从鹿的“麒麟”。可见司马迁治学,要比战国时的说客们严谨得多。虽然《战国策》有“骐驎”二字,但毕竟鹿是鹿,马是马,鹿和马不能混淆,所以《史记·秦本纪》记载的秦宦官赵高“指鹿为马”,成为表述不分是非、混淆黑白的成语。郑羲的表字,上碑从鹿,下碑从马,虽与赵高“指鹿为马”不同,却也是以马换鹿,鹿、马不分。

众所周知,表字是人名意义与德行的标识。对于一个死去的人来说,名和字都已经成为定论,断无改易之理。郑道昭“博学明俊,才冠秘颖”,曾官国子祭酒,不会不谙此道,更不会不知其父的表字是从鹿还是从马。碑将郑羲的表字写作“幼麐”和“幼驎”,既是在乱世书风下,书者个性的放纵张扬,也是《郑文公碑》的书丹者与撰文者并非一人的原因所致。

北魏时,实行汉化的一个重要内容是推行汉语、汉字。《魏书·太祖本纪》载,天兴四年(401),朝廷集博士儒生比较文字,义类相从,共得4万余字,号曰《众文经》。《众文经》比东汉许慎《说文解字》收集的9353字,增加了3万多字,可见当时文字之滥。始光二年(425),太武帝因当时文字“随时改作”,“传习多失其真”,而造新字千余,“颁下远近,永为楷式”。至孝文帝时,天兴四年(401)收集的“随时改作”“多失其真”的4万余字,并未从人们的生活中消失,有些字还在使用,书者并不认为它是错字,“幼”字当属此例。

北魏革新文字,虽然也遵循“六书”,但许慎《说文解字》中规范的文字,不再是不可改变的模式。于是,增减笔画,更换形符、声符,都成为随心所欲的事情。我们在云峰刻石中看到的大量的别字,皆出于此。

云峰刻石中“麟”字有三种写法。《郑文公上碑》写作“麐”,《郑文公下碑》写作“驎”,《九仙刻石》写作“麟”,书者始终不肯使用人们所熟悉的“麟”字。而“麐”是“麐”字之误,“麐”是“麐”字之俗,“麟”又是“麟”之别构。“麐”字出自传习的《仓颉篇》,将“骐驎”与“麒麟”混同的是《战国策》。由此可见,书者不仅博览群书,而且有爱卖弄生僻文字的嗜好。

从《郑文公上碑》将“麐”字写作“麐”来看,书丹者和撰文者并非同一个人。“麐”字之错,错在书丹者,而不是撰文者。是书丹者不解文稿上的“麐”字,将“麐”字误作“麐”。《郑文公下碑》刊时,曾对碑文进行过修改。其时,或已发现上碑“麐”字之错,又因“麐”字是上下结构,笔画繁多,不易写作方形,而《战国策》又有将“麟”字写作“驎”的先例,为了书写方便,故又将“麐”字写作“驎”,于是发生了用马换鹿的事情。对于今人来说，重要的不是字的对错，而是错字背后隐藏的撰文者和书丹者并非一人的秘密。

道昭撰文

《郑文公碑》洋洋千言，何人撰文，是历来探讨的重要问题。

最早收录云峰诸山刻石的是北宋赵明诚，他在《金石录》中录云峰刻石七种，说碑为郑道昭所刊，没有说文为何人所撰。

近年来，学者们对此作了许多有益的探讨，认为，“于是故吏主簿东郡程天赐等六十人……铭之玄石，以扬非世之美”这段文字，既言碑为程天赐等人所刊，碑文也当出自程天赐之手，故吏有为府主撰文的习惯，且碑为第三人称。

故吏撰文不无可能，但此语疑点太多。

《郑文公碑》不是一般的德政碑，碑改谥号，是铁铮铮的事实。刊碑的目的，并非只为歌功颂德，而是为了“改谥正名”。除郑道昭外，他人既无这样的动机，也无这样的胆量。

篡改谥号是欺君之罪。其时，虽然孝文帝已死，但一旦败露，郑道昭仍有杀身灭门之祸。这可能是郑道昭不敢将此碑立于荥阳的根本原因，因为荥阳在天子脚下，光州（今山东莱州）则是远在边陲。尽管如此，郑道昭也不会无所顾忌。即使是故吏刊碑，故吏撰文，何敢将其真名刊于碑上？

“程天赐”寓有“承天赐”之意，恐非实名。

碑立“天柱”“云峰”，是“承天赐”刊，“承天赐”文，对于一个信奉道教、虚荣心极强的人来说，将其父捧到“天上”，是极其风光的事情。

郑道昭既篡改“谥号”，那么伪托“程天赐”为刊碑之人，不仅需要，也极可能。为掩人耳目，使用第三人称也就顺理成章。

清人王昶跋郑述祖《夫子庙碑》曾曰：“云峰山郑道昭刻其父德政，而托名于故吏程天赐。”①正是缘于此故，王昶没有将《郑文公碑》收入他的《金石萃编》。

刘海粟先生不为碑文表面现象所迷惑，他说：“子不为父写第三人称的碑文是常规，说不定郑道昭本人就来个例外，自己撰文挥毫。”②

碑文对于郑羲的评价是对孝文帝赐谥诏书的否定，对“文灵”谥号的反驳，除了郑道昭外，不会是别人的声音。

① 〔清〕王昶：《金石萃编》卷三十三，《石刻史料新编（第一辑）》，台湾新文丰出版公司1982年版，第580页。

② 刘海粟：《读郑道昭碑刻五记》，《文峰诸山北朝刻石讨论会论文选集》，齐鲁书社1985年版，第25页。

《左传·昭公十二年》称八卦之说为“八索”，九州的古志为“九丘”。碑文改作“八素九丘”。《置仙坛诗》省作“丘素”。碑文与《置仙坛诗》均改“索”为“素”。《置仙坛诗》为郑道昭所作，可证碑文也出自郑道昭之手。

碑是郑道昭所刊，文是郑道昭所撰，只是书丹者却不是郑道昭。

“程天赐”书丹

《郑文公碑》是云峰诸山刻石的代表作，书丹者何人，是关系著作权的重要问题。

清代包世臣和康有为是最早将郑道昭作为《郑文公碑》书丹者的人。包世臣《艺舟双楫》曰：“以《中明坛》题名、《云峰五言》验之，为中岳先生书无疑。”①然，《云峰五言》书风不皆与《郑文公碑》相同。其以《云峰五言》为郑道昭真迹，而注明“郑公之手书”的《右阙题字》却被其忽视。包氏之论，有失察之误。康有为更不加区别，将云峰刻石四十多种全都归于郑道昭名下。其后，人们多盲从其说。

《右阙题字》下方有同游人补题的“郑公之手书”五字，说明《右阙题字》是郑道昭亲笔。这是云峰刻石中唯一一块注明是郑道昭手书的刻石。这大概认为刺史大人不同常人，题字宝贵，故特意注明。这也说明其他题字并非都是出自郑公之手。这是云峰刻石非郑道昭一人之书的确证。

《右阙题字》共十一字，大小不一。“云”“峰”“栖”“息”“此”五字，写得拘谨乏力，书意诡秘，既不如《九仙之名》圆劲浑厚，也不如《郑文公碑》方正庄重，显然非一人手笔。当然也有未注明的郑道昭题字，如《山门题字》。

《山门题字》曰：“荥阳郑道昭之山门也于此游止。”他人不会直呼郑道昭之名，题字只能出自郑道昭本人，其与《右阙题字》可以共同确立郑道昭书法的艺术风格。

云峰刻石中，也有明显不是郑道昭手书的题字，如《咏飞仙室诗》曰：“郑公乘烟至，道士披霞归。”《当门石坐题字》曰：“郑公之所当门石坐也。”显然，郑道昭不会自称郑公，题字当出自郑道昭的僚佐。

《郑文公碑》的艺术风格，与《右阙题字》《山门题字》差别很大，而与《咏飞仙室诗》《观海童诗》诗文部分相似，说明《郑文公碑》并非郑道昭书丹。

1983 年 9 月至 1984 年 6 月，山东石刻艺术博物馆、山东省书协、山东省博物馆组成联合调查组，对云峰等四山刻石进行了立碑以来规模最大、规格最高的一次实地考察。研究认为，《论经书诗》第一、二、四部分及《山门题字》《云峰之山题字》《右阙题

---

① 〔清〕包世臣：《艺舟双楫·历下笔谭》，《历代书法论文选（下）》，上海书画出版社 1979 年版，第 651 页。

字》《观海童诗》首行等十一石，为郑道昭所书。《郑文公碑》和北魏其他刻石，运笔方圆兼施，风格不一。其“郑”“道”“昭”“作”“云”“峰”“山”字与第一组中相同字比较，有明显差异。研究认定这一组字，非郑道昭所书，可能是郑道昭的属吏写的。①

那么，这位属吏会是谁呢？

清《掖县志》卷七将《南阳郑文公碑》归于北魏程天赐名下。2007 年 8 月 22 日，在第二届云峰刻石国际学术研讨会上，笔者请教于山东石刻艺术博物馆的赖非先生。赖先生说：“郑文公碑的书丹者是程天赐，程天赐是东莱人。”赖非先生所言与清《掖县志》相合。

然碑文“故吏主簿东郡程天赐等六十人……铭之玄石”，像是一段隐语。前文说过，“程”是“承”字的谐音，程天赐寓有“承天赐”之意，恐非实名。

主簿一职始于汉，典领文书，办理事务，如现在的政府秘书长加办公室主任。魏晋南北朝时承袭汉制，州、郡、县的主簿均从本籍大族子弟中选举产生。“程天赐”为东莱郡主簿，当是从东莱郡的名门望族中选举出来的青年才俊。

东莱涌现出“程天赐”这样的书法大师，并非偶然。东莱有 4000 多年文明。夏代时，少康灭浇于过。商代时，过国是纣王的姻亲国；周代时，过国成为周文王同母弟虢叔东虢公的封地；春秋时，齐封阴主于三山。降至秦汉，秦始皇、汉武帝、汉宣帝多次巡幸东莱。到北魏时，东莱一直是胶东的政治、经济、文化中心。

东莱文化哺育了诸多历史文化名人。西汉时，东莱掖人费直以古字古文治《易经》，刘向、陈元、郑众、马融、郑玄等经学大家皆习其说。东汉时，东莱掖人左伯善书，工八分，与毛弘等擅名于汉末。左伯又精于造纸。“左伯纸”与“仲将墨”“伯英笔”并称书法三珍。东莱掖人刘毅是汉城阳（今山东莒县）景王刘章之后，魏末，举为孝廉，辟为司隶都官从事，西晋时，官至司隶校尉、尚书左仆射。刘毅善书，“颇尚风流，亦甚爱书，倾意搜求，及将败，大有所得”②。被誉为西晋“三大名碑”之首的《郛休碑》，长达 1100 多字，是汉隶演变为正书的代表之作，是《郑文公碑》的上源。《郛休碑》于清道光十九年（1839）在莱州城北梁郭镇上泊（坡）村出土，其书丹者也是莱州人。

《郑文公碑》的书丹，云峰刻石文化宝库的形成，可能还与一个人有关，此人便是曾任光州刺史的书法家崔挺。

崔挺是齐太公吕尚的后裔。《新唐书・宰相世系》载，齐太公之子丁公吕伋嫡子季子让国于叔乙，食采于崔（今山东章丘西北），遂为崔氏。汉代，崔瑗、崔实是书法大

---

① 山东石刻艺术博物馆等编著《云峰刻石调查与研究》第三章《云峰刻石的著录与研究》引〔清〕洪颐煊《平津读碑记》，齐鲁书社 1992 年版，第 114～119 页。

② 〔南朝宋〕虞龢：《论书表》，《历代书法论文选（上）》，上海书画出版社 1979 年版，第 50 页。

家。北魏时，崔氏为四大姓之一，《魏书》立传的崔氏有十多人，善书者还有崔浩、崔宏、崔光，崔氏传承的是齐文化。

史载崔挺善书，任中书侍郎时，就受诏于长安书文明太后父燕宣王庙碑，碑成，赐爵泰昌子。可知，崔挺是当时顶尖的书法大师。太和十九年（495），崔挺出任光州刺史。其在任“威恩并著，风化大行”。景明初年（500）卸任，光州“老幼泣涕追随”。景明四年（503）卒，“光州故吏闻凶问，莫不悲感，共铸八尺铜像于城东广因寺，起八关斋，追奉冥福，其遗爱若此”①。崔挺任光州刺史六年，又兼任选举人才的大中正之职，其在任选举一些英才，为其属吏，属吏师从崔挺学书，都在情理之中。“程天赐”或正是崔挺弟子中的佼佼者。崔挺卒，为崔挺立八尺铜像、起八关斋者正是崔挺的故吏和诸位弟子。崔挺卒后七年，郑道昭出任光州刺史，或为崔挺铜像所触动，产生了为父刊碑的念头，邀请“程天赐”为其书丹了《郑文公碑》。

百峰山断碑

百峰山，又名北峰山、玲珑山，在青州市西南。山上《白云堂题字》《白驹谷题字》《游槃题字》和《登百峰山诗碑》，是郑道昭任青州刺史时所刻。

《白云堂中解易老题字》十三字：“荥阳郑道昭白云堂中解易老也。”据《益都县图志》载，山上还有《郑道昭解衣冠处题字》，今已不存。“解衣冠”即“换上道袍”，“解易老”即“论经书”，是知百峰山乃郑道昭传经修道的又一去处。题字自由挥洒，不拘格式，书风如同《右阙题字》，语气如同《山门题字》。别人不会直呼郑道昭的名字，题字当是郑道昭所书。

《白驹谷题字》与《游槃题字》并排刻于玲珑山白驹谷西岭东坡崖壁。《白驹谷题字》四字：“此白驹谷。”《游槃题字》三行十五字：“中岳先生荥阳郑道昭游槃之山谷也。”白驹谷风景优美，是郑道昭游览盘桓之地，故刻三石为记。

题字尊郑道昭为“中岳先生”。中岳即嵩山，是佛、道圣地，郑道昭故乡，故大基山道士谷《仙坛铭告》又称道昭为“嵩岳先生”。先生既是对老师、也是对道士的尊称。唐殷尧藩《中元日观诸道士步虚诗》曰：“玄都开秘箓，白石礼先生。”郑道昭“中岳先生”之称，始见于大基山道士谷《五仙坛题字》。如《中明坛题字》曰：“中岳先生荥阳郑道昭中明之坛也。”其他如《朱阳台题字》《青烟寺题字》《玄灵宫题字》《白云堂题字》，皆以“中岳先生荥阳郑道昭”为称。大基山道士谷是郑道昭修道炼丹之地。《置

① 〔北魏〕魏收：《魏书》卷五十七，中华书局1974年版，第1266页。

仙坛诗》标题有“诗五言于莱城东十里与诸门徒登青阳岭”之载，诗文有“追文听浅义，门徒森山行”之句，知郑道昭的幕僚皆从其修道。《游槃题字》沿用大基山《五仙坛题字》对郑道昭的称谓，说明题字之人，既是郑道昭的幕僚，又是郑道昭的门徒。

《游槃题字》不仅在称谓上出自《五仙坛题字》，在书法上也与《五仙坛题字》一脉相承。

《游槃题字》系方笔榜书，字径36厘米，有龙门书风。康有为论曰：“《白驹谷》之，转折点画，皆以数笔成一笔。学者不善学，尤患板滞，更患无气。此是用方笔者，方笔写榜书最难，然能写者，庄雅严重，美于观望，非深于北碑者，寡能为之而无弊也。”①康氏所言很是。方笔写榜书大字，难以笔笔达意，需以描、画笔法补之。题字首尾转折的清劲之笔，均是描画而成。可知纯系方笔并非书者日常所用之笔法，立于《白驹谷题字》和《游槃题字》上方的《登百峰山诗碑》，用笔方、圆兼施，当是书者风貌的真实体现。《白驹谷题字》与《游槃题字》是书者用方笔写榜书的尝试。正如康氏所论，虽系描画之笔，但题字博大庄重，神韵灵动，非有深厚的功力和对北碑书体的深入理解，难以做到完美无瑕。

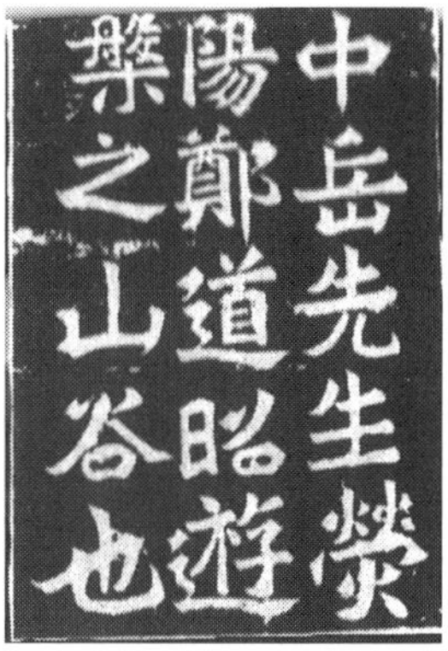

图5－1　游槃题字

图5－2　白云堂题字

图5－3　朱阳台题字

以往学者将《白驹谷题字》作为另人所书，割裂了其与云峰其他刻石的关系。我们将《游槃题字》和《五仙坛题字》缩成大小相同的字迹比对，不难发现《游槃题字》除了首尾转折描成方笔外，其结构、结体与《五仙坛题字》并无多大差别（图5－1、5－2、5－3）。

《游槃题字》虽然描成方笔，但只取龙门用笔方法，未仿其歪斜侧欹的体势。《游槃题字》结体宽博端正，稳沉苍劲，与《五仙坛题字》结构、结体相同，体现着书者一贯的书法理念和书写传统。很明显，《游槃题字》的盈尺大字是从《五仙坛题字》的方寸小字延变而来。其中，“熒”（今作“荧”，当作“荥”）字底部“火”字之捺改为点，是行

① 〔清〕康有为：《广艺舟双楫》，《历代书法论文选（下）》，上海书画出版社1979年版，第855页。

书笔法，但这在《青烟寺题字》中已有先例。《白驹谷题字》中“駒（驹）”字四点改为短横，见于《郑文公碑》之“驎（骈）”字。而游字作“遊”，也已见于《山门题字》和《游息题字》。

《游槃题字》的字迹远比《五仙坛题字》清晰，这与石质有很大关系。百峰山刻石皆属石灰岩，硬度差，易于镌刻，因此题字锋颖俱存。而云峰、大基和天柱诸山皆花岗岩，石质坚硬，书写镌刻都很困难，致使一些笔画不清。

总之，《游槃题字》不仅在称谓上与《五仙坛题字》相同，在书法上也与《五仙坛题字》一脉相承。可知《游槃题字》与《五仙坛题字》出自一人之手。书丹者并非郑道昭任青州刺史时的新佐吏，而是其任光州刺史时的旧幕僚，其司职载于《登百峰山诗碑》落款之中。

《登百峰山诗碑》原来耸立在《白驹谷题字》和《游槃题字》的崖壁上方，今基槽仍在。据胡海帆《对〈登百峰山诗碑〉的一些新认识》称，《登百峰山诗碑》在光绪年间（1875—1908），才被知益都的张承燮发现，载入《益都县图志》。发现时，碑已断成两截，下截不知去向，上截被清皇族盛昱购得，运到北京，后为徐坊收藏，今藏于故宫博物院。1986 年，山东石刻艺术博物馆和莱州市博物馆编辑《云峰刻石全集》时，得到故宫博物院提供的拓片，遂刊行于世（图 5－4）。

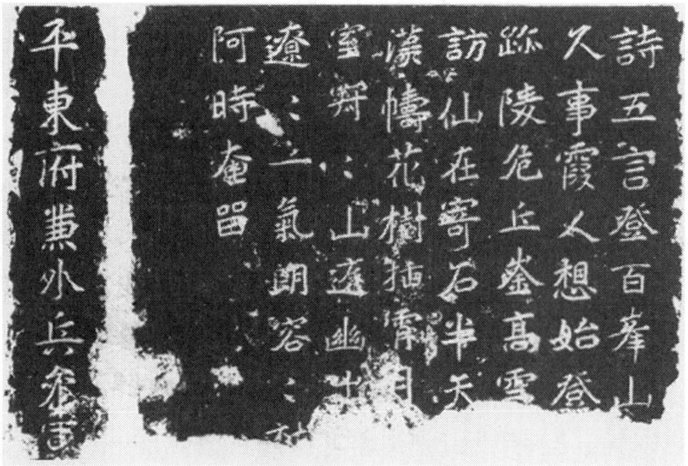

图5－4　登百峰山诗碑

断碑高 70 厘米，宽 76 厘米，厚 14 厘米。正面有字八行五十四字，碑侧有字一行八字。据罗振玉先生考证，此诗正文共十韵，计百字。每行原有十六字，现存七字，缺失九字。

《登百峰山诗碑》首题标题存“诗五言登百峰山”七字，与《论经书诗》《观海童诗》《置仙坛诗》首题标题的惯例相同，开句均为“诗五言”，只是籍贯、姓名断去，缺字当有“荥阳郑道昭作”等字。

碑侧载的“平东府兼外兵参军”(下缺),尤为重要。它是《登百峰山诗碑》书者姓名的落款。北魏之时,军队分为中央禁军和地方军。地方军由刺史兼领都督军事,军衔有四征、四镇、四安、四平将军之号。平东府即平东将军府。郑道昭任光州,出为使持节,督光州诸军事,平东将军,光州刺史。转任青州刺史后,平东将军如故。其时,将军开府,设有“长史”“司马”“诸军事”“府功曹”与“主簿”等职。主簿之职如录事,掌管文书。“外兵参军”之称,《魏书·官氏志》无载。“外兵”或是相对于中央禁军而言,是地方军。参军又分为咨议参军掌谋划、记事参军掌文书。永平二年(59),朝廷精简编制,诏令“参军、录事并更置一”①。此“平东府兼外兵参军”,是以主簿之职兼外兵参军,官为正七品,是郑道昭的重要幕僚。落款缺失之字,当是这位幕僚的姓名。不能忽略了这样一种可能:东莱郡主簿“程天赐”,因书《郑文公碑》有功,被郑道昭提拔为平东将军府主簿兼外兵参军,成为郑道昭的幕僚和门生,并随郑道昭赴任青州。

尽管《登百峰山诗碑》落款姓名断去,但标题当有诗文作者之载,落款又有书丹者职务,说明诗文系郑道昭所作,书丹者却非郑道昭。张伯英跋曰:“梧生(按:徐坊号)谓即道昭书,予谓非一人,其笔法有异。”②罗振玉也跋曰:“碑侧一行,曰‘平东府兼外兵参军’(下缺),乃道昭府僚题名,或为书人,或刊碑人。下半文缺。不可知矣。”③其“或为书人”一语,已言明非郑道昭所书了。

《登百峰山诗碑》是云峰四山北朝刻石中唯一的非摩崖刻石。《登百峰山诗碑》居于次要书写位置的碑侧,为书丹者提供了书写落款的条件。其他摩崖刻石皆无侧面可以利用,也就没有落款可见。由此可知,其他首题“诗五言……荥阳郑道昭作”的诗刻,书丹者皆非郑道昭。

《登百峰山诗碑》方圆兼施的笔法,方正严谨的结体,仍呈现着云峰刻石中紧峭庄严一类的书风。《登百峰山诗碑》“诗”“五”“言”“山”“事”“人”“陵”“高”“云”“石”“天”“外”“汉”“月”“府”“时”“留”“军”等字皆与《郑文公碑》相同,“仙”“室”“霄”字也与《咏飞仙室诗》同,“插”字与《观海童诗》同,“峰”字与《左阙题字》同,“登”“幽”与《置仙坛诗》同,“想”字与《东堪石室铭》同,其重文符号的使用,也见于《置仙坛诗》。

---

① 〔北魏〕魏收:《魏书》卷一百一十三,中华书局 1974 年版,第 3004 页。

② 转引自胡海帆《对〈登百峰山诗碑〉的一些新认识》,《云峰刻石研究(二)》,黄河出版社 2008 年版,第 195 ~ 197 页。

③ 转引自胡海帆《对〈登百峰山诗碑〉的一些新认识》,《云峰刻石研究(二)》,黄河出版社 2008 年版,第 195 ~ 197 页。

行书笔法,在《郑文公碑》和云峰其他刻石中已有运用。如“驎(骈)”“驾”“鳳(凤)”字四点写作短横,“道”“遂”辵旁写作“辶”,“霞”字四点作连笔,“峰”字之捺写作反捺,“峰”字末笔的竖画写作藏头露尾的悬针。在《登百峰山诗碑》中,行书笔法使用增多。如变捺为反捺的有“峰”“霞”“容”“奄”,捺脚变短的有“登”“久”“人”“陵”“天”,辵旁作“辶”者有“辽”,还有“霞”“霄”雨形省作两点,“丘”字的短竖变作点,“汉”字的三点水旁作连笔等。《登百峰山诗碑》线条流畅,秀丽精劲,近于行楷。

罗振玉给予《登百峰山诗碑》极高的评价。他说:“予谓北朝书迹,可配鹤铭者,惟郑文公碑,此刻锋颖具(俱)存,可窥见运笔之妙,又远出郑碑之上,当定为北朝石刻第一。”①

《登百峰山诗碑》与《郑文公碑》当出自一人之手。没有人说《郑文公上碑》和《郑文公下碑》是二人之书,但下碑明显好于上碑。没有上碑的实践,就没有下碑的成功。从上碑到下碑,从《论经书诗》《置仙坛诗》到《登百峰山诗碑》,从《五仙坛题字》到《游槊题字》,或四字五字,或洋洋千言;或小到方寸,或大到盈尺;或游笔摩崖,或挥毫石碑,展示给世人的,是书家在艺术巅峰上一次次新的登攀。北朝书家有此书法实践和成就者,的确是一人而已。惜书家大名湮没,未载史册。或许《登百峰山诗碑》下截有出土之日,那将是《郑文公碑》书丹者大白于天下之时。

郑道昭之后,其子郑述祖于北齐时刺史光州,从孙郑先护也于出帝时刺史青州。《登百峰山诗碑》若断于其时,也就石沉大海了。

近年在百峰山新发现的《山玄寺》题字,风化严重,仔细辨认得到二十五字:“此郑公出游地,仙玄寺,青州蹊,荥阳郑道昭,为政也,以道德治。”尚有几字难辨。题字的书风与《郑文公碑》如出一人之手(图5-5)。

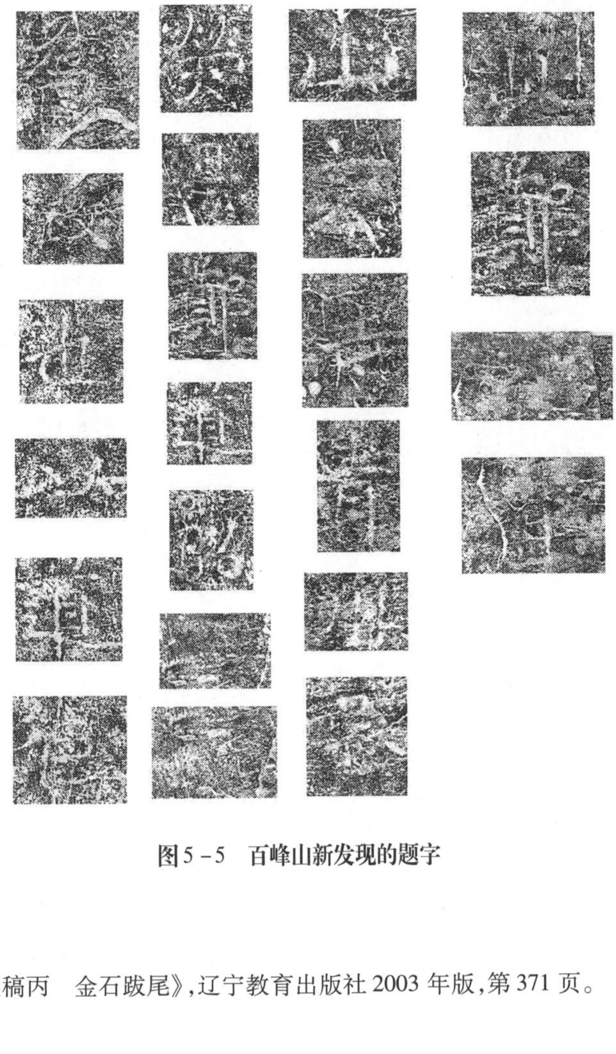

图5-5 百峰山新发现的题字

① 罗振玉撰述,萧文立编校:《雪堂类稿丙 金石跋尾》,辽宁教育出版社2003年版,第371页。

还需补述的是，出土的北魏墓志，有些与《郑文公碑》和《登百峰山诗碑》年代相近，书风相同，或是一人所书。

《元显俊墓志》书于延昌二年(513)。显俊系洛阳人，世祖太武皇帝之曾孙，城阳怀王元鸾第五子。元鸾于世祖初年曾任青州刺史。显俊少亡，年仅十五，《魏书》无载。其时，郑道昭转任青州刺史，书家之名或经郑道昭荐于京城皇族。

《元怀墓志》书于熙平二年(517)。元怀系洛阳人，高祖孝文帝第四子，封广平王，卒年三十。熙平元年(516)，郑道昭青州任满还京，再任秘书监，加平南将军。“程天赐”随其入京供职，书法显于当时。同年，郑道昭卒于洛阳。

《高道悦墓志》书于神龟二年(519)，1965 年出土于德州。高道悦官侍御史加谏议大夫，《魏书》有传。

《罗宗墓志》书于神龟二年(519)。罗宗系洛阳人，罗结后裔，世代封爵，《魏书》有传。罗宗官宁朔将军，员外散骑常侍。卒时，其从子罗衡任光州刺史。

《元譿墓志》书于神龟三年(520)，譿系洛阳人，显祖献文帝之孙，赵郡王季子，官羽林监、直阁将军，《魏书》有载。

《南平王元玮墓志》书于武泰元年(528)。玮系洛阳人，太祖道武帝六世孙。墓志载，其初任“谏议大夫，转中书侍郎，使除持节督光州诸军事、辅国将军、光州刺史”。《魏书》目录载元玮名曰仲冏，其传阙失。另据《册府元龟》载，仲冏“孝文时，出为辅国将军、光州刺史，遭母忧还。孝昌末，除秦州刺史”。“据元玮墓志，他在孝昌三年(527)被杀，年三十八，上推生于太和十四年(490)，元宏(孝文帝)死于太和二十三年(478)，仲冏才十岁。南北朝皇子童年出镇是有的，但他是疏族，且据志文，在先已官谏议大夫，中书侍郎。志文在他未仕之先，已说什么‘乐善显于冠日’，他出仕不能太早。这里所称‘孝文’是错误的。”设元玮二十岁入仕，其任谏议大夫三年，中书侍郎三年，出为光州刺史当在孝明帝熙平元年(516)，“孝文”当是“孝明”之误。元玮在光州任未满，遭母忧还家，罗衡继任光州刺史。

上述墓志是书家为皇族达官所书，时间从郑道昭任青州刺史到郑道昭卒后十二年，书法为一时之冠，也为今人所推崇。《中国书法》2008 年第 11 期、2009 年第 10 期，《书法丛刊》2008 年第 3 期，皆有刊载。

缺字试补

《论经书诗》长达 324 字，是《云峰刻石》中另一长篇巨作。《论经书诗》有十四字因刻于石脉而漫漶不清，对照邱学才先生收藏的清代拓本，参考诗意，笔者探讨了这些文字。

首句的第四字,旧补作“生”。此字左上有残点,右下有残捺,疑为“迷”。迷津,佛语“迷妄”的境界。《大唐西域记序》:“廓群疑于性海,启妙觉于迷津。”下句“浮生”一词,出自《庄子·刻意》“其生若浮”,认为人生在世,虚浮无定。“靖觉镜□(迷)津,浮生厌人职”,是说郑道昭因国运衰败,官场失意,而虚妄迷途。出任光州,安居一方,是道教将其超度到另一个精神世界,使他有了新的追求。这是郑道昭因理想和抱负破灭,而转入消极人生的真实写照。

第三句的第四字,上有左点和一横画残迹,疑为“道”。“耸志访□(道)游,云峻期登陟”,言郑道昭厌倦官场,立志修道,期望能得道成仙。

第五句的第五字的残迹与下句的“逕(径)”字相似,疑为“逕(径)”,小路。

第七句的第三字,残迹不可认,按诗意或是“石”字,石径长满青苔。此句第五字,有残迹可认,是个“难”字。“拂衣出州□(径),缓步入烟域。苔替□(石)径□(难),龍嵸星路逼”,是言登云峰山之艰难。

第九句的第三、四、五字不清。第三字上部左旁残迹似“亻”,下部残迹似“灬”,疑为“烋”。同“休”。《玉篇·火部》:“烋,美也,福禄也,庆善也。”此为吉庆之意。第四字上部似竹头,下部不可认。第五字下部残迹似“老”字。《云峰刻石调查与研究》补为“髦”,但上部不似“髟”形,而似竹形,疑为“筶”。“等筶”为一词,是用竹篾或柳条编制的筐、篓之类的盛物器,或是盛三牲祭品所用。“霞旌□(烋)□(等)□(筶),凤驾缘虚赩”的“旌”是道教的旌幡;“霞”和“虚”都是指道教;“凤驾”是指仙人;“赩”,赤色;“虚赩”是指道教的丹药。左思《蜀都赋》:“丹沙赩炽出其坂。”“凤驾缘虚赩”一语,是说神仙因修道炼丹而成仙,郑道昭信奉道教,也是为了学习丹术。此句与下句的“披衿接九贤,合盖高顶极”是对入道仪式的记述。诗称云峰山为“烟域”仙山。这里新建的“白云堂”按照道家礼仪,设旌立幡,焚香鸣磬,行符敕水,请来“九仙”。郑道昭披上道装,叩拜行礼,加入教门,学习丹术,开始了修仙之道。

第十八句的第二字,有残迹可认,是“狭”字。上句的“峥嵘非一岩”和“双阙承汉开”,当指天师道和北天师道。“窦□(狭)鸟过亟”等语,是借景喻事,论述道教艰难曲折的发展历程。

第二十二句的第三字,左部残迹似“亡”字,疑为“望”。“回首眇京关,连川□(望)未即”,是说望不见去京的关隘山川了。

第二十三句“还济河渐□”。第五字,残迹似“辶”,疑为“远”字。济,济水,是指荥阳。《水经注》卷七《济水》:“(济水)又东过荥阳县北。”“还济河渐□(远)”,是说远离了家乡。

第二十四句的第一字，下部似“東”字残迹，疑为“东”。东来，是指来到东部的光州。

第三十六句的第一字，残迹似“飞”字下部，疑为“飞”字。第二字，《云峰刻石调查与研究》释为“鸟”，但下部残形是一“山”字，疑为“岛”，“飞岛”是指周围的山峰。前句“藏名隐仙丘，希言养神直。依微姑射踪，逍遥朱台日”，是对入教学道的记述。“攀石坐危垂，□（飞）□（岛）栖倾侧。谈对洙巇滨，清赏妙无色。图外表三玄，经中精十力”，是对谈经论道的记述。诗中的“三玄”即《老子》《庄子》《周易》。郑道昭所论的经书是葛洪据“三玄”改编的《抱朴子》。

第四十四句的第五字，《掖乘》载此字为“石”，可从。瑶，美玉。石，石头。郑道昭以美玉自喻。“相翔足终身，谁辨瑶与□（石）？万象自云云，何必挂情忆。”郑道昭感悟到万物自生自化的“道”，对世上一切都不以为然了。他盘桓于云峰山上，一心去跋陟那个可与“九仙”相会的神仙世界。

《论经书诗》是郑道昭论经学道的记载，可见郑道昭对道教的信仰与崇拜，对神仙的向往与追求。

“九仙”是郑道昭崇拜的偶像。郑道昭举行入道仪式将九仙请到山上。云峰山上的“九仙”之名，只因一石残缺而不全。其石曰：“赤□子驾麟栖□之山。”考“九仙”之赤松子、王子晋、安期生皆出自《列仙传》。《列仙传》中还载有“赤须子”“爰憩吴山”。《抱朴子》中也载有赤须子丹法，此仙或是赤须子，缺字或为“须”和“吴”。

修道炼丹

《抱朴子》曰，扁鹊之药，只能给人祛病，不能使人长生。郑君授给葛洪的金丹仙经，载有太清丹法、羡门子丹法、赤松子丹法数十种。其以丹砂、雄黄、雌黄、硝石、云母、空青、硫黄、戎盐等为原料，择避俗祛邪的大山幽谷设炉炼丹，三十六日丹成，或服食三年、二年、一年，或服食百日、十日、三日、一日，便能成仙。① 同许多道士一样，郑道昭修道也是为了成仙。在云峰山入教修道的第二年，他来到大基山结庐炼丹。

清《掖县志·仙释》载：“郑道昭，荥阳开封人。明隽博学，为光州刺史。修道寒同山之云峰，又于大基山道士谷结庐。后仙蜕，丹灶、棋局、印石宛然。”《齐乘》也载，大基山道士谷是后魏郑文公得道之地。

大基山的五仙坛是郑道昭为炼丹而设的，他按“前朱鸟，后玄武，左青龙，右白虎”

---

① 〔东晋〕葛洪：《抱朴子·内篇》卷四，《四库全书》本。

的方位，取“四神”首字，在大基山四面山峰上分别建了“朱阳台”“玄灵宫”“青烟寺”“白云堂”四处仙坛，又在谷地前岗建了宣明道法的“中明坛”，请四方神灵守护丹炉。

五仙坛皆有刻石为记。《三续掖县志·古迹》对五仙坛刻石的位置、文字、建筑均有详细的记载。郑道昭的居所建在先天观大门西，“号曰白云乡青烟里也”。阮元《山左金石志》也记载，中明冈五仙坛，旧有建筑，今已失传。

在白云堂石壁上刻有郑道昭作的《置仙坛诗》。

“寻日爱丘素，陵月开靖场。”郑道昭开篇明义，说他因为平日爱好黄老学说，所以在大基山设炉炼丹。郑道昭炼一炉丹需要三十六天，因此，每隔一个多月就要作一次法场，请诸神守护丹炉四方。“神居杳汉眇，接景拂霓裳”一句，使人们见到了一位在中明坛身披道袍、手持拂尘、作法请神的郑道昭。

炼丹是一项非常庄严、神秘而又细致的工作。从“希微三四子，披霞度仙房”，可知有三四个人日夜守炉操作。从“萧萧步林石，寮寮歌道章”，又知郑道昭还要经常巡视张贴在四方的神符，还有许多道士在为炼丹诵经。

虽然诗称“乘务惜暂暇，游此无事方”，但炼丹需要三十六日，其间丹火昼夜不熄，需亲躬丹炉。因此，郑道昭与诸道徒在大基山结庐长居。题记载郑道昭“与诸门徒登青阳岭”，诗曰“追文听浅义，门徒森山行”，可知郑道昭做了道长，其门徒可能有数十人之多。此时的郑道昭，不再为儒学的荒废而焦急，不再为官场的失意而愤懑，也不再为其父的谥号而牵挂。他在乡野中获得了自由，在修道中解脱了烦恼。他盘桓在大基山，修道炼丹，悠然自得。“栖盘时自我，岂云蹈行藏”，正是郑道昭这种心态的充分流露。

《论经书诗》《咏飞仙室诗》《观海童诗》《置仙坛诗》等诗作，既是郑道昭修道求仙生活的真实写照，也是了解郑道昭其人的珍贵资料。这些资料显示，郑道昭不仅是一个道士，还是一位道长，其“修道妄仙”是历史的真实。

刘海粟先生说：“郑道昭显然是崇尚老庄的道教徒，除去做官，便是‘解易’。在他所写的诗中不断流露。”①郑道昭对于自己修道成仙并不掩饰，因为那时皇帝都信奉道教，大臣修道，并不为耻。倒是今人不知为什么不肯承认郑道昭是个道士，说郑道昭只是有道家的“思想倾向”而已。

郑道昭任光州刺史三年，于延昌二年（513）调任青州刺史。他在青州继续过着这种既做官又修道的生活。

熙平元年（516），郑道昭任满回京，任秘书监，加平南将军。不久，郑道昭暴病卒

① 刘海粟：《读郑道昭碑刻五记》，《文峰诸山北朝刻石讨论会论文选集》，齐鲁书社1985年版，第12页。

于洛阳晖文里，年约六十一岁。

郑道昭暴病而卒，或许与求长生、食丹药有关，因为当时死于丹药的人太多了。

大基山谷因郑道昭曾在此修道，被称为“道士谷”，其子郑述祖被称为“道士郎君”。云峰山有“石匠于仙人”刻石两块。石匠也成了“仙”，可见其影响之大。与普通道士不同的是，郑道昭不以道教为职业。他的思想也并非全属道教。他晚年消极思想的形成，有着孝文帝诏定其父谥曰“文灵”、郑氏失宠等深刻的社会原因。

上述所论，只为探求历史的真实与公正，丝毫没有抹杀郑道昭功绩之意。真实、公正的东西，才是郑道昭应该得到的东西。

郑道昭一生在政事上并无突出的建树。郑道昭的功绩不在政事，而在于他为东莱许多名未传世的书法大师提供了一个展示才能的机会，书丹了《郑文公碑》和诸多云峰刻石，营造了北魏书法的艺术宝库，为中华民族留下了艺术瑰宝。

文苑奇珍

云峰刻石形成于北魏由盛转衰之时，是东莱文化、齐文化与鲜卑族文化大融合的产物。

北魏时革新文字，鲜卑族英勇雄健、粗犷豪迈的文化特色，融入汉文化，出现了千姿百态、异彩纷呈的北魏文化，其代表作之一便是《郑文公碑》。

碑为三角巨石，依山而卧。碑额“荥阳郑文公之碑”七字，三大四小，雄奇悍劲，宽博大方，尽具北碑风韵，又藏千古之谜。一条石脉，或宽或窄，自右向左，倾斜而下，似天河蜿蜒。1234 字又如夜空星灿。51 行碑文，或长或短，依石而刻，按文分节，浑然一体，规模宏伟。康有为赞《云峰石刻》：“如阿房宫，楼阁绵密。”①我说《郑文公碑》如兵马俑，千军肃立，阵容整齐，异彩纷呈，气象万千。

《郑文公碑》洋洋千言，一气呵成；大气磅礴，神运灵动；法度谨严，字字方正；用笔圆劲，丰满庄重；含蓄高雅，风韵无穷。清人叶昌炽《语石》以其为正书第一，并不过誉。

正书源于改隶。汉建初王次仲始以隶字作楷法。“降及三国，钟繇者乃有《贺剋捷表》，备尽法度，为正书之祖。”②

包世臣论述《郑文公碑》的师承渊源时说：“北碑体多旁出，《郑文公碑》字独真正，而篆势、分韵、草情毕具，其中布白本《乙瑛》，措画本《石鼓》，与草同源，故自署曰

① 〔清〕康有为：《广艺舟双楫》，《历代书法论文选（下）》，上海书画出版社 1979 年版，第 833 页。
② 《宣和书谱·叙论》，《历代书法论文选（下）》，上海书画出版社 1979 年版，第 872 页。

草篆，不言分者，体近易见也。”①包氏“草篆”之论，系子虚乌有，《石鼓》出土于唐代，说碑本于《石鼓》，也是无稽之谈，唯言碑与隶体近，却是对的。

齐鲁之邦是隶书的发祥地。北魏郦道元《水经注》载：“孙畅之尝见青州刺史傅弘仁说临淄人发古冢，得桐棺前和外隐为隶字，言齐太公六世孙，胡公之棺也。惟三字是古，余古今书。证知隶自出古，非始于秦。”这是一个非常重要的发现，说明齐是隶书的发源之地，在西周早期，齐国就已经有了隶书，它要比 1976 年湖北云梦睡虎地发现的秦简隶书早 650 年。北宋《宣和书谱・叙论》也曰，隶书原与篆籀相生，特未行于时。1972 年，山东临沂银雀山一号墓出土《太公六韬》《孙子兵法》《尉缭子》《管子》《晏子》等西汉残简 4900 余号，其中《太公六韬》字体多具篆意，又与隶近，其年代在秦末或汉初。《孙子兵法》都是隶书，兼有篆书风韵，为汉朝初年所书。残简所书的内容，皆为齐人之作，展现的是齐国的书法艺术。

经过近千年的演变和进化，至东汉时，隶书登上艺术高峰，成为一种独领风骚的书体。坐落在曲阜孔庙的《礼器》《乙瑛》《史晨》被誉为“汉隶三大碑”，是隶书的代表之作。《郑文公碑》结体方正、笔画圆劲，可见汉碑《史晨》之法度；书势多变，千姿百态，可见汉碑《礼器》之奇趣；书意含蓄，雍容高雅，可见汉碑《乙瑛》之神韵；端正规整、庄重肃穆，秉承三碑之传统；中锋行笔，圆方兼施，藏锋敛锷，篆意隶韵，尽得三碑之精华。

云峰四山北朝刻石摒弃了北魏书法方笔捉刀、剑拔弩张的粗陋野气，开拓了以圆笔为主，方圆结合，结体方正稳重，线条圆润高雅，精神含蓄内敛的时代新风，显示出源远流长、丰富多彩的齐鲁文化内涵。

被誉为“晋隶三大名碑”之首的《郛休碑》，刊于泰始六年（270），道光十九年（1839）在今莱州城北朱桥镇上泊（坡）村出土，现藏于北京故宫博物院。邱学才先生藏有珍贵的整碑全拓。《郛休碑》比《郑文公碑》早 241 年。全文 1144 字，字体已成方形，呈现正书笔法，是隶书演变为正书的生动体现。《郛休碑》是《郑文公碑》的上承之作。西晋《郛休碑》、北魏《郑文公碑》、隋《宇文公刻石》等组成东莱书法由隶书到正书演变的文化链。

云峰诸山与郑道昭有关的刻石 47 种，呈现多种艺术风貌，除了“程天赐”和郑道昭外，还有东莱其他书家手笔。

云峰刻石有 166 个别体字，17 个简化字。这是北魏创新文字的印记。1983 年，时任中国佛教协会会长的赵朴初先生与陈叔亮、费新我等书法家考察《郑文公碑》，见

① 〔清〕包世臣：《艺舟双楫・历下笔谭》，《历代书法论文选（下）》，上海书画出版社 1979 年版，第 651 页。

到碑中“乱”“辞”“继”“与”“礼”“随”等简化字，深有感触地说：“看来，简化字不是吴老这些人（指中国文字改革研究委员会吴玉章等老先生）喝茶水、瞅天棚编出来的，许多字都出之有据。”1500 多年前创新的文字，成为当今简化汉字所借鉴的经验和文本，这是郑道昭与云峰刻石另一个重大的贡献。

云峰刻石的书法艺术，在郑道昭后人中没有继承。仅仅相隔五十年，郑述祖刊的《重登云峰山记》和《天柱山铭》，就改正为隶，面目全非了。

东莱人对于云峰刻石书法艺术的传承要比郑道昭家族久远。《掖乘》载，大齐天保六年（555）镌刻的《普照寺北齐造像记石刻》，存正书 55 字，余被人摧毁。斧山《宇文公德政碑》，清《掖县志》有记载，邱学才先生藏有《斧山宇文公德政碑》拓片。碑文存 39 字，虽然粗糙，仍是正书书体，其“州”“刺”等字，显见《郑文公碑》遗风，故康有为将其当作了北朝刻石。①

清人侯登岸《掖乘》所载的正书碑刻，还有唐《王无竞墓志铭》，宋《资圣寺废塔石刻》、郭异《海庙〈观海诗〉刻》、魏纾《云峰山虎头岩题字》等。逮至金、元、明、清，以正书书丹的《东海神庙碑刻》更是耸立成林。惜刻石大都被毁，今只有宋人魏纾的题刻与云峰山北魏刻石为伴。

1500 多年的风雨洗礼，使云峰刻石面目日新，享誉天下。而今，它以刊立 1500 多年华诞为契机，进入了一个新的时代。

① 〔清〕康有为：《广艺舟双楫》，《历代书法论文选（下）》，上海书画出版社 1979 年版，第 771 页。

斧山《光州刺史宇文公碑》考释[①]

斧山，又名福山，在莱州城西北3千米，西与粉子山相连，今统称为粉子山。

斧山峰岭高峻，北临沧海，南望岱岳，为一邦游观胜地。北魏太和十九年(495)，崔挺任光州刺史，欲于绝顶营建观宇。故老曰："此岭秋夏之际，常有暴雨迅风，岩石尽落，相传云是龙道，恐此观不可久立。"崔挺曰："人神相去，何远之有？虬龙倏忽，岂唯一路乎！"[②]遂营建而成。崔挺在任六年间，果然没有风雨灾异。民众认为是崔挺善化所感。崔挺善书，任太学博士时，冯太后追封其父冯朗为燕王，立庙长安，选崔挺书碑，碑成赐爵泰昌子。崔挺建观宇于斧山，必有题字或是题记。景明元年(500)，崔挺卸任后，观宇为风暴所毁，殊为可惜。正始二年(505)，王谅任光州刺史，再建，又毁，终莫能立。后来，王谅被劾免官。永平三年(510)，郑道昭任光州刺史，在城南云峰山上营造了《郑文公碑》。

清《续掖县志》载，斧山旧有《光州刺史宇文公碑》。碑文曰："光州刺史宇文公抚育边民恩同赤子治方清美□甚文王之化乐过于□老弱相□故□山□建造碑铭□注记。"又载，碑文"可识者三十八字，其下及西偏别有刻字甚夥，皆细浅不可辨，中隐隐有'大都督'字。按：宇文公名不传，石刻亦无年代，以官考之，当在北朝及隋初之时，若仁寿中，宇文恺时不名光州"。

根据清《续掖县志》的记载，碑乃刻于斧山摩崖石壁，经查，今已荡然无存。

今访邱学才先生，其珍藏有隋《光州刺史宇文公碑》拓片(图5-6)，字与清《续掖县志》所载相同。唯"铭"下一字，尚有残迹可辨，是一"方"字，说明拓片早于清《续掖县志》。今试补缺字，碑文或曰："光州刺史宇文公，抚育边民，恩同赤子，治方清美，□(德)甚文王之化，乐过于□(周)，老弱相□(携)，故□(仰)山□(营)建，造碑铭□(方)。注记。""注记"二字，当是碑下铭文和西偏铭文的标题。

今考，碑中的宇文公即宇文恺，《隋书》有传。宇文恺(555—612)，字安乐，本朔

---

① 此文原载黄河出版社2008年出版的《云峰刻石研究(二)》。

② 〔北魏〕魏收：《魏书》卷五十七，中华书局1974年版，第1264～1265页。

方(治今陕西白城子)人,迁居长安。父宇文贵,北周时官大司空、大司徒,封许国公。宇文恺是北周功臣之子,三岁赐爵双泉伯,七岁进封安平郡公。其家世代武将,诸兄皆习弓马,恺独好学,博览群书。隋文帝灭北周,诛宇文氏,恺初也在被杀之列,因其家与北周皇室有别,恺兄忻有功于隋,幸而得免。恺多技艺,有巧思,精通规划建筑,隋文帝时出任营新都副监,兴建了大兴城(今陕西西安),规划设计皆出其手。又开凿广通渠,决渭水于黄河,以通漕运。隋炀帝时建东都,宇文恺改任东都副监,转升将作大匠,规划东都建筑,按炀帝所好,穷极壮丽,拜为工部尚书,后以渡辽功,晋位为光禄大夫。

图5-6　隋《光州刺史宇文公碑》拓片

《隋书》载,宇文恺在隋文帝时"拜莱州刺史,甚有能名"①。"甚有能名"与莱州吏民颂其德政正合。《隋书》载宇文恺任莱州刺史,碑文曰光州刺史宇文公,碑与史书不合,清《续掖县志》因此而不能确定碑的主人与年代。

光州是北魏献文帝皇兴四年(470)析青州东部而置,治所设在掖县(今莱州)。西魏、北周时,沿用北魏建制,仍称光州。隋灭北周,于开皇五年(585)改光州为莱州。② 碑称宇文公为光州刺史,《隋书》载宇文恺为莱州刺史,可知隋改光州为莱州,是在宇文恺任光州刺史期间,故宇文恺先称光州刺史,又改称莱州刺史。"莱州"之称,也由此而始。碑中的宇文公即宇文恺。

《隋书》载,宇文恺的父亲宇文贵,北魏孝武帝时,"入为武卫将军,阁内大都督"③,宿卫宫廷。清《续掖县志》载,碑下及西偏,别有许多刻字,皆细浅不可辨认,其中隐隐有"大都督"字。这些"注记"的字,当是宇文恺的家世,"大都督"与宇文贵在

① 〔唐〕魏征、令狐德棻:《隋书》卷六十八,中华书局1973年版,第1587页。
② 〔唐〕魏征、令狐德棻:《隋书》卷三十,中华书局1973年版,第861页。
③ 〔唐〕李延寿:《北史》卷六十,中华书局1974年版,第2138页。

北魏时的任职正合。

《光州刺史宇文公碑》是光州吏民为宇文恺刊的德政碑。从“光州”之称来看，碑当刊于宇文恺任光州刺史之时，也即开皇五年(585)隋改光州为莱州之前。

莱州城南云峰山上有北魏《郑文公碑》，城西斧山有隋初《光州刺史宇文公碑》，虽都系德政之碑，性质却迥然不同。《郑文公碑》是郑道昭任光州刺史时为其父郑羲改谥正名而刊，碑文多伪辞谀语。《光州刺史宇文公碑》是光州吏民为颂扬宇文恺德政而刊，表达的是民意众声。《郑文公碑》以书法为贵，《光州刺史宇文公碑》以史实为胜，二碑各有千秋。

《光州刺史宇文公碑》比《郑文公碑》晚七十多年，字为正书，“光”“州”“刺”“史”等字，可见《郑文公碑》正书遗风。莱州人对《郑文公碑》书法艺术的传承由此可见一斑。

晚清康有为将《光州刺史宇文公碑铭》列为购碑目录，载入其《广艺舟双楫》①，但康有为误以为是北周之碑。碑文旧无著录，今连同邱学才先生所藏碑文拓本，一并作记，以补书史之缺。

① 〔清〕康有为:《广艺舟双楫》,《历代书法论文选(下)》,上海书画出版社 1979 年版,第 771 页。

吕氏一门四相和东莱先生①

齐文化在胶东哺育了许多历史文化名人,宋代吕氏一门四相和东莱先生是其典型的一例。

历史上父子继世为相的,有汉代山东邹县(今山东邹城)的韦贤、韦玄成,陕西平陵的平当、平晏,唐代雍州武功(今陕西武功)的苏瑰、苏颋,河北赞皇的李吉甫、李德裕。祖孙五世四相的,只有北宋的吕蒙正、吕蒙正侄吕夷简、吕夷简三子吕公著,南宋的吕公著之孙吕好问。另外,吕夷简次子吕公弼,官枢密使,为国家最高军事长官,也是朝廷重臣。《宋史·吕夷简传》称其为"三世四人"。然《宋史》载吕蒙正为河南人②,吕夷简"先世莱州人。祖龟祥知寿州,子孙遂为寿州人"③。吕蒙正、吕夷简、吕公著的家世,《宋史》记载不详,生地不明,使一门四相这一特有的文化现象生出了许多疑惑。

近年发现的清乾隆戊申《东莱吕氏家谱》载,一门四相出自东莱吕氏世家。据考,吕蒙正、吕夷简皆生于莱州,吕公著或生于寿州(今安徽寿县)。

吕公著之孙吕好问,靖康之变,以存社稷功,官尚书右丞,兼门下侍郎,为宰相,初封掖县男,再封东莱郡侯。吕好问长子吕本中,南宋著名诗人。吕好问曾孙吕祖谦,南宋著名的哲学家、教育家。吕祖谦的婺学与朱熹的闽学、陆九渊的金溪之学鼎立为师,又与朱熹、张栻并称为"东南三贤",卒谥成,追封开封伯,从祀孔庙。吕本中与吕祖谦皆号"东莱先生",学者称吕本中为"大东莱",称吕祖谦为"小东莱"。

一、齐太公吕尚后裔

吕氏源于炎帝,封自舜帝。始祖伯益,奉舜帝之命,佐禹治水有功,舜帝祚四岳

---

① 此文原名《吕氏一门三相家世考》,发表于《东岳论丛》2010年第4期,今作修改,并增加了"东莱郡侯、东莱先生与东莱书院"一章。

② 〔元〕脱脱等:《宋史》卷二百六十五,中华书局1977年版,第9145~9149页。

③ 〔元〕脱脱等:《宋史》卷三百一十一,中华书局1977年版,第10206页。

国,命以侯爵,赐姓曰姜,氏曰有吕,建吕国于今莒县。大禹治水有功而有天下,以伯益为执政大臣,号称“四岳”,并荐为禹帝的继承人。禹帝卒,伯益让位于禹帝之子启,启建立了夏朝父传子承的家天下。帝太康时失国,“羿浞代夏”数十年。少康中兴之后,夏朝迁都中原,吕国迁都南阳,成为夏朝南方的屏障,莒县吕国改称筥。越千年,筥(吕)有吕尚,佐周文王、武王灭商兴周,封齐侯,建齐国于营丘,后迁都临淄。至齐康公吕贷时失国,被田氏取代。

《史记》之《齐太公世家》《田敬仲完世家》和《资治通鉴》载,齐康公十九年(前386),田常曾孙田和始为诸侯,迁康公于海上,使食一城,以奉先祀。二十六年(前379),康公卒,“无子”,“绝无后”,吕氏遂绝其祀。

史载田和迁齐康公于海上,海上在何地,没有明确的记载。《福山县志》《文登县志》《宁海州志》都有齐康公墓在其地的记载,但都无遗址、墓迹发现。考古发现的长岛县王沟春秋至战国墓葬五十余座,年代与齐康公的年代相合,出土的铜器与齐国铜器相同,学者认为长岛县王沟即“迁康公于海上的地点”①,其言可信,今胶东吕氏多为齐康公后裔。

司马迁和司马光言齐康公“无子”,“绝无后”,有误。齐康公后裔的客观存在是史实。吕夷简之六世孙吕祖谦居浙江金华,是南宋著名的哲学家、教育家,与朱熹、张栻并称“东南三贤”。上海图书馆藏的《(浙江)东阳象冈吕氏宗谱》载有吕祖谦撰的《吕氏族谱》和朱熹撰的《吕氏世系谱序》,今收编于《中华吕姓》。《吕氏世系谱序》载,康公有二庶子,曰绥,曰缨。绥生砧,砧生䰟,䰟生毓,毓生球,球生礼,即康公七世孙。缨居单父,生二子,曰祀,曰禧,禧居阳翟。②

安徽《堨田吕氏族谱》载有秦汉至唐宋谱系及谱序,其中秦相文信侯吕不韦《吕氏宗谱序》曰:“康公之东迁海上,吕氏之存者寡矣。公子进见机而亡命奔韩……”齐康公失国后,其次子绥(又名完)居单父,生二子祀、禧,禧又名进。进奔韩居阳瞿(即今河南禹州),传四世而生不韦,不韦为齐太公之二十六世孙。

《河南禹州吕氏谱》曰:“禹州曾名禹县,战国时名阳翟,为韩国都。春秋时的吕氏齐国,到了战国时期被田氏篡夺。庆公子吕进逃奔阳翟。相传后来避难于莱州的康公子吕祁也辗转于阳翟。吕进之五世孙吕不韦相秦治天下,吕不韦由阳翟迁晋。”③可知有吕祁避居于莱州,吕祁应是康公之孙,与祀、禧同辈,朱熹《吕氏世系谱序》写作“砧”。

---

① 林仙庭、李健:《海岛疑有康公地》,《考古烟台》,齐鲁书社2006年版,第163页。

② 〔南宋〕朱熹:《吕氏世系谱序》,《中华吕姓》,中州古籍出版社2003年版,第70页。

③ 吕心惠主编:《中华吕姓》,中州古籍出版社2003年版,第159页。

《新唐书·宰相世系》载："吕尚字子牙，号太公望，封于齐。十九世孙康公贷为田和所篡，迁于海滨。康公七世孙礼，秦昭襄王十九年自齐奔秦，为柱国、少宰、北平侯。二子，伯昌、仲景。伯昌生青，以令尹从汉高祖，封阳信侯，谥曰胡。唐有隋州刺史仁宗，即其后也。康公未失国时，吕氏子孙先已散居韩、魏、齐、鲁之间，其后又徙东平、寿张，魏有徐州刺史万年亭侯虔，字子路，孙行钧，其后世居河东。"①

汉时，吕青七世孙吕霸居东莱掖县。朱熹《吕氏世系谱序》曰："桂生子霸，即马童六世孙，为汉尚书令，娶太原太守王殷女，生五子：鹄、鸿、鹤、鹏、鸽。薨，葬于东莱城，今献阳路莱州掖县。鹄为兵部侍郎，鸿吏部尚书，鹤中书侍郎，鹏、鸽皆汉骠骑将军。鸽娶琅琊王氏，生一子徽，卒葬漏泽。徽尚书长史，葬掖城东北，生一子陵，后汉太原太守，娶雁门太守荥阳郑氏，生一子隆，后汉徐州刺史，娶彭城胶东晔之女，生一子徵，彭城太守，娶东海太守彭城刘女，生子嶷，征南大将军。子泽，魏南阳太守，娶丹阳纪氏，卒葬掖城。生子远，魏光禄大夫，汝南太守，娶晋大将军光禄卿彭城刘女，生子得，安德郡太守，娶安定太守王氏因家焉，生子曰肇，即鸽之九世孙，仕晋为右将军，即吏部尚书刘氏女，生一子虔，字子路，封益寿亭侯，迁徐州刺史，后封为万年亭侯，世居东平为吕氏宗。"②

南宋邓名世《古今姓氏书辩证》也曰："至尚书令霸居东莱，为东莱吕氏。霸十一世孙虔，字子路，魏徐州刺史、万年亭侯，徙居东平任城。"③

朱熹《吕氏世系谱序》载吕蒙正是齐太公吕尚的六十代孙，齐康公吕贷的四十一代孙。吕尚佐武王克商至吕蒙正出生，计有1990年，按三十年一代人推算，当为六十六代，朱熹所载世系之数大体相符。但《新唐书·宰相世系》载的唐代隋州刺史吕仁宗，《吕渭墓志铭》载的吕渭先祖晋代河东太守吕充，均不见于朱熹《吕氏世系谱序》，晋、唐之时或有疏漏。

朱熹《吕氏世系谱序》载吕青之子为吕马童，曰："（礼）生二子，长伯昌，次仲景。伯昌生青，以令尹，从汉高祖入关，封阳信侯，谥曰胡公。青生马童，居彭城，与项羽同乡，并佐高祖破项羽垓下至乌江有功，封中水严侯，即献州交河县也。"④此记有误。吕青子为吕臣，《史记》《汉书》都有记载。

《史记·陈涉世家》载吕臣为秦末农民起义军首领陈胜的涓人。《集解》应劭曰："涓人，如谒者。"谒者，古代官名，又称典谒，负责典册文书与引见帝王，如后之主簿。

---

① 〔北宋〕欧阳修、宋祁：《新唐书》卷七十五，中华书局1975年版，第3370～3371页。

② 〔南宋〕朱熹：《吕氏世系谱序》，《中华吕姓》，中州古籍出版社2003年版，第70页。

③ 〔南宋〕邓名世：《古今姓氏书辩证》卷二十三，文渊阁《四库全书》本。

④ 〔南宋〕朱熹：《吕氏世系谱序》，《中华吕姓》，中州古籍出版社2003年版，第70页。

古无涓人之职,"涓"与"典"音近,"涓人"或是"典人"之误。陈胜的车夫庄贾杀陈胜降秦,吕臣在新阳组织仓头军,杀庄贾,恢复陈胜的张楚政权。吕臣仓头军成为推翻秦王朝的一支重要力量。《史记·高祖本纪》载:"秦二世三年,楚怀王见项梁军破,恐,徙盱台都彭城,并吕臣、项羽军自将之,以沛公为砀郡长,封为武安侯,将砀郡兵。封项羽为长安侯,号为鲁公。吕臣为司徒,其父吕青为令尹。"①五年,吕青以令尹从汉高祖灭秦。《汉书·高惠高后文功臣表》载,汉高祖七年(前200)正月壬子,封吕青为阳信胡侯,阳信在山东北部,徒骇河与马颊河之间。孝惠帝四年(前191),吕青卒,吕臣嗣为顷侯。元鼎五年(前112),六世谈侯,坐酎金免。元康四年(前62)二月,九世长陵大夫阳诏复家。②

吕马童原系项羽故人,后改从刘邦,以司马击楚将龙且,后又参与垓下之战。汉高祖七年(前200)正月己酉,因功封为中水严侯。其后三天,吕青被封为阳信侯。吕马童若是吕青之子,不会与父皆封侯,更不会封于其父之前,可知吕马童并非吕青之子。南宋邓名世《古今姓氏书辩证》"吕氏"条下也曰:"青生臣,为柱国,唐随州刺史仁宗即其后也。"③

朱熹之误,或出自吕臣是奴隶领袖陈胜的近臣,而不明其因。此事,当与"窃葬"吕不韦有关。秦始皇九年(前238),宦官嫪毐与太后赵姬淫乱事发,嫪毐被诛三族。十年(前237),吕不韦坐免相职,贬居封地洛阳。到洛阳看望吕不韦的各国使臣、宾客、门人一直络绎不绝。岁余,秦始皇怕其生变,写信威逼吕不韦饮鸩自尽。吕不韦死,家人、门客数千人将其安葬在洛阳北邙山上,因未上奏朝廷,被称为"窃葬"。秦始皇再迁怒于吕不韦家人及门客,凡临丧哭哀的,如是三晋人,皆被驱逐出境;凡是俸禄在六百石以上的,皆被夺官驱逐;俸禄在五百石以下而没有临丧哭吊的门客,也被迁徙。吕青的祖父吕礼官秦柱国,封北平侯,负责京都防务。吕礼与吕不韦都是齐康公吕贷的七世孙。吕不韦是吕青的从祖,吕不韦死,吕青父子没有不临丧的道理。吕青父子正是因为"窃葬"吕不韦,而被削去官职,夺去户籍,驱逐到楚地新阳(今安徽界首北)。陈胜率奴隶起义,攻克陈地(今河南淮阳),建立了张楚政权。吕臣为复仇,投奔义军,做了陈王近臣。从吕臣组织仓头军,杀庄贾,复张楚,与项羽、刘邦一起成为推翻秦王朝的三支主要武装力量,以及楚怀王封吕青为令尹,吕臣为司徒,汉高祖封吕青为阳信侯来看,吕青父子文韬武略皆备,绝非平常之人。他们是秦柱国、北平侯吕礼之孙,又是宋代宰相吕蒙正、吕夷简、吕公著的先祖。吕氏一门四相是齐文化

---

① 〔西汉〕司马迁:《史记》卷八,中华书局1959年版,第356页。

② 〔东汉〕班固:《汉书》卷十六,中华书局1962年版,第554页。

③ 〔南宋〕邓名世:《古今姓氏书辩证》卷二十三,文渊阁《四库全书》本。

的延续。

二、东莱世家

《东莱吕氏家谱序》载:“吾姓兆自大禹。禹封太岳为吕侯,后因为氏,此一姓之总会,初不可考。惟在东莱者,犹琅琊之王,荥阳之郑,天下咸属耳目焉。五代周户部侍郎吕公梦奇,实居莱之军寨址庄,生子二,长龟图,官起居郎,后徙河南,子蒙正,以殿元仕至平章揭奚,斯作《宋史》,犹注为东莱人。次龟祥,子蒙亨,因官占寿州籍。蒙亨生夷简。夷简生正献公公著。公著生侍讲公希哲。希哲生好问,官资政殿学士,以恩仍封东莱郡侯。子文清公(按:吕本中)诣东莱创书院未成,子祖谦始告竣,官国史院编修,没后,朱子(按:朱熹)题其墓云东莱吕氏……”所载世系与朱熹《吕氏世系谱序》相合。

吕梦奇所居的军寨址,从汉代起就一直是吕氏墓地,清代时尚有人守墓。掖人侯登岸《掖乘》卷七载有清道光三年(1823)在掖城城东南姜家疃出土的《唐王庆墓志铭》。王庆是东汉议郎王扶之孙,累官朝议郎、登州司马,上柱国。唐中宗李显神龙元年(705)卒,与夫人吕氏合葬于掖城东南五里岗掖山之阴。铭文载:“夫人同郡吕氏,剑履旧族,言容夙备,作配君子,宜其室家而与善。”王庆享年 67 岁,生于唐太宗贞观十三年(639),假设其 20 岁时结婚,当在唐高宗显庆四年(659)。所谓的“剑履旧族”,是指过去可带佩剑上殿的官员家族,可知唐朝初年,莱州吕氏为郡之望族,惜其家谱遗失,世系不明。

吕韬是吕蒙正的曾祖。富弼《吕文穆公蒙正神道碑》载,吕蒙正的曾祖吕韬官唐末莫州郑县主簿,韬生梦奇、鲁乾二子。

吕梦奇是吕蒙正的祖父。《旧五代史》载,吕梦奇于后唐天成元年(926)六月迁谏议大夫,三年(928)七月迁御史中丞,长兴三年(932)由北京副留守晋为户部侍郎。

吕梦奇生二子,长曰龟图,次曰龟祥,分居南北二院。吕龟图娶刘家刘氏女,生子蒙正、蒙休。吕龟祥娶李家李氏女,生蒙亨、蒙巽、蒙周。

安徽《宁陵吕氏祖源考》①载,吕龟图和吕龟祥皆登进士。后周开科取士始于周太祖广顺二年(952),吕龟图最早在此年中进士,后入仕,官后周起居郎。后周恭帝元年(960),赵匡胤在陈桥兵变,建立宋朝。吕龟图改仕宋,仍原职,后知泗州。

明嘉靖《寿州志》卷七《人物》载,“宋太平兴国二年(977),龟祥登进士及第,为殿中丞,知寿州,有惠政及民,民爱留之不忍去,遂家焉”。宋太宗时,吕龟祥和侄吕蒙正

① 吕心惠主编:《中华吕姓》,中州古籍出版社 2003 年版,第 245 页。

同年登科，只是吕龟祥是莱州府的举子，而吕蒙正已是河南府的举子。所以《宋史》载吕夷简“先世莱州人”，载吕蒙正则是河南人。登科时，吕蒙正三十三岁，吕龟祥可能年近五十了。

吕龟祥长子吕蒙亨是吕夷简的父亲，宋太宗端拱二年(989)，举进士高等，廷试时因堂兄吕蒙正居相位，为避嫌，放弃了廷试，出任下蔡(今安徽凤阳)、武平(今属福建)主簿。宋太宗至道元年(995)考文学、政绩都是优秀，擢为光禄寺丞，后改大理寺丞。吕龟祥次子吕蒙巽官虞部员外郎。三子吕蒙周，宋太宗淳化三年(992)进士及第，官太常寺丞。

三、故居出生

《大明一统志》卷二十五载：“五代唐吕梦奇，莱州人，仕唐累官至户部侍郎。子龟图，周起居郎，徙家河南。龟图弟龟祥，仕宋以殿中丞，知寿州，因家焉。龟图子蒙正，为宰相；蒙休举进士，官至殿中丞。龟祥子蒙亨举进士高等，累官大理寺丞；蒙巽虞部员外郎；蒙周进士及第。蒙亨子即宰相。”为宰相的蒙亨子即吕夷简。《莱州府志》的记载与此相同。《宋史·吕蒙正传》载，吕夷简有弟曰宗简，也进士及第。另外，吕夷简子公绰、公弼、公著、公孺皆官居要职。但重刊明万历《莱州府志》卷七《政治》与清康熙五十一年《莱州府志》卷十《人物》、清乾隆二十三年《掖县志》对莱州吕梦奇一家人都只记到吕夷简，没有其弟、其子，是其弟、其子非莱州生人。明、清两朝《莱州府志》记载的吕梦奇、吕龟图、吕龟祥、吕蒙正、吕蒙休、吕蒙亨、吕蒙巽、吕蒙周、吕夷简都是莱州人，是知吕蒙正、吕夷简出生于莱州，其故居在军寨址。

清光绪十九年《掖县志》卷四《拾遗》载：“城北十里曰郎子埠，再十里曰军寨址，或古用兵处，无考，而实吕公梦奇故里也。村后古冢传为吕氏祖墓云。”

明万历《东莱吕氏家谱序》载：“五代周户部侍郎梦奇公墓在城北军寨址，且旧碑有‘蒙正故里’四字，是其古迹也。”

军寨址从汉代起就一直是吕氏的墓地。第三次全国文物普查，确认墓区东西长约800米，南北宽约600米，总面积约48万平方米。墓区现存一大墓，封土高约2.5米，底部直径约11米，当地村民讲，原墓直径50多米，后在此取土挖去大部分。大墓多次被盗，被公安机关追回的葬物有青铜车马器、带钩等小物件，为汉代之物。朱熹《吕氏世系谱序》记载的吕霸与其子卒葬掖城东北，当是此地(图5－7)。

军寨址是吕蒙正曾祖吕韬、祖父吕梦奇、父吕龟图、叔吕龟祥的故居，也是他和弟吕蒙休，堂弟吕蒙亨、吕蒙巽、吕蒙周及侄吕夷简的出生地。

吕蒙正、吕好问、吕祖谦的封爵皆载入《莱州府志》《掖县志》。

吕蒙正的生卒年一直存在争议。《中国人名大词典》载吕蒙正卒年为1011年，生年为944或946年。《中国状元全传》《中国宰相全传》皆说吕蒙正是后晋开运三年（946）出生于河南洛阳。其实，吕蒙正的卒年在《宋史》有记载。《宋史·吕蒙正传》载："许国之命甫下而卒，年六十八。"

图5－7　军寨址汉代吕氏祖墓

《宋史·真宗本纪》载，大中祥符四年（1011）四月"丁卯，许国公吕蒙正薨"。享年六十八是虚岁，是知吕蒙正出生在公元944年，即后晋开运元年。吕蒙正的父亲吕龟图在后周广顺二年（952）中进士时，他已八岁。宋建国于公元960年，宋初，吕蒙正母子由莱州到开封投父时，最少有十六岁了。

吕龟图小妾众多，刘氏与她们不睦，吕蒙正母子被吕龟图赶出家门，流落在伊、洛河畔，居住在洞窑之内，靠拾柴、纺棉度日。吕蒙正发奋攻读，于宋太宗太平兴国二年（977），高中丁丑科一百零九名进士榜首，成为宋朝开国以来的第十六位状元。端拱元年（988），吕蒙正拜相，成为宋朝历史上第一位状元宰相。

吕夷简生于其祖父吕龟祥中进士后的第二年，即宋太宗太平兴国四年（979）。家谱所载与史籍相同。

《宋史》载，吕龟祥是以御史中丞之职知寿州的。御史中丞是从三品之官，吕龟祥从九品之职升至从三品之官，不会是在他中进士后的第二年。因此，吕龟祥一家由莱州迁居寿州时，吕夷简年龄已经很大了。

《四库全书》收编的元代兵部侍郎青州人于钦《齐乘》卷六载："吕夷简，莱州人，丞相，文靖公。六世孙伯恭（按：吕祖谦）号东莱先生。"①其载吕夷简为莱州人，与《大明一统志》和《莱州府志》的记载相合。

吕公著是吕夷简的第三子，出生于宋真宗天禧二年（1018）。这年，祖父吕蒙亨在朝中任大理寺丞，父吕夷简由茶盐场兼无为军通判，权知开封府。

《寿州志·舆地志·冢墓》载，"吕龟祥墓在城北凤台县境"，未见其子孙之墓。

① 〔元〕于钦：《齐乘》卷六，《四库全书》本。

《宋名臣言行录外集·吕祖谦》载:“六世祖申国文靖公(按:吕夷简)自寿春徙开封,今为开封人。”朱熹《宰相经纬学》和《吕氏世系谱序》载,吕夷简卒于郑州府第,葬于郑州新郑县马亭乡吕氏坟域。范镇《吕惠穆公公弼神道碑》载,吕公弼卒于郑州管城府第,葬于郑州新郑县怀忠乡神崧里先公之茔。是知吕夷简一家迁居在郑州管城,祖坟在郑州新郑县。吕夷简一家迁居郑州的时间,当在其朝中任职之后,因此,公绰、公弼、公著、公孺可能都出生于寿州。

四、执政简历

吕蒙正,字圣功,宋太宗太平兴国二年(977)状元,初任将做监丞,通判升州(治今江苏南京)。太平兴国四年(979),吕蒙正随太宗御驾亲征北汉,途中任命为著作郎、直史馆、左拾遗。五年(980),吕蒙正升为左补阙,起草诏命。

太平兴国八年(983),吕蒙正擢为参知政事,副宰相。

端拱元年(988)二月,吕蒙正擢为中书侍郎兼户部尚书、平章事、监修国史,为宰相。

吕蒙正为相时,朝中正为对辽或战或和争执不下。吕蒙正以隋唐时数征高丽而不胜为例,劝宋太宗把主要精力转入治理内政,国家强盛,辽国必然归顺,从而结束了太宗多年亲征辽国而不胜、劳民伤财、生灵涂炭的被动局面。吕蒙正又劝太宗以“大度宽容”为怀,妥善处置后周旧臣,争取了许多后周旧臣的支持,巩固了政权。

吕蒙正为官清正,有一官员家中有一宝镜,自称能照二百里,欲送给吕蒙正。吕蒙正笑曰:“我的脸只有碟子大,哪里用得上照二百里的镜子。”闻者皆叹服。

吕蒙正之前,宰相的儿子入仕即授七品之官,及吕蒙正做了宰相奏道:“我是状元,入仕只授九品之职,现在我的儿子入仕即授七品之职,我怕他遭阴谴,请只以九品授他。”从此,宰相的儿子入仕由七品改为九品。

吕蒙正非常重视选贤任能,他身边带着一个小本子,记着他了解的人才。《宋史·吕蒙正传》载,有一次宋太宗让中书省选一人出使朔方,吕蒙正选了一人奏上,太宗看不中,让吕蒙正另选,结果还是此人,如此三次,太宗责其固执己见,吕蒙正对曰:“非臣固执,盖陛下未谅尔。出使朔方,其人可使,他人不及,臣不想以媚道妄随圣意,以害国家。”同僚闻其言,吓得不敢出声。太宗退朝对左右臣说:“蒙正气量,我不如也。”于是选用了吕蒙正所荐之人,果然不辱使命。因此,在吕蒙正任相时,朝中多贤能之士。他荐举的吕夷简、富弼都成为一代名相。

吕蒙正廉洁清正,关心民生,以国为重,遇事敢言,从不看宋太宗脸色行事,但吕蒙正的固执,有时也让太宗为难。《宋史·吕蒙正传》载,元宵观灯,太宗筵席间炫耀京城的繁华。吕蒙正避席奏曰,他出京城不几里,见饥饿而死者甚多,劝谏太宗不要光看到京城繁华,而要念及天下受难的百姓,给夸夸其谈的太宗泼了一盆冷水。至道元年(995),太宗因吕蒙正固执而免其相职,让他以尚书右仆射出判河南府兼西京留守。

咸平四年(1001),宋真宗即位,拜吕蒙正以本官同平章事兼门下侍郎、左仆射、昭文馆大学士,加司空。吕蒙正第三次登上相位。在此之前,三次入相的只有开国元勋赵普。咸平六年(1003)九月,吕蒙正授太子太师,封莱国公。

景德二年(1005),吕蒙正感到力不从心,上书辞官,回洛阳安度晚年。

吕蒙正有七个儿子,皆以荫入仕。大中祥符四年(1011)二月,宋真宗祭祀先帝陵,路过洛阳,到吕府看望吕蒙正,问:“爱卿诸子谁可重用?”吕蒙正说:“诸子皆不足用,有侄夷简,现任颍州推官,真宰相器也。”吕夷简从此引起真宗注意。

大中祥符四年(1011)四月九日,吕蒙正病逝,享年六十八岁。真宗诏赠中书令,谥曰“文穆”。

吕蒙正相太宗、真宗十五年。《宋史·吕蒙正传》称其质厚宽简,有重望,以正道自持,正直敢言,为一代贤相。

吕夷简,字坦夫,咸平三年(1000)进士及第,初补绛州军事推官,寻迁大理寺丞,通州通判,太常博士。大中祥符九年(1016),河北水灾,吕夷简知滨州,治水救灾。他发现五代以来实行的农器之税很重,农民苦不堪言,奏请朝廷免除了农器之税。百姓感恩,建吕夷简生祠于滨州。宰相王旦与参知政事王曾赏其爱民之心、处政之才,荐其为提点两浙刑狱。天禧元年(1017),吕夷简改擢为茶盐场兼无为军通判。天禧二年(1018),吕夷简权知开封府。天禧四年(1020),吕夷简擢为刑部员外郎兼侍御史知杂事。

乾兴元年(1022)二月,真宗卒,十三岁的仁宗即位,晋吕夷简为右议大夫。七月,吕夷简迁给事中,参知政事,为副宰相。

天圣七年(1029)二月,拜吕夷简为尚书户部侍郎、同中书门下平章事、集贤殿大学士,为宰相。

吕夷简受命于危难之时。仁宗年幼,刘太后执政,三司使献《武后临朝图》,劝刘太后学武则天称帝。刘太后虽然未允,但她上朝欲穿帝服,乘“太安辇”,用八百人的仪仗队,又欲重建被雷火焚毁的玉清昭应宫,“窃葬”仁宗生母李宸妃,凡此种种不当之为,吕夷简总是引经据典,晓以利害,婉言规劝,稳妥处事,化解了一宗宗祸事,使后宫安定,朝政稳定,天下太平。

明道二年(1033)三月,刘太后卒,仁宗亲政,吕夷简上书改革朝政八项建议,曰“正朝纲,塞邪径,禁货贿,辨佞壬,绝女谒,疏近习,罢力役,节冗费”,并为推行改革与仁宗商定罢免与刘太后关系过密的几位大臣。因郭皇后说他也依附刘太后,结果也被罢职,改判陈州,另用张士逊、李迪为相。不久,张、李因奢靡不俭等被弹劾罢职,仁宗重新用吕夷简为相,加官右仆射,封申国公。愈年,晋位为司空,吕夷简坚辞不拜,加兼枢密使。

庆历二年(1042)五月,契丹聚兵蓟地,意欲南下,朝臣恐慌,议修都洛阳,以防不测。吕夷简认为契丹是虚张声势,修洛阳不如建大名府为北京,以示皇上北上亲征之意;又率兵十万出大名府,契丹退兵,遣使求和,吕夷简凯旋。

庆历三年(1043)三月,吕夷简拜司空、平章军国重事,封许国公。当年八月,吕夷简以病辞相,仍授司徒,监修国史,军国大事与枢密大臣同议。

庆历四年(1044)九月,吕夷简病逝,享年六十六岁。仁宗痛哭流涕,赠太师、中书令,谥“文靖”。

吕夷简在仁宗朝三次为相,执政二十三年,辅助仁宗长大亲政。《宋史》作吕夷简传曰:“夷简当国柄最久,虽数为言者所诋,帝眷倚不衰。然所斥士,旋复收用,亦不终废。其于天下事,屈伸舒卷,动有操术。后配食仁宗庙,为世名相。”①

吕夷简四子,公绰以荫入仕,公弼、公著、公孺皆进士及第。公绰权知开封府,晋翰林侍读学士,刑部尚书兼太常寺卿。公弼为检校太尉、枢密使,是国家最高军事长官。公著为宰相。公孺为龙图阁直学士、户部尚书,都是朝廷重臣。

吕公著,字晦叔,仁宗皇祐元年(1049)进士及第,初任颍州通判,改任崇文殿检讨,同判太常寺。英宗即位,吕公著加龙图阁直学士。

英宗是仁宗过继的儿子,登基后欲将对其生父濮安懿王赵允让的称呼由“皇伯”改为“皇考”,在朝中形成“皇伯派”和“皇考派”之争,御史吕诲、范纯仁等人因反对称皇考而被罢职,从而发展成一场政治风波。吕公著上书说:“陛下自即位以来,纳谏之风未彰,而罢黜谏官之令屡行,这样何以示天下?”吕公著要求和吕诲、范纯仁一起离开了朝廷,出知蔡州。

治平四年(1067),英宗卒,神宗即位,召吕公著为翰林学士,知通进银台司,又因反对神宗罢免司马光御史之职,而辞去银台司职。熙宁元年(1068),吕公著权知开封府。

吕公著与王安石是好朋友。熙宁二年(1069)初,王安石任参知政事(副宰相),

---

① 〔元〕脱脱等:《宋史》卷三百一十一,中华书局1977年版,第10210页。

设置三司条例司，酝酿变法。他怕御史对变法提反对意见，推荐吕公著做了御史中丞。王安石变法事关国计民生，吕公著不肯因私交而误国事。他认为“青苗法”，官府放贷，是与民争利，且取息太重，是“剥下奉上”；实施中，难免各地为追求收入而强行摊派；建议不取利，先在京师附近试行，待一二年后，大家认为可行再推行各地。他又指出三司条例司，“上既不关政府，下又不委有司”，“宰相不得与闻”，是“名不正，言不顺”，且用人不当。① 王安石听不进不同意见，意气用事，罢免吕公著御史中丞之职，黜为闲差，贬居洛阳。

熙宁九年（1076），王安石变法失败。吕公著被重新启用，知河阳，又迁翰林学士承旨，知审官院，同知枢密院事。元丰五年（1082），吕公著因病辞职，遂拜资政殿学士，出任定州安抚使，后又徙扬州，加大学士。

元丰八年（1085）三月，宋神宗病卒，年仅十岁的宋哲宗即位。太皇后高氏垂帘听政，任命吕公著为翰林侍读学士，并派专使到扬州接吕公著回朝辅政。七月，晋吕公著为尚书右丞、门下侍郎。吕公著总结历代兴衰的经验教训，认为为政之要在于皇上修德，上书治国十策：一畏天，二爱民，三修身，四讲学，五任贤，六纳谏，七薄敛，八省刑，九去奢，十无逸。② 洋洋数千言，情真意切。吕公著又建议备置谏员，广开言路，提出了一整套治国用人的政策。朱熹说：“为君之道几无出，此十篇，可为人君座右铭。”③

北宋末年，国库空虚的一个重要原因是皇家挥霍无度。吕夷简任相时上书的“节冗费”，吕公著上书的“去奢”，都是建议皇家节约开支，这对于“伴君如伴虎”的宰相来说，敢于直言时弊，实在是难能可贵，与王安石“剥下奉上”的变法，不可同言而语。

元祐元年（1086）闰二月，司马光拜为左相。四月，吕公著拜为右相，时已六十八岁。

吕公著任相只有三年，改革了中枢机构的办事制度和科举制度，提高了办事效率，稳定了朝政，安定了天下。

元祐三年（1088）四月，吕公著因病辞相。高太后不允，加司空、平章军国事，特许吕公著可二日一朝，赴都堂参议军国事不必拘时，并在政事堂南面专为吕公著修建了一处宅院，向北开门，以便执政大臣随时到他家中征询意见。宋代宰相加三公、平章军国事者，只有四人，吕公著与其父吕夷简是其二。

元祐四年（1089）二月三日，吕公著病逝，享年七十二岁。高太后悲恸不已，追赠

---

① 吕心惠主编：《中华吕姓》，中州古籍出版社 2003 年版，第 1087 ~ 1091 页。

② 〔元〕脱脱等：《宋史》卷三百三十六，中华书局 1977 年版，第 10775 页。

③ 〔南宋〕朱熹：《宋名臣言行录后集》卷八，《四库全书》本。

吕公著为太师,申国公,谥号“正献”,诏命罢朝三日致哀。宋哲宗亲书御碑,曰:“神道纯诚厚德之碑。”

《宋史》特别赞扬吕公著的人品与才学,曰:“公著自少讲学,即以治心养性为本,平居无疾言遽色,于声利纷华,泊然无所好。暑不挥扇,寒不亲火,简重清静,盖天禀然。其识虑深敏,量闳而学粹,遇事善决,苟便于国,不以私利害动其心。与人交,出于至诚,好德乐善,见士大夫以人物为意者,必问其所知与其所闻,参与考实,以达于上。每议政事,博取众善以为善,至所当守,则毅然不回夺。神宗尝言其于人材不欺,如权衡之称物。尤能避远声迹,不以知人自处。”①

“始与王安石善,安石兄事之,安石博辩骋辞,人莫敢与亢,公著独以精识约言服之。安石尝曰:‘疵吝每不自胜,一诣长者,即废然而反,所谓使人之意消者,于晦叔见之。’又谓人曰:‘晦叔为相,吾辈可以言仕矣。’后安石得志,意其必助己,而数用公议,列其过失,以故交情不终。于讲说尤精,语约而理尽。司马光曰:‘每闻晦叔讲,便觉己语为烦。’其为名流所敬如此。”②吕公著可谓是“内圣”“外王”相统一的典范,著有《吕正献集》二十卷。

吕蒙正、吕夷简、吕公著祖孙三代,相宋太宗、真宗、仁宗、英宗、神宗、哲宗,以民为本,清正廉洁,为北宋国家的安定、政权的建设、社会的进步作出了重大贡献。

论曰:“公著父子俱位至宰相,俱以司空平章军国事,虽汉之韦、平,唐之苏、李,荣盛孰加焉。夷简多智数,公著则一切持正,以应天下之务,呜呼!贤哉。其论人才,如权衡之称物,故一时贤士,收拾略尽。司马光疾甚,谆谆然以国事为托,当时廷臣,莫公著也审矣。追考其生平事业,盖守成之良相也。”③“吕氏更执国政,三世四人,世家之盛,则未之有也。”④

五、东莱郡侯、东莱先生与东莱书院

吕公著之后,孙吕好问于南宋高宗时为宰相,被封为东莱郡侯,曾孙吕本中、玄孙吕祖谦皆号东莱先生,学者称吕本中为“大东莱”,吕祖谦为“小东莱”,东莱之名令世人瞩目。

吕好问,字舜徒,侍讲吕希哲长子,初以荫补官,徽宗崇宁年初,治党事,吕好问因

---

① 〔元〕脱脱等:《宋史》卷三百三十六,中华书局 1997 年版,第 10776 ~ 10777 页。
② 〔元〕脱脱等:《宋史》卷三百三十六,中华书局 1977 年版,第 10777 页。
③ 〔元〕脱脱等:《宋史》卷三百三十六,中华书局 1977 年版,第 10780 页。
④ 〔元〕脱脱等:《宋史》卷三百一十一,中华书局 1977 年版,第 10220 页。

是元祐子弟连坐。时，蔡卞为帅，阴结朋党，拉拢吕好问，吕好问以礼自持，蔡卞不得亲。后来蔡卞得政，党羽升迁，独吕好问留滞，蔡卞讽刺他曰："若子少亲我，即阶显列矣。"吕好问笑而不答。

宣和七年(1125)冬，金兵分两路大举南下，徽宗临危退位，传位钦宗，改元靖康，诏吕好问为左司谏、谏议大夫，擢御史中丞。徽宗退位时，反省悔过，下哀痛诏，解除党禁，废除新法，恢复祖宗旧制，但蔡京持政二十年，党戚盘踞内外，诏命不得行。吕好问连上十疏，劾蔡京之罪，建议将其流放海外，尽黜其党戚，又建议废除青苗法，削王安石王爵，正神宗配飨，褒表江公望、张庭坚、任伯雨、龚夬等贤臣，钦宗多纳其言。

时金人掠夺而去，大臣们认为不会再来，武备更加松弛。吕好问奏言："金人得志，益轻中国，秋冬必倾国复来，御敌之备，当速讲求。今边事经画旬月，不见施设，臣僚奏请皆不行下，此臣所深惧也。"等到边境告急，大臣不知所措，遣使讲和。金人佯许而攻略自如，诸将因为朝廷主张议和，皆闭门不战。吕好问言："彼(金人)名和而实攻，朝廷不谋进兵遣将，何也？请亟集沧、滑、邢、相之戍，以遏奔冲，而列勤王之师于畿邑，以卫京城。"但钦宗不省悟。

不久，金人陷真定，攻中山，大臣狐疑，仍然以和议为说辞。吕好问率台属劾大臣畏懦误国，言辞痛切，大臣大怒，欲逐吕好问知袁州。钦宗悯其忠心，留为吏部侍郎。既而金人兵临都城，钦宗悔不用吕好问之言，进吕好问为兵部尚书，然北宋灭亡已成定局，吕好问无力回天。闰十一月丙辰，京城失守，钦宗召吕好问入禁中，吕好问昼夜不离钦宗。

靖康元年(1126)十一月二十五日，京城沦陷。钦宗皇帝两去虏营议和，吕好问皆陪从。既驻跸不归，钦宗命吕好问还城慰抚。

靖康二年(1127)二月丁卯，徽宗、钦宗及太子诸王、后宫嫔妃三千多人皆被金人掳去，独元祐太后因降居在瑶华宫幸免。时，大元帅康王赵构在相州(今河南安阳)，但内外隔绝，信息不通。

已而金人立太宰张邦昌为楚帝，邦昌入居都省。吕好问曰："相公真想当皇帝，还是想搪塞金人？"张邦昌曰："此言何意？"吕好问曰："相公知中国人情所向乎？因畏金人兵威耳。金人若去，能保如今日乎？大元帅在外，元祐皇太后在内，此殆天意，若早还政，可转祸为福。且都省非人臣居所，宜寓直殿庐，毋令卫士侠陛。敌所遗袍带，非戎人在旁，不要服用。车驾未还，所下文书，不当称圣旨。"张邦昌会意，但要吕好问摄门下省任宰相，与其共事。吕好问为救社稷，便于与金人和张邦昌周旋，只好委曲求全，忍辱负重，但拒绝拜相，仍行兵部尚书之职。时，张邦昌虽不改元，但百司移文，必去年号，独吕好问所行文书，仍称"靖康二年。"

张邦昌伪政既立，金人阴谋以五千骑袭取康王。吕好问闻知，立即遣人送密信至大元帅府，言："大王之兵，度能击则邀击之，不然，即宜远避。"且言："大王若不自立，恐有不当立而立者。"又对张邦昌曰："天命人心，皆归大元帅，相公先遣人拥戴，则功无在相公右者。若抚机不发，他人前来声讨，悔之晚矣。"于是，张邦昌决定将传国宝送往大元帅府，只等金人退去。

金将将还，欲留兵护卫张邦昌。吕好问曰："南北异宜，恐北兵不习风土，必不相安。"金人曰："留一勃堇统之可也。"吕好问曰："勃堇贵人，有如触发疾病，则负罪益深。"乃不复留兵。

金人既去，吕好问即遣使到大元帅府，请康王登帝位，请元祐太后垂帘听政，引张邦昌易服归位太宰。甲子，元祐太后入居延福宫。乙丑，群臣见太后于延福宫，太后泣，群臣亦泣，太后曰："不料国家竟至于此，祖宗积德甚厚，康王仁德刚勇，又何虑耶！"戊辰，吕好问引张邦昌归太后，遂召集百官将校，告谕太后垂帘，迎大元帅入嗣大统。

建炎元年（1127）五月庚寅朔，大元帅康王赵构即皇帝位于南京应天府（今河南商丘），是为高宗，大赦天下，改元建炎。太后降手书，是日撤帘。吕好问奉太后手书到南京，谕高宗嗣统登位。高宗对吕好问曰："宗庙获全，卿之力也。"

建炎元年（1127）五月乙未，以兵部尚书吕好问为尚书右丞。丙申，以吕好问兼门下侍郎，为宰相，封爵掖县男。①

《宋史·宰辅表》遗漏了吕好问任相的记载。"案：据《要录》卷五载：'建炎元年（1127）五月丙申，尚书右丞吕好问兼门下侍郎。'（《宋史·宰辅表》脱，而同见于《皇宋中兴两朝圣政》卷六、《宋史》全文卷一六、《宋史》卷二四纪）。此吕好问之尚书右丞兼门下侍郎属三省互兼也。"②

丞相李纲素敬吕好问，相得甚欢。李纲认为群臣在金人围城中不能执节，欲一概按叛逆罪论之。吕好问曰："王业艰难，政宜含垢，绳以竣法，惧者众矣。"侍御史王宾论吕好问尝污伪命，不可以立新朝。高宗曰："邦昌僭号之初，好问募人赍白书，具道京师内外之事。金人甫退，又遣人劝进，考其心迹，非他人比。"吕好问曰："邦昌僭号之时，臣若闭门洁身，实不为难。徒以世被国恩，异于众人；亲受贤者之责，所以不避虏人灭族之祸，遣人冒死赍书于陛下，谋画奉迎。向若虏人网罗得臣所遗之书，谋画万一泄露，臣之一身当如何，臣之家族当如何，然则臣果爱死也，果不敢死也，臣之心迹，显然明白。至今求退，乃其时也，乃初心也，臣犹自以为当去，况他人乎？况言者

---

① 〔元〕脱脱等：《宋史》卷二十四，中华书局1977年版，第444页。

② 孔东：《宋代东莱吕氏之族望及其贡献》，台湾商务印书馆1988年版，第69页。

乎?”又曰:“我今若不速自引退,言者必专意中臣,而忘朝廷之急,则两失其宜。”求退之疏连上七八,高宗知其志不可夺,建炎元年(1127)六月罢相,吕好问除资政殿学士,知宣州,提举洞霄宫,晋封东莱郡侯。① 绍兴元年(1131)七月丁酉,吕好问卒于桂州,享年六十八岁。讣闻,诏赠五官,恤礼视常典有加。子五人:本中、揆中、弸中、用中、忱中。

乾道四年(1168),吕祖谦修《东莱公家传》,为吕好问受张邦昌伪官洗雪,盛赞吕好问舍身为国,忍辱负重,干正大事业,一身浩然正气。

吕本中,字居仁,元祐宰相吕公著之曾孙,东莱郡侯吕好问之长子。幼而敏悟,公著奇爱之。公著薨,宣仁太后及哲宗临奠,诸童稚立庭下,宣仁太后独召本中,摩其头曰:“孝于亲,忠于君,儿勉焉。”少长,以公著遗表恩,授承务郎。绍圣年间(1094—1097),章惇任相,迫害司马光、吕公著等元祐年间大臣,追贬吕公著,株连吕本中。

元符年中吕本中复官,政和五年(1115)调兴仁济阴簿,继为秦州士曹,辟大名府帅司干官。宣和六年(1124),吕本中除枢密院编修官。靖康改元,吕本中迁职方员外郎。绍兴六年(1136),吕本中召赴行在,特赐进士出身,擢起居舍人兼权中书舍人。七年(1137),高宗幸建康,吕本中献治国复兴之策,未得到重用。

本来,吕本中与秦桧同为郎官,关系尚可。赵鼎素主元祐之学,吕本中又是吕公著之后,故相知很深。当时,赵鼎与秦桧为左右相,政见多有不谐。秦桧有专擅之意,欲排除异己,吕本中屡陈大义告诫,而秦桧不以为然。会《哲宗实录》书成,赵鼎迁仆射,吕本中草制诏命,有曰:“合晋、楚之成,不若尊王而践霸;散牛、李之党,未如明是以去非。”秦桧大怒,奏于高宗曰:“本中受鼎风旨,伺和议不成,为脱身之计。”秦桧使御史萧振劾罢之。吕本中乃引疾乞祠,主管太平观,召为太常少卿。八年(1138),吕本中迁中书舍人,又兼权直学士院。绍兴十五年(1145),吕本中卒于上饶,年六十二,赐谥“文清”。②

吕本中是南宋著名学者。他自幼生长在文献世家,祖父吕希哲师理学大师程颐,吕本中少时习闻见惯。少长,吕本中从游酢、杨时、尹焞。游、杨、尹三人均是理学大师程颢、程颐的入室高弟子,后又登司马光的门生刘安世、程门的高徒王苹等门求教,学问广博深远,器蕴宏厚。吕本中又得江西诗派黄庭坚、陈师道句法,形成了自己的风格,成为著名诗人,现存《东莱先生诗集》二十卷(除旧有二十卷外,又增《外集》三卷,合二十三卷。但今仅存其六卷),诗八百多首,还著有《春秋集解》十卷、《童蒙训》三卷、《师友渊源录》五卷,以及《紫微杂说》《紫微诗论》《舍人官箴》等。

---

① 〔元〕脱脱等:《宋史》卷三百六十二,中华书局 1977 年版,第 11332 页。

② 〔元〕脱脱等:《宋史》卷三百七十六,中华书局 1977 年版,第 11638 页。

《童蒙训》讲述如何读书、办学、治学,《舍人官箴》论述的是如何做一位好官。其曰:“当官之法,惟有三事:曰清,曰慎,曰勤。知此三者,可以保禄位,可以远耻辱,可以得上之知,可以得下之援。然世之仕者,临财当事,不能自克,常自以为不必败。持不必败之意,则无所不为矣。然事常至于败而不能自已,故设心处事,戒之在初,不可不察。借使役用权智,百端补治,幸而得免,所损已多,不若初不为之为愈也。”又曰:“当官处事,但务着实。如涂擦文书,追改日月,重易押字,万一败露,得罪反重,亦非所以养诚心、事君不欺之道也。百种奸伪,不如一实;反复变诈,不如慎始;妨人疑众,不如自慎;智数周密,不如省事。不易之道。”吕本中之《舍人官箴》被历代官员奉为金科玉律。《四库全书总目提要》曰:“书首即揭清、慎、勤三字,以为当官之法,其言千古不可易。”梁启超也说:“近世《官箴》,最脍炙人口者三字,曰清、慎、勤。”

吕本中是一位儒学大师,其一生讲学,门人众多,著名学者有林之奇、李楠、李樗、汪应辰、王时敏、章宪、章悊、周宪、王师愈、曾季貍、方畴、方丰之等,在当时学术界都有巨大影响。其中林之奇、汪应辰又是吕祖谦的授业之师,将东莱吕氏家学传授给了吕祖谦。

吕祖谦,字伯恭,宋高宗建炎南渡,曾祖吕好问举家由开封迁居婺州(今浙江金华),遂为婺州人。

吕祖谦是南宋著名的哲学家、文学家、教育家,婺学之宗,与朱熹的闽学、陆九渊的金溪之学鼎立为师,又与朱熹、张栻并称“东南三贤”。

吕祖谦出生于中原文献世家。宋高宗绍兴十八年(1148),祖父右朝请郎吕弸中致仕归里,十二岁的吕祖谦以恩补将仕郎。孝宗隆兴元年(1163)四月,二十七岁的吕祖谦春试吏部得第六名进士及第,旋中博学宏词科,朝廷因其连中两科,特授左从政郎,改差南外敦宗院宗学教授。淳熙三年(1176)十月,《重修徽宗实录》书成,吕祖谦除秘书省秘书郎、兼国史院编修官、实录院检讨官。淳熙六年(1179)二月,吕祖谦奉诏主编的《皇朝文鉴》书成,赐银绢三百匹两,除直秘阁主管建宁府武夷山冲祐观。淳熙七年(1180)九月,吕祖谦再除著作郎兼国史编修官,又添差两浙东路安抚司参议官,皆因病不就,主管亳州明道宫。淳熙八年(1181)七月二十九日,吕祖谦以疾终于家,享年四十五①,葬于婺州武义县明招山祖墓地。朱熹书其墓碑曰:“宋东莱先生吕伯恭之墓。”宋孝宗嘉定九年(1216)春正月乙丑,赐谥曰成。理宗嘉熙二年(1238),改谥忠亮。景定二年(1261),追封开封伯,从祀孔庙。

吕祖谦著书甚丰。有《东莱吕太史集》《左氏博议》《丽泽论说集录》《两汉精华》

① 〔元〕脱脱等:《宋史》卷四百三十四,中华书局1977年版,第12872~12874页。

《春秋左氏传说》《春秋左氏传续说》《新唐书略》《古周易》《书说》《阃范》《官箴》《唐鉴》《辨志录》《欧公本末》《历代制度详说》《古文关键》，另《吕氏家塾读诗记》只写了32卷，另一部春秋至五代的编年体通史《大事记》也只写到汉武帝，他读史抄录的另一部书《十七史详节》273卷，完整地奉献给了世人。这些治经研史的著述，学者或称为“吕学”，或称为“婺学”，与朱熹的闽学、陆九渊的金溪之学构成了南宋时期的理学体系。

吕祖谦的吕学（又称“婺学”）以张载的关学和程颢、程颐兄弟的洛学为宗，为学主张“明理躬行”，治经史以致用，反对空谈阴阳性命之说。清代学者全祖望在《同谷三先生书院记》中说：“宋乾、淳以后，学派分而为三：朱学也，吕学也，陆学也。三家同时，皆不甚合。朱学以格物致知，陆学以明心，吕学则兼取其长，而复以中原文献统润色之。门庭路径虽别，要其归宿于圣人则一也。”所言“兼取其长”“复以中原文献统润色之”，正是吕学与朱学、陆学的不同之处。

吕祖谦之学本于家庭，有中原文献之传。吕祖谦师从林子奇、汪应辰，而林子奇和汪应辰是其伯祖吕本中的学生。吕祖谦在给其师林子奇写的祭文《祭林宗丞文》中，讲述了这段师承渊源。文曰：“呜呼！昔我伯祖西垣公（按：吕本中）躬受中原文献之传，载而之南。裴回顾瞩，未得所付。逾岭入闽，而先生与二李伯宗（按：李楠、李樗）实来，一见意合，遂定师生之分。于是嵩洛关辅诸儒之源流靡不讲，庆历、元祐群叟之本末靡不咨。以广大为心，而陋专门之暧昧；以践履为实，而刊繁文之枝叶。致严乎辞受出处，而欲其明白无玷；致察乎邪正是非，而欲其毫发不差。”①可知“以广大为心”、博采众长和“以践履为实”、学以致用，是有中原文献之传的东莱吕氏家学的两大特点，而这两大治学特点，在吕祖谦伯祖吕本中之前就已经形成了，吕本中、吕祖谦将其发展到了极致。

南宋时，学派众多，而婺学独得儒学正传。徐儒宗《婺学之宗——吕祖谦传》曰：“在南宋时期的各学派中，无论是朱学、陆学乃至永康、永嘉的事功之学，都难免有其一定程度的偏激之处，或多或少地偏离了先秦儒家的中庸之道。唯有吕祖谦所创建的婺学，能以求真务实为依归，主张经史并重，文道并重，道德与知识并重，性理与事功并重；总而言之，就是主张‘内圣’与‘外王’的高度统一而独得儒学之正传。正因为如此，其他各学派之间，都不免于互相争论甚至攻讦；独有吕祖谦的婺学，能根据‘道并行而不相悖’‘天下殊途而同归’的宗旨，以求同存异、‘和而不同’为原则，与各学派之间和谐相处，并以宽宏兼容的雅量与各学派之间进行正常的交流，以推动传统

① 杜海军：《吕祖谦年谱》，中华书局2007年版，第2页。

儒学的正常发展。”①“吕东莱所开创的‘婺学’，不仅在当时的思想界具有举足轻重的影响，且历久不衰，一直影响到明代学术风气的趋向，‘为有明开一代学绪之盛’（《宋元学案·丽泽诸儒学案》）；而且，清代的实学乃至近现代所提倡的求真务实之风，无不深受其影响。”②

吕祖谦婺学的形成，有其悠久的齐文化传承和深厚的家族文化基础。东莱吕氏是齐太公吕尚的后裔，世代传承的是齐文化。从太公治国“因其俗、简其礼”，“举贤而上功”，到婺学的“以广大为心”“以践履为实”，传承的都是一种包容兼蓄、求真务实的治国治学理念。战国之时，秦相吕不韦集门客三千写成的《吕氏春秋》，更是吕氏之学包容兼蓄的范例。自隋唐实行科举制度以来，吕氏便以登第入仕为进身之道，家学日益兴盛。逮至宋代，吕祖谦的先祖吕蒙正、吕夷简、吕公著、吕好问，都是博学多才、功业卓著的典范，对于吕祖谦的成长和婺学的形成给予了巨大的影响。

从吕祖谦的九世祖吕龟祥由莱州迁居寿州，七世祖吕夷简由寿州迁居开封，曾祖吕好问由开封南迁婺州，东莱吕氏龟祥一支历经九世，成为一个令世人瞩目的仕宦显族和文献世家，其家族有三人封公封侯拜相，四十二人次知、判府、州，二十一人次任节度使、经抚使、制抚使，其余任部、寺、郎、丞者众多。这些官员中，登进士第者十八人，被载入《宋元学案》者十七人。

清代，全祖望修订的《宋元学案》载有九十一案，其中东莱吕氏诸儒占了三十一案，又有四人为学宗，一曰范吕（范镇、吕公著）诸儒，二曰荥阳（吕希哲），三曰紫微（吕本中），四曰东莱（吕祖谦）。全祖望《宋元学案·范吕诸儒学案》曰：“吕正献（公著）公家，登学案者七世十七人。考正献子希哲、希纯，为安定（胡瑗）门人，而希哲自为荥阳学案，荥阳子切问亦见学案。又和问、广问及从子稽中、坚中、弸中，别见和靖（尹焞）学案。共十七人，凡七世。然荥阳长子好问与弟切问，历从当世贤士大夫游，以启紫微，不能不为之立传也。（案：《全祖望札记》所云，吕氏登学案者七世十七人，今考《宋元学案》所载，除所举之十七人外，尚有希绩、大猷、乔年、康年、延年等五人，合七世二十二人，故吕氏登学案者，应为七世二十二人。）”③其家学之渊源盛大，古今罕有伦比。

《宋元学案》载，吕氏家学发展成为学派从吕公著始。吕公著与欧阳修、司马光、王安石为学友，虽然长期从政，但他一生教学授徒，门生众多。他博学众长，奠定了吕学的基础，著有《吕正献集》二十卷。

---

① 徐儒宗：《婺学之宗——吕祖谦传》，浙江人民出版社2005年版，第20页。
② 徐儒宗：《婺学之宗——吕祖谦传》，浙江人民出版社2005年版，第314页。
③ 孔东：《宋代东莱吕氏之族望及其贡献》，台湾商务印书馆1988年版，第47页。

吕祖谦继承先祖遗志，一生不废讲学，其在招明山为母、为父守孝期间，前来求学的学子多达三百人。晚年，吕祖谦在婺州城中创建丽泽书院，成为其著述、会友和传学之地。吕祖谦之后，婺学经其众多学生传播，历元代至明末，达四百多年。被誉为明代文臣之首、开明代学绪之盛的宋濂，即吕祖谦的丽泽后学。

不忘祖籍是值得称道的东莱吕氏美德。吕好问初封掖县男，再封东莱郡侯，吕本中和吕祖谦皆号东莱先生，都是不忘先祖、不忘故里。吕本中、吕祖谦不仅有东莱之号，还有兴学东莱之实。

朱熹《吕氏世系谱序》有吕祖谦任莱州尹的记载，曰：“祖谦字伯恭，号东莱先生，登隆兴元年进士，任莱州尹，升将仕郎，严州教授，大（太）学博士……”（图5－8）

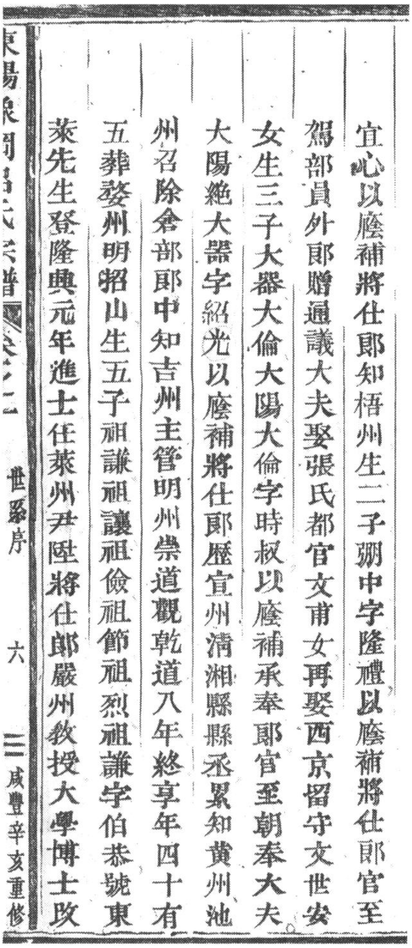
宜沁以廕補將仕郎知梧州生二子㴑中字隆禮以廕補將仕郎官至
駕部員外郎贈通議大夫娶張氏都官文甫女再娶西京留守文世安
女生三子大器大倫大陽大倫字時叔以廕補承奉郎官至朝奉大夫
大陽絶大器字紹光以廕補將仕郎歷宣州清湘縣縣丞累知黃州池
州召除倉部郎中知吉州主管明州崇道觀乾道八年終享年四十有
五葬婺州明招山生五子祖謙祖讓祖儉祖節祖烈祖謙字伯恭號東
萊先生登隆興元年進士任萊州尹陞將仕郎嚴州教授大學博士改
世系序　六　咸豐辛亥重修

图5－8　朱熹《吕氏世系谱序》局部

《东莱吕氏家谱序》曰：“希哲生好问，官资政殿学士，以恩仍封东莱郡侯，子文清公（按：吕本中）诣东莱创书院未成，子祖谦始告竣，官国史院编修，没后，朱子（按：朱熹）题其墓云东莱吕氏……”（图5－9）

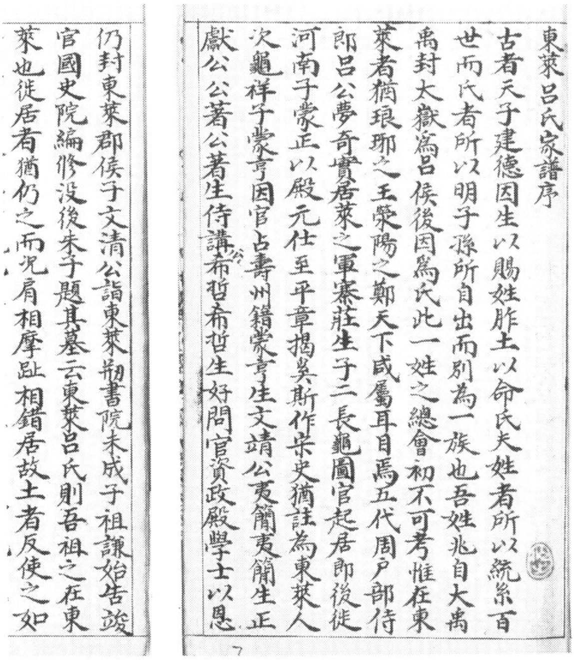
東萊呂氏家譜序
古者天子建德因生以賜姓胙土以命氏夫姓者所以統系百
世而氏者所以明子孫所自出而別為一族也吾姓兆自大禹
禹封太嶽為呂侯後因為氏此一姓之總會初不可考惟在東
萊者猶琅琊之王滎陽之鄭天下咸屬耳目焉五代周戶部侍
郎呂公夢奇實居萊之軍寨莊生子二長龜圖官起居郎後徙
河南子蒙正以殿元仕至平章揭吳斯作宋史猶註為東萊人
次龜祥子蒙亨因官占壽州籍蒙亨生文靖公夷簡夷簡生正
獻公公著公著生侍講希哲希哲生好問官資政殿學士以恩
仍封東萊郡侯子文清公詣東萊剏書院未成子祖謙始告竣
官國史院編修没後朱子題其墓云東萊呂氏則吾祖之在東
萊也徙居者猶仍之而況肩相摩趾相錯居故土者反使之如

图5－9　《东莱吕氏家谱序》局部

重刊明万历《莱州府志》卷四《学校》载，府治西南，旧有吕成公祠，建于明朝代宗景泰五年（1454）。明武宗正德六年（1511），宪副王良臣、知府徐朝元始迁府学东，因创东莱书院，为中堂八楹，南北左右屋各十八楹，又南北向各为八楹，南临通衢，树石牌坊，题曰“东莱书院”。明正德年大学士、内阁首辅掖人毛纪撰有《移建东莱书院记》，有曰：“窃谓伯恭先生系出宋文靖正献公之裔，仕终朝奉郎、直秘阁。先世莱人，后徙于婺。厥祖资政殿学士讳好问者，封东莱郡侯，故吕氏世以东莱称。至先生名独大著，学者翕然归之，传之至今，郡赖以显，天下之士，闻东莱之称，不知为先生者亦鲜矣，斯道之系于人心如是哉。盖先生之学，本于家传，以河洛为宗，以晦庵、南轩为友，旁搜远诣，将以开物成务，见之著述，有功于吾道甚大，宜乎天下后世尊崇向慕之无间也，而况于所自出之邦乎！”万历八年（1580），诏毁天下书院，东莱书院改称吕先生祠。万历三十年（1602），知府龙文明复修东莱书院，修撰赵秉忠有记，名曰《修撰赵秉忠重建东莱吕先生书院记》。

观朱熹《吕氏世系谱序》、《东莱吕氏家谱》和重刊明万历《莱州府志》的有关记载，吕成公祠当是吕祖谦回籍讲学之处，而《吕祖谦年谱》失载。

明代，莱州府建有乡贤祠，祀乡贤十七人，五代户部侍郎吕梦奇、宋东莱伯吕祖谦是其二。

文笔至此，尚有一语为赘。姓氏，记男不记女，古时同姓不婚，吕氏得姓四千多年，与吕姓通婚的姓氏，难以计算，吕氏文化是与其他姓氏文化融合的产物，它不是吕氏的私产，而是中华姓氏大家庭共同的财富。

难民回归

2004年,时任全国人大常委会副委员长、国家语委主任、民进中央主席许嘉璐先生曾撰文论述《中华文化的过去、现在和未来》。他说:“文化是国家和民族的标志和灵魂,是人的精神家园。任何一个国家和民族都要时时思考,时时注意,不如此,国家或民族就要涣散、萎靡,严重时可能要解体、灭亡。”他提议保护和抢救民间的和少数民族的文化遗产,鼓励发展雅文化,建设好大学校园文化,建设好地方文化。“为什么要提‘抢救’? 因为民间的、少数民族的有些文化品种已经濒临灭绝。”保护的“意义就在于这是在抢救和保护中华民族的历史,在那里面镂刻着中华民族从远古走到今天的足迹,它可以让我们以及后代子孙知道我们是从哪里来的,将要走到哪里去。如果让这些文化灭绝,中华民族就成了无根的、迷茫的人群”①。

或许莱州人更需要读一读许嘉璐先生的论述,这不仅仅是因为宋代时扩建重修的东海神庙、明清时的124座牌坊等文化遗产已被毁坏殆尽,而是在对莱州历史的认知上存在着许多盲区和误区。不必说对那遥远的先秦史混混沌沌,即使是对那仅有600多年的元明史也迷迷茫茫,你若问莱州人是从哪里来的,十有八九会说是四川移民,你看,《莱州市地名志》《莱州市志》《莱州历史文化丛书》都将明代四川移民进莱州载入书中,俨然成为莱州的历史。这由历史真相的缺失和歪曲而造成的精神迷茫,成为今天莱州人走向文化自觉必须解除的困惑和障碍。另,本文为行文便利,将保留相应县名、乡镇等旧名,不再赘述。

一、无稽的传说

一个无稽之谈,被绘声绘色地传了600多年。

这说的是元朝末年,莱州几经战乱,变成了一片废墟。明洪武二年(1369),朝廷从四川向莱州移民。他们一个个被反绑着手,连成一串,鱼贯而行,若要大小便,需先

① 许嘉璐:《中华文化的过去、现在和未来》,《文史哲》2004年第2期。

解开手，因此莱州人称大小便为“解手”，并形成了“倒背手”的习惯。为了防止移民逃跑，官员将移民的小脚指甲劈成了两瓣，作为记号，从此，移民的后代有了可以识别的印记，现在只要看看小脚指甲是不是两瓣，就知道是不是四川移民的后代了。还有，在莱州市佛台子村东，有一棵九米高、三个人手拉手才能围起来的黑弹树，它已有600多岁，是洪武二年（1369）一个叫王舜年的四川移民带来的，它是四川移民的见证……

无独有偶，传说即墨、莱阳、招远、栖霞、牟平有云南移民，也有山西移民。《中国历史博物馆馆刊》1997年第2期刊登的李心纯《明初山西外迁人口新探》就说：“问我家乡在何处，山西洪洞大槐树。”据他估算，从洪武十四年（1381）到永乐十年（1412）的三十一年间，从山西外迁的人口有1084418人之多。这本是连作者本人也认为是“假设成分太多”的数字，却成了一些人忽悠寻根问祖的依据。《党员干部之友》2009年第4期刊登的魏崇祥、陈虎《洪洞县大槐树的记忆》，也声称明初山西向外移民超过百万，移民地区涉及当今的18个省市500余县市，移民后裔达一亿多人。这的确是一个巨大的值得忽悠的旅游资源，据说现在每年清明节时都有几十万人到洪洞县大槐树下去寻根问祖，顶礼膜拜，大槐树成为“摇钱树”。然而，明万历年修的《洪洞县志》并没有从洪洞县向外移民的记载，传说的洪武年间（1368—1398）的大槐树，只是一个记忆符号。今洪洞县的大槐树是民国三年（1914）才栽上去的，而今，人们却给它注册了明朝初年的户口。

有趣的是山西的移民也都被反绑着手，因而也有“倒背手”和称大小便为“解手”的习俗，他们的小脚指甲也被劈成了两瓣，作为记号。传说是如此惊人的雷同，不知四川大槐树移民和山西洪洞县大槐树移民，哪个是正版，哪个是盗版。

没有人为此作DNA鉴定，不知这反绑着手和将小脚指甲劈成两瓣，会不会形成遗传基因。

值得庆幸的是，当年的四川移民、山西移民，只是小脚指甲被劈成了两瓣，倘若他们被削去了耳朵，弄瞎了眼睛，而今山东、河南、河北等省市数以亿计的移民后裔，则都成了聋哑人或盲人。可悲的是，一些戴着教授、专家桂冠的人，竟然也热衷于传播这些无稽之谈。

莱州人并不称小便为“解手”，莱州方言称小便为“尿尿”，四川方言称小便为“屙尿”，“解手”是编造的故事。

佛台子村东那棵黑弹树，的确是四川宝兴县的珍稀树种，然而，不知根据什么说它的主人王舜年是四川移民，似乎除了移民外，其他身份的人都不能将它从四川带到莱州。更不知当年那个被反绑着手的王舜年，是如何将它从四川带到莱州来的。有报道说,长岛县也有黑弹树,可知黑弹树也不是四川的“专利”。

二、失实的村碑与《莱州市地名志》

在莱州市1017个行政村的村头,竖立着一块块村碑,碑上写着一个个村名和这些村的来历。可悲的是,这些失实的村碑每时每刻都在向世人传递着错误的信息。

莱州市的乡镇、村庄,在重刊明万历《莱州府志》中,只记载了掖县的六乡八十三社数目。清康熙五十一年(1712)《莱州府志》始载四关、四隅与储集、龙德、神山、临郭、仙化、进士、八里等七乡之名字。此后,清乾隆五年(1740)《莱州府志》、清乾隆二十三年(1758)《掖县志》及其后来的《续掖县志》《再续掖县志》《三续掖县志》,均延用清康熙五十一年(1712)《莱州府志》的记载。民国时实行新的行政区划,全县设十区、二百二十七个乡镇,领1076个自然村。民国二十四年(1935)《四续掖县志》,才详细地记载了区、乡镇与村庄的名字。

新中国成立以后,掖县行政区划也几经变更。1979年,全国开展第一次地名普查,县政府成立了地名办公室,工作人员到各村走访,开调查会,听那些古稀之人讲述那一代代流传的故事。经过整整十六个春秋,地名普查工作才宣告结束,编印了一本《莱州市地名志》,作为内部资料,并为1017个行政村立起了村碑。

村碑是一个村的标志和旗帜,也是一个村历史的展示。遗憾的是,这些村碑内容并不真实。

笔者对《莱州市地名志》所载的1017个行政村,按照立村的时间和姓氏两个方面,进行了粗略的梳理统计和考证,情况大致如下:

从立村的年代来看,战国以前16个,汉代2个,东晋2个,隋代2个,唐代4个,宋代22个,元代18个,明代805个,清代146个。明代以前共66个,占全市行政村总数的6.48%。

从村庄的创始人来看,本地土著人立村共28个,占全市行政村总数的2.75%。其中,战国以前16个,隋代2个,宋代6个,元代4个。

从外省迁来立村的共989个,占全市行政村总数的97.25%。其中,从四川省迁来立村的853个,占全市行政村总数的83.87%。

从四川省迁来立村的853个行政村中,宋代5个,元代11个,明代805个,清代32个。

在明代由四川省迁来建立的805个行政村中,属明太祖洪武年间(1368—1398)570个,惠帝建文年间(1399—1402)1个,成祖永乐年间(1403—1424)7个,宣宗宣德年间(1426—1435)4 个,英宗正统年间(1436—1449)3 个,代宗景泰年间(1450—1456)1 个,宪宗成化年间(1465—1487)10 个,孝宗弘治年间(1488—1505)2 个,武宗正德年间(1506—1521)2 个,世宗嘉靖年间(1522—1566)7 个,神宗万历年间(1573—1620)26 个,熹宗天启年间(1621—1627)5 个,思宗崇祯年间(1628—1644)7 个。

统计显示,莱州市的 1017 个行政村,明代以前建立的只有 66 个,本地土著人建立的也只有 27 个,莱州的村庄,不仅建得晚,而且还多是四川移民所建,莱州的历史文化被严重地歪曲了。

其一,莱州历史悠久,聚落形成于六七千年以前,考古发现的莱州新石器时代遗址有十多处,朱由路宿龙山文化早期的村落,距今约 4500 年,这是迄今为止发现的莱州最早的村落。战国时,齐(田)襄王封田单夜邑万户,说明夜邑已有万户之众。西汉时,汉高祖六年(前 201)封虫达曲成(夜)侯四千户。西汉孝文帝时,封虫达之子虫捷夜侯九千三百户。西汉时,置东莱郡,在今莱州境内设掖、当利、阳乐、阳石、临朐、曲成六县。唐、宋时,经济、社会发展较快。《宋史·地理志》载,宋徽宗崇宁年(1102—1106)时全国普查人口,东莱郡暨掖、莱阳、胶水、即墨四县共有 97427 户,198980 人,平均每县有 24356 户,49745 人。其时村小,若以三五十户为一村,则当时有七八百村之多,村碑和《莱州市地名志》说元朝时莱州只有 66 个行政村,显然与莱州史实不符。

其二,村碑与莱州的姓氏文化不符。古代的村落是一个个氏族的聚落,因此许多村落以其氏族姓氏为名。

任氏是远古之时东夷首领太昊风姓的一支,祖居鲁南地区。任氏大约在距今 6000 年以前进入胶东,创造了长岛北庄和蓬莱紫荆山大汶口文化遗址;大约在距今 5000 年时,任氏之族在今济宁创建了薛国;后又在今莱州之地创建了过国。2014 年,在西坊北发现的莱州玉雕太阳神面图像载有“过”和“壬”字,是任姓过国的族徽,是夏朝时过国和任氏在莱州的物证。胶东是任氏生存的主要地区,《中国姓氏:群体遗传和人口分布》表明,胶东半岛任氏每平方千米的人口密度达到 2.1 人以上,为全国最多①。莱州之地的任氏主要居住在近海一带,如珍珠镇的西丁家村,东宋镇的后趴埠村、前西原村、后西原村、坡子村、新立村、虎埠村,平里店镇的石柱村,程郭镇的西坊北村,朱桥镇的任家村。1988 年人口普查,任氏共有 18590 人,占莱州市总人口的 2.14%,是莱州第九大姓。但村碑和《莱州市地名志》说这些村都是明洪武二年(1369)或成化年间(1465—1487)任姓由四川迁来建立的。在莱州生存了四五千年的任氏之族,竟然未立一个村庄,可见所载失误之大。

① 袁义达、张诚:《中国姓氏:群体遗传和人口分布》,华东师范大学出版社 2002 年版,第 153 页。

郭氏。莱州的郭氏出自姬姓郛氏。清道光十九年(1839),在今朱桥镇上坡村出土的《郛休碑》,系西晋泰始六年(270)所刊。碑文载郛休是西周王族虢叔后裔,封土建国,命氏为郛,后由郛而郭。朱桥镇黄山郭家、大冢坡,金城镇后坡,大原镇连郭庄、路个庄,沙河镇高疃等村的郭氏,当都是其后裔。郭氏占莱州市总人口的5‰,在莱州常见的98个姓氏中,排第24位。而村碑和《莱州市地名志》说这些村或是明洪武二年(1369),或是明朝初年郭氏由四川迁来立村的,显然与史实不符。

吕氏出自姜姓。炎帝后裔伯益佐禹治水有功,封吕侯,立国于今莒县。越千年,有吕尚佐周文王、武王兴周灭商,封齐侯,建都营丘,后迁临淄。齐国传至齐康公吕贷时,齐臣田和篡齐,迁齐康公于胶东海上,其后裔在胶东繁衍,遍布山东及全国各地。

《中国姓氏:群体遗传和人口分布》载:"宋朝时期(960—1279),吕氏大约有94万人,占全国总人口的1.21%,为宋朝第十四大姓。""山东为吕姓第一大省,居住了吕姓总人口的16%,吕姓占当时山东总人口的1.2%。"今胶东吕氏的人口密度为每平方千米3.3人,是四川的6倍。

城港路街道军寨址是吕氏故居。《东莱吕氏家谱》载:"城北军寨址为吾家先世故里,实五代唐户部侍郎吕公梦奇故里,村后有古冢,世传为公冢祖茔。"《莱州府志》《掖县志》都有记载。但村碑和《莱州市地名志》说:"明洪武二年(1369),陈姓由四川迁此立村,据传曾有一武官统兵在此安营扎寨,故取名军寨址。"显然所载失实。

笔者的家乡——金城镇南吕村,是一个有着450户的大村,若加上清代从南吕迁居北吕的150多户,总共有600户之多,是莱州吕氏最大的村庄。村碑是这样写的:"南吕,明宣德年间(1426—1435),吕姓由四川迁此立村,以建窑烧乌盆为业,故得名乌盆吕家。1950年,以其位于北吕之南而更名南吕。"这与《东莱吕氏家谱》记载的吕氏世代居掖,是东莱故家不符。

《山东古国与姓氏》载,齐国之后,分出160个姓氏,莱州的姜、吕、齐、邱、崔、高、栾、丁等都是齐太公之后。但村碑与《莱州市地名志》说这些姓氏都是从四川迁来的,显然有误。

据《中国姓氏:群体遗传和人口分布》载,当今四川韩、于、乔、沈、崔、孟、丁、闫、孔等九姓,每平方千米的人口密度为零,而莱州分别是:韩姓4.2,于姓2.4,乔姓1.8,沈姓1.5,崔姓1.5,孟姓1.4,丁姓1.3,闫姓1.2,孔姓0.7。村碑和《莱州市地名志》说这些姓氏也都是由四川迁来的,成了无源之水、无本之木。

郝氏,古称郝省氏、郝骨氏,系太昊之后,东夷风姓的一支。元朝时,有郝伯全者居莱州北陵疃,即今平里店小北岭,所生五子,四子外迁,后裔散居河北枣强,山东青州、即墨、平度、招远、蓬莱、栖霞。清经学家兼金石学家郝懿行即其后裔。莱州市的郝姓主要居住于平里店镇柳行，梁郭镇后郝家、前郝家，仲院乡郝家沟等村。据《中国姓氏：群体遗传和人口分布》载，胶东和莱州郝姓的人口密度平均每平方千米为3.3人，是全国郝姓的最高密集区，而四川则为零。村碑和《莱州市地名志》说郝氏村庄都是从四川迁来的，实属有误。

刘氏，出自祁姓，有4000多年历史，是中国第四大姓。刘邦称帝，汉初封王子30余人，刘氏贵族遍布大江南北、山东各地。胶东则封有胶东王、胶西王、昌邑王、当利侯。西晋时，城阳景王刘章后裔刘毅居掖城，官至左仆射。宋时，山东刘氏约有565000人，今莱州市300户以上的刘氏村庄，如金城镇凤毛村、城后刘家村，夏邱镇沟刘村，神堂镇大刘家村，驿道镇刘家洼村，珍珠镇八里庄村等，都应建于宋代以前。

金城镇凤毛村870户，刘氏居多。《莱州市地名志》说："明洪武二年（1369），王元和、刘始宗姑表弟兄二人由四川奉节县铁碓臼刘家迁此立村，因村内当时筑有形状似马蹄的土围子而得名土马寨。后传说有凤凰自空中飞过，落毛于此，遂改名凤毛寨。"所载说明，洪武二年（1369），王元和、刘始宗到此居住时，此地原来已有村落，并且建有土围子。《莱州市地名志》说王元和、刘始宗迁此立村，实属有误。

王姓是当代全国第二大姓，莱州第一大姓。

宋朝时，王氏约有590万人，为宋朝第一大姓。山东是王氏第一大省，约有867000人，占山东总人口的12.7%。

王氏居莱，初不可考。重刊明万历《莱州府志》载有王崇，西汉哀帝时官御史大夫，迁大司农，平帝时封抚平侯。王扶，显宗初拜议郎。王基，曲成人，三国魏中书侍郎，迁镇南将军，封东武侯。王庆，乃王扶嫡孙，唐代官朝议郎，行登州司马，上柱国。王无竞，唐监察御史，改太子舍人，行登州司马。另据《掖县志·将材》载，王景，五代累官护国军节度使，封褒国公，赠太傅，追封岐王，谥元靖。景三子，长子王延义，仕至横州团练使，次子失考，季子王延训仕至骠骑尉大将军。王倚，元世祖拜工部尚书、礼部尚书，追封太原郡侯。王居政，拜承务郎。可知，王氏在明朝之前，代不乏人，明、清之时，名人更多。

今莱州市王氏大村尤多。如朱由镇路宿村732户，夏邱镇留驾村700户，西由镇王贾村650户，驿道镇朱汉村540户，西由镇天王庙村535户，朱桥镇可门大王家村460户，过西镇水南村460户。但村碑和《莱州市地名志》说这些村都是明洪武二年（1369），王姓等由四川迁此立村。如"朱由镇路宿村"条下曰："明洪武二年（1369），四川移民许、滕、王三姓途经此地，夜间宿此路边，后居此立村，取名路宿。"2007年，山东省文物考古研究所在路宿村北发掘出一处龙山文化初期的村落，距今约4500年，比村碑和《莱州市地名志》说的立村时间，整整早了4000年。还有过西镇水南村，村碑和《莱州市地名志》说："南宋淳熙八年（1181），王姓由四川迁此立村，村北临王河，故名水南。"2007年，山东省文物考古研究所在水南村北发掘墓葬一百多座，有战国墓，汉墓，隋、唐墓，明、清墓。说明这里战国时就有人居住。村碑和《莱州市地名志》所载的立村时间，也晚了2000多年。

其三，村碑和《莱州市地名志》所说的明代四川移民所立的村庄，有些在元代已有记载。

（1）西由，今称龙泉村。村碑和《莱州市地名志》曰："明洪武二年（1369），李、刘诸姓由四川迁此立村，原名西由西村，一九三七年，因此地有龙泉洞、龙泉河而更名龙泉。"西由镇驻地附近的西北、街西头、东南、东北等村，也都说是明洪武二年（1369）从四川迁来立村的。

清掖人侯登岸著有《掖乘》一书，载有历代石刻碑文，是重要的历史文献。《掖乘》载，元元贞二年（1296），胶莒莱运司使在盐大使署前立《西由场文庙碑》，碑文曰："莱之北鄙仅五十里曰西由镇，建盐司，司授五品阶，总八场，岁办盐策，凡三万五千计。其民虽夥，其俗甚鄙，粤西由之兴，盖未始有学……"是知，元朝初年，西由之地已称西由镇。追溯西由盐业，上到春秋之时，西由出土的管仲煮盐锅可证。汉时，设盐署于西由。至元，盐署总领八场，是盐业生产管理中心。"其民虽夥"之载，说明其时人已很多。村碑和《莱州市地名志》说西由之村是明洪武二年（1369）由四川移民所立，也是一误。

（2）西由镇王贾村。村碑和《莱州市地名志》说："明洪武二年（1369），王、贾二姓由四川迁此立村，以姓氏取名王贾。"

《掖乘》载有《创建兴仙观记》，曰："莱城之东北四十里，村曰王贾，观曰兴仙，乃素德大师王道谨之肇基也。道谨，掖县郭家庄人""常与长春真人相交游"。又据《掖县志》载："兴仙观，城北四十里王贾村，宪宗七年（1257）建。"王贾近西由，碑文称"王贾颇异尘"。是知王贾之村，元代已具规模，非明洪武二年（1369）所建。《创建兴仙观记》中载的郭家庄即郭家店，村碑和《莱州市地名志》说郭家店是"清康熙十九年（1680），郭姓由掖县城迁此设店立村"，也差了400多年。

（3）大原镇朱旺村。村碑和《莱州市地名志》说："明洪武二年（1369），杨姓由四川成都府大槐树底下铁碓臼迁此立村，为吉利而取名朱旺。"

《掖乘》载有元碑《重修朱王观音堂记》。碑文曰："莱郡为东方巨镇，而濒海□多□，冲要之地，莫朱王若也。至正乙巳（1365）春，□□□□调官荣禄公□夜，海运粮饷以给军，□□睹朱王西郊，有圆通寺观音堂，尘□倾颓……"是知朱旺本作"朱王"。元代，朱王建有粮仓，供京城军需民用。朱王为莱州第一大村，有1495户，4385人。

西汉时属临朐县，建有海水祠。村碑和《莱州市地名志》说朱旺乃明洪武二年（1369），杨姓由四川迁此立村，岂不太谬。

（4）朱桥镇后杨家。村碑和《莱州市地名志》说："明洪武年间（1368—1398），杨姓由四川迁此立村，以姓氏取名杨家。一九四五年后，为区别于邻村杨家（今前杨家）而以其方位更名后杨家。"

后杨家杨姓是东汉东莱太守杨震的后裔。据村内长者称，村中旧有杨氏祠堂，匾额题为"四知堂"，祠中所供杨氏列祖，以杨震为始。后杨家村南，有杨氏祖墓一座，元至正十年（1350），嘉议大夫益都路总管杨春、同知濮州事杨庆祖共立。《杨氏先茔碑》碑文曰："杨叔本唐叔之后……在汉有太尉震，世为弘农人，屡为东莱太守，子孙遂家焉。""肇庆路总管东莱定海杨侯，有先茔在郡北午城。""诸子克遵世守，阙后蕃衍，后兄弟异居，不改文风所置……自后时辈皆曰大院杨家。"

所言"杨侯"即杨春。清乾隆《掖县志》载："肇庆路总管东莱定海侯杨春祖墓，城北午城，翁仲、石兽俱存，有秘书监著作郎雅古、参知政事王士熙同撰先茔碑记。"

《掖乘》载有《杨氏先茔碑》，曰："城北六十里伍城村，至正十年（1350）八月立，正书、篆额，额题作'梅杨氏先茔之碑'。……秘书监著作郎雅古撰、参知政事王士熙同撰，马祖常书，张起岩篆额。文多漫漶不可辨。"《山左金石志》曰："既有雅古撰文，又有同撰之王士熙，实为创见。文中但云以状来请于雅古，无一语及士熙，尤不可解。案，杨春先世弘农人，祖兴任莱阳令，以远祖杨震守东莱，因家于掖，春历任肇庆路总管，封益都路总管、定海侯。此其祖茔碑也。"

是知元代时，后杨家名曰大院杨家，午城名"伍城"。元初杨春的祖父杨兴任莱阳令，因远祖杨震曾任东莱太守，治掖县，故迁于掖地。杨氏年长之人，对其村史、家世记忆犹新，资料确凿，不知地名普查为何将其疏漏，而另附会四川移民之说。

（5）沙河、东宋镇埠后村、朱由镇大辛庄、珍珠镇大幸台。《掖乘》载有《云南子黄公传碑》，标题为"莱州沙河店龙祥观普济大师黄公传"。文曰："公姓黄，法讳志坚，道号云南子，莱州掖县埠后村人氏。家世以农桑托业。公年十六，笃志于道，礼长生真人为师……宋嘉定己卯（1219），彭公洎李侯以先生真门入室……岁癸巳（南宋理宗绍定六年，1233），北还莱郡，卜居辛庄里，建凝神观……岁丙申（南宋理宗瑞平三年，1236），行台杨君妙真素宗元教，闻公道行，以沙河龙祥观荒废日久，参议于民宝率莱城牧，洎道正于君，请君兴复……"碑落款为"大朝中统元年（1260）十月下元日立石"。时在元世祖忽必烈登基之年，相当于南宋理宗景定元年。

碑中记载的村名有沙河、东宋镇埠后村、朱由镇大辛庄、珍珠镇大幸台（时作"行台"），可知这四个村庄其时都已存在。再看村碑和《莱州市地名志》是怎样说的。

沙河："明洪武二年(1369)，李、张、曲三姓分别由四川、掖县城迁此立村，因沙河流经村北而得名沙河。"

东宋镇埠后村："明洪武年间(1368—1398)，王、曲二姓由四川迁此立村。南临金埠，故名埠后。"

朱由镇大辛庄："明洪武二年(1369)，党姓由四川迁此立村，取名党新村。清末，姓氏增加，村庄扩大，遂以嘉言，更名大新庄。一九四九年后，演变为大辛庄。一九八九年八月，恢复原名大新庄。"

珍珠镇大幸台："明洪武二年(1369)，杨、赵、孙三姓由四川迁此立村。此村当时有一个土台子，人们为吉庆而取名大幸台。"

村碑和《莱州市地名志》将这四个元代已经存在的村庄，说成是明洪武二年(1369)四川移民建的。

(6)朱桥。村碑和《莱州市地名志》说："明洪武二年(1369)，杨姓由四川迁此立村，以姓氏取名杨家庄。清初，村庄扩大，村中有一条大沟，为交通便利而修建一座红石桥，村名由此更名为朱桥。"

《掖乘》载有《莱州朱桥重建太微观记碑》。碑文曰："州城之东北六十余里，有朱桥焉。其水甘而洌，其土平而旷，云烟□惹，草木畅茂，故高世之士多所栖息焉。距桥之西才数举武，有观曰太微，乃长生真人所建，而其徒郝命清重修之也。"碑刊于元代至元四年(1338)，可知其时桥已建，村已立，非明洪武二年(1369)所为也。

(7)平里店镇诸流村和苗家镇南李村。村碑和《莱州市地名志》"诸流"条下说："明洪武二年(1369)，周姓由四川迁此立村。村东南有一个水湾，水色呈红，故取名朱流，一九四二年，改为诸流。""南李"条下说："明洪武二年(1369)，李姓由四川迁此立村，附近有一座大悲寺，故取村名大悲寺李家，简称李家。因重名，一九五八年，以其位于苗家之南而更名南李。"

诸流在王河西岸，对岸的苗家镇南李村元代时有一大悲寺，乃金大定年间(1161—1189)所建，大定末年(1189)赐名题额"大悲"。元至正癸巳年(1353)重修，《掖乘》载有《重修大悲院记》。碑文曰："去莱州之东北不远，一舍(按：军队一天行程为一舍，约三十里)之余，濒万(岁)河之左，有乡曰大朱，村中有是院……"是知元代时，王河两岸的南李村、诸流村都称大朱。今诸流村749户，南李村200户，建寺以前当已有村，并非建于明洪武二年(1369)，更非四川移民所建。

(8)夏邱镇平村。村碑和《莱州市地名志》说："明末，刘姓由四川迁此立村。此地当时有一座老子庙，庙门匾上题名'通仙观'，故取村名通仙观。清末，老子庙拆除，为吉利，更名平村。"

《掖乘》载有《东莱通仙观披云大师道行碑》。碑文曰:“莱州掖县平村通仙观者,乃天师披云真人降瑞之乡,以□□创建此道观也。真人姓宋,讳德方……”碑文落款纪年为“大德四年(1300)岁在上章困敦季冬望”。

是知夏邱镇平村元代时已立,其时即名平村。传说不实,村碑和《莱州市地名志》所记也伪。

(9)路旺侯家、路旺原家、路旺戴家、路旺王家。这四村皆冠以“路旺”二字,是此地称路旺之证。村碑和《莱州市地名志》说这些村都是明代四川或江苏移民所建。

路旺侯家:“明洪武二年(1369),侯姓由四川铁碓臼侯家迁此立村,因附近有一座路旺寺而取村名路旺侯家。一九四五年后,更名侯家。”

路旺原家:“明洪武二年(1369),原姓父子二人由四川迁此立村。此地当时有一座路旺寺,故取名路旺原家。一九四五年后简称原家。因重名,一九八二年,恢复原名路旺原家。”

路旺戴家:“明初,戴姓由江苏迁居掖县城,后迁此立村。村西北有一座路旺寺,故取村名路旺戴家。”

路旺王家:“明洪武二年(1369),王姓由四川铁碓臼王家迁此立村,因附近有一座路旺寺而取村名路旺王家。一九四五年后,更名大王家。”

路旺之地,县志又写作“卢旺”,是春秋初年卢国所在。1983年,在路旺侯家出土战国齐刀币1000余枚。西汉时在此置县,名曰当利,当利故城遗址在路旺侯家村西南约500米。1957年文物普查时,当利故城遗址尚在,出土铜镜、铜印、货布、五铢钱及铁器、陶器若干。唐开元九年(721)在此建开元寺,金大定十七年(1177)重修。《掖乘》载有《重修开元寺碑》,碑文曰:“东莱之掖县路王村开元寺,在郡治之西南,相距一舍。”由此是知唐代时,村庄已立,名作“路王”,今作“路旺”,非明洪武二年(1369)四川或江苏移民所立。

(10)路旺镇朱马村。村碑和《莱州市地名志》说:“明洪武二年(1369),孙姓由四川迁此立村。村中当时有一匹枣红马,遐迩闻名,故取名朱马。”

朱马村,金、元代时以种麻造纸为业,村名本曰“煮麻”。村有张汉臣墓碑,金大定二年(1162)所立。其子张钦官至杭州和陕西巡抚。可知“煮麻”至迟宋代已经立村。

(11)东宋镇前西原、后西原。《莱州市地名志》曰:“明洪武三年(1370),任姓由四川成都府新都县枣林庄迁居山东掖县。永乐年间(1403—1424),再迁此卜居安宅。左镇游优山,右据马埠寨,前临平原,后倚大海,山明水秀,故名西原。后村庄扩大,分为两村,该村居南,称前西原。另村居北,称后西原。”

然《任氏族谱》载,任氏祖墓在莱州城北演武场,即今西坊北村附近。明万历年间

(1573—1620)因扩建演武场迁坟,挖出棺木有"(元)至正二十五年任母庞氏之柩"等字样,修谱者曰:"以此考之当为宦籍,而非洪武三年(1370)所迁矣。"前章已论,任氏为莱州最早的土著居民。前西原、后西原任氏,至迟在元至正二十五年(1365)以前就居住在掖城,当是其避元末兵乱,迁居乡下。

其四,还有许多村庄,虽然没有碑文记载,但从地名普查的情况看,此地有寺、有庙、有村落,说明原已有村,除前已提及的金城镇凤毛村外,再举几例。

(1)平里店镇石柱村。《莱州市地名志》说:"明洪武二年(1369),任姓由四川迁此立村。该村西南临沙丘古城遗址,存有石人、石羊、石狮及石柱,故取名石柱栏。"《莱州府志》载:"沙丘城,纣所筑。"可知商代就有人在此聚居。石柱村与石姜村当是汉代守墓人居住而形成的村庄,非明洪武二年(1369)任姓由四川迁此立村。

(2)程郭镇西坊北村。《莱州市地名志》说:"明洪武二年(1369),任姓由四川迁此立村,因村东南有一座石牌坊而取名西坊北。"石牌坊是为人而立,知之前已有村落,东坊北村也因此牌坊而得名。第三次全国文物普查在西坊北发现汉墓群。2014年在此发现夏代时的莱州玉雕太阳神面图像,说明此地的历史远在夏代。

(3)驿道镇朱汉村。《莱州市地名志》说:"明洪武二年(1369),王姓由四川迁此立村。此处当时有一座关帝庙,庙内有一磬,上刻'诸韩'二字,故取名诸韩。清初,演变为朱汉。"宋代,关羽被神化,尊为"关帝",兴建庙宇。庙立村中,有庙就有村,朱汉五百多户,非明洪武年间(1368—1398)所立也。朱汉村在王河北岸,2002年修烟潍高速公路,在朱汉村西发掘汉墓一百多座,墓区面积达30万平方米。这说明朱汉之地汉代就已经有人聚居。

类似朱汉立村时已有寺、有庙、有宫的,还有莱州镇东升村、十哥庙(按:世觉庙),金城镇北觉孙家、北觉于家,程郭镇伍佛刘家、伍佛蒋家、五佛邱家、五佛穆家、后王门、前王门,西由镇天王庙,朱由镇大朱石、前朱石、上官李家,大原镇林家官庄、邱家官庄、官庄,苗家镇东罗台、西罗台,朱桥镇朱郭李家村、徐院村,南十里乡双庙、双庙孙家、马神庙张家,珍珠镇院西、古路庵,沙河镇院上,路旺镇寺沟、南王家、肖韩村,柞村镇火神庙、积福,夏邱镇卸甲庵、东草、西草、槐树、留驾,郭家店镇大庙后,柴棚乡塔耳头、元岭孙家、元岭张家、元岭陈家,曲家乡南相村等。

(4)寨里徐家。村碑和《莱州市地名志》说:"明洪武二年(1369),徐姓由四川迁此立村。此地当时有一个土围子,人们称此为寨,故取名寨里徐家。"寨和土围子无疑是村庄,迁此居住而已。类似寨里徐家原来有土围子的还有西由镇街西头村,梁郭镇张官刘家、张官周家,三元乡张家庄,珍珠乡门赵家。

(5)三元乡北障村。村碑和《莱州市地名志》说:"明初,尚姓由四川迁此立村。

村南有一石墙，故得村名北障。”这以石墙为屏障，乃为人居住而立，原已有村无疑。与此类同的还有程郭镇东石桥村、西石桥村，南十里半壁店子村。

（6）寨徐乡柳林子。村碑和《莱州市地名志》说：“明洪武二年（1369），徐姓由四川迁此立村，此地当时柳树成林，故名柳林子。”树为人栽，也原已有村。路旺杨柳崔家，西由镇东北村，金城镇滕南村、滕北村、东季村，朱桥镇欣木村，朱由镇柳林头，南十里乡杏园村，柴棚乡柳上村，与此相类似。

（7）夏邱镇草阁徐家。《莱州市地名志》说：“明洪武二年（1369），徐姓由四川迁此立村。因此地当时有一草苫的楼阁而得名草阁徐家。”与其毗邻的草阁傅家、草阁王家、草阁潘家也是如此说。此地当时既有草苫的楼阁，就已建有村庄。这四个村的徐姓、傅姓、王姓、潘姓，只是居此而已。于此类同的还有平里店镇苏阁孟家，程郭镇后苏、前苏、高郭庄。

（8）三元乡大香村。《莱州市地名志》说：“明成化十八年（1482），李姓由四川迁此立村。此处当时有三个村庄，距离相近，并列排在山沟之中，形似一炉香，故统称香疃子。后因中间的村迁走，该村以其较大而定名大香。”明明此处原有三个村庄，却又说“李姓由四川迁此立村”，岂不失实。

（9）大原朱杲村。1999 年 10 月，为配合大莱龙铁路建设，烟台市博物馆在朱杲村东北发掘墓葬 34 座，年代从战国到汉代，说明此地战国时就已经有人居住。①《莱州市地名志》曰：“明洪武三年（1370），朱良普由四川迁此立村，为吉祥而取名朱杲。”所载与史实不符。

其五，《莱州市地名志》称由四川迁莱立村的是“移民”。如说朱由镇路宿村：“明洪武二年（1369），四川移民许、滕、王三姓途经此地，夜间宿在路边，后居此立村，取名路宿。”再如说程郭镇东坊北村：“明洪武三年（1370），部分移民由四川迁此立村，因村南有一座石牌坊而得名东坊北。”再如说神堂镇留村：“明洪武二年（1369），四川移民迁至此地，多数人都不愿在此定居，继续东行，唯有姜、李、张三姓留此立村，取名留村。”《莱州市地名志》对于其他一些村名的记载，虽未有“移民”二字，然皆说是某姓“由四川迁此立村”，其“移民”之意也很明显。

其六，将清代土著居民建立的村庄说成是明代四川移民建立的，如柞村镇增福庄，《莱州市地名志》曰：“明崇祯九年（1636），贺、姚、陈三姓由四川迁此立村，为吉祥而取名增福庄。”增福庄保留有立村时刻的村碑，碑文曰：“山东莱州府掖县城南二十里新建增福庄，各社各甲共立。土地正神合会人等，开列姓名于后。会首高门初氏、

---

① 原文参考《华夏参考》2009 年第 1 期。

孙门王氏、高门张氏、姚门孙氏、孙门王氏、高门原氏、陈门孙氏、高门孙氏、孙门高氏、贺门高氏、徐门高氏、孙门张氏、姚门李氏。大清雍正三年(1725)六月初一立庙,三年三月初十日立新庄。”柞村镇增福庄是莱州市迄今为止发现的唯一一个保留有立村村碑的村庄。铭文记载增福庄是清雍正三年(1725)由高门初氏等十四家共同建立的,现在有130多户。从增福庄建村到地名普查只有270年,便被说成是四川移民所建,可知那些清代以前建立的村庄,误传更甚。增福庄村碑再一次说明《莱州市地名志》的记载失实,四川移民建村的传说是误传。

其七,2007年至2011年期间开展的第三次全国文物普查工作(以下简称“三普”),莱州市新发现明代以前的古遗址四十多处,古墓葬群五十多处。这些新的考古发现,为我们了解明代以前莱州先民的居住和生活状况,提供了重要的实物资料。

西由镇东北村,这个被《莱州市地名志》称作“明洪武二年(1369),盛、王二姓由四川迁此立村”的村子,在距今6000多年前的大汶口文化早期,已经有先民在此聚居。“三普”发现的西由镇东北村遗址,东西长130米,南北长120米,总面积约15000平方米。采集的陶片、贝壳等遗物以紫荆山文化一期和周代文化为主,是一处典型的大汶口文化早期遗址。遗址西北近邻单山村商、周遗址,可知新石器时期,这里是一个大聚落群。

“三普”发现的西由镇单山遗址是一个独立的山丘,东西长940米,南北宽730米,总面积68万平方米。在断崖中采集到商、周至汉代陶器残片及贝类碎片,说明这里是商、周至汉代人们的聚居地。《莱州市地名志》说“明洪武二年(1369),张、王、原三姓由四川迁此立村”,显然失实。

“三普”在沙河镇国家村发现一处岳石文化遗址。遗址南北长250米,东西宽140米,总面积约3万平方米。断崖文化层厚约0.5—1.5米,并暴露有灰坑。采集有罐、盆、鬲、鼎、陶片,陶质有红褐夹砂、泥质灰陶两种,多素面,纹饰以细绳纹为主,据采集标本分析,为岳石文化、芝水二期、珍珠门文化及周代文化遗存。在国家村西和西南的寨徐乡中杨村、沙河镇黑羊山、沙河镇前邱家、寨徐乡沙埠子、土山镇海仓村等地发现多处新石器时期和夏、商、周代遗址。而《莱州市地名志》说沙河镇国家村、黑羊山村,寨徐乡沙埠子村、中杨村,土山镇海仓村都是明洪武二年(1369)或四年(1371),国姓、邱姓、徐姓、杨姓、焦姓等由四川移民迁此建立的村子,显然与这些村的考古发现不合。

“三普”在《莱州市地名志》记载的明代从四川移民建立的村庄中,发现了许多明代以前的古遗址。除上面已经论及的外,发现的夏、商、周时期的古遗址、古墓群,还有珍珠镇大东庄村,莱州镇东三岭子村,夏邱镇李哥庄村,程郭镇高郭庄村,南十里乡龙家村，三元乡古台口村，店子乡后合村。发现的秦、汉时期的古遗址、古墓群有：平里店镇诸流村，平里店镇麻渠村，苗家镇小兰埠村，苗家镇前徐村，苗家镇前单村，苗家镇镡家村，程郭镇后苏村，西由镇潘家村，西由镇前吕村，西由镇埠南尹家村，西由镇夏家村，西由镇诸冯村，过西镇永盛埠村，大原镇泗河村，朱桥镇埠上村，朱桥镇河南于家村，朱桥镇大冢坡村，金城镇城子村，金城镇新罗村，莱州镇南五里村，南十里乡枣林村，夏邱镇白沙村，夏邱镇路响村，神堂镇大刘家村，神堂镇西魏家村，曲家乡教书庄村，曲家乡西圈子村，三元乡玉兰埠村，郭家店镇大庙后村。发现的唐、宋、元时期的古遗址、古墓群有：夏邱镇留驾村，驿道镇台上村，莱州镇仲家沟村，莱州镇西山张家村，朱桥镇招贤村，朱由镇崖头村，神堂镇彭家村，店子乡大抬头村，曲家乡宋家集村，三元乡小綦家村等。《莱州市地名志》对于上述村庄建村年代的记载，大都是明洪武年间（1368—1398）的四川移民，只有过西镇水南村说是南宋淳熙八年（1181）的四川移民，土山镇海仓村是元朝末年的四川移民，三元乡古台口村、朱由镇崖头村是明成化十六年（1480）的四川移民，曲家乡宋家集是明成化年间（1465—1487）的四川移民，金城镇新罗村是明正统四年（1439）的四川移民，驿道镇台上村是明嘉靖年间（1522—1566）的四川移民，朱桥镇河南于家是明万历八年（1580）的四川移民，三元乡小綦家是明万历二十一年（1593）的四川移民，三元乡玉兰埠村是清雍正年间（1723—1735）四川移民所建。“三普”的调查发现与《莱州市地名志》说的这些村的立村时间，有的差了数千年，有的差了数百年。

“三普”还在莱州镇蒲家洼村发现了新石器时期的古遗址；在莱州镇东关村、东宋镇西大宋村发现了夏、商、周时期古代遗址；在夏邱镇李家庄子村、珍珠镇林家村、南十里乡前薛村、三山岛镇三山岛村、驿道镇汤家、过西镇过西村发现了秦、汉时期的古遗址；在三元乡栾家庄发现了东周古墓；在梁郭镇王家庄子村、曲家乡南菊寺村、平里店镇淳于村、平里店镇西北障村发现了汉代墓葬群；在梁郭镇沟子杨家村发现了宋代墓葬群。而在《莱州市地名志》中，这些村庄虽然不是四川移民，但是说这些村建于明、清，晚了许多。

“三普”也发现《莱州市地名志》有些建村时间的记载是对的。如驿道镇费县村，《莱州市地名志》曰：“唐末，张姓由临淄迁此立村。”“三普”在费县村发现了唐代遗址，与《莱州市地名志》所记载的时间相合。再如驿道镇石角坡村，《莱州市地名志》曰：“西汉元狩年间（前122—前117），鲍姓由青州迁此立村。”“三普”在石角坡村发现的汉代墓群，也证实其立村的时间可信。

《莱州市地名志》对有些村的记载较为可信，如路旺镇孙哥庄：“明以前，孙姓在此居住，以姓氏取名孙哥庄。明洪武二年（1369），数姓迁此，皆称孙姓为哥，故改名孙哥庄，亦呼孙古庄。后因庄子扩大，分为两村，以其方位定名：西孙哥庄，东孙哥庄。”西孙哥庄现有235户，东孙哥庄现有180户，两村共有415户，明代以前建村可信。再如，珍珠镇徐刘村：“明以前，王姓居此。明洪武二年（1369），徐、刘、杨三姓由四川迁此定居，取名徐刘杨王，一九五八年简称徐刘。”徐刘村今有280户，不知建村年代，所以只言“明以前，王姓居此”，“明洪武二年（1369），徐、刘、杨三姓迁此定居”，而不言“迁此立村”，可惜这样较为真实的记载不多。

以上论及的二十多个姓氏和二百多个村庄，说明村碑和《莱州市地名志》存在着两大错误：一是将一些明代以前的村庄说成是明代所立；二是将建村之人误为四川移民，严重地歪曲了莱州的历史。

《莱州市地名志》存在的问题具有普遍性。在胶东其他县市区和山东、河南、河北等地普遍存在着将流民、难民当作移民的问题，山西更是炮制了向外移民百万之说。全国第一次地名普查所形成的资料，究竟有几分可以采信，真须审慎地对待。

《莱州市地名志》虽然只作为内部资料，并未正式出版发行，但1996年由齐鲁书社出版发行的《莱州市志》将四川移民写进了《莱州市志·大事记》。其曰：“明洪武二年（1369），因战乱、瘟疫、饥荒等，莱州人烟稀少，官府从四川等地移民至掖。”《莱州市志·建置·村庄》曰：“境内建村，始于春秋，战国、秦、汉、魏、晋、唐、宋、元历朝均有所建，由于元末战乱和瘟疫流行，造成人口锐减。明朝建村最多，达805个，其中洪武年间（1368—1398），建村579个，据现存的家谱记载，多从四川移民而来。”于是，一个严重的问题发生了：莱州人的历史被割断了！不管莱州有四千年文明，还是五千年文明，到了元朝末年，莱州人所剩无几，莱州明朝及其以后的历史，是四川移民、移军或是迁徙的囚犯创造的。任何一个有良知的莱州人，都不会对此置若罔闻，因此我们不得不付出巨大的艰辛，探索其历史的真相。

三、流民与移民

元末明初，是人口大流动的时期。明朝将人口的流动分为逃户、附籍、流民和移徙四种，并制定了各自不同的安置政策，在《明史·食货志一》中有如下详细的记载。

逃户。“其人户避徭役者曰逃户。”逃户是为了逃避徭役而逃往他乡者。凡是逃户，明初朝廷督令返还本籍复业，赐免一年徭役。老弱不能归及不愿归者，令在所在地著籍，授给田地输赋。明英宗正统年间（1436—1449），造逃户周知册，核实其丁粮。

附籍。“有故而出侨于外者曰附籍。”附籍即依附他人户籍之下者。凡附籍者，明英宗正统时，年老多病致仕事故官家属，离本籍千里者准许收附，不及千里者发还本籍。

流民。“年饥或避兵他徙者曰流民。”流民也即难民。元末，安徽、河南、山东、河北为主战场，背井离乡逃难者最多。明洪武元年（1368）八月，明太祖朱元璋发布《大赦天下诏》，说：“州郡人民因兵乱逃避他方，田产已归有力之家，其耕垦成熟者，听为已业。若还乡复业者，有司于旁近荒田内，如数给与耕种。其余荒田，亦许民垦辟为已业，免徭役三年。”①

移徙。“朝廷所移民曰移徙。”“其移徙者，明初，尝徙苏（苏州）、松（松江）、嘉（嘉兴）、湖（湖州）、杭（杭州）民之无田者四千余户，往耕临濠（今安徽凤阳），给牛、种、车、粮，以资（钱）遣之，三年不征其税。”

《明太祖实录》对于逃户、附籍、流民、移徙的记载是非常明晰的，如《明太祖实录》卷二百八所载的“逃户”：洪武二十四年（1391）三月，“癸亥，太原府代州繁峙县奏，逃民三百余户，累岁招抚不还，乞令卫所追捕之。上谕户部臣曰：‘民窘于衣食，或迫于苛政则逃，使衣食足给，官司无扰，虽驱之使去，岂肯轻远其乡土。今逃移之民，不出吾疆域之外，但使有田可耕，足以自赡，是亦国家之民也。即听其随地占籍，令有司善抚之。若有不务耕种，专事未作者，是为游民，则逮捕之。’甲子，赈给山东、山西流民五十六人”。再如《明太祖实录》卷二百一十六载的“附籍”：洪武二十五年（1392）二月，“凉国公蓝玉奏，凉州卫民千七百余户，附籍岁久，所种田亩宜征其赋，令输甘肃。上曰：‘凉州归附虽久，贫民至今未苏，俟年丰食足后，征之。’”再如《明太祖实录》卷二百六所载的“流民”：洪武二十三年（1390）十二月，“戊寅，遣国子生钟必兴等十四人巡视山东流民。上命必兴等曰：‘山东兖、登二府所属州县，近因河决，小民荡析离居，难于衣食。已尝遣官赈济，尚恐流离乡井，未遂其生，今遣尔等往巡视，遇其所在，令有司厚加存恤，无令失所。’”在《明太祖实录》中对于移徙的记载则更多，皆用“徙”字。如《明太祖实录》卷二十六：“吴元年（1367）十月，徙苏州富户于濠州。”

《明史》《明太祖实录》所载说明，逃户、附籍、流民、移徙，不是一回事情，尤其应该区别的是流民和移民。所谓的流民，即背井离乡、逃荒逃难的难民。流民的流动是民间的、自发的，在灾害和战乱过后，大部分流民都返回了原籍，也有一些流民从此移居了他乡。移民与流民的最大区别，移民是朝廷有组织的人口迁徙，他们由官府从祖居地安置到人口稀少的异地他乡久居，享受朝廷规定的移民待遇。而流民则是民间自发的非官方的行为。

正因为移民是朝廷的决策，官方的行为，所以每次移民，无论规模大小，都被载入

① 《明太祖实录》卷三十四，“中研院”历史语言研究所1962年校印本，第615页。

史册，这是我们研究明朝移民唯一可靠的依据。下面，我们从《明史》和《明太祖实录》的一些记载中，大体了解一下明代移民的情况。

明朝的移民，始于其建立前朱元璋做吴王时。

《明太祖实录》卷二十载，元至正二十六年（1366），“丙午五月壬午，太祖还自濠州，谕中书省臣曰：‘吾昨往濠州，所经州县，见百姓稀少，田野荒芜。由兵兴以来，人民死亡或流徙他郡，不得以归乡里，骨肉离散，生业荡尽，此辈宁无怨嗟？怨嗟之起，皆足以伤和气。尔中书其命有司，遍加体访，俾之各还乡土，仍复旧业，以遂生息，庶几，斯民不致失所。’”濠州即今安徽凤阳，是朱元璋的家乡，也是农民起义军发起的地方。这里经历战争的时间长，灾难重，朱元璋出于对家乡的关爱，从江苏移民于濠州。

《明太祖实录》卷二十六载，“吴元年（1367）冬十月，徙苏州富户于濠州”。

公元1368年，朱元璋在南京即皇帝位。其后，再移苏、杭民于濠州。

《明太祖实录》卷五十三载，洪武三年（1370）六月，“上谕中书省臣曰，苏、松、嘉、湖、杭五郡，地狭民众，细民无田以耕，往往逐末利而食不给。临濠朕故乡也，田多未辟，土有遗利，宜令五郡民无田产者，往临濠开种，就以所种田为己业，官给牛、种、舟、粮，以资（钱）遣之，仍三年不征其税，于是徙者凡四千余户”。

明初，移民于安徽濠州凤阳的，不仅有苏、杭人，也有山西、河北人。

《明史·食货志一》载，洪武六年（1373），“徙山西、真定民屯凤”。

《明太祖实录》卷八十五载，洪武六年（1373）九月，“丙子，上以山西弘州、蔚州、定安、武朔、天城、白登、东胜、澧州、云内等州县北边沙漠，屡为胡寇掠，乃命指挥江文徙其民居于中立府（安徽）。凡八千二百三十八户，计口三万九千三百四十九。官给驴、牛、车辆，户赐钱三千六百及盐、布、衣衾有差”。

《明太祖实录》卷一百一十载，洪武九年（1376）十一月，“戊子，徙山西及真定民无产业者于凤阳屯田”。

《明史·食货志一》载，洪武年间（1368—1398），仅复徙江南民于凤阳的就达十四万多户，如加上山西、河北的移民，当有十六万户之多。

除安徽凤阳之外，河南，河北，山东的东昌、高唐都有移民迁入。

《明史·食货志一》载，洪武二十一年（1388），户部尚书刘九皋上书言迁民之利，太祖从之，迁山西泽、潞民于河北。

《明史·太祖本纪三》载，洪武二十一年（1388），“八月癸丑，徙泽、潞民无业者垦河南、河北田，赐钞备农具，复三年”。洪武二十二年（1389）九月，后军都尉朱荣奏：“山西贫民徙居大名、广平、东昌三府者，凡给田二万六千七十二顷。”《明太祖实录》卷二百四十三载，大名、广平、东昌三府屯田迁民是五万八千一百二十四户。

《明太祖实录》卷二百三十一载，洪武二十七年(1394)二月，“丁酉，迁苏州府崇明县无田民五百余户于昆山开种荒田。时，昆山县民上言其邑田多荒芜，而赋额不蠲，故有是命。后虑其重迁乏费，命本处卫所发军船递之”。

《明太祖实录》卷二百五十三载，洪武三十年(1397)五月，“丙寅，户部尚书郁新言，山西狭乡无田之民，募至山东东昌、高唐境内屯种，给食已及三年，请从本府民地。上曰：‘民贫则国不能独富，民富则国不至独贫，其再复一年，然后征之。’”

明洪武年间(1368—1398)的移民，有很大一部分是元朝的降军、降民。据《明太祖实录》记载，洪武年间(1368—1398)，约有五十五万故元降军、降民迁到北平、京师和内地屯种。到洪武二十二年(1389)，元末十年战乱造成的人稀荒芜之地，都得到了移民补充。发生在建文四年(1402)的“靖难之役”造成北平、河北、东昌新的人口锐减，永乐年间(1403—1424)又多次从山西、山东等地移民充实这些地方。

《明太宗实录》卷十二下载，永乐元年(1403)九月，朱棣“命户部遣官核实山西太原、平阳二府泽、潞、辽、沁、汾五州，丁多田少及无田之家，分其丁口以实北平各府州县。仍户给钞，使置牛、具、种子，五年后征其税”。

《明太宗实录》卷十八载，永乐元年(1403)三月，“河南裕州言，本州地广民稀，山西潞、泽等州县，地狭民稠，乞于彼无田之家，分丁来种。上命户部如所言行之”。

《明太宗实录》卷三十四载，永乐二年(1404)九月，“徙山西太原、平阳、泽、潞、辽、沁、汾民一万户实北京”。

《明太宗实录》卷四十六载，永乐三年(1405)九月，“徙山西太原、平阳、泽、潞、辽、沁、汾民万户实北京”。

《明太宗实录》卷九十三载，永乐七年(1409)六月，“山东安丘县民刑义等言，本邑人稠地隘，无以自给，愿于冀州枣强占籍为民，从之。仍命户部徙青州诸郡民无业者居冀之，凡徙八百余户”。

《明太宗实录》卷一百八十二载，永乐十四年(1416)冬十一月，“徙山东、山西、湖广民二千三百余户于保安州，免赋役三年”。

《明太宗实录》卷一百八十八载，永乐十五年(1417)五月，“山西平阳、大同、蔚州、广灵等府州、县民申外山等，诣阙上言：‘本处地跷且窄，岁屡不登，衣食不给，乞分丁于北京、广平、清河、真定、冀州、南宫等县宽阔之处，占籍为民，拨田耕种，依例输税，庶不失所。’从之，仍免田租一年”。

《明史·食货志一》载：“成祖核太原、平阳、泽、潞、辽、沁、汾丁多田少及无田之家，分其丁口，以实北平。自是以后，移徙者鲜矣。”

明宣宗时，朝廷明确表示，不再移民。《明宣宗实录》卷四十五载，“宣德三年

(1428)秋七月乙亥,青州刘中等奏:‘永乐中因岁欠,流徙至北京枣强县,凡二百余户,居二十年,已成家业。今有司追还山东,乞就附籍枣强。’上谓尚书夏原吉曰:‘彼此皆吾土,但得民安即已。’又曰:‘唐宇文融检括流民,过期不首者谪边州,容庇者抵罪,州县承风,劳扰百姓,愈弊愈窜,损益多耳。其申饬有司,以此为戒。’”

《明宣宗实录》卷七十一载,宣德五年(1430)冬十月,“初陕西汉中府奏,本府所属一十三州县,只有四十七里,民少役繁,金州南郑诸县,多闲田,乞徙山西、陕西附近州县丁多之民以实其地。上谓行在户部曰:‘人情安土,迁之殆离,其与六部议。’至是议奏,天下郡县人民,版籍已定,产业有恒,若遽迁之他乡,不无惊扰,不可迁。从之”。自此以后,明朝再无移民发生。

《明史》和《明太祖实录》等并无从四川、云南等地向莱州移民的记载,移民之事也不见于四川和莱州等地府县志。《明史》和《明太祖实录》等清清楚楚地记载着明洪武和永乐年间莱州向辽东的一次移军和向东昌、北平的七次移民。

向辽东的移军发生在洪武六年(1373)。《明太祖实录》卷八十六载,明洪武六年(1373)闰十一月,徙山东诸卫军马于辽阳城北,建卫所。《明太祖实录》卷八十七载,洪武七年(1374)正月甲戌,“定辽都卫奏并卫所官军,以左千户所青州土军五千六百人属定远左卫,以右千户所莱州土军五千人并本卫军七百九十四人,定居辽右卫”。所谓的莱州土军,即莱州卫招募的当地土著之人。这五千人即五千个军户,按照曹树基每个军户三个人的计算,莱州调到辽都卫右千户所的人数有一万五千人之多。

第一次向东昌移民在洪武二十五年(1392)。《明太祖实录》卷二百十六载,洪武二十五年(1392),“监察御史张式奏徙山东登、莱二府贫民无恒产者五千六百三十五户就耕于东昌。上可其奏,命户部行之”。

第二次向东昌移民在洪武二十八年(1395)二月。《明太祖实录》卷二百三十六载,明洪武二十八年(1395)二月,“山东布政司言,青、兖、济南、登、莱五府,民稠地狭,东昌则地广民稀。虽尝迁闲民以实之,而地之荒闲者尚多。乞令五府之民,五丁以上田不及一顷、十丁以上田不及二顷、十五丁以上田不及三顷,并小民无田耕者,皆令分丁就东昌开垦闲田,庶国无游民,地无旷土,而民食可足也。上可其奏,命户部行之”。

第三次向东昌移民在洪武二十八年(1395)七月。《明太祖实录》卷二百三十九载,洪武二十八年(1395)七月,“山东布政使杨镛奏:青、兖、登、莱、济南五府民五丁以上及小民无田可耕者,起赴东昌编籍屯种,凡一千五十一户,四千六百六十六口”。平均每户4.4人。

第四次向东昌移民未载年月。《明史·食货志一》载:“后屡徙浙西及山西民于滁、和、北平、山东、河南。又徙登、莱、青民于东昌、兖州。”

第五次向上林苑移民在永乐五年(1407)五月。《明太宗实录》载,永乐五年(1407)五月,"命户部徙山西之平阳、泽、潞,山东之登、莱府等府、州民五千户隶上林苑监牧养栽种,户给路费一百锭"。这五千户有二万二千多人。

第六次向东昌移民在永乐九年(1411)六月。《明太宗实录》卷一百一十六载,永乐九年(1411)六月,"甲辰,抚按山东给事中王铎言:青、登、莱三府,地临山海,土瘠民贫。一遇水旱,衣食不给,多逃移于东昌、兖州等府,受雇苟活。今东昌等府,多闲田。新开河两岸,亦有空地,若籍青州等三处逃民,官给牛、具、种子,命就彼耕种,俟三年后科征税粮,其原籍田地,听从有力之家耕种,如此则田无荒,民得安业。……上览之谕礼部臣曰:'此言皆当,即行之。'"

第七次向东昌移民在永乐十年(1412)正月。《明太宗实录》卷一百二十四载,永乐十年(1412)正月,"山东济宁州同知潘叔正言:'兖州、东昌等府,定陶等县,地广人稀,青、登、莱诸郡民多无田,宜择丁多者分居就耕,蠲免其役三年,庶地无荒芜,民不得失业。'从之"。

在聊城市茌平区和菏泽市郓城县地名志中,载有从莱州府掖县、潍县、昌邑、平度、高密、胶州移民所建的村庄。如郓城大潭乡潘庄:"永乐二年(1404),潘姓从莱州府掖县王家庄迁今郓城,随官屯乡元集庙。七世孙潘理迁此建村,取名潘庄。"《明太祖实录》所载的移莱州民屯东昌的记载在迁入地得到了验证,这是历史的真实。

《明太祖实录》记载的莱州先后八次向外移军、移民,从洪武六年(1373)到永乐十年(1412)长达近四十年,移出的人数当有数万人之多。文献记载说明莱州是移民的输出地,而不是移民的输入区。

以上提及的《明史》和《明太祖实录》等共记载移民(包括安置故元降民)43 次,其中载有户数的 16 次,计 195600 户;载有人数的 29 次,计 636048 人。移民发生在吴元年(1367)至永乐十五年(1417)五十年间。移民的迁出地主要有江、浙的苏、松、嘉、湖、杭州,山西太原府、平阳府的泽、潞、辽、沁、汾州,北平山后元民、沙漠降民,山东济南、青、登、莱等州。移民的迁入地主要有安徽濠州凤阳、京师、北平、河北、河南、山东东昌。所移之民皆是从地狭人稠之地迁往地广人稀之地屯田垦种,没有既向外移民又向内移民的怪例。朝廷对移民的安置政策优厚,也无传说中的押解、虐待事情。

四川归顺明朝是在洪武四年(1371)。此前,四川在大夏国王明玉珍、明昇父子的统治之下,绝不会有向明朝移民的事情发生。《莱州市地名志》所载的明洪武二年(1369)四川向莱州移民所建的 520 个村庄,并非"朝廷移民",而是自行流动的"难民""流民",因此,不见于《明太祖实录》的记载。《莱州市地名志》记载洪武二年(1369)以后一直到明末崇祯年间(1628—1644),还有 285 个村庄也是四川移民所建,显然与史实不合。

观宋、元、明史，四川都是地广人稀之地，并无向外移民的人口资源和条件。赵文林、谢淑君《中国人口史》所载的每平方千米的人口密度，南宋嘉定三年（1210），四川是16.14人，山东是65.87人，山东是四川的4.08倍。元至顺元年（1330）时，四川下降到5.65人，山东也下降到16.98人，山东仍是四川的3倍。到明洪武十四年（1381）时，四川下降到3.26人，山东则上升到33.84人，是四川的10.38倍。

四川是宋、元战争的重灾区。蒙古人经过五十多年的战争，到元至元十六年（1279），才从南宋统治者手中夺取了四川。长期的战争，造成四川人口锐减。《元史·世祖本纪》载，至元十九年（1282），四川全省仅有12万户，因此元朝统治者不得不采取措施，对当时所设的250余处官府进行撤并。元至正十七年（1357），江淮农民起义军首领明玉珍攻克重庆，建立大夏国。此后平四川、征云南，战争不断。洪武四年（1371），朱元璋派水、陆两支大军征四川，经过数次大战，明昇惨败，归降明朝。《明太祖实录》卷七十二载，洪武五年（1372），户部奏四川总共只有84000户，其中有23000户被伪夏故官占为庄户。《明太祖实录》卷一百一十二和《明史·地理志》载，洪武十年（1377），四川有70%的州因人口稀少而降级，有37%的县因人口稀少被撤并，其中包括所谓向莱州移民的成都府德阳县、崇宁县、新繁县、资阳县、绵竹县，重庆府丰都县等。

《明宣宗实录》卷六十六载，宣德五年（1430）五月，四川大昌县知县徐子善奏："洪武四年（1371）开设县治，初有民四百户，后因充军、死、徙，只余一百户，并入大宁县。永乐初，仍复大昌县，重造籍册，不满一百户，遂析丁多之家补之。此年，只五十五户，内多单丁，而生员、吏典、驿夫之役，无人可充。田多荒芜，税粮失额。乞如陕西汉中府沔县事例，发徙流人连家属补凑为民，以供徭役。上命行在刑部、户部议。右侍郎施礼等奏，请如所言，以四川、湖广二布政司、按察司，见问徙流人补充之。"大昌县只有五十五户，人口奇缺，四川本省无力解决，上奏朝廷，从湖、广徙流民补充，四川的人口资源如此奇缺，朝廷怎会从四川向莱州移民？

《莱州市地名志》所载的四川向莱州移民，从洪武元年（1368）开始，陆陆续续一直延伸到明崇祯年间（1628—1644），有的到了清代，呈现出难民自行流动的特点。

山西是移民的主要输出地之一。元朝末年，安徽、河南、山东、河北是主战场，大量的难民从这些省涌入山西。这些被《明史》《明太祖实录》等称为"贫民""无产业者"的移民，并非当地土著，而是逃难于此的流民。据赵文林、谢淑君《中国人口史》载，元世祖至元二十九年（1292），山西的总人口是128.9万人，到元文宗至顺元年（1330）时，山西人口是149.9万人，每万人的加权平均值为139.4，占全国的比重为

1.71%。洪武十四年(1381),朱元璋诏天下编赋役黄册,山西总人口达到410万人,洪武二十四年(1391)为449万人,洪武二十六年(1393)为457.2万人,弘治四年(1491)为496.5万人,天启六年(1626)为539.1万人,每万人加权平均值为509.2,占全国的比重为5.47%。[①] 从元至顺元年(1330)到明洪武十四年(1381),短短的五十年时间,山西省的人口增长了2.735倍。这不是正常的生育增长,而是元末流入大量的难民所致。

曹树基《中国移民史》说:"在洪武大移民的浪潮中,山西人口的外出最引人注目。""山西一省向京师输出的民籍移民约为8万余,向河北输出的民籍约为35万,向河南输出的民籍移民约90万,而向山东输出的移民最多,高达121万。合而计之,洪武时期(1368—1398)山西向外输出的民籍移民达到了230余万。如果考虑明代军籍移民中山西籍移民的成分,洪武时期(1368—1398)山西向外输出移民的总量可能高达300万之众。"曹树基先生还认为:"尽管如此,却并不意味着已经在外地作为移民或者流民的300万山西人口是从这438万人口[按:洪武二十六年(1393)前,山西人口]中迁出的。我们已知在洪武二十六年(1393)之前,山西人口已经大量外出,其中由政府组织的移民已经在迁入地获得了当地的户籍。"[②]

综观山西从元代至顺元年(1330)到明代洪武二十六年(1393)的人口统计数字,看不出明洪武年间(1368—1398)山西有300万移民迁出,在《明史》《明太祖实录》的记载中,也没有迁出如此多的移民。山西洪武年间(1368—1398)向外移民300万的数字,并非历史之真实。

四、言过其实的"胶东半岛上的军人世界"

2009年1月,由綦国瑞主编了一套《莱州历史文化丛书》。书分三册,其一为《千古名郡》,由綦国瑞和周霞撰文,说莱州有五千年的历史。其第八章"明初移民进莱州"一节,则专讲四川移民。其曰:"同山东其他地方移民不同,莱州的移民大多来自四川,以军屯而迁入的人居多。""《明史》在洪武二年(1369)提到'倭寇山东滨海郡县',而次年(1370)便'因倭寇侵扰,在(掖县)城区东南隅设莱州卫,及在左、右、前、后、中设五千户所'。""为充实莱州地区卫所,明政府从四川等地迁来大批军户,实行军屯,仅莱州府南部明代建卫所、军屯而迁入的人口就达七万多人。著名学者曹树基

① 袁义达、张诚:《中国姓氏:群体遗传和人口分布》,华东师范大学出版社2002年版,第41、46页。

② 曹树基:《中国移民史·第五卷·明时期》,福建人民出版社1997年版,第476页。

先生认为胶东地区军籍移民相当多,称这种现象为'胶东半岛上的军人世界'。"①文章末言"明政府从四川等地迁来大批军户,实行军屯"有何明代文献依据,却将"倒背手""解手""小脚指甲劈成两瓣"以及"黑弹树"都作为了"四川移军"的理论支撑。

文章以曹树基先生"胶东半岛上的军人世界"为说辞,使我们不能不了解一下这个"胶东半岛上的军人世界"。

1997 年由福建人民出版社出版的葛剑雄、吴松弟、曹树基合著的《中国移民史》,名头很大,曹树基撰写了《中国移民史·第五卷·明时期》。作者在第一章中写道:"由于东部沿海诸省人口较多,卫所战士多自当地居民中征取,如浙江和福建即是……胶东半岛是个例外,按照明初文献的记载,山东登州府和莱州应为人口密集之区,然而从本卷的研究来看,至少在明代弘治以降,两地的土著已十分稀少。当地人口的大部分是来自外地的军人,土著人口大量减少的原因,尚不得而知。"②"莱州、登州两府合计,洪武末年,共有 9 卫 3 所,约 53760 名将士,合计有军籍人口约 16 万人。""设当地壮丁占军籍人口的 20%,军籍移民的数量约为 13 万左右。""洪武二十五年(1392)两府共有民籍、军籍人口 162 万人,卫所的军籍移民仅相当于两府总人口的 5%左右。"③洪武年间(1368—1398),莱州府的总人口为 82 万,其中土著 68.9 万人,占 84%;民籍移民 8.8 万人,占 10.7%;军籍移民 4.3 万人,占 5.3%。登州府总人口为 78.7 万,其中土著 56 万人,占 71.2%;军籍移民 4.2 万人,占 5.3%。前面说"莱州府和登州府是一个以军卫人口为主的移民区",后面则说军籍移民只占到 5.3%。不知这只有 5.3%的军籍移民,如何形成军卫人口为主的"胶东半岛上的军人世界"?

曹树基先生所言的"胶东半岛上的军人世界"建立在弘治年间(1488—1505)以后登、莱两府土著居民大量减少的假设上,他为此引用了两条证据,一是何瑭的建言,二是王世贞的奏章。

其一,"何瑭描述道:'方今地窄之处,贫民至无地可耕,而凤阳、徐、山东登、莱等处,荒田弥望……久荒之处,人稀地偏,新集之民,既无室庐可居,又无亲戚可依,又无农具种子可用……'至于沿海地带,按照王世贞的说法,'倭诚可忧,忧不在山东也,青、莱、登,沿海也,皆瘠卤,数十里,无人烟,不足中倭欲也'。人口之稀少到了对倭寇没有吸引力的地步……登、莱的外流人口主要是民籍人口。民籍居民的减少导致了整个人口中军籍人口比例的增加。"④

① 綦国瑞主编:《莱州历史文化丛书·千古名郡》,山东人民出版社 2009 年版,第 114 页。
② 曹树基:《中国移民史·第五卷·明时期》,福建人民出版社 1997 年版,第 5 页。
③ 曹树基:《中国移民史·第五卷·明时期》,福建人民出版社 1997 年版,第 191、198 页。
④ 曹树基:《中国移民史·第五卷·明时期》,福建人民出版社 1997 年版,第 201 页。

何瑭说的“(登、莱)荒田弥望”,王世贞说的“(登、莱人口)之稀少到了对倭寇没有吸引力的地步”和曹树基由此而引发的“登、莱土著大量外流,导致军人比例上升”的观点,都言过其实。

其二,何瑭、王世贞的奏言,不能佐证“胶东半岛上的军人世界”。

何瑭是弘治十五年(1502)进士,官至南京右都御使,《明史·儒林列传一》有载。曹树基先生所引,出自何瑭《民财空虚之弊议》,大概写于嘉靖年间(1522—1566),何瑭任户部侍郎时。

何瑭所奏,未必属实。重刊明万历《莱州府志》载,万历年间(1573—1620),莱州府的户数达到133382户,比洪武年间(1368—1398)增加了34.5%,人口达到786695人,比洪武年间(1368—1398)增加了3.47%。掖县,洪武年间(1368—1398)有9130户,16672人,平均每户只有1.83人。万历年间(1573—1620)时,掖县的户数达到11930户,增加了30.7%,人口达到了61560人,增加了269%,平均每户5.16人,增加了182%。

重刊明万历《莱州府志·田赋》载,莱州府有地89713顷,夏税小麦起运65000石,存留31825石;秋税粮起运113160石,存留112780石。夏、秋岁赋共计322765石,徭银五万余两,贡献之大,非一般府县可比。

至于王世贞在《议防倭上传中丞》中说的“倭诚可忧,忧不在山东也,青、登、莱,沿海也,皆瘠卤,数十里,无人烟,不足中倭欲也”。曹树基由此而断言登、莱“人口之稀少到了对倭寇没有吸引力的地步”更是极尽夸大之能事。

《明史·文苑列传三》载,王世贞,太仓(今属江苏)人,嘉靖二十六年(1547)进士。万历二年(1574)九月,以右副都御使抚治郧阳(今属湖北),数条奏屯田、戍守、兵食事宜,上引之言当出自万历年时。

明代倭寇之患起于江、浙。洪武年间(1368—1398),倭寇来侵,危害江、浙、福建、山东一带,见于《明史》和《登州府志》记载的倭寇山东就有十七次之多。

《明太祖实录》卷二十八载,洪武二年(1369)正月,“倭人入寇山东滨海郡县,掠民男女而去”。

《明史·太祖本纪二》载,洪武三年(1370)六月,“倭寇山东、浙江、福建滨海州县”。

《明太祖实录》卷六十六载,洪武四年(1371)六月,“倭夷寇胶州,劫掠沿海人民”。

《明太祖实录》卷八十三载,洪武六年(1373)七月,“辛亥,倭夷寇即墨、诸城、莱阳等县,沿海居民多被杀掠,诏近海诸卫分兵讨捕之”。

《明太祖实录》卷九十一载，洪武七年(1374)秋七月，“壬申，倭夷寇胶州，官兵击败之”。

《明史·太祖本纪二》载，洪武七年(1389)七月，“壬申，倭寇登、莱”。

《明太祖实录》卷一百九十八载，洪武二十二年(1389)十二月，“山东都指挥佥事蔺真奏，近者倭寇船十二艘，由城山洋艾子口登岸劫掠。宁海卫指挥佥事王镇等御之，杀贼三人，获其器械。赤山寨巡检刘兴又捕杀四人，贼乃遁去”。

《明太祖实录》卷二百五十六载，洪武三十一年(1398)二月，“乙酉，倭夷寇山东宁海州，由白沙海口登岸掠劫，若(干)人(被)杀。镇抚卢智、宁海卫指挥陶铎及其弟钺，出兵击之，斩首三十余级，贼败去。钺为流矢所中，伤其右臂。先是，倭夷尝入寇，百户何福战死。事闻，上命登、莱二卫，发兵追捕。至是，铎等击败之。诏赐钞帛恤福家”。

康熙《登州府志》载：“永乐六年(1408)，倭寇成山，掠白峰头寨、罗山寨，登大嵩、草岛嘴、鳌山、羊山寨、于家庄寨，杀百户王辅、李茂。不逾月，寇桃花关寨，杀百户周盘。沙门岛一带抄略殆尽，始置备倭都司镇守。”

《明史·成祖本纪六》载，永乐七年(1409)三月，“柳升败倭于青州海中”。

《明太宗实录》卷一百七十七载，永乐十四年(1416)六月，“甲申，敕捕倭总兵官都督同知蔡福等曰，近登州卫奏，有贼船三十三艘泊靖海卫杨村岛，已敕山东都指挥卫青等帅军往捕，尔即合兵殄灭，勿误事机”。

《明史·兵志三》载，永乐“十七年(1419)，倭寇辽东，总兵官刘江歼之于望海埚。自是，倭大惧，百余年间，海上无大侵犯”。但倭寇对登、莱仍骚扰不断。

《明史·英宗前纪》载：宣德四年(1429)，“八月戊戌，增设沿海备倭官”。

康熙《登州府志》载：“正统五年(1440)，倭乘风夜突至南岸抹直口，劫掠居民。”

康熙《登州府志》载：“正德十年(1515)，倭焚沙门岛及大竹、砣矶诸岛，火光彻南岸，倭舟至以千计，登城戒严。”

《明史·兵志三》载：“至嘉靖(1522—1566)中，倭患渐起，始设巡抚浙江兼管福建海道提督军务都御史。”“三十三年(1554)调拨山东民兵及青州水陆枪手千人赴淮、扬，听总督南直军务都御史张经调用。”“时胡宗宪为总督，诛海贼徐海、汪直。直部三千人，复勾倭入寇，闽、广益骚。”但倭寇登、莱仍时有发生。

康熙《登州府志》载：“嘉靖三十四年(1555)，倭船至，自胶河抵威海榜栳岛洋，为风所阻，泊岸，依山嘴。官员不能前。数日，持刀出，官军获之。”

上述史实说明，从洪武二年(1369)至嘉靖三十四年(1555)，在近二百年中，倭寇对登、莱一直骚扰侵犯不断。登、莱对倭寇并非没有吸引力。嘉靖三十四年(1555)

后，倭寇侵犯的重点转向福建、广东，原因是总督胡宗宪诛杀了海贼徐海、汪直。汪直部下三千人，复与倭寇勾结，侵犯闽、广，为汪直复仇，也非登、莱荒无人烟，"不足中倭欲"。曹树基先生说登、莱"人口之稀少到了对倭寇没有吸引力的地步"，并非事实。

何瑭、王世贞之论，皆出自其建言奏章。官员的建言，为了能使朝廷相信，往往言过其实。洪武年间（1368—1398），官员们说青、登、莱"民稠地狭"，移三府民于东昌。何瑭、王世贞则说登、莱"荒田弥望"，"数十里，无人烟，不足中倭欲"，前后矛盾，但真伪可识。移民东昌之言，为朝廷采纳，《明太祖实录》有载，是为史实。而何瑭、王世贞之言，《明史》无载，未被采用，建言而已。

"靖难之役"后形成了永乐年间（1403—1424）的再次移民，但德州、济南、东昌一线是"靖难之役"的主战场，"靖难之役"并未殃及登、莱。永乐年后，登、莱多次遭水、旱、地震灾害，难民流动，时有发生，但均无元末兵燹之重。

何瑭、王世贞的建言不能说明登、莱的土著减少了多少，也不能证实胶东半岛上已形成了"军人世界"。

明朝实行军屯，必然导致军人户数的增加。而军户最多的是山东武定州，即今滨州惠民。《明史·唐侃列传》载，唐侃任武定知州，"会清军籍，应发遣者至万二千人。侃曰'武定户口三万，是空半州也'"。武定州的户口半是军户，也未被称为"军人世界"。而胶东半岛上的军户比例，只占百分之五六，远不如武定州高。何况没有资料证实这些军户都是川、滇来的移军。

就在王世贞发出"数十里，无人烟，不足中倭欲"奇谈怪论的万历年间（1573—1620），爆发了牵动明史的"壬辰抗倭援朝"之战。万历二十年（1592）五月，日本倾国出师，大举入侵朝鲜。日军陷王京，毁坟墓，劫王子、陪臣，剽府库，八道几尽没。明神宗应朝鲜王之恳请，派援军入朝抗倭。登、莱因临近朝鲜而成为抗倭援朝的后勤和兵源基地。抗倭援朝长达七年，包括青、登、莱人在内的数十万明军捐躯朝鲜。朝廷耗银约 900 万两，相当于两年多的国库收入。① 而作为援朝战争后方基地的山东半岛更是为壬辰战争的胜利作出了重要贡献和重大牺牲。若青、登、莱真的"荒无人烟"，如何担当起援朝基地的重任？史实再一次证实王世贞所言不实，《中国移民史·第五卷·明时期》所引失考。

《莱州府志》创修于明嘉靖乙未年（1535），续修于明万历癸卯年（1603）。万历癸卯年，是壬辰抗倭援朝战争结束的第四年，尽管饱受了七年援朝战争之苦，其时，莱州府有 133382 户，7866695 人，户均 5.9 人。重刊明万历《莱州府志·乡社》载："国初兵

① 〔清〕张廷玉等：《明史》卷三百二十，中华书局 1974 年版，第 8291～8299 页。

燹之后，人户凋残，所至成墟。列圣相承，体养生聚，以至于今肩摩踵接矣。”“体养生聚”一语，无疑是指当地土著人的生育繁衍，而不是川、滇的移民或移军。

其二，明朝历时 276 年，从洪武元年（1368）到弘治元年（1488），占去了明朝将近一半的时间，如果说“胶东半岛上的军人世界”指的是弘治年以后，那么，“胶东半岛上的军人世界”并不能代表明朝胶东半岛的全部历史。

其三，曹树基先生说的弘治年后，登、莱人口稀少，也不是事实。

《山东通史·人口》载，嘉靖五年（1526），登州府户 56735，人口 447142，平均每户有 7.88 人。莱州府户 87442，人口 881371，平均每户有 10.1 人。登、莱两府共有 144177 户，1328513 人。

其四，洪武初年，就有卫所军士逃亡，弘治、正德年以后更甚。

《明史·兵志四》载：“起吴元年十月，至洪武三年十一月，军士逃亡者四万七千九百余。”

《明史·兵志一》载：“万历十一年，参赞尚书潘季驯言：‘操军原额十有二万，今仅二万余。’”京操军下降了 84%，反映了各地卫所减员状况。

《明史·兵志三》载：“初，太祖沿边设卫，惟土著兵及有罪谪戍者。遇有警，调他卫军往戍，谓之客兵。永乐间，始命内地军番戍，谓之边班。其后占役逃亡之数多，乃有召募，有改拨，有修守民兵、土兵，而边防日益坏。洪武时，宣府屯守官军殆十万。正统、景泰间，已不及额。弘治、正德以后，官军实有者仅六万六千九百有奇，而召募与土兵居其半。他镇率视此。”

《明史·兵志二》载：“正德以来，军职冒滥，为世所轻。内之部科，外之监军、督抚，叠相弹压，五军府如赘疣，弁帅如走卒。总兵官领敕于兵部，皆跽，间为长揖，即谓非体。至于末季，卫所军士，虽一诸生可役使之。积轻积弱，重以隐占、虚冒诸弊，至举天下之兵，不足以任战守，而明遂亡矣。”

明成祖迁都北京，胶东成为京师的第一门户。明洪武、永乐两朝，设的莱州卫、灵山卫、鳌山卫、胶州卫、登州卫、宁海卫、威海卫、成山卫、靖海卫等九卫十二所，初为满员建置，每卫 5600 人，每千户所 1200 人，百户所 102 人。永乐年后，卫所将士轮番上京师，担负京师戍卫任务，兵士借机逃亡，卫所兵力明显减少。万历年间（1573—1620），山东巡抚郑汝璧在视察海防后提出：“查得所属卫所官军，原为捍卫地方，后调赴班，军务劳困，而东省始无兵矣。”他向朝廷建议“以青、莱、登沿海等卫据点尽留本处防守”①，但他的建议未被全部采用，朝廷照例调沿海卫所上京戍班，卫所兵员不断

① 〔明〕郑汝璧：《留班军防御疏》，《由庚堂集》卷三，明万历刻本。

减少。

明代嘉靖年间总督胡宗宪《筹海图编》卷七《山东兵防官考》①记载了嘉靖年间(1522—1566)沿海卫所的兵员数额，并细分为京操军、城守军、人屯军和捕倭军四个组成部分。京操军即定期抽调赴京师戍卫的军队，城守军又叫城守军余，是防御卫所的守军，人屯军是亦战亦耕的人员，捕倭军属于机动部队。其兵力如下：

莱州卫，京操军1720人，城守军302人，人屯军447人，捕倭军413人，合计2882人。王徐寨所，城守军48人。胶州所，京操军406人，城守军94人，人屯军77人，捕倭军44人，合计621人。莱州卫一卫二所共计3551人。

灵山卫，京操军1223人，城守军116人，人屯军287人，捕倭军191人，合计1817人。夏河所，城守军67人。灵山卫一卫一所共计1884人。

鳌山卫，京操军1630人，城守军107人，人屯军290人，捕倭军385人，合计2412人。浮山所，城守军56人。雄崖所，京操军571人，城守军97人，人屯军77人，捕倭军110人，合计855人。鳌山卫一卫二所共计3323人。

登州卫，京操军2009人，城守军250人，人屯军114人，捕倭军828人，合计3201人。福山所，守城军114人。登州卫一卫一所共计3315人。

威海卫，京操军1368人，城守军75人，人屯军224人，捕倭军285人，合计1952人。百尺所，城守军35人。金山所，城守军114人。威海卫一卫二所共计2101人。

宁海卫，京操军1615人，城守军1110人，人屯军391人，捕倭军354人，合计3470人。奇山所，京操军498人，城守军112人，人屯军60人，捕倭军75人，合计745人。宁海卫一卫一所共计4215人。

成山卫，京操军1250人，城守军261人，人屯军240人，捕倭军234人，合计1985人。寻山所，城守军94人。成山卫一卫一所共计2079人。

靖海卫，京操军1593人，城守军150人，人屯军211人，捕倭军313人，合计2267人。海阳所，京操军496人，城守军126人，人屯军66人，捕倭军102人，合计790人。宁津所，京操军529人，城守军106人，人屯军68人，捕倭军68人，合计771人。靖海卫一卫一所共计3828人。

大嵩卫，京操军1491人，城守军358人，人屯军428人，捕倭军246人，合计2523人。大山所，城守军26人。大嵩卫一卫一所共计2549人。

以上，胶东半岛卫所共有26845名军人，按每个军户有3人计算，约有军籍人口80535人，这个数字是曹树基估算的胶东半岛卫所军籍人口数量16万人的一半，是嘉

① 〔明〕胡宗宪:《筹海图编》,《山东海疆文化研究》,齐鲁书社2006年版,第571~572页。

靖五年(1526)莱州、登州两府总人数的6%,军籍人口与民籍人口的比例,虽比洪武年间(1368—1398)上升了0.7%,也未达到以军籍人口为主的程度。

总之,明代时,登、莱的军籍人口从未占到胶东人口的大多数,所谓的“胶东半岛上的军人世界”只是一个夸大其词的说法。尤为重要的是这些军籍人口并非是四川或云南的移军。

五、猜错的川、滇“移军说”

《中国移民史·第五卷·明时期》在第五章“胶东半岛上的军人世界”一节又曰:“胶东半岛上的莱州和登州情况颇为类似,号称地狭人众,土著却并不很多,移民倒是不少,却以军人为主。”①“的确,莱州府和登州府是一个以军卫人口为主的移民区。”②“这些新增卫所的将士极有可能是从云南或四川的卫所中调入。”③

《中国移民史·第五卷·明时期》认为胶东半岛上的卫所军籍人员,是云南、四川的军籍移民,但并无文献依据,仅是猜测而已。

《明史·兵志二》载,明朝的军屯士兵,来源有三:一曰从征,二曰归附,三曰谪发。所谓从征者,即朱元璋旧部诸将所统率的部下,他们既已平定某地,就在那里留戍。所谓归附者,即各战败国的降兵,他们是军屯士兵的主体。所谓谪发者,是以罪迁隶为兵者,俗谓“充军”。

元代时,自改漕运为海运,山东半岛的战略地位提升。朝廷在登、莱驻有重兵,其中虽不乏蒙古兵,但也是汉人居多。元朝末年,爆发了刘福通领导的红巾军起义。红巾军兵分三路北伐,东路军由大将毛贵率领,由胶州登陆,直取莱州,切断了元朝军需民用的后勤补给线。元胶州守将脱欢、莱州守将释嘉纳皆战死。红巾军下益都,克济南,向北一直攻到距北京只有百里的柳林,给元军以重创。其后,红巾军失败,元军重新控制了登、莱地区,但其时各地纷纷反元起义,元朝政权,危在旦夕。蒙古军、色目军收拢到元大都一带,无暇顾及胶东。胶东的守军皆为招募的当地汉人。

《明太祖实录》卷二十八载,吴元年(1367)十二月,“乙巳,大将军徐达等将发益都,遣使往乐安诏谕俞胜。时,胜兄宝为帐下所杀,胜代为平章,领其众。明日,(徐)达师次长山北河,般阳路总管李圭等率军民诣军门降。于是,所属淄川、新城等县皆望风款附,得其军士一千四百一十四人、粮二万一千三百余石”。甲子,“大将军徐达

① 曹树基:《中国移民史·第五卷·明时期》,福建人民出版社1997年版,第191页。
② 曹树基:《中国移民史·第五卷·明时期》,福建人民出版社1997年版,第197页。
③ 曹树基:《中国移民史·第五卷·明时期》,福建人民出版社1997年版,第198页。

遣参政傅友德取莱阳”。丙寅，“大将军徐达自济南复还益都，督诸将进取登、莱各处州县”。戊辰，“元登州守将董卓遣都事鞠克中、莱州守将安然遣理问李荣及福山等县官各奉图籍来降”。“是月，上以山东郡县既下，命官往抚辑之。谕之曰：百姓安否在守令，守令之贤者以才德，有才则可以应变集事，有德则足以善治。……今山东郡县新附之民，望治犹负疾者之望良医医之。术有攻治，有保养。攻治者，伐外邪，保养者扶元气。今民出丧乱，是外邪去矣，所望休养生息耳。休养生息即扶元气之谓也。汝等今有守令之寄，当体予意，以抚字为心，毋重困之。”

《明太祖实录》卷二十九载，洪武元年(1368)春正月。甲戌，“元莱阳守将世家宝籍其军马之数，遣佥院王世龙、都事唐宜等，诣大将军徐达纳款”。“丁丑，元宁海州守将方德、陈用及文登守将马国宁等俱至大将军降。”

朱元璋大军取山东，山东各处州县的元朝守将多不战而降。这些成建制归附的元军，是登、莱军屯士兵的主要来源，而他们又多是元末从当地招募的汉人土著，并非是四川、云南移民或移军。

《明太祖实录》卷六十三载，洪武四年(1371)三月，明太祖朱元璋命侍御史往山东、北平收取故元五省八翼汉军，按籍凡十四万一百十五户。

《明史·兵志三》载：“初，太祖沿边设卫，惟土著兵及有罪谪戍者。”《明史》的记载说明，明朝初年的沿边设卫，主要成分是土著兵，另有谪戍者，当是少数。

《掖县志》也载：“莱州卫多土著，为之故，不得以略。”

移军屯田比移民更为重要，《明太祖实录》对于移军屯田皆有记载。如《明太祖实录》卷二百三十六载，洪武二十八年(1395)正月，“辛亥，遣使敕周王橚发河南都指挥使司属卫马步官军三万四千余人，往塞北筑城屯田”，“甲寅，遣使敕晋王棡发山西都指挥使司属卫马步官军二万六千六百人，往塞北筑城屯田”。

《明史》《明太祖实录》无从四川、云南向莱州移军屯田的记载，倒有从莱州卫、青州卫向辽阳移军建卫的记载。

辽东是金、元老巢，战略地位重要。朱元璋既定天下，于洪武六年(1373)在辽东设置都卫，建定辽左、右、中、前、后五卫。其中，定辽左卫是移青州土军五千六百人建立的，定辽右卫是移莱州土军五千人并原卫军七百九十四人建立的。《明太祖实录》卷八十六载，洪武六年(1373)闰十一月，“癸酉，置定辽右卫于辽阳城之北，所属千户所五，命定辽都卫指挥佥事王才等领原将山东诸卫军马屯守”。《明太祖实录》卷八十七载，洪武七年(1374)正月甲戌，“定辽都卫奏并卫所官军，以左千户所青州土军五千六百人属定辽左卫，以右千户所莱州土军五千人并本卫军七百九十四人，居定辽右卫。余军分为八(个)千户所内。调千户余机领中、后二所，往金州守御，俱隶都卫从之”。《明太祖实录》这两条记载非常重要，它不仅记载了洪武六年（1373）从青州卫和莱州卫向辽阳移军建卫，还记载了这些军队的成分是土军，也即从当地招募的土著人，与《明史·兵志三》所载相合。

这些翔实的记载充分说明，莱州卫的士兵是从当地招募的土著人，并非是四川、云南来的“移军”。

2009年，厦门大学王晶晶硕士学位论文《明清至民国时期山东半岛军户家族组织研究——以鳌山卫、灵山卫为中心》收集了鳌山卫17个军户姓氏家谱，是研究鳌山卫所历史的珍贵资料。但这些军户家谱既不能说明胶东是军人的世界，也不能说明胶东卫所的将士是川、滇的移军。17个军户，其中有15个是鳌山卫的将领军官，官职最小者为百户。他们皆是跟随朱元璋或朱棣从征的有功人员，被提升为将领，调到鳌山卫任职。他们的原籍多为江苏、安徽、直隶、江南等地，只有陈氏和刘氏祖籍为云南。《陈氏家谱》称其原籍为“云南徽江府路南州人”。而陈氏并不是由云南直接调入鳌山卫的。陈氏“一世祖自永乐兴师，始祖安随靖难兵，由总旗进百户、进千户，又进升保定府知府，封明威将军。至洪熙初年（1425），钦调鳌山卫指挥”①。鳌山卫建于洪武二十一年（1388），陈氏于鳌山卫建立三十七年后，由保定府知府升任鳌山卫指挥。这种官员的调动对于鳌山建卫移军并无说服力，且武官的调动和文官的调动都不能视为“移民”或“移军”。而另一例迁自云南的刘刚、刘柔、刘福、刘海四兄弟，也非四川移军。

《刘氏族谱》称：“盖闻余氏自明永乐时由云南迁居于平度城，是刚、柔、福、海兄弟四人也，而住不久长，四人分居，彼三祖一在平度，一在诸城，一在关东，大约共为世家而有世系之谱矣，惟吾柔祖则迁于鳌山卫南门里，一传再传，有在周村屯者，有在碾子头者，迄今三百余年。”②论者认为：“根据明代军制，若他们是民籍，则不得迁入卫所居住，故推测他们应为军籍，属于收籍或者招募的情形。”③所言虽有道理，或许他们原为民籍的可能性更大。

其一，刘氏兄弟既非合法的军户迁徙，也非非法的军户逃亡。明朝的兵制很严，一旦成为军户，不得随意迁徙或改变。其若是合法迁徙的军户，兄弟四人不会分成一军三民，他们也不会来到无卫所的平度。然他们也非非法的军户逃亡。明太祖时，为

① 王晶晶：《明清至民国时期山东半岛军户家族组织研究——以鳌山卫、灵山卫为中心》，厦门大学2009年硕士学位论文，第23页。

② 王晶晶：《明清至民国时期山东半岛军户家族组织研究——以鳌山卫、灵山卫为中心》，厦门大学2009年硕士学位论文，第23页。

③ 王晶晶：《明清至民国时期山东半岛军户家族组织研究——以鳌山卫、灵山卫为中心》，厦门大学2009年硕士学位论文，第25页。

遏制军户逃亡,下达追捕令,追捕逃兵,惩罚严厉。他们若是逃亡的军户,必不敢再到卫所,自投罗网。卫所也不会置若罔闻,留一放三。

其二,刘氏四兄弟无父、无母、无妻、无子,呈现难民回归的特征。

其三,刘柔居于鳌山卫南门里,当是在弟兄四人分居后应召入伍,成为军户。

其四,云南到平度,远隔数千里。刘氏兄弟从云南到平度,必有原因,或许平度就是他们的原籍。

其五,刘氏兄弟是永乐年间(1403—1424)迁到平度,鳌山卫建于洪武年间(1368—1398),刘柔入伍也不能成为鳌山卫乃云南移军所建的证据。

其六,《刘氏族谱》创修于清光绪十九年(1893),谱序称"盖闻",知出自传说。修谱之时,距永乐年近五百年,谱载十三世,谱系不全,或另有隐私。

与四川迁莱的传说不同,即墨、莱阳家谱和地名志则言其始迁祖多来自云南、小云南、乌撒卫,且多是军户。其中"小云南"是何地,学者们一直众说纷纭。对此,民国《莱阳县志·附记》载有"云南迁民"一文,其对云南移民提出质疑,认为小云南非云南省,而是山西"云中"之南,兹摘其文如下:

"居民传说,其先世率于明洪武二年(1369),迁自云南。然按《氏族略》,其为唐宋故家,金元遗民仅廿余族。余各姓除从军或流寓,历年尚少,则凡传二十余世,历五百余岁者,大率相同。而能确定其原里居,亦无多族,十之八九漫称云南,又谓户有占山、买山,宋元旧家,则为漏户。及诘其所以迁徙,及何以占山、买山?何以旧家若是之少?新迁如许之多?无论乡僻野老,莫能道其原委,即荐绅世家,亦语焉不详。征诸历史,度以理势,滇洱蛮荒,久寄化外(唐属六诏,宋属大理),元置行省,不及百年。而洪武二年(1369),梁王(云南东部)犹为元守,大理乃属段氏(世为酋长),明兵力未及,安得有迁民之举(洪武十四年始平云南),其说不攻自破者也。且考《明史》……明初亦无云南迁民之事也。或谓云南为豫南、汝南之讹,或谓小云南在安徽境,或谓小云南为山西地,亦均之无稽。虽然要自有说,意即洪武四年(1371)山后内徙之民也。盖阴山之南,恒山之北,曰郡、曰州、曰府、曰路,自昔即以云称(晋察绥之交,战国赵曰云中,故城治今托克托泰,汉置云中郡于此。北周置云中县,治今大同。隋改云内县,治今怀仁。唐置云中郡,兼置云州,治今大同。宋于此置云中府路。辽以古望川地,置云县。金改为州,元因之,治今赤城县望云堡)。则云中、云州之南或云冈(在大同西为名胜地)、云阳(谷名在左云县)、云泉(山名在张家口西)之南,其土人必有以云南称者。而莱阳自金元以来,用夷变夏,屡经兵祸[《续通鉴》金贞祐二年(1214),蒙古军下山东,人民杀戮几尽,金、帛、子女、牲畜皆席卷而去,屋庐焚毁,城郭丘墟],民之死于锋镝或掳掠流徙者当不知凡几。用是,移民来此,其先至(者)得领地开垦,谓之占山。后至者,购熟地耕种,谓之买山。其土著遗民,得脱于兵匪驱掠者,谓之漏户,而迁者不忘旧居,故传称云南。又以非云南省,故又别之为小云南。亦犹吾东府人,侨居关外,概呼登、莱为海南耳……”

民国《莱阳县志》对云南移民的质疑,不无道理,但其将云南、小云南释为“云中”之南,对于云南、小云南尚可,但对于乌撒卫,则说不通。莱阳、即墨等县的家谱,言其迁自乌撒卫的不是个例。

曹树基《中国移民史·第五卷·明时期》曰:“以‘云中’之南作为云南的代称却不怎么令人信服。民国《牟平县志》的作者对民国《莱阳县志》作者的上述观点提出怀疑,指出他们的看法‘虽无据而近理,但本县间有能举其自云南某县某地来者,未必尽系传闻之误,或有其事而史未及载,或人民自动迁徙亦未可知……’民国《牟平县志》作者的看法有一定的道理,我们注意到今崂山县地名志中所列各种族谱的记载中,出现最多的是云南乌撒(乌沙)卫这个地名。”“乌撒卫是洪武年间(1368—1398)贵州都司所辖的一个军卫,治所在今贵州省威宁。由于洪武年间(1368—1398)贵州布政司尚未成立,贵州地分属四川和云南辖,乌撒府恰好处于四川、云南和贵州交界的位置上,终明代,一直是四川的辖境,而作为军卫的乌撒卫所属,很可能驻守于云南境内,如乌撒后所的驻扎地就在云南的沾益州境内。胶东半岛上众多族谱中出现云南乌撒卫一词似乎可以证明这里的云南就应该是今日的云南省,而不是什么‘云中’之南。他们之所以能迁入胶东地区,最大的可能是军卫的调动。”“在民国《牟平县志》的氏族记载中,也出现若干有关洪武年间(1368—1398)从云南移入之氏族。……一般说来,从云南移入山东不大可能是民籍移民,在云南人口比胶东人口更为稀少的情况下更难以想象。我们猜想是军籍移民,上引资料提到的西昌卫、乌撒卫就是证明。”①

曹树基先生认为“小云南”并非“‘云中’之南”是对的,但其未明小云南为何地,说胶东卫所乃云南军籍移民也猜得不对。学者争议了近百年的“小云南”之称并非无据可考。《明太祖实录》卷二百三十二载,洪武二十七年(1394)四月,“更定旧国朝贡仪。是时,四夷朝贡,东有朝鲜、日本,南有暹罗、琉球、占城、真腊、安南、爪哇、西洋、琐里、三佛济、渤泥、百花、览邦、彭亨、淡巴、须文达那凡十七国。其西南夷隶四川者,军民府凡六:乌蒙、乌撒、芒部、邛部、普安、东川。安抚司一,曰金筑。宣抚司一,曰西阳。宣慰司三,曰贵州、播州、石柱。招讨司三,曰天全、六番、长河西。长官司凡三十……隶云南者,军民府一,曰姚安,府八:元江、丽江、景东、楚雄、鹤庆、寻甸、大理、

---

① 曹树基:《中国移民史·第五卷·明时期》,福建人民出版社1997年版,第195~197页。

临安。宣慰使司三:平缅、车里、八百。州二:姚、邓。土官三,海东滨居。小云南县二:广通、习峨。……上以旧仪颇烦,故复命更定之。凡蕃国王来朝,先遣礼部官劳于会同馆。明日各服其国服,如尝赐朝服者,则服朝服,于奉天殿朝见,行八拜礼毕,即诣文华殿朝皇太子,行四拜礼,见亲王亦如之。亲王立受后答二拜,其后官随蕃王班后行礼。几遇宴会,蕃王班次,居侯伯之下,其蕃国使臣及土官朝贡,皆如常朝仪”。可知,“小云南”是云南广通、习峨二县彝族聚居地的称谓,今称作楚雄彝族自治州、峨边彝族自治县。明代时,其地虽无“自治”之称,但朝廷对其地的管理既委于土司,又有专门接待广通、习峨彝族土司的礼仪,说明“小云南”之称携带着彝族自治的信息,这也说明胶东那些被称作来自“小云南”的人并非“小云南”彝族土著移民,而是驻守此地卫所的汉军。

广通县和习峨县距乌撒卫均有千里之遥,其与乌撒卫并非一地。《明史·兵志二》载,云南都司设有楚雄卫、临安卫。广通县当属楚雄卫防区,习峨县当属临安卫防区,与贵州都司的乌撒卫无涉。

胶东一些姓氏家谱中关于乌撒卫、云南、小云南的记载,反映出其先人有从征云南的经历。《明史·太祖本纪二》载,洪武十四年(1381),“九月壬午朔,傅友德为征南将军,蓝玉、沐英为左、右副将军,帅师征云南”。洪武十五年(1382)正月,“壬午,元曲靖宣慰司及中庆、澄江、武定诸路俱降,云南平”。二月,“闰月癸卯,蓝玉、沐英克大理,分兵徇鹤庆、丽江、金齿,俱下”。

《明史·傅友德列传》曰:“傅友德,其先宿州人,后徙砀山。元末从刘福通党李喜喜入蜀(按:《明太祖实录》卷一百六十一载,元末从山东李喜喜起兵)。喜喜败,从明玉珍,玉珍不能用。走武昌,从陈友谅,无所知名。”“太祖攻江州,至小孤山,友德帅所部降。帝与语,奇之,用为将。从常遇春援安丰,略庐州。”“明年从大将军北征,破沂州,下青州……遂取莱阳、东昌。”“洪武三年(1370)从大将军捣定西,大破扩廓。”“明年(洪武四年,1371)充征虏前将军,与征西将军汤和分道伐蜀。”成都平,明昇降。洪武十四年(1381)秋,充征南大将军,“帅左副将军蓝玉,右副将军沐英,将步骑三十万征云南。至湖广,分遣都督胡海等将兵五万由永宁趋乌撒,而自帅大军由辰、沅趋贵州。克普定、普安,降诸苗蛮。进攻曲靖,大战白石江,擒元平章达里麻。遂击乌撒,循格孤山而南,以通永宁之兵,遣两将军趋云南。元梁王走死。友德城乌撒,群蛮来争,奋击破之,得七星关以通毕节。又克可渡河,降东川、乌蒙、芒部诸蛮。乌撒诸蛮复叛,讨之,斩首三万余级,获牛马十余万,水西诸部皆降”。

《明史·沐英列传》曰:“沐英,字文英,定远人。……寻拜征南右副将军,同永昌侯蓝玉从将军傅友德取云南。……与友德会滇池,分道平乌撒、东川、建昌、芒部诸蛮,立乌撒、毕节二卫。……明年(洪武十五年,1382)诏友德及玉班师,而留英镇滇中。”“二十年(1387)平浪穹蛮,奉诏自永宁至大理,六十里设一堡,留军屯田。”

征南大将军傅友德与胶东的反元红巾军将士颇有渊源。傅友德本是刘福通红巾军将士,西路北伐军将领山东人李喜喜部下。西路军北伐失败后,从李喜喜由陇右入蜀,投明玉珍。明玉珍不收留,走武昌,从陈友谅。朱元璋攻江州,至小孤山,傅友德率所部降吴。元至正二十七年(1367)从大将军徐达北征。徐达破沂州,下青州,招抚登、莱。时任江淮行省参政的傅友德奉命招抚莱阳、东昌,民国《莱阳县志》载:“莱阳免于兵祸矣。”傅友德招抚莱阳,莱阳守军中的莱阳人遂成为傅友德的部下。洪武四年(1371),傅友德充征虏大将军,与征西将军汤和分水陆两路伐蜀。傅友德率步骑出秦、陇,平四川,又给避居于四川的胶东籍红巾军将士提供了一个从军的机会。《明太祖实录》卷六十八载,洪武四年(1371)九月,“置成都卫及右中前后四卫,傅友德驻兵保宁(按:在今四川阆中、苍溪、南部三县),中山侯汤和驻兵重庆,各遣人招辑番汉人民及明氏(明玉珍)溃亡士卒,来归者众,因籍其丁壮,置各卫以分隶之”。避难于四川的胶东籍红巾军将士,其间或有投傅友德麾下者。这些胶东籍的将士从傅友德平四川,征云南,屯田于彼,后以军户迁回原籍,居于卫所。

云南军屯,多系内地明军。《明太祖实录》卷一百八十六载,洪武二十年(1387)冬十月戊午,“诏湖广常德、辰州二府民三丁以上出一丁往屯云南”。壬戌,“调陕西、山西将士五万六千余人赴云南听征”。“甲子,调楚府护卫兵六千赴云南听征。”“丙寅,诏长兴侯耿炳文率陕西土军三万三千人往云南屯种听征。”《明太祖实录》卷一百九十三载,洪武二十一年(1388)八月,“壬寅朔,西平侯沐英调都督宁正帅兵会颍国公傅友德军讨东川”。“乙巳,命户部运钞七十五万七千四百锭往四川永宁宣抚司,赐普定侯陈桓等所统征南军士十二万九千三百九十七人及乌撒卫军士五千三百余人。”《明太祖实录》卷一百九十五载,洪武二十二年(1389),“三月庚午朔,遣使命征南将军颍国公傅友德等还军分驻湖广、四川卫所操练。友德驻沅州,申国公邓镇驻大庸……”六月,傅友德因病还京,寻召从征诸将皆还。

《明史》《明太祖实录》无从四川、云南向莱州诸卫调兵移军的记载。

民国《莱阳县志·附记》记载了莱阳人赵均用杀红巾军将领毛贵之事,曰:“《明史》元至正十九年(1359),赵均用杀毛贵于济南,贵党续继祖自辽东入益都,复杀均用。实则均用并未死也。均用邑人,失败后逃归。以前在郭子兴所,与太祖有夙嫌,匿姓名隐荒山中。今海阳赵疃赵氏,是其后裔。”所记有两点引人注意。一是,赵均用是莱阳人。《明史·太祖本纪一》载,元至正七年(1347),刘福通起颍,徐寿辉起蕲,李二、彭大、赵军用起徐,各有众数万。后失利,赵均用加入红巾军。赵均用也如福山柳崇,成为胶东诸姓加入红巾军反元的例证。二是,毛贵之党续继祖由辽东入益都,复杀赵均用,说明红巾军中路北伐失败后,仍有余部活动在辽东,他们后来或投靠了明军。这与有些家谱记载的其始祖在辽防倭有功升职,或有关系。

浮山所《葛氏族谱》载:“我始祖从明太祖创业建功,洪武定鼎,敕封世袭副将军,赐爵百户,授以御券,分封鳌山卫浮山所,食采邑于屯,世世无替。……同封千户所有九:苏、余、杨、焦、元、毛、张、□、王。同封百户者四:我祖及丁、詹、侯共十三户,其余军户,难以悉数。……祖籍是大云南,迁于即墨崂山前。”①

明太祖朱元璋自元至正十二年(1352)二十五岁时从郭子兴起兵濠州,元至正二十四年(1364)为吴王,据应天(河南安丘),一直活动于安徽、江苏、河南等地。元至正二十七年(1367),朱元璋部下徐达克沂州、益都,分兵取登、莱。元至正二十八年(1368),朱元璋即皇帝位,建国曰明,建元洪武,定都南京。明洪武十五年(1382),傅友德率军平云南。葛氏之始祖来自大云南,云南未归明朝前,如何从明太祖创业建功,而且朱元璋登基后即赐爵百户?《葛氏族谱》大有隐情。其所说的“从明太祖创业建功”,当与柳崇、傅友德类同,先是参加了红巾军,红巾军失败后,改从朱元璋,后又随傅友德征四川、云南。千户、百户二十二人同封,说明是班师回朝后封爵。当是洪武二十一年(1388),鳌山卫、浮山所建后,其与苏、余等二十二户,以军籍安置回乡,“食采于邑屯”,并非成建制的卫所军屯调动。

与葛氏情况类同的还有鳌山卫和浮山所的千户王氏。民国十四年(1925)鳌山卫《王氏族谱》曰:“王氏始祖原籍云南乌沙(撒)卫。明太祖洪武定鼎,敕封世袭武德将军赐爵千户。永乐二年(1404),迁居墨邑南葛村,至四世、五世先归渐衰,始有葛村迁居张村者。”②王氏迁居即墨,说明他本是即墨人。其从明太祖洪武定鼎,敕封世袭武德将军赐爵千户,与柳崇、傅友德及葛氏类同。乌撒卫为洪武十四年(1381)所建,沐英镇守十年。永乐年间(1403—1424),其以军户告老返乡。

《胶县地名志》载:“丁官,相传建村于明朝(年月不详),原为皇家从云南征丁到此屯垦,后两名姓齐的兵丁在当地落户,繁衍成村,以官府之丁(兵)命村,以示兵丁永远效忠于朝廷。”这则建村的记载虽不具体,“原为皇家从云南征丁到此屯垦”一语,却发人深思。云南蛮荒之地,人烟稀少,久寄化外,朝廷建卫所于即墨,断不会从数千里外的云南征丁。《明史》《明太祖实录》也无从云南征丁到胶州屯田的记载,所谓的

① 朱光涌:《洪武、永乐时期山东莱州府南部移民研究——兼论卫所制度与沿海地区移民》,中国海洋大学2008年硕士学位论文,第33页。

② 朱光涌:《洪武、永乐时期山东莱州府南部移民研究——兼论卫所制度与沿海地区移民》,中国海洋大学2008年硕士学位论文,第32页。

"皇家从云南征丁",当是傅友德征云南时,招募的逃亡在四川、云南的胶东红巾军将士。班师后,他们以军籍返乡,成为卫所屯田的军户。"皇家从云南征丁",透露出傅友德征云南时有募兵的信息。

浮山所《张氏族谱》则更发人深省。其曰:"吾张氏,闻之先人祖居小云南乌萨(撒)卫十字街大槐树底下,明初以武功得高位,支庶分袭。自千户讳徽,百户讳清,兄弟俩人筮仕即墨,徽任鳌山卫城,清任浮山所衙,分守海隅所之有。"①《张氏族谱》所载的"先人祖居小云南乌萨(撒)卫十字街大槐树底下",是知"乌撒卫"之地也有彝族聚居,张氏至此,当是从傅友德征云南之后,张氏"明初以武功得高位"也含有先从红巾军、后投朱元璋的信息,其任鳌山卫千户、浮山卫百户当是军队将领的调动,非移军。

有趣的是,《张氏族谱》中有一则记载,其曰:"尝闻本县孙令魁曾遇云南乌萨(撒)卫人,言语衣服与即墨人同宜。志载金筑诸卫司,风俗颇效中华也,特为指出,后人倘游南土,亦可访先人故居云尔。按建置沿革乌萨(撒)卫用荒服西南夷地,元为宣慰司,明初为贵州宣慰司。洪武十五年(1382)于乌撒军民府地置乌蒙卫,十六年(1383)徙此,该毕节卫隶贵州都司,风土中州礼俗,故迁墨以来尚有典型可考。"②

即墨县人孙令魁曾遇到一位云南乌撒卫人。这位云南乌撒卫人的衣着和口音与即墨人相同,这位云南乌撒卫人特为指出,后人若游南土,应访问在云南的即墨先人故居,这说明居于云南乌撒卫的即墨人不止他一个。这位乌撒卫人无疑是一位即墨人。他之所以成为乌撒卫人,当是溃逃于四川的红巾军将士,傅友德、沐英征四川、云南时,参加了明军,屯田于乌撒卫。由"故迁墨以来尚有典型可考"一语,知此前已有一些即墨人从乌撒卫迁回到鳌山卫或浮山所。不知他为什么没有返乡,以至成了即墨人在乌撒卫屯田的典型。但《张氏族谱》说的"金筑诸卫司"应是"元筑诸卫司"之误,金人并未统治云南。家谱说的乌撒卫"风俗颇效中华","故迁墨以来尚有典型可考",也有误解。乌撒卫何能教化即墨方言?这位乌撒卫人乡音未改,分明是即墨人也。由此看来,学者们说的云南移军,是在云南的即墨籍军人返乡也。

总之,曹树基说的莱州卫所是四川移军,莱阳、牟平是云南移军,都不是历史的真实。

曹树基《中国移民史·第五卷·明时期》有三个问题值得商榷,一是移民的定义,

---

① 朱光涌:《洪武、永乐时期山东莱州府南部移民研究——兼论卫所制度与沿海地区移民》,中国海洋大学2008年硕士学位论文,第32页。

② 朱光涌:《洪武、永乐时期山东莱州府南部移民研究——兼论卫所制度与沿海地区移民》,中国海洋大学2008年硕士学位论文,第31页。

二是引用的资料，三是研究的方法。

《明史·食货志一》曰："朝廷所移民曰移徙。"这一定义一直为现代学者所信守。商务印书馆《辞源》1939 年版"移民"条下曰："将人口繁殖地之人民，移居于本国或国外地广人稀之地，使从事垦牧也，古时年荒也行之。《孟子·梁惠王》：'河内凶，则移其民于河东。'"《孟子》所载出于梁惠王之语，将河内灾民迁到河东定居的是梁惠王。可见《明史》对于"移民"定义的界定，有典籍可依。上海辞书出版社 1988 年版《辞海》缩印本对于"移民"定义的界定，分为国外、国内两条。其曰："(1)由政府或民间团体大批地、有组织地迁往国外某一地区永久定居的人。同侨民的区别在于：侨民一般系自己单独或集体结伴前往国外，不一定以永久定居为目的。有些国家制定有关移民的法令，主要对以定居为目的而入境的外国人进行审查和管理。(2)在一国内部，较大数量的、有组织的人口迁移。"1999 年版《辞海》缩印本对国外移民条的界定进行了简化，曰："迁往国外某一地区永久居住的人。"而对国内移民则只省去"在一国内部"四字。其所说的"较大数量的、有组织的人口迁移"指出了国内移民的两大特征，一是数量较大，二是有组织。所谓有组织，即政府行为。《中国移民史》是国家社会科学和自然科学双基金资助项目，按说应该恪守明代文献对于"移民"定义的界定，却不然。葛剑雄先生曰："一般来说，移民是指迁离了原来的居住地而在其他地方定居或居住了较长时间的人口。任何一个参加了这一迁徙过程的人都是这次移民中的一员，都具有移民的身份。"①按照葛剑雄先生对于"移民"定义的界定，移民不再限于有组织的国家行为，也不必是较大数量的，甚至也不必以在外地定居为目的，任何一个人，只要迁到外地居住，就都成为了移民。于是，《明史》所载的"流民""逃户"和"附籍"，统统成为移民。移民性质的改变，造成移民数量的夸大和移民历史的混乱。因此，不仅青、登、莱三府移民输出区同时又成为移民接纳区，连人口稀少的四川、云南移民接纳区也又成为移民的输出区。不知这些地方到底是缺人，还是不缺人？似乎移民数量越大，越能显示出《中国移民史》的价值，以致炮制了山西一省向外移民 300 万人的惊人数字，造成了明代移民史研究的混乱。

家谱和全国第一次地名普查形成的地名志，被曹树基先生当作信史广泛采用。然而这些家谱和地名志所载的立村年代和始建姓氏，多系传说，讹误很多，以此而得出的全国各地大多数的村庄建于明代，并不是历史的真实。

曹树基写的移民史，并不是从府县各自的实际出发，而是从对某几县地名志的考证中得出一个移民和土著民的比例公式，然后据此对各地州县进行标准化的处理。

---

① 葛剑雄：《中国移民史·第一卷·导论》，福建人民出版社 1997 年版，第 10 页。

刘德增《大迁徙——寻找“大槐树”与“小云南”移民》也指出其研究方法的错误。他说:“笔者认为,葛剑雄、吴松弟、曹树基三先生的考证,在方法上存在问题。”“根据自然村的原籍统计复原洪武年间的土著和移民的比例,是葛剑雄、吴松弟、曹树基三先生考证外省移民山东的一个重要方法。其法是:根据山东某些县市区编写的地名志,统计、核算洪武年间土著与移民村落的数量、比例;再根据方志中记载的洪武年间山东各府的人口数量,统计土著与移民的数量。”

“且以葛剑雄、吴松弟、曹树基三先生对兖州府西区的统计为例。”

“他们根据《山东省梁山县地名志》《山东省郓城县地名志》《山东省定陶县地名志》统计、核算三县洪武年间土著村落的比例分别为40%、33%、41%,据此将今京沪铁路以西的兖州西区土著与移民的比例确定为4∶6。又根据万历《兖州府志》卷十五《户役志》所计兖州府的户口数,考证洪武二十四年(1391)兖州府的人口为81万。又根据兖州府西区的金乡、鱼台、单县、成武、济宁及巨野六县的人口数量,推定洪武年间兖州府西区人口为78万,移民占当地总人口的60%,计46.8万。”

“有一点需要说明,在《中国移民史》第五卷中,有些数据统计前后不一。如关于兖州西区,在该书附录二《关于洪武时期北平、山东、湖广分府户口数的考证》中,考证洪武二十四年(1391)兖州府的人口为81万,在第五章第二节第一目《兖州西区》中,考证洪武年间兖州府西区有人口78万;在第二目《兖州东区》中,考证洪武年间兖州府东区有人口23万。因此,东、西两区共有101万,比附录二《关于洪武时期北平、山东、湖广分府户口数的考证》多20万。此其一。其二,第五章第二节第一目《兖州西区》考证洪武年间兖州府西区移民人口为46.8万,但在第五章第六节表5－24《洪武时期山东外来民籍移民的原籍分布》中,兖州府西区的移民数量为52.8万。”

“且不论这些前后不一的统计数据,他们的统计方法——‘根据自然村的原籍统计复原洪武年间的土著和移民的比例’——也存在问题。”

“山东各县市区编写的地名志,大多是根据族谱、墓碑及口承史料来确定各个自然村的建村年代,很多村落只是‘相传’建于某年,并非确切的建村年代。‘根据自然村的原籍统计复原洪武年间的土著和移民的比例’,所得出的数据,难免失实。”①刘德增所言是也。

“移民”的定义不准确,采用的资料不可靠,研究的方法不科学,如此的《中国移民史》,令人难以信服。

---

①　刘德增:《大迁徙——寻找“大槐树”与“小云南”移民》,山东人民出版社2009年版,第234～235页。

六、荒谬的四川“移囚说”

刘德增的《大迁徙——寻找“大槐树”与“小云南”移民》一改曹树基的移军之论，另辟蹊径，认为洪武年间(1368—1398)莱州从四川迁徙的是囚犯，从而抛出了莱州从四川“移囚说”。

《大迁徙——寻找“大槐树”与“小云南”移民》第四章第四节：“我们翻检《莱州市地名志》等文献，发现莱州751个四川移民村落，没有片言只语道及四川移民的身份。为什么从四川移民莱州？这些移民属于什么身份？葛剑雄主编的《中国移民史》第五卷推测四川移民当为乌撒卫的军户。”“笔者认为，四川移民当为流放的罪犯及其家属。这个推测基于‘铁碓臼’这个四川移民的祖籍符号。”刘德增引用傅崇矩《成都通览》中“成都、华阳二县署内各有铁碓，如帽盆型，半埋土中”的记载，又说：“县衙中的碓臼是震慑犯罪的符号。从四川各地‘铁碓臼’迁至莱州的移民，原始身份应是被流放的罪犯。他们以‘铁碓臼’为老家的符号，可能的原因是：身为罪犯，不便对子孙或其他人道之，便说是从‘铁碓臼’迁来的。日久天长，‘铁碓臼’就成了祖籍的符号。”[①]如此，而今的莱州人都成了“罪犯”的后裔。

前已论及，《莱州市地名志》关于四川移民的记载失实。刘德增不辨真伪，将《莱州市地名志》当作“文献”引用，极力夸大其错误，只能得出更加荒谬的结论。

把“铁碓臼”当作罪犯老家的符号，并不是历史的真实。诚然，舂米是犯罪服役的方式之一，汉高祖皇后吕雉也曾罚戚夫人舂米，但舂米之人并不都是罪犯，对于天下的平民百姓来说，舂米只是家务劳作。

碓臼，有共用和家用两种。作为共用设施，大多置于宽敞之地的树荫之下，因此，铁碓臼便与大槐树联系在了一起。《莱州市地名志》凡言“大槐树下铁碓臼”的都应是共用设施。

《莱州市地名志》记载的四川“铁碓臼”都设在村庄，没有设在县衙里面的，下面我们公示这些记载。

朱桥镇河套朱家村：“明洪武二年(1369)，朱姓子明、得山二人由四川成都府大槐树底下铁碓臼朱家迁此立村。”村名朱家，铁碓臼设在村里的一棵大槐树底下，是共用设施。

金城镇后坡村：“明洪武二年(1369)，张、郭二姓由四川成都府南溪县铁碓臼大柳

① 刘德增：《大迁徙——寻找“大槐树”与“小云南”移民》，山东人民出版社2009年版，第189～193页。

树里头村三甲迁此立村。”村名已忘，称为“大柳树里头村三甲”，铁碓臼设在大柳树村里头。

朱桥镇岔里刘家村：“明洪武二年(1369)，刘姓由四川丰都县铁碓臼刘家迁此立村。”

苗家镇艾坡孙家村：“明洪武年间(1368—1398)，孙姓由四川成都府绵竹县铁碓臼孙家迁此立村。”

珍珠镇小李家村：“明洪武二年(1369)，李姓由四川成都府绵竹县铁碓臼李家迁此立村。”

神堂镇彭家：“明洪武二年(1369)，彭姓由四川成都府华阳县铁碓臼彭家迁此立村。”

神堂镇孙家：“明洪武二年(1369)，孙姓由四川成都府铁碓臼孙家迁此立村。”

梁郭镇邱家：“明洪武二年(1369)，邱姓由四川成都府铁碓臼邱家迁此立村。”

驿道镇刘家洼：“明洪武二年(1369)，刘守财由四川成都铁碓臼刘家迁此立村。”

路旺镇匡郑徐家：“明洪武二年(1369)，徐姓由四川成都府铁碓臼徐家迁此立村。”

路旺镇河贾家：“明洪武二年(1369)，贾姓由四川成都府隆昌县铁碓臼贾家迁此立村。”

路旺镇侯家：“明洪武二年(1369)，侯姓由四川成都府铁碓臼侯家迁此立村。”

路旺镇大王家：“明洪武二年(1369)，王姓由四川铁碓臼王家迁此立村。”

路旺镇石埠村：“明洪武二年(1369)，王姓由四川成都府铁碓臼王家迁此立村。”

路旺镇东张家：“明洪武二年(1369)，张姓由四川铁碓臼张家迁此立村。”

店子乡徐家疃：“明洪武二年(1369)，徐姓由四川成都府铁碓臼徐家迁此立村。”

店子乡吴家：“明洪武二年(1369)，吴姓由四川成都府铁碓臼吴家迁此立村。”

大原镇十里堡：“明洪武二年(1369)，陈姓由四川成都府铁碓臼李家迁此立村。”

平里店镇麻渠：“明初，孙姓由四川成都府铁碓臼孙家迁此立村。”

平里店镇西障郑家：“明洪武二年(1369)，郑姓由四川成都府铁碓臼槐树庄迁此立村。”

金城镇凤毛村：“明洪武二年(1369)，王元和、刘始宗姑表兄弟二人由四川奉节县铁碓臼刘家迁此立村。”

南十里乡碓臼李家：“明初，李姓由四川成都府铁碓臼李家迁此立村。”

朱桥镇东刘村：“明洪武年间(1368—1398)，刘姓由四川成都府铁碓臼刘家迁此立村。”

金城镇马塘村:“明洪武年间(1368—1398),朱、冷二姓由四川成都府大槐树底下铁碓臼张家迁此立村。”

路旺镇河刘家:“明永乐四年(1406),刘姓由四川成都府东门外铁碓臼刘家迁此立村。”

三元乡塔埠村:“明万历年间(1573—1620),刘姓由四川成都府铁碓臼刘家迁此立村。”

郭家店镇大李家庄:“清康熙十九年(1680),李姓由四川成都府铁碓臼李家迁此立村。”

有些已经忘记了村名,只记得是属于成都府,铁碓臼在大槐树底下。如,南十里堡大吉林头村:“明初,周、程二姓从四川成都府大槐树底下铁碓臼迁此建村。”类似的表述还有南十里乡南房村、大原镇朱旺村、朱桥镇鞠埃张家、土山镇娄家。

按照刘德增的理论,凡是舂米之人皆是囚犯,凡是有铁碓臼的地方皆是县衙。但是,上述这些有铁碓臼的村庄都不是县衙,而且绵竹县也不会有铁碓臼孙家和铁碓臼李家两个县衙,刘德增的“移囚说”出自臆想。

《莱州市地名志》记载的四川铁碓臼移民绝大多数发生在明洪武二年(1369)。洪武四年(1371),明军才攻克四川,在四川未归附明朝以前,无论是向莱州“移民”,还是“移军”“移囚”,都是绝对不可能的。

凡是罪犯谪戍在《明太祖实录》中是有记载的。如《明太祖实录》卷五十九载,洪武二年(1369)十二月,宥松江盗鹤皋余党一百五十四人谪戍兰州。《明太祖实录》卷一百四十八载:“命天下卫所凡逃军既获者,谪戍云南。”这些谪戍的罪犯,皆被押解到卫所屯田,由卫所管理。《莱州市地名志》记载的这些所谓的“四川移民”,没有一个是被押解到卫所的,他们行动自由,任意到某地立村,其身份也绝不是“谪囚”。《明史》《明太祖实录》中无有四川向莱州谪戍的记载。这些所谓的“移民”“移军”“移囚”的真实身份,是逃难于四川的莱州籍红巾军将士。

七、福山柳氏家族的启示

2010年6月26日,《烟台日报》刊登柳於志《“胶东郡望”十世封侯的高疃柳氏家族》一文。文称:“元朝末年,由于官府的残酷统治,红巾军起义爆发,山东各地纷纷响应。1357年,安徽红巾军著名首领刘福通,派东路北伐军由海州(今江苏连云港)经海道进军山东半岛,先攻克胶州,接着攻下莱州,占领益都路。红巾军和元朝政府军在山东展开拉锯战长达四年,红巾军曾在高疃磁山一带招兵,补充兵源。约于此时,高疃柳氏的代表人物柳崇投入反元大军之中。"

"柳崇先战于山东、安徽一带，1364 年归附朱元璋的吴军，洪武十一年（1378）以战功提升燕山右护卫，授予百户世袭。……柳崇阵亡后，其子柳升替职，于洪武二十二年（1389）任燕山右护卫。……加封安远伯。"永乐十一年（1413）后，柳升官至大将军，统领火枪神机营，多次从驾出征，以军功晋侯爵。仁宗即位，命掌右府，加太子太傅。其后十世皆以军功袭爵。

《明史·柳升列传》载，柳升是怀宁人，怀宁在今安徽省西南部，长江北岸，皖河下游。清《福山县志·柳升传》下注曰："按《明史》载，升怀宁人，似于福邑无涉，但高疃柳氏藏南京都督勋爵宗派册内书本爵原籍福山，流寓怀宁。"高疃神仙顶南麓旧有柳氏墓地 300 余亩，清光绪《登州府志》载，墓系柳升发达后回乡移建，并将先人从安徽移柩回籍。

柳升之父柳崇加入红巾军和朱元璋吴军的经历，解开了胶东诸多四川、云南移民的身世之谜。他们当年都是红巾军的将士，所不同的是红巾军失败后，柳崇避居在安徽怀宁，娶妻生子，后又参加了朱元璋的吴军，而另一些人则逃亡到四川、云南，元朝灭亡后，才纷纷返回了家乡。

登、莱自金天兴二年（1233）十二月降元，到元至正二十七年（1367）明征虏大将军徐达攻克益都，招抚登、莱，胶东人民在元人铁蹄下苦熬了 134 个春秋。

这是野蛮对文明的统治。袁义达、张诚《中国姓氏：群体遗传和人口分布》说："以蒙古贵族为主的元朝政权残酷地奴役剥削着汉人，汉族遭到了自炎黄以来从未有过的虐待和屠杀，人口急剧地减少。这是野蛮欺压文明，落后统治先进，愚昧颠倒了真理的反历史的大气候时期。"①

元至正十一年（1351），爆发了红巾军起义。

元至正十五年（1355）二月，刘福通拥立韩林儿为"小明王"，建国曰宋，建都亳州（今安徽亳州），建元龙凤。

元至正十七年（1357），红巾军分三路大军北伐。

中路军由关先生、破头潘、沙刘二、冯长舅、王士诚率领，跨过黄河，进入山西。元至正十八年（1358）秋，进攻保定，又回师山西，攻克大同。十二月，攻占了元上都（今内蒙古自治区多伦），给元朝以沉重打击。此后，又挥戈东进，横扫辽东，直至高丽。元至正二十三年（1363），关先生余部复自高丽攻打上都，被元军打败，有的做了降兵，有的溃败散于辽东。

---

① 袁义达、张诚：《中国姓氏：群体遗传和人口分布》，华东师范大学出版社 2002 年版，第 8 页。

西路军分两支，一支由李武、崔德率领，于元至正十七年(1357)二月杀进关中，连克商州、同州、华州，直逼长安。后战败，转入终南山。同年十一月，由白不信、大刀敖、李喜喜率领的另一支红巾军进入陕西，与李武、崔德队伍在兴元会师。元至正二十一年(1361)，西路红巾军出师终南山，攻克了凤翔、巩昌一带，后为元军打败。白不信、大刀敖、李喜喜率残部由陇入蜀，避居于四川。

元至正十七年(1357)二月，毛贵率领的东路红巾军由连云港海道北上，攻克胶州，守将被杀。红巾军直逼战略要地莱州，经四年多次拉锯式的反复争夺，元守将山东行省副使释嘉纳战死。毛贵大军获粮、盐、辎重无数，元朝海上物资供给线被切断。

元至正十八年(1358)二月，毛贵攻克济南，设立"宾兴院"选贤任能，建立地方政权；又在莱州、登州招兵买马扩大武装，立屯三百六十屯，每屯相距三十里。官田、民田只收二成租，比元时少了五六成，得到农民拥护。红巾军又在莱州造大车百辆，冬则陆运，夏则水运，以供军需。莱州、登州之民纷纷加入红巾军。

元至正十八年(1358)，毛贵大军挥师北上，连克淄博、蓟州，军至枣林。南皮一战，杀死了元枢密副使达国珍和元朝名将董博霄。接着攻克了河间、直沽(天津)，到达离元都北平只有百里的柳林。元王朝紧急调集四方元军入卫，可惜中路红巾军未按期抵达，毛贵攻克大都未成，折回济南。

这年五月，刘福通率红巾军攻克了河南汴梁，并从安徽安丰将小明王韩林儿接到汴梁，以汴梁为大宋国都。

元至正十九年(1359)四月，毛贵被其部将赵均用杀害。七月，红巾军将领续继祖由辽阳入益都，与赵均用发生火拼，东路红巾军失去了主将毛贵，元气大伤。

五月，元军攻陷汴梁，刘福通奉小明王韩林儿退居安徽安丰。

元至正二十二年(1362)十一月，东路红巾军坚守的最后一座县城益都被元军攻陷。山东全境复为元军所有，莱州也再一次生灵涂炭。

元至正二十三年(1363)，降元的农民军张士诚，攻陷安徽安丰，刘福通被杀，红巾军起义失败。其残部有的投奔了朱元璋，有的逃亡到四川。

其时，四川是红巾军逃亡将士唯一可以避难的地方。四川守将明玉珍原是江淮农民起义军徐寿辉的部下。元至正二十七年(1367)，明玉珍率兵袭重庆，俘元四川右丞哈麻秃，献于徐寿辉。徐寿辉授明玉珍为陇蜀行省右丞。接着，明玉珍攻克成都，四川州县相继归附。

元至正二十年(1360)，陈友谅杀徐寿辉自立。

元至正二十二年(1362)正月，明玉珍称帝于重庆，国号夏，建元天统。

元至正二十六年(1366)，明玉珍卒，其子明昇继位，改元开熙。

元至正二十七年（1367）十二月，朱元璋的大军攻克益都，分兵取莱州、登州，莱州、登州不战而降。

元至正二十八年（1368）正月，朱元璋在南京即皇帝位，建国曰明，建元洪武。八月，大明兵克大都，元朝灭亡。

是年八月，朱元璋发布《大赦天下诏》，号召因兵乱逃避他乡者，返乡复耕，国家给予荒田，安排耕种，免赋税三年。

《莱州市地名志》所记的传说说明，莱州籍的红巾军将士，避居在四川以成都为中心的八府十多县，靠给人家打工、舂米糊口，大槐树下的铁碓臼成为他们的记忆符号。洪武元年（1368），他们开始返乡，到洪武二年（1369），形成返乡高峰。若以元至正二十三年（1363）红巾军失败作为他们入蜀之始，到洪武二年（1369）返乡，他们在四川避居了六年。在一些姓氏族谱中，我们隐隐约约地看到了他们的一些踪迹。

八、隐私的家谱

国史、方志、家谱被学者称为三大资料，但家谱隐私之弊不容忽视。

葛剑雄《家谱：作为历史文献的价值和局限》对家谱的重要性和局限性作了论述。他指出："一般的家谱都要找出一位煊赫的祖宗，不是帝王、圣贤，就是高官、名人，甚至要追溯到三皇五帝。由于这些上古贵人基本都出在北方的黄河流域，要使本家族特别是不在黄河流域的家族与这些祖先联系起来，就只能编造出一段迁移的历史。""一部分家族的确是有过迁移的，但为了把他们祖先的迁移史附会于历史上确实存在的大移民，如永嘉之乱、安史之乱、靖康之乱后的北人南迁，所以具体的迁移时间、地点就不一定正确。……如果轻信了这些家谱中的记载，就会影响我们对移民历史的正确复原。""另一些家谱中所载始祖的迁移时间并没有错，但地点和原因不一定对。这是由于有些家族始迁到某地的祖先当时既没有社会、经济地位，更没有文化，有的甚至还是（以）罪犯的身份被强制迁去的。到了有条件修谱时，一个家族一般都已支派繁衍，人丁兴旺，并有了相当的社会地位和经济实力，有的还成了书香门第、官宦人家，子孙们即使对祖先的来历弄不清楚，也不能在谱上出现空白；或者知道祖先是如何迁来的，却不愿意留下不大光彩的记录。常用的办法，一是根据当地最主要的移民来源将本族的祖先当作其中的一员，一是将迁入时的目的或身份改得尽可能的体面。""又如一些家谱称始迁祖是在明初'奉旨分丁''奉旨安插'，或者是来某地当官、驻防的，实际上可能朱元璋根本就没有下过这样具体的圣旨，这些始迁者也不是什么官员或将军，所谓'奉旨'无非是流亡到此开荒定居后得到了官府承认被纳入编户，或者就是被绑着双手押送来的。”“传世的家谱大多是清代和民国时期修的，明代的已经不多，此前的基本没有，所以家谱资料一般只能用于研究16世纪以后。”“一般的家谱无不扬善隐恶，夸大溢美，甚至移花接木，假冒附会，如果不了解当时当地的历史背景，一味相信家谱的记载，就不可能得出正确的结论。”①

葛剑雄先生所论甚是，家谱的这些局限性在莱州的诸姓家谱中也随处可见。

《东莱吕氏家谱》始修于明万历戊午年（1618），清乾隆年续修，是莱州现存较早的一部家谱。其万历戊午年序曰：“掖人来四川者十有八九，惟我吕氏系东莱故家。”如轻信此言，就会认为元末兵燹，掖人土著只剩下了吕氏一姓，其余都是从四川来的，所言并不真实。

清人毛贽《识小录》曰：“掖自金元兵燹后，土著者少，惟武官刘氏、坊北程氏、军寨吕氏、王西王氏七八姓。余多成都人，永乐间所迁徙之小民也。”所言也不真实。

掖县是元末兵燹的重灾区，战争甚于周围州县。重刊明万历《莱州府志》卷三载：“国初兵燹之后，人户凋残，所至成墟。”幸而重刊明万历《莱州府志》载有洪武年间（1368—1398）的户口数，使我们能够对明初兵燹后，掖县人户凋残到何种程度，有一个具体的了解。

重刊明万历《莱州府志》卷三载，掖县六乡八十三社，洪武年间（1368—1398）户9130，人口16672，平均每户1.83人。

前文已述，洪武六年（1373），莱州有五千土著军户约一万五千人，徙居辽东建都卫右所。

然掖县的人口，并非都在元末的战乱中死亡，其中除红巾军将士逃往四川者外，大量的平民避难于附近的州县。

昌邑县四乡九十四社，洪武年户13150，是掖县的1.44倍；人口132430，是掖县的7.94倍；平均每户人口10.06人，是掖县的5.5倍。

潍县五乡八十六社，洪武年户16156，是掖县的1.77倍；人口157921，是掖县的9.47倍；平均每户人口9.77人，是掖县的5.34倍。

平度州十乡一百三十五社，洪武年户21183，是掖县的2.32倍；人口109383，是掖县的6.56倍；平均每户人口5.16人，是掖县的2.82倍。

胶州六乡九十三社，洪武年户13828，是掖县的1.51倍；人口123486，是掖县的7.41倍；平均每户人口8.93人，是掖县的4.88倍。

高密县六乡八十六社，洪武年户112276，是掖县的1.34倍；人口93515，是掖县的

---

① 葛剑雄：《家谱：作为历史文献的价值和局限》，《历史教学问题》1997年第6期。

5.61 倍;平均每户人口 7.62 人,是掖县的 4.16 倍。

即墨县七乡八十五社,洪武年户 13480,是掖县的 1.48 倍;人口 126800,是掖县的 7.6 倍;平均每户人口 9.41 人,是掖县的 5.14 倍。

莱阳县比掖县略大,洪武初户 25339,是掖县的 2.78 倍;人口 232639,是掖县的 13.95 倍;平均每户 9.18 人,是掖县的 5 倍。永乐初年,莱阳县的户数比洪武初年减少了 8000 户,人口减少了 39287 人。在永乐至嘉靖 150 多年间,莱阳县的户数一直稳定在一万七八千户,人口二十万左右。

《登州府志》撰于清康熙年间(1662—1722),其对于户口的记载有丁无户无口,故掖县东部临近州县的户口情况缺乏资料对比。

据史籍记载,我国的人口在宋朝时达到一亿多人,而金元时下降了近一半。因此,元朝末年,平均每户五六口人,是正常情况,而昌邑县平均每户 10.06 人,潍县平均每户 9.77 人,即墨县平均每户 9.41 人,胶州平均每户 8.93 人,莱阳县平均每户 9.18人,疑有掖县难民在这些州县落户或附籍。

重刊明万历《莱州府志》载,万历甲辰年(1604)掖县户 11930,人口 61560,平均每户5.16。比洪武年户数增长了 30.7%,人口增长了 269%,平均每户人口增长了 182%。洪武年后,掖县的人口大增。重刊明万历《莱州府志》称为“肩摩踵接”,除了自然增长外,或也有流民回归。这些从邻近州县回归的莱州人,并未见于家谱记载,可能他们也都被传为是四川移民。

攀龙附凤、隐恶扬善等局限性,在四川迁莱州的家谱中也很明显。

清康熙四十六年(1707)掖城《东莱刘氏谱序》曰:“吾刘氏世居四川成都府,相传为汉北地王谌之后……自明初徙于莱州府掖县。”

北地王谌是刘备之孙,后主刘禅第四子。《三国志·蜀书》载,景耀六年(263)夏,魏征西将军邓艾、镇西将军钟会、雍州刺史诸葛绪数路大军攻蜀。冬,邓艾破蜀卫将军诸葛瞻于绵竹。后主刘禅用光禄大夫谯周之策,降于邓艾。“是日,北地王谌伤国之亡,先杀妻子,次以自杀。”《汉晋春秋》也曰:“后主将从谯周之策,北地王谌怒曰:‘若理穷力屈,祸败必及,便当父子君臣背城一战,同死社稷,以见先帝可也。’后主不纳,遂送玺绶。是日,谌哭于昭烈之庙,先杀妻子,而后自杀,左右无不为涕泣者。”孙盛《蜀世谱》曰,刘禅有璿、瑶、琮、瓒、谌、恂、璩七子,璿为太子。蜀败,谌自杀,余皆内徙洛阳。西晋永嘉五年(311),汉王刘渊派刘曜率兵攻破洛阳,晋怀帝被俘,王公士民三万余人被杀,刘禅子孙皆遭灭绝之灾。刘氏家谱称是北地王刘谌之后,显然是不实之言。

诸多由蜀迁莱的家谱,无一对其始迁祖的真实身份有明确的记载。

清道光十三年(1833)柳林头《程氏家谱》卷首曰:"我祖宗海于大明之初永乐时奉旨自四川成都东门里铁碓臼迁于莱郡掖北,卜居柳林头。"

民国十三年(1924)前朱石《掖县李氏族谱叙》曰:"余家自明洪武二年(1369)由四川迁山左掖县之大朱石村。"

民国二十七年(1938)西杜家《重修杜氏家谱》曰:"洪武初,吾始祖始成公自蜀迁莱。"

起义造反,历来都被视为是大逆不道的行为,红巾军也不例外。在一些明、清封建士大夫的著述中,皆称红巾军将领毛贵为匪、为贼。当年,从四川返乡的莱州籍反元将士,他们那段参加红巾军的反元壮举,成为他们不便言传的隐私。即便是有人告知了儿孙,其后人在修谱时,也不会如实载于家谱之中。因为即使在平民百姓看来,造反也是一件不光彩的事情。

始迁祖的真实身份被隐瞒了。尽管如此,我们从有些家谱中,仍然可以看到这些反元将士的一些蛛丝马迹。

清道光丙戌(1826)《重修东莱宿氏家谱》万历壬寅岁(1602)序曰:"我宿氏始祖四川嘉定州夹江县人。国初迁于东莱掖县,占籍西关社而家焉。"崇祯辛未(1631)序曰:"余先属春秋宿男,伏羲风姓之后裔也,以国为姓,历代间有闻人。爰考在汉,有讳祥者,为雁门太守。于北魏,有讳石者,雁门人,殆即祥之后裔欤。石尚,公主拜驸马都尉,吏部尚书。其先,曾祖归魏,拜大将军。洎宋太宗时,有讳翰者,以平蜀寇显。逮至我明,由楚迁蜀。成祖朝,讳善甫者,传闻应诏籍掖,为一世祖。"谱言宿氏始祖于明初由楚迁于四川。万历壬寅岁谱序是其八世孙所作,按三十年一代人,则其始祖由楚入蜀当在元至正二十二年(1362)。此年,红巾军在山东的最后一座城池被攻破。明玉珍在重庆称帝,建大夏国。第二年,红巾军在安徽的根据地被攻破,刘福通被杀。宿氏始祖此期间由湖北进四川,很可能就是红巾军的逃亡将士。而成祖朝,宿善应诏籍掖,又说明其原籍本是掖县人。所谓"应诏",即响应洪武元年(1368)八月朱元璋发布的要流民返乡务耕的《大赦天下诏》。

民国《程氏家谱》序曰:"我始祖蜀之细民也,世传原籍河南,徙居于蜀。明洪武二年由四川铁碓臼程家东迁莱郡,卜宅于城西程家。原谱记载甚详,惜遭明季兵燹,付之一炬,而后人竟茫乎莫之考焉。"细民即小民,无业之民。谱载程氏始迁祖原籍河南,徙居于蜀,洪武二年由四川碓臼程家东迁莱郡。程氏始迁祖为何从河南徙居四川,成为无业之民?既原籍河南,为何洪武二年不迁回河南,而徒受千里之苦,来到莱州?可知其原籍并非河南,而是莱州也。族谱为我们提供了一份程氏"莱州→河南→四川→莱州"的迁徙路线图。这正是当年莱州籍部分红巾军将士的流徙路线。

翟氏是莱州清代的名门望族，其代表人物翟云升，字舜堂，号文泉，著名语言学家、书法家，嘉庆五年（1800）中举，任黄县教谕，道光二年（1822）登进士第，授广西知县，以母亲年迈为由辞任，潜心著书立说，著有《说文形声后案》《说文辨异》《隶篇》《古韵证》《韵字鉴》等，尤以传世的《隶篇》及其隶书书法作品闻名遐迩。

《东莱翟氏族谱》是由翟云升的伯祖翟玉树与堂弟翟大成于雍正八年（1730）纂修的，翟玉树作序曰："翟本蜀人也，明初迁莱，入于高山社一甲，数传至吾太高祖廪生福罔公……"翟大成作序曰："余家本四川成都府成都县人也，于大明洪武二年（1369）春奉旨迁于莱之掖邑，至大清雍正八年（1730）已数百年矣，世远时移，欲上推始祖，清分支派，则讳号不传，盖不胜木本水源之思云。玉树兄慨以往之多缺，念将来之可纪，因欲纂修家谱，为述其志于余。余曰此盛举也，愿与兄共成之。夫始祖既无所考矣，上世支派亦难悉明矣，今欲起而修之，不得不即岁时奉祀神主犹者以为据焉。神主数传，皆自吾太高祖应兆始，应兆生云焕，云焕生梦凤，梦凤生吾伯祖文彪与吾祖文彩，伯祖生吾堂伯二人，祖生吾父兄弟十人，此吾甲嫡派十二支可寻也。他如翟希，曾较高山翟鼐、翟鼎、翟密，稍近。其昌邑翟，相传彼始祖与吾始祖兄弟而同迁者。夏邱堡翟迁莱之时，本属一家，后因银匠分社甲，遂不相属。至吾伯叔与翟钦号子谕者，始联为兄弟，余恐久而难稽，故备言之，以矣考焉。"咸丰三年（1853）《翟氏族谱》续修时，九世孙翟自贞又序曰："余家自蜀迁莱，迄今历数百载，始迁之祖名讳失考，以下世次多湮没不传，迨玉树祖，作先茔小记，其有墓碑可考者，始于明迪功郎西庄公，即今载谱以为始祖者是也。据旧谱序，昌邑翟与吾始祖兄弟而同迁者，而昌邑族人言吾始祖系自昌邑迁掖，其自出之祖坟尚在城南石埠，虽号讳失传，而坏（pēi）土岿然，今犹可据，则余家或自蜀迁于莱之昌邑，后又自昌迁掖者，惜世远年湮，其详莫考耳……"

《翟氏族谱》所载有两处生疑，其一，谱称翟氏本四川成都府成都县人，明洪武二年（1369）春奉旨迁到莱州掖县。明洪武二年时，四川尚在明玉珍大夏国统治之下，四川未归顺明朝，哪来的圣旨迁掖？奉旨迁掖一说是子虚乌有的事情，而翟氏或也不是蜀人，乡音可证也。其二，谱称掖县翟氏氏族与昌邑翟氏始祖是从四川同迁的弟兄，掖县翟氏始祖先迁于昌邑，后又迁到掖县。昌邑翟氏也言，掖县翟氏迁自昌邑，其始祖茔坟尚在。掖县翟氏氏族与昌邑翟氏始祖是同迁的弟兄，看来其事确凿，但他们或许并非由四川迁来，而是由掖县逃来。元末兵燹，掖县是重灾区，大批难民逃难于四方，而昌邑是临近的避难之所。前文已言，昌邑县洪武年有 13150 户，是掖县的 1.44 倍；人口 132430，是掖县的 7.94 倍；平均每户人口 10.06 人，是掖县的5.5倍。掖县与昌邑人口差别之大，当与掖人流入昌邑有关，翟氏或是其中之一。翟氏本掖城东南隅人，元末战乱，弟兄二人逃难于昌邑，到洪武二年，他们在昌邑避居了十来年。洪武元年(1368),明太祖朱元璋发布《大赦天下诏》,号令逃往于各地的难民返乡复耕,掖县翟氏始祖回到了掖城,而与其一起逃难于昌邑的弟兄,则留居于彼。至于夏邱堡翟氏,与掖城翟氏关系较近,其或是由掖县城里逃难于乡下者,后因夏邱堡翟氏成为专门打造银器的匠户而关系疏远。《翟氏族谱》的信息说明,洪武二年掖县返乡的难民,并非都来自四川,其中有许多是来自附近州县,时间久了,不是来自四川的也都说成是来自四川。

九、不改的乡音

方言,独特的地方语言,是识别不同地方人群的语言标准。六百年前,孙令魁未以乡音识乌撒卫人为即墨同乡。而今,方言犹存,可以鉴别自己到底是何方人氏。

汉语方言,分为七个区域,即北方方言(又称为官话方言)区、吴方言区、湘方言区、赣方言区、客家方言区、粤方言区、闽方言区。每个方言区内,又可分为许多方言片、方言小片、方言点。

北方方言的特点,是其音系简单,反映了汉语语言由繁向简的发展趋势。南方方言则比较复杂,更多地保存了古代语音的因素。就声、韵、调三部分来说,北方方言的韵母和声调要比闽、粤、吴、客家方言简单得多。唯有声母方面,南、北方言各有繁简,北方方言并不从简。例如,北方方言全浊塞音 b、d、g 演变为清化、平声送气、仄声不送气;古塞音韵 -p、-t、-k 大都消失。

1964 年 5 月,由北京大学中国语言文学系语言学教研室编的《汉语方言词汇》将全国七个汉语方言区分为二十个方言点(片)。这些方言点(片)有北京、济南、西安、太原、武汉、成都、合肥、扬州、苏州、温州、长沙、双峰、南昌、梅县、广州、阳江、厦门、湘州、福州、建瓯。其中,北京、济南、西安、太原、武汉、成都、合肥、扬州属北方官话方言区。济南代表山东,成都代表四川。

成都方言有以下特点。①

(1)成都方言声母 20 个

p	巴步别	pʻ	怕盘勃	m	马门木	f	飞凡胡		
t	多道夺	tʻ	太同特	n	怒路连				
ts	资争张	tsʻ	测从床			s	思沙树	z	日绒
tɕ	酒疾江	tɕʻ	秋截腔	ȵ	泥严咬	ɕ	心俗虾		

① 北京大学中国语言文学系语言学教研室编:《汉语方言词汇》,文字改革出版社 1964 年版,第 15 页。

k	哥古共	kʻ	可苦狂	ŋ	袄安偶	x	何海航
Ø	儿衣碗鱼						

(2)成都方言韵母36个

ɿ	痴汁日石	i	皮笔立觅	u	土朱忽叔	y	女旅虽麴
ɚ	儿二						
a	巴他答杀	ia	家佳狭压	ua	瓜话刷划		
e	遮涉彻客	ie	夜跌别觅	ue	国扩或	ye	靴月削
o	哥否夺各					yo	略脚学
ai	台街鞋崖	iɛi	界孩	uai	快衰外		
ei	杯批费			uei	回对虽桂		
au	包到敲饶	iau	表刁敲要				
əu	斗埠丑肉	iəu	丢酒牛				
an	南板善咸	iɛn	边添尖眼	uan	短算关软	yɛn	卷鲜全元
ən	分深吞硬	in	金民丁迎	uən	困文横闰	yn	均倾琼永
aŋ	方当昌巷	iaŋ	良讲阳	uaŋ	光双忘		
oŋ	东风中亩					yoŋ	兄容用

(3)成都方言声调4个

阴平	꜀□	调形 ˦	调值	44	高天风衣
阳平	꜁□	调形 ˧˩	调值	31	穷急局月
上声	꜂□	调形 ˥˧	调值	53	古口五以
去声	□꜄	调形 ˩˧	调值	13	盖近共岸

成都方言的声母n、l不分,如:“蓝”“路”“连”读声为n声母。成都方言没有平舌音和翘舌音之分,基本上把普通话中的翘舌音都读成平舌音。如“周 = 邹”“推迟 = 推辞”“诗人 = 私人”。

韵母方面,一般来说,成都方言没有单韵母e,普通话韵母为e的音,四川方言会读成ê,或读成o和音值接近o的韵母,成都方言还没有韵母ang、uang,普通话韵母为ang、uang的音,都会读成韵母an、uan,“访问”读成“反问”,“方案”读成“翻案”,“木床”读成“木船”。成都方言还往往没有ü和ü开头的撮口呼韵母,普通话由ü和ü开头的韵母,都会读为i或i开头的齐齿呼。

在声调上,古入声字今调如何,是北方方言区中划分方言片的重要语言条件。山东方言将古入声字有的读为阴平,有的读成阳平,有的读为去声。而成都方言则将古入声字一律读为阳平。这是四川方言与其他北方方言的主要区别。

山东方言形成很早。据钱曾怡、蔡凤书《山东地区的龙山文化与山东方言分区》称，山东方言的分区形成于龙山文化时期，据今约有4500年。伯益是远古时东方民族的祖先。《史记·秦本纪》载，伯翳（益）佐舜调驯鸟兽，说的是伯益辅佐舜帝治理以鸟兽为图腾崇拜的东方部落。《汉书·地理志》载“伯益知禽兽”，《后汉书·蔡邕列传》载“伯翳（益）综声于鸟语”，可知伯益会说鸟族部落的语言，而鸟语别于中原话。《孟子·滕文公下》所载的“齐语”“楚语”，“表明在公元前三四世纪孟子生活的战国时代，北方的汉语方言跟南方的汉语方言已有相当显著的差异”①。

西汉时，扬雄《輶轩使者绝代语释别国方言》，收集了全国各地的汉语方言词汇，现代学者据此得出西汉时汉语方言区十三个，齐鲁是其中之一。齐鲁方言又称为济南方言。

山东方言有以下特点。②

（1）山东方言声母有24个

p 布病别	pʻ 怕平扑	m 麻忙木	f 飞付房	
t 多对弟	tʻ 土突驼	n 内怒南		l 炉连荣
ts 租杂宗	tsʻ 瓷催存		s 苏寺僧	
tʂ 猪捉正	tʂ 初赤程		ʂ 师舌生	ʐ 热肉
tɕ 精九聚	tɕʻ 秋区齐	ȵ 泥娘牛	ɕ 笑谢贤	
k 歌跪共	kʻ 开空葵	ŋ 饿岸袄	x 呼荒航	
Ø 耳言碗				

（2）山东方言韵母38个

ɿ 资此思	i 闭地七益	u 布母竹出	y 女律足局
ʅ 支赤湿日			
ɚ 耳二			
a 巴打铡法	ia 加佳瞎押	ua 瓜抓刷话	
ɛ 该太矮亥	iɛ 街鞋涯矮	uɛ 怪坏衰歪	
	ie 姐爷别叶		ye 靴月角药
ɤ 波哥鹤合		uɤ 多果握略	
ɔ 包高贸勺	iɔ 标条交钥		
ei 杯飞德册		uei 对穗惠卫	

---

① 《中国大百科全书·语言文学》，中国大百科全书出版社1984年版，第137页。

② 北京大学中国语言文学系语言学教研室编：《汉语方言词汇》，文字改革出版社1964年版，第8页。

ou	斗馊口肉	iou	九秋牛六				
æ	潘担甘暗	iæ	边点减烟	uæ	关碗短川	yæ	捐全远
ẽ	本分枕根	iẽ	林巾心因	uẽ	吞寸昏向	yẽ	军训孕
aŋ	当房港航	iaŋ	良江向央	uaŋ	壮窗荒王		
əŋ	莲灯冷庚	iŋ	冰丁京杏	uəŋ	翁		
		iuŋ	倾兄永	uŋ	东龙中公		

(3)山东方言声调4个

阴平	꜀□	调形	˨˩˧	调值	213	高天飞尺
阳平	꜁□	调形	˦˨	调值	42	人同穷白
上声	꜂□	调形	˥˥	调值	55	短苦老各
去声	□꜄	调形	˨˩	调值	21	到近汗麦

山东各地的方言也不尽相同。语言学家有的将山东方言分为东部、中北部和西南部三个方言片，有的又分为东莱、东潍、中济、北陵、西菏、南兖、南临七个方言小片。钱曾怡主编的《山东方言志丛书》将山东方言分为利津、即墨、德州、平度、牟平、潍坊、淄川、荣城、寿光、聊城、新泰、沂水、金乡、诸城、宁津、临沂、莱州共十七个方言点。

莱州在行政区划上属于烟台市，但在山东方言的分区中，属于山东东区方言的东潍片。莱州方言，其北、南、中部又各有特点，北部接近东莱片，南部接近东潍片，中部以掖县城为中心，最能体现莱州方言的特点，中部地域也最大，使用的人口最多。

莱州方言很有特点，历来为语言学家所重视。

毕拱辰，字星伯，掖县（今山东莱州）城人，明万历丙辰年（1616）进士。知盐城县，丁内艰，改补朝邑，并有惠政，擢礼部主事。因不善事上司，左迁浙江知事，弃官归里，以诗文自娱自豪。崇祯十年（1637），由荐举再起，任吉安司理，再调南祠部郎，寻擢淮徐兵备佥事、督漕侍郎、冀宁兵备佥事。崇祯十七年（1644）二月，李自成攻太原，监司毕拱辰与巡抚蔡懋德、布政使赵建极等死守，二月七日城破遇难。《明史·列传第一百五十一》载有毕拱辰略传。

毕拱辰平生喜著书，宦辙所至，缥缃之富，汗牛充栋。著有《莱乘》《蝉雪咙言》《旅味瓿余》《珠船斋集》《皂溪存稿》《系曜近抄》《倡和小草》《韵略汇通》等书，又会外语，将比利时人韦尔撒鲁斯《人体构造》释成中文《泰西人身说概》，成为影响中国近代社会的一百种译著之一。

毕拱辰《韵略汇通》一书（见图5－10），撰于崇祯壬午（1642）十二月晋阳槐香亭。毕拱辰序曰："韵学由来久矣。正统中，兰止庵先生编《韵略易通》一书，汰繁归简，披览如列眉，嘉惠后学甚殷。吾莱宿太仆二山先生（按：宿度，字二山，嘉靖已未年进士，累官太仆卿)付之剞劂,二东(按:山东、河东)人士家传而户购之。见南亦有刻本,谓之'山东韵略'。壬申岁(1632),辽左叛逆(按:孔友德)围莱,原版散失,每用惋惜。今秋,余持冀宁诘戎之暇,捡得原帙,更为分合删补,非敢僭也,期为简便明备,为童蒙入门嚆矢耳。稍易其名,曰《韵略汇通》,取水回而复合之义。兹编虽分流别派,疏瀹惟勤,然总合于元韵之渊源者,近是。"他在书中引用《韵略易通》以"没脑子"来说明没记性,曰:"然人当思索时,瞑目蹙眉,每向上作探取状,且二东方言,以不能记者谓没脑子,此亦足证其持论不诬。"

兰茂《韵略易通》是一部韵学名著。兰茂,字廷秀,号止庵,云南嵩明县杨林人,祖籍河南洛阳。父为军人,明洪武十四年(1381)随征南右副将军沐英征云南,二十五年(1392),建嵩明杨林守御千户所屯田,洪武三十年(1397),兰茂生于此。

兰茂博学多才,隐居杨林,采药行医,设馆教学,著书立说,是著名的医药家、音韵学家、诗人、教育家。兰茂著书很多,《声律发蒙》和《韵略易通》是其结合教学实践撰著的两部韵学名著。

《韵略易通》以"应用便俗"为宗旨,内容上侧重于"寻常方俗之语,日用事物之名"。结构上他将旧韵部的36个声母简化为20个,将19个韵改为20韵,用一首《早梅诗》"东风破早梅,向暖一枝开。冰雪无人见,春从天上来"的20个声母统辖同音小韵,以先举声韵、后别四声的体例编排,打破了传统韵书以四声分部、以韵为纲领的模式,接近于现代的同音字表,成为继周德清《中原音韵》后又一部重要的音韵学著作。

毕拱辰《韵略汇通》对兰茂《韵略易通》进行了分合删补,并二十韵为十六韵。他将有入声的"东洪""江阳""真寻""庚晴""先全""山寒"作为卷上,将无入声的"支辞""灰微""居鱼""呼模""皆来""萧豪""戈何""家麻""遮蛇""幽楼"作为卷下,反映了莱州方言声调由繁到简的发展趋势。《韵略汇通》以山东方言和莱州方言为归韵标准。其甾 zī、菑 zī、淄 zī、缁 zī、辎 zī、鲻 zī 与支 zhī、枝 zhī、之 zhī、芝 zhī 音同不分,z = zh;差 cī 与齿 chǐ、翅 chì 音同不分,c = ch;涩 sè、瑟 sè 与生 shēng、省 shěng 音同不分,s = sh;辞 cí、祠 cí、词 cí 与思 sī、斯 sī、私 sī 音同不分,c 与 s 也混用。这些呈现出莱州方言独有的特点。《韵略汇通》还删改了不切童蒙实用的文字,与《韵略易通》同为北方音系之童蒙韵书,是考究官话方言、山东方言,乃至莱州方言不可缺少之韵典(图5-10)。

《韵略汇通》为现代语言学家所重视。2003年,著名汉语言学家山东大学教授钱曾怡先生主编了《莱州方言志》,成为她主编的《山东方言志丛书》的第十七部专著。《莱州方言志》是在对莱州方言深入调查的基础上撰写的。1982年5月,钱曾怡先生与杨秋泽、(日本)太田斋来到掖县城,从重新记录单字音系开始,依次记录了音变、词语、语法例句和部分语料，经过二十多年的整理研究和汇编，于2005年由齐鲁书社出版问世。钱曾怡先生在后记中写道：“当时所以选定掖县为调查点，除去从20世纪50年代山东方言普查总结工作中得出的印象‘掖县方言很有特点，值得深入调查’的原因以外，还因为掖县是明代北方韵书《韵略汇通》的编者毕拱辰的故乡，我们希望调查的成果能为研究《韵略汇通》提供一份翔实的语料。”①

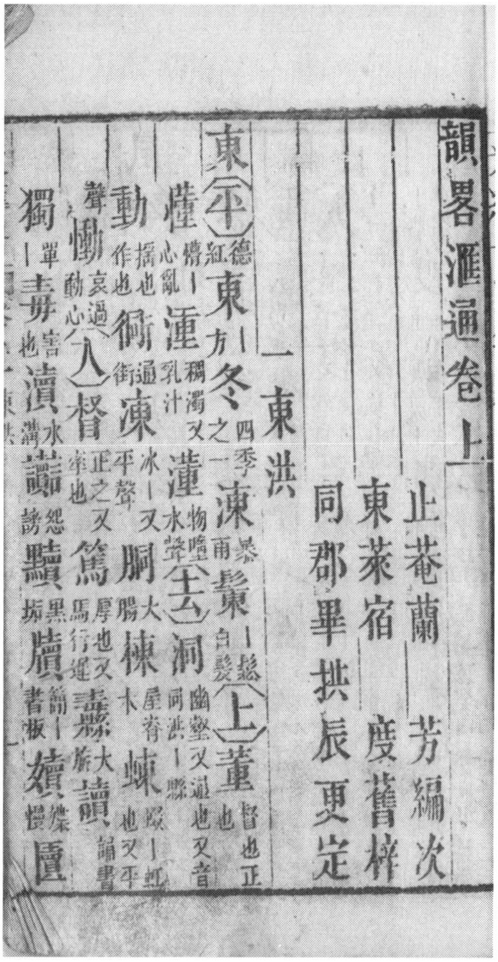
韻畧滙通卷上
止菴蘭　芳編次
東萊宿　度舊梓
同郡畢拱辰更定
一東洪

图5－10　毕拱辰《韵略汇通》书影

毕拱辰《韵略汇通》和钱曾怡《莱州方言志》都是莱州方言的专著，其不仅为研究官话方言提供了翔实的语料，也对研究所谓的“明代莱州从四川移民”有重大意义。毕拱辰是明代人，显然，如果毕拱辰的始迁祖是明初迁莱的四川土著，就不会有莱州方言对其传承；如果毕拱辰和莱州人都说四川方言，也就不会有《韵略汇通》和《莱州方言志》的问世诞生。毕拱辰《韵略汇通》和钱曾怡《莱州方言志》是莱州人并非四川土著移民的确证。

《莱州方言志》论证了现代莱州方言的基本概况和特点。其曰：“莱州方言属于汉语胶辽官话的青州片，具有胶辽官话的共同特点。从山东方言的分区来看，莱州市虽然在行政上属于烟台市，但在山东省境内的方言分区中，是属于山东东区方言的东潍片。由于其特定的地理位置，莱州方言存在着东潍和东莱两片方言的过渡特点。”

“莱州方言的胶辽官话共同特点主要有：古知庄章三组声母分为两套，像‘蒸꜀tʂəŋ≠争꜀tsəŋ’‘绸꜁tʂʻəu≠愁꜁tsʻəu’‘声꜀ʂəŋ≠生꜀səŋ’；古日母字多读零声母，像‘人＝银꜁iẽ’‘如＝鱼꜁y’；古清声母入声字多归上声，像‘一＝椅꜂i’‘屋＝五꜂u’‘菊＝举꜂tɕy’。莱州方言具有东潍方言的一些特点，主要如：古山臻摄合口字在知庄章声母的分类中归乙类，如‘准船顺’的声母跟‘蒸绸声’的声母相同而跟属于甲类的

① 钱曾怡主编：《莱州方言志》，齐鲁书社2005年版，第376页。

‘争愁生’声母不同；尖团音的具体读音为‘精꜀tsiŋ ≠ 经꜀tɕiŋ’‘清꜀ts‘iŋ ≠ 轻꜀tɕ‘iŋ’‘星꜀siŋ ≠ 兴꜀ɕiŋ’，跟东莱片团音‘经、轻、兴’声母多读 c、c‘、ç 不同；复合元音单元音化，像‘该꜀kɛ’‘街꜀tɕiɛ’‘乘꜀kuɛ’‘包꜀pɔ’‘标꜀piɔ’，而跟东莱片读明显的复合元音 ai、iai、uai、au、iau 韵母不同；古咸深山臻四摄读鼻化元音，也跟东莱片有明显鼻辅韵尾 n 不同。莱州方言具有东莱方言的特点，主要如：‘爱’‘袄’‘安’‘恩’‘昂’等字读开口呼零声母，跟东莱片相同，而东潍片则读 ŋ 声母；东潍片‘东 = 登’‘争 = 中’‘擎 = 穷’‘兴 = 兄’，即 əŋ、oŋ 和 iŋ、yŋ 两对韵母合并的特点，莱州不存在，这也跟东莱片相同。东莱和东潍的过渡特点如：古蟹止山臻四摄的端系合口洪音如‘堆’‘岁’‘团’‘酸’‘吞’‘村’等字，有的读开口呼，有的读合口呼，有的字两可，读开口呼是东莱方言的特点，读合口呼则是东潍方言的特点。”

“莱州方言也有自己的一些特点，比较突出的有：知庄章三组声母的甲类字读 ts、ts‘、s，跟精组的洪音字相同，如‘支 = 资’‘翅 = 刺’‘师 = 思’；只有三个声调，其中古全浊上声、古去声和次浊入声分归阴平和阳平两类，没有明显规律，这种分化情况在汉语方言中的是很少见的。”①简言之，莱州方言独有的主要特点有两个，一是 z 与 zh、c 与 ch、s 与 sh 不分，二是四声不全，没有去声。

钱曾怡《莱州方言志》曰莱州方言声母 21 个②：

p	布步	p‘	怕盘	m	门毛	f	飞父		
t	到道	t‘	太同	n	拿怒女			l	来论
ts	增争酒	ts‘	从虫秋			s	僧生修		
tʂ	蒸主	tʂ‘	昌处			ʂ	扇书		
tɕ	举极	tɕ‘	去求			ɕ	虚鞋		
k	贵跪	k‘	开葵			x	虎胡		
ø	袄言然微元软而								

莱州方言韵母 37 个：

a	爬割	ia	俩架角	ua	耍花袜		
ə	波蛇科阔	iə	别姐热	uə	多说河	yə	绝靴若
ɿ	资枝	i	力日	u	布朱	y	律入
ʅ	知						
ər	耳						
ɛ	败灾	iɛ	街鞋挨	uɛ	外猜		

① 钱曾怡主编：《莱州方言志》，齐鲁书社 2005 年版，第 2 ~ 3 页。

② 钱曾怡主编：《莱州方言志》，齐鲁书社 2005 年版，第 6 ~ 9 页。

ei	杯百对责			uei	追岁		
ɔ	包赵	iɔ	标饶				
əu	头手	iəu	丢肉				
ã	班战端	iã	千然	uã	川伞端	yã	泉阮
ẽ	分真吞	iẽ	心人	uẽ	春吞	yẽ	训闰
aŋ	帮丈	iaŋ	良让	uaŋ	双王		
əŋ	孟生贞	iŋ	冰耕	uŋ	东粽翁	yŋ	兄绒

莱州方言声调 3 个：

阴平	꜀□	调形 ˨˩˧	调值 213	安边粗居 士弟罪居 怕变税劝	
				岸利胃怨 害第妇絮 辣日落岳	
阳平	꜁□	调形 ˦˨	调值 42	才平床群 麻灵奴云 是递竖圈猪~	
				刺窍罐卷 帽尿望院 饭忌树眩	
				腊栗袜钥 拔杰猾绝	
上声	꜂□	调形 ˥	调值 55	走比古许 老有五女 八急国确	

据《莱州方言志》调查的单字统计，莱州方言的音节总共有 1082 个（轻声不在内）。其中开口呼 446 个，齐齿呼 292 个，合口呼 263 个，撮口呼 36 个。①

莱州方言的声母 l、ʂ、tʂ、tʂʻ ʂ 和韵母 ə、iə、uə、yə、ʅ、ɛ、iɛ、uɛ、ɔ、iɔ、ã、iã、uã、yã、ẽ、iẽ、uẽ、yẽ、əŋ、iŋ、uŋ、yŋ 均不见于四川方言。四川方言的声母 z、ȵ、ŋ 和韵母 e、ie、ue、ye、o、yo、ai、iɛi、uai、au、iau、an、iɛn、uan、yɛn、ən、in、uən、yn、oŋ、yoŋ 也不见于莱州方言。莱州方言声调三个，无去声，而四川方言的声调四声俱全。

莱州方言与四川方言声母、韵母、声调上的差异，形成了一些各具特点的词汇，今选其中的一百九十例附于后。

莱州方言村镇名称的语法构词很有特点，有三百多个村镇的名字以“家”字收尾，表示这村是某姓之家，或以某姓为主。如：

乌盆吕家	草坡王家	西杜家	道刘家	滕家	苗家
朱郭李家	寺庄赵家	山宋家	大郎家	原家	毛家
山上贾家	黄山郭家	小于家	南侯家	桑家	周家
梁郭张家	寨里徐家	北蔡家	前高家	栾家	邱家

有些相邻的村镇，在名称上有一定的联系，或是共用一个相同的修饰语，或是有一个共同的中心语。这些相同的成分，有的是历史事件，有的是村镇名称，有的与山

① 钱曾怡主编：《莱州方言志》，齐鲁书社 2005 年版，第 10 页。

川河流有关,有的是地理位置的反映。

如匡郑徐家。据《莱州市地名志》称:“明洪武二年(1369),徐姓由四川成都府铁碓臼徐家迁此立村,因当时用筐盛着家当肩挑而来,故取村名筐盛徐家。”与其相邻的匡郑张家、匡郑赵家、匡郑潘家也都是洪武二年(1369)由四川迁来,因与匡郑徐家相邻,所以都冠以“匡郑”二字。实际上,匡郑张家、匡郑赵家、匡郑潘家恐怕不仅仅是因与匡郑徐家为邻而跟着匡郑徐家起名,而是因为这三个村的张姓、赵姓、潘姓都像徐姓一样,是用筐盛着家当由外地挑回来的。因此,“匡郑”(筐盛)成为这几个村名共用的词汇,也成为难民回归的写照。

再如,城后刘家、城后王家、城后曲家、城后张家、城后万家因其地的王徐寨城迁址,使这些村的位置处于新王徐寨城之北而名。北觉孙家、北觉于家因邻近北觉寺而名。上官刘家、上官李家因邻上官寺而名。路旺侯家、路旺原家、路旺戴家、路旺孙家因邻路旺寺而得名。海庙姜家、海庙于家、海庙孙家因邻东海神庙而得名。而这王徐寨新城、北觉寺、上官寺、路旺寺和东海神庙等遗迹,是当地历史文化的见证。

莱州市村镇名字不乏“大”“小”形容之词,如大原家、小原家;大张家、小张家;大战家、小战家;大任家、小任家;大刘家、小刘家;大栾家、小栾家等。一般来说,这些大、小村之间存在着比较紧密和宗族关系,但也非“大”者村大,“小”者村小。如夏邱大初家和小初家。大初家150户,小初家300户,大初家因兄长所在称为“大”,小初家因弟弟所在称为“小”。《莱州市地名志》说大初家、小初家是洪武二年(1369)初姓兄弟二人由四川迁此立村的。

《莱州市地名志》所说的四川移民,大都来自成都府。考成都市郊区村庄,多以“院子”为名,如西郊的邓家院子、吴家院子、黄家院子、王家院子、陈家院子、张家院子、何家院子、徐家院子、雷家院子、谢家院子、曹家院子、樊家院子、胡家院子、毛家院子;南郊的林家院子、袁家院子、罗家院子、高家院子、姜家院子、方家院子、郭家院子、刘家院子、邱家院子、陆家院子;东郊的范家院子、朱家院子、张家院子、陈家院子、张家老院子;北郊的包家院子、代家院子、严家院子、周家院子、许家院子等。而德阳绵竹市的镇村之名,则多取自地形。如水井沟、鞍子沟、芍药沟、草墩沟、文家沟、庙子沟、天井沟、蔡家沟、窗子沟、何家沟、郭家沟、马槽沟、马家沟,水坪、大湔坪、小湔坪、李家坪、马家坪、罗家坪、曾家坪、高家坪、韦家坪、杨家坪,谢家坎、普家坎、唐家坎、崩土坎等。成都市镇村名字没有用“铁碓臼”作中心词的。成都市镇村名字的语法构词与莱州迥异,反映了两地不同的历史文化。

莱州方言人称代词,不说“我们”“你们”“咱们”,而说“俺”“恁”“咱”。“恁”不同于“您”,不含有尊敬的意思,如“恁真不是个玩意儿!”是说“你们真不是东西!”这些现象,“完全是保留了宋元时的特点”①。可见元末战乱,并未改变莱州方言的传承。

莱州方言里介词“把”和疑问代词“嘎”都读为“ka˨˩˧”,而且使用的频率很高,使用的面也很广,这在外县人听来感到非常特殊。招远方言中有个常用词“本儿 per˦˨”,方言特点也极浓。所以胶东人有“莱州 ka˨˩˧,招远 per˦˨”的说法。人们把“把”“嘎”读 ka˨˩˧作为莱州话的方言特点看待,也以此来识别莱州人。

莱州方言中,还有许多惯用的词组,其结构比较固定,使用频率也高,而其含义往往不像一般词组那样直接从字面上看出来,因而成为莱州方言的一大特点。例如:

白拉倒 pei˥latɔ˥ 指无用处,无能力。(例)这个人~,办不了大事。

白不住 peiputʂu˨˩˧ 指大概,可能。(例)这事~能行。

背有 pei˨˩˧eu 意为别这样。单独成句,不作句子成分。

半里不落 pã˥lipu˥luə˨˩˧ 指活没干完,事没办完就停了。(例)营生干得~就走了。

不大离形儿 pu˥tali˨˩˧çiŋr 指差不多。(例)这事~就行了。

不当景儿 pu˥taŋciŋr˥ 指不当回事。(例)对他来说,根本~。

不对劲 pu˥tuei˨˩˧ciẽ˥(1)指合不来。(例)我俩在一起老觉得~。(2)指不舒服。(例)这衣裳穿着~。

不割十的 pu˥ka˥ʂʅti 是“割舍”的音转,舍不得的意思。(例)这张画卖了,真~。

不够称儿 pu˥kəu˦˨tʂʻənr˨˩˧ 比喻人不聪明,缺心眼。(例)他兄弟俩都~。

不见起 pu˥ciã˦˨cʻi˥ 意为不见得,不一定。(例)他~能来。

不老少 pu˥lɔ˨˩˧ʂɔ˨˩˧ 指很多。(例)他的书~。

不起眼儿 pu˥cʻi˨˩˧Øiã˨˩˧r 指不引人注目。(例)标语不能贴在~的地方。

不稀的 pu˥çi˨˩˧ti(1)指不屑于。(例)俺~去看他。(2)表示否定,无不屑之意思。(例)咱快~上恁家吃了吧,怪麻烦的。

皮实 pʻi˥ʂʅ 指健康,结实。(例)这孩子真~。

差老成色了 tsʻa˥lɔ˦˨tʂʻəŋ˨˩˧sei˨˩˧lə 指差得很远,无法相比。(例)因为天太旱了,今年的庄稼~。

成老东西了 tʂʻəŋ˨˩˧lɔ˦˨toŋ˨˩˧lə 指东西很多。(例)他家里 ~。

打冒支 ta˥mɔ˥tsʅ˦˨ 指借别人的名义行骗。(例)别叫他~。

打腰 ta˥Øiə˨˩˧ 指吃得开。(例)他在村里可~啦。

答嘎 ta˥ka˨˩˧ 指搭理。(例)别~他。

---

① 钱曾怡主编:《莱州方言志》,齐鲁书社 2005 年版,第 286 页。

二马天堂的 ər˨˦ma˥t'iã˨˦t'aŋ˥ti 指心不在焉，糊里糊涂。(例)我说了半天，他~，一句也没听明白。

二五眼 aɾ˨˦u˥Øiã˥ 指识别能力差。(例)他真~，用哪么个人。

赶当门儿 kã˥taŋ˥məɾ˥ 指将来，以后。(例)~进城，我给你买件好衣裳。

好过日 xɔ˥kuə˥i 指善于持家。(例)他家的人都~，不乱花钱。

黄了 xuaŋ˥lə 指事情没办成。(例)原想开个小商店，因为钱没凑齐，又~。

酱了 tsiaŋ˥lə 意为坏了。(例)可~。

几好儿 ci˨˦xɔɾ˥意为很好。(例)这块事他办得~。

讲瞎话 ciaŋ˥ɕia˥xua˥"话"不儿化，指说假话骗人。(例)你不要信，他这是~。

节骨眼儿 tsie˥ku˨˦Øiãɾ˥ 指关键时刻。(例)在这个~，你可不能走。

就打着 tsiəu˥ta˥tʂuə˥ 意同即使。(例)~他也来，人手还是不够。

来不来的 lɛ˥pu˥lɛ˥ti 意为还没怎么的。(例)~不理我了。

拉摆 la˥pɛ 指乱布摆东西。(例)干不了多少活，倒~不少东西。

填还 t'iã˥xuã 指白送东西给人家，人家不领情。(例)别~人家了。

踢蹬了 t'i˥təŋlə 指(1)损坏了，(2)坏事了，(3)害死了。(例)这厂子叫他~。

没头到肚儿 mu˥t'ən˥tɔ˨˦tur˥ 意为没完没了。(例)他说起话来~。

没正形 mei˨˦tʂəŋ˥ɕiŋ˥ 指不正经。(例)他这个人~，你别生气。

麻拉着 ma˥latsɿ 意为估摸着。(例)俺~这孩子该来信了。

《莱州方言志》认为，莱州方言的语法句子也很有特点，有三种比较句式是普通话里所没有的。

1. 带"起"字的比较句

用"起 tɕi"作介词引进比较对象，介宾结构置于形容词之后。

(1)肯定形式。例如：

她姊妹们一个俊起一个。

这个屋子暖和起那个屋子

(2)否定形式。在形容词前加"不""没""没有"之类的否定词。例如：

他不高起我。

小李的成绩从来没好起小张。

(3)疑问形式有是非问和反复问两种。

A. 是非问在句末加疑问词语气，整个句子使用问调。例如：

这朵花香起那朵花吗？

这块西瓜不甜起那块西瓜吗？

B. 反复问形容词的肯定与否定相迭形式。例如：

这朵花香不香起那朵花？

这块西瓜甜不甜起那块西瓜？

2. 带数量补语的比较句

这种比较句在莱州方言里，往往没有普通话比较句中的“比”字，被比较的对象置于比较语之后，形成“A + 比较语 + B”的格式。例如：

在村里，我长他一辈。

我大他两岁。

我高他一头。

谁还矮谁一个头？

谁还差谁一块？

3. 带“赶上”“跟上”的比较句

(1)肯定形式。如：

他赶上我胖了。他跟上我胖了。

他赶上他哥哥高了。他跟上他哥哥高了。

(2)否定形式。例如：

他赶不上我胖。他跟不上我高。

(3)疑问形式，有两种：

第一，原结构用疑问语调说。例如：

他赶上我胖了？他赶不上我胖了？

第二，插用“跟不跟上”或“赶不赶上”。例如：

他赶不赶上我胖？他跟不跟上我胖？

在被动句式中，莱州方言还另有一种“受事”出现于谓语之后作宾语的现象。例如：

可叫他气死我了。

真叫这块事愁坏我了。

生叫家务事缠住了她，也不能在村里做工作。

叫我狠狠地训了她一顿，他才好了。

管保儿是叫他骑走了你的车子。

这种说法在莱州方言中很普遍，纯系一种习惯，没有什么特殊的表达作用。但这种说法有其历史根源，反映在唐宋以后，特别是元明文学作品里，有大量“受事”居于动词谓语之后作宾语的被动句。例如：

被猴行者骑走馗龙。(《大唐三藏取经诗话》)

被杨行密拿了杨师古。(《五代史评话》)

孩子,则被你烦恼杀了我也。(关汉卿杂剧《赵盼儿风月救风尘》第二折)

被我骂那老猪狗,那婆子便来打我。(《水浒传》第二十六回)

钱曾怡先生指出:“看来,莱州方言中的上述被动现象,很可能就是近代汉语中这种被动句法的遗留。”①由此也可证知,从唐、宋到元、明,莱州人的历史文化并未发生断裂,而是一脉相承。

莱州方言的特点,远异于北京、四川,近别于东潍、平度、即墨、牟平和黄县(今山东龙口),这是莱州历史文化的创造。潍坊方言、平度方言、即墨方言、牟平方言、荣成方言,各自有志,均由钱曾怡教授主编出版。

莱州是古过国的所在地。过国大约形成于龙山文化早期,距今约4600年。过国历夏、商、周三代,春秋时归于齐。降至秦、汉,逮至唐、宋,经历了两大发展时期,莱州作为胶东政治、经济、文化的中心,社会发展到一个鼎盛时期。元末战乱,莱州成为胶东的重灾区,除死亡者外,大部分难民逃往临近四乡避居,而参加了红巾军的莱州籍将士,则在红巾军失败后,溃逃于四川。明洪武元年(1368),他们开始返乡,到洪武二年(1369)形成返乡高峰,一直陆陆续续地延续了多年。他们在四川有的住了六七年,有的住了十几年或几十年,然他们的乡音未改,思乡之情未变。但他们返乡后隐匿了当年逃往四川的实情,以至于后人将他们当作了四川移民。

当年那些背井离乡的莱州难民,也非都是从四川归来的。传说久了,不是从四川归来的,也都说成是从四川来的。

那些专家、学者所言的明代四川向莱州“移民说”“移军说”“移囚说”是不可信的,这不仅因为它割断了莱州人的历史,更主要的是它不是历史的真实。

莱州方言传承了五千多年。

莱州人说莱州话,四川人说四川话。

说莱州话的是莱州人,说四川话的是四川人。

走出六百年来以讹传讹的移民误区,还原明代莱州难民从四川回归的历史真相,有助于莱州人守卫和建设好自己的精神家园。

---

① 钱曾怡主编:《莱州方言志》,齐鲁书社2005年版,第326页。

附:莱州方言和成都方言区别 190 例

方言点 / 词　目	莱　州	成　都
祖母	(1)奶奶 nɛ˥˥˩nɛ·˧ (2)耄耄 mɔ˥mɔ·˧ (3)嬷嬷 maŋ˥˩maŋ·˧	(1)婆婆 p'o˥˩p'o˥˩˧ (2)奶奶 nai˥˧nai˥˧˧˨
父亲	(1)爸爸 pa˥˩[pa·˧] (2)爹 tie˨˩˧	爸[爸]pa˥˩[pa˥˩˧˨]
母亲	(1)母亲 mu˥˥˩ts'iẽ　(2)娘 ȵiaŋ˥˩	妈[妈]ma˥[ma˥]
伯父	大爷 ta˥˩ie˥˩	伯伯 pe˥˩pe˥˩
伯母	大娘 ta˥˩ȵiaŋ˥˩	伯娘 pe˥˩ȵiaŋ˥˩
叔父	叔叔 ʂu˨˩˧˥˩ ʂu·˧	伯儿 per˥˩
婶母	婶子 ʂẽ˥˥˩tsl·˧	婶婶 sən˥˧sən˥˧˧˨
姑父	姑父 ku˨˩˧˥˩ku·˧	(1)姑爹 ku˥˧tie˥ (2)姑爷 ku˥ie˥˩˥
姑母	(1)姑姑 ku˨˩˧ku·˧ (2)姑 ku˨˩˧	(1)姑妈 ku˥ma˥ (2)娘娘 ȵiaŋ˥ȵiaŋ˥
外祖父	姥爷 lɔ˥˥˩ie·˧	(1)外爷 uei˥˧ie˥˩uai˨˩˧ie˥˩ (2)家公 tɕia˥kօŋ˥
外祖母	姥娘 lɔ˥˥˩ȵiaŋ·˧	(1)外婆 uei˨p'o˥˩uai˨˩˧p'o˥˩ (2)家婆 tɕia˥p'o˥˩
姨夫	姨夫 i˥˩fu·˧	姨爹 i˥˩tie˥
姨母	姨 i˥˩	(1)姨妈 i˥˩ma˥ (2)娘娘 ȵian˥˧ȵiaŋ˥
丈人	(1)(背称)丈人 t ʂaŋ˥˩˥iẽ·˧ (2)(面称)爹 tiə˨˩˧	老丈人 nan˥˧tsaŋ˨˩˧　zən˥˩
公公	公公 kuŋ˨˩˧kuŋ·˧	老人公 nau˥˧zən˥˩koŋ˥
父母	爹娘 tiə˨˩˧niaŋ˥˩	(1)娘老子 ȵiaŋ˥˩nau˥˧tsɿ˥˧ (2)妈老汉儿 ma˥nan˥˧xanr˨˩˧
丈夫	(1)男的 næ˥˩˥ti·˧ (2)男人 nã˥˩˥ʐẽ·˧ (3)女婿 ȵy˥˥˩sy·˧	(1)男的 nan˥˩ni˥ (2)男人 nan˥˩zən˥˩
婆婆	婆婆 p'a˥˩˥p'a·˧	老人婆 nau˥˧zən˥˩p'o˥˩

（续表）

方言点 词　目	莱　州	成　都
妻子	（1）老婆 lɔ˥ p‘ə （2）媳妇儿 si˨˩˧ fur˦˨	（1）女的 ȵy˥˧ ni˥ （2）女人 ȵy˥˧ zən˨˩ （3）婆娘 p‘o˨˩ ȵiaŋ˨˩˦
哥哥	哥哥 kə˨˩˧ kə·˧	（1）哥老倌儿 ko˥ nau˥˧ kuanɼ˥ （2）哥哥 ko˥ ko˥
弟弟	（1）兄弟 ɕiuŋ˨˩˧ ti·˧ （2）弟弟 ti˦˨˨˩˧ ti·˧	（1）弟娃儿 ti˨˩˧ uar˨˩ （2）兄弟 ɕioŋ˥ ti˨˩˧
大姨子	大姨子 ta˦˨ i˦˨ rtsɿ·˧	大姨妹儿 ta˨˩˧ i˨˩ meir˨˩˧
女儿	闺女 kuẽ˨˩˧ ni·˧	（1）女儿 ȵyr˥˧，ȵy˥˧ ə‘ɼɚ˨˩ （2）姑娘儿 ku˥ ȵiaŋr˥
外甥	外甥 uɛ˦˨˥ səŋ·˧	外侄[儿] uai˨˩˧ tsɿ˨˩[ɚ˨˩]
外甥女	外甥闺女 uɛ˦˨˥ səŋkuẽ˨˩˧ ni	外侄女 uai˨˩˧ tsɿ˨˩ ȵy˥˧
连襟	（1）连襟 liã˦˨˥ tɕiẽ （2）割不断 ka˥˦˨ pu˥ tã˦˨	（1）老挑 nau˥˧ t‘iau˥ （2）挑担子 t‘iau˥ tan˨˩˧ tsɿ˥˧
妯娌	妯儿娌儿 t ʂuer˦˨ ɭer	前后[家] tɕiɛn˨˩ xəu˨˩˧[tɕia˥]
邻居	邻舍家 liẽ˦˨˥ ʂẽ·˧ tɕia˨˩˧	（1）隔壁邻居 ke˨˩ pi˨˩ nin˨˩ se˨˩˧ （2）隔壁子 ke˨˩ pi˨˩ tsɿ˥˧
头	（1）头 t‘əu˦˨ （2）脑袋 nɔ˥˦˨ tɛ·˧	脑壳 nau˥˧ k‘o˨˩
眼珠	眼珠子 iã˥ tʂu˨˩˧ tsɿ·˧	（1）眼仁 iɛn˥˧ zən˨˩ （2）眼[儿]珠子 iɛn˥˧[æ˨˩]tsu˥ tsɿ˥˧
嘴唇	嘴唇儿 tsuei˥ tʂ‘ɥer˦˨	嘴皮 tsuei˥˧ p‘i˨˩
脖子	脖子 pə˦˨ tsɿ·˧	（1）颈项 tɕin˥˧ xaŋ˨˩˧ （2）脖子 po˨˩ tsɿ˥˧ （3）颈子 tɕin˥˧ tsɿ˥˧
喉咙	嗓子 saŋ˥˦˨ tsɿ	喉咙 xəu˨˩ noŋ˨˩˥
乳房	奶子 nɛ˥˦˨ tsɿ	奶奶 nai˥ nai˥
屁股	腚 tiŋ˦˨	（1）屁股 p‘i˨˩˧ ku˥˧ （2）沟子 kəu˥ tsɿ˥˧
胳膊	胳膊 kə˥˦˨ pa˦˨	手杆 səu˥˧ kan˥˧

（续表）

方言点 词 目	莱 州	成 都
胳膊肘	胳膊肘儿 kə˥˨ pat ʂəur ˨	倒拐子 tau ˨˩˧ kuai ˥˧ tsɿ ˥˧
拳头	皮锤 p‘i ˨˦˨ ts‘uei ˨	（1）砣子 t‘o ˨ tsɿ ˥˧ （2）碇子 tin ˨˩˧ tsɿ ˥˧
膝盖	波罗盖儿 pə ˥˨ luəkɛr ˨	磕膝头儿 k‘e ˨ ɕi ˨ ˦ t‘əur ˨
脚掌	脚掌儿 tɕyə ˥˦˨ t ʂãr ˨	脚板心儿 tɕyo ˨ panr ˥˧ ɕin ˥
唾沫	吐沫 t‘u ˨ mi	口水 k‘əu ˥˧ suei ˥
女人	（1）女人 ny ˥ ie （2）女的 ny ˥˨ ti （3）娘们儿 niaŋ ˨ mer ˧	（1）女的 ȵy ˨ ni ˥˧ （2）女人 ȵy ˥˧ zən ˨ （3）婆娘 p‘o ˨ ȵiaŋ ˨ ˦
老头儿	老头儿 lɔ ˥ t‘əur ˨	老汉儿 nau ˥˧ xanr ˨˩˧
小伙子	小伙子 siɔ ˥ ˦ xuə ˥˨ tsl	（1）男娃子 nan ˨ ua ˨ ˧ tsɿ ˥˧ （2）儿娃子 ɚ ˨ ua ˨ ˦ tsɿ ˥˧ （3）男娃儿 nan ˨ ua ˨ ɚ ˨ ˧
小孩子	小孩儿 siɔ ˥ xɛr ˨	（1）［小］娃儿［ɕiau ˥˧］ua ˨ ɚ ˨ ˧ （2）［小］娃娃［ɕiau ˥˧］ua ˨ ua ˨ ˦ （3）小人 ɕian ˥˧ zən ˨
男孩子	（1）小男孩儿 siɔ ˥ nã ˨ xɛr ˨ （2）小厮 siɔ ˥ sl	（1）儿娃子 æ ˨ ua ˨ ˦ tsl ˧ （2）男娃儿 nan ˨ ua ˨ ɚ ˨ ˧ （3）男娃娃 nan ˨ ua ˨ ua ˨ ˧
女孩子	（1）小女孩儿 siɔ ˥ ny ˥˨ xɛr ˨ （2）小嫚儿 siɔ ˥ mɛr ˦ （3）小闺女儿 siɔ ˥ kuẽ ˦ ny‘er ˨	（1）女娃子 ȵy ˥˧ ua ˨ tsl ˥˧ （2）女娃儿 ȵy ˥˧ ua ˨ ɚ ˨ ˧ （3）女娃娃 ȵy ˥˧ ua ˨ ua ˨ ˧
驼子	锅腰儿 lua ˨ ˥ kuɚ ˨ ˧	驼［背］子 t‘o ˨［pei ˨˩˧］tsɿ ˥˧
单身汉	光棍儿 kuaŋ ˦ kuẽr	单身汉儿 tan ˥ sən ˥ xanr ˨˩˧
孕妇	孕妇 yẽ ˨ fu ˦	（1）怀儿婆 xuai ˨ ɚ ˨ p‘o ˨ （2）大肚子 ta ˨˩˧ tu ˨˩˧ tsɿ ˥˧
乞丐	讨佬子 t‘ɔ ˥˨ lɔtsɿ	（1）叫花子 tɕian ˨˩˧ xua ˥ tsɿ ˥˧ （2）讨口子 t‘an ˥˧ k‘ən ˥˧ tsɿ ˥˧
小偷	（1）小偷儿 siɔ ˥ t‘əur ˦ （2）贼 tsei ˨	贼娃子 tsuei ˨ ua ˨ ˧ tsɿ ˥˧

（续表）

方言点 / 词目	莱州	成都
外行	(1)外行 uɛ ˨˩˧ xaŋ ˦˨ (2)力巴头 li ˦˨ pa ·˧ t‘ou ˦˨	外行 uai ˨˩˧ xaŋ ˨˩
馄饨	混沌 xuẽ ˦˨˥ tuẽ	(1)抄手 ts‘an ˥ səu ˥˧ (2)抄手儿 ts‘an ˥ səur ˥˧
馅儿	(1)馅儿 çiær ˦˨ (2)馅子 çiæ ˦˨˥ tsɿ ·˧	(1)心子 çin ˥ tsɿ ˥˧ (2)瓤子 zaŋ ˨˩ tsɿ ˥˧
猪舌头	口条 k‘əu ˥ t‘iɔ ˦˨	(1)猪舌头儿 tsu ˥ se ˥˧ t‘əuor ˥ (2)脷子 ni ˧˥ tsɿ ˥˧
猪血	猪血 tʂu ˨˩˧ çiə ˥	(1)血旺儿 çie ˨˩ uaŋr ˨˩˧ (2)[血]旺子[çie ˨˩]uaŋ ˨˩˧ tsɿ ˥˧
粉丝	细粉 si ˨˩˧˦˨ fẽ	(1)粉[条]fən ˥˧[t‘iau ˨˩] (2)条粉 t‘iau ˨˩ fen ˥˧
盐	咸盐 çiã ˦˨˨˩˧ iã ˦˨	盐[巴]iɛn ˨˩[pa ˥]
背心	坎肩儿 k‘lã ˨˩˧˥ tçiɛr ˨˩˧	(1)背心儿 bei ˧˥ çinɽ ˥ (2)架架儿 tçia ˨˩˧ tçiaɽ ˨˩˧ ꜔
短裤	(1)裤衩子 k‘u ˦˨ tʂ‘a ˥ tsɿ ·˧ (2)裤头儿 k‘u ˦˨ t‘ouɽ ˦˨	(1)摇裤 iau ˨˩ k‘u ˨˩˧ (2)小衣 çiau ˥˧ i ˥
手套	手套儿 ʂəu ˥˦˨ t‘ɔɽ ˦˨	(1)手套子 səu ˥˧ t‘au ˨˩˧ tsɿ ˥˧ (2)手笼子 səu ˥˧ noŋ ˨˩ tsɿ ˥˧
口袋	布袋儿 pu ˨˩˧˦˨ t‘ɛr	(1)包包 pau ˥ pau ˧ (2)荷包儿 xo ˨˩ pauɽ ˥
家	家 tçia ˨˩˧	屋头 u ˨˩ t‘əu ˨˩ ꜒　家 tçia ˥˧
晒台	(1)晾台 liaŋ ˦˨ t‘ɛ ˦˨ (2)阳台 iaŋ ˦˨ t‘ɛ ˦˨	平台 p‘in ˨˩ t‘ai ˨˩
台阶	台阶儿 t‘ɛ ˦˨ tçiɛr ˨˩˧	(1)坎坎 k‘an ˥˧ k‘an ˥˧ ꜒ (2)梯坎儿 t‘i ˥ k‘anɽ ˥˧
角落	旮旯儿 ka ˨˩˧˥ laɽ ·˧	角角[头]ko ˨˩ ko ˨˩ ꜔[t‘əu ˨˩]
胡同	过道 kuə ˨˩˧˦˨ tɔ	巷子 xaŋ ˨˩˧ tsɿ ˥˧
床	床 ts‘uaŋ ˦˨	(1)床 ts‘uaŋ ˨˩　(2)铺 p‘u ˥
被子	被窝儿 pei ˦˨˥ uɔr ˥	铺盖 p‘u ˥ kai ˧˥

（续表）

方言点 词 目	莱 州	成 都
褥子	褥子 y ˨˩˧˦˨ tsɿ	垫子 tiɛn ˨˩˧ tsɿ ˥˧
枕头	头枕 tou ˦˨˥ tʂə̃ ·˧	枕头 tsən ˥˧ t'əu ˨˩
蚊帐	蚊帐 uə̃ ˦˨ tʂaŋ	罩子 tsau ˨˩˧ tsɿ ˥˧
手巾	手巾 ʂəu ˥˦˨ tɕiə̃	洗脸帕 ɕi ˥˧ niɛn ˥˧ p'a ˨˩˧
手绢	小手巾 siɔ ˥˨˩˧ ʂəu ˥˦˨ tɕiə̃	(1)手帕子 səu ˥˧ p'a ˨˩˧ tsɿ ˥˧ (2)帕帕儿 p'a ˨˩˧ p'aɽ ˨˩˧˥ (3)手巾儿 səu ˥˧ tɕinr ·˧
抹布	(1)搌布 tʂæ ˥ pu (2)抹布 ma ˦˨ pu	抹桌帕 ma ˨˩ tso ˨˩ p'a ˨˩˧
肥皂	胰子 i ˥˦˨ tsɿ	(1)洋碱 iaŋ ˨˩ tɕiɛn ˥˧ (2)肥皂 fei ˨˩ tsau ˨˩˧
稻子	稻子 tɔ ˦˨˥ tsɿ ·˧	谷子 ku ˨˩ tsɿ ˥˧
面粉	[白]面[pei ˦˨˥]miæ ˦˨	灰面 xuei ˥ miɛn ˨˩˧
高粱	胡秫 xu ˦˨˥ ʂu	高粱 kau ˥ nian ˨˩
玉米	苞米儿 pɔ ˨˩˧ mieɽ ˥	玉麦 y ˨˩˧ me ˨˩
土豆	土豆儿 t'u ˥ t'əur ˦˨	洋芋 iaŋ ˨˩ y ˨˩˧
西红柿	洋柿子 iaŋ ˦˨ sɿ ˦˨ tsɿ	番茄 fan ˥ tɕ'ie ˨˩
辣椒	大椒 ta ˨˩˧˥ tsiɔ ˨˩˧	(1)海椒 xai ˥˧ tɕiau ˥ (2)辣子 na ˨˩ tsɿ ˥˧
畜生	畜类 tʂ'u ˦˨ lei ·˧	畜牲 ts'u ˨˩ sən ˥
狼	(1)狼 laŋ ˦˨ (2)马虎 ma ˥˨˩˧ xu ·˧	狼 naŋ ˨˩
蝙蝠	蝙蝠儿 piə ˥˦˨ fur	(1)檐老鼠儿 iɛn ˨˩˧ nau ˥˧ sur ˥˧ (2)夜□蝠儿 ie ˨˩˧ pei ˨˩ fur ˨˩˦
公牛	(1)牤子 maŋ ˨˩˧ tsɿ (2)犍子 tɕiã ˨˩˧ tsɿ	(1)牯牛 ku ˥˧ ȵiəu ˨˩ (2)公牛 koŋ ˥ ȵiəu ˨˩
小牛	牛犊儿 niəu ˦˨˨˩˧ t'uɽ ˥	牛儿子 ȵiəu ˨˩ ə ˨˩˥ tsɿ ˥˧
公马	儿马 əɽ ˥˦˨ ma	公马 koŋ ˥ ma ˥˧

（续表）

方言点 / 词目	莱　州	成　都
母马	骒马 k‘ə ˥˩ ma	母马 mu ˥˧ ma ˥˧
公猪	(1)公猪 kuŋ ˨˩˧ tʂu (2)种猪 tsuŋ ˥˥˩ tʂu	(1)牙猪 ia ˥˩ tsu ˥ (2)角猪 tɕyo ˥˩ tsu ˨˩˧ (3)叫猪 tɕiau ˨˩˧ tsu ˥
母猫	女猫儿 ny ˥˥˩ mɔr	母猫儿 mu ˥˧ mauɻ ˥
猫头鹰	猫头儿鹰 mɔ ˥˩˥ ‘əur ˥˩ iŋ ˨˩˧	鬼灯哥儿kuei ˥˧ tən ˥ koɻ ˥ kuei ˥˧ toŋ ˥ koɻ ˥
麻雀	家雀儿 tɕia ˨˩˧ tɕs‘y‘əɻ	麻雀子 ma ˥˩ tɕ‘yo ˥˩˥ tsʅ ˥˧
公鸡	公鸡 kuŋ ˨˩˧ tɕi	鸡公 tɕi ˥ koŋ ˥
母鸡	母鸡 mu ˥˥˩ tɕi	鸡婆 tɕi ˥ p‘o ˥˩
螃蟹	蟹子 ɕiɛ ˥˩˥ tsʅ	螃蟹 p‘an ˥˩ xai ˥˧
蚌	哈蜊 k ˥ la	蚌壳儿 pan ˨˩˧ k‘oɻ ˥˩
青蛙	青蛙 ts‘iŋ ˨˩˧ uɛ ˥˩	田鸡 t‘iɛn ˥˩ tɕi ˥
鳖	(1)王八 uaŋ ˥˩ pa (2)鳖 piə ˥	团鱼 t‘uan ˥˩ y ˥˩
蜗牛	泚尿波螺 ts‘ʅ ˨˩˧ niɔ ˥˩ pa ˨˩˧ luə	牛牛儿 ȵiəu ˥˩ ȵiəuɻ ˥˩˧
蝉	截溜 tɕie ˨˩˧ liəu	蝉子 san ˥˩ tsʅ ˥˧
螳螂	刀螂 tɔŋ ˨˩˧ laŋ ˥˩	孙猴子 sən ˥ xəu ˥˩ tsʅ ˥˧
蜘蛛	来来蛛 lɛ ˥˥˩ lɛt ʂu ˨˩˧	蜘蛛 tse ˥˩ tsu ˥
蜈蚣	鱼蜒 y ˥˩˥ iã	蜈蚣虫 u ˥˩ koŋ ˥ ts‘oŋ ˥˩
蛇	长虫 tʂ‘aŋ ˥˩˥ tʂ‘uŋ ·˧	唆老二 so ˥ nau ˥˧ ɚ ˨˩˧
壁虎	蝎虎子 ɕiə ˥˨˩˧ xu ˥˥˩ tsʅ	爬壁虎儿 pa ˥ pi ˥˩ fuɻ ˥˩
太阳	日头 i ˨˩˧˥˩ təu	太阳 t‘ai ˨˦ iaŋ ˥˩
云	云彩 yẽ ˥˩˥ ts‘ɛ	云 yn ˥˩
雾	雾露 u ˥˩˥ lu	雾气 u ˨˦ tɕ‘i ˨˦
冰雹	拔子 pa ˥˩˥ tsʅ ·˧	雪弹子 ɕye ˥˩ tan ˨˩˧ tsʅ ˥˧

（续表）

方言点 词 目	莱 州	成 都
闪	打闪 ta˥˧ ʂã˥	火闪 xo˥˧ san˥˧
雷	（1）打雷 ta˥˨˩ lei˨˩ （2）打呼雷 ta˥ xu˧ lei˨˩	雷 nuei˨˩
晴天	好天 xɔ˥ tʻiã˧	晴天 tɕʻin˨˩ tʻiɛn˥
冰	冻冻儿 tuŋ˧ tʻũr˥	[凌]冰[nin˩˧]pin˥
星星	星儿 siʻər˧	星宿儿 ɕin˥ ɕiəur˩˧
从前	头来 tʻəu˨˩˥ lɛ	以前 i˥˧ tɕʻiɛn˨˩
去年	头年 tʻəu˨˩ niã	去年[子]tɕʻy˩˧ ȵiɛn˨˩[tsɿ˥˧]
今天	（1）基日 tɕi˧ i （2）今日 tɕi˧ i	今天 tɕin˥ tʻiɛn˥
明天	明日 mi˨˩˥	明天 min˨˩ tʻiɛn˥
后天	后日 xəu˨˩˥ i	后天 xəu˩˧ tʻiɛn˥
昨天	夜来 iə˨˩˥ iɛ	昨天 tso˨˩ tʻiɛn˥
前天	前夜 tsʻi˨˩˥ iə	前天 tɕiɛn˨˩ tʻiɛn˥
大前天	大前夜 ta˧ tsʻiə˨˩˥ iə	上前天 saŋ˩˧ tɕʻiɛn˨˩ tʻiɛn˥
夜里	（1）下晚儿 ɕia˨˩˧ uɛr˥ （2）黑夜 xei˥˨˩ ia	（1）黑啰 xe˨˩ no˥˧˧˩ （2）晚上 uan˥˧ saŋ˩˧
上午	头晌儿 tʻəu˨˩ ʂãr	上半天 saŋ˩˧ pan˩˧ʻiɛn˥
下午	过晌 kuə˨˩ ʂaŋ	下半天 ɕia˩˧ paŋ˩˧ tʻiɛnr˥
傍晚	傍黑天儿 paŋ˧ xei˥ tʻiɛr˧	擦黑 tsʻa˨˩ xe˨˩
大年初一	正月初一 tʂəŋ˧ yətsʻu˧ i˥	大年初一 ta˩˧ ȵiɛn˨˩ tsʻu˥ i˨˩
端午	五月端午 u˥˨˩ yətaŋ˧ u˥	端阳 tuan˥ iaŋ˨˩
左边	左边儿 tʂuə˧˨˩ piʻɛr˧	左手[边]tʂo˥˧ səu˥˧[piɛn˥]
右边	右边儿 iəu˧˨˩ piʻɛr˧	右手[边]iəu˩˧ səu˥˧[piɛn˥]
上面	上头儿 ʂaŋ˨˩˥ tʻəur	高头 kau˥ tʻəu˨˩
下面	下头儿 ɕia˨˩˥ tʻəur	底下 ti˥˧ ɕia˩˧˧˩

（续表）

方言点 词目	莱　州	成　都
推	拥 y ˨˩˧	(1)推 t‘uei ˥ (2)揎 ɕyɛn ˥ (3)消 ɕiau ˥
拉	抻 tʂ‘ẽ ˨˩˧	扯 ts‘e ˥˧
拖	拽 tʂ‘uɛ ˦˨	拖 t‘o ˥
捅	捅 t‘uŋ ˥	挎 to ˨˩
碰	乖 kuɛ ˨˩˧	搒 p‘aŋ ˥˧
拧	拧 ȵiŋ ˥	(1)久 tɕiəu ˥ (2)揪 tɕiəu ˥
扔	扔 ʐəŋ ˨˩˧	(1)甩 suai ˥ (2)丢 tiəu ˥ (3)掟 tin ˨˩˧
摔	(1)摔 ʂuɛ ˨˩˧ (2)跌 tie ˨˩˧	(1)绊 pan ˨˩˧ (2)踱 tsuai ˥
吃饭	(1)逮饭 tãi ˨˩˧ fã ˦˨ (2)吃饭 tʂʅ ˥ fã ˦˨	吃饭 ts‘ɿ ˨˩ fan ˨˩˧
吃午饭	吃晌饭 tʂ‘ʅ ˥ ʂaŋ ˥˦˨ fã ˦˨	吃晌午 ts‘ɿ ˨˩ sau ˥˧ – aŋu ˥
吃晚饭	吃下晌饭 tʂ‘ʅ ˥ ɕia ˨˩˧ ʂaŋ ˦˨ fã ˦˨	吃夜饭 ts‘ɿ ˨˩ ie ˨˩˧ fan ˨˩˧
喝酒	哈酒 xa ˥˨˩˧ tsiəu ˥	吃酒 ts‘ɿ ˨˩ tɕiəu ˥˧
小便	尿尿 niɔ ˦˨ niɔ ˦˨	屙尿 o ˥ ȵau ˨˩˧
大便	拉屎 la ˨˩˧ sɿ ˥	屙屎 o ˥ sɿ ˥˧
放屁	放屁 faŋ ˦˨ p‘i ˦˨	打屁 ta ˥˧ p‘i ˨˩˧
浇	浇 tɕiɔ ˨˩˧	淋 nin ˨˩
系	及 iɿ ˨˩˧	拴 suan ˨˩˧
揭	揭 tɕie ˨˩˧	撕 sɿ ˥
剥	扒 pa ˨˩˧	剥 po ˨˩

（续表）

方言点 词 目	莱 州	成 都
闲谈	闲说话儿 ɕiã˦˨ ʂuə˦˨˥ xuaɾ˦˨	摆龙门阵 pai˥˧ noŋ˨˩ mən˨˩˦ tsən˨˩˧
开玩笑	打哈哈 ta˥ xa˨˩˧˦˨ xa˧	涮坛子 suan˨˩˧ t'an˨˩ tsɿ˥˧ san˨˩˧ t'an˨˩ tsɿ˥˧
打架	打仗 ta˥ tʂaŋ˦˨	打锤 ta˥˧ ts'uei˨˩
拍马屁	舔腚 t'iæ˦˨˥ tiŋ˦˨	(1)舔肥 t'iɛn˥˧ fei˨˩ (2)舔沟子 t'iɛn˥˧ kəu˥ tsɿ˥˧ (3)舔屁股 t'iɛn˥˧ p'i˨˩˧ ku˥˧
结婚	将媳妇儿 tsiaŋ˨˩˧ si˥˦˨ fuɾ	接婆娘 tɕie˨˩ p'o˨˩ ȵiaŋ˨˩˦
出嫁	做媳妇 tʂ'u˥˦˨ tɕia˥	嫁人 tɕia˨˩˧ zən˨˩
打鼾	(1)打鼾睡 ta˥ xan˦˨ suei˦˨ (2)打呼噜 ta˥ xu˨˩˧ lu	(1)扯扑鼻 ts'e˥˧ p'u˨˩ xan˨˩˧ (2)打扑鼻 ta˥˧ p'u˨˩ xan˨˩˧
中暑	热着了 ʐɤ˦˨ tʂɔ˥ ləu˨˩˧	发痧 fa˨˩ sa˥
疟疾	发疟子 fa˥ ye˨˩˧˥ tsɿ	打摆子 ta˥˧ pai˥˧ tsɿ˥˧
头晕	头晕 t'əu˦˨ yẽ˨˩˧	脑壳晕 nau˥˧ k'o˨˩ yn˥
泻肚	(1)拉肚子 la˨˩˧ tu˦˨˥ tsɿ (2)拉稀 la˨˩˧˥ ɕi˨˩˧	(1)屙肚子 o˥ tu˨˩˧ tsɿ˥˧ (2)屙稀 o˥ ɕi˥
生病	病了 piŋ˦˨˥ ləu	害病 xai˨˩˧ pin˨˩˧
着凉	凉着 liaŋ˦˨˥ tʂɔ˦˨	凉啰 niaŋ˨˩ no˥˧˦
我们	俺 ã˥	我们 ŋo˥˧ mən˨˩˦
你们	恁 nẽ˥	你们 ȵi˥˧ mən˨˩˦
咱们	咱 tsẽ˥	我们 ŋo˥˧ mən˨˩˦
大家	大伙儿 ta˨˩˧ xuər˥	大家 ta˨˩˧ tɕia˥
别人	旁人 p'aŋ˦˨ ʐẽ˧	别个 pie˨˩ ko˨˩˧
谁	谁 suei˦˨	(1)哪个 na˥˧ ko˨˩˧ (2)啥子人 sa˨˩˧ tsɿ˥ zən˨˩
什么	甚么 ʂẽ˦˨ mə	啥[子] sa˨˩˧[tsɿ˥˧]

（续表）

方言点 词目	莱州	成都
怎么	怎么 tsəŋ ˨˩˥ me	（1）咋个 tsa ˨˩ ko ˨˩˧ （2）哪个 naŋ ˥˧ ko ˨˩˧
做什么	干什么 kæ ˨˩ ʂ əŋ ˨˩˥ mə ·˧	做啥子 tsu ˨˩˧ sa ˨˦ tsɿ ˥˧ tsua ˨˩˧ tsɿ ˥˧
一棵树	一棵树 i ˥ k'uə ˨˩˧ ʂu	（1）一根树子 i ˨˩ kən ˦ su ˨˩˧ tsɿ ˥˧ （2）一窝树子 i ˨˩ o ˦ su ˨˦ tsɿ ˥˧
一串葡萄	一嘟噜葡萄 i ˥ tu ˨˩˧ lup'u ˥˨˩ t'əu	一抓葡萄 i ˨˩ tsua ˦ p'u ˨˩ t'au ˨˩ ˧
一座桥	一座桥 i ˨˩˧˨˩ tsuɤ ˨˩ tç'i ˨˩	一道桥 i ˨˩ tau ˨˩˧ tçiau ˨˩
一顶蚊帐	一床蚊帐 i ˨˩˧ tʂuaŋ ˨˩ uẽ ˨˩ tʂaŋ ˨˩	一床罩子 i ˨˩ ts'uaŋ ˨˩ tsau ˨˩˧ tsɿ ˦
一家人家	一家人家 i ˨˩˧˨˩ tçia ˨˩˧ ʐ ẽ ˨˩˦ tçia ·˧	一家人［户］i ˨˩ tçia ˦ zən ˨˩［fu ˨˦］
一匹马	一匹马 i ˥ p'i ˨˩˧ ma ˥	一匹马 i ˨˩ pi ˨˩ ma ˥˧
一把刀	一把刀 i ˥˨˩ pa ˥ tɔ ˥	一把刀 i ˨˩ pa ˥˧ tau ˦
一朵花儿	一朵花儿 i ˥ tuə ˥˨˩ xuar ˨˩˧	一朵花 i ˨˩ to ˥˧ xau ˦
一辆车子	一辆车子 i ˥˨˩˧ liŋ ˥ tʂ'ə ˨˩˧ tsɿ	一架车子 i ˨˩ tçia ˨˩˧ ts'e ˦ ts˥˥˧ 一挂车子 i ˨˩ kua ˨˩˧ ts'e ˦ ts˥˥˧
一只船	一只船 i ˥˨˩˧ tʂʅ ˥ tʂ'uã ˨˩	一只船 i ˨˩ ts˥˦ ts'uan ˨˩ 一条船 i ˨˩ t'iau ˨˩ ts'uan ˨˩
一件衣裳	一件儿衣裳 i ˥ tçi'ɛr ˨˩ i ˨˩˧ ʂaŋ ˨˩	一件衣裳 i ˨˩ tçiɛn ˨˩˧ i ˦ saŋ ˨˩
一间房子	一间房子 i ˥ tçiã ˨˩˧ faŋ ˨˩˥ tsɿ	一间房圈儿 i ˨˩ tçiɛn ˦ faŋ ˨˩ tç'yɛnr ˦
一口水	一口水 i ˥˨˩˧ k'u ˥ suei ˥	一口水 i ˨˩ k'əu ˥˧ suei ˥˧
一顿饭	一顿饭 i ˥ tẽ ˨˩˧ fã ˨˩	一顿饭 i ˨˩ tən ˨˩˧ fan ˨˩˧

社会科学研究优秀成果申报材料

2016 年 5 月 6 日，莱州市委宣传部推荐《大汶口文化太阳八角芒形图像文字探赜》一文参加烟台市第 29 次社会科学研究优秀成果评选，并被评为优秀研究成果奖。《作品简介》是此次参评材料之一，今附后。

作品简介

一、研究对象

本文以大汶口文化彩陶上的八角图像为研究对象。这个以往被当作星形纹饰，本文首揭为“太阳八角芒形图像文字”，研究的内容包括其承载的天文历法、“岁”字本原和族属，皆为前所未有。

二、思路动议

研究的起意是从对“星形纹饰”的第一怀疑印象开始。考古发现的大汶口文化同一陶器上的太阳八角芒形图像数量有四、五、七个不等，每两个图像之间的两条竖画，是将一年分为春秋两岁（季）的标志。因此，八角图像并非星形，更非纹饰。它是一个与太阳有关的天文符号，需要探讨其文化内涵及其发生、发展的历史。

三、思维创新

唐兰先生曾说，探索古文化，有一个新的途径，便是从古文字开始，因为文字是历史的载体，每一个古文字的诞生，都是历史文化的长期孕育。本文践行的是唐兰先生倡导的新的思维和途径。

四、基本观点

太阳八角芒形图像是东夷太昊、少昊部落观测太阳运行规律，以日中日晷最长的一天和最短的一天为岁首，将一年分为春秋两岁（季）的标志。它又是“岁”字的本原，是东夷最早的图像文字。

五、研究难度

探索一个 6300 多年前的太阳图像符号，难度还是颇大的。这涉及历史学、考古学、天文学、古文字学、地理学等诸多领域；需要探索其数千年的发展演变轨迹，并从中找出其规律性的东西；需要揭示其丰富的文化内涵和其本质的文化特征；需要彰显其在社会科学发展中的重要地位和作用。

六、科学考证

1. 收集出土的各个考古文化时期的太阳八角芒形图像及有关论述，按年代排序，按地域分组，分析、对比其异同，从其发展进化中归纳演绎出规律性的东西，揭示其历史真相和本质文化特征，并证之以现代天文学，形成从起源到发展的科学论述。

本研究发现，大汶口文化早期的图像有太阳八角芒形和数字二两个文化单元。崧泽文化时，增加了三大新内容：一是它们都刻画于表示周天的圆中；二是图像的八个芒角都分作东西相对、南北相对的两组，表示一年有两个岁（季）首和岁（季）尾；三是安徽含山凌家滩遗址出土的一块玉版上，刻有十二个风轮翅，每六个与半圆的直径相对，表示一岁（季）为 6 个月，两岁（季）合为一个“回归年”。

2. 综合大汶口文化和崧泽文化的研究发现，运用现代天文学等知识，绘制太阳八角芒形图像图解，解读太阳八角芒形图像丰富的文化内涵和真实的历史面目。

3. 运用《大戴礼记 · 夏小正》和殷卜辞中关于夏、商时天文历法的记载，说明一年两岁（季）的太阳历先民们使用了 4000 多年的历史，从而验证了原始太阳历的科学性和所论的正确性。

4. 运用大汶口文化太阳八角芒形图像出土地和《山海经》等先秦文献的记载，确认大汶口文化太阳八角芒形图像的族属，是东夷太昊、少昊部落立杆测影、观象授时的创造。《山海经》所载的太昊、少昊太阳神，即太昊太阳历和少昊太阳历的神化。

5. 用天文学和文字学解读江苏澄湖良渚文化黑陶罐上的四个图像文字，揭示太阳八角芒形图像演变为甲骨文“岁”字的进程，并用“岁”字诠释太阳八角芒形图像的本质文化特征。

七、价值和意义

太阳八角芒形图像文字是 6300 多年前中国原始“回归年”太阳历已经诞生和使用的实证，它要比世界上最早的古埃及太阳历还早 2300 多年。它是中国和世界上最早的太阳历。太阳八角芒形图像又是“岁”字的本原，是东夷最早的图像文字，这对于研究我国天文历法、文字、文明起源都有重要的意义。

考古发现的太阳八角芒形图像已有 10 多例，从黄河下游到长江流域，从新石器时期到战国之时，其出土数量之多，涵盖范围之广，跨越时间之长，显示了其强大的生命力和科学性、适用性。

从大汶口文化早期到良渚文化时期，是孕育和形成东夷文明的重要的历史时期，产生于这一历史时期的太阳八角芒形图像放射着东夷文明即将诞生的曙光，蕴含着原始天文学、地理学、文字学、绘图美术学等文化信息，体现着东夷民族特有的精神追求、思维方式、观察力、想象力、创造力和生命力，是东夷民族智慧的结晶。大汶口文化太阳八角芒形图像文字是一件国宝级的文物，是中华民族的文化瑰宝。

本研究成果揭开了大汶口文化彩陶上八角图像神秘的面纱，揭示了其太昊太阳历和“岁”字本原的历史真相，彰显了其宝贵的史料价值和文化内涵，填补了这一图像文字研究的空白，对研究我国天文历法、文字、文明起源都有重要意义。

后 记

1998年7月,我退居二线了。在任14年,我和同志们自力更生、艰苦奋斗,践行广播和电视并举,有线和无线相结合的发展方针,创建了以莱州人民广播电台、电视台、有线电视台、有线电视光纤传输覆盖网络和广播电视节目制作发射中心大楼为主体的现代化的广播电视事业,实现了莱州市广播和电视全覆盖,提前完成了中共中央1983年第37号文件规定的到20世纪末实现广播电视现代化的建设任务。创办了一系列较有影响的优秀广播电视节目,探索了一条在市场经济条件下,开拓广播电视宣传与产业功能,自力更生、自我发展的强台之路,年创收能力由1万多元增加到近1000万元,固定资产由40多万元增加到3000多万元。多次受到山东省、烟台市和莱州市政府表彰。2002年后,年创收达到1亿元。1998年,我在《电视研究》第一期上发表的《浅议县级广播电视播出机构的治理整顿》一文,倡导县级广播电视播出机构实行局台合一、三台合一的机构设置。退下来了,晚年做点什么,我需要作出抉择。

工作了几十年,我感到最大的困惑是作为一个莱州人不知道莱州人是从哪里来的。1996年,齐鲁书社出版的《莱州市志》沿袭明、清《莱州府志》旧说,曰:"夏代寒浞封子浇建立过国(过城在今过西村东),是当时胶东半岛最早的封国。商为莱侯国。周春秋为莱子国,战国时齐置夜邑。"莱州数千年先秦历史只有寥寥数语,显露出一大段研究空白。《莱州市志》又曰:"明洪武二年(1369),因战乱、瘟疫、饥荒等,莱州人烟稀少,官府从四川等地移民至掖。""明朝建村最多,达805个,其中洪武年间(1368—1398)建村579个,据现存的家谱记载,多从四川移民而来。"《莱州市地名志》也曰,莱州市的大部分村庄是明朝洪武二年(1369)四川移民建立的,据此而立的村碑,成为四川移民的标志。这是一个很严重的问题,因为它歪曲和割断了莱州的历史,不利于莱州经济和社会发展,与莱州人的体貌特征及方言等实际情况不符;而受明朝移民问题困扰的,也不仅仅是莱州,整个胶东乃至山东、河南、河北等地,也是如此。诸多问题萦绕不解,我决定一探究竟。

然而这并不是一件容易的事情,年老多病、资料缺乏、能量不足、条件不备,都是巨大的困难,既然已经作出了抉择,我只能知难而进。

因大女儿在上海工作，外孙年幼，那时每年我都要到上海住上两三个月，其间，上海图书馆是我常去的地方。后来，互联网发展起来，查找资料容易了许多。

2004年，我在上海图书馆看到郭沫若考释《过伯簋》的文章，得知过国有周青铜器传世，说明过国并非在夏朝灭亡，而是一直存在到西周或者更晚，《莱州市志》所说的莱州先秦史，并不是莱州真实之历史。回到莱州后，我将这一发现告知了市政府，并撰写了《过国考》一文，对过国的族属、地望及其历史沿革作了初步的探讨。

《过国考》一文，引起了莱州市领导的高度重视。他们对《过国考》给予了很高的评价，表示对我所进行的莱州历史文化研究工作予以大力支持。他们要我继续研究过国文明的起源和历史沿革，还要我研究北魏《郑文公碑》的书丹者问题，并将我对北宋宰相吕蒙正、吕夷简是莱州生人的考证，发表到国家级的报刊上。

2007年，我撰写的《吕氏一门三相家世考》发给了全国人文社会科学核心期刊《东岳论丛》，发表在2010年第4期上。后来，又增加了“东莱郡侯、东莱先生与东莱书院”一章，进一步阐明了“吕学”的历史地位及其与莱州的历史渊源。

莱州云峰山北魏摩崖刻石是北魏书法的艺术宝库，自晚清康有为、包世臣将云峰山《郑文公碑》及其他40多种刻石统统说成是郑道昭书丹以来，学者们不断地对此提出质疑。1984年召开的第一届云峰刻石国际学术研讨会上，学者们对《郑文公碑》的书丹者问题争议最大。受莱州市领导嘱托，我对《郑文公碑》为何而刊、何人撰文、何人书丹等问题进行了考证，撰写了《郑道昭与云峰刻石探秘》一文，得到时任文物出版社社长苏士澍的赞同。2007年8月，我应邀出席在烟台召开的第二届云峰刻石国际学术研讨会，提交的《郑道昭与云峰刻石探秘》和《斧山〈光州刺史宇文公碑〉考释》两篇论文，均被结集出版。2008年，我又从时任莱州市旅游局局长邱学才的藏品中发现了《郛休碑》全拓。《郛休碑》刊于西晋泰始六年(270)，比《郑文公碑》早241年，清道光十九年(1839)在今莱州城北朱桥镇上坡村出土，现藏于北京故宫博物院。《郛休碑》全文1144字，被誉为“西晋三大名碑”之首，在中国书法史上有很重要的地位。《郛休碑》是《郑文公碑》的上源，西晋《郛休碑》、北魏《郑文公碑》、隋《斧山〈光州刺史宇文公碑〉》组成莱州书法由隶书到正书演变的文化链。而莱州书法史的源头，可上溯到商、周时期的金文。2012年，《新增郑道昭与云峰刻石探秘》一文增加了“写错的郑羲表字”和“百峰山断碑”两章，发布于网络。今我又增加了在青州百峰山新发现的《山玄寺》刻石，再更名为《云峰四山北朝刻石探秘》。

2008年，明朝四川移民莱州问题的研究有了新突破，我撰写了6万余字的《难民回归》一文。研究得知，元朝末年，有许多莱州人参加了反元的刘福通红巾军。红巾军失败后，他们由河南和安徽逃难到四川反元义军明玉珍的大夏国。元朝灭亡后，他们纷纷由四川返乡，所谓的“明洪武二年(1369)四川向莱州移民”，实际上是莱州难民由四川回归，一些家谱隐瞒了这些反元将士“造反”的实情，将他们说成是四川移民，造成了以讹传讹，流传600多年“四川移民”的舆论误区。

至此，市领导当年交办的几件事情，除了过国，都已经完成。

过国的研究，非常艰难。过国起源于史前时期，是东夷古国大家庭中重要的一员，过国的研究涉及其所处的那个时代，涉及其诸多友邦邻国，年代久远，缺乏记载。过国历史的探索，只能寄希望于考古发现的地下资料，搜集和解读这些资料，需要有古文字学、考古学、历史学、天文学、地理学等各方面的知识，需要与大专院校、科研单位和文博部门联系，需要进行实地考察和社会调查，这是一个宏大的、艰巨的工程，我一个人难以胜任。我建议市领导成立一个“莱州市历史文化研究会”，承担此事，经费由市财政扶持，得到了市领导的同意。我请市委原副秘书长康祖庆、市委宣传部原副部长葛志强出山，共担此事，会员联系了30余人。筹备工作就绪后，市政协李主席想牵头此事，他协调各方面关系比我方便多了，但市领导在任时是不能担任社团组织负责人的，一年后等到他卸任时，因身体原因未能如愿。时任莱州市委书记的林建宁对我说：“历史文化研究会不成立就不成立吧，历史文化研究也不是什么人都能胜任的，弄些人不能干活，光是热闹也没意思，希望你继续研究下去，市委市政府大力支持你。”“莱州市历史文化研究会”未能成立，担子落在了我一个人的肩上。因是市委领导的信任和嘱托，我只能知难而进。

莱州古生物化石的发现意义重大。2007年3月，我同柞村镇温广明先生在沙河镇石埠村北溶洞发现了古生物化石遗址，采集到各种古生物化石五百多件，其中有猿人刻画的骨化石、用火烧的黑骨化石、使用的砍砸石器、磨制的骨器等人类生存的遗物，说明莱州之地可能在数十万年以前就已经有人类居住，他们应是胶东猿人的一支，是东莱土著人的远祖。

2007年5月，山东省文物考古研究所对引黄工程沿线莱州段的四处古文化遗址进行抢救性的发掘，在朱由路宿村北发现了一处龙山文化早期的村落遗址，文化层包括龙山文化、岳石文化、周代文化，从而完善了莱州市从烟台白石村一期北辛文化到大汶口文化、龙山文化、岳石文化、商周文化的考古文化链。

《解读高青县陈庄西周遗址》是我对东夷古字古国研究取得的一个重要成果。高青县陈庄西周遗址是“2009年全国文物考古十大新发现”之一，意义重大。2010年4月12日，山东省文物局、山东省文物考古研究所邀请国内知名的考古专家、古文字学家在济南召开了高青县陈庄西周遗址学术研究座谈会，《东岳论丛》2010年第10期、《考古》2011年第2期、《文史哲》2011年第3期，发表了专家们的座谈纪要和研究论文,李学勤等专家将铜器铭文“齐公”释为“齐太公”,将子姓“丰”国释为齐太公之孙,将遗址释为齐都“营丘”或“薄姑”。这虽然有利于当地发展旅游事业,却并非历史之真实。丰地的历史沿革,青铜器文献有记载,考古有发现。高青县陈庄西周遗址M27墓葬出土的一件柄形玉器上载有“玄鸟孕卵生子”的图像,是墓主人身份的标志,说明“丰”是殷商的子姓丰国,M27的墓主人是周初称王作乱的“丰王”。丰国作乱被周公征伐,其地封给了齐,成为齐之附庸,丰王成为齐之臣民,故有“齐公”之称。遗址并非齐都“营丘”或“薄姑”,它是周初丰国称王时所建的祭天之坛,后来成为丰国和齐师的陵园。《解读高青县陈庄西周遗址》一文,对遗址出土的墙址、祭坛、墓葬、铜器铭文、卜骨卦爻等作了全面的考证,对子姓丰国从建立到消亡的历史作了系统的论述,解读了周夷王“烹哀立胡”“平齐内乱”的重大历史事件,揭开了周夷王为何将齐哀公处以烹杀极刑的千古之谜。《管子学刊》将此文发表于2011年第4期,使高青县陈庄西周遗址的研究多了一种不同的声音。2012年,《解读高青县陈庄西周遗址》被山东省文化厅评为山东省文物考古优秀研究成果。2014年,该文被收编于《甲骨学暨高青陈庄西周城址重大发现国际学术研讨会论文集(2012　中国高青)》,由齐鲁书社出版。

2008年,我从商承祚《殷契佚存》、郭沫若《卜辞通纂》、陈梦家《殷虚卜辞综述》等著作中,找到了几条有关过国的殷卜辞,又从《殷周金文集成》《近出殷周金文集释》《山东金文集成》等汇集的13000多件青铜器铭文中,找到了殷商青铜器《亚过爵》,西周早期青铜器《趞卣》《趞尊》《过伯簋》,西周中期青铜器《伯作鼎》,春秋时期青铜器《墉夜君成鼎》,战国时期青铜器《元年郛令戈》等。这些有关过国历史节点的青铜器,虽然大部分已经失去了出土地的记载,但青铜器铭文关于过国的文化内涵,将这些青铜器紧密地联系到了一起,形成了过国从商、周到战国的历史文化链。西晋《郛休碑》的发现,使我找到了周代过国都城在今招远东曲城。至此,曲城为何称“曲成”,梁郭为何称“临过”,过西为何称“过西”,夜邑为何称“夜”,都已真相大白。

2014年,对夏、商时过国之都的追寻有了答案。

2014年,在莱州市城郊发现的莱州玉雕太阳神面图像文字,是过国设立日坛,立杆测影、观象授时的写照,载有“过”和“任”字,是过国的族徽,其年代当在晚夏或早商之时。莱州玉雕说明,过国并非寒浞所建,过国是太昊风姓任氏的一支,太阳是过国的图腾崇拜,以原始回归年太阳历为标志的太阳文化,是过国最本质的文化特征。

2014年,在莱州城内东南隅村赵家大院居民楼建筑工地采集的刻有“过”字的骨器,是商代时过国之都在今莱州城区的物证。至此,我对过国夏、商、周时的地望、族属和历史沿革有了比较清晰的认识。

2014年,我发现大汶口文化彩陶上彩绘的太阳八角芒形图像,并不是学者们所称的"星形纹饰",它是我国最早的"回归年"原始太阳历,要比世界上最早的古埃及太阳历还要早2300多年。它又是"岁"字的本原,是东夷最早的图像文字,对研究我国的天文历法以及文字、文明起源等都有重要的意义。2015年12月,中国社会科学院考古研究所夏商周考古研究室将我撰写的《大汶口文化太阳八角芒形图像文字探赜》一文,收编于《三代考古(六)》,由科学出版社出版。2016年4月4日,《山东侨报》以《世界上最早的太阳历被揭示问世》为题,对此进行了报道。2016年10月,《大汶口文化太阳八角芒形图像文字探赜》一文获烟台市第29次社会科学研究优秀成果奖。

大汶口文化太阳八角芒形图像文字的研究使我找到了过国文明的源头。考古发现说明,早在6000多年前的大汶口文化早期,山东内地的太阳部落已经进入胶东,在长岛北庄大汶口文化早期遗址出土的彩陶上的太阳八角芒形图像,是泰安大汶口文化传播到胶东的物证,而岳石文化莱州玉雕太阳神面图像文字则是太阳八角芒形图像文字在莱州传承的物证。在栖霞战国墓葬出土的陶器上的太阳八角芒形图像压印,在莱州市郭家店镇下徐家村发现的近代石碾上的太阳八角芒形图像刻石,说明原始太阳历对于胶东文化的影响长达5000多年。在距今5000多年的大汶口文化晚期,太昊太阳部落风姓任氏的一支,又为观测夏天的日出之地渡过了胶莱河,来到了称作"过"的今莱州市土山镇境内,在土山之上建立了观象授时的日坛。在距今约4600年时的龙山文化早期,过地进入了文明时代,创建了胶东最早的过国。夏朝初年,"羿浞代夏"时,过国被寒浞侵占,迫使过国的任氏贵族东迁。莱州玉雕太阳神面图像文字,是过国迁都到今莱州城区的物证。大汶口文化太阳八角芒形图像文字、岳石文化莱州玉雕太阳神面图像文字,都是太昊太阳部落立杆测影、观象授时的创造,大汶口文化太阳八角芒形图像文字是过国文明的源头。至此,过国文明的起源、族属、地望、历史沿革和文化特征,基本上得到了复原,由此构成了一幅莱州历史的最新画卷。

本书解读的新石器时代的图像文字、商代甲骨文金文、周代金文、战国时期的货币和石刻文字共约230字。这些文字形成了一个系列,系统地展示了史前东夷文字的起源、发展和风采。

东夷古国众多,本书考证了十几个,其中以存疑较大的禹夏、斟鄩、管、己、丰、薄姑、莱、鳌、过、酅为主。

过国历史的发掘,使我发现《史记·扁鹊仓公列传》记载的虢国即过国,国都在今招远市东曲城,从而引发了对《史记·扁鹊仓公列传》的解读,撰写了18000多字的《医祖神医扁鹊其人其事新考》一文,考证了扁鹊的姓名、里籍、享年和医学著作等。

扁鹊姓秦名少齐，扁鹊家乡的勃海卢国，即春秋早期青铜器《𪇆侯簠》记载的𪇆国，其地在今莱州市沙河镇路旺，西汉时在卢国之乡设的卢乡县在路旺东南今莱州市夏邱镇路响(卢乡)村附近；《黄帝内经》《难经》当都是神医扁鹊的著作。《医祖扁鹊其人其事新考》一文，发表于《管子学刊》2019 年第 1 期，中国知网 1 月 28 日予以优先转发，《山东侨报》从 4 月 26 日起分四期予以全文连载。这一重大的研究发现对中医学和中医史的研究，对于中医的传承发展，都具有重要意义。

解读美国发现的中国刻石古文字是我新增加的研究课题。2016 年，回家过春节的大女儿女婿告诉我，2015 年 7 月 9 日英国《每日邮报》报道，美国的一位学者在新墨西哥州和亚利桑那州发现了中国的刻石古文字，说这比哥伦布发现美洲新大陆早了 2800 多年，国内的新华网等媒体对此也有报道。这使我很振奋，因为 19 世纪以来，中外学者提出的“殷人东渡美洲”的学说，缺少文字方面的证据。我让在上海复旦大学读书的外孙涂鸿鲲将英国《每日邮报》的报道译成中文，反复研读，认为美国学者的发现是可贵的，但研究是不足的，新墨西哥州和亚利桑那州发现的 27 个刻石文字，只识出了少数的几个，仅凭这几个文字，难以了解其全部的内容，这些文字的大意是否是“一个男子献祭一条狗”，也需要深入考证。为了弄清新墨西哥州岩壁上刻石文字的真伪，我建议由外侨办牵头，成立一个由中外华人志愿者组成的联合工作组，请旅美侨胞提供清晰的未经电脑加工处理的原貌照片，共同解读这些刻石文字。这个建议得到了莱州外侨办马秀军主任和山东侨报社的高度重视和大力支持，2017 年 3 月 10 日，《山东侨报》在头版刊登了《携手破解美国发现的甲骨文字——倡导成立中外华人志愿者联合工作组启事》，引起了海内外有识之士的积极响应，美国山东总商会和美国南加州山东同乡会张凌云理事长在百忙中赴新墨西哥州拍摄了岩壁上的刻石文字。

2017 年 7 月 7 日，《山东侨报》在头版刊登了题为《联合揭示历史真相，促进中美文化交流——本报〈携手破译美国发现的甲骨文字〉报道取得积极进展》的消息，刊登了张凌云理事长拍摄的照片。揭开这些刻石文字神秘的面纱，可知这是一篇记载 3000 多年前殷商贵族逃亡美洲，建立起以美为名的新家园的历史文献，美洲之地称美可能与此有关。解读新墨西哥州和亚利桑那州发现的刻石文字，引发了我对 1953 年美国考古学家在墨西哥奥尔梅克遗址发现的 16 尊玉雕像和 6 件玉圭上所载图像文字的研究。60 多年来，墨西哥奥尔梅克拉文达 4 号遗址玉圭上的图像文字，一直存在异议，为此我一并作了些探讨。研究表明，6 件玉圭上图案化的象形文字，是一部薄姑族的简明源流史。它记载了殷人子姓的起源、族属、地望与发展。奥尔梅克文明的创造者应是逃亡到这里的殷商薄姑国的贵族。他们从山东半岛出海逃亡，过国是必经之地，其船只和物资可能是过国提供的，这也可能是过国国都由今莱州城区迁到偏僻的今招远东曲城的原因。笔者对美国和墨西哥发现的60多个中国古文字逐一进行了解读，揭示了其历史真相和其宝贵的史料价值。这些对于商周史和世界史的研究，对于提升中华民族在世界上的历史地位，对于促进中美文化交流和发展中美友好关系，都具有重要意义。

寻根探源，稽古振今，实事求是，不唯上，不泥古，不迷信权威，不盲目从众，独立思考，唯善是从，是杜金鹏先生的治学理念，也是笔者奉行的信条。经过20多年锲而不舍的艰苦努力，我了解了故土最为遥远的过去，发现了它那些鲜为人知的宝贵财富。

本书有幸得到莱州籍考古学家杜金鹏先生和历史学家孙家洲先生的支持和指导。

杜金鹏，莱州市西杜家村人，历任中国社会科学院考古研究所夏商周考古研究室主任、文化遗产保护研究中心主任，兼任中国社会科学院研究生院教授、山东大学唐仲英讲座教授、西北工业大学讲座教授，中国殷商文化学会副会长，中国考古学会理事兼文化遗产保护专业委员会主任，中国文物保护技术协会理事兼考古遗址与出土文物保护专业委员会主任，国务院科技部、国家文物局文物保护专家，享受国务院特殊津贴。

杜金鹏先生曾在偃师二里头遗址从事田野考古工作14年，取得了一系列重大考古成果，对证实夏王朝的真实存在贡献了重要实证。后主持偃师商城遗址考古工作，其偃师商城小城的考古发现入选“1997年全国文物考古十大新发现”，《偃师商城年代与分期研究》揭示了夏、商年代的界限，被国家重大科研攻关项目《夏商周断代工程》列为“标志性成果”，在国内外产生了很大影响。作为中国社会科学院重点学科的主持人，杜先生对夏商周考古学科建设投入了大量精力。他发起创立了中国社会科学院考古研究所文化遗产保护研究中心，实现了考古研究所向考古科研与考古遗址保护并举的转型，开创了文化遗产保护理论、政策、方法和科技研究的先河。他参与了国家文物局“全国百处大遗址”推荐工作及其保护纲要的编撰工作，主持编制了数十个遗址保护规划、遗址保护方案、考古遗址公园建设规划，为殷墟“申遗”和偃师商城遗址、偃师二里头等遗址的保护作出了突出贡献。

30多年来，他先后参与了国家“八五”社科重点项目《偃师二里头》、国家“十五”社科重点项目《中国考古学》等国家重点科研工作。先后主持了科技部《中华文明探源工程(预研究)》课题“礼制起源的考古学研究”，国家重大科研攻关项目《夏商周断代工程》课题《偃师商城年代与分期研究》，国家社科重点项目《偃师商城发掘报告》，中国社会科学院重大课题《偃师商城研究》《中国大遗址保护现状》,中国社会科学院“创新工程”项目《文化遗产科学体系创新研究》,福特基金项目《文化遗产保护与当代中国社会》,国家文物局委托项目《中国百处大遗址保护规划(纲要)》等。杜先生著有学术专著十几部,发表学术论文130多篇,主编书籍10多部。先后荣获第一届全国青年优秀社会科学成果优秀奖、中国社会科学院优秀科研成果奖、首届胡绳青年学术奖、夏鼐考古学研究成果奖、郭沫若中国历史学奖提名奖。凡此,是对中国人文社会科学研究的杰出贡献。

孙家洲,莱州市东宋村人,中国人民大学历史学院教授,博士生导师,中国秦汉史研究会副会长,在秦汉史研究等方面成果丰硕。

热爱家乡,心系莱州,是杜金鹏先生和孙家洲先生高尚的情操。2013年,他们二人合力主编的《莱州文史要览》一书由齐鲁书社出版,这是他们献给家乡的一份厚礼。

2016年,《过国探原》一书完成了初稿,当笔者冒昧请孙家洲先生和杜金鹏先生为本书作序时,二位专家欣然应允。他们在百忙中审阅书稿,撰写了感人至深的序言,留下了“大专家厚爱老学童”的佳话。

全国政协原常委、中国书法家协会主席、中央文史研究馆馆员、文物出版社名誉社长、《书法丛刊》主编苏士澍先生百忙中为本书题字,表达了对本书的关心和支持。

党的十八大以来,党和国家非常重视中华优秀传统文化的传承与发展。2017年1月25日,中共中央办公厅和国务院办公厅联合颁布了《关于实施中华优秀传统文化传承发展工程的意见》,本书为此尽了一点微薄之力。

《过国探原》是莱州市历史文化建设的重大工程,得到了莱州市领导和同志们的关注和支持。莱州市委办的吕俊峰同志,莱州市人大常委会科教文委的王玉国同志,莱州市外事侨务办公室主任马秀军同志,莱州市委宣传部副部长姜明同志,沙河镇镇长李向国同志,烟台天成仪表有限公司总经理刘有德同志,桃源山庄老年公寓总经理吕惠政同志,中国人民解放军空军指挥学院研究员、原北京空军文艺创作室专职画家王国洲先生,著名画家官泽源先生,书画家泮英琪先生等,多年来对笔者进行的历史文化研究和《过国探原》一书的出版给予了大力的帮助和支持。山东省文物考古研究院文博研究馆员李振光先生、莱州市博物馆馆长张玉光等同志协助笔者进行了多次考古调查,莱州市广播电视台、莱州市老干部局、文广新局、外事侨务办公室等单位和同仁,都为有关研究工作提供了多方面的支持和帮助。

全国工商联石材业商会副会长、山东港华石材有限公司董事长曲华民先生,德高义重,为本书提供了宝贵的资助。

20多年来,本书文稿的打印和一遍又一遍的修改,全靠同仁们齐心协力的帮助。

特别是本书涉及的诸多古文字，是电脑字库中没有的，需要一个一个地制作成文字图片，工作很艰难。莱州广播电视台的孙兆敏、吕爱凤等和莱州机关印刷所、烟台中视文化传播有限公司的同仁们为文稿打印和甲骨文等文字制作付出了艰辛的劳动。莱州海事处的张颖博和莱州广播电视台的孙兆敏同志为本书摄制了图像。

齐鲁书社是一家以出版文史古籍和学术著作著称的专业古籍出版社，在国内外享有盛誉。本书有幸得到齐鲁书社的厚爱，列入其出版计划。感谢刘玉林副总编辑和责任编辑史全超同志，他们对本书进行了认真细致的编辑，使本书得以顺利面世。

20 多年，笔者付出的是日日夜夜呕心沥血的艰辛，收获的是古字古国探赜带来的欢乐，感受的是做事的艰难和友情的珍贵，在本书付梓之时，谨向关心和支持本书的领导和朋友们表示衷心的感谢！

本书稿原名《东夷古字古国探迹》，曾见于报道。

谨以此书献给家乡，献给祖国，献给中华优秀传统文化传承发展工程。

2016 年 5 月 16 日撰于问古斋

2019 年 6 月 9 日改于府东苑